전염병, 역사를 흔들다

CONTAGION

HOW COMMERCE HAS SPREAD DISEASE

전염병, 역사를 흔들다

마크 해리슨Mark Harrison 지음
이영석 옮김

푸른역사

옮긴이의 글

의학사가들은 21세기 들어 '중증급성호흡기증후군SARS'의 출현이야말로 전염병의 역사에 새로운 내용을 추가했다고 본다. 사스가 조류독감, 돼지독감, 메르스, 코로나바이러스Covid-19까지 인수 공통 감염병의 새로운 특징을 나타내기 때문이다. 사람과 동물의 공통 감염이 가능하다는 것은 그만큼 바이러스가 새로운 환경에 적응하는 방향으로 변이를 일으키고 있다는 것, 그리고 그 변이가 가속되며 그만큼 백신에 의한 치료와 예방을 할 수 있는 시간적 여유가 부족하다는 것을 의미한다.

풍토병이 국지적 전염병으로, 그리고 다시 세계적 대유행병으로 변모하는 데에는 여러 환경 요인이 작용하겠지만, 그중에서도 인간 사회의 교류 증대, 특히 근대 이후 국가 간 교역과 무역의 활성화가 큰 영향을 끼쳤다. 더욱이 근래 세계화의 진전에 따라 이전에 비해 사람과 물자의 이동이 급증하고 있다. 2000년대 이후 새로운 변이를 일으킨 바이러스가 곧바로 대유행병으로 창궐하는 것도 이 때문이다.

국내에서도 전염병의 역사를 다룬 책들이 여러 권 출판되었지만, 전염병과 상업-무역의 관계를 집중 조명한 연구서는 드물다. 마크 해리슨의 《전염병, 역사를 흔들다》는 바로 근대 세계에서 전염병과 무역망, 그리고 방역 정책의 관계를 집중적으로 조명한 책이다. 이 책은 상업과 무역의 간선로를 따라 확산되는 전염병의 역사를 서술한다. 누구나 짐작하겠지만, 이번 코로나바이러스가 대유행병이 된 것도 지구촌이라 불리는 국제적 연결망 때문이다. 그동안 우리는 세계화가 당연한 추세라고 생각해 왔다. 그러나 대유행병의 창궐과 함께 세계화의 근간을 이루는 여러 분야의 연결망이 차단되고 커다란 혼란을 불러일으키는 것을 직접 목도하고 있다. 참으로 파국적인 상황이 전개되고 있는 것이다.

이 책에서 주로 언급한 전염병들은 18세기 이후 서구에서 자주 창궐한 황열병, 콜레라, 페스트, 그리고 가축 질병인 우역 등이다. 여기에서 더 나아가 20세기의 새로운 전염병인 인플루엔자, 인수 공통 감염병, 광우병 소동까지 다룬다. 흥미롭게도 광우병에 관한 서술에서는 2008년 한국에서 미국산 쇠고기 수입을 둘러싸고 빚어진 대규모 시민 항의를 상세하게 소개하고 있다.

전염병의 창궐과 관련해 이 책을 관통하는 주제는 '격리'다. 이것은 지중해 무역과 더불어 무역 도시로 성장한 이탈리아 도시들에서 처음 등장했다. 사람들은 전염의 구체적인 과정을 알지는 못했지만 경험적으로 선박과 승객과 화물을 통해 먼 지역의 질병이 전염된다는 것을 깨닫고 있었다. 근대 유럽 국가들은 동방 항로를 통해 전염병이 내습하는 순간 서로 경쟁적으로 자국 항구로 입항하는 선박에 대해 격리 조치를 취했다.

19세기 중엽 콜레라는 유럽인들에게 새로운 공포를 안겨 주었다. 유럽 전체로 보면 콜레라에 대한 공포가 절정에 이른 것은 1860년대다. 1865년 유럽인들은 메카에 모인 순례자들 사이에 콜레라가 발생하는 것을 두려움으로 지켜보았다. 이 전염병으로 순례자 가운데 약 3만 명이 죽었으며, 곧이어 유럽을 휩쓸면서 그 병사자가 러시아 9만 명, 북아메리카에서 5만 명, 프로이센과 전쟁에 휘말린 오스트리아-헝가리제국이 16만 5천 명에 이르렀다. 어떤 사전 경고도 없이 '엄습'해 온 콜레라로 인한 공포감은 사망자가 겪는 끔찍하면서도 수치스러운 죽음 때문에 더 증폭되었다. 감염자는 전신에 나타나는 첫 번째 증상 후에 곧바로 복부 경련을 일으키고 멈추지 않는 설사로 뱃속의 모든 것을 쏟아내야 했다. 죽음이 그 뒤를 따랐다. 마치 중세 말의 페스트에 대한 기억과 비슷하다.

당시 콜레라는 벵골 삼각주의 늪지대에서 비롯되었다고 믿어졌다. 유럽인들은 콜레라가 창궐할 때마다 인도-서아시아-유럽으로 연결되는 감염 경로를 확인하려고 애썼다. 콜레라의 동양 관련설은 어둠과 타락의 이미지를 떠올리게 만들었다. 그것은 인도와 같이 인구가 조밀하고 지저분한 지역에서 발병하는 것으로 보였다. 콜레라 창궐은 19세기 중엽 철제 증기선 및 철도의 등장과 밀접하게 관련된다. 철제 증기선은 1830~1870년 사이에 많은 해운 노선의 여행 기간을 사실상 반으로 줄였고, 더 많은 승객을 운송했으며 그에 따라 더 많은 세균을 퍼뜨릴 수 있었다.

철도 역시 감염의 새로운 경로를 만들어 주었다. 역학적인 관점에서 가장 중요한 것은 지중해 항구와 홍해 항구를 잇는 수에즈운하뿐 아니라 그 운하와 콘스탄티노플, 알렉산드리아, 카이로를 연결하는 철도였다. 1865년 메카에 콜레라를 퍼뜨렸다고 전해지는 인도 순례자들도 사막을 가로지르는 전통적인 대상隊商 행렬보다 철도 편을 더 선호했다. 또한 코카서스 횡단철도 완공으로 콜레라가 빈번하게 발생하는 인도와 페르시아로부터 그 전염병이 동유럽으로 퍼질 것이라는 소문을 낳기도 했다. 어쩌면 콜레라를 둘러싼 갖가지 담론은 오리엔탈리즘의 총체를 보여 준다고도 할 수 있다.

1910~11년 만주 전역을 휩쓴 페스트도 눈에 띈다. 당시 페스트의 엄습으로 사망자만 6만 명에 이르렀다. 1890년대 중국 광둥성에서 창궐한 페스트와 달리 1910년 만주를 엄습한 이 전염병은 강이나 해안보다는 주로 철도 노선을 타고 퍼져 나갔다. 19세기 말 20세기 초 전염병 학자들은 철도가 전염병을 확산시킬 위험을 경고하곤 했다. 1910년 10월 페스트 발병에 관한 최초의 보도가 있었다. 페스트는 내몽고의 한 작은 철도 읍에서 처음 발병했는데, 한 달 후 이 질병은 하얼빈시에서도 나타났다. 철도 중심지 하얼빈은 이제 페스트 확산의 거점이 되었다. 페스트는 만주 중부 및 남부 지역, 그리고 인접해 있는 허베이성과 산둥성으로 급속히 퍼져 나갔다. 새해를 맞아 귀성하는 노동자들을 뒤따라 곳곳에서 창궐했다.

이 책에서 흥미로운 주제는 전염병의 확산을 막기 위한 국제 공조와 협조의 관행에 관한 서술이다. 1865년 메카에서의 콜레라 발병은 아라비아에서 서쪽으로 더 멀리까지 소리 없이 급속하게 확산될 가능성 때문에 더 큰 우려를 낳았다. 프랑스의 나폴레옹 3세가 1860년대에 '국제위생회의' 소집을 주도한 것은 바로 이 두려움 때문이었다. 이후 주기적으로 국제위생회의가 열려 국제 협력을 논의하기 시작했다. 주요 항구의 전염병 발병을 각국에 전신으로 통보하고, 이에 따라 동서를 연결하는 항로의 주요 항구에 적절한 격리 조치를 취하기 위한 국제 협정이 맺어졌다. 콜레라와 페스트는 19세기 후반 새로운 국제주의 물결을 낳는 중요한 계기였다.

이 국제 협조에서 관건은 수에즈운하를 둘러싼 관리였다. 수에즈운하는 아시아의 페스트가 전파되는 연결고리였다. 당시, 세계가 새로운 교통 통신 기술에 의해 변화하고 있고, 이런 변화 속에서 새로운 위험이나 도전은 더 커다란 국제 협력을 통해서만 대응할 수 있다는 인식이 있었다. 비슷한 시기에 국제 협력의 여러 결실이 나타나고 있다. 국제전신연합(1865), 만국우편연합(1874), 국제도량형연합(1875)이 결성되었다. 이 새로운 국제주의는 영국보다는 오히려 프랑스가 주도했다. 영국이 수에즈운하와 인도의 경제적 이해관계 때문에 위생 문제에 관한 국제 공조에서 수동적인 입장을 취한 것이 흥미롭다.

오늘날 세계보건기구의 전신은 1907년에 결성된 '국제공중보건국 Office International D'Hygien Publike'이다. 국제연맹이 창설된 후 이 국제공중보건국은 그 산하 기구로 자리 잡게 된다. 19세기 후반 전염병이 발병했을 때 그 치명적인 결과를 두려워한 유럽 강대국들은 저마다 자국의 항구에서 선박 격리와 육지에서 방역선 폐쇄 등의 극단적 조치를 취했다. 문제는 19세기 후반이, 전 지구적 교통망의 대두와 이민 증가 및 무역 확대의 특징을 보여 주는 '1차 세계화'의 시기였다는 점이다. 각국의 자의적인 선박 격리와 국경 폐쇄로 큰 혼란이 자주 발생했다. 이런 혼란을 최소화하는 길은 무엇인가. 유럽 강대국들은 전염병 발생 정보와 그 확산 경로를 정확하게 파악하고 예측함으로써 한편으로는 전염병을 효율적으로 막고 다른 한편으로는 상업 - 무역 및 국제 교류의 피해를 줄이는 방법을 모색했다.

국제공중보건국은 일종의 정보 교환소 역할을 하면서 각국 정부를 한데 모아 의료 문제를 더 효율적으로 취급하도록 했다. 전염병 관리에 직접 관여하지는 않았지만 역학疫學 자료의 수집과 보급을 통해 국제적으로 대응책을 조율하고 관련 정보를 향상시키는 데 도움을 주었다. 통신 기술도 이론상으로 적시에 질병 신고가 가능해질 정도로 발전했다. 전기 통신망도 이제 광범위하게 깔렸고 무선 라디오의 출현으로 선박들이 그들의 건강 상태를 목적지 항구에 직접 보고할 수 있었다. 항구는 또한 전신 시스템의 접점을 이용해 메시지를 보내는 대신 서로 직접 통신할 수 있었다.

2003년 이후 일련의 인수 공통 감염병이 세계에 충격을 주고 있다. 특히 아시아 지역에서 주로 발생해 전 세계로 퍼졌기 때문에 새로운 인종주의가 기승을 부리고 특정 지역에 대한 혐오감정이 집단의식으로 표출되기도 한다. 왜 유독 아시아 일부 지역에서 바이러스의 새로운 변이가 자주 일어나는가. 그 변이와 발병 원인에 대한 과학적 규명은 어려운 일이지만, 근래 가속화된 동아시아 전체의 급속한 사회변동에서 실마리를 찾아야 할 것 같다. 오늘날 동아시아와 동남아는 세계 경제에서 가장 역동적인 지역이다. 산업화와 세계화가 급속하게 전개되고 국민소득 상승률 또한 가장 높다. 도시화가 집중되고 이전보다 소득이 높아진 도시의 식생활에 커다란 변화가 나타났다. 육류 소비 증가다. 서양에서는 전통적으로 소비되는 육류의 주류가 반추동물(소, 양)이었다. 반면, 동아시아 지역에서 늘어나는 육류 소비는 대부분 닭과 같은 가금류나 돼지로 충당한다.

여기에서 가금류와 돼지의 밀집사육이 일반화되었고 갈수록 그 규모와 종사자 수가 늘었다. 돼지와 가금류의 밀집식 사육장의 수는 거의 기하급수적으로 증가했다. 유럽인들은 이것을 공장식 사육 factory farming이라 부른다. 오히려 포디즘Fordism 사육 시스템이라는 표현이 더 적절할 것이다. 구체적이고 과학적인 인과관계는 알 수 없지만, 돼지와 조류를 숙주로 하는 바이러스의 변이와 창궐은 이런 조건과 밀접하게 관련되는 것 같다. 특히 바이러스 변이는 밀집 사육장에서 폐사를 막고 성장을 촉진하기 위해 가금류와 돼지에게 투여하는 항생제와 항균제에 대한 반응의 일환일 수도 있다는 것이다.

코로나바이러스가 전 세계에 창궐하는 지금 각국의 대응은 19세기 후반의 상태로 되돌아간 것 같은 착각을 불러일으킨다. 국제 협조의 정신은 사라지고 세계보건기구의 역할은 관심에서 멀어졌다. 각국은 국경 폐쇄, 무역 중단 등 오직 격리를 통한 방역에만 몰두하고 있다. 그러나 지금 드러나듯이 이 같은 고전적인 방식은 무력할 뿐이다. 이 책을 통해 우리가 얻을 수 있는 교훈은 바로 새로운 국제 공조와 협력 방식을 찾아야 한다는 점이다. 새로운 바이러스 전염병이 간헐적으로 출몰하는 지금은 국제 공조를 바탕으로 하면서도 이전 방식과 전혀 다른 새로운 방식과 제도를 창출해야 한다. 저자가 한국어판 서문에서 강조하는 것도 바로 그 점이다.

2020년 5월
수유리에서 옮긴이

한국어판 서문

2008년 처음 한국을 방문했을 때 나는 미국산 쇠고기 수입 문제로 촉발된 정치적 위기의 한복판에 있었다. 많은 한국인들은 미국산 쇠고기가 광우병BSE과 사람도 비슷하게 걸리는 변종 크로이츠펠트야콥병vCJD을 유발하는 '프리온'에 감염된 것이 아닐까 두려워했다. 외국산 제품으로 인해 감염될 수 있다는 공포는 당시 이명박 정부를 향한 무수한 불평과 의혹의 초점을 부채질했다.

이 사건은 내가 이 책에서 논의하고 있는 내용의 일부를 깔끔하게 요약해 주는 에피소드이자 이 책에서 탐구하고 있는 많은 주제들이 극적으로 표출된 사례였다. 뿐만 아니라 무역이 불러온 질병, 특히 동물과 관련된 상업에서 비롯된 질병에 대한 새로운 우려의 물결을 예고하는 몇몇 중요한 본보기 가운데 하나였다. 이 때문에 이 사건을 책 후반부의 한 장 속에 집어넣을 기회를 지나칠 수 없었다.

광우병은 영국에서 가축용으로 생산한 사료에서 비롯된, 말하자면 근대적인 밀집 농축산 관행의 산물이다. 그러나 공장식 축산에서 생겨난 것은 광우병만이 아니었다. 2009년 이른바 돼지독감이라고 불린 대유행병은 북미 지역의 공장식 돼지농장에서 처음 나타나 사람에게까지 전파된 것으로 보인다. 그러나 더 빈번하게 인류의 건강을 위협하는 질병은 야생 동물을 통한 감염이다. 특히 불행하게도, 최근 한국을 엄습한 코로나바이러스Covid-19는 중국 우한의 한 주류 시장에서 거래된 천산갑과 그 이전에 박쥐 등에서 유래했을 가능성이 높다고 한다. 2013~16년 서아프리카와 그 후 콩고에서 발생한 에볼라 전염병 창궐도 야생 동물에 기원을 두고 있다. 사스와 메르스는 생물종의 장벽을 뛰어넘는 전염병의 또 다른 사례를 제시한다. 이들 질병은 대부분 사람에게서 사람으로 전염된 것이지만, 그 기원은 역시 서식지에서 격리된 박쥐나 사향고양이 같은 야생 동물의 거래와 관련된 것으로 밝혀졌다.

세계화된 세계에서 우리는 모두 개별 지역의 불법적인 야생 동물 거래가 야기하는 위험에 빠져 있다. 인류의 건강을 위협하는 위험 요인은 다양하지만, 위에서 언급한 감염은 심각한 경제 혼란과 때로는 정치적 불안을 초래할 수 있는 잠재력을 지닌다. 지금의 코로나바이러스 발병에 따른 비용은 엄청날 것으로 보이며 2003년 사스의 영향을 훨씬 능가할 것 같다. 그러나 이런 전염병 내습에 따른 피해는 종종 정부가 경솔하게 사태를 무시하는 행태를 벌이거나, 또는 정치적 이익을 위해 그런 위기를 이용하기 때문에 더 증폭된다.

이를 염두에 두고 코로나바이러스 발병을 조사하는 것이 교훈을 주지 않을까 싶다. 이번 발병은 격리를 이용한 거대한 실험으로 여겨지고 있다. 비록 사스를 계기로 격리 방식이 세계 보건의 최전선에 다시 등장했지만, 최근의 코로나바이러스 발병에서는 적어도 19세기 이후 평화로운 시기에는 거의 볼 수 없는 규모로 육상 격리와 여행 금지 조치가 광범위하게 시행되고 있다. 중국과 같은 권위주의 정권뿐만 아니라 이탈리아와 같은 일부 민주국가도 자국의 전 지역을 격리하는 데 주로 의존하고 있다. 또 많은 나라들이 감염된 나라의 여행에 제한을 가하기로 결정했다. 일부 조치는 역학적으로 정당해 보이지만, 일부는 미국이 유럽연합의 여러 지역에 대한 여행 금지 결정처럼, 그 정당성이 확실히 의문스럽기도 하다. 반면, 한국 같은 나라들은 지금까지와 다른 접근 방법을 선택했는데, 조기 사례 발견과 시민의 자발적인 노력에 더 의존하고 있다.

이 책에서 이러한 실험의 결과에 대해 언급하기는 이르지만, 코로나바이러스의 확산을 통제하기 위해 취한 조치들의 경제적 후폭풍은 엄청날 것이 확실하다. 최빈곤국 가운데 여러 나라들이 의존하고 있는 관광과 무역의 피해는 이미 심각한 상태다. 그러나 일단 현재의 대유행병이 진정되면 세계는 다시 회고의 시기로 접어들 것이다. 많은 사람들이 인간과 동물의 관계, 또 동물에 대한 우리의 행동이 어떻게 수정되어야 하는지에 대해서도 비판적으로 성찰할 것이다. 일부 국가는 차단 방역과 질병 감시에 더 중점을 둘 것이다. 또 다른 나라들은 질병의 발생을 다루면서 강제와 자원주의가 갖는 상대적 장점을 저울질해 볼지도 모른다.

이러한 문제들 가운데 어느 것에 대해서는 별다른 합의가 이뤄지지 않겠지만, 우리가 미래에 불필요한 혼란을 겪지 않기 위해서는 이들 문제에 대해 부분적으로라도 국제적 협약을 이끌어내는 것이 반드시 필요할 것이다. 또한 위험에 대한 우리 인식 수준을 조절할 필요가 있다. 현재 코로나바이러스의 새로운 특성 때문에 그 수준이 과장되었을 수 있기 때문이다. 만일 이 바이러스가 어떤 형태로든지 계속 퍼져 나가거나 새로운 코로나바이러스가 출현한다면, 우리는 몇 가지 어려운 질문에 답해야 한다. 그 가운데 가장 중요한 것은 인간의 삶에 어떤 수준의 위험까지를 우리의 사회적·경제적 행복을 유지하는 데 용인할 수 있는가이다. 지난 수십 년간 유행한 전염병의 사회적 영향력은 코로나19보다 미미했기 때문에, 인류는 한동안 이 문제로 고심하지 않았던 것이다.

돌이켜보면, 코로나19에 대해 각국이 취한 조치들 중 일부는 불균형적으로 보일 수 있다. 한국을 비롯한 소수의 나라들 이외에는 냉정하게 전략적으로 사고한 증거는 거의 없으며, 전략인 것처럼 가장하지만 사실상 무릎을 꿇는 대응도 있었다. 맹인이 맹인을 이끌고 경제적 자멸의 길로 나아간 것 같은 인상을 받는다. 일단 대유행병이 가라앉고 나면, 우리는 우리 삶의 불필요한 혼란을 막기 위해 국제적으로 준수할 수 있는 새로운 규범을 결정짓는 최선의 방법을 이끌어 낼 수 있을 것이다. 새로운 감염병이 나타나지 않을 확률은 희박하기 때문에 그렇게 해야 할 필요성은 크다. 질병 발생의 주요 요인, 즉 도시화, 밀집식 농축업, 야생 동물의 서식지 잠식 등은 줄어들 기미를 거의 보이지 않는다. 우리가 새로운 국제적인 규범을 만들어 내지 못한다면 어떻게 될 것인가. 탈세계화와 정치적 민족주의는 가끔 서로를 강화시키기도 하지만, 전염병은 정치적 민족주의보다는 탈세계화 쪽으로 훨씬 더 강력하게 작용할 가능성이 크다.

우리가 앞으로 나아갈 방법을 찾고 있는 중이라면, 역사에서 몇 가지 유익한 교훈을 찾을 수 있다. 우리가 현재 살고 있는, 질병으로 인해 불안정성이 높은 이 시기는 1890년 중국에서 재발한 페스트가 전 세계로 확산되면서 야기된 혼란과 여러 가지 점에서 비교가 된다. 항구와 육지에 시행된 가혹한 격리와, 감염 지역 사람과 화물의 이동에 대한 대대적인 금수 조치들은 정치 및 경제적 혼란을 초래했다. 그러나 이 책의 후반부에서 보여 주듯이, 20세기에 들어서면서 덜 파국적이면서도 더 효율적인 규제를 지향하는 국제적 협약은 이루어졌다. 현재의 전염병 창궐은 그와 유사한 방향으로 수렴될 수도 있다. 만일 그렇지 않다면, 우리 인류는 자유와 번영이 공포에 의해 잠식되는 암울한 미래에 직면하게 될지도 모른다.

끝으로, 이 책이 세계의 중요한 산업국가이자 무역국의 하나로 발전해 온 한국에서 이영석 교수의 번역으로 출판되는 것을 매우 기쁘게 생각한다. 나는 전염병과 무역의 관계를 역사적으로 탐사한 이 연구가 한국인들에게 오늘의 현실을 성찰할 수 있는 기회를 제공하기를 희망한다.

2020년 3월 12일
옥스퍼드에서 마크 해리슨

서장

1860년대 영국인 의사 윌리엄 버드William Budd는 '전쟁과 상업', 두 전제자專制者에 대해 경고했다. 이 둘이 역병을 남겨 놓았고 다시 그런 위협을 가하고 있다는 것이다.[1] 그 당시 세계는 콜레라와 가축 역병, 두 가지 위협에 직면해 있었고 그 후 수십 년 동안 인플루엔자와 페스트plague, 두 가지 가공할 세계적 전염병pandemic을 겪게 되었다. 이와 같은 파국은 모두 어떤 점에서 전쟁과 교역의 산물이었다.

버드는 또 역사적 선례를 많이 끄집어냈다. 그가 살던 19세기, 군대의 행진, 민간인의 탈주, 도시 기반 시설의 파괴 등은 수많은 '국지적 전염병epidemic'의 창궐과 관련이 깊었다. 예를 들어 발진티푸스는 나폴레옹 전쟁기에 러시아에서 퇴각하던 프랑스 군대는 물론, 유럽 여러 지역을 황폐화시켰다. 상업 또한 19세기 전반기 가장 강력한 두 전염병인 콜레라와 황열병의 매개체로 널리 언급되었다. 상업은 질병을 전파하는 지속적인 요인일 뿐만 아니라, 상업으로 연결된 여러 사회를 변모시켰으며, 원거리 시장으로 눈길을 돌리면서 생산의 풍경마저 바꾸었다. 급속한 산업화와 도시화 그리고 세계 시장을 겨냥한 농업의 방향 전환에 따라, 좋든 나쁘든 질병의 환경은 극적으로 변했다.

19세기는 급격한 변화의 시대로, 감염균의 유례없는 재분포 현상을 보여 주었다. 그러나 상업은 오랫동안 전염병과 관련된 인류의 운명을 만들어 왔다. 사실 버드가 말한 두 전제자 가운데 상업이야말로 더 위력적이었다. 장기간의 영향력을 측정할 경우에 특히 그렇다. 페스트(흑사병)가 아시아 상품과 함께 서쪽으로 퍼진 14세기부터, 페스트와 교역은 여러 문화권에서 밀접하게 서로 관련되어 있었다. 오랫동안 지속된 이 상호연관성 때문에, 질병은 상업에 대한 우려, 즉 사회를 변화시키려는 상업 자체의 성향 및 사적 이익과 공동 이익 간의 관계에 대한 우려를 자아내기 시작했다. 전염contagion이라는 개념은 또한 문화적 오염과 공공생활의 타락을 상징하는 메타포가 되었다.

이는 어느 시대에서나 그렇지만, 특히 오늘날 세계화 시대에 심각한 우려를 뜻한다. 최근 광우병BSE, 대장균, 인플루엔자 창궐을 보면서 우리는 부와 불행을 가져오는 상업의 두 얼굴을 직시하게 되었고, 우리가 의존하는 시장과 그 조절 장치에 대해 진지한 질문을 던지게 되었다. 질병의 세계화를 초래하지 않고 이동과 상업의 자유를 확보할 수는 없는가? 위생 보호와 상업의 자유 사이의 적절한 균형은 무엇인가? 개별 국가는 어느 정도까지 국제사회의 규범과 규제를 따라야 하는가?

상업과 전염의 역사는 이 질문에 분명하게 대답하지 않지만, 우리가 당면한 문제들을 이해하는 데는 도움을 준다. 현재 위생상의 무역 통제가 적절한 보호도 경제적 안정도 제공하지 못하기 때문에 상업과 전염병의 관계에 대한 이해가 절실하게 필요한 것이다. 무역과 관련된 질병의 특수한 측면들은 세계무역기구WTO와 세계보건기구WHO 같은 조직들이 다루고 있지만, 예방 조치는 여전히 단편적이고 위태롭다. 주요 질병이 발발할 때마다 예방 조치는 건강 보호만이 아니라 경제적 이익을 염두에 둔, 성급하고 기회주의적인 개입만을 불러올 뿐이다. 심지어 그런 조치의 정당성이 도전받을 때—가끔 그렇다—조차, 피해 당사자들이 만족할지 확신하지는 못하며, 보상은 대개 늦게 이루어지는 데다 부적절하다. 격리 조치quarantines는 또 다른 이름의 관세가 되었고, 그것이 초래하기 쉬운 분쟁들은 세계 무역에 대해 지속적이고 심각한 위협이 되고 있다.

경제적·정치적 이익을 위해 위생상의 통제를 남용하는 것은 별반 새로운 점도 없지만, 전 지구적 차원의 국제 협약과 제도들이 있음에도 이러한 상황이 지속되는 것은 놀라운 일이다. 여기에는 두 가지 이유가 있다. 첫째, 세계화가 가하는 경쟁적인 압력이다. 둘째, 질병 예방은 개별 국가 내에서 차단 방역bio-security이든 또는 국가들 사이의 위생 장벽sanitary barrier이든, 보안security이라는 맥락에서 나타났다. 이 과정은 몇몇 나라에서는 그다지 드물지 않았지만,[2] 그런 조치들의 효과는 과장된 것이었다.

인도적인 관점에서 건강의 '보안화'는 빈곤한 나라의 이익보다는 더 부유한 나라들의 이익에, 그리고 소비자보다 생산자의 이익에 봉사하는 경향이 있다. '보안'에 대한 집착은 엄격한 격리 조치와 무역 금지 조치를 좀더 쉽게 정당화할 수 있는데, 이것은 농산물 수출에 의존하는 개발도상국에 심각한 영향을 미칠 수 있다. 그러나 이 위생상의 보호주의가 초래하는 악영향은 결코 가난한 나라들에게만 국한되지 않는다. 그것이 야기하는 불신과 보복은 질병 그 자체만큼이나 심각하게 세계 경제를 위협한다.

이 책의 한 가지 목적은 지금 전개되는 상황을 이해하려는 것이지만, 인류사에서 자주 경시해 온 한 측면에 초점을 맞추고 있다. 이런 점에서, 이 책은 좀더 전통적인 의미로는 역사적 탐구다. 무역은 대부분의 전염병 역사에서 중요한 요인으로 간주되나, 연구의 주 대상이 되는 경우는 드물다. 그 반면에 전쟁과 유행병에 관한 연구는 무수하게 많다.[3] 상업과 그에 따른 질병은 격리를 다룬 역사에서 더 잘 나타나지만, 이들 역사는 국가들 간의 비교나 연관성보다는 한 나라의 경험에 초점을 맞추는 경향이 있다. 상업사 서술은 때때로 전염병을 언급하나, 대부분의 경우 그다지 중요하게 취급하지 않으며, 특히 무역과 공중보건의 관계를 진지하게 고려하지 않는다. 이 책은 서로 연관된 두 주제, 즉 원격지 무역의 결과로 질병이 확산되는 방식과 이를 막기 위해 취한 조치들을 탐사함으로써 이 틈을 메우려고 한다. 그 출발점은 페스트이다. 무역이 중요한 역할을 한 최초의 사례이기 때문은 아니다. 유스티니아누스 황제 치세 시의 페스트에 관한 언급도 있지만 바로 페스트 때부터 민중의 기억과 공공정책에서 이 두 가지가 서로 밀접하게 관련되었기 때문이다. 14세기 중반에 무역에 따른 감염의 확산을 통제하려는 첫 번째 조치가 취해졌으며, 이것은 그 후 질병에 대한 우리 대응의 토대가 되었다. 그 이후 의심할 여지없이 많은 것이 변했지만, 이 연속성은 현재를 이해하는 데 과거 역사가 관련이 있음을 알려 준다.

700년에 걸쳐 6개 대륙을 망라한 역사를 서술하는 일에는 엄청난 어려움이 뒤따른다. 이런 작업을 하려면 누구나 다른 사람의 학문 연구 성과에 어느 정도 의존할 수밖에 없다. 그렇지만 일반적인 서사를 추출할 수 있는, 상업과 질병에 관한 특화된 연구는 놀랍게도 거의 없다. 이는 오히려 또 다르게 접근해야 한다는 것을 뜻한다. 즉 지나치게 원사료와 사례 연구에 의존하는 기존 역사 서술을 종합해, 일반적인 주제를 조명해야 하는 것이다.

이 책은 엄격한 지리적 의미에서 지구 전체를 다루지는 않지만 상당한 지리적 범위에 걸친 장기간의 상호작용을 추적한다. 이런 점에서―전통적인 기준틀을 넘는 연관성의 탐사라는 점에서―이 책은

'세계사global history' 서술로 간주될 수도 있다.[4] 그 사례 연구들은 질병을 해결한 다양한 방법뿐만 아니라, 질병 분포의 주요 변화를 설명하기 위해 선택한 것이다. 앞장들은 특정 지역이나 무역 네트워크에 초점을 맞춘 반면, 뒷장들은 전 지구적 통합을 살핀다.

나는 세계화의 개념을 아득히 먼 과거에까지 투사하려는 유혹을 뿌리쳤다. 엄격하게 보면 적절하지 않기 때문이다.[5] 질병도 상업도 19세기 후반까지는 실제 전 지구적인 것이 아니었다. 심지어 그 당시에도 최초의 세계 경제global economy는 오늘날 세계화된 경제와 상당히 다른 면모였다.

이 책의 가장 기본적인 과제는 상업의 간선로幹線路를 따라 질병의 확산을 추적하는 것이다. 그런 지식이 없이는 질병이 비즈니스에 미치는 영향이나 무역이 공중보건에 가하는 위험, 그 어느 것도 이해할 수 없다. 그러나 일부 역사가들은 과거, 특히 먼 과거에 발생한 질병을 확인하려는 어떤 시도도 반대한다.[6] 그들에게는 이렇게 말할 수 있을 뿐이다. 이 분야에 대해 이미 알려진 추론마저 배제한다면 우리는 왜 질병이 나타나고, 어떻게 퍼져 나가며, 왜 사라지는지 설명할 방법이 없다고. 이 과제에 온갖 문제점이 있음에도, 이런 질문들은 특히 이와 같은 연구에서는 확실히 가치가 있다. 우리가 어느 정도 불확실성을 인정할 준비가 되어 있다면, 이 접근 방식이 왜 동시대 사람들의 견해를 복원하려는 시도와 함께 사용할 수 없다는 것인지 그 이유를 모르겠다. 사람들이 무역으로 인한 질병을 어떻게 인식했

느지 이해하는 것은 중요하지만, 이를 효과적으로 이해하려면 그들이 어떻게 반응했는지 알아 내는 것이 도움을 준다.[7]

시대와 국가의 경계를 넘어 나타난 다양한 위생상의 규제를 설명할 때, 역사가는 다른 종류의 문제들에 직면한다. 공중보건 조치들은 계몽된 정부에서 흔히 선진적인 것advances으로 묘사되었다. 계몽된 정부에서는 기존 조치들이 진보를 추구하는 과정에서 없어진다는 것이다.[8] 이는 어떤 단계에서는 분명 사실이지만, 공중보건 문제를 이전에 정치화했고 현재에 정치화하는 방법들을 무시한다면 오히려 단순한 시각이라고 할 수 있다.[9]

가장 반대되는 경우로는, 공중보건을 위한 조치들이 우선적으로 국가의 안전도를 높이고 국민을 관리하려 한다는 견해가 있다.[10] 이는 다양한 이념적 관점을 가진 저술가들이 공유하는 견해다. 그러나 이는 지나치게 단순화한 경향이고 다른 나라들이 시행한 접근 방식에서 나타나는 큰 차이를 설명하지 못한다. 지리적 위치나 또는 정치 이데올로기와 같은 어떤 단일한 요인도 이런 차이를 다 설명할 수는 없다. 공중보건 조치는 서로 이질적인 세력들, 때로는 서로 상충되는 세력들 사이의 불안정한 타협으로 이해된다. 예를 들어, 정부는 항상 감염의 예측을 상업의 위축에 따른 손실과 비교해 균형을 맞춰 왔고, 그 균형은 경제가 얼마나 복잡하게 얽혀 있는지에 따라 변해 왔다. 국가들은 국제 경제에서 이해관계가 다르며, 무역을 어떻게 규제하느냐에 관한 국가적 결정은 여론과 그리고 그런 결정을 시행할 수밖에 없는 외교적 맥락, 양자에 의해 이루어졌다.

　무역에 대한 위생상의 규제는 복식 체스 경기와 비슷하다. 이 경기에서 선수 각자는 상대 선수들의 다음 수를 어림짐작하려고 한다. 이는 때때로 임박한 위협에 대처하는 방어력을 떨어뜨리거나, 더 흔하게는 경제적 보호와 정치적 영향력을 위해 위생 조치를 사용하는 등 다소 왜곡된 결과를 초래했다. 세계보건기구나 세계무역기구와 같은 국제기구들이 이런 혼란을 어느 정도 제어해 왔지만, 이들 조직이 시행하려고 하는 규제 조치들은 결함이 있으며, 상업과 보건 모두 불필요한 위험에 빠질 우려가 있다.

　다른 주제들을 탐구하면서 나는 질병과 무역의 관계가 중요하다는 이 책의 구상을 발전시켜 왔다. 인도 식민 정부[인도 정청]의 위생정책을 공부하다가 처음으로 이 주제에 관심을 갖게 되었고, 지난 12년간 다른 시기와 지역으로 연구 범위를 넓힐 기회가 있었다. 이 기간 동안 흔히 짐작하고 있는 것 이상으로 많은 빚을 졌다. 사료에 관해 유용한 조언을 해준 것은 물론, 책을 구성하는 단계에서 조언과 비평을 해준 분들, 특히 다음 분들에게 감사 인사를 하고 싶다. 캐서린 아너, 조지프 배로나-빌라, 캐런 브라운, 패트릭 차크라바르티, 피터 크리스텐슨, 라이언 크롬프턴, 산챠리 두타, 사이먼 핑거, 매들린 파울러, 캐서린 폭스홀, 칼-에릭 프랜드센, 존 헨더슨, 라이언 존슨, 캐서린 켈리, 암나 칼리드, 정란 김, 크리스타 맬란, 리타 메벨로, 고故 해리 마크스, 사우라브 미슈라, 랜달 패커드, 마거렛 펠링, 봅 페린스, 로린 샐러, 폴 슬랙, 마이클 워보이즈. 예일대학의 히서 맥컬럼은 이 책의 두 초고를 읽고 여러 가치 있는 제안을 해주었다. 그녀와 그리고 첫 번째 초고를 읽은 익명의 심사자에게 감사한다. 또한 전거를 주의 깊게 읽고 편집상의 조언을 해준 예일대 출판부의 루시 아이젠버그와 테이미 할리데이에게 사의를 표한다.

세미나와 학술대회에서 이 저술의 초고에 대해 논평을 해준 분들에게도 감사를 드린다. 이들은 다음과 같다. 2002년 부에노스아이레스에서 열린 국제경제사회의, 2003년 보스턴에서 열린 미국의학사학회 회의, 2003년과 2011년 타이페이에서 열린 타이완 중앙연구원 학술회의, 2004년 교토대학에서 열린 '제국과 네트워크' 학술회의, 2004년 케임브리지대학에서 열린 역사지리학 세미나, 2005년 제네바대학에서 열린 '세계화, 자연, 건강'에 관한 학술회의, 2005년 존스홉킨스대학과 발렌시아대학에서 열린 의학사 세미나, 2005년 런던 위생 및 열대의학대학의 연례강좌, 2005년 오사카에서 열린 '전염병, 환경 변화 및 지구적 대처에 관한 국제워크숍', 2006년 옥스퍼드대학 제임스 마틴 연구소 발표, 2006년 런던 국립해상박물관에서 열린 '탐험가와 탐험' 학술회의, 2007년 뭄바이에서 열린 '의학사의 중요성' 학술회의, 2009년 코펜하겐 삭소 연구소 발표, 같은 해 웰컴 의학사 연구소의 의학사 세미나, 2010년 헐대학에서 가진 지리학 강의, 2011년 부산 한국해양대학 강연, 2011년 고베 항구도시연구소 강연. 이외에도 옥스퍼드대의 웰컴 의학사연구단 세미나에 성실하게 참여해 온 분들에게도 감사드리고 싶다. 이곳에서 여러 해에 걸쳐 이 책의 여러 주제들에 관해 발표할 수 있었다.

또한 때로는 아주 낯선 소장 자료를 조사하는 데 인내심을 가지고 도움을 준 전 세계의 많은 도서관 사서와 기록 담당자들에게도 큰 신세를 졌다. 특히 대영도서관의 아시아·아프리카·태평양 소장 문헌 담당자, 보드리언 도서관, 글로스터셔 문서 보관소, 런던 국립 문서고TNA, 런던 웰컴연구소 도서관, 미국철학협회, 볼티모어 시립 문서고, 필라델피아 의회 도서관, 칼리지파크의 국립 문서고 및 기록 관리소, 인도 국립 문서고, 마하라슈트라 주 문서고, 콜카타의 서벵골 주 문서고 담당자에게 감사드린다. 또한 각별한 도움을 준 웰컴트러스트 재단에게 감사드린다. 재단은 이 프로젝트 대부분의 연구비를 지원해 주었다. 또 연구 때문에 내가 없는 동안에도 웰컴 의학사연구단 업무를 처리해 준 동료 슬로언 마혼과 에리커 차터스, 또 연구단의 여러 일들을 도와준 연구단 간사 벨린더 마이클라이즈에게도 감사 인사를 전한다. 이 책 3장은 런던정경대학에서 편집하고 케임브리지대학 출판부에서 간행하는 학술지에 게재된 바 있다.[11] 그 논문을 수정해 재수록할 수 있도록 허락해 준 대학 출판부에게 감사 인사를 전한다. 마지막으로 사랑과 관용을 베풀어 준 가족에게도 고맙다.

차
례

약어 표

- AIDS   Acquired Immune Deficiency Syndrome
- AHC   Archivo Histórico Colonial, Lisbon
- AHU   Archivo Histórico Ultramarino, Lisbon
- APAC   Asian, Pacific and African Collections
- APEC   Asian–Pacific Economic Cooperation
- APS   Library of the American Philosophical Society, Philadelphia
- BCA   Baltimore City Archives
- BL   British Library, London
- *BOIE*   *Bulletin de l Office International des Épizooties*
- *BOIEP*   *Bulletin de l Office International d Hygiène Publique*
- BRO   Bristol Record Office
- BSE   Bovine Spongiform Encephalopathy
- CCA   Chester and Cheshire Archives
- CEO   Chief Executive Officer
- CER   Chinese Eastern Railway
- CFBF   California Farm Bureau Federation
- CWF   Compassion in World Farming
- DCRO   Derby shire Country Record Office
- DGNMS   Director–General of the Naval Medical Service
- *DNB*   *Dectionary of National Biography* (United Kingdom)
- DSB   Dispute Settlement Board
- EU   European Union
- FAO   Food and Agriculture Organization
- FO   Foreign Office
- GATT   General Agreement on Tariff and Trade
- GCRO   Gloucestershire County Record Office
- GOI   Government of India
- HIV   Human Immunodeficiency Virus
- HMSO   Her/His Majesty's Stationary Office
- ICC   Isthmian Canal Commission
- IHR   International Health Regulations

- IMS   Indian Medical Service
- IPPC   International Plant Protection Convention
- KCTU   Korean Federation of Trade Union
- LOC   Library of Congress, Washington DC
- MHS   Marine Hospital Service
- MPPS   Manchurian Plague Prevention Service
- MSA   Maharashtra State Archives, Mumbai
- NAFTA   North American Free Trade Association
- NAI   National Archives of India, New Delhi
- NARA   National Archives and Records Administration, College Park, MD
- NGO   Non–Governmental Organization
- NMM   National Maritime Museum, London
- OIE   Office International des Épizooties
- OIHP   Office International d'Hygiène Publique
- Parl. Debates   Hansard, Parliamentary Debates
- PH   Public Health
- PP   Parliamentary Papers (United Kingdom)
- PRC   People's republic of China
- PVCS   Procès Verbaux du Conseil Superieur (Constantinople)
- RCPE   Library of the Royal College of Physicians of Edinburgh
- RCPL   Library of the Royal College of Physicians of London
- SARS   Severe Acute Respiratory Syndrome
- SPS   Serve Acute Respiratory Syndrome
- TNA   The National Archives, London
- vCJD   variant Creutzfeld–Jakob Disease
- WBSA   West Bengal State Archives, Kolkata
- WHO   World Health Organization
- WL   Wellcome Library, London
- WOAH   World Organization for Animal Health
- WSRO   West Sussex Record Office
- WTO   World Trade Organization

1
장

죽음의
상인들

전 세계적으로 창궐했던 흑사병의 역사를 보여 주는 지도

몬로 스코트 오르Monro Scott Orr, 1920년경.

✝

중세시대 관련 죄악시되었던 모든 것들의 동의어가 되어 버린 흑사병의 널리 알려진 이미지를 잘 뒷받침해 주는 수채화. 그러나 '흑사병'이라는 용어는 19세기에 들어서야 일반적으로 사용되기 시작했으며 이 용어가 무지, 미개와 연관된 것은 18세기 말이다. 아시아, 북아프리카, 동유럽인들에게 전염병의 도래는 끔찍한 현실로 남아 있었다.

1576년 밀라노 지역의 전염병 희생자 집단을 다스리는
(성인) 카를로 보로메오Carlo Borromeo(1534~84)

피에르 미냐르Pierre Mignard, 드 포일리F. de Poilly와 헨리 아놀드Henri Arnauld, 1645년경.

(성인) 카를로 보로메오는 전염병 대유행기 밀라노의 대주교였으며, 반종교개혁과 마법witchcraft 같은 이단을 억압하는 주요 인물이기도 했다. 이 그림에서 그는 자신의 목숨이 위험한 가운데에서도 병든 자와 가난한 자들을 구원하려는 인물로 묘사되고 있다. 더 넓게 보면 이 이미지의 중요성은 질병 예방이 시민의 의무라는 새로운 정신을 일깨웠다는 점에 있다.

이탈리아 페라라Ferrara 지역에서 발행된
1679년 12월 11일 날짜의 작은 포스터 혹은 리플렛(왼쪽)

†

전염병 확산을 예방하기 위해 교역을 제한한 이탈리아 국가들이 발간한 포스터의 하나. 상거래가 감염의 매개로서 주요하게 인식되고 있음을 나타내고 있다. 출처: G. M. Estense Tassoni, *Prohibitione di comercio di tutto il Trentino e de Signiori Griggioni*, Ferrara, 1679.

 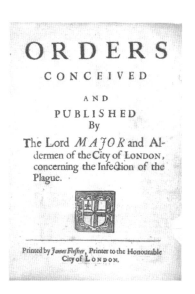

전염병 발병을 우려하는
런던시 시장과 부시장이 공표한 명령, 1665년(오른쪽)

†

1665년 런던에 공표된 전염병 관련 명령은 영국과 유럽의 여타 지역 대부분에서 전염병을 예방하기 위해 취했던 접근 방법의 전형이었다. 이러한 조치들은 대체로 임시적인 것이었으며 시 조례 또는 왕실 명령의 형태를 띠었다. 그러나 1660년대의 전염병 경험은 일부 대륙 국가들로 하여금 국가적인 검역 입법을 제정케 했으며 1700년대 영국을 포함한 대부분의 국가들이 이를 따랐다.

노예 시장은 미 대륙에서 전염병의 주요 경유지 중 하나였으나, 검역이나 유사 조치를 통해 감염을 방지하기 위한 시도는 임시방편적이었다. 1640년대 황열병이 아프리카에서 대서양을 건너온 후 일부 북미 항구들은 이 전염병을 막기 위해 체계적으로 교역과 항해를 규제하기 시작했다.

마르티니크**Martinique** 사탕수수 농장의 노예 거주지

출처: *Voyage pittoresque dans les deux Amériques. Résumé général de tous les voyages de Colomb, Las-Casa, Oviedo...Humboldt...Franklin...etc.* 파리, 1836.

황열병이 사탕수수 식민지에 뿌리를 내릴 수 있게 만든 일부 특질들을 보여 주는 그림. 사탕수수 찌꺼기가 안에 남아 있고, 모기가 안에 알을 낳을 수 있는 물동이와, 질병을 옮기는 곤충을 먹이로 하는 새나, 다른 동물들의 번식을 도울 수 있는 식물의 부족을 표현하고 있다.

14세기 이전에는 유라시아 대륙 대부분이 여러 세기 동안 전염병으로부터 자유로웠다. 비잔틴제국에서 창궐했던, 이른바 유스티니아누스 역병(541~762), 또 지중해 주위 여러 제국을 치명적으로 약화시킨 1차 유행병 이래 페스트의 대규모 창궐은 없었다.[1] 대역병이 사라진 후에 유럽, 아시아, 북아프리카 여러 지역의 인구는 다시 증가하기 시작했고 13세기경 유럽과 아시아는 대단한 번영과 대륙 간 무역의 확장을 이루었다. 그러나 14세기 중엽, 유럽 대부분 지역이 인구 과잉 상태가 되면서 식량이 점차로 부족해졌다. 가축 전염병과 기근으로 많은 지역사회가 파멸 직전에까지 이르렀고, 1340년대 중앙아시아에서 내습한 역병[페스트]은 이들 사회를 벼랑 끝까지 내몰았다. 몇 년 또는 몇 개월 사이에 유럽과 그리고 역병 피해를 입은 아시아·아프리카 인구의 3분의 1이 죽었다. 유럽에서 인구 격감은 노동력의 심각한 부족을 가져왔다. 이는 곡물 가격의 상승, 장기적으로는 봉건적 예속의 해체와 자본주의의 번영을 가능케 했다. 역병의 대처가 국가 건설과 행정의 중앙화를 자극했으며, 지배층은 군대의 무장과 상업적 탐험에 쓸 조세 증가라는 효과를 누렸다.[2] 이와 같은 변화는 수세기에 걸쳐 유럽 확장의 길을 닦았다. 그렇다면 이 중대한 사건들은 무역과 어떤 관계가 있는가? 이 질문에 대답하기 위해서 페스트의 기원과 그리고 그 역병 및 그 이후 유행병이 퍼져 나간 경로를 살펴보자.

페스트가 발생한 지리적 위치와 그 전파를 둘러싸고는 의문점이 많다. 대부분의 해석은 추론이기 때문에, 이들 모두를 살펴보아도 별반 얻을 게 없다. 그렇지만 가장 영향력 있는(논쟁적인) 해석 중의 하나는 페스트가 중국 또는 그 인근에서 발생했다는 윌리엄 맥닐William H. McNeill의 견해다. 그는 자신의 유명한 책《전염병의 세계사》(1976)에서, 몽골제국에서 전염병이 시작되었고 1331~2년에 그 가공할 전염병에 관한 기록이 작성되었다고 주장했다. 그의 추측으로는 페스트 박테리아yersinia pestis가 들쥐들 중 두 종류 숙주의 하나에서 농축된 후에 퍼져 나간 것으로 보인다. 가장 그럴 듯한 것이 윈난성雲南省과 미얀마 경계에서 서식하던 숙주이고, 다른 하나는 만주─몽골 고원의 쥐떼다. 이 질병은 중국에서 대상의 교역로를 따라 서쪽으로 퍼졌다. 몽골인들이 이 교역로를 통제했는데 카스피해 북부 해안에 이르러 초원지대에 서식하는 다른 설치류도 감염되었다. 페스트는 그 당시 남쪽의 아제르바이잔에 출현했고, 서쪽으로 흑해, 그리고 대상들의 교역로를 따라, 다시 유럽과 아프리카로 가는 상선을 통해 퍼졌다.[3]

페스트에 관한 그의 이러한 견해는 상업활동이 감염에 중요한 역할을 했다고 생각하는 것이다. 그러나 이를 지지할 만한 확실한 증거는 없으며, 페스트의 지리적 발생지를 쿠르디스탄에서 남러시아까지로 다르게 보는 견해도 제기되었다.[4] 이런 견해들 가운데 어느 것도 완전히 무시할 수는 없지만, 페스트의 기원에 관한 맥닐의 가설은 올바른 것으로 보인다.

중국은 1330년대에서 1350년대까지 이 중대한 역병으로 인구가 대폭 감소했다.[5] 이는 1340년대 최초의 페스트 창궐 이후 유럽의 인구 감소에 비견될 정도였는데, 장기간에 걸쳐 이와 비슷한 사망률을 초래한 질병을 상상하기는 어렵다.[6] 더욱이 이제는 페스트의 야생 발생지가 중국 근처라는 견해를 지지해 주는 유력한 근거가 있다. 페스트 박테리아의 DNA 흔적이 26,000~2,600년 전에 중국 내 또는 중국 인근에서 진화한 박테리아라는 주장이다.[7] 중국이 몽골제국의 원 왕조(1260~1368) 지배 아래 통합된 후에, 페스트가 이들 먼 지역으로부터 인구 밀집 지역으로 퍼져 나가는 것은 상대적으로 더 쉬웠을 것이다. 사실, 페스트가 14세기 이전 중국에서 발생했다면, 페스트 직전에 곳곳에서 기록으로 보고되고 있는 홍수와 지진을 통해 감염된 설치류를 통해 퍼져 나갔을 것이다. 이런 재앙의 결과, 들쥐 떼가 인가에 사는 설치류와 가까이 접촉했을 것이고, 그에 따라 쥐벼룩이 페스트 박테리아를 인간에게 옮겼을지도 모른다.[8]

이 이론들은 그럴 듯하지만, 중국의 치명적인 사망률이 페스트를 낳은 그런 질병으로 인한 것인지 여부를 확실히 알 수 있는 방법은 없다. 그러나 일단 페스트가 흑해에 도달했다면, 세계의 다른 지역에 어떻게 전염되었는지, 그 흔적impression을 구성하는 중요한 증거가 있다.

동시대인은 대부분 페스트의 지리적 전파를 먼저 묘사하는데, 1346년 크리미아 반도의 항구인 카파Kaffa를 지목하고 있다. 카파는 그 당시 이슬람 세계의 지배자, 킵차크 칸국의 왕 자니베그Janibeg(재위 1342~57)의 군대에 의해 포위된 상태였다. 자니베그는 서방 상인들이 교역 허가를 받았던 타나Tana 지역의 카파에서 기독교도 상인들을 내쫓았다. 카파는 원래 1277년 제노바인들이 무역 거점으로 만든 곳이었다. 제노바 상인들은 이 도시야말로 중국산 비단을 유럽 구매자에게 팔기 전에 저장할 수 있는 안전한 장소라고 생각했다.[9] 중앙아시아를 가로지르는 비단길을 몽골인들이 보호하고 있는 한 이러한 방침은 유효했다. 그러나 제국이 분열되기 시작하고 일부 칸국이 이슬람화하면서 기독교 상인들은 더 이상 환영받지 못한다는 것을 깨달았다. 제노바인들이 타나에서 희생당했듯이, 기독교도와 이슬람교도 사이에 약간의 불화라도 생기게 되면 중대한 사태로 번질 가능성이 있었다. 군대가 페스트의 참화를 겪으면서 카파 포위망이 뚫렸고, 상인들에게는 콘스탄티노플로 탈출할 기회가 생겼다.[10]

1347년, 유구한 비잔틴제국의 수도에 페스트가 창궐했다. 많은 사람들이 질병에 감염된 채로 탈출했다.[11] 그들 가운데는 카파를 벗어난 제노바 상인들도 있었다. 그들이 애초에 가려고 했던 지중해의 목적지에 이르기도 전에 이미 많은 사람들은 페스트에 걸려 죽었다. 처음 그들이 발을 들여놓은 곳은 시칠리섬 메시나 항구였다. 그들은 고향에 돌아가기 전에 그곳에서 생필품[식량]을 얻을 수 있기를 기대했다. 이곳이 1347년 10월 페스트의 발생 기록이 남아 있는 최초의 도시이다. 나머지 제노바 상선들은 지중해 해안을 따라 계속 서쪽으로 향했다. 상인들은 카파를 떠날 때 가지고 온 상품들을 팔고 싶어 했다. 한 척은 1348년 마르세유까지, 그리고 다른 배들은 에스파냐까지

갔다.[12]

그러나 이때부터 사실과 허구를 구분하기가 어려워진다. 지중해와 저 멀리 대서양 연안까지 질병을 퍼뜨린 '죽음의 배들'이라는 일단의 선단에 관한 긴 이야기들이 있는 것이다. 사람들은 레반트Levant(근동의 팔레스타인(고대의 가나안)과 시리아, 요르단, 레바논 등이 있는 지역)에서 들여온 새로운 향료를 구입하지 않으려 했다. 향료에서 감염될까 두려워했기 때문이다.[13] 오늘날에는 상상하기 힘들지만, 이들에 관해 전해지는 이야기는 그 당시 널리 퍼진 불안을 보여 준다. 더욱이 그들은 페스트와 상업의 밀접한 관련성을 우리에게 전해주고 있다.

유럽에서 페스트가 처음 발생한 지 2년이 못 되어, 상선들은 대서양 해안, 발트해, 북해 연안, 심지어는 페로 제도Faroe Islands까지 병을 퍼뜨렸다.[14] 이 모든 곳에서 질병은 적절한 서식 환경을 찾아냈다. 사람들은 대부분 쥐 떼가 우글거리는 주거지에서 살았는데, 그 쥐벼룩이 실제로 사람들에게 병을 옮겼던 것이다. 사람들 근처에서 서식하는 검은 쥐는 인가人家에 덜 동화된 토종 갈색쥐와 달리, 동방과의 교역이 낳은 유산이었다. 이 쥐들은 레반트에서 유럽으로 들어왔는데, 아마도 더 먼 동쪽, 우림 지역인 미얀마와 인도에서 출현했을 것이다.[15] 배 안에 서식하는 들쥐와 벼룩을 통한 설치류의 감염, 재감염이 유럽의 항구 대부분에서 발생한 유행병의 주된 요인이었던 것이다. 이런 연관성은 그 당시에는 알려지지 않았지만, 종종 페스트의 도래에 상선들이 책임이 있는 것으로 언급되었다. 또한 페스트는 론강, 르와르강, 라인강, 포강 등의 주요 하천, 또는 이탈리아 여행자들이 알프스 산맥을 넘어 오스트리아와 중부 유럽으로 들어갈 때 이용하는 도로와 같이, 상인들이 정기적으로 가로질러 가는 통로를 따라 내륙으로 퍼진다고 알려지기도 했다. 페스트는 점점이 흩어져 있는 유럽 상업 중심지와 관련되었다.[16] 밀라노를 비롯한 몇몇 주요 교역 도시들은 참화를 모면하려고 했지만,[17] 동방의 상품이 정기적으로 유입된 이들 도시의 취약성이 바로 질병과 상업의 연관성을 두드러지게 보여 주었다.[18]

　레반트 무역 상인들이 구매한 상품은 대부분 아시아 내륙에서 온 것이었다. 몽골제국의 분열 때문에 육상 교역은 일시적으로 방해를 받았지만, 15세기에 제국의 대부분을 통치한 투르크 계열의 몽골 지배자들에 의해 되살아났다. 그 결과 비단, 금속 및 기타 공산품이 중국에서 서남아시아로 계속 수출되었다. 유럽인은 이 무역에 그다지 연관되지 않았다. 특히 1453년 오스만제국이 콘스탄티노플을 정복한 이후 그러했다. 하지만 유럽 상인들은 오스만제국 속령에서 아시아 상품을 구입할 수 있었다.[19] 페스트균을 지닌 쥐벼룩이 옷감, 곡물, 다른 산물들에 끼어 중앙아시아로부터 멀리 크리미아까지 이동했다. 그곳에서 다시 서아시아, 북아프리카, 유럽으로 향하는 상선들을 통해 쥐에게로 옮겨졌다.[20] 마침내, 레반트와 이집트가 자연스럽게 페스트의 '온상'으로 간주되었다. 그 역병이 실제로는 그곳 풍토병이 아니었다고 하더라도, 그 지역을 유럽의 페스트 발생의 진원지로 간주하는 일은 매우 빈번했다. 유럽인 의사와 자연사 학자들은 자신들의 저술에서 이런 믿음을 견지했고, 지중해 몇몇 국가들이 그 후에 감염을 막기 위해 취한 예방법들의 근거가 되었다.[21]

　무역이 세계의 다른 지역에 페스트를 퍼뜨리는 데 중요한 역할을 했는지 여부를 확정하기란 쉽지 않다. 심지어 14세기 이후에도 중국 전염병의 역사는 여전히 수수께끼다. 예컨대, 15세기에 대대적인 죽음에 대한 기록이 있지만, 이들 기록은 죽음을 질병뿐 아니라 전쟁, 홍수, 기아를 포함한 다양한 요인들 탓으로 돌린다.[22] 아마도 중국은 페스트 이후 유럽의 여러 지역을 유린했던 것과 같은 복합적인 사망률 위기에 시달렸을 것이다. 사회적 혼란과 자연재해는 페스트와 다른 전염병이 창궐하는 길을 터놓았다. 이 당시 무역은 질병을 퍼뜨리는 데 중요한 역할을 했지만, 그것이 사실임을 입증할 만한 어떤 증거도 없다. 그러나 아시아에도 주요 육상 무역로에서 떨어져 있어서 질병의 내습을 모면한 지역들이 분명히 있다. 14~15세기에 한국이나 일본에 페스트가 내습했다는 기록은 없다. 또 동남아시아에 퍼졌다는 증거도 없다.

인도 아대륙의 경우는 더 흥미롭다. 인도는 일단 페스트의 진원지로 추정되기 때문이다. 1344년 모로코인 여행객, 이븐 바투타Ibn Battuta는 델리의 술탄 무하마드 빈 투글루크Muhammad bin Tughluq(재위 1325~51)의 측근 자리에서 물러난 후 인도 동남부에 대역병이 창궐하는 것을 목격했다. 후대의 일부 저술가들은 이븐 바투타가 언급하고 있는 역병을 참조하고서 이 질병이 후에 인도에서 중앙아시아로 전염된 것으로 추정했다.[23] 그러나 이븐 바투타가 묘사한 질병이 페스트라고 생각할 믿을 만한 근거는 없다. 이 당시 인도에 페스트와 비슷한 질병에 관한 어떤 언급도 보이지 않는다. 특히 그 당시 인도 아대륙과 중앙아시아 사이에 존재하던 다양한 상업 관계망을 생각하면, 어떤 점에서는 인도가 페스트 발병의 진원지가 아니라고 해도 이

상할 게 없다. 인도와 아시아의 다른 지역을 갈라놓은 산악 지대의
혹한은 감염된 숙주와 곤충의 이동을 막았다.[24] 물론, 어느 때에 페스
트가 히말라야 산맥의 북쪽과 서쪽 사면에 나타나는가에 많은 것이
달려 있다. 만일 여름에 페스트가 나타난다면 전염을 막을 장애물은
없었을 것이다.

　이후 2세기 동안, 인도에서 전염병에 관한 기록은 더 이상 나타나
지 않는다. 물론 일부 지역에서 가끔 역병이 출몰했을 것이다. 1443
년 술탄 아메드Ahmed 1세는 군대 대부분을 타운ta'un이라 불린 역병
으로 잃었다. 이 말은 아랍어로 질병을 뜻하는데, 아마 전염병 비슷
한 뜻이었을 것이다. 1590년대에도 기근 후에 전염병이 돌아 치명적
인 치사율을 초래했다는 기록이 있다. 물론 이 기록에서는 좀더 포괄
적인 단어 '와바waba'로 언급되어 있는데, 이 말은 단순히 전염병을
뜻하며, 근대적 의미로 보면 탄저균과 티푸스균에 의한 역병이었던
것 같다.[25] 그러나 16세기 무굴제국의 정복활동과 포르투갈의 식민지
개척 후에 역병 비슷한 질병들에 대한 보고가 더 빈번해졌다. 포르투
갈인에게 카라조carrazo로 알려진 치명적인 선충열bubonic fever이 아
라비아해 북서 해안 지역에서 자주 나타난 것으로 보고되고 있고,
1690년대에는 바세인Bassein, 수라트Surat, 다만Daman 등의 인도 항구
들을 괴롭혔다.[26] 타운병은 1681년 고아Goa, 1681년과 1690년 구자
라트Gujarat, 1689년 데칸고원 지대, 1689~90년 뭄바이Mumbai에서
발병했다고 기록되어 있다.[27] 이들 전염병은 인도와 아라비아 또는
페르시아만 사이의 교역에서 비롯됐을 것이다. 얼마 후에 인도 서부
지역에서 발생한 역병이 같은 교역로를 뒤따라, 면직물 상인들과 함

께 되돌아온 것이다.[28]

이러한 시나리오는 그 당시 인도 서부 지역과 페르시아만 사이에 이루어진 활기찬 교역을 볼 때 설득력이 있다. 그 무역은 대체로 인도인들이 도맡았다.[29] 직물은 인도 서부뿐 아니라 남부에서도 유입되었다. 예컨대, 코로만델Coromandel에서 만든 면제품은 그곳에서 수라트 같은 항구까지 육상으로 수송되었고 항구에서 배에 실려 아라비아해를 건넜다.[30] 이 복잡한 무역로 탓에 역병이 인도 내부로 확산되었다. 특히 1570년대 이후 페르시아 인근에 페스트가 급증했고 더 나아가 다음 세기 전 시기에 걸쳐 전염병이 돌았다.[31] 페스트가 인도로 전파되는 또 다른 경로는 육상이었다. 무굴제국 황제 자한기르Jahangir(재위 1605~27)의 회고록(Tuzuk-i-Jahangiri)은 1616~19년간 인도 북부의 대역병을 언급하고 있다. 이 역병은 동남쪽으로 방향을 틀어 아그라Agra와 델리Delhi를 휩쓸기 전에 라호르Lahore 지방에서 먼저 창궐했다. 역병의 징후는 겨드랑이와 사타구니에 혹이 생긴다는 점이었다. 사람들이 죽어 나가기에 앞서 설치류가 대거 죽었다는 보고도 있다.[32] 자한기르는 또한 북부, 카슈미르Kashmir 산악 지대에 퍼진 전염병 '와바'에 관해서도 언급했다.[33] 비록 황제가 북부 지역 전염병의 원인에 관한 조잡한 일부 의견들을 무시하고 있지만, 인도 북부 평야 지대와 중앙아시아 교역로 사이의 감염 경로를 알려 준다. 적당한 계절에 역병이 발생했다면, 북쪽에서 온 대상 행렬을 따라 산악 지대를 넘어 퍼졌다고 생각할 수도 있다.

무역과 역병 전파의 관련성은 논쟁의 여지가 없는 것은 아니지만 설득력이 있다. 의심스러운 점을 고려하면서 일부 역사가와 생물학자들이 밝힌 견해, 즉 페스트와 그 후의 질병들이 페스트에 의해 초래되지 않았을지 모른다는 주장을 살피는 것이 중요하다. 그 당시의 역병과 지금의 전염병을 나란히 놓았을 때 제기되는 한 가지 문제점은, 흑사병이 너무 급속하게 번져 나갔다는 점이다. 프랑스 역사가 비라벵J. N. Biraben은 하루 평균 4킬로미터 속도로 확산되어, 오늘날의 일부 전염병보다 더 속도가 빨랐다고 계산한다.[34] 유행병학에서 페스트 병세 징후에 대한 묘사가 일관성이 없듯이, 다른 측면들 또한 그렇게 보인다.[35] 과거에 보도된 일부 유행병은 다양한 질병들이나 또는 합병 감염으로 발병했을 가능성이 있다. 그러나 아직 이들 전염병의 핵심─적어도 유럽과 서아시아에서 발생한 유행병─은 우리가 알고 있는 바와 같은 페스트였다. 아라비아와 페르시아에서 비롯한 다수 유행병은 일반적인 '와바'가 아니라, '타운'이라는 특별한 말로 알려졌다. 이와 비슷하게 유럽에서도 페스티스pestis나 페스트 peste, 즉 역병plague이라는 단어는 종종 이 질병과 다른 유행성 열병을 상당히 정확하게 구분하는 의미를 가지고 있었다. 의사들은 때때로 그 특징인 붓는 증세나 임파선종 때문에 다른 질병과 구별했다.[36] 이러저런 페스트 증세에 대한 묘사는 시간이 지날수록 좀더 자세하고 일관성 있게 되었다.[37] 중세 및 근대 초 유럽에서 역병 출현에 관한 유력한 증거는 고대 DNA 분석 결과도 제공하고 있다. 이 분석에 의하면 중세 및 근대 초 '역병' 희생자들은 페스트 박테리아에 감염된 것으로 확인된다.[38] 그럼에도 역병은 분명히 시대에 따라 증상이 달랐는데, 이는 유행병이 유전상의 돌연변이나 또는 유행병이 창궐했던 다양한 사회적·경제적 조건들의 결과였을 것이다.

여기서 좀더 중요한 질문을 던져 본다면 동시대 사람들은 이들 전염병을 어떻게 이해했는가라는 문제다. 그들은 무엇이 질병을 초래했다고 생각했을까? 원인이 있다면 질병을 막기 위해 어떤 조치를 내렸을까? 예상했던 대로, 많은 사람들은 종교적인 맥락에서 역병의 내습을 해석했으며 이를 신의 진노 탓으로 돌렸다. 또 다른 사람들은 유랑 집단과 소수 인종, 특히 유대인을 비난했다. 질병의 원인에 대한 설명은 다양하면서도 덧없는 것이었지만, 어떤 견해는 오랫동안 지속되었다.[39] 우리가 뜻하는 '전염', 즉 사람과 상품에 의한 역병의 전파transmission에 대해 널리 퍼져 지속되어 온 이해가 있다.[40] 비록 그런 개념이 직관적이고 초보적이기는 하지만, 이런 견해들은 정부가 전염병과 싸우고 병자를 격리시키며 상인과 그들 상품의 이동을 제한하는 토대가 되었다.[41]

1348년 피스토야 칙령Ordinances of Pistoia까지 소급해 올라가는 이런 조치들은 감염된 지역의 사람들과 리넨이나 모직 천을 가지고 다니는 사람들의 접근을 금지했다.[42] 이와 비슷한 명령들이 다른 이탈리아 도시들에서도 있었다. 예컨대, 베네치아에서는 1348년에 위생위원회가 설립되었는데, 이 위원회는 감염된 선박, 상품, 선원들을 항구 외곽 석호潟湖에 가둘 수 있는 권한을 행사했다. 베네치아는 아시아 교역의 주요 진입 지점으로서, 보통 레반트 해안에서 상품을 실어 나르는 선박을 입항시키는 유럽의 첫 번째 항구였다. 새로운 전염병의 내습을 겪은 후, 베네치아는 공중보건을 위한 항구적인 제도를 발전시켰으며 이는 1485년 보건위원회 창설로 절정에 이르렀다. 이 위원회는 해양 무역에 관한 규정과, 환자 및 감염이 의심되는 사람들을

수용하기 위한 격리 시설 관리에 관한 자세한 규정들을 만들었다.[43]

위생상의 이유로 배를 묶어 두는 것은 '격리quarantine'라고 알려지게 되었다. 이 말은 1397년 (아드리아해 연안 도시) 라구사Ragusa 공화국이 마련한 여러 규제 조치에 기원을 두고 있는데, 그해에 이 도시는 기존의 1377년 예방 조치를 확대해 40일까지 선박을 격리할 수 있도록 했다.[44] 페스트의 위협을 받은 다른 국가들도 비슷한 예방 조치를 취했다. 1383년 마르세유, 1464년 피사, 1467년 제노바 등이 뒤를 따랐다. 해양 격리에 대한 세심한 주의는 당시 사람들이 감염과 상업적 교류의 관련성을 깊이 인지하고 있었음을 알려 준다.

비록 유대인, 집시, 외국인들이 아직도 대중의 희생양이 되었지만,[45] 감염의 위험을 무시했다거나, 또는 위생 규정을 회피했다고 해서 비난받는 사람들은 대부분 상인이었다. 예컨대 런던에서는 16세기와 17세기 초, 수많은 페스트에 대한 공포가 있었다. 이들 역병은 해외 상품, 특히 그 당시 선도적인 무역 파트너였던 네덜란드 수입품과 관련이 있었다.[46] 이런 인식은 영국에 마지막 페스트 내습이 있었던 1665년까지도 남아 있었다. 다니엘 디포Daniel Defoe는 그 질병이 "네덜란드에서 그리고 저 멀리 레반트에서 들여온 수입품에 묻어 왔다"고 믿은 사람들 가운데 하나였다.[47] 심지어 페스트가 이집트산産 솜 더미에 묻어 저 멀리 버뮤다까지 퍼졌다는 보고도 있다.[48]

역병과 상업의 깊은 연관성은 오래 이어졌다. 단순히 역병의 원천이 동방에서 나타났기 때문만이 아니라 사람들이 상업활동을 불신했기 때문이다. 영국 로체스터의 한 주교는 1375년 페스트 내습을, "눈금 속이기, 가격 후려치기, 중량 속임수, 저울 사기, 이물질 주입으로 무게 늘리기, 덤태기 씌우기, 호구 잡기" 등 상인들의 "엄청난 허위"
에 대한 응징으로 보았는데, 그것은 주교 혼자만의 생각은 아니었다.
사도 바울은 상인들에게 서로서로 돕도록 권유했는데도, "그들 각자
가 다음 사람을 속일 궁리만 한다"[49]고 한탄했다. 르네상스기 문헌에
서 역병 희생자를 가리켜 "장사치, 베이컨 토막, 몸통 절임" 등으로
묘사한 것은 도시에서 페스트의 참화와 탐욕스런 상업을 연계하는
인식이 이어졌다는 것을 시사한다.[50] 엘리자베스 시대의 극작가들도
페스트를 상인과 그리고 고리대업과 강탈을 일삼는 사람들에 대한
징벌로 묘사하곤 했다.[51]

  무역과 질병의 연관성이 많은 사람들에게 분명하게 보였다고 하더
라도, 대다수 의사들의 진료 수칙에 잘 들어맞는 것은 아니었다. 전염
이라는 바로 그 개념은 고대 그리스−로마적 전통 아래서, 특히 2세기
의 내과의 갈레누스Aelius Galenus로부터 시작된 방대한 연구 성과를
보며 공부한 의사들에게는 일종의 도전이었다. 물론 갈레누스는 '역
병의 씨앗'에 관해 성찰하기는 했지만, 이것은 그의 질병 이해에서 별
로 중요하지 않았다.[52] 르네상시 시기의 갈레누스 추종자들은, 외부
의 잠재적 병인이 씨앗이거나 또는 해로운 독기miasma라면, 이들이
외부로 퍼져 나가기보다 오히려 어떻게 인체에서 발현하는지에 더
관심을 기울였다. 그들은 네 가지 질료substance(다혈질, 점액질, 담즙질,
우울질)나 기질humours이 인체를 불균형 상태로 빠뜨리는 여러 요인
가운데 하나라고 생각했다. 그들의 주장은 개인주의적 질병관인데,
이런 견해에 따르면 유전에 의해서든 또는 습관에 의해 형성되었든
각자 신체 구성의 특이성에 따라 병이 다르게 나타난다고 보았다.[53]

역병에 관한 일반 민중의 생각은 초기에는 의사의 견해와 달랐지만, 전염 개념은 점차로 의학에 동화되었다. 역병에 관한 의학 분야 저술은 인간, 동물, 상품에 의한 전파를 인식하게 되었고, 그럼으로써 엄격한 의미에서 전염과, 그리고 오물이나 부패 물질로부터 발생한 오염된 대기를 통해 옮긴다는 설명과의 경계가 희미해졌다.[54] 비록 역병이 때때로 썩은 공기에서 비롯되는 것으로 보였지만, 전염성 있는 작은 입자가 사람이나 상품 또는 동물에 달라붙어서, 이들이 이동함에 따라 감염시킬 수 있었다.[55] 중세 및 근대 초기에 걸쳐 이런 설명은 종종 천벌divine retribution 개념과 뒤섞였다. 신은 때때로 직접 간섭하여 악한 자를 징벌하지만 또한 독기 흐르는 대기와 물을 이용해 간접적으로 징벌을 행사하는 것 같았다.[56] 역병이 신이 내린 벌이라는 개념은 16세기 말 의사들 사이에서 불신받기 시작했지만[57] 완전히 사라지지는 않았고, 17~18세기 페스트를 다룬 논고들은 신과 구조적 인과율의 관념이 병에 대한 자연주의적 설명과 병존하는, 지적으로 혼란스러운 양상을 보여 준다.[58]

이러한 변화의 직접적 결과는 (병에 관한) 중세 유럽의 사상이 주로 유식한 세속인, 특히 종종 전염병을 취급할 책임이 있다고 생각하는 치안판사 같은 관리들의 생각과 구별되지 않게 되었다는 점이다. 비록 불결하고 궂은 날씨 같은 다른 요인들도 질병의 조건으로 거론되기는 했지만,[59] 어쨌든 17세기 초에 유럽의 의사와 관리들은 대부분 (감염된 상품에 의한 전염을 비롯한) '전염'이 페스트의 주된 요인 가운데 하나라는 점을 인정했다. 이런 점에서 페스트는 결코 특별하지 않았지만 당시에 전염된다고 여겨졌던 모든 질병 중에서 상업과 가장 밀접한 관련이 있었다.

　그러나 유럽 외부에서는 질병과 상업의 연관성에 대한 인식이 덜 분명했다. 유럽보다 더 자주 역병으로 괴롭힘을 당했음에도, 서아시아와 북아프리카의 이슬람 국가들은 이웃 기독교 국가들의 역병에 대한 조치를 본받으려고 하지 않았다. 그곳을 여행한 유럽인들은 무슬림 사람들의 '숙명론'과 지배자들이 백성들의 곤경에 무관심한 데 대해 충격을 받았다.[60] 실제로 그 상황은 피상적인 언급이 알려 주는 것보다 더 복잡한 것이었다.

　많은 이슬람 학자들에 따르면, 역병에 의한 죽음은 징벌이라기보다 신의 자비 또는 신을 위한 순교로 간주되었다. 이러한 믿음이야말로 무슬림의 생각과, 예정론을 신봉하는 칼뱅주의자 같은 신교파를 제외한 대다수 기독교인의 생각을 구별 짓게 만드는 것이다. 일부 하디스hadiths(선지자의 말)는 사람들이 페스트에 감염된 곳을 떠나지 못하도록 했다. 그러나 또 다른 하디스는 여행자에게 역병이 창궐한 곳에 들어가지 말라고 경고하면서 질병에 의한 순교는 바람직하지도 않고 불가피한 것이 아니라고 덧붙였다.[61] 이슬람 의학은 고대 그리스-로마 의사들의 저술에 토대를 두고 있으며, 전염이라는 개념은 같은 이유로 문제가 되었다. 또한 대다수 무슬림에게 전염에 의한 질병의 전파는 신의 저주와 무관하게 사태가 발생할 수 있음을 의미하는 것이었다. 그러나 그 가능성을 인정하고 전염을 신의 의식을 실현하는 지상의 도구로 간주한 사람들은 소수에 지나지 않았다.[62] 이런 이유 때문에 전염병에 관련된 언급은 질병을 독기 탓으로 보는 설명과 함께 발견된다.[63]

그러나 격리는 별로 시행되지 않았기 때문에 역병은 여전히 두드러져 보였다. 격리가 강력한 의학 및 신학적 근거를 가지고 있다고 하더라도, 오스만제국이나 무굴제국 같은 지구상의 대제국이 그 격리를 강화할 능력이 있었을지는 의심스럽다. 만일 이들 국가가 역병을 막는 조치를 취한다면, 일반적으로 환자와 궁핍한 사람들에게 약을 제공하는 것이었다. 16세기에 오스만제국은 도시 위생을 개선하고 역병이 창궐할 때 희생자의 매장을 규정하는 명령을 내렸다. 그렇지만 아직 격리 조치를 취하지는 않았다. 중국에서는 지배자들이 전염병이 돌 때 곤경에 빠진 사람들을 구제하고 의약품을 배급하는 것으로 그들의 책임을 다했다. 당시에는 어떤 격리의 개념도 없었다. 전염병과 비슷한 파국은 흔히 우주의 부조화 탓이거나 때로는 황제가 지혜롭게 다스리지 못해서 초래된다고 믿었기 때문이다.[64] 일종의 오염 원인polluting agent이라는 개념은 중국의 의학 문헌에 전혀 없는 것은 아니지만, 우주론적이고 환경적인 조건들을 포함한 좀더 넓은 설명틀 안에 묻혀 있었다. 실제로 17세기 이후 중국의 의학 문헌은 공간의 특이성들을 점점 더 강조했다. 이런 개념들은 유럽의 고전적 의학 지식과 별반 다르지 않았지만 둘 사이에는 미묘한 차이가 있었다. 즉 중국에서 (전염병 대부분의 동인이라 추측되는) 기氣의 개념은 호흡과 공기뿐 아니라 에너지를 포함했다.[65]

아시아와 유럽의 문화에서 전염병을 이해하는 방식의 중요한 차이가 있다면, (정부가) 개입intervention을 하게 되는 결정적인 요인이 매우 정치적이었다는 점이다. 간단히 말해서, 그런 기대에 부응하는 능력은 유럽의 지배자들에게서 더 기대할 수 있었다.

처음, 유럽의 일부 국가들은 신학적인 이유, 즉 역병의 내습은 성지를 오염시킨 데 따른 징벌의 한 형태라는 믿음에서 역병을 방제하는 조치를 취했다. 베네치아와 리옹 같은 도시에서는 그런 믿음으로 교회 근처의 거지를 추방하거나 성당 광장을 청소했다. 그러나 점차 신의 진노에 대한 속죄보다는 감염의 직접적인 원인을 제거하거나 의심스러운 사람의 이동을 막는 것을 중시했다.[66] 이 세속화 과정, 또는 더 특별하게는, 질병을 자연 현상으로 인식하고 그 대응을 국가 업무로 설정한 것은 오리엔트의 이슬람 국가와 유교 국가가 아닌 유럽이었다. 그러나 전염병을 막기 위해 활발하게 대처하는 정도는 유럽 국가들 간에도 차이가 있었다. 일반적으로 북부 유럽 국가들은 지중해 연안국에 비해 늦게야 격리 조치를 취했다. 지중해 연안국은 아무래도 레반트와 중앙아시아 병독의 원인에 더 가까운 곳에 있었다. 그러나 역병이 원거리까지 이르기 때문에—자주 스칸디나비아까지 퍼졌다—거리가 멀다고 안심할 수 없었다.[67] 결국, 한 나라의 강력한 방역을 결정짓는 가장 중요한 요인은 전염병에서 벗어나는 것과 좋은 행정을 연결 짓는 것이라는 생각이 나타났다.

이러한 연결은 처음 이탈리아 도시국가들에서 발전했다. 이들 도시에서는 '공공선common good'이라는 개념이 시민 문화에 필수적인 것이었다. 사람들이 봉건 의무에 엄격하게 속박된 나라들보다도 공화국에서 공동체 감정이 더 고도로 발전했다. 시민 공동체가 공화국 정부의 기초였고 당파주의야말로 그 최대의 적이었다.[68] 격리 및 다른 위생 보호 조치 도입은 공공선을 위해서 상인들의 이익을 제한할 필요가 있다는 것을 암묵적으로 인정한 셈이었다. 상인 쪽에서는 크게 고통은 겪지만 빈민을 위한 병원과 자선 제도를 창설하는 데 기여함으로써 그들의 공적 정신을 보여 줄 수 있었다.[69] 이 시민 정신 civic-mindedness이야말로 질병으로부터의 보호를 시민적 덕목virtue, 더 나아가 정치권력과 동일시하는 정치 이론의 토대가 되었다. 이로부터 지도자의 위대성은 국토에 인구가 많은가, 건강한가 여부에 따라 평가되었다.[70]

이들 개념은 이탈리아의 여러 도시국가들에 자극을 주어, 1575~8년 대역병 또는 후에 산 카를로San Carlo 역병이라고 알려진 전염병에 대처할 수 있게 해주었다. 산 카를로 역병은 1340년대 이후 이탈리아 전역을 내습한 최초의 역병이었다. 이때 역병을 이해하고 대처하는 방식에서 중요한 변화가 있었다. 의사들은 이제 역병의 사회적 요인들에 더 관심을 기울였고 상업과 같은 인간의 이동과 상호 교류 사이의 관련성을 탐사했다. 무수한 소책자들이 질병을 막는 최상의 방법에 관해 지배자들에게 충고를 했다. 그 문제의 해결책은 본질적으로 정치에 있다는 점을 강조하는 것이었다. 전염병이 퍼지는 와중에, 이탈리아 도시 대부분은 공중보건에 관한 조치를 개선했다. 이전에는 없었던 위생 부서를 설치해 물자와 사람들의 이동을 좀더 빈틈없이 통제하고 새로운 병원과 격리 시설을 마련하며 길거리와 공공장소를 청소했다.[71] 그 비용이 부담스러울 수도 있겠지만, 정부는 전염병을 막을 수 있다는 것을 자랑스러워했으며 영웅적이고 도덕적인 개인들은 널리 칭송을 받았다.[72] 실제로 이런 점은 산 카를로 역병이라는 이름이 지어진 방식에서 드러난다. 카를로 보로메오Carlo Borromeo(1538 ~84)는 밀라노 주교직을 맡은 추기경이었다. 그는 1576년 페스트가 도시를 엄습했을 때 환자를 돕기 위해 전력을 다했다. 후에 그는 이 당시의 용기 있는 활동으로 성자의 반열에 올랐다. 물론 그의 시성諡聖은 반종교개혁기 그의 활동에 힘입은 것이기도 했다.

산 카를로 역병 이후 이탈리아 국가들은 대부분 외부로부터의 전염 가능성에 항상 조심하고, 상업활동을 통해 병이 유입되지 않을까 각별한 주의를 기울였다. 예를 들어, 1580년대 베로나Verona 위생국이 제출한 282개 역병 관련 조례 가운데 99개가 상업이나 또는 감염 지역에서 유입된 상품 격리에 관련된 것이었다. 이탈리아 도시들은 또한 전 유럽에 걸친 통신망을 이용해 역병의 출현에 관한 지식을 발전시켰다. 이에 힘입어 베로나의 위생국은 전면적인 수출 금지를 주장하기보다는 오히려 특정 국가에 대한 검역을 규제 목표로 삼을 수 있었다.[73] 이탈리아 도시들에서 공중보건 조치들이 정교해짐에 따라 이들 도시와 나머지 유럽 도시들의 격차가 더 벌어졌다. 그렇지만 다음 세기에는 다른 나라 지배자들도 이탈리아의 사례를 뒤따르기 시작했다. 네덜란드 인문주의자 에라스무스의 추종자들은 '시민적 덕목civic virtue'이라는 개념은 물론,[74] 위생 조치가 국민의 힘과 부를 향상시킬 수 있다는 이탈리아 도시들의 견해를 받아들였다.[75] 대부분의 국가가 질병의 유입을 막는 조치를 마련하기 시작했는데, 이는 대체로 전염된 나라로부터 수입 금지나 또는 감염이 의심되는 사람과 물품 격리의 형태를 취했다. 예를 들어, 1602년 런던 시장은 네덜란드 항구 암스테르담과의 교역을 금지했다. 영국 항구 도시 야머스Yarmouth에 대해서도 같은 조치를 취했는데 암스테르담으로부터 전염된 상품이 이 항구에 반입되었다는 정보를 입수했기 때문이었다.[76]

격리란 단지 질병에 대한 방어의 목적으로 계속하는 것이 아니었다. 16세기 후반 페스트에 시달린 나라들의 내부 문제는 다른 나라들이 내린 금지 조치에 의해 심각하게 악화되었다. 외국 항구에서 역병 기미만 나타나도 그런 금지 조치를 충분히 단행할 수 있었고 어떤 경우에는 경쟁국의 상업에 타격을 주기 위해 그런 소문을 의도적으로 퍼뜨리기도 했다. 이러한 상황에서 역병의 전파를 막는 것과, 그리고 무엇보다도 그런 노력을 드러내는 것이 과연 중요했을지는 의문이다. 역병에 대처하는 초보적인 규정만을 갖춘 나라들은 무역의 단절에 특히 취약했다. 예를 들어, 영국은 1600년대 초 역병 공포로 15년간 불황에 시달렸고 그 후 경제 회복이 지체되었다.[77] 그러므로 새 국왕 제임스 1세가 내린 역병에 관한 칙령은 인근 나라 및 무역 상대국들에게 필요한 보호 조치를 취했다고 안심시키는 데 목적을 두었다. 이와 같은 칙령은 또한 심각해지는 빈곤과 부랑민 문제에 대처하는 데에도 이용되었다. 15세기 이탈리아에서는 빈민 그리고 '악당ruffian'이나 '범법자outlaw'로 분류되는 사람들을 집중적으로 격리했다. 이 암울한 사람들은 초기에 공공질서를 위협하는 존재로, 표면적으로는 역병 퇴치를 겨냥한 법규의 목표물이 된 것이었다.[78] 환자와 감염이 의심되는 사람들을 수용하기 위해 병원들이 세워졌다. 역병이 잠잠해지면 이들 병원은 병약한 사람과 찢어지게 가난한 사람들을 위한 수용 시설로 전용되었다. 마찬가지로 격리 조치도 사회적 여과 장치로 작용해, 원치 않는 인물을 배제하는 반면, 중요한 인물은 그들이 감염 지역에서 왔다고 하더라도 자유롭게 통과하도록 허용했다.[79]

북부 유럽 국가들이 처음 역병 관련 법률을 제정하는 동안, 여러 남부 유럽 국가들은 경쟁적으로 격리 시설을 확충하고 확장하는 데 힘을 썼다. 이는 부분적으로는 시민적 자긍심, 또 부분적으로는 지중해를 떠다니는 격리용 선박이라는 이윤 높은 사업에서 더 많은 몫을 차지하려는 시도에 의해 자극을 받았다. 상품의 임시 저장 및 훈증 소독 등으로, 그리고 여행객에게 방을 제공하고 그들을 투숙시켜 버는 돈이 상당했다. 이 점을 고려해 피사에서는 1606~9년에 새로운 보건위원회를 조직했다. 베네치아에서는 1630년에 위생청Magistrato di Sanita을 재구성했다. 마르세유에서도 1640~54년간 보건위원회를 만들었다. 리보르노Livorno, 두브로프니크Dubrovnik, 팔레르모Palermo, 나폴리Napoli 같은 다른 항구 도시도 같은 시기에 격리 수용소를 건설했다. 이들 항구는 북서 유럽 국가들에 정박하기 전에 지중해에서 격리를 거칠 필요가 있는 선박들을 유치하기 위해 경쟁을 벌였다. 리보르노의 경우, 격리 시행용 물적 시설은 (지금의 북서 아프리카 알제리와 모로코의 지중해 연안인) 바르바리 해안Barbary coast에서 약탈을 일삼는 해적선으로부터 보호해 주려는 의도도 있었다.[80] 북부 유럽 국가들은 이와 같은 꽤 큰 시설들은 갖추지 못했고 대부분의 시설은 임시로 만든 역병 환자 수용소pest-house에 불과했다. 1655년 암스테르담에 격리 병원razaretto 한 곳이 건설되기 전까지 북유럽에는 영구적인 병원이 없었다.[81] 18세기까지도 대부분의 북유럽 국가들은 격리 병원도, 격리 기간을 정하는 법률도 없었다. 역병의 위협에 대한 이들 국가의 대응은 자연 임시방편에 지나지 않았고 위기 때마다 상당히 달랐다.[82]

격리 조치가 지중해 국가들에서 더 철저했다고 하나, 제아무리 좋게 말해도 그 시행은 불규칙적이었다. 과도한 치료비와 자의적인 요금에 대한 불평이 상존했으며 기관들 간의 협조나 평등도 거의 없었다. 예를 들어, 프랑스의 경우 오랜 지역 협력의 역사가 있음에도,[83] 내륙의 도시들은 말할 것도 없고, 그 나라 마르세유와 툴롱Toulon에 있는 두 격리 시설 간에 맺은 협정들마저 충돌하곤 했다. 이는 때때로 역병이 내륙으로 퍼지는 동안 선박을 격리하는 불합리한 결과를 낳았다. 1683년 그런 무질서를 막기 위한 격리법이 통과되었지만 효력은 거의 없었다.[84] 제노바나 베네치아 같은 도시국가에서는 공중보건 조치를 통제하기가 비교적 쉬웠다. 그러나 프랑스와 같은 큰 나라에서는 거리가 멀어 중앙 통제를 할 수 없었다.

유럽의 많은 항구들에서는 상인들이 휘두르는 정치적 힘 때문에 위생적인 예방책도 축소되었다. 예를 들어, 1582년 세비야의 보건위원회가 역병에 감염된 도시와 상거래를 금지하기로 결정했을 때, 성난 상인들은 "버티기 어려운 손실과 타격"이라고 주장하면서 당국에 제한을 완화해 달라고 요청했다. 그들은 수입하려는 많은 상품들이 전염으로부터 안전하다며 항의했다. 또 와인, 과일, 식초 같은 선적된 일부 물품에 대해서 거의 그 자체가 위험하다고 여기지 않았는데, 이들 물품의 하역은 또 다른 문제였다. 감염된 선박에서 상품을 내리는 것은 부두 노동자들을 선박에 잠복한 병균 감염에 노출시키는 것이라는 말이 나돌았다. 지역 주민에게 그 병을 전염시킬 위험은 항상 있었다. 상인들의 가중된 압력 아래서 이 금지가 계속될 경우 도시의 세수에 나쁜 영향을 주리라는 것을 알고 있던 보건위원회는 엄격한 조건을 달고 와인과 식초의 하역을 허용하기 위해 격리 조치를 완화했다. 딸기와 같은 계절상품들의 출하를 포함해 그 밖의 다른 상품들은 상인들의 불평에도 불구하고 완전한 금지 대상이 되었다. 카르모나Carmona 등 인근 도시는 다른 항구들이 역병 발생을 이유로 하역 금지령을 내렸을 때, 오히려 무역을 좀더 자유롭게 하고 그 후에 값을 지불하는 것을 허용했다.[85] 오랫동안 해상 격리를 시행해 종종 인기가 있었던 이탈리아에서도 상인들은 때때로 그 격리를 뒤집을 만큼 힘이 셌다. 예를 들어, 1629년 베네치아의 의류상들은 레반트에서 들어온 상선에 대한 격리 조치를 막을 수 있었다.[86] 프랑스도 상황은 비슷했다. 1702년 국왕 조례는 선장들이 항구에 입항하기 전에 선박의 감염 상태를 진술할 것을 강제했지만, 시 당국이 상인 집단과 그들의 동맹 세력에 밀려 종종 무시되기도 했다.[87]

위생 관행은 다양했으며 거의 믿을 수도 없었다. 더욱이 일부 항구 도시들은 경쟁 도시보다 우위를 차지하려고 격리를 완화하기 시작했다. 몇몇 이탈리아 도시들이 함께 결속해 그들의 활동을 조정하고 자국 영토의 전염병과, 북아프리카와 레반트 같은 역병 발생 지역에 관한 정보를 공유한 것은 역병을 막으려는 목적에서였다. 피렌체, 제노바, 토스카나Tuscana 역시 그 이웃 도시들의 보건 상태를 조사하고 격리 조치를 면밀히 탐사하기 위한 외교 사절을 파견했는데, 이 또한 다른 도시가 불공정한 이득을 얻지 못하도록 하기 위해서였다. 사절단은 보통 한두 명의 외과의사와 내과의로 구성되어 치안관 등의 관리과 함께 여행했다. 피렌체와 제노바는 이 협조에 적극 참여했지만, 로마와 나폴리 같은 다른 도시들은 계속 독자적으로 행동했다. 피렌체인과 제노바인들은 의견이 항상 일치하지는 않았다. 1656년 제노바에서 페스트가 발생했을 때, 피렌체가 제노바를 격리시켜 이 협조는 와해되었다.[88] 혼란스러운 상황은 그 후 몇 년간 더 지속되었다.

구세계에서 신세계로

페스트 이후 3세기 동안 유라시아, 북아프리카 및 동아프리카의 상당 지역이 역학적으로 얽혀 있었다. 중세 후기의 역병은 비록 간헐적이기는 하지만 그 이전 수천 년 동안 진행되어 온 과정에서 가장 늦게 발생한 사건이었다. 그때까지 아프리카와 유라시아의 질병들 사이에 서로 약간 뒤섞이기도 했지만, 세계의 여타 지역은 이 역병에 이제야 노출되었다. 가장 중요한 것은, 1492년 콜럼버스의 아메리카 대륙 항해로 인해 구세계 질병 대부분이 아메리카 대륙에 도달하고 신세계의 전염병 매독syphilis이 귀환한 항해자들과 함께 동쪽 유럽으로 퍼져 나가는, '교환'이 진행되었다는 점이다.[89] 천연두, 홍역, 발진티푸스, 그리고 아마도 페스트와 같은 구세계 질병들이 어느 정도로 유럽인의 남북 아메리카 정복에 도움을 주었는지,[90] 그뿐만 아니라, 매독이 아메리카 토착 질병인지 아니면 유럽에 이미 존재했던 병원균의 돌연변이인지를 둘러싸고 논란이 있다.[91] 어느 정도는 여전히 공인된 사항이지만, '콜럼버스적 교환'이 불평등했던 것은 분명하다. 매독은 초기에는 치명적이고 끔찍한 질병이었지만, 그 병이 유럽에 끼친 영향은 콜럼버스와 접촉을 한 뒤의 남북 아메리카의 인구 감소와 거의 비교가 되지 않는다. 구세계의 세균에 대한 면역력 부족으로, 유럽인과 접촉한 직후에 죽은 북미와 중남미 사람들의 숫자는 엄청난 것이었다.

아메리카에서 콜럼버스 접촉에 뒤이은 인구 감소는 확실히 페스트가 초래한 인구 격감에 비견할 만한 것이었고, 일부 지역은 매우 심각했던 것으로 보인다. 1518년 카리브해 섬들의 천연두 전염을 시작으로 여러 뚜렷한 감염의 물결은 곧바로 중앙아메리카 본토로 퍼져 나갔다. 10년도 채 걸리지 않아 남쪽으로는 지금의 볼리비아, 북쪽으로는 현재의 미국까지 멀리 전염된 것으로 보인다. 그 질병은 에스파냐 정복자들과 함께 내륙으로 퍼져 나갔고, 해안 지대를 따라, 그리고 파나마 지협과 회랑 지대를 거쳐 교역하는 원주민들에 의해 그들도 모르게 널리 퍼졌다.[92] 이후 1530년대에는 폐렴(전염병 가운데 가장 치명적이고 전염성이 강한 역병), 인플루엔자, 홍역 등이 유행했다. 1540년대에 중미 지역에서 발진티푸스와 역병plague을 포함한 또 다른 전염병이 창궐했는데, 이 두 전염병 모두 해안 무역 또는 에스파냐인들의 탐사활동을 통해 북쪽 플로리다에까지 도달했다. 10년 후, 그 불행은 천연두와 홍역 발생으로 더욱 악화되었다. 그리고 유럽으로부터, 그리고 후에는 신대륙의 감염 중심지로부터 도래한 일군의 새로운 전염병으로 인구 감소는 지속되었다.[93]

질병의 영향은 지역마다 매우 다양하지만,[94] 수백 만 아메리카 원주민들의 죽음은 그 무렵까지 아랍인의 통제 아래 작은 규모로 운영되어 온 아프리카 노예무역에 유럽인들의 개입을 부추겼다. 에스파냐인과 포르투갈인, 그리고 나중에는 영국인, 네덜란드인, 프랑스인들은 아프리카 노예들을 아메리카 대륙 및 카리브해의 플랜테이션 농장과 광산에서 노역시켰다.[95] 이 주변부 식민지에서 그들의 노동은 막대한 부를 생산하여 식민지 열강 본국의 상업, 농업 및 산업의 발전을 촉진시켰다.[96] 노예들은 대부분 열대 서아프리카에서 왔는데, 그곳 해변에 정착한 아프리카 족장들과 무역상들이 그들을 사로잡아 과밀한 수용 공간에 가둔 채 이송했다. 그들을 가둔 감옥은 이질, 말라리아, 천연두 등 다양한 종류의 세균들을 배양하는 장소가 되었다.[97] 이 시점까지만 하더라도 신대륙에 말라리아는 없었지만, 그 기생충과 말라리아균을 보균한 모기들이 아메리카 대륙에 노예와 함께 들어오거나 또는 이들 질병이 풍토병으로 자리 잡은 유럽 저지대 이민들을 뒤따라 온 것이다. 그러나 장기적으로 보면, 아프리카와의 관련성이 더욱더 중요할 것이다. 많은 사람들이 함께 들여온 악성 말라리아 원충Plasmodium falciparum은 유럽에서 지배적이었던 생체 기생충vivax parasite보다 훨씬 더 치명적이었다. 말라리아가 토착화되면서 유럽인의 사망률이 높아지기 시작했고 유럽 식민지 주민들은 이 병에 면역력을 가진 것으로 보이는 아프리카인에게 더 많이 의존하지 않을 수 없었다.

중세 또는 근대 초 유럽의 전염병과 달리, 지금까지 아메리카의 역사를 바꾼 그 어떤 질병도 상업과 특별한 관련은 없었다. 주기적으로 나타난 전염병인 천연두는 종종 아프리카 노예선이 도착한 후에 발생했지만, 그러한 사례는 너무 자주 발생해 곧 정상적인 것으로 여겨졌다. 1620년대 부에노스아이레스와 페르남부쿠Pernambuco의 사례에서 보듯이, 노예선 입항에 따른 천연두 전염을 막기 위해 에스파냐 식민지에서 간혹 격리 방법을 이용했지만, 그런 조치는 완화되고 노예들은 쉽게 상륙 허가를 받았다. 노예 수요 때문에라도 구입자들은 격리에 따른 인도 지연으로 더 큰 비용을 들이느니 차라리 감염의 위험을 기꺼이 감수할 준비가 되어 있었던 것이다.[98] 18세기에 이르면 천연두를 막기 위한 해상 격리는 대부분 시행되지 않았고, 내륙에 전염병이 퍼지는 것을 예방하려는 시도도 드물었다.[99] 신에스파냐(지금의 멕시코) 같은 일부 식민지들은 남아메리카에서 온 선박으로 인한 감염을 막기 위해 일시적으로 격리 조치를 취했지만, 지방 관리들에게는 상당한 재량권이 주어졌고 격리 조치는 거의 효과가 없었다.[100] 남아메리카와 카리브해 식민지에서 계속 격리가 시행되지 않은 것은, 아프리카에서 출항하는 선박뿐만 아니라 일부 농장에서도 노예들에게 천연두 예방접종을 실시함으로써 철저한 격리의 필요성이 없어졌기 때문일 수도 있다.[101] 그러나 18세기 초부터 이런 예방접종관행은 프랑스 및 영국 식민지에서는 비교적 흔했지만 포르투갈이나 브라질과 같은 다른 유럽 국가의 식민지에서는 상대적으로 자주 나타나지 않았다.[102]

17세기 중반에 새로운 질병이 아메리카 대륙에 나타났다. 잘 알려진 바와 같이, 황열병은 정복 후 신대륙으로 전해진 여러 질병들 가운데 하나였다. 그러나 상대적으로 늦게 전파된 전염병이고 유럽인에게도 가끔 치명적이었기 때문에, 이 병은 가장 많은 사람들의 관심을 끌었다. 문헌에 처음 나타나는 것은 1649년 9월 바베이도스Barbados의 사례다. 그 당시, 검은 토사물의 증세를 보이는 새로운 질병 '디스템퍼distemper'에 대한 보고가 있었다. 전염병이 끝난 1649년 9월에 6천 명이 죽었다. 이 발병 이후, 황열병은 근처에 있는 세인트

크리스토퍼섬으로 퍼져 나갔다. 그곳에서 18개월간 창궐해 주민의 3분의 1이 병사했다. 1648년, 세인트크리스토퍼에서 출항한 배가 프랑스령 마르티니크Martinique섬에 입항했을 때, 많은 선원과 승객들이 죽거나 죽음을 앞두고 있었다. 그 후 그 섬에도 전염병이 발생해 20개월 동안 지속되었다. 거기에서부터, 전염병은 카리브해를 거쳐 서쪽 아바나Havana와 유카탄 반도로 이동했다. 그곳에서도 인종과 종족의 구분 없이 많은 사람들이 희생되었다.[103]

대부분의 경우, 이 질병에 관한 묘사—높은 사망률과 그 증세—는 서로 일치하고 현재 황열병에 대해 알려진 것과 똑같다. 우리는 그 병의 생물학적 정체성을 확신할 수 없지만 동시대 사람들은 그것이 새로운 질병이라고 굳게 믿었다. 물론, 그 질병이 치명적이고 너무나 전염성이 강했기 때문에 페스트에 비유한 사람들도 있었다. 1658년 앤틸리스 제도Antilles의 자연사를 편찬했던 신교도 목사 샤를르 데 로슈포르Charles de Rochhfort는 이 '악성 열병malignant fever' 때문에, 이 제도諸島가 자연적 이점이 많지만 감염되지 않은 다른 섬에 비해 유일한 결점을 가졌다고 적었다. 그의 견해와, 그리고 그가 함께 이야기를 나눈 의사들의 견해로는, 그 열병은 아프리카 해안에서 비롯된 '나쁜 공기'를 실은 선박을 통해 유입된 것이었다.[104] 비록 진짜 발병 원인을 알 수는 없었지만, 로슈포르가 그 병의 지리적 기원에 관해 언급한 것은 옳았을 것이다. 그것은 카리브해 설탕 농장들에서 노역할 노예를 운반하는 네덜란드 선박과 함께 전파되었을 가능성이 가장 높다. 이전에 이들 플랜테이션 농장에서 힘든 일을 대부분 맡았던 유럽 출신 계약 노동자들은 습기 높은 환경에 더 잘 적응하리라 여겨진 아프리카인들로 대체되었다.[105] 이 노예들 중 일부가 황열병 바이러스에 감염되었을지도 모르며, 이 질병의 모기 매개체는 식수통에 서식하면서 대서양을 가로지르는 긴 항해에서 살아남을 수 있었다.[106]

1685년 두 번째 황열병의 파고가 카리브해를 휩쓸었다. 이번에는 남쪽 브라질까지 퍼졌으며, 몇 년 후 감염균의 영구 저장고 역할을 하게 될 아프리카 원숭이들이 유입된 카리브해의 큰 섬들에서 발병했다. 이 새로운 유행병은 종종 이들 지역에서 원천적으로 발생했지만 아프리카로부터 병의 유입은 여전히 큰 비중을 차지했다.[107] 사실, 황열병은 카리브해의 몇몇 작은 섬들에서는 풍토병으로 자리 잡지 못했다. 예를 들어, 바베이도스는 가끔 전염병이 내습했는데도, 병에 잘 걸리는 곳이라는 소문이 돌았다.[108] 그러나 1690년대부터, 황열병은 북쪽으로 퍼지기 시작했고, 북아메리카 동쪽 해안의 여러 항구들에 나타났다. 북아메리카에서 첫 번째 황열병은 1693년 보스턴, 찰스턴, 필라델피아에서 발생했고, 1699년에 찰스턴과 필라델피아에서 다시 재발했다. 뉴욕은 1702년에 처음으로 영향을 받았지만, 1728년까지 더 이상의 발병은 없었다. 이 무렵에 그 전염병은 또 찰스턴으로 되돌아갔다. 이 경우 모두, 그 병은 검은 토사와 피부가 노란색으로 변하는 현상을 포함해 여러 유사한 임상적 특징을 보여 주었다. 1728년 이후, 전염병은 산발적으로 나타나 보통 2~3년마다 한 번씩 여러 차례 발생했다가 그다음 수십 년 동안은 잠잠했다. 그러다 다시 치명적인 질병이 창궐했다. 독립전쟁 전에 북미 식민지에서 황열병이 25차례 정도 유행했으리라고 추정한다.[109]

북미 지역은 17세기 중반부터 사탕수수 농장의 끊임없는 성장으로 발병하기 쉬웠다. 노예선은 더 빈번하게 대서양을 횡단했으며, 종종 이 바이러스에 감염된 노예와 이집트 모기Aedes aegypti의 유충을 운반했다. 그러나 이에 못지않게 중요한 요인은 설탕(사탕수수) 경제가 발전하면서 일어난 환경 변화였다: 사탕수수 재배용 길을 만들기 위해 숲을 개간함으로써 새로 들어온 곤충과 모기를 먹이로 삼았을 조류와 동물들의 서식지가 줄어들었다. 그 반면에, 물 항아리와 저장 탱크는 모기가 번식할 수 있는 여러 장소를 제공했다. 그리고 가장 중요한 것은 설탕 그 자체였다. 농장 근처에 설탕 찌꺼기가 남아 있었고, 그 후 해안 도시에 건설된 제당 작업장 주변에 박테리아의 성장에 적합한 환경이 조성되어 모기 유충에 영양을 공급해 주었던 것이다.[110]

물론, 이 중 어느 것도 당시에는 알려지지 않았고, 황열병은 사람의 접촉이나 감염된 상품들을 통해 쉽게 퍼질 수 있는 전염성 질병이라고 생각하는 것이 일반적이었다. 그것은 역병처럼 비교적 드물게 발생해서, 외부에서 유입된 병으로 쉽게 생각했다. 영국 의사 헨리 워렌Henry Warren은 1740년 런던 의사 리처드 미드Richard Mead에게 보낸 편지에서, 황열병이 지난 16년 동안 바베이도스섬에 두 차례 퍼졌는데, 이는 분명히 마르티니크섬에서 온 선박과 함께 들어온 것이라고 말했다.[111] 워렌은 섬을 곤경에 빠뜨린 악성 열병이 독성을 머금은 나쁜 공기에서 비롯된 것이 아니라고 보았다. 왜냐하면 그 섬의 공기는 아주 "신선하고 순수"하며 다른 사탕수수 재배 식민지들의 공기보다 더 건강에 좋기 때문이다. 그 섬은 잘 경작되고 있었고 호수와 습지도 거의 없었다. 그는 "날씨나 바람의 변화도, 그해의 다른 계절도 우리 사이에 이 전염병을 만들어 내지는 못했다"고 주장했다.[112] 더욱이, 그 질병은 섬에 흔한 열병과 완전히 달라서 새로운 정착자들에게 특히 더 극심하게 영향을 미쳤던 반면, 불결한 식습관으로 체질이 나빠지기 쉽다고 여겨진 아프리카인들은 오히려 감염의 영향을 받지 않았다.[113] 워렌은 그 전염병이 특유의 영향력을 지녀, 이 사람 저 사람에게 전염될 때 똑같은 증세를 낳는 독성의 미립자들에 의해 발생한다고 믿었다. 이것이 전염의 고전적인 정의다. 그의 견해로는, 그 질병은 감염된 사람들과 직접 접촉 또는 그 감염자의 영향력 모두에 의해 전파될 수 있었다.[114]

이 설명은 다른 심각한 질병, 즉 역병plague에 대한 이론과 일치했기에, 황열병은 종종 이 역병에 비교되었다. 사실, 워렌의 편지를 받은 의사 리처드 미드는 1720년 역병이 마르세유에 창궐한 후 그 역병에 관한 보고서를 작성해 달라는 영국 정부의 위탁을 받았다.[115] 미드는 격리 방식의 적극적인 지지자였다. 그는 역병이 세계 동부 및 남부 지역에서 발생했으며 상업 경로를 따라 동남부에서 좀더 추운 지역으로 전파되었다고 생각했다.[116] 황열병에 대한 워렌의 견해도 비슷했지만, 미드는 그 당시 대부분의 사람들이 생각했듯이, 그 열병이 아프리카가 아닌 아시아로부터 카리브해로 옮겨졌다고 믿었다. 프랑스의 의학 문헌에서는 '시암(태국)에서 온 질병la maladie de Siam'으로 알려진 이 역병을 언급하고 있다.[117] 프랑스인들은 인도차이나에서 유별난 악성 열병에 시달렸는데 워렌은 그 열병이 카리브해에서 맹위를 떨친 것과 동일하다고 믿었다.

황열병의 기원과 관계없이, 17세기와 18세기 초 이 병에 관해 기록한 사람들 대부분은 이 질병의 확산과 무역 패턴 사이의 관련성을 주목했다. 페스트와 마찬가지로, 이러한 인식은 격리 관행에 반영되었는데, 이런 격리 관행은 황열병이 처음 보고된 17세기 말부터 서인도에서 유럽으로 항해하는 선박들에 때때로 시행되었다.[118] 격리 방식은 서인도제도에서 아메리카 항구로 항해하는 선박에도 가끔 적용되기도 했다. 최초의 사례는 1647년 매사추세츠만 식민지에서 등장했는데, 바베이도스에서 이곳에 도착한 선박들에 시행되었다.[119] 그 이후 격리 방식은 황열병이나 다른 질병이 전염되고 있다고 여겨지면, 북아메리카 동부 해안을 따라 여러 항구에서 가끔 시행되었다. 예를 들어, 1760년에 조지아주 의회는 '국지적 전염병epidemical distemper' 감염 지역에서 오는 선박을 "총독이나 군 사령관이 지시하는 기간" 동안 강제로 격리하는 법령을 제정했다. 그런 장소에서는 도착한 사람과 상품 모두 선박 안에 남아 상륙 허가가 날 때까지 기다려야 했다.[120] 같은 해 서인도제도에서 황열병이 발병했다는 보도가 있은 후, 버지니아 총독lieutenant-Governor은 각 선장들에게 어디에서 왔는지를 알리라고 촉구하는 성명을 발표했다. 만약 그들의 답변이 우려할 만하면, 각 항구의 감독관은 선박들을 격리시킬 수 있었다.[121]

그러한 규제는 지방의 관리들에게 상당한 권력을 주었고 규제 조치의 성공 여부는 선장과 도선사의 진실성에 달려 있었다. 이러한 이유로 아메리카 항구에 들어오는 사람과 상품에 대한 위생 규제는 변함이 없었고 동부 식민지가 영국으로부터 독립할 때까지 상황은 크게 달라지지 않았다.[122] 북미 식민지들의 노력은 카리브해와 라틴아메리카 지역에서 이에 대한 예방 조치가 아예 없는 것과 뚜렷하게 대조적이다. 이것이 카리브해의 더 많은 전염병 때문이었는지 아니면 권위 있는 사람들의 무기력 때문이었는지는 말하기 어렵지만, 어떤 면에서는 남아메리카와 카리브해 식민지의 상황은 서아시아 국가들의 역병 발생과 비슷했다. 카리브해의 황열병과 레반트의 역병이 빈번하게 발생한 것은 이들 질병의 파괴력이 덜하다는 것을 의미했을 수 있고, 그 반면에 인구 면에서는 어느 정도 면역이 있었을지도 모른다. 그런 상황에서 정기적인 무역 중단으로 나타나는 불편함과 손해와는 별개로, 격리 조치는 거의 불필요한 것으로 보였다.

2
장

다른 수단들을
동원한 전쟁

자카르타 바타비아Batavia 지역의
'환자들을 위한 병원'과 '기성복과 상품을 파는 시장'

출처: 안샴 처칠Awnsham Churchill, 존 처칠John Churchill, 존 로크John Locke and,
존 니홉John Nieuhoff, *A collection of voyages and travels, some now first printed from original manuscripts,
others now first published in English* 런던, 1744~6.

질병과 무역은 항상 함께했다. 이 판plate은 어떻게 질병과 무역 두 가지가 네덜란드령 동인도에 일상화되었는지를 보여 준다. 네덜란드 동인도회사의 주 항구였던 바타비아는 보건이 열악한 것으로 악명이 높았으며, 열병과 이질 전염병으로 인해 주기적으로 피해를 입었다.

건강통행증 Health pass(`fede di sanità`)

Officio delle sanità di Venetia. 베니스Venice. 1713.

18세기에는 일부 이탈리아 국가들이 비감염자임을 증명하는 통행증을 발행하여 상호 협조했으며, 이는 위생 조치로 인해 초래된 혼란을 감소시켰다. 그러나 유럽의 대부분 지역에서는 라이벌 국가의 교역에 피해를 주는 공격적인 방식으로 검역 조치를 행하는 경우가 점점 더 증가했다.

외국 무역 통로 역할을 한 템스강

제임스 베리James Barry, R. A., 1791.

영국의 상거래를 통한 부의 축적에 있어 템스강이 갖는 중요성을 보여 주는 삽화. 그러나 템스강은 종종 전염병의 전달 통로이기도 했다. 이 동판화에서 중앙의 전차에 앉아 있는 템스강의 신이 물속에 있는 바다 요정들의 호위를 받고 있다. 전차 앞 물속에 서 있는 사람은 쿡Cook 선장, 그의 뒤에는 드레이크 경 Francis Drake과 롤리 경Walter Raleigh이며, 오른쪽에는 있는 인물은 대영박물관 등에서 학자이자 작곡가로 알려진 찰스 버니Charles Burney 박사이다. 쿡 선장, 롤리 경, 버니 박사는 옷을 입고 있으며, 왼쪽에는 유럽, 아프리카, 아메리카와 아시아를 대표하는 인물들이다. 그림 위는 그리스 신화에서 두 마리 뱀이 감긴 꼭대기에 두 날개가 있는 지팡이와 로만 투바(또는 이와 유사한) 악기를 들고 있는 신들의 사자 헤르메스Hermes 또는 머큐리Mercury이다.

제노바의 검역소에서 본 바다 풍경

출처: 존 하워드John Howard, *An account of the principal Lazarettos in Europe*

워링턴Warrington, 1789.

제노바에 있는 검역소는 매우 웅장한 건물로,
몇 차례에 걸쳐 바르바리(이집트를 제외한 북아프리카) 해적의 공격을 막기 위해
증축되고 요새화되었다.

나폴리의 검역소 'Offizia della Sanita'

출처: 존 하워드John Howard, *An account of the principal Lazarettos in Europe* 런던, 1791.

1700년대 많은 상인들은 검역소와 무역에 미치는 이들의 영향에 대해 불만을 제기하기 시작했다. 상인들은 그러한 시설은 질병의 전염을 예방하는 정도의 수익을 창출하는 정도로만 구축되어야 한다고 주장했다. 나폴리 당국은 검역 조치를 적용하는 강력한 태도로 악명이 높았으며, 이러한 상황은 19세기 말까지 완전하게 온존하였다.

검역소 모델 스케치

출처: 존 하워드John Howard, *An account of the principal Lazarettos in Europe* 런던, 1791.

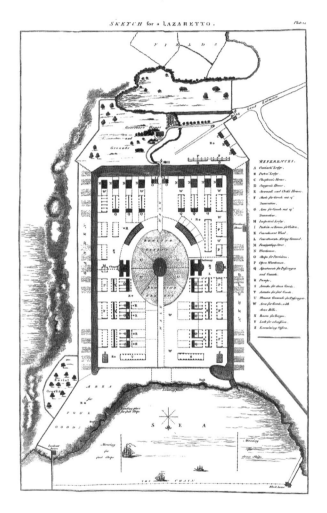

존 하워드는 감옥 개혁가로 잘 알려져 있지만 지중해에 있는 검역소를 포함한 다른 시설들에서의 권한 남용 문제에도 관심을 돌렸다. 이 스케치에서 그는 여행객과 상품이 해를 입지 않도록 하는 이상적인 시설에 관한 계획을 공개했다. 하워드는 전염병이 동지중해 지역Levant을 유린할 때 지중해에서 영국 선박들의 억류를 방지하기 위해 영국에도 라자레토 같은 시설의 설치를 촉구했다.

앞장에서 우리는 여러 유럽 국가와 몇몇 아메리카 식민지가 질병의 확산을 막기 위해 어떻게 무역을 규제하기 시작했는지를 살폈다. 그러한 조치들은 종종 항구 도시들에서 상당한 지지를 얻었지만, 국가 안에서 그리고 국가들 간의 긴장 관계를 초래하는 주된 원인이 되기도 했다. 상인들은 정기적으로 격리 조치에 항의했고 이를 피하기 위해 최선을 다했다. 때때로 그들은 이익을 위해 위생 조치를 이용하는 경쟁자들이 자신의 사업을 망쳐 놓았다고 주장하기도 했다. 이와 같은 문제는 몇 년간 이탈리아 국가들 사이에서 논란이 되었지만, 1660년대에는 유럽 전체에 걸쳐 중요한 논쟁거리가 되었다. 그 10년간, 전염병이 유럽 대륙 대부분 지역에 퍼져 나가면서 런던과 암스테르담 같은 도시들에서 엄청난 사망자가 발생했다. 비록 이 역병은 중부유럽과 서유럽의 대부분 지역에서 마지막으로 나타난 것이었으나, 상업과 전염의 역사에서 새로운 시대의 시작을 알렸다. 격리와 위생을 위한 무역 금지는 국가의 방역 수단으로 의도적으로 사용되었고 그 이후로 국제 관계에서 두드러지게 등장했다.

"우리의 위조품 거래 차단"

격리 방역을 잘못 사용하는 사례가 증가하면서 몇 년간 적극적인 국가 건설과 영토 확장이 이어졌으며, 1654~67년의 러시아-폴란드 전쟁과 1700~21년의 대북방전쟁(제정 러시아의 표르트대제가 발트해 연안 지방을 놓고 스웨덴의 칼 12세와 벌인 전쟁 - 옮긴이 주)과 같은 주요 분쟁으로 절정에 이르렀다.[1] 서구에서는 저지대 지방의 주들(네덜란드)이 인도와 서인도제도의 이윤 높은 시장에 접근하기 위해 영국 및 프랑스와 경쟁하고 있었다. 특히 암스테르담은 인도와의 교역으로 급속하게 성장했으며 향료, 설탕, 도자기, 면화 등 많은 이국적인 상품들이 네덜란드에서 유럽의 다른 지역으로 운송되었다. 1663년 네덜란드의 대항구에 역병이 돈다는 소문이 그 지역 전체에 공포를 일으켰다. 암스테르담과의 교역량이 많은 나라들은 무언가 조치를 취하지 않는다면 전염 가능성이 높았다. 인접 국가들은 옛날부터 내려오는 방식으로 역병의 위협에 대응했고 그 도시에서 출항한 모든 선박에 대해 격리 조치를 시행했다. 그러나 이 격리를 지속하는 것은 저지대 지방의 주로서는 지나치게 심각한 조치로 여겨졌으며, 오히려 상업 제국 네덜란드를 파멸시키려고 질시에 찬 경쟁국들이 역병을 구실로 삼는다고 의심했다.[2] 네덜란드인들은 암스테르담에서의 전염성 질병에 대한 소문을 근거로 영국이 부과한 30일간의 격리 조치에 반대했다. (네덜란드가 조심스럽게 페스트라는 용어를 쓰지 않았던) 이 질병은 분명히 가라앉았으며, 네덜란드 정부는 두 나라의 "중단 없는 상업"이 서로 이익이 된다는 점을 강조했다. 스웨덴과 덴마크 정부도 유사한 항의를 했는데, 네덜란드인들이 자국의 항해를 축소하기 위해 역병을 구실로 삼는다는 비난을 쏟아부었다.[3]

이러한 의혹이 어느 정도 진실이기도 하겠지만, 네덜란드와 거래한 나라들은 마땅히 조심해야 했다. 네덜란드 항해사들은 위생 주의사항을 무시하기로 악명이 높았고, 감염에 관한 네덜란드 정부의 보증은 믿을 수 없었다.[4] 그러나 영국인들은 처음에는 네덜란드와의 무역을 중단하기를 꺼렸다. 영국 상인 가운데 많은 사람들이 네덜란드 무역에 의존했는데, 이는 네덜란드 상인이 레반트 무역과 아시아 무역에서 쌓은 인맥 때문이었다. 영국 시장에서 팔리던 대부분의 비단과 도자기는 레반트 및 아시아 무역을 통해 들어온 것이었다. 따라서 암스테르담과 그 인근 지역이 격리되어 있는 기간에 역병 발생의 보고가 없는 로테르담과 도르드레흐트 등의 항구 도시에 대한 규제는 완화되었다.[5]

다른 정부와 마찬가지로 영국도 그러한 결정을 내릴 때 영사관 관리와 그들의 정보원에 크게 의존했다. 그러나 격리를 강제할 것인가 하는 문제는 이제 의학적인 문제 못지않게 정치적인 문제이기도 했다. 그 이전 10년간, 영국과 네덜란드는 여러 차례 겨뤘고 식민지 무역에 대한 긴장은 다시 고조되고 있었다. 이는 격리나 위생적인 금수조치禁輸措置를 이용하여 무역을 규제하려는 시도는 적대적인 행위로 보일 수 있다는 것을 의미했다. 이것은 영국 측 격리 조치에 대한 네

딜란드 측의 해석이었다. 그들은 즉각 영국 선박에 대해 입항 금지 조치로 대응했다. 네덜란드인은 영국 측의 격리 조치가 완화된 후에 도 이런 입장을 유지했다.[6] '우리의 돈벌이에 대한 제재'에 대해 항의 했지만 소용이 없었다. 1664년 4월 영국은 암스테르담에서 출항하는 선박에 대한 격리 조치를 다시 시행했다.[7] 영국이 새로운 격리를 시 작한 바로 그때에 그 시행을 강화하기 위한 노력을 배가한 것이다. 1663년 첫 번째 격리가 취해진 후, 네덜란드 무역상들은 영국으로 상 품을 밀반입하기 위해 영국 상인들과 공모했다. 네덜란드의 선장이 런던에서 격리 조치를 위반한 사실이 발각되었을 때 이런 의혹이 제 기되었다.[8] 전국에서 올라온 비슷한 보고서들이 많다.[9]

이 '앙갚음식tit for tat' 외교는 서아프리카 노예무역을 장악하기 위 한 치열한 경쟁과 영국 중상주의 항해법을 둘러싼 분쟁으로 인해 영 국과 네덜란드의 관계가 심각하게 악화되었다는 징후였다. 1663년 10월, 영국은 서아프리카의 네덜란드 무역항들을 습격했다. 그다음 해, 영국인들은 뉴암스테르담 정착지를 점령했고 지중해에서 많은 네덜란드 상선들을 납치했다.[10] 이 공격은 곧장 같은 보복을 불러와, 바베이도스 급습, 이에 따른 공식 선전포고 등으로 이어졌다. 갈등이 불거지면서, 격리는 양쪽 경쟁자들이 강력하게 추구하던 무역에 대 한 공격을 강화하는 방법으로 유용해졌다. 가장 아이러니한 것은 영 국의 조치가 영국에 전파되는 전염병을 예방하는 데 아무런 도움이 되지 않았다는 사실이다.[11] 실제로, 그 결과로 발생한 전염병은 영국 정부의 대처 능력을 떨어뜨렸으며, 해군 훈련을 중단하고 기대보다 덜 유리한 평화에 동의하지 않으면 안 되었다.[12]

암스테르담에서 3만 5천 명이 넘는 사람들이 전염병으로 목숨을 잃은 것은 가볍게 볼 일이 아니었다. 1664년에 네덜란드와 정기적으로 교역한 나라 대부분은 위생상의 예방 조치를 연장하거나 강화했다. 그해 8월, 네덜란드 총독은 프랑스가 해상이나 육로로 네덜란드 제일란트Zeeland주(네덜란드 남서부 지역)에서 오는 모든 상품과 교통을 금지하며, 이는 모든 상품에 예외 없이 적용한다는 통고를 받았다.[13] 모든 형태의 교역을 금지하는 경우는 매우 드물었기 때문에, 네덜란드 측에서는 파리가 그들의 무역을 억제하려는 동기를 숨기고 있다고 확신하기에 이르렀다. 프랑스의 금수 조치는 예방 조치로 시작되었지만 1664년 내내 시행되었고 암스테르담의 전염병이 가라앉지 않았다는 이유로 그해 11월에 다시 연장되었다.[14] 암스테르담과의 무역에 따른 위험을 부인할 수는 없었지만, 네덜란드인을 괴롭힌 것은 모든 상품의 거래 금지라는 무차별적인 성격과, 질병이 보고되지 않은 제일란트도 포함시킨 점이었다.

유럽 국가들이 암스테르담의 전염병에 반응하는 방식은 같은 세기 나머지 시기의 분위기를 결정지었다. 비록 의도하지 않았더라도 위생 조치의 시행이 적대 행위로 간주될 가능성이 높다는 것이 명백해졌다. 예를 들어, 1667년 포르투갈 주재 영국 대사 로버트 사우스웰Robert Southwell은 리스본으로 들어오는 영국 선박을 부당하게 제재하는 것에 대한 보복으로 포르투갈 선박에 대해 같은 조치를 취할 것을 제안했다. 그는, 페스트의 위험이 줄어들었기 때문에 포르투갈의 격리 조치는 불법이라고 주장했다. 그는 또 포르투갈 격리 감독관들의 강탈에 대해서도 기록했다. 사우스웰은 영국 항구에 정박한 포르투갈 선박들의 출항을 막을 것을 권하며 이렇게 덧붙였다. "그 같은 성격의 조치가 끝날 때까지, 우리는 이 조치를 우리에 대한 통제와 연계하는 것을 멈추지 말아야 한다."[15]

영국 정부가 이 제안을 따랐는지는 알려지지 않았지만 무역과 선적 금지는 18세기 초에 페스트가 유럽에 되돌아왔을 때 흔히 사용되었다. 대북방전쟁기에 폴란드의 단치히Danzig에서 2만 5천 명이 넘는 사람들이 사망했고, 바르샤바에서 3만 명, 리투아니아의 빌니우스 Vilnius에서 3만 3천 7백 명이 사망했다. 또 스웨덴에서도 4만 명, 덴마크에서 2만 8천 명이 병사했다.[16] 페스트 관련 소식은 발트해와 정기적으로 거래하는 나라 사람들을 공포에 떨게 만들었다. 특히 영국은 삼, 아마, 피치, 타르 등을 주로 이 지역에서 수입하고 있었다. 이 수입품들은 영국 해군에게 중요했다. 1709년 단치히에 역병이 내습한 후에 입항한 선박을 항구에 40일간 격리 조치하라는 칙령이 나왔다. 그러나 곧 이러한 조치들이 지켜지지 않는다는 것이 명백해졌다. 이런 인식이 1710년 영국 최초의 격리 법안을 통과시키는 데 자극을 주었다. 그것은 격리 조치를 시행할 수 있는 국왕의 특권을 없애지는 못했지만, 의회가 국왕을 지지하고 있다는 것을 대중에게 보여 주었다.[17] 이러한 종류의 법률 조항들에 의해 격리 시설에 투자할 자금을 더 많이 마련할 수 있게 되었고, 이 격리를 지키지 않은 사람들에 대해서는 특별한 벌금을 부과했다.

1710년 입법으로 영국에서도 프랑스의 조치와 비슷한 위생 조치가 나타났으며, 이론상으로는 그 조치들을 국가 통치 수단으로 더 효과적으로 사용할 수 있게 되었다. 그러나 1720년 프랑스식 예방 조치에는 더 많은 것들이 필요하다는 것이 분명해졌다. 페스트가 마르세유에 도래한 것은 1660년대 이래 서부 지중해 지역에서 보고된 것으로는 최초의 사례였다. 대부분의 동시대 보고에 따르면, 이 병은 레반트 지역 항구 시돈Sidon에서 출항한 한 상선을 타고 유입되었고, 트리폴리와 리보르노를 거쳐 프랑스로 퍼졌다. 리보르노에서 선주 샤토Shataud 선장은 투르크인 승객 1명과 선원 11명이 병에 걸려 죽었다고 보고했다. 리보르노의 관리들은 페스트라는 용어를 사용하지 않고 그들이 '악성의 전염성 열병'에 걸렸다고 발표했다. 이는 상업상의 혼란을 막기 위해서였다.[18] 5월 25일 마르세유에 도착하자마자, 자르섬Jarre Island의 검역소로 보내지는 대신에, 선장은 그의 선박 화물이 하역된 의무실 부두에 배를 정박하라는 지시를 받았다. 며칠후, 3척의 다른 배들이 레반트에서 도착했는데, 선원들은 거의 역병이 확실한 전염병에 걸려 고통을 받고 있었다. 그러나 일부 기록에따르면, 이들을 검사한 외과의사는 그 질병을 확진 공표하는 것을 꺼려했고 다만 악성 전염성 열병이라고만 언급했다.[19] 다른 사람들은 그 질병이 사실 페스트라는 의학적 경고를 무시한 채 대부분의 책임을 격리 조치 관계자(12명으로 구성된 상인 및 지주집단)에게만 지우고서 비난을 퍼부었다.[20] 어느 쪽이든, 선박들은 40일 동안 묶여 있기는 했지만, 격리된 섬보다는 부두에 머물도록 명령받았던 것이다. 선원들과 일부 하역 짐꾼들이 더 많이 죽은 후에야 비로소 선박을 섬으로 보냈다.[21]

이 질병은 트리폴리와 레반트에 퍼져 있다고 널리 알려졌기 때문에 격리 관계자들은 일부러 그 전염병의 위협을 무시한 것으로 보인다.[22] 마르세유시는 스미르나Smyrna 같은 레반트 지역 항구와 밀착 거래를 했기 때문에 감염될 위험이 높다고 생각하는 것이 타당해 보였다.[23] 실제로 이 지역에서 나온 상품들이 오염될 수 있다는 의혹은 감염된 선박에서 하역한 면직물 더미를 나른 짐꾼들 중에 새로운 감염 사례들이 발생했다는 사실을 통해 나중에 확인되었다.[24] 그러나, 레반트와 거래하는 상인들은 운송 지연, 수수료, 훈증 소독에 따른 상품 훼손 때문에 더 많은 비용이 드는 이런 규제들에 대해 점점 더 비판의 소리를 높였다.[25] 마르세유에서 그들은 지방 정부에 상당한 영향력을 행사했고, 이에 따라 항구에서의 강력한 격리 절차는 사라지게 되었다. 페스트가 발병했을 때, 상인들은 그 역병이 밀수업자들이 운반한 밀수품을 통해 유입되었다고 주장함으로써 책임을 회피하려 했다.[26] 그러나 그 싸움에서 상인과 지지자들은 수세에 몰렸다. 공공생활을 타락시킨 사람들에게 거듭 회개와 비난을 요구했기 때문이다.[27]

페스트의 출현으로 레반트와의 무역 개방을 의심하는 여러 사람들은 최악의 공포를 실감했다. 1669년 재무장관 장-바티스트 콜베르Jean-Baptiste Colbert는 이탈리아, 아프리카, 그리고 레반트의 비단이 마르세유 항구와 루앙을 거쳐야만 프랑스에 들어갈 수 있다고 규정한 칙령을 선포했다. 이에 덧붙여, 그는 외국 상인들이 그곳에서 결혼해 상당한 재산을 매입한다면 귀화 프랑스인이 될 수밖에 없다고 선언했다. 이 칙령은 마르세유에 더 큰 번영을 가져다주었는데, 더불어 많은 외국 상인들, 즉 오스만제국의 아르메니아인과 유대인들이 대거 들어왔다. 마르세유가 점점 더 세계주의적 면모를 보이게 되자, 새로 들어온 사람들과 치열한 경쟁에 직면한 도시 주민들은 이를 못마땅하게 여겼다. 많은 사람들은 마르세유가 로마 가톨릭의 정체성을 잃고 있다고 우려했고, 상인들은 더욱더 치열해진 경쟁에 부딪혀야 했다.[28] 이는 또한 레반트 지역으로부터 질병이 확산되지 않을까 하는 우려를 낳았고, 콜베르가 칙령을 반포하기 1년 전에 새로운 격리 병원lazaretto을 개원해 그 우려가 불식되기를 희망했다.[29] 그러나 감염의 두려움은 여전히 남아 있었고 그 두려움은 이 도시 프랑스계 주민들의 경제적·문화적 우려와 분리될 수 없었다. 그리하여 세계 최초로 설립된 상업회의소는 일부 시민 지도자들의 지지를 받아, 유대인과 바르바리 상인들 간의 음모론을 주장하면서, 일부 상인을 배제하기 위해 왕에게 로비를 했다. 1700년대 초까지, 많은 외국인이 이 도시를 떠나도록 강요당했고, 여전히 동양과 관계 맺는 데 상당한 불안감이 있었다. 외국인뿐만 아니라 상인들은 모두 이중적이고 이기적인 사람으로 여겨졌다. 따라서 페스트의 출현은 상업활동의 본질과 동쪽(오리엔트)에서 발생하는 위험에 대한 의혹을 확인시켜 주는 듯했다.[30]

마르세유시 당국의 초기 대응도 우려를 낳았다. 결국, 페스트가 확산되는 것을 막기 위해 마르세유 주변에 군대를 배치해 육로 검역을 실시했지만,[31] 그 도시 지도자들의 기록은 거의 신뢰할 수 없었으며, 다만 정기적으로 검역을 해온 도시들에서 대부분 격리가 이루어졌다.[32] 예를 들어, 엑스Aix시 당국은 도시 성문을 폐쇄하고 주민들이 죽음의 고통을 겪지 않도록 마르세유에 가는 것을 막았다.[33] 10월에 중앙 정부는 선례를 따랐고 당시 섭정(1715년, 다섯 살에 왕위에 오른 루이 15세 대신 오를레앙 공작 필리프 2세가 섭정을 했다.─옮긴이 주)은 마르세유와 내륙 간의 교통을 막기 위해 뒤랑스Durance강과 론Rhône강을 감시했다. 생선, 올리브, 감귤류 과일, 향신료, 이 밖에 역병을 일으킬 것 같지 않은 필수품과 일부 품목만 통과시켰다.[34] 중앙 정부가 이렇게 결단한 것은 역병과 다른 나라들이 부과한 규제 조치가 무역에 미친 파국적인 상황에 힘입은 것이었다. 10월까지 이 질병은 마르세유에서 프로방스와 제보당Gévaudan의 다른 항구까지 퍼졌고, 이웃 국가들은 프랑스 항구를 떠나는 모든 선박들을 엄격하게 규제했다. 프랑스와 국경을 맞대고 있는 작은 국가들은 더 큰 이웃 국가의 보복을 두려워하여 그들의 예방책을 정당화하려고 애를 썼다. 예를 들어, 제네바 정부는 모든 국가들이 전염병뿐만 아니라 상업의 자유로부터 자국 국민들을 보호하는 데 관심이 있으며, 프랑스의 피해 지역에 시행하도록 제안한 조치들은 그런 이해관계의 균형을 염두에 두고 마련한 것이라고 강변했다.[35] 그러나 영국 정부는 사과할 것이 별로 없었다. 영국으로 전파되고 있는 역병의 위협은 1721년 새로운 격리법을 통과시키는 데 충분할 만큼 심각한 것이었다. 이 격리법은 메드웨이Medway강에 검역소를 신설하고 이탈에 대해 최대의 징벌을 가함으로써 기존의 규정을 강화했다.[36] 이들 조치는 후에 역병의 위협이 줄어들면서 완화되었지만,[37] 가장 절정에 이르렀던 시기에 프랑스 항구에서 출항하는 선박에 취해진 규제 조치들은 각국의 상인들에게, 그리고 좀더 일반적으로는 프랑스 상인들에게 커다란 자극이 되었다. 섭정시대에 수상을 지낸 뒤부아Dubois 추기경과 같은 여러 고위 인사들은 이러한 격리 조치 때문에 '엄청나게 불편한' 상태에 있었다.

프랑스인들은 이들 격리 조치가 감염 지역으로부터 멀리 떨어진 세르부르Cherbourg와 같은 모든 항구를 포함했기 때문에 불공정하다고 생각했다. 프랑스 외교관들은 왕이 이 질병의 확산을 막기 위해 가능한 모든 예방 조치를 취했다고 강조했다. 아울러 일부 국가가 그들의 이익을 위해 프랑스 무역에 피해를 주기 위한 구실로 역병 발병을 이용했다고 주장했다. 그 사례로 베네치아를 언급했지만, 분명한 것은 영국도 동일한 규제를 하고 있다는 점이었다.[38] 프랑스 정부는 국제 여론을 안심시키기 위해 전염병이 감염 지역을 넘어 확산되는 것을 막기 위한 조치를 강화했다.[39] 그러나 1721년 9월 지방 의사들은 역병이 멈췄고 이에 정부가 선박 격리를 풀지 않을 경우 보복 조치에 착수하겠다고 영국을 위협하기 시작했음을 전해주고 있다.[40] 같은 달 10일 영국은 프랑스에서 온 모든 선박에 대한 격리 조치를 해제했다.[41] 이것이 프랑스가 내세운 위생상의 위협 감소 때문인지 아니면 보복을 예상했기 때문인지는 불확실하지만, 그 결정은 두 가지 모두를 염두에 두고 취했던 것으로 보인다. 에스파냐 레반트Levant와 프랑스에서 역병의 발발은 지중해 동부 지역과 정기적으로 거래하는 모든 국가들에 우려를 안겼지만, 이들 발병이 일부 국가에는 다른 경쟁국보다 우위를 차지할 수 있는 기회를 주기도 했다. 장기적으로 어떤 나라의 관심사는 다른 나라들의 관심사가 될 수 없었다. 그러다 18세기경 서지중해 몇몇 항구들의 보건 당국이 보조를 맞춰 활동했다. 이탈리아 도시국가들은 마르세유 검역소와 같은, 다른 격리 시설과 서로 정보를 공유하기 시작했다. 한 역사학자가 말했듯이, "그 선을 따르지 않는 것은 그들의 해상 운송에 대해 자의적인 격리 형태로 보복하는 것을 뜻했다."[42] 그러나 에스파냐와 포르투갈은 이 보건연합 clique 회원국이 아니었고, 종종 그들의 경쟁자들이 불리해지도록 계산된 방식으로 활동했다. 예를 들어, 영국은 에스파냐와 포르투갈이 이웃 국가(프랑스)의 강요로 지중해를 운항하는 자기 나라 선박에 부과한 조치 때문에 격분했다. 1704년 메투엔Methuen조약(18세기 초 스페인의 왕위 계승을 놓고 벌어진 영국과 프랑스의 전쟁에서 포르투갈이 우여곡절 끝에 영국 편을 들어 맺은 조약.—옮긴이 주) 체결 이후 영국의 포르투갈 무역은 증가했지만, 두 나라 공통의 경쟁국인 에스파냐에 대항하는 전략적인 동맹을 맺지는 못했다. 그 후 리스본에는 두 나라 사이의 무역과 그리고 포르투갈과 다른 나라 간의, 특히 지중해 무역에서 중요한 역할을 맡은 영국 상인들이 거주하는 거류민 사회가 상당한 규모로 형성되었다.[43] 에스파냐와 포르투갈 항구에 입항하려는 영국 선박에 대한 단속은 지브롤터Gibraltar와 같은 영국의 해외 영토에서의 검역이 제대로 시행되지 않았다는 점을 들어 정당화할 수 있었다. 지브롤터는 에스파냐 왕위계승전쟁(1701~12) 후 위트레흐트 Utrecht조약(1713~15년 네덜란드 위트레흐트에서 에스파냐 계승 전쟁을 종결시킨 조약. 이 조약으로 유럽은 적절한 세력 균형을 이루고 이후 약 30년 간 큰 충돌 없이 지낼 수 있었다.—옮긴이 주)에 따라 강제로 에스파냐에서 영국으로 양도되었다.[44] 영국은 다시 포르투갈에 압력을 가해, 상선을 겨냥한 것으로 보이지는 않으면서도 어쨌든 전시 징집의 면제권을 확보했다. 어느 세심한 문투로 작성한 공동 성명은 이렇게 언급하고 있다. 이 양보는 "그 배들이 지중해에서 왔고, 완전한 격리를 수행하지 않았음에도 불구하고 포르투갈 국왕이 얼마나 그의 신민에게

호의를 가지고 대하는지 보여 주기 위한 것이다."[45]

포르투갈은 1688년 에스파냐로부터 독립을 쟁취했지만, 그 무렵 영국과 에스파냐의 전쟁에서 포르투갈이 영국 편을 들면서 이들 두 나라 사이에는 여전히 큰 반감이 남아 있었다. 에스파냐는 여전히 포르투갈에 커다란 영향력을 행사할 수 있었고, 상업 면에서 포르투갈 사람들을 아주 곤란하게 만들 수 있었다. 이것은 1721년 11월 리스본 주재 영국 영사 헨리 워슬리Henry Worsley가 알가르브Algarve(포르투갈 남부 파루 현을 중심으로 한 지방을 통칭하는 지명—옮긴이 주)의 부왕 viceroy(군주에게 봉사하며 군주를 대리하거나 군주의 이름으로 한 나라 또는 고을을 다스리는 관리.—옮긴이 주)이 포르투갈 관계자로부터 자기 나라가 영국 선박에 대한 규제 조치를 취하라는 압력을 받고 있으며 그렇지 않으면 에스파냐의 응징을 받게 되리라는 말을 들었을 때 명백해졌다. 에스파냐 측은 역병이 지브롤터를 거쳐 에스파냐로 전파될 수도 있다는 이유로, 지브롤터와 모든 거래를 금지하는 칙령을 공포했다. 부왕도 그렇게 하도록 요구받았고 포르투갈의 모든 항구들이 이를 따를 것으로 예상되었다.[46] 에스파냐로부터 심하게 압박을 받은 포르투갈은 특히 지브롤터로 향하는 영국 선박을 규제하는 조치를 취했고, 이에 영국인들은 포르투갈의 양보를 얻어 내려고 했다. 이러한 전술은 지중해에서 영국의 무역 이익을 위협했던 오스트리아와의 동맹(1725)을 둘러싸고 영국과 에스파냐 간의 긴장이 고조됨에 따라 더욱 명백해졌다. 1726년경 영국은 사실상 에스파냐와 전쟁 상태였으나 영국이 정기적으로 교역하는 스미르나Smyrna(터키 서부, 에게해에 면해 있는 항구 도시 이즈미르의 옛 이름)나 알렉산드리아와 같은 항구에서 질병이 자주 발생해 에스파냐의 조치는 겉으로는 합법성을 띠게 되었다.[47] 1726년 11월, 포르투갈의 디에고 데 멘도니아Diego de Mendonia 국무장관은 리스본의 상원 의장에게 콘스탄티노플과 카이로에서 역병이 발생해 이들 도시에서 매일 수천 명이 사망하고 있다고 보고했다. 프랑스인들은 데 멘도니아에게 옥수수를 실은 두 척의 배가 레반트에서 마르세유에 도착했다고 경고했다. 상선 선원들은 수상쩍은 열에 시달렸다. 몇몇은 항해 중에 죽었고 일부는 도시의 격리 병원에서 죽었다. 1720~1년에 발생했던 전염병이 그들 마음속에 생생하게 떠올랐으며 도시 주민들은 크게 놀랐다. 그리하여 모든 프랑스 항구에서 레반트에서 출항한 선박을 대상으로 엄격한 격리가 실시되었다. 데 멘도니아는 리스본도 똑같이 격리를 시행해야 한다고 결정하고서, 상원에 "엄격한 검사를 받지 않고 레반트에서 온 모든 선박을 철저히 조사해야 하며, 엄격한 조사를 받지 않은 선박들이 감염되지 않았다거나 리스본 보건 기관이 규정한 방식에 따라 격리를 시행했다고 인정해서는 안 된다"고 요구했다.[48] 여기에 예외는 없었다. 격리 시행은 에스파냐 법정의 강력한 압력을 받아 결정된 것으로 보인다. 데 멘도니아가 서신을 보내기 일주일 전에 리스본 주재 에스파냐 영사 돈 호르헤 데 마카사가Don Jorge de Macazaga는 한 에스파냐 관리로부터 자국 정부가 레반트와 엄격한 격리 조치가 없는 지중해 서부 항구들을 떠나 에스파냐로 향하는 모든 선박과 상거래를 "완전히 금지했다"는 말을 들었다. 격리를 받지 않은 배들은 에스파냐에 도착하면 40일간의 격리를 거쳐야 했다.[49] 에스파냐가 포르투갈도 같은 조치를 취하리라 예상한 것은 명백했다.

2년 후, 격리를 둘러싼 긴장은 최고조에 이르렀다. 8월 14일 영국 특사 티롤리 경Lord Tyrawley은 뉴캐슬 경Lord Newcastle에게 다음과 같이 말했다.

포르투갈인들은 뒤늦게 지중해에서 온 우리의 모든 선박에 대한 격리 조치를 의무화했습니다. 심지어 그 선박들이 이미 다른 항구에서 격리 조치를 받고 그에 대한 증명서를 가지도 왔어도 격리를 실시했지요. 그리고 레반트에서 온 다른 배들은 격리 조치를 받아들이지 않으면 다시 강 밖으로 나가야 했습니다. 이 때문에 우리 상인들이 모두 크게 불안해하면서 이를 시정해 달라고 영사에게 요청했지만, 리스본 주재 영사는 포르투갈 국무장관에게 몇 차례 말을 했음에도, 결코 만족할 만한 대답을 얻지 못했지요.[50]

나중에 받은 답변에서 포르투갈 국무장관은 이렇게 알려 주었다.

그 에스파냐 대사는 포르투갈인을 위한 한 기념식에서 영국 선박들이 에스파냐 항구에서 받았던 것과 동일한 격리를 의무적으로 받도록 하고, 만약 그렇게 하지 않으면 포르투갈인에게 결국 위협이 될 것이라고 말했습니다.

영국 영사는 이들의 조치가 너무 '극약'해 거기에 대해 무엇인가 대응을 해야겠다고 생각했다. 그는 포르투갈 국무장관과 관계가 좋다고 알려진 스타트 씨Mr Start를 불러 격리를 해제하도록 설득할 수 있는지 알아 보라고 요구했다. 이는 에스파냐 왕이 영국 왕 조지 1세 George I의 비용 지출로 만족스러워한 것에 대한 영국 측의 불쾌감을 나타내면서도, 그와 함께 포르투갈에 대한 조지 1세의 호의적인 태도를 그에게 알려 준 것이었다. 암암리에 내비친 이런 위협은 효과가 있었던 것 같다. 다음 날 리스본에 있는 보건 당국에 영국 선박의 입항을 허락하라는 명령이 내려졌다.[51]

그러나 격리 완화는 단기간에 끝났다. 강력한 이웃 나라와 그 주요 교역국 사이에 끼어 있는 포르투갈은 상대국이 외교 압력을 행사함에 따라 이쪽 또는 저쪽으로 흔들렸다. 영국 선박이 리스본 항구에 입항한 지 불과 2주 후, 포르투갈인들은 페스트 때문에 레반트 항구에서 항해하는 모든 선박에 엄격한 격리를 실시할 것이라고 발표했다. 에스파냐 레반트는 이탈리아처럼 서지중해에 둘러싸여 있었다. 포르투갈에 체류하는 영국 상인들은 크게 불평했고 티롤리는 포르투갈 국무장관에게 강력하게 항의했다.[52] 그러나 영국의 위상은 한 자국 선박의 선장이 리스본 항구 보건 당국 관계자를 공격한 것 때문에 심하게 타격받았다. 티롤리가 이 사실을 뉴캐슬 경에게 알린 것은 이 사건에 대한 깊은 실망과 그에 따른 일말의 불안감 때문이었다.

어느 영국 상인이 이 강[타거스강]에 들어간 지 며칠 후에 검역관이 승선했습니다. 선장은 격리를 싫어했지만 검역관은 이를 고집했지요. 선장은 그를 배에 태운 채 회초리로 채찍질하고서 해안에 내려놓았습니다. 이와 비슷한 불법행위를 여러 차례 저질렀습니다. 다음 날 아침 선장은 자신이 저지른 일을 돌이켜보고 당연히 벌을 받게 될 것

이 두려워서 전쟁에 참여한 병사로 위장해 배에 오른 다음에 지브롤터로 항해한 다음에 도망갔답니다.[53]

당시 포르투갈 국무장관은 공식으로 항의했는데, 이는 선장이 검역관의 승선을 거부했다는 사실만 알았을 뿐 선장의 폭행은 몰랐기 때문이다. 티롤리 경은 만약 모든 이야기가 새어 나간다면 그런 사건이 다시 일어날까 두려웠다. 실제로, 포르투갈인들은 영국 선박에 대한 격리 해제를 거부했고, 1728년 11월까지 오포르투Oporto에서 수익성 있는 와인 거래가 심각한 타격을 입었다는 보고가 있었다. 여전히 포르투갈 관리들은 영국 법정보다는 에스파냐 법정을 선호하는 것처럼 보였지만, 영국인들은 그들의 무역에 대한 이 장애들이 곧 극복될 것이라고 낙관했다. 포르투갈은 극심한 곡물 부족에 시달리고 있었고 이 때문에 곧 다른 나라와 무역을 위해 항구를 완전 개방하리라고 여겼던 것이다.[54]

비슷한 사건들이 그 이후 몇 년간 주기적으로 일어났다. 에스파냐는 계속해서 포르투갈로 하여금 영국 선박을 규제하도록 압력을 행사했다. 에스파냐 사람들은 여전히 지브롤터의 암석 지대에 지대한 관심을 표명했다. 1729년 2월, 에스파냐에 대한 강경책을 주창했던 뉴캐슬 경은 부하 관리에게 불만을 토로했다.

우리의 조약들과 반대로, 그들 에스파냐인들은 지브롤터와 에스파냐 항구들 간의 모든 교류를 사실상 차단했다네. 우리가 지중해 북아프리카 해안Barbary Coast과 교역을 했다고 하더라도, 역병 감염의

위험은 전혀 없는데 말이지. 이와 동시에, 다른 나라 선박들은 북아
프리카 해안에서 에스파냐 항구로 입항하는 것을 자유롭게 허락받
고 있어. 그리고 자네는 심지어 주둔하고 있는 군대도 카디스Cadiz항
입항을 거부당했다는 사실을 알게 될 거야. 이전에 결코 시행한 적이
없는 격리 조치를 고집하고 있는 셈이지.[55]

뉴캐슬 경은 에스파냐의 조치가 군사 행동의 징조이며 그들의 의
도는 근래 1727년에도 그랬듯이 지브롤터를 점령하려는 것이 아닐까
우려했다. 그의 호전적인 방책은 궁극적으로 성공해, 1729년 에스파
냐는 지브롤터 공략을 포기하지 않을 수 없었고 뒤이어 오스트리아
와의 동맹도 깨지고 말았다. 그러나 영국군은 여전히 경계를 늦추지
않았고 에스파냐가 가장 협소한 땅에 자리 잡은 지브롤터와의 교류
를 가로막으려고 하지 않을까 의심했다. 1735년 그와 같은 기회가 있
었다. 그해에 스미르나와 알렉산드리아에서 역병이 발생해 지중해 연
안의 여러 국가들이 레반트에서 출항한 선박들에 대해 격리 조치를
취했다. 가장 엄격한 규제 조치의 일부는 탕헤르Tangier의 지배자 바
쇼 하멧Bashaw Hammett이 부과했다. 그는 보건증clean bill of health을
가진 경우를 제외하고는 투르크에서 바르바리 해안까지 항해하는 선
박들에 대해 입항을 금지시켰다. 이는 중요한 발전이었다. 탕헤르가
오스만제국의 정통 위생 조치를 최초로 시행한 회교 국가가 되었기
때문이다. 오스만제국은 결코 격리 조치를 시행하지 않았지만, 제국
의 서쪽 전초 기지에서 콘스탄티노플과 관계가 약화되자 바르바리
연안 국가의 통치자들이 지중해 북부 해안의 관행을 모방하기 시작

했다.

　이 나라들은 오스만제국과 유럽, 두 '세계 체제' 사이에 놓여 있었지만 어느 쪽도 따르지 않았다. 서지중해에서 그들은 유럽의 무역 통제권 밖에 있었다. 그러나 전염병이 엄습한 레반트와 거래하고자 바르바리 해안에서 출항할 때 빈번하게 장기간의 격리 조치를 당해 그들의 진출 시도는 좌절되었다. 악명 높은 바르바리 해안의 해적 Barbary corsairs과 자국의 격리 조치를 시행하려는 일부 지배자들의 결정(부분적으로는 북쪽의 국가에 대한 보복)은 유럽인의 지배권을 없애려는 시도였다.[56] 그러나 영국인들은 탕헤르의 조치에 기뻐하는 것으로 보였다. 왜냐하면 지브롤터는 바르바리 해안과 빈번하게 교역을 했기 때문이다. 그런데도, 그들은 "일반적으로 무역을 방해하고 교란시키려고 겉으로만 조치를 취하는 척하는" 에스파냐인들이 다시 이 역병 발생을 이유로 반도와 모든 무역을 금지시킬까 두려워했다.[57] 1740년에 다시 한번 영국 선박들이 바르바리 해안에서 발생한 전염병 때문에 대서양 항구의 입항을 거부당했다. 어떤 이유에서인지, 역병으로 튀니지와 알제리인 수천 명이 목숨을 잃었다.[58] 지브롤터에 대한 격리 부과는 에스파냐를 상대할 때 동원하는 몇 가지 협상 방안의 하나로 남아 있었고 에스파냐가 군사적으로 영토를 회복할 직접적인 전망은 거의 없었다.

상업상의 이익

심각한 분쟁을 일으킬 수 있음에도, 격리 조치는 같은 세기 나머지 기간 내내 유럽에서 확고하게 자리 잡았다. 그것은 분명 불완전한 것이었지만 가능성이 있는 방법이었고, 공중보건의 기원은 르네상스 시대 공공재에 대한 개념에서 비롯되었지만 18세기 계몽정부도 명백히 보건 관리에 관심을 가졌다.[59] 질병은 극심한 무질서의 결과로 간주되었고, 이는 궁핍이나 전쟁 시기와 겹쳐 창궐한 역병의 경우 특히 그러했다.[60] 그러므로 서유럽과 중부 유럽에서 전염병이 발생하지 않은 것은 자부심의 문제가 되었다. 그러나 요한 페터 프랑크Johan Peter Frank가 그의 여러 권짜리 저술 《완벽한 의사경찰 제도*A System of Complete Medical Police*》(1786)에서 주장했듯이, 여기에는 역병을 막기 위한 끊임없는 경계가 필요했다. 계몽군주제의 주창자인 이 비엔나 출신 의사는 관대한 국가 규정과 위생 규제를 통해 모든 사람의 건강을 증진시키기 위한 종합적인 제도를 제안했다. 이 제도에서 격리 조치는 요제프 2세Joseph II가 통치하는 오스트리아–헝가리제국과 같은 계몽군주국이 인접국 역병의 내습을 막는 데 중요한 역할을 했다. 그는 "사람이나 동물, 물건을 막론하고 일체의 감염원 또는 감염체의 유입을 저지하는 것이 국가의 가장 중요한 책무 가운데 하나다. 정부는 이를 달성하기 위해 국제법을 위반하지 않으면서도 적절한 모든 수단을 사용할 권리가 있다"고 선언했다.[61] 이를 위해 오스트리아–헝가리제국은 지금도 가끔 역병에 시달리던 오스만제국의 지방 속주 몰다비아Moldavia와 왈라키아Wallachia의 국경을 따라 1,600킬로미터

(1,000마일)의 방역선을 유지했다. 그 국경은 감시탑을 세워 경계를 늦추지 않았고 격리 조치를 받지 않고 국경을 넘는 사람을 보면 사살하라는 명령을 받은 초병들이 차례로 순찰했다. 그 나라의 보건 위생 기능은 1700년부터 점차적으로 발전했는데, 그것은 원래 투르크에 맞서 세운 군 경계선에서 비롯한 것이었다.[62]

비록 일부 역사가들은 이 방역선에 의거한 보안을 의심해 왔지만,[63] 동시대 사람들은 대부분 전염병을 막기 위한 것이라고 생각했다.[64] 다른 어느 것도 그 질병이 방역선 동쪽에 있는 오스만 지방에서 만연했음을 설명해 주지는 않는 것 같았다. 페터 프랑크는 방역선 덕분에 오스트리아가 전염병으로부터 보호받았다고 믿었지만, 비엔나의 의사인 파스칼 페로Paskal Joseph Ferro는 격리가 무역에 미치는 피해를 인식하고, 그러한 조치들이 야기할 불편과 혼란을 최소화하면서 계몽적 원리로 확인해야 한다고 주장했다.[65] 그는 단지 공중보건의 이유만으로 방역이 유지되는 경우는 거의 없고, 합스부르크 왕가가 세운 방역선이 계속해서 중요한 군사적 역할을 맡고 있으며, 필요할 경우 다른 곳에 배치될 수 있는 추가 인력을 제공한다는 것을 알고 있었다. 이 추가 기능들은 그 방역선이 결코 임시방편일 수 없다는 것을 의미했다. 인접한 오스만제국 속주인 이스트리아Istria와 달마티아Dalmatia에 대해 베네치아 공화국이 세운 방역선도 방역과 군사 방어를 겸했다.[66] 방역 경계선은 임박한 침략 행위를 감추기 위해 적극 이용할 수도 있었다. 예를 들어, 1770년 페스트가 동유럽을 황폐화했을 때, 프로이센은 폴란드 영토를 잠식하는 방역선을 설치했는데 겉으로는 그 방역적인 성격이 공격 의도를 혼동하도록 만들었

던 것이다.[67]

위생을 둘러싼 분쟁도 전쟁을 촉발할 수 있었다. 특히 7년전쟁 (1756~63년 합스부르크가가 오스트리아 왕위계승전쟁에서 빼앗긴 슐레지엔을 되찾기 위해 프로이센과 벌인 전쟁.—옮긴이 주)과 유럽 국가와 남부 이슬람 정치 사이의 끊임없는 경쟁과 같은 주요 분쟁으로 황폐화된 지중해 지역에서 그러했다. 예를 들어, 1789년 튀니지의 통치자 후무다 베이Humuda Bey는 베네치아의 검역관 중 한 명이 튀니지 선박에 실려 있던 화물을 파손했기 때문에 베네치아와 관련을 갖게 되었다. 배상을 거절당한 튀니지 상인들이 자기네 통치자에게 불만을 토로하자 그는 베네치아 공화국에 전쟁을 선포하기에 이르렀다. 튀니지가 사략선私掠船corsair을 파견해 베네치아 선박으로부터 보상을 얻어 내자, 이번에는 그 보복으로 베네치아 선단이 튀니지의 라 굴레트 La Goulette, 수스Sousse, 스팍스Sfax 등의 도시들에 함포 공격을 감행했다. 결국 휴전에 합의하고 두 나라 간의 교역은 재개되었다.[68]

18세기에 외교가 전문화되면서 격리와 같은 문제에 대한 정책 결정은 더욱더 복잡해졌다. 그런 결정에 책임이 있는 사람들은 다른 국가가 취할 대응을 주의 깊게 고려하고서야 조치를 단행했다.[69] 따라서 1771년 러시아 서부에서 역병이 발생해 상트페테르부르크 항구를 위협했을 때, 수출용으로 그 도시에 운송된 모든 상품에 대해 격리 조치를 시행했는데 이는 다른 나라들을 안심시키려는 의도에서였다. 그러나 이러한 격리가 있었음에도, 전염병에 대한 두려움 때문에 북유럽 국가들은 대부분 상트페테르부르크에 대한 검역을 실시해 러시아인과 이 도시에 거주하는 외국 상인들의 실망감을 샀다. 영국은 처음에는 버텼지만, 덴마크, 네덜란드 공화국, 스웨덴이 이미 격리 조치를 시행했기 때문에, 그 뒤를 따를 수밖에 없었다. 만일 그렇게 하지 않았다면 영국은 러시아에 부과한 것과 비슷한 금수 조치에 직면했을 것이다. 궁극적으로, 영-러 무역업자들이 입은 손실은 일부 사람들이 우려했던 것만큼 크지는 않았다. 하지만 러시아 상인과 그들에게 돈을 빌려 준 영국 채권자들의 피해는 상트페테르부르크의 몇몇 영국 회사에 심각한 영향을 끼친 1772년 상업적 위기를 심화시켰을지도 모른다.[70]

지금까지 검토한 대부분의 사례에서 상인 세력은 중요하게 취급되지 않았고 종종 혼란을 틈타 사취하지 않았는지 의심을 받기도 했다. 러시아 전염병에 관한 한, (수도의 역병 대책을 마련하기 위해 구성한) 모스크바 전염병위원회 위원으로 임명된 저명한 의사 대부분이 그 역병에 감염된 사람이나 상품과 접촉하면서 크게 퍼져 나갔다는 데 동의했다. 마르세유 사태에서와 같이, 전염과 지역 환경조건의 상대적 중요성에 대해서는 폭넓은 견해가 있었지만, 전자를 완전히 배제하는 경우는 거의 없었다. 전염성에 더 귀를 기울이는 사람들은 섬유 무역이 역병 전파 수단이라는 점을 특히 강조했다. 옷에 바람을 쏘이거나 불붙지 않는 한 오랫동안 역병을 품을 수 있다고 언급했기 때문이다. 오스만제국에서 역병이 자주 발생한 것은 이 섬유 무역, 그리고 의심스러운 상품과 운송인에 대한 터키인들의 예방 실패 탓으로 여겨졌다.[71] 가장 솔직한 전염론자 가운데 한 사람인 의사 다닐로 사모일로비치Danilo Samoilovich는 그 전염병이 왈라키아에서 비롯되었으리라고 결론지었다. 그곳에서 러시아 군대가 터키 상인에 의해 감염되었을 것으로 판단한 것이다.[72] 그러나 사모일로비치는 국가에서 차지하는 무역의 가치를 실제로 잘 알고 있었고, 그 중요성을 축소하고 싶어 하지 않았다. 그는 질병의 원인인 작은 동물들이 누더기며 양털을 제공하기 때문에 가장 의심스럽다고 말하면서도, 오히려 수입 제도를 옹호했다.[73]

사모일로비치는 1783년 페스트 회고록 중 상당 부분을 이 문제를 기술하는 데 할애했는데, 모스크바 전염병위원회가 고안한 방법을 바탕으로 한 그의 권고안은 식초부터 특수하게 준비된 혼합약, 즉 초석硝石nitre과 몰약沒藥Myrrh을 합성한 물질로 감염 위험이 있는 지역에서 사들인 상품을 소독과 훈증할 것을 포함했다. 그의 제안에 따르면, 방독 또는 소독했음을 입증하는 증명서를 사용하면 격리는 최단 시간에 끝날 것이라고 했다. 이 증명서는 (지정된 의사 및 외과의와 연락하여) 각 도시의 검역 담당관들이 발행하며, 상품을 수입한 도시 사무소 검사관들에게 제출되었다. 페스트가 보고된 시기에 영업을 개시하기 위해서, 상인과 상점 주인들도 감염된 사람과 접촉하지 않았고 가게나 집에 그런 사람이나 물건을 숨기지 않았다는 사실을 확인하는 증명서를 검사관들에게 제시해야 했다. 이 증명서를 제출할 경우 공식적인 격리를 피할 수 있었고, 증명서를 제출하지 못하면 15~20일간의 격리 조치를 받아야 했다. 사모일로비치는 그러한 조치들은 큰 효용이 있어서 1709년과 1771년 전염병 창궐기에 역병을 피할 수 있었다고 주장했다.[74]

이러한 권고에 대해 한 가지 주목할 만한 것은 의료 감시활동이 상인들의 영향권에서 벗어날 수 있었다는 점이다. 상인은 사리사욕과 다양한 인종 구성 때문에 역병을 퍼뜨린다는 의심을 받았다. 러시아에서는 터키 상인이 루마니아에서 역병의 초기 확산에 관련되었다고 여겼으며, 그 역병 유행의 후기 단계에서 의류 및 직물 거래에 종사하는 유대인들이 때때로 추방되거나 러시아 황제의 영지에 출입하는 것을 거부당했다. 역병과의 싸움은 제국의 모든 신민이 적극 참여해야 하는 애국적인 투쟁으로 널리 받아들여졌다. 마찬가지로, 격리 및 다른 조치가 질병을 억제하지 못했을 때에도 종종 탐욕과 국민 정서의 결핍 때문이라는 비난을 받았다.[75] 다른 나라에서도 상인들의 이윤 추구가 공공선을 넘어섰다는 국민감정이 일었다. 마르세유의 사서이자 역사가인 파퐁J.P. Papon은 전염병을 회고하면서, 항구의 방역반과 같은 공중보건 기관에서 상인을 퇴출할 것을 권고했다. 상인 집단이 1640년대 처음 설립된 마르세유 보건위원회를 좌우하지는 못했지만, 1716년 개혁에 힘입어 레반트로부터 페스트가 엄습했을 무렵에는 상인들이 지배할 수 있게 되었다. 파퐁은 이 때문에 규제가 느슨해져 1720년의 전염병이 절정에 이르렀다고 했다.[76] 같은 이유로, 프랑스의 비교적 작은 지역 내에서 페스트를 봉쇄할 수 있었던 것은 강력한 행정권력의 승리였다.[77] 1755년 오스트리아-헝가리의 내륙 항구 트리에스테에 설립된 위생국Sanitätsmagistrat에 상인 대표들이 아예 포함되지 않은 것은 이런 이유에서였을 것이다.[78]

마르세유와 러시아에서 페스트의 발생으로부터 어떤 교훈을 얻었든지 간에 방역에 대한 의견은 분명히 양극화되고 있었다. 지지자들은 방역이 유럽의 많은 지역을 감염으로부터 자유롭게 해준 것에 대해 높이 평가한 반면, 반대자들은 쓸모없다고 주장했다, 예를 들어,

에스파냐 당국은 지중해 연안에 경비원을 배치했음에도 불구하고 프랑스 선박들에 대해 효과적인 금수 조치를 취하는 것은 불가능하다고 생각했다. 일부 선박은 경비원을 아예 피할 수 있었던 반면, 다른 선박들은 감염되지 않은 항구에서 출항했다고 주장하는 보건증명서를 가지고 다녔다. 내륙 국경을 따라 펼쳐진 방역선은 피하기가 더 쉬웠고 전염병은 종종 발각되지 않은 채 건너간 불법 거래자들의 탓으로 돌려졌다.[79] 이러한 어려움은 격리 조치를 지지하는 사람들 역시 인정했지만, 그들은 좀더 효율적인 질병 통보 시스템에서 해결책을 찾았다. 예를 들어, 영국 의사 윌리엄 브라운리그William Brownrigg는 만약 페스트 감염 국가들이 발행한 보건증명서를 신뢰할 수 있다면 격리 조치를 더 효과적으로 시행할 수 있다고 주장했다.[80] 그러한 증명은 이탈리아 일부 국가와 오스만제국의 지배 아래 있는 유럽 총독들이 발행했다. 그들은 공식적으로 검사 시간과 장소, 선원과 승객의 이름 및 숫자를 명기하고 선박의 상태를 표시했다. 보건증명서는 격리 조치가 행해졌는지 여부와 운반되는 물품의 종류도 기록했다.[81]

전형적으로, 2~3종류의 증명서가 있었고, 이것들은 나라마다 이름이 달랐다. 19세기 후반까지 널리 사용되었던 프랑스식 명명법은 '정상건강보건증patente nette', '감염의심증명서patente soupçonnée', touchée—미확인 페스트 소문이 있을 때 발행—, '감염증명서pete brute'—역병 감염이 확인되었을 때 발행—로 되어 있었다.[82] 이 제도의 문제는 영사들이 종종 신뢰할 수 없는 정보의 출처에 의존해야 한다는 점이었다. 일부 상인은 관리들이 그들의 경쟁 상인들이 의도적으로 작성한 역병 관련 허위 보고를 받았을 것이라고 의심했다. 어느 영사가 역병 보고를 받을 때는—단 하나의 경우라도—감염 또는 적어도 감염의심증명서를 발행하기로 되어 있었다. 이 경우 보통 깃발을 달고 항해하다가도 지중해 어느 항구 또는 목적지 항구에서 격리당해야 했다. 때때로 서로 다른 깃발을 단 무역 상인들이 비밀리에 거래하는 것도 가능했다. 예를 들어, 그리스 상인들은 스미르나에서 영국으로 가는 교역품을 약탈했는데 이 항구는 역병에 너무 자주 감염된 나머지 영사들이 그런 소문을 심각하게 받아들일 수밖에 없었다.[83]

이는 상인들이 격리 조치의 부당성에 관해 제기한 여러 불평 가운데 하나일 뿐이었다. 18세기 초까지, 영국 추밀원 의장들은 자기 배가 영국 항구에 도착하자마자 억류되었다고 항의하는 상인과 선주들의 청원서를 받았다. 대부분의 경우, 청원자들은 선원이 건강했고, 감염된 항구에서 손을 대지 않았으며, 항로를 거치면서 이미 격리 조치를 받았음을 입증하는 진술서를 가지고 있다고 주장했다. 격리 조치의 영향을 받은 것은 레반트 무역에 관련된 선박뿐만이 아니었다. 러시아와 주변국이 스웨덴과 전쟁(대북방전쟁)기에 역병이 창궐할 때마다 발트해 무역이 주기적으로 혼란에 빠지면서 무역선도 영향을 받았다.[84] 예를 들어 1713년 헨리 모리스Henry Morris라는 사람이 스코틀랜드의 인버키딩Inverkeithing 항구에서 부과한 격리 조치를 면제해 달라고 청원했다. 그의 선박들은 아직 페스트 발생 보고가 없는 상트페테르부르크에서 아마포를 싣고 왔으며, 돌아오는 길에 감염된 항구에 정박하지도 않았다. 게다가, 그의 배들은 이미 정상적인 기간을 넘겨서까지 격리되어 있었다는 주장이었다.[85] 그가 옳았을지도 모른다. 스코틀랜드 검역 당국자들은 그러한 규정을 해석하는 데

열심이라는 평판을 받았기 때문이다.[86]

　이후 몇 년간 이 같은 탄원은 더욱 많아졌고 상인들은 집단적으로 그들의 불만을 드러내기 시작했다. 때때로 그들의 분개한 대상은 국내 검역소였지만, 상인 단체는 외국 항구의 조치에 대해 계속 불평했다. 1772년 마르세유 역병이 발생한 후, 런던 상인들은 영국 선박의 에스파냐 항구 입항을 규제한 데 대해 추밀원에 격렬하게 항의했다. 그들이 보기에, 그 규제는 불합리한 것이었다. 이탈리아 항구와 에스파냐를 오가는 선박들은 마르세유에 입항할 이유가 없어서 위협이 되지 않기 때문이었다. 격리는 에스파냐 수출업자 못지않게 영국의 수입업자들에게 영향을 미치기 때문에 그들 또한 에스파냐에서 들어오는 선박들에 대해 영국이 취한 보복 조치에 항의하기 위해 움직였다.[87] 레반트 회사에서 정기적으로 탄원서를 보내 영국과 지중해에서의 격리 조치에 반발하는 한편, 상품에 바람을 쏘이거나 소독하면서 함부로 다루는 데 항의했다.[88] 레반트 회사는 상품이 특정 성분에 노출되고 또 화학 물질로 훈증하는 일반적인 관행이 증가하면서 손상되는 일이 잦다고 주장했다.[89]

　이 시기 레반트 회사는 힘든 때였다. 이 회사는 경쟁사인 영국 동인도회사에 점차로 그 기반을 잠식당하고 있었다. 영국 동인도회사가 수입 비단의 가격을 낮추었기 때문이다.[90] 영국과 지중해 항구에 부과된 위생 조치로 인해 레반트 회사는 경쟁력 약화의 위기에 직면하고 있었다. 그러나 1760년대까지 영토를 소유한 국가처럼 강력해진 동인도회사를 포함해 모든 회사들의 무역 독점을 폐지해야 한다는 요구가 있었다. 이런 어려운 상황에서 일부 상인들은 영국에 영구

라자레토lazareto(격리 시설) 건설을 옹호하기에 이르렀다. 그들은 동양과의 상업 거래가 확대됨에 따라 영국을 보호하기 위해서뿐만 아니라 영국이 질병의 중심지가 되지 않으리라는 확신을 다른 나라들에 심어 줄 것이기 때문에 그러한 건물이 필요하다고 주장했다.[91] 그러나 그 요청은 드물었고 대다수 상인들은 격리 조치를 불필요한 부담과 비용으로 간주했다.[92]

지중해에서 출항한 선박들에 대해 영국에서 시행한 격리 조치의 심각성과 그 기간에 대한 불만도 해외의 영국 상인에게서 터져 나왔다. 1766년 이탈리아 토스카나주의 리보르노Livorno에 있는 영국 지사의 무역상들은 리보르노와 인근 항구에서 출발한 선박에 영국이 격리 조치를 해 그들의 사업이 침체했다고 항의했다. 그들은 런던의 상인과 토스카나주 정부의 지원을 받았는데, 특히 이 정부는 1759년 지중해에서 영국으로 가는 모든 선박에 시행된 격리 조치를 폐지할 것을 요구하는 서한을 제출했다. 이는 7년전쟁 당시 상선뿐 아니라 해군에 의한 질병 확산의 우려가 고조되면서 발생했다. 영국 선적 배들이 이탈리아 일부 주에 의해 격리 조치를 받았기 때문에 보복의 요소가 개입되었을 수 있다. 베네치아는 영국인들이 정기적으로 이용하던 지중해 항구(리보르노, 몰타 포함)의 선박들에 격리 조치를 취했다. 베네치아인들은 지중해 동부에서 은밀하게 활동하던 한 영국 사략선privateer 선원들을 특히 우려했던 것으로 보인다.[93]

그러나 지중해 무역을 담당하는 선박들이 전쟁에서 이익을 거두기 위해 격리를 회피한 불법행위가 폭로된 후에야 영국은 격리 조치를 시행했다. 영국은 지중해에서 활약 중인 자국 사략선의 활동에 대해 비슷한 걱정을 하고 있었고, 이들 사략선이 귀환한 후에는 총 40일간 격리시켰다.[94] 리보르노 상인과 토스카나 정부는 전쟁이 끝났기 때문에 더 이상 전면적인 규제가 필요하지 않으며 선별적으로 무역을 안전하게 재개할 수도 있다고 주장했다.[95] 아울러 모든 지중해 항구 중 리보르노는 "공중보건 규칙이 그렇게 엄격하고 정확하게 이행되는 곳이 없기 때문에" 거의 위험이 없다는 점을 내세웠다.[96] 영국의 추밀원은 이 주장이 충분히 근거가 있다고 믿었고, 그 문제가 특별한 관심을 끌었다는 점에 주목하면서 청원서를 왕에게 전달했다.

그 권고는 공중보건이 상업적 이익에 희생되어서는 안 된다는 점을 확인한다는 차원이었다. 그러나 추밀원은 격리 조치에 수반되는 요금이 화물 가치의 5분의 1에 달한다고 주장하는 상인들에게 격리를 지속함에 따라 상인이 입게 되는 "큰 부담과 시련"을 강조했다. 이에 덧붙여, 격리 과정에서 사라지거나 손상된 물품의 손실, 그리고 "유통과 신속한 상환" 과정에 장애가 있었다. 추밀원은 균형감각을 지키며, 리보르노에 대한 격리 폐지를 통해 "폐하의 신민에게 대단한 절약과 구제가 될 것이며, 이 왕국의 무역과 항해에 대한 일반적인 이용과 이득뿐만 아니라, 왕국으로부터 무역활동을 하는 데에도 일익을 담당할 것"이라고 결론을 내렸다.[97]

이 사건 당시, 영국 정부는 상인 세력에 도움이 되도록 기꺼이 양보할 준비가 되어 있었고, 그 결과 순전히 리보르노에 수혜가 돌아가게 된다. 영국이 격리 조치를 부과하지도 않고 이탈리아 사르데냐 Sardegna섬의 항구 빌라 프랑카Villa Franca에서 출항한 선박을 받아들였다는 사실이 알려지자 당황한 나머지 그런 양보를 했는지도 모른다. 보타 아도르노 후작은 토스카나 대공을 대신해 쓴 글에서 영국 대사에게 다음과 같이 알려 주었다. "전하는 편하게 생각하십니다. 사르데냐 국왕 폐하께서 얻은 것은 그분에게로 돌아갈 것이고, 게다가 공중보건과 관련하여 리보르노에서 취한 조치도 모든 다른 항구에서 시행한 것보다 더 엄격하며, 특히 빌라 프랑카의 조치가 훨씬 그렇다고 보십니다."[98] 리보르노와 빌라 프랑카에 대한 양보로 물꼬가 터져 추밀원에는 다른 이탈리아 항구와 교역하는 상인들의 청원이 쇄도했다. 몇 년 후에 추밀원은 리버풀의 한 상인 단체로부터 이 두 항구에 대한 각별한 조치, 그리고 이탈리아와 교역 및 이들 항구를 경유한 레반트 무역에서 입고 있는 큰 피해를 지적하는 청원을 접수했다. 그들은 정기 무역하는 다른 주요 항구도 메시나, 팔레르모, 나폴리, 베네치아 등과 똑같이 믿을 만한 격리를 취하고 있고 이들 항구에서 출항하는 선박들은 공중보건에 어떤 위험도 가하지 않는다고 주장했다. 상인들은 다른 유럽 국가들이 일반적으로 이러한 항구에서 출항한 선박들이 깨끗한 보건증을 갖추었을 경우 격리 조치 없이 입항을 허락하고 있다는 점도 지적했다. 더구나 역병은 이제 물러가서 1759년 규정을 시행하기 전보다 더 널리 퍼지지 않았다.[99]

그러나 상인들에게 더 이상 양보를 한 증거는 없다. 에스파냐와 서부 바르바리 항구들에서 출발한 선박을 제외하고(이 면제 이유는 불분명하다) 지중해를 거쳐 영국으로 가는 모든 면화 운반선들에 대해 엄격한 규제가 다시 시작되었다. 이러한 모든 선박들은 영국에 도착하자마자 40일 동안 강제 격리되었으며, 마찬가지로 격리 조치를 받는 물품들을 일주일간 개봉해 바람에 쐬었다. 아마, 삼베, 그리고 2주 동안 바람에 쐬어 장기간 감염을 막을 수 있다고 여겨지는 특정한 상품만 면제받았다. 이 규정들은 폴란드에서 페스트가 발생했다는 보고에 따라 단치히와 다른 발트해 항구에서 도착한 배들에 대해 유사한 조치가 내려진 지 2년 후인 1772년에 도입되었다. 1780년에는 레반트에서 출항한 선박에 관련된 기존 조항을 좀더 강화한 의회법이 통과되었다.[100] 프랑스의 예방 조치도 이와 비슷하게 강력했다. 전염병에 취약하다고 생각되는 화물을 싣고 레반트에서 온 모든 선박은 18~30일간 격리시켰고, 면화 같은 민감한 물품 자체에도 20~30일간 그런 조치를 취했다. 어떤 경우에 프랑스 당국은 예외적으로 오랜 기간 격리 조치를 취했고, 역병 때문에 레반트나 북아프리카 항구에서 비정상적으로 사망률이 높아졌을 때, 이들 항구에서 출항한 선박에 대해 50일간 격리 조치를 내리는 것은 드문 일이 아니었다. 1784~5년 튀니지에서 마르세유까지 항해하는 선박, 1785~6년 본 Bone, 칼레Calle, 콜로Collo에서 출항한 선박, 그리고 1787년 알제르 Algiers를 떠나는 선박들에 대해 이런 조치가 있었다. 마르세유 당국은 지브롤터가 바르바리, 모로코와 빈번한 교역을 하고 있다는 이유로 그 항구에서 출항하는 선박에 대해 10~12일간의 정기 격리를 시행하는 것도 신중하게 생각했다.[101]

이때, 레반트에서 오스만제국의 여러 지역으로 퍼져 나간 심각한 역병 때문에 북아프리카 항구의 감염 가능성에 대한 경고음이 크게 울렸다.[102] 오스만제국 내 항구와 바르바리 해안 항구들 간에 밀접한 교역 활동이 이루어졌고 터키 상인들이 자리를 잡았다. 그러나 1779

~83년 영국인 거주지 포위 공격에서 프랑스가 에스파냐를 도왔기 때문에 지브롤터에 대한 조치는 정치적 목적이 있었을 것이다. 바르바리 해안 국가들에 대한 조치에도 보복 요소가 있었을지도 모른다. 이들 나라 지배자들이 유럽 선박의 그 지역 운송활동에 영향을 미치는 격리 조치를 시작했기 때문이다. 격리 제도의 발달도 금전적 동기에서 비롯됐다. 1781년까지 리보르노에는 제노바의 격리 시설 증설에 대응하여 제3의 검역소lazaretto가 건설되었다. 두 항구 모두 지중해를 거쳐 서쪽으로 항해 중에 어느 지점에선가 격리를 받아야 하는 상선들로부터 수입을 얻기 위해 서로 경쟁하고 있었던 것으로 보인다.[103] 카리브해에서 황열병이 재발한 후에 서인도제도에서 도착한 배들에 대해서도 더 많은 주의를 기울였다. 예를 들어, 1770년 영국 관리들은, 법령상으로는 역병만 가리키고 있어 과연 그런 조치가 정당한가를 둘러싸고 논란이 일었음에도, 카리브해에서 면직물을 싣고 오는 선박의 격리를 고려했다.[104] 영국처럼 비교적 자유로운 나라조차 기꺼이 격리 조치에 의존하려 했다는 것은 1760년대 상인 세력에게 취한 약간의 양보가 매우 예외적이었음을 시사한다. 따라서 상인들은 이미 살펴본 바와 같이, 국내 및 외국 항만에서 격리 조치의 불공정성과, 그리고 질병에 대한 '낡은' 방역에 의존한 결과 발생하는 '국익'의 피해를 이유로 계속 항의했다.[105]

전염을 다시 생각하다

18세기에는 격리의 필요성을 인정한 것으로 보이는 그나마 느슨한 합의마저 허물어지고 있었다. 정부는 여전히 격리를 선호했고, 의료 인력도 지지했지만, 상인과 그 지지자들은 이런 관행을 더욱더 감내하지 못했고 중대한 양보를 얻어 내지 못하는 데에 초조해했다. 일부 국가에서는 위생 조치에 대한 상인들의 영향력이 실제로 줄어들었다. 격리에 반대하는 사람들은 이를 중세적 관행이라고 비난하기 시작했으며, 격리가 불필요하다는 주장을 담은 팸플릿, 책자, 논설들을 활용했다. 의료 종사자들은 점점 더 격리를 기반으로 하는 방역 원리의 정당성에 의문을 제기하게 되었다. 비록 그들이 그 원리를 모두 거부하지는 않더라도, 때로는 전염이 기후나 환기 같은 다른 요인들에 의해 이뤄진다는 점을 보여 주려는 방식으로 방역 원리를 수정하고자 했다. 17세기에는 그런 문제를 둘러싼 논쟁이 비교적 적었으나, 마르세유 역병이 발생할 무렵에는 전문가들의 의견이 극명하게 갈렸다. 남 프랑스 넘어서까지 질병이 퍼지는 것을 막기 위해 방역선sanitary cordon이 나타났지만, 일부 의사들은 그 질병의 전염성에 대해 이의를 제기했다. 질병이 전염되었다면, 왜 그렇게 드물게 그리고 보통 일 년 중 특정 시기에만 나타났을까? 과연 전염병은 계절의 변화와 대기 상태 등 다른 요소들과 관련이 없는 것일까?

이렇듯 기후 요인으로 설명하는 것은 르네상스 시대 히포크라테스 의학의 부활 이후 꾸준히 근거를 얻었으며, 17세기 후반에는 여러 의사들 가운데 특히 영국 의사 토머스 시드넘Thomas Sydenham(1624~

89)이 분명하게 피력했다.[106] 남프랑스의 전염병을 언급한 여러 의사들은 기후 요인 설명을 기존의 역병 전염설의 대안 또는 보충 이론으로 삼았다. 프랑스의 내과의사인 장 바티스트 세나크Jean Baptiste Sénac에 따르면, 레반트가 유럽보다 더 자주 고통받는다는 사실은 그 더운 기후와, 죽은 동식물이 빠르게 부패함으로써 발생하는 역병의 지리적 조건으로 설명할 수 있다. 마찬가지로, 유럽에서 역병은 여름철에 발생하는 경향이 있었는데, 그 무렵에는 날씨 조건이 동방의 조건과 매우 흡사했던 것이다. (역병 발생 조건으로서) 기후의 역할은 일부 격리 지지자들이 인정했지만, 기후 요인을 반대하는 사람들은 기상조건을 훨씬 더 중시하고 질병 전파를 억제하기 위한 격리의 효과를 더 강조했다. 보고자들에게 격리는 무역에 해가 될 뿐만 아니라 불필요하게 보였다.[107] 영국에서도 일부 의사들은 왕립의과대학의 공식 방침에 반대하고, 전염병 발생에 높은 열기가 필수적임을 강조했다. 영국에서 열병에 관한 최고 권위자 가운데 한 사람인 존 허샴John Huxhaem은 역병의 확산이 덥고 습한 기후에서 춥고 건조한 기후로 기류가 변화하면서 한풀 꺾였다고 주장했다. 그러므로 역병(페스트)은 다른 열병과 아주 동일한 방식으로 취급되었는데, 허샴은 이를 날씨 변화 탓으로 돌렸다.[108] 레반트에서 역병을 목격하고 상세한 기상도를 작성했던 이탈리아인 의사 티모니Dr. Timoni 또한 '감염의 씨앗'이 겨울의 추위에 의해 억제되었지만 여름에 힘을 강화해 가을에 절정에 달했다고 주장했다. 그의 견해에 의하면, 페스트 세균은 일 년 중 특정 시기에 바람에 의해 퍼질 가능성이 가장 높았다.[109]

상인들 사이에 불만이 고조됨과 동시에 역병과 황열병에 대한 의학적인 설명이 점점 더 정치화되고 있었다. 몇 년간 바베이도스섬에서 외과의사 겸 남성 산파로 일했던 데일 잉그램Dale Ingram은 역병과 황열병이 전염되지 않는다는 결정적인 증거를 제시했다. 그는 다음과 같이 주장한다. "런던의 대역병 이전에도 오랫동안 수천 개의 면자루를 수입했고, 감염된 곳에서도 수백 만 개의 면자루를 수입했으며, 1665년 런던으로 감염병이 옮겨진다고 그렇게 많은 말들이 오갔기 때문에 논란의 여지가 없는 것은 아니다."[110] 많은 동시대 문필가들과 마찬가지로 그는 전염병 발생을, 나쁜 음식을 먹고 더러운 곳에서 살게 된 몰락민들에게 작용하는 열 탓으로 돌렸다. 후자의 관점에서 보면, 런던과 카이로를 구분할 만한 근거는 별로 없지만, 런던이 온대 기후라는 사실은 그 지역이 오직 드물게 역병에 걸릴 수 있다는 것을 의미했다.[111] 잉그램은 역병이나 황열병이 전염된다는 점을 부인하지 않는다. 다만 과밀하고 환기가 잘 되지 않는 상태에서, 그리고 대기의 열기가 위급한 수준에 이르렀을 때만 그렇게 된다고 믿었다. 황열병의 경우, 열대 지방에 갓 진출한 사람들은 신체적으로 아직 적응하지 못했기 때문에 항상 가장 위험한 상태에 있다고 주장했다.[112] 잉그램이 보기에, 이 전염병들은 특정 기후와 지역에 자연스럽게 상존하기 때문에, 격리와 같은 어설픈 조치는 말이 되지 않는 것이었다. 그는 여러 의사와 정부가 격리 조치를 맹목적으로 선호하는 것을, 전염병 초기 시대의 "불합리한 역사"에 대한 무비판적인 믿음과 중세 교황에 의해 조작된 교리에 대한 미신적인 집착 탓으로 돌렸다.[113] 격리에 관해 언급한 다른 영국 문필가들과 마찬가지로, 잉그램은 전염 이론이 트리엔트 공의회(1545년부터 1563년까지 이탈리아 북부 트렌토와 볼로냐에 소집된 로마 가톨릭교회의 공의회. 프로테스탄티즘의 출현에 자극받은 반종교개혁의 전형으로 묘사된다.―옮긴이 주)에 특정 대표가 참석하지 못하도록 하는 근거로서 고안된 것이라고 주장했다.[114] 전염설과 그 해결책으로서 격리 이론을 교황에서 비롯된 것으로 보는 견해는 19세기까지 페스트에 관한 영국(및 일부 미국) 문헌에서 되풀이하여 나타난 주제였으며, 프랑스와 에스파냐 같은 가톨릭 강대국에 대한 일반적인 불신을 반영하고 있다.

비교적 소수 의사들만 격리를 전적으로 반대했지만, 점차 다수 사람들도 그런 조치가 대부분의 경우 불필요하다고 생각하게 되었다. 이리하여 콘스탄티노플에서 역병을 목격한 모르다흐 매켄지Dr. Mordach Mackenzie 박사는 다음과 같이 항의했다.

> 선박을 스탠게이트-크릭[미드웨이 강가의 격리 시설]에 몇 주, 심지어 몇 달간씩 계류시켜 상륙도 못하게 하고 상품을 말리지도 못하게 하는 목적은 무엇인가?……스미르나에서 영국까지 7~8주 이상 걸리는 항해에 건강 상태가 좋은 남성들의 몸으로는 거의 걱정할 필요가 없다. 감염원이 어떤 효과를 낳지도 않은 채 혈액 속에 남아 있기에는 너무 오랜 기간이라고 나는 추측한다.[115]

영국에서는 레반트에서 온 배들에 대해 격리 조치를 시행할 명분이 없었지만, 그의 의견으로는 "이탈리아와 남부 프랑스에서는 이와 달랐다. 어느 나라든지 순풍이 불어 레반트에서 출항한 지 8일 정도 되면, 승객은 그동안 역병에 걸릴지도 모른다."[116] 매켄지와 같은 견해는 상인 단체의 로비를 맡은 일부 의사도 특별히 옹호해 쉽게 무시할 수는 없었다. 그의 권고는 여러 나라 정부가 신뢰하는 이론에 의거하고 있었다. 그러나 전염 가능성을 부인하거나 격리를 불필요하다고 여기게 만들 정도로 그 역할을 경시하는 의사들은, 그들이 상인의 이익에 예속당했다고 주장하는 반대 측 사람들에게는 손쉬운 공격 대상이었다. 저명한 의사 리처드 미드Ricahrd Mead는 당시 영국에서 가장 강력한 격리 옹호자 가운데 한 사람이었다. 그의 조언을 받아 정부는 마르세유 역병에 대응해 격리 조치를 강화했다. 미드는 이렇게 주장한다. "프랑스 의사들 중 대다수는 역병이 해외 교류를 통해 전염된 결과라는 것을 부정했고, 무역상의 이익을 고려해 그들의 견해가 진실이기를 바랐다."[117]

이런 언급은 의학 이론과 상업 이익 간의 밀접한 연관성을 시사해주지만, 그 관계는 미드가 단순하게 정형화한 것보다는 더 복잡했다. 전염 이론 비판자들은 단순히 상인과 그들 정치적 동맹 세력의 앞잡이가 아니라, 그들이 분명한 사실이라고 생각하는 바에 따라 기존 관행[격리]을 뿌리 뽑고자 하는 개혁가들이었다.[118] 그들이 질병에 대한 자연사적 설명에 끌리게 된 것은 격리를 감내할 수 없어서가 아니라, 질병이란 자연 법칙에 따르며 어느 정도 예측할 수 있다고 하는 관념을 선호했기 때문이다. 많은 의사들에게 확실성의 유혹은 전염의 변덕보다 더 매력적이었다. 확실성은 의사들의 직업적 허영심과 계몽주의를 특징짓는 낙관적 정신에 어울리는 것이었다. 그럼에도 의사들이 그들 이론의 경제적 의미를 설명해야 한다는 요구가 증가함에 따라, 상업과 의학 사이의 상호연관성은 같은 세기말에 더욱더 확대될 것이었다. 전쟁과 혁명으로 얼룩진 시대에 격리를 둘러싼 논쟁은 이념적으로 비난을 받게 되었고, 보수파와 그리고 민주제 및 자유무역의 진보적 덕목을 찬양하는 사람들 사이에 극명한 분열이 벌어지기 시작했다.

3
장

격리라는
악덕

제임스 맥그리거James McGrigor 경의 초상화

윌리엄 워드W. Ward, 잭슨J. Jackson, 1815년경.

✝

제임스 맥그리거 경은 영국의 가장 저명한 의사 중 한 사람이다. 혁명 후 프랑스와 적대 관계가 시작될 무렵 육군에 근무하기 시작하였으며 1811년에 스페인과 포르투갈 주둔 육군의 의무감Surgeon-General에 임명되었다. 1815년에 새로 창설된 육군 의료부 책임자가 되었으며 1851년까지 동 직위를 역임했다. 위대한 개혁가였지만 또한 검역과 그를 뒷받침하는 전염병 이론의 열렬한 옹호자였다.

바르셀로나에 퍼진 전염병
니콜라스 에스타케 마랭Nicolas-Eustache Maurin, 1821.

✝

1821년 바르셀로나에서 발생한 황열병의 한 장면으로 이전 세기 전염병을 연상케 한다. 이 전염병은 한동안 유럽에서 황열병 전염에 관한 한 가장 심각한 사례가 되어 광범위한 경고를 초래하였다. 그러나 다른 나라에 대한 전염의 위험은 과장되었을 가능성이 큰데 이는 부분적으로 스페인 지역에 대한 비상경계와 이어진 부르봉 왕가 복원을 위한 침공을 정당화시키기 위해서였다.

클로 베이|Clot Bey 초상화

티베리우스 카발로Tiberius Cavallo, 출처: Giovanni Birch, *Teoria e pratica dell'elettricità medica; e della forza dell'elettricità nella cura della suppressione de' mestrui, del chirurgo* 나폴리, 1784.

클로A. B. Clot는 뛰어난 몽펠리에 의학부 졸업생이었다. 그는 오스만제국의 이집트 총독인 무함마드 알리Mohammad Ali에 의해 이집트 육군 내과의로 임명되었으며 알리 총독은 그의 탁월한 업적을 기념하여 '베이bey'(지방장관 또는 고위 인사 경칭) 직함을 수여하였다. 이어서 이집트 의학 당국의 책임자가 되었으며, 재임 기간 중 상부에 이집트의 위생 업무에 대한 외국의 개입에 저항할 것을 촉구하였다(실패하였지만).

윌리엄 버네트William Burnett 경의 초상화

헨리 커즌스Henry Cousins, 마틴 아처 쉬Martin Archer Shee, 1840년경.

†

윌리엄 버네트 경은 영국 해군의 의약 분야에서 선도적인 인물로 1832년부터 1855년까지 의무감으로 근무했다(이후 해군 의학부 사무총장Director-General). 젊은 외과의의 근로조건 개선을 주창하였으며, 해군 작전과 관련하여 검역에 의한 규제를 가능한 자유롭게 해야 한다고 주창하였다. 황열병이 일반 여건 하에서 전염성이 있다는 견해에 반대하였다.

격리가 대서양 양안의 급진주의자들에게 관심의 초점이 되면서 18세기 말에 이를수록 무역에 대한 위생상의 규제로 좌절감이 들끓었다. 많은 개혁가들은 상업의 자유와 정치적 자유가 분리될 수 없다고 믿었으며, 두 가지 자유를 다 같이 훼손하는 것으로 보이는 관행의 중단을 요구했다.[1] 사익만 취한다는 비난에 시달리던 상인들은 격리 조치에 대해 쏟아 내는 여행자와 인도주의 개혁가들의 불평이 호응을 얻자 새로운 자신감을 갖게 되었다. 어떻게 해서든 자유의 정신은 이 모든 항의를 품위 있게 만들었으며 그 시대의 의학 저술, 특히 전염병에 관한 글들에 관심을 기울이게 했다. 현 상태(격리 조치)를 옹호하고자 하는 '전염론자contagionist'와 (대부분 격리에 반대하는) '반전염론자anti-contagionist' 사이에 열띤 논쟁이 벌어졌다. 반전염론자는 대체로 정치 스펙트럼에서 자유주의 극단에 있는 반면, 전염론자는 대부분 보수 쪽으로 기울었다.[2] 그러나 앞장에서 보았듯이, 이 두 입장 어느 것도 절대적이지는 않았다. 심지어 가장 보수적인 군주도 격리 조치를 유연하게 시행할 수 있었고, 그 반면 영국과 같은 상업국가들이 놀라울 정도로 상인들의 요구에 양보하지 않았다. 그런데도 정치, 상업, 의학은 밀접하게 얽히고 있었다. 1780년대와 1790년대의 고즈넉한 분위기에서 많은 개혁가들, 특히 의료 종사자들은 격리를 덜 계몽되고 무자비한 시대의 유물로 묘사하기 시작했다.

'이성과 과학'

영국에서는 레반트 회사 상인들이 오랫동안 격리 조치의 부당성과 지중해 격리 시설lazaretto 관행에 대해 불평해 왔다. 그들의 항변은 대체로 묵살당했지만 1780년대에는 탁월한 개혁가 존 하워드John Howard로부터 예상치 못한 지지를 받았다. 하워드의 성실함과 고결한 태도는 널리 존경받았고, 그는 이미 감옥 개혁가로 잘 알려져 있었다. 제도와 계몽된 행정의 접목에 대한 그의 관심은 영국에만 국한되지 않았다. 그는 이제 여행자들은 물론 상인에게도 수많은 불평의 대상이 된 지중해 연안의 공적 격리 시설까지 조사 대상을 넓혀 나갔다.[3] 격리 조치를 개혁하는 문제는 서서히 상업적 측면을 넘어 일반 관심사로 바뀌고 있었다. 실제로 하워드가 몇몇 격리 시설 사례를 직접 조사했을 때, 그는 지난 수십 년 동안 잔혹 행위와 강탈이 있었다는 무수한 주장을 뒷받침할 충분한 증거를 찾아냈다. 뇌물과 부패가 만연했으며, 위생 상태는 그가 고국에서 신랄하게 비난했던 감옥 못지않게 나빴다. 격리 시설과 감옥, 두 제도 모두 고통과 질병이 똑같

이 발생하도록 설계된 것처럼 보였다.[4]

하워드의 신랄한 지적은 격리 반대자들의 환영을 받았지만, 그는 그 조치의 효용성이나 페스트 같은 질병의 전염성을 부인하지는 않았다. 그는 단지 격리 시설이 개선되어야 하며, 이후의 관행은 계몽적 원칙과 일치해야 한다고 주장했을 뿐이다. 한편 그는 레반트에서 전염병 발생이 의심될 때마다 레반트에서 출항하는 선박들이 지중해에서 '길고도 지루한 격리'를 거치지 않고 영국 항구에서 그 조치를 받을 수 있도록 허용하라고 정부에 조언했다. 그러나 당시 영국은 항구에 격리 시설이 없었다. 그로 인한 결함을 줄이려면 결국 지중해의 라자레토(격리 시설) 같은 시설을 갖출 필요가 있었을 것이다.[5] 이에 하워드는 상품의 훈증, 식료품점, 방문객을 위한 방 등의 시설을 갖춘 라자레토 모델을 제시했다. 그런 모델은 좀더 사람을 중시하는 것이며, 스미르나의 집정관에게 역병에 관한 허위 보고를 함으로써 귀환을 방해하는 경쟁자들로부터 영국 선박을 보호할 수 있다는 것이다. 영국 상선은 1753년 격리법에 의해 지중해에서 장기간 격리 조치를 받을 수도 있었다. 만일 부실한 보건증명서가 발급된다면, 그리스 상인은 자기 사업 분야의 많은 몫을 차지할 수 있었다.[6]

영국에서 격리 시행에 대한 하워드의 계획은 레반트 회사 소속 의사 패트릭 러셀Patrick Russell의 지지를 받았는데 그는 알레포Aleppo에 자리 잡은 회사의 작업장에서 근무하고 있었다.[7] 러셀은 존경받는 의사였고 런던 왕립의과대학의 펠로우였다. 그의 이복형 알렉산더도 알레포에서 내과의사로 일했으며, 이전에 격리 조치에 관해 윌리엄 피트William Pitt the Elder 총리의 자문역으로 참여한 적이 있었다.[8] 이는 젊은 러셀의 조언을 정부가 높이 평가하리라는 것을 뜻했지만, 그의 제안들 중 일부—특히 프랑스인들이 사용하는 중간 수준의 보건법 제안—는 상인들의 환영을 받지 못할 것처럼 보였다. 외국 항구에서 역병에 접촉했다는 명백한 증거가 없거나 의심된다는 보건증 발행을 추가하자는 그의 제안은 레반트 상인들이 합법적으로 불평했던 문제들 가운데 일부를 악화시켰을 것이다. 그러므로 레반트 회사에 격리 조치의 개혁을 위한 새로운 제안을 하도록 고무한 것은 러셀이 아니라 하워드였다. 1793년 피트William Pitt the Younger 총리가 이 문제를 보건 당국에 회부했기 때문에, 정부는 상인에 대한 동정심을 분명히 갖고 있었다. 보건 당국은 조사관 존 소언John Soane이 메드웨이Medway(영국 잉글랜드 남동부 강) 강가의 격리 시설을 위해 작성한 계획안을 고려했지만, 여러 차례 연기했으며 결국 1800년에 이르도록 그 계획은 의회의 승인을 받지 못했다.[9]

온건한 개혁가들이 적절한 개혁을 이루었으나 몇 년 후에 격리를 반대하는 소리는 더 커졌다. 그 첫 징후는 대서양을 가로질러 나타났는데, 그곳에서 격리 반대자들은 자유주의의 외피를 두르고 있던 터였다. 식민 시대에는 카리브해에서 발생한 황열병으로부터 북아메리카 항구를 보호하기 위해 격리 조치가 자주 있었지만, 상인과 정치적 급진파는 그 효과에 의문을 품기 시작했다. 1762년, 격리 조치가 내려졌는데도 필라델피아에서는 수천 명이 전염병으로 목숨을 잃었다. 격리 비판자들은 황열병이 유입되지 않았고, 기상조건이 좋을 때는 어디서나 역병이 발생할 수 있기 때문에 그런 조치가 쓸모없다고 주장했다. 이러한 견해를 가장 두드러지게 대변한 사람 중의 하나가 에든버러대학 졸업생으로서 급진적 견해로 유명한 벤저민 러시Benjamin Rush(1745~1813)였다. 러시는 황열병이 비좁고 환기가 잘 안 되는 경우를 제외하고는 전염되지 않는다고 주장하면서 의학적·정치적 이유로 격리에 반대했다. 그가 보기에 격리는, 건강과 행복에 필수적인 인간 자유와 양립할 수 없는 것이었다.[10]

미국이 영국과 독립전쟁을 하는 시기에 러시는 격리 조치 강화를 반대했다. 그가 보기에 그 조치는 자신과 동료 공화주의자들이 맞서 투쟁하고 있는 '전제'의 전형적인 사례로 보였다. 그러나 영국에서 친구들과의 인연은 여전히 끈끈해 러시는 전직 교사이자 이제는 에든버러대 교수인 윌리엄 컬렌William Cullen에게 '과학 공화국' 구성원들은 모두 한 가족이라고 안심시켰다. 실제로 몇몇 에든버러대학 졸업생들은 나중에 격리 조치 개혁의 지지자가 되었고 대서양 건너 그 주창자들과 공통의 기반을 다져 나갔다.[11] 러시는 감옥과 격리 시설에 대한 비판적인 보고서를 통해 "인간과 과학에 가져다준" 면역 서비스를 극찬하면서 하워드 같은 박애주의자들과 자신의 운동을 결합시켰다.[12] 그는 격리 조치 개혁이 도덕적 중요성을 획득한 것은 그런 연합을 통해서라는 것을 깨달았다.

1793년 필라델피아에서 황열병이 재발하자 격리 문제가 다시 미국 정치의 전면에 등장했다. 8월 초에 처음 보고된 이 질병은 8월 말까지 3백 명의 목숨을 앗아갔고, 5만 5천 명—도시 인구의 15퍼센트—에 이르는 사람들이 도망쳤다. 역병이 수그러들 때까지, 4천 내지 5천 명이 죽었다.[13] 이는 신생국의 수도에 엄청난 타격을 가했고 독립선언 서명자이기도 했던 러시에게는 특히 민감한 문제였다. 애처로운 고통의 장면을 목격한 후, 그는 자신의 마음이 고통받는 사람들의 고통에 의해 "파탄났다"고 썼다.[14] 같은 해 뉴욕과 뉴햄프셔의 포츠머스에서도 황열병이 발생했는데, 1년 후 필라델피아와 뉴욕은 물론, 찰스턴, 볼티모어, 프로비던스, 버지니아주의 노퍽에서도 다시 발병했다.[15] 이 전염병은 국내외 정치적 격동의 와중에 발생했다. 신생 공화국은 공화파와 연방파로 갈라지기 시작했고, 연방파는 이 역병이 1793년의 노예반란 이후 프랑스 카리브해 속령인 생도맹그St Domingue에서 온 난민 탓이라고 비난했다. 그 후 몇 년간 황열병은 새로운 정당과, 그리고 모든 의사들이 정치적 선호에 걸맞은 견해를 가진 것은 아니지만 어쨌든 많은 의사들에게는 주요 논쟁거리 가운데 하나였다. 연방파 의사들은 대부분 이 역병의 외부 유입설을 지지한 것으로 보인다. 비연방파에 속한 사람들도 마찬가지였다. 반면 러시와 같은 공화파 의사들은 전염의 중요성을 과소평가하고 기상 조건과 독기miasmas의 중요성을 강조하는 경우가 많았다. 미국 독립전쟁 이래 러시를 비롯한 의사들은 신생국 수도의 환경 개선에 관심을 돌렸다. 그들은 질병을 도덕적·육체적 부패의 표시로 바라보았고, 오물과 인구 과밀이야말로 많은 시민이 고통을 겪는 열병의 근원이라는 믿음을 가지고 도시를 청결하게 만들려고 했다.[16]

　1793년 전염병에 대한 서로 다른 견해들은 배타적인 입장이라기보다는 당대의 추세를 표현한 것이었다. 당시 의학 이론은 씨앗과 토양이라고 하는 메타포를 둘러싸고 전개되었다. 즉 병균은 씨앗이고 토양은 병균이 침투하는 환경이나 신체라는 것이다. 필라델피아 열병 전염에 관한 논란, 그리고 환자 격리 및 고립화가 적절한 조치였는지에 관한 논쟁은 주로 각각의 상대적 중요성, 달리 말하면 침투한 씨앗이 싹트는 데 필요한 '환경'을 둘러싸고 벌어진 것이었다.[17] 프랑스의 카리브해 속령과 미국 내 급진파 인사들의 그와 같은 의심이 깊었기 때문에, 연방주의자들은 유입설을 강조하는 경향이 있었다. 일부 공화주의자들, 특히 토머스 제퍼슨은 프랑스의 강력한 지지를 얻었고, 연방주의자들은 격리 문제를 반대파의 애국심을 의심하는 무기로 이용할 수 있다는 것을 깨달았다. 1794년, 실제로 이런 일이 벌어졌다. 그해 황열병이 필라델피아에서 다시 발생해 필라델피아 항구의 격리 조항을 강화한 법안을 만들면서 델라웨어Delaware강의 한 섬에 내과의사가 상주하게 되었다. 그 후, 격리 조치는 그 도시 보건 정책의 중추로 남아 연방주의자들의 의도대로 지역 및 국가 정체성에 대한 인식을 고양했던 것이다. 예를 들어, 1798년 프랑스와 '전쟁에 준하는' 갈등을 겪던 시기에는, 의심스러운 불순분자들의 침투를 막는 수단으로 사용되었다.[18]

황열병 외부 유입설은 필라델피아 주민에게 상당한 반향을 불러일으켰는데, 그 반대설, 즉 국내 토착 전염병이라는 견해는 애국주의 감성에 거슬렸다.[19] 게다가 일부 상인은 필라델피아가 다른 항구로부터 역병 발생지라는 오명을 뒤집어쓰고 급기야 주요 항구로서의 종말을 맞이할 것이기 때문에 지역 발생설을 싫어했다. 그러나 연방주의자들의 유입설 옹호는 그들의 주장을 지지하는 상인층에게도 딜레마를 안겨 주었다. 그들은 프랑스 카리브해 도서島嶼에 시행한 격리 조치로 단기적인 이익을 거두었지만, 필라델피아 주변의 엄격한 격리로 인해 장기적으로는 피해를 볼 수도 있었다. 일부 사람들은 이 부담스러운 예방 조치를 회피하기 위해 해상 수송을 우회해 나갈 수도 있다고 우려했다. 많은 상인과 선장이 격리를 당하지 않기 위해 전력을 다했다는 것은 놀라운 일이 아니며, 1798년 황열병이 필라델피아에서 재발한 것은 분명히 그런 우회 방식을 취한 상선 때문이었다.[20]

필라델피아의 격리 조치를 회피했을 거라는 의심 때문에 1799년 그해 4월 1일부터 9월 30일 사이에 외국에서 도착한 모든 선박을 델라웨어강 하구에 강제로 격리시키는 법률이 통과되었다. 이 규정을 피하거나 회피하도록 조력한 사람은 누구든지 최장 5년까지 강제 노역 선고를 받았다.[21] 뉴욕과 볼티모어 같은 다른 대서양 연안 항구에서도 비슷한 법안이 통과되었다.[22] 이러한 조치는 《연방주의자*The Federalist*》와 같은 신문 통신원들의 지지를 얻었다. 물론 일부 신문은 '역병이 창궐하는 시기'의 대외무역 중단을 요구했고, 또 다른 신문은 상품을 도시에서 40~50마일 떨어진 곳에서 하역할 것과 이들 하역 상품에 대해 필라델피아 수송을 허가하기 전에 격리 창고에 보관하는 것을 인정했다.[23] 그러나 여전히 격리 조치에 반대하는 여론은 완강했고, 적어도 러시는 '황열병'이 어떤 이해할 수 없는 대기의 변화로 인해 국지적으로 발생한, 구토 증세가 있는 심한 발열bilious remittent fever일 뿐이라고 끈질기게 주장했다.[24] 여러 도시 상인들도 격리 조치에 불평을 터뜨렸다.[25] 러시는 제임스 매디슨James Madison(1751~1836, 미국 4대 대통령)에게 다음과 같이 항의했다.

우리의 상거래는 다른 주에 있는 이 불합리한 격리법 때문에 큰 피해를 입었습니다. 아메리카 황열병의 전염성을 인정하는 이들 법률이

유럽 도시들과 우리의 교역을 아주 값비싸고 억압적으로 만드는 유럽 정부의 대응을 낳았던 것입니다.[26]

러시에 따르면, 유일한 해결책은 아메리카 항구에서 그와 같은 법률을 모두 없애는 것이었다. 그는 매디슨이 동료 정치인들에게 격리가 전혀 방역책이 될 수 없음을 확신시키는 데 도움이 되어 주기를 기대했다. 러시는 공화파의 가장 저명한 정치인 토머스 제퍼슨에게 다음과 같이 토로했다.

저는 이 나라의 입법 의원들이 이 문제에 더 깊은 관심을 갖기를 바랍니다. 해외로부터 악성 열병의 유입을 막기 위해 현재 세계 각국에서 시행하고 있는 법률들은 터무니없고, 비싸고, 성가시고, 억압적 수준입니다……우리는 원래 이집트의 무지하고 타락한 주민들로부터 역병의 전염성에 관한 견해를 받아들인 것이지요. 이제 자유로운 조사를 허용하는 나라에서는 이를 거부할 때가 되었습니다.[27]

이집트에 관한 러시의 견해는 틀렸겠지만, 어떤 형태의 국제 협정이 필요하다는 그의 주장은 그 후 몇 년간 자주 언급되었다. 그러나 당장은 분명히 공화당을 지지하는 의사들 중에서만 격리 조치를 반대하는 견해가 나올 터였다. 러시와 필라델피아 의과대학 소속 의사 12명은 황열병이 전염되지 않으며 도시를 깨끗이 하고 부패하기 쉬운 화물을 조심스럽게 처분하면 이를 예방할 수 있다는 취지의 성명서에 서명했다.[28] 서명한 의사 중 한 사람인 찰스 콜드웰Charles

Caldwell은 격리 조치란 '이성과 과학보다는 미신과 편견에 바탕을 둔 중세적 제도'라고 비난했다. 같은 세기 초 데일 잉그램Dale Ingram의 감성을 되풀이 불러내면서, 콜드웰은 인간 정신이 '사제의 기만적인 속임수'에 의해 타락하고 교황의 심각한 폭정 아래 신음하던 때에 격리 조치가 도입되었다고 주장했다. 교회는 동양에서 전염병이 발생해 '교역로'를 통해 기독교 서구 세계로 유입되었다는 그릇된 생각을 퍼뜨렸다. 그러나 콜드웰은 상업적인 수단이 전염병이나 황열병을 확산시켰음을 뒷받침할 증거는 조금도 없었다고 주장했다. 대부분의 다른 미국 항구에 비해 엄격한 격리 규정이 있었음에도, 필라델피아는 뉴욕을 제외하고는 이웃 도시들보다 더 전염병으로 고통을 당했다.[29] 이와 대조적으로, 볼티모어는 필라델피아나 뉴욕에 비해 격리 체제가 덜 엄격했지만 비교적 활력이 있었으며, 콜드웰이 팸플릿을 발간한 지 1년 후에 실제로 격리 제도를 폐지했다.[30] 볼티모어 보건위원회가 취한 이 조치는 장래를 대비한 것이었다. 팸플릿을 작성하면서 콜드웰은 미국과 유럽의 의견이 격리에 반대하는 쪽으로 기울기 시작했다고 관찰했다. 그도 (격리 시설을) 독재적인 의료 기관으로 간주하고 있었다.[31]

전염과 격리를 둘러싼 논쟁이 점점 더 양극화되었다고 하는 편이 더 정확했을 것이다. 영국 왕립의과대학English Royal College of Physicians과 프랑스 의학아카데미Fondation de l'Académie de Médecine 같은 엘리트 기관에서는 전염설이 지배적이었다. 그러나 그러한 견해도 그 무렵 권력의 자리를 차지해 영향력을 행사하는 사람들의 목소리가 높았다. 이들은 전쟁을 통한 공훈 정치의 수혜자였다. 대부분은 비교적 비천한 집안 출신이었고, 육군이나 해군 외과의로 입대하기 전에 의학 학위를 위해 공부할 여건이 부족했다. 영국과 프랑스 사이의 오랜 갈등(전쟁)에서 살아남은 사람들 중 일부가 의료 분야에서 출세할 수 있는 기회를 포착했으며, 그 과정에서 중요한 인맥과 후견인을 얻었다.

전쟁 중에 휘황찬란한 별을 단 사람 중의 하나가 영국군 군의관 제임스 맥그리거James McGrigor였다. 맥그리거는 군복무 중에 페스트와 황열병을 동시에 맞닥뜨렸고 이들 질병이 사람에게서 사람으로 쉽게 전염될 수 있다고 확신하게 되었다. 당초 그는 격리를 둘러싼 논란에 거리를 두고 있었지만, 고속 승진함에 따라 그의 견해는 더욱 강경한 어조를 띠게 되었다. 그의 견해는 전쟁 전에 인도에서 함께 복무했던 동료이자, 후에 웰링턴 공작 서훈을 받게 될 아서 웰슬리Arthur Wellesley 같은 육군 고위 인사의 관심을 끌었던 것으로 보인다. 맥그리거는 후에 그 무렵 신설된 육군 의무감으로 임명되어 여러 해 동안 그 직책에 복무했으며, 그 기간 동안 격렬하게 격리 문제를 제기했다. 그는 반동적이지는 않았지만 정치 면에서는 아주 보수적이었다.[32] 영국이 침략당하리라고 예상되는 전쟁기에 격리 조치를 유지하는 것이야말로—이전의 전염론자와 마찬가지로—그에게는 애국적인 의무였다. 프랑스군이건 페스트와 황열병의 세균이건 간에 적을 궁지로 몰아넣어야 했다.[33]

또 다른 강력한 격리 지지자는 해군 의무국장 길버트 블레인Gilbert Blane이었다. 스코틀랜드 상인 집안 출신인 블레인은 해군에 입대하기 전에 의학 학위를 받을 만한 여유가 있었고, 이 연줄을 통해 외과

의사가 아닌 내과의사로서 지위를 얻었다. 그러나 옥스퍼드나 케임 브리지가 아닌, 글래스고대학교를 졸업했기 때문에 런던 사회로의 진출은 결코 확실하지 않았다. 블레인이 맥그리거처럼 전염설의 권위자로 떠오른 것도 주로 그가 군복무 중에 얻은 경험에 힘입은 것이었다. 1801년경 영국 정부는 이집트에서 귀환한 육군부대를 격리 조치할 필요가 있는지 블레인의 조언을 구했다. 당시 이집트에서는 프랑스군과 영국군 사이에 역병이 창궐했다. 프로이센 정부조차 황열병 예방에 관해 그의 조언을 요청했는데, 이 무렵 그 전염병은 대서양 너머까지 퍼질 것 같았다. 맥그리거와 마찬가지로, 블레인의 정치관도 보수적이었다. 그의 환자 중에는 귀족이 많았고 나중에는 국왕도 포함되었다. 그는 격리 조치를 폐지하려는 사람들을 비난하는 데 목소리를 높였고 프랑스와의 전쟁이 끝난 후에도 오랫동안 그런 입장을 고수했다.[34]

이 시기에 전염설과 격리 조치를 가장 노골적으로 옹호한 사람은 1790년대 카리브해에서 황열병을 경험한 영국 육군 의사 콜린 치솜 Colin Chisholm이었다. 그는 서인도 병원 검사관 지위에까지 올랐으며, 육군을 떠난 후 브리스톨Bristol로 옮겨 그곳에서 돈벌이가 되는 개인 병원을 차렸다. 그는 황열병은 전염성이 있으며 아프리카 해안에서 서인도제도까지, 또 거기서 미국 동부 해안까지 전파되었다고 단호하게 말했다. 그가 이 주제에 관해 기술한 책들은 황열병에 대한 러시의 영향력 있는 설명과 대조를 이뤘고 격리 조치와 관련해 활발하게 논의되었다.[35] 뒤에 잠깐 살펴보겠지만, 이로 인해 치솜은 수많은 러시 옹호자들의 주된 비판 대상이 되었다.

치솜, 블레인, 맥그리거는 그들 직종의 최고 지위에 올랐거나 그 자리에 근접한 사람들이었지만, 이전 동료 가운데 상당수는 공적 분야에서 떠난 후 개업해서 생활하려고 했다. 적지 않은 사람들이 지적 이의제기를 미덕으로 삼고 엘리트가 견지해 온 이론적 입장에 서서 전염설을 공격했다. 전쟁 중에 해외에서 복무한 적이 있는 개업의도 페스트나 황열병 같은 질병을 탁한 대기에서 비롯된 결과로 보려고 했다.[36] 따뜻한 기후대가 그곳에 복무하러 간 사람들에게 깊은 인상을 심어 주었는데, 그에 따라 그 지역 의료인과 비전문가들이 공유하는 일종의 상식적인 견해가 나타났다. 기후가 적어도 질병의 발생뿐 아니라 삶의 여러 측면을 결정짓는다는 것이었다.[37] 동인도회사 외과 의사 존 웨이드John Wade는 자신은 근무 중에 단 한 건도 전염병 사례를 겪지 못했다고 단언했다.[38]

프랑스혁명과 나폴레옹 전쟁기에 더운 기후대에서 복무한 적이 있는 의사들의 수가 증가하면서 의학 이론의 균형이 반전염설에 유리하게 기울기 시작했다. 이런 경향은 유럽 군대가 이집트에서 페스트, 카리브해에서 심각한 황열병을 앓았다는 사실에 비추어 보면 이상하게 여겨질 수도 있다.[39] 그러나 이들 역병은 육군과 해군 의사들에게 이국의 질병들을 연구하고 이들이 발생한 상태를 기록할 수 있는 기회를 제공했다. 그에 따라 페스트와 황열병은 분명하게 이해되었으며, 의사들은 러시가 그랬듯이, 이들 질병을 별개의 것이 아니라 다양한 '전염성 열epidemic fever'로 간주하게 되었다.[40] 이들은 대부분 전염병을 예방할 때 기후 및 위생조건의 역할과 환경 개선의 중요성을 강조하는 경향이 있었다.[41]

영국에서 권력과 선이 닿지 않는 전염설 반대자들은 같은 생각을 지닌 해외 의사들과 공동의 운동을 벌이고자 했다. 일부는 미국의 러시 및 그의 동료들과 정기적으로 접촉했으며, 미국에서 발간된 최초의 의학 저널인 뉴욕의 《의학지Medical Repository》 같은 정기 간행물에 자신들의 견해를 발표했다.[42] 이 잡지는 동부 해안의 황열병 참화와 상업에 미치는 해로운 영향에 자극을 받은 사전 편찬자 노아 웹스터 Noah Webster가 착수했다가 실패한 후 그 뒤를 이어 새뮤얼 미칠 Samuel Latham Mitchill, 엘리우 스미스Elihu Hubbard Smith, 에드워드 밀러Edward Miller 등 세 명의 의사들이 간행했다. 처음부터 이 잡지는 미국의 의사들에게 질병의 계절성과 전염병을 수반하는 대기 상태를 조사하라는 내용의 회람을 발행하는 등 환경론자의 입장이 뚜렷했다. 공동 편집자인 미칠, 스미스, 밀러는 전 세계로부터 이 주제에 관한 투고를 환영했다. 그들의 어조와 주제는 개혁적이었고 무엇보다도 무역의 자유에 대해 분명히 약속했다. 정기 구독자의 11퍼센트가 상인이었다는 것은 우연이 아니며, 심지어 이 시기의 의학 잡지에서는 드문 일이었을 것이다.[43]

왜 이 《의학지》가 친親전염론자인 콜린 치솜의 간행물에 분노했는지 그 이유는 쉽게 알 수 있다. 편집자들은 치솜이 그의 원래 가설, 즉 황열병이 아프리카에서 카리브해로 유입되었다는 설에 근거했는데 후일 철회한 점을 지적했다. 치솜은 1793년 대서양 전염병의 발원지로 알려진 서아프리카 해안, 식민지로 개척하려다 포기한 불라마 Bulama 출신으로 피신한 생존자 한 사람과 인터뷰를 했다. 전염병이 돌자 이곳 주민들은 그레나다Grenada로 도피한 터였다. 파이바Paiba

라는 이 생존자는 후에 기록 하나를 남겼는데, 이것이 이 전염병에 관한 치솜의 견해, 특히 불라마에서 출항해 항해 중이던 상선 행키Hankey호의 불결하고 통풍도 안 되는 갑판 사이에 열병feber이 남아 있었다는 견해에 의심을 불러일으켰다. 치솜의 견해에 대한 신빙성을 문제 삼자, 《의학지》 편집진은 치솜의 반박을 받아 실었다. 그는 대서양 양안에서 상당한 지지자들을 동원했다.[44]

치솜은 자신의 명성을 유지한 것처럼 보이나, 《의학지》는 격리와 전염설을 공격하는 데 흔들림이 없었다. 예상한 바와 같이, 이 주제를 다룬 기사들은 대부분 황열병에 관한 것이었지만, 이 잡지의 국제적인 시야는 해외 전염병, 특히 지중해 지역의 전염병 발생에 대해서도 관심을 가지고 있었음을 의미했다. 트리폴리Tripoli항이 실수로 격리 조치에서 빠졌음에도, 몇 년간 역병의 내습을 별로 겪지 않았다는 사실은 한 기고자의 각별한 흥밋거리였다. 기고자인 조너선 카우드리Jonathan Cowdry는 이 도시가 철저하게 청소되었고, 웅덩이에 고인 물을 빼냈으며, 이제 사망자의 시신은 주민 거주지에서 어느 정도 떨어진 곳에 묻혔다고 말했다. 그 결과, 카우드리가 역병의 원인이라고 믿는 '유독성 증기noxious exhalation'로부터 트리폴리는 더 이상 고통을 겪지 않게 되었다는 것이다. 《의학지》에 실린 이 사례는 어떻게 자유나 상업, 어느 하나도 훼손하지 않고 공중보건을 유지할 수 있는가라는 문제에 교훈이 되는 사례였다.[45]

하지만, 《의학지》 측은 트리폴리가 매우 예외적인 사례라는 것을 잘 알고 있었다. 지중해의 상인과 여행자들은 격리 조치와 당황스러울 정도로 다양한 규제에 대해 강하게 불만을 터뜨렸다. 일부 라자레토(격리 시설)의 경우 보건증과 상관없이 레반트에서 출항한 모든 선박을 다시 40일간 격리시켰으며, 다른 선박들은 해당 국가 법률안의 상태에 따라 더 짧은 기간 정박하기도 했다. 상선의 화물 목록에 부정이 있으면, 선박 압류의 이유가 될 수 있기 때문에 레반트에서 온 여행자들은 선원과 별도로 보건증을 구입하는 경우가 많았다.[46] 이는 영국-프랑스 전쟁(1778~1783)이 끝난 후 국제 무역의 재흥에 장애물이 될 조짐을 보였다. 비록 이집트와 같은 비유럽 국가들의 일부 역사가들도 세계화globalization 물결이라고 일컬었던 현상의 탄생에 그 나름의 역할을 했지만,[47] 국제 무역 재흥의 배경에는 당대 지배적인 해양 강국인 영국이 있었다. 세계화라는 용어는 이 시기 국제 무역의 균열된 성격을 적절하게 전달하지 못하지만,[48] 지중해 연안의 상업 호황은 위생 규제 논의가 긴급하다는 사실을 인지시켜 주었다. 일부 상인, 특히 이집트와 면화 무역에 관련된 상인들은 격리 조치를 완화해 달라고 목소리를 높였다.[49] 그들은 다시 전문 의사들 중에서 동맹자를 찾았는데, 가장 두드러진 인물이 동인도회사와 영국 육군에 복무했던 외과의사 찰스 매클린Charles Maclean(1788~1824)이었다.

폭정에 휘둘리는 어떤 것에 대해서도 분노하는 단호한 급진주의자 매클린은 격리 조치에 대한 노골적인 반대자였고, 역병과 황열병 같은 질병이 어떤 면에서 전염된다는 사실을 부정했다.[50] 육군을 떠난(일부 비판자들은 그가 탈영했다고 본다) 후에 그가 역병 감염 지역이라고 주장한 레반트에서 한동안 일했지만, 격리 조치에 대한 증오 때문에 그 질병이 지역적 조건으로 인해 발생했다는 자신의 견해를 바꾸지는 못했다. 1798년 매클린은 자신이 이전에 다녔던 동인도회사가 선동적인 활동을 이유로 자신을 인도에서 추방했다고 비난하는데 목소리를 높였다.[51] 그는 영국으로 돌아온 후에도 인도 총독 리처드 웰슬리Richard Wellesley(1760~1842) 경을 나폴레옹과 비교하면서 계속 공격했다.[52] 매클린은 왕립의과대학에 대해 가장 큰 경멸감을 드러냈다. 그가 보기에, 그 대학은 전문적인 개혁의 길을 가로막는 특권의 퇴폐적인 보루였다. 무엇보다도 매클린은 일부 초기 문필가들처럼, 자신이 가톨릭풍 미신으로 여기는 전염설에 대한 의사들의 맹목적인 믿음을 싫어했다.[53]

흥미롭게도, 매클린은 상당히 말년까지 격리 조치에 관해 거의 기록하지 않았다. 그가 이 관행에 대해 처음으로 직접 공격한 것은 1817년 콘스탄티노플에서 페스트를 연구한 직후에 쓴 저서 《유행과 전염병의 예방 및 완화를 위한 제언》에서였다. 그 후 5년간 몇 권의 책과 팸플릿을 더 냈는데, 이 책들은 대부분 영국의 낡은 격리법 폐지를 옹호하는 것이었다. 격리 조치에 대한 반대는 그의 반전염설과 일치했고, 그가 본 바와 같이 리버풀 시장의 반동적인 행정을 포함해 다른 형태의 전제를 공격하는 것과 상통하는 것이었다. 그러나 자유무역에 대한 그의 지지는 그의 다른 선언들에 비춰 볼 때 언뜻 수긍되지 않았다. 육군을 떠난 후, 매클린은 경제적으로 몹시 궁핍했던 것으로 보이며, 그는 동인도회사의 인도 지배와 인도 항구에 대한 무역 항해 독점권을 옹호함으로써 동인도회사 편을 들었다.[54] 그러나 1813년 특허장 만료 후 회사가 독점권을 유지하는 데 실패하자, 매클린은 확실하게 자유무역 편에 섰다. 1819년 그는 페스트의 전염성 문제를 조사하기 위해 소집된 정부 특별위원회 증인으로 두 번 불려갔다.[55] 레반트 회사의 고문이자 최고 관리자governor였던 윌리엄 그렌빌William Wyndham Grenville(1806~7년간 영국 총리를 지냈음) 경과 인연 때문에 소환된 것으로 보인다.[56] 특별위원회가 격리 조치를 직접 검토하지는 않았지만, 그 기본 목적은 레반트에서 페스트가 유입될 가능성과 기존 규제를 더 완화할 수 있는지 여부를 타진하는 데 있었다. 21명의 증인들이 위원회의 질문을 받았지만 오직 두 명만이 전염성을 부인했다. 다른 증인 대부분은 페스트에 대한 직접적인 지식을 가지고 있거나 레반트 무역과 관련 맺고 있었다. 페스트의 전염성을 부인하지는 않았지만, 레반트 회사 회계사 존 그린John Green과 같은 일부 증인은 페스트가 특정한 대기 상태 아래서만 전염된다고 믿었다. 그러나 위원회에 나온 증인 대부분이 전염성에 동의하는 경향이 있었고 왕립의과대학의 매클린 반대자들은 그가 의료 직종을 웃음거리로 전락시켰다고 주장했다.[57] 레반트 회사는 이제 부담스러운 매클린과 관계를 끝내고 싶어 했다. 개혁을 위한 온건한 제안만이 성공할 가능성이 있다는 것은 명백했다.[58]

5년 후, 격리와 레반트 무역에 관한 논쟁이 다시 불거졌다. 1820년대에 영국 동인도회사는 네덜란드 세력에게 영업의 상당 부분을 빼앗겼는데, 부분적으로는 네덜란드의 격리 규제가 영국보다 덜 엄격했기 때문이다. 네덜란드 상인들은 지연 기간을 최소한으로 줄이면서 레반트에서 화물을 수입해 이를 다시 영국을 비롯한 다른 나라로 수출했다. 이 때문에 상업적 로비를 통해 영국 격리법의 엄격성에 항의하게 되었는데, 이번에는 격리 조치 조사 임무를 맡은 또 다른 특별위원회가 구성되었다.[59] 매클린은 위원회에서 증언은 못했지만, 리버풀의 일부 상인, 자유당 의원 존 스미스John Smith, 급진파 하원의원 존 캠 홉하우스John Cam Hobhouse 등 의회 내의 여러 지지자들과 동맹을 맺었다. 이들 하원의원은 격리법의 완전 폐지를 주장하면서 매클린 쪽에 섰다.[60] 비록 그들은 격리법 폐지를 이루지는 못했지만, 1825년 격리법은 부분적으로 자유화를 도입했고, 위임받은 장교가 호의적인 보고를 올린 경우에 해당 선박은 격리 조치에서 면제될 수 있도록 허용했다.[61]

이러한 제한적인 양보는 스미스나 홉하우스 같은 사람들에게는 실망스러운 것이었지만 그들의 비타협적인 요구로 볼 때 실패는 불가피했다. 유럽 밖에서 발생한 전염병의 위험에 대한 경계심이 고조되었으므로, 위생 관련법의 폐지를 압박하기에는 좋지 않은 시기였다. 비록 일부 의료진들이 전염병과 황열병은 전염되지 않는다고 주장했지만, 이러한 질병은 일반 대중 사이에 다시 한번 큰 경고음을 울리고 있었다. 서인도제도에서 황열병이 발생하자 유럽으로 귀환한 군부대가 이 병을 옮길 것이라는 우려감을 불러일으켰다.[62] 그 결과, 서인도제도에서 출항한 선박들은 종종 유럽 항구에 억류되어 해군 당국의 기가 꺾였다.[63] 1800년대와 1810년대에 일부 지중해 항구에서 발생한 황열병 유행은 이러한 공포가 당연하다는 것을 보여 준 반면,[64] 1816년 코르푸와 1818년 튀니지에서 페스트가 나타난 것은 이 오랜 역병이 아직도 레반트를 벗어나 전파될 수 있음을 상기시켰다.[65] 그런 상황에서는, 격리 조치를 적당히 개혁하는 것조차 논란의 여지가 있었다. 의사 그랜빌A. B. Granville은 "영국 정부가 입법을 촉구했다고 알려진 위생 관련법이 완화된" 결과, 이미 오스만제국의 항구에서 영국 선박들이 격리되고 있음을 통상국장에게 통보했다.[66] 당시 영국은 글자 그대로 방만함과 부패 상태에 있다는 비난을 받고 있었다. 그랜빌은 1819년 슐레지엔Schlesien의 역병 발생, 즉 해상 무역을 통해 전염병이 퍼지는 강력한 증거가 있다고 주장하면서 정부에 다시 한번 생각해 달라고 요청했다. 이 병은 스미르나에서 특히 솜더미를 운송하다가 전염된 것으로 보인다.[67] 그는 계속해서 레반트 상인들을 비판했는데, 그가 보기에 이들은 자신의 이익을 국가 이익보다 우위에 두는 사람들이었다.[68]

역병과 황열병의 재발은 대부분의 정부들이 상인과 인도주의 개혁가들의 압력이 늘어나고 있음에도 전통적인 방어를 포기하려 하지 않는다는 것을 뜻했다. 이는 유럽뿐만 아니라 미국의 항구도 마찬가지였다. 이전에는 진보적인 정책으로 부러움을 샀던 볼티모어에서는 1823년 격리 조치를 다시 도입했는데, 일부는 황열병의 위협에 대한 대응으로, 일부는 유럽 이민자들과 함께 다른 질병이 유입되리라는 예측 때문이었다.[69] 몇 년이 지나지 않아, 상인들의 반대를 무릅쓰고 새로운 법이 강화되었다. 이 도시 보건 담당 관리 매뉴얼 마틴은 해안 무역 관련자들을 언급하며 이렇게 한탄했다.

> 많은 장애물이 내 앞길을 가로막았다……그리고 나는 내키지는 않지만, 평화를 위해 그 조치를 수용했다. 이 도시의 상업상의 이익에 공정하게 신경을 쓰고 그와 동시에 내 직무의 중요한 대상으로서 도시의 보건을 엄격하게 감시하는 데 아주 진지한 노력을 기울였다. "그 보건 법률이 건장한 항구에서 비롯되었기 때문에" 격리법 시행에 대

해 여러 불평이 쏟아지지만, 선박이 감염되어 더러운 화물이 한꺼번에 우리 항구의 연안으로 반입될 때, 질병 발생에 중요한 영향을 미칠 수도 있다는 점을 잊고 있는 것이다.[70]

보건 당국 관리는 이렇게 설명했다. "격리 조치를 시행하면서 검사와 청소, 환기 등을 하는 데 시간이 걸리는 것은 이미 쾌적하고 입지 조건이 좋다고 널리 알려진 번영하는 이 도시의 보건과 견주어 볼 때 감수할 만한 일이다."[71]

대부분의 미국 항구들과 마찬가지로 볼티모어의 보건 위원들은 상업적 이익과 공중보건 이익의 균형을 맞추기 위한 일련의 규정을 고안했다. 상업적 측면을 고려하기는 했지만, 그것에 종속되지는 않는 중도적인 방식이 급속하게 표준이 되고 있었다. 부분적으로 의학적 근거에서 그리고 부분적으로 위생적인 조치가 야기할 상업적 혼란 때문에 질병마다 해당 조치를 차별화하는 경향이 있었다. 예를 들어, 볼티모어는 천연두처럼 쉽게 전염된다고 생각되는 질병에 대해서는 엄격한 감시 조치를 유지했지만, 황열병에 대해서는 좀더 자유로운 체계를 허용했다. 질병은 사람에게서 사람으로 직접 전염되는 것이 아니라 선상에서 화물이 썩고 불결한 상태로 변질하면서 발생할 수 있다는 것이 공식적인 지침이었다. 만약 날씨 조건이 맞는다면, 이 '나쁜 공기miasma'는 입항하는 배나 수입 상품을 통해 주변 지역으로 퍼질 것이다. 물론 두 용어 다 다양한 가능성을 다루기는 하지만, 이는 때때로 전염contagion보다는 감염infection을 가리키는 것이었다. 황열병을 전염성 질병이 아닌 감염병이라고 선언한 것은 위생 규제에 작은 숨통을 허용하는 이점이 있었다. 황열병은 특정 조건에서만 퍼져 나가기 때문에 1년 내내 규제할 필요가 없었고, 규제를 풀어 무역의 혼란을 줄일 수 있었다. 좀더 중요한 것은, 이 조치에 힘입어 아메리카 상인과 보건 당국은 이 질병이 기온이 더 낮은 유럽 항구에 퍼질 가능성이, 심지어 여름철에도 낮다고 주장할 수 있었다는 점이다.

아메리카 무역은 지중해는 물론 대서양과 발트해 연안 항구들이 장기간 격리 조치를 취할 때마다 정기적으로 중단되었고, 상인들은 격리 기간에 선적 하물을 하역하는 데 드는 '엄청난' 비용에 대해 불평했다. 때로는 그 조치를 피하거나 몰래 빠져나갈 수 있었지만, 대서양 연안을 따라 황열병이 발생했다고 알려진 시기에는 유럽과 무역하려는 시도는 무의미하기 일쑤였다.[72] 프랑스 출신의 필라델피아 사업가 스테팡 지라르Stephan Girard는 프랑스의 대표적인 격리 반대자 가운데 한 사람인 장 드베즈Jean Devèze와 주고받은 편지에서 정기적으로 이 문제에 관해 의견을 달았다. 두 사람 모두 유럽 항구에서 시행하는 위생 관행의 부조리에 대해 불쾌감을 표시했다. 드베즈는 격리야말로 '수세기에 걸친 무지와 야만성'에 기원을 둔 방식이라 비난하고, 지라르에게 여러 상공회의소가 황열병 때문에 격리 조치를 시행하는 것에 항의하는 서한을 프랑스 정부에 보냈다고 말했다. 황열병은 대서양 무역을 하는 상인 지라르가 가장 우려했던 질병이기도 했다.[73] 미국 여러 항구의 위생 당국도 유럽의 각 나라 정부에 황열병이 거의 위협이 되지 않는다는 점을 납득시키기 위해 많은 노력을 기울였다. 1830년 볼티모어의 진찰 내과의consulting physician 호레이쇼 제임슨Horatio Jameson이 함부르크를 방문한 것도 이런 이유에서였다. 거기서 그는 그 도시 의사들에게 비전염론을 전파해 "상업에 반드시 필요한 기여"를 했다. 그는 함부르크에서 "너무나 오랫동안 북유럽에서 우리의 화물 선적에 쓸모없는 규제를 부과해 상업을 무너뜨린다는 내 주장에 똑같은 동감을 느끼는 반전염론자"를 보고서 무척 기뻐했다. 그러나 제임슨은 심지어 황열병의 전염설에 반대했음에도 격리 조치의 폐지를 원하지는 않았다. 다만 수정되기를 바랐을 뿐이다.[74]

이와 같은 온건한 요구는 종종 성공적이었지만, 상업이 위생 규제로부터 자유로워야 한다는 것을 깨달은 사람들은 여전히 무관심이나 또는 노골적인 적대감과 마주쳤다. 1820년대까지, 격리를 완강하게 반대한 사람들은 그들이 보기에 성공의 기회가 있는 운동을 골라 국제적으로 조직했다. 만일 한 나라가 그들의 주장에 동의해 격리를 없앤다면, 다른 나라도 뒤따를 것이라고 희망했던 것이다. 1820년대에 그럴만한 가장 유력한 후보는 에스파냐였다. 이 나라는 그 당시 자유주의 헌정을 채택하고 그 나라 선적의 배들은 정기적으로 다른 국가의 격리 조치를 받는 처지에 있었다. 1821년 바르셀로나에서 심각한 황열병이 발생한 이후, 매클린과 전 군의관 토머스 오할로란Thomas O'Halloran 같은 전염 반대론자들은 니콜라 셰르뱅Nicolas Chervin, 장 드베즈 등 프랑스 내 격리 반대자들과 힘을 합쳐 프랑스가 에스파냐에 설정한 방역선 조치를 비난했다.[75] 그들은 에스파냐를 위생상의 위협으로 본 에티엔 파리제Ètienne Pariset 등 전염병론자들의 견해를 반박하면서,[76] 이 이론은 프랑스인이 에스파냐에 전제권력을 행사하기 위한 구실에 지나지 않는다고 주장했다. 프랑스가 정한 방역선은 상업을 방해했을 뿐만 아니라 1820년 에스파냐에 들어선 자유주의적

정권에 적대적인 것으로 보였기 때문에 커다란 분노를 유발했다. 그 것은 왕당파 첩자를 억류하고 반역자들에게 은신처를 제공하는 것으로 여겨졌다. 에스파냐에 파견된 의료위원회(위원장은 파리제가 맡음)도 파리제 자신이 반동적이지 않았음에도 의심을 받았다. 격리 조치 지지자였지만, 그는 공중보건의 보호와 상업의 필요성 사이에서 신중하게 균형 잡는 조치를 선호했다. 그는 에스파냐 선원들이 너무 자유분방하다고 생각했으며, 선원들이 북쪽 항구 산세바스티안San Sebastián에서 수하물과 함께 내려 비밀리에 프랑스 쪽 육로로 나가지 않았을까 의심했다.[77]

따라서 1822년 이 나라를 방문했을 때 매클린은 자신의 견해에 동조하는 에스파냐 의원 여러 명을 찾을 수 있었다. 비록 에스파냐 의회가 일체의 격리 조치를 반대하는 매클린의 단호한 입장을 모두 수용하지는 않았지만, 그는 자신이 영구적이고 체계적인 위생 규제를 시행하기 위한 입법을 가까스로 지연시켰다고 우쭐해했다.[78] 그러나 에스파냐의 자유주의적 정치 실험은 짧았다. 이듬해 에스파냐와 국경을 따라 방역선에 주둔했던 프랑스군이 에스파냐에 부르봉 왕가를 다시 옹립하기 위해 동원되었는데, 이는 격리 조치 반대자들의 모든 주장을 분명히 입증해 주는 것 같았다.[79] 그러나 격리 조치를 비판하는 사람들은 희망을 잃지 않고 서신이나 당시 급증하는 여러 의학 잡지를 통해 국제적으로 의사소통을 계속했다. 그중 하나는 1820년에 전직 해군 외과의사 제임스 존슨이 창간한 《외과의학 리뷰Medico-Chirurgical Review》였다. 이 잡지는 명백히 개혁적인 성향을 보여 주었으며, 격리로부터 자유를 추구하는 영국 및 다른 나라 저술들을 호의적으로 다뤘다. 하지만 다른 많은 의사와 마찬가지로, 이 잡지 발행인과 편집인은 전염이라는 주제에 대해 균형 잡힌 시각을 가지고 격리 관련법의 폐지보다 개선을 추구하는 것이야말로 변화를 위한 최선의 희망이라고 생각했다. 이런 이유로 존슨은 매클린을 경멸했는데, 이는 그가 전염성을 부정하고 어떤 상황에서나 격리를 격렬하게 적대함으로써 오히려 개혁 사안에 해를 끼치고 있기 때문이었다.[80]

1830년대 유럽은 전염병 형태의 콜레라로 인해 가공할 만한 새로운 위협에 노출되었다. 콜레라는 창궐하기 몇 년 전부터 인도에서 육로를 따라와, 이전 시대에 역병이 시리아 대상隊商을 뒤따른 것과 흡사하게 퍼졌다는 것이다. 존슨은 역병[페스트]에 대해 취한 방역과 비슷한 조치를 취할 것을 정부에 촉구했다.[81] 실제로 콜레라의 위협에 직면해 대부분의 나라들은 본능적으로 역병을 막기 위해 고안된 조치들에 집착했으며 국경과 항구를 따라서 격리 조치를 시행했다. 격리 조치의 개혁에 어느 정도 공감한 함부르크와 같은 번화한 상업 도시들조차 입항하는 선박에 엄중한 규제를 가했다.[82] 그러나 경제적 이유로 격리를 반대하는 상인과 동조 세력에 의해 규제는 곧 조절되었다. 격리를 반대한 사람들은 콜레라가 무역로를 따라 세운 방벽과 관련 없이 퍼져 나갔으며, '나쁜 공기miasma'로부터 부도덕의 만연에 이르기까지 그 질병의 유행에 대한 대안적인 설명이 필요하다고 주장했다.[83] 이리하여 많은 상업 도시들이 그들의 격리 조치를 해제하거나 완화하고, 불결한 지역 청소와 같이 질병을 예방하는 또 다른 수단들에 의존하기 시작했다.[84]

콜레라의 본질과 예방법에 대한 견해 차이는 질병으로 고통받거나 위협받는 모든 나라에 존재했지만, 시간이 지나면서 뚜렷한 경향이 나타나기 시작했다. 일반적으로 격리 조치의 심각성은 상업 및 제조업 세력이 어느 정도까지 지배력을 가지고 있는지에 따라 좌우되었다. 1832년 분주하기 짝이 없는 함부르크항은 그 전년도에 시행한 격리 조치를 해제했으며, 1848년 다시 콜레라가 발병했을 때 이를 막기 위한 조치를 거의 취하지 않았다. 그러나 무역 의존도가 더 낮은 프로이센 정부는 콜레라의 전염성과 격리 등의 규제 필요성을 계속 주장했다.[85] 다른 고려 사항도 있었는데, 여기에 보복 조치의 가능성은 거의 없었다. 따라서 해상 무역 의존도가 높았으면서도 영국 정부는 다른 나라들이 부과하는 더 치명적인 규제 조치를 막기 위해서라도 격리가 불가피하다고 계속 주장했다.[86] 그러나 콜레라가 영구적인 위협이기는 했지만 1832년 당시 그 병이 영구적인 위협이 될 것인지는 불확실했다. 이런 점에서 격리 반대자들은 대부분 잠정적으로 콜레라에서 눈길을 돌려 무수한 규제로 유럽 무역 상인들의 사업에 계속해서 피해를 주는 지중해 연안의 그 친숙한 역병 문제에 초점을 맞추었다.

헛된 기대

1820년대에 걸쳐 프랑스의 부르봉 정권은 격리 조치를 옹호하는 데 단호한 태도를 취했으며 이 조치를 에스파냐 신정부에 대한 교살책絞殺策으로 활용함으로써 악명이 높았다. 그러나 1830년 이후, 프랑스는 루이 필리프Louis Philippe의 '부르주아 왕정' 아래서 좀더 자유주의적인 지배 국면으로 접어들었다. 이 새로운 오를레앙 정권은 격리 문제를 에스파냐에 대한 정책으로 잘못 이용한 이후 이에 적대적으로 변했던 의학원과 비교적 조화로운 관계를 유지했다. 이와 동시에 동지중해의 프랑스 무역 상인과 외교관들은 이 지역의 격리 조치로 혼란이 심화되고 격리 시설lazaretto에 승객 및 하물을 억류하는 데 비용이 많이 든다는 이유로 반대 목소리를 높였다.[87] 1805년 이집트의 파샤(오스만제국의 이집트 총독viceroy)가 된 이후 무함마드 알리Muhammad Ali는 자신의 영지에서 감염된 사람 및 그들과 접촉한 사람들을 격리할 뿐만 아니라 스미르나와 콘스탄티노플 등 역병이 발생한 항구에서 오는 선박에 대해 규제를 가하기 시작했다. 튀니지의 통치자들 같은 예외가 있기는 하지만, 키프로스와 같이 지중해 섬들을 지배하는 총독들도 비슷한 조치를 취했고 계속 시행해 나갔다.[88]

비록 그들이 많은 유럽 무역상에게 인기가 없었을지라도, 이러한 조치는 아마도 증기선으로 유럽과 인도를 연결하고자 하는 해운 회사들에게는 환영을 받았을 것이다. 인도행 승객들은 이집트의 항구에서 내린 다음에 홍해에서 다른 선박에 승선할 것으로 예상되었다. 이 항로는 매우 수익성이 높았지만, 이집트에서 정기적으로 전염병이 발생하면 감염 위협 때문에 두 곳을 연결해 여행할 수 없었다.[89] 격리 조치는 여객선이 입항할 항구들에 어느 정도 보호막을 제공했으나, 이집트 정부는 은밀한 의도를 지니고 있었다. 유럽 경쟁자들을 눌러 지방 해운을 살리고, 특히 지금까지 동지중해 무역을 지배했던 그리스 상인들로부터 무역 지배권을 빼앗기 위해 위생상의 규제를 이용했던 것이다. 그런 조치는 자국의 제조업을 육성하기 위해 섬유류(특히 값싼 영국산 제품) 수입을 제한하려는 무함마드 알리의 중상주의 정책과 일치했다.[90] 그는 영국이 자국 시장에서 외국산을 막기 위해 관세를 사용하면서도 대량 생산된 영국산 면제품이 인도 시장에 대거 유입되도록 허용함으로써 인도 면직공업을 고사시켰다는 것을 잘 알고 있었다. 프랑스 역시 자유무역 원칙을 공개적으로 지지하면서도 보호관세를 이용했다. 실제로 서아시아 지역은 이미 영국에서 대량 생산된 섬유류 및 기타 상품과 경쟁에 따른 불리한 결과를 감지하고 있었다. 이 지역으로 영국산 제품의 유입이 급증했던 것이다. 현지 상품보다 훨씬 값싼, 영국에서 제조된 섬유류가 이집트 국내 직조공, 방적공, 염색공들을 그 직종에서 쫓아냈다.[91] 격리 조치는 수입품 가격을 올려서 결과적으로 이집트의 보잘것없는 관세를 강화해 준 셈이었다.

1810~20년대 이집트의 격리 조치는 유럽의 무역 상인들에게 성가신 일이었지만 무함마드 알리의 군대가 오스만제국 지배하의 시리아를 침공한 1831년까지는 상황이 아주 심각해지지는 않았다. 이집트의 확장은 영국과 프랑스의 상업적 이익뿐만 아니라 영국이 인도로 가는 길에도 직접적인 위협이 되었다. 이 지역에서 또 다른 중요한 세력인 러시아는 오스만제국을 지원하는 것이 제국의 영토 양보를 이끌어 내고 그에 대한 영향력을 확대하는 수단이라고 생각했다. 무함마드 알리는 유럽 열강의 군사력에 직면하자 이전의 적대적 입장을 버릴 수밖에 없었고, 상업상의 양보를 약속함으로써 프랑스와 영국 두 나라의 지원을 호소하기 시작했다. 같은 해 이집트에 콜레라

가 발병하자 무함마드 알리는 전염병 예방책을 재평가하게 되었다. 이제 그는 유럽 각국 정부에 지원을 요청하면서, 지금까지 질병 퇴치에 사용해 온 일시적인ad hoc 방식을 대체할 영구적인 위생 조직을 구성하는 데 이들 정부의 지지를 요청했다.

무함마드 알리가 유럽 열강들에 의해 이런 방향으로 이끌렸는지 여부는 여전히 분명하지 않다. 프랑스 의사 앙투안 바르텔레미 클로Antoine Barthélémy Clot(후에 클로 베이Clot-Bey로 알려짐)는 해외 열강이 무함마드 알리에게 영구적인 격리 시설의 효용성을 납득시켰다고 주장했다. 그 무렵 트리폴리와 튀니지에 재설치된 격리 시설처럼 수익을 올리려는 냉소적인 시도가 아니라 공공의 건강을 위한 것이라고 믿었기 때문에 클로가 그러한 조치를 지지한 것이 분명하다. 비록 1836년 이집트의 의료 기관 수장으로 임명되었지만, 클로는 확신에 찬 반감염론자였고, 성공적이지는 못했지만 어쨌든 끈질기게 무함마드를 설득해 격리를 포기하도록 시도했다. 클로는 파샤가 잘못된 방향으로 나아가고 있다고 믿었다. 최선의 동기를 지녔는데도 부도덕한 외세의 손에 이끌려 나가고 있다는 것이다.[92] 그러나 클로의 견해는 무함마드 알리의 위생정책이 이집트 육군, 해군, 경제 등의 재조직화 과정에서 유럽인의 도움을 받는 것과 같은 정치적 목표와 일치한다는 점을 언급하지 않는다.[93] 파샤는 격리 조치가 이집트를 전염병으로부터 보호함과 동시에 경제적으로도 도움이 되리라고 계산했을 가능성이 크다.

그 동기가 무엇이든, 1831년 8월 무함마드 알리는 외국 영사들에게 콜레라와 페스트 모두에 방역 효과가 있는 위생 규정 제정을 도와 달라고 요청했다. 두 달 후, 영사들은 영국, 오스트리아, 프랑스, 러시아의 대표로 구성된 위원회를 만들어 이집트 항구에서 격리 시행을 확정하고 알렉산드리아에 격리 시설을 설치했다. 이 보건위원회는 1834년에 정식으로 활동하기 시작했으며 곧이어 같은 해 말에 이집트에서 발생한 페스트에 대한 방역 업무를 맡았다. 이 당시 발병한 페스트는 후에 1835년 말까지 지속될 심각한 전염병 창궐의 시작일 뿐이었다. 전염병이 급속도로 확산되면서 방역 조치들은 더 강화되었고, 그에 따라 가족의 격리와 무역상의 혼란에 대해 무슬림 성직자와 지역 명사들의 불평이 터져 나왔다. 그러나 무함마드 알리는 그러한 조치가 페스트를 통제할 수 있는 유일한 수단이라는 점을 확신했으며, 유럽 열강의 지원을 받으며 자신의 주장을 굽히지 않았다.[94] 이집트에서 서쪽으로 더 나아가 튀니지의 새로운 지배자 무스타파 베이Mustafa Bey(1835~7)는 외국 열강과 비슷한 협정을 맺었다. 지금까지 격리는 지방장관 개인의 책임이었지만, 1835년 베이는 이집트에서 구성된 것과 비슷한 영사위원회를 설치하는 데 동의했다. 위원회는 처음에는 유럽, 특히 프랑스의 이해가 주로 걸린 문제 이외에는 오직 자문권만 가지고 있었다. 튀니지 위원회는 이집트의 경우보다 더 유럽 열강의 주도로 구성된 것처럼 보인다. 상업을 황폐화하는 튀니지의 격리 조치에 반발하는 상인들의 무수한 불평이 터져 나오자 지방장관들이 어찌할 수 없이 위원회를 인정하게 된 것이다. 튀니지 무역 상인과 직접 경쟁을 벌였던 마르세유에 기반을 둔 상인들의 경우에 이런 불평이 특히 두드러졌다.[95]

영사위원회 구성은 유럽 열강의 환영을 받았는데, 이는 아시아 전염병에 대해 유럽을 방어할 추가적인 수단을 제공했을 뿐만 아니라, 각국 위원들이 위생상의 조치가 자국의 상업상의 이해와 어긋나지 않는지 확인할 수 있었기 때문이다.[96] 실제로 이들 기관의 존재는 좀 더 광범위한 국제 협력의 전망에 대해 신중한 낙관론을 불러일으켜, 프랑스 상무부가 당시 지중해에서 시행되던 격리 규정들을 다시 검토하도록 유도했다. 이 임무를 맡은 사람은 최고 보건위원회 장관 세귀르 뒤페롱M. de Segur Dupeyron이었다. 뒤페롱은 여러 격리 시설을 개인적으로 조사했고 격리 기간과 그 조치의 시행 조건에 관한 규정들을 주목했다. 의료 논쟁의 특징으로 여겨지는 추측을 삼가면서, 그는 수세기에 걸쳐 발생한 전염병에 비추어 현재의 대처방식을 바라보는 역사적 접근법을 받아들였다. 뒤페롱은 상업과 전염병 사이에 밀접한 관련이 있다는 결론을 내리고, 무역이 침체한 나라에서는 결코 전염병이 발생하지 않을 것 같다는 점을 지적했다. 유럽에서 발생한 역병 모두가 레반트 지역에서 외부로 퍼져 나간 것으로 보이는데, 이는 그런 역병이 전염성이 강하며 아시아에 기원을 두고 있다는 것을 의미했다. 카리브해에서 아메리카 대륙의 온대 지역, 때로는 유럽의 항구까지 퍼져 나간 것으로 보이는 황열병도 마찬가지였다. 위생상의 예방 조치가 어떤 경우에는 효력이 있었지만, 그는 그 조치들이 비체계적인 방식으로 시행되었기 때문에 불필요할 정도로 억압적이라고 느꼈다. 이를 감안하여 그가 보기에 '합리적이고 획일적인 제도'를 확립하기 위해 여러 가지 제안을 했다. 여기에는 격리 기간 단축, 서인도제도 및 미국에서 출항할 때 보건증을 받은 선박을 검사하기 위한 격리 조치(감염된 항구에서 출항하는 선박의 격리 조치) 폐지, 그리

고 아주 중요한 것으로, 격리 기간의 자의적인 연장 금지 등을 포함했다.[97]

뒤페롱의 보고서가 간행되었을 때, 외교가 분위기는 국제 협정에까지 이를 정도는 아니었다.[98] 그러나 1838년 프랑스 정부는 뒤페롱 보고서의 주요 내용을 받아들였고 자국에 지중해 연안 항구가 있는 유럽 여러 나라의 대표 회의를 제안했다. 그 목적은 프랑스 선박의 항해 규제를 없애기 위해 격리 체제들의 분명한 차이를 해결하려는 것이었다. 이 계획은 영국에서 의사 조셉 에이어Joseph Ayre와 벤덤파 하원의원 존 보링John Bowring 등 자유무역론자의 환영을 받았다. 보링은 격리와 그 조치가 근거하는 전염론에 대한 반대 의견을 거리낌 없이 표명했다.[99] 영국 정부가 격리 제도를 포기할 전망은 없었다. 그러나 국가 전체의 이익보다 상업상의 이익을 더 우선시해서는 안 된다는 경고가 있었음에도,[100] 정부는 원칙적으로 프랑스의 제안에 동의했다.[101] 영국 정부는 상업적인 이유와, 그리고 해군 함정과 우편선이 지중해에서 오래 지체되는 경우가 잦았기 때문에 격리 조치를 감축하는 데 관심을 쏟고 있었다.[102] 다른 나라들도 프랑스의 제안에 관심을 표명했는데, 가장 중요한 나라는 오스트리아-헝가리제국이었다. 이 제국은 그때까지 완고하게 격리 조치를 지지했다. 그러나 이 제국도 동지중해에서 상당한 상업적 이해관계를 가지고 있었다. 실제로 오스트리아는 몇 년간 이오니아해에서 "항해를 방해하는 장애"에 대해 항의해 왔다.[103]

격리 협정을 향한 이 잠정적인 조치는 1815년 비엔나회의에서 도입되고 1854~6년 크리미아 전쟁까지 지배적이었던 국제 관계 체제의 본보기가 되었다.[104] 이는 대서양 국가들의 식민지 경쟁과 유럽 강대국들의 대륙 내 쟁투가 뒤섞였던 1815년 이전의 상황과 근본적으로 달랐다. 1815년 패배 이후 프랑스는 더 이상 자국을 영국의 제국주의 경쟁자로 보지 않았다. 사실, 1829~48년간에 걸친 알제리 식민지화는 프랑스가 지중해 항구들에서 격리 조치를 완화하기 위해 영국과 협력할 수 있는 더 큰 동기를 부여했다.[105] 비엔나회의(1814~5) 이후 40년간 강대국들은 전장보다는 회의석상에서 의견 차이를 해결하려고 했으며, 그런 분위기에서는 격리를 정치적 무기로 삼을 필요성이나 여지가 적었다. 비엔나회의에서는 격리에 대한 어떤 언급도 없었지만, 라인강 운항의 자유와 같은 비슷한 문제들에 대해서 합의를 이뤘다. 다뉴브강의 선상 수송에 관한 후속 협정과 마찬가지로, 이는 부분적으로 경제 이익을 충족하고 부분적으로 평화 공존을 촉진하기 위한 것이었다.[106]

국제회의 외교에서 진화한 이 '협의 체제conference system'는 국제정치 문제의 평화적 해결에만 전념했다. 그것은 또한 더 실용적이고, 많은 면에서 더 성공적이었으며, 특정한 문제에 대한 합의를 이루기 위한 국가들의 작은 모임을 포함했다.[107] 이 체제는 주로 영국과 프랑스, 두 나라의 상업 및 식민지 이해관계에 의해 추진되었지만, 격리와 같은 문제들에 대한 합의는 잠재적인 분쟁의 근원을 없애려는 간절한 열망에 비추어 바라보아야 한다. 위생 논의의 초점이 동지중해라는 사실이 그런 합의를 더욱더 바람직한 것으로 만들었다. 레반트는 이제 국제 문제에서 언제 폭발할지 모를 위험 지역flash-point이었기 때문이다. 격리 문제를 다룰 국제회의를 소집하려는 시도는 터키와 이집트 사이에 또 다른 전쟁 발발과 동시에 이뤄졌다. 이 전쟁을 통해 쇠퇴일로의 오스만제국에 대한 러시아의 영향력은 다시금 절정에 올랐다.

프랑스가 무함마드 알리를 지원한 탓으로 영국과 프랑스, 두 나라 사이에 불협화음도 일어났지만, 프랑스군은 레반트에 원정군을 파견한 오스트리아 및 영국과 전쟁을 불사하려 하지 않았다. 이집트군이 후퇴하고 유럽 4대 강국(오스트리아–헝가리, 영국, 프러시아, 러시아)이 오스만제국의 안보를 공동으로 보장한 런던조약(1840)에 의해 긴장은 해소되었다. 영국 외무장관 파머스턴 경Lord Palmerston의 표현대로, 모든 관련 정부의 목표는 "정책상의 공동 보조common course에 동의하는 것"이었으며,[108] 이는 유럽의 일반적인 이익을 위해 필요한 목적, 즉 레반트 지역의 평화 유지를 달성하려는 의도였다고 할 수 있다. 다음 해 열린 해협에 관한 회의에서 지중해를 연결하는 보스포루스–다다넬스 해협 간 외국 해군 함정의 항해를 금지했는데, 이 또한 단순히 이전과 같은 오스만제국의 정책이라기보다는 국제 간 합의를 통한 것이었다.[109] 이와 동시에 1840년 프랑스 티에르 총리가 해임되고 곧바로 파머스턴과 휘그당 정부가 실권하면서 영국과 프랑스 사이의 관계는 더 돈독해졌다. 두 나라는 우호적으로 협력하려 했고 이는 격리 문제를 논의하는 데 추가적인 동력이 되었다.[110] 영국에서 가장 큰 소리를 내고 영향력 있는 격리 비판론자 중의 한 사람인 의사 개빈 밀로이Gavin Milroy에 따르면, 이 문제를 연구한 모든 사람들, 즉 정치인·여행자·상인·의사들이 격리 문제에 대한 국제 협정이 그들의 '공통 복지'에 긴요하다는 결론을 내렸다.[111]

오스트리아 총리 메테르니히Metternich는 이집트의 방역 대책으로 전염병이 서방에 덜 확산되었기 때문에 지중해에서 격리 조치를 완화할 수 있다고 주장했다. 오스만제국에서도 이와 유사한 규제가 도입될 것이라는 전망은 낙관론의 근거로 제시되었다. 1838년 오스만제국 술탄은 오스트리아 정부에 제국 전역에 격리 시설을 설치하는 데 도움을 줄 수 있는 경험 있는 관리 몇 명을 보내 달라고 요청했다. 오스만제국 대부분의 지역은 18세기 후반과 19세기 초에 역병으로 심각한 영향을 받았던 것이다. 1812년, 콘스탄티노플 도시 및 주변 지역에서 대략 30만 명이 역병 창궐기에 사망했으며, 1836년 말 오스만제국 수도에서 3만 명이 목숨을 잃었다. 그 발병력virulence이 약화되는 것으로 보이지만, 역병은 19세기 중엽까지 거의 매년 콘스탄티노플과 발칸 지역을 내습했다. 더욱이 제국은 콜레라에 의한 새로운 위협에 직면했는데, 이 전염병은 1821년 오스만제국의 영역에 처음 등장했다.

이후 30년에 걸쳐 콜레라 전염병이 일곱 번이나 오스만 세계를 휩쓸었다. 일부는 인도에서 직접 전파되었으며, 다른 일부는 메카와 메디나라는 성스러운 도시에서 돌아오는 순례자들에 묻혀 와 퍼져 나갔다.[112] 이것은 제국을 현대화하려고 시도한 역대 오스만 정부에게 커다란 도전이었다. 전염병이 인구 증가를 가로막고 국제 무역을 방해했기 때문이다.[113] 유럽의 전문 지식을 살펴보면서, 마흐무트 2세 Mahmut II(1808~39)는 다른 국가의 육군 등과 같은 기구에서 확립된 선례를 따랐다. 제국 전역에 위생 기반 시설을 건설하려는 시도는 19세기 오스만 국가의 급속한 성장과 궤를 같이하는 것이었는데, 모든 항구의 규제 사항은 수도 콘스탄티노플에서 내린 지침을 재확인한 것이었다.[114] 그러나 유럽 열강의 입장에서는, 콘스탄티노플의 '공중 보건위원회' 설치는 터키 정부Sublime Porte에 대해 영향력을 행사하고 유럽 항해에 유익한 양보를 얻어 낼 수 있는 기회를 확보한 셈이었다.[115] 알려진 바와 같이, 콘스탄티노플 위생위원회에 외국 대표들이 행사한 영향력은 때때로 유럽 강대국들이 바랐던 것보다 약했지만[116] 다음 해에 체결된 해협 협정과 같이 그들의 역할 자체가 술탄이 지닌 독립성의 쇠퇴를 상징하는 것이었다.[117]

　콘스탄티노플 '공중보건위원회' 설치는 서아시아(중동)에서 국제 협력의 필요성에 대한 인식이 고조되고 있음을 여실히 보여 주었다.[118] 그러나 격리 문제 논의를 위한 회의를 처음에 지지했음에도, 메테르니히와 파머스턴 총리는 자신들이 통제하는 회의를 더 선호하는 경향이 있었다.[119] 프랑스가 주도한 결과 1843년 회담이 재개되었고, 새로운 평화 협상entente cordiale의 설계자들 가운데 한 사람인 영국 외무장관 애버딘 경Lord Aberdeen은 "위원회가 지중해 상거래와 통신에 큰 이익을 가져다줄 것"이라고 선언하면서 열띤 반응을 보였다. 그러나 그는 러시아와 이탈리아에 초청장을 보내기 전에 영국·프랑스·오스트리아가 먼저 주요 문제에 대해 합의를 보는 것이 현명하리라고 생각했다. 그다음에 오스트리아가 이탈리아에 영향력을 행사해 협조를 이끌어 내기를 희망했다. 애버딘 경은 러시아가 그 회의에 참여하기를 바랐다. 왜냐하면 러시아가 중요한 지역(동유럽) 강대국이었고 그 나라 없이는 어떤 합의도 실행될 수 없을 것 같았기 때문이다. 그는 중립지 제노바항을 개최지로 제안했다.[120] 영국 정부 내 다른 부처들도 똑같이 열띤 반응을 보였고, 그런 분위기가 성사 분위기로 진척될 것 같았다. 추밀원 무역 담당 맥그리거J. McGregor는 "주요 열강들 쪽에서 아주 단호한 경향이 나타나고 있고, 격리 기간detention도 어느 정도 비슷해졌으며, 상품과 선박에 대한 규제에 따른 심각성을 상당히 완화하기 위한 제반 작업들이 이뤄지고 있다"고 선언했다. 그는 "이 나라와 해외 강대국 사이에 널리 퍼져 있는 일반적인 이해와……그러한 회의의 심사숙고를 통해……아주 바람직한 일반적 격리 체제를 채택하기에 이를 것을 희망한다"고 말했다.[121]

1815년 이후 발전한 국제 외교 체제는 유럽에서 전쟁 방지라는 최우선의 목표를 가지고 있었다. 이 체제야말로 위생 규제에 관한 어떤 합의에도 중요한 전제조건이었다. 영국과 프랑스가 다수의 중립적인 도시들 중 한 곳에서 소집될 경우 회의에 참가하겠다는 의지를 보이는 등, 그 조짐은 확실히 고무적이었다. 그러나 오스트리아 측은 더디게 반응했고, 참석하기로 했을 때에도 기대했던 것보다는 열정적이지 않았다. 메테르니히는 회의 소집이 너무 이르다 생각하고 우선 주요 3개국이 사람에게 필요한 최소·최대 격리 기간, 다양한 종류의 상품에 대한 규정, 그리고 전염 우려가 있는 물건을 소독하는 최선의 방법 등 기술적인 문제들에 대해 합의할 것을 주장했다. 이는 애버딘 경의 제안과 다르지 않지만, 오스트리아 측은 그 문제를 스스로 생각할 수 있도록 6개월의 기간이 필요하다고 주장했고, 메테르니히는 또 비엔나에서 그런 국제회의를 여는 데 찬성하는 입장을 표명했다.[122]

프랑스가 비엔나의 응답을 기다리는 동안, 영국 정부는 추밀원 내 격리 담당관 윌리엄 핌William Pym에게 지중해 지역의 격리 현황에 대한 자체 조사를 의뢰했다. 1845년 그는 여러 시설에 격리된 사람과 선박의 수, 화물 취급 절차, 요금 부과 등을 상세하게 보고했다. 핌은 뒤페롱과 비슷한 결론에 이르렀다. 어떤 형태로든 격리 조치가 필요하지만 체계적으로 운영되고 있지 않다는 것이다. 지중해 무역의 주요 장애 요인은 격리 그 자체라기보다는 독단적인 시행이었다.[123] 핌은 그의 조사에 근거하여 메테르니히가 제기한 문제에 답변하는 초안을 작성했으나,[124] 메테르니히는 영국과 프랑스 관리들에게 오스트리아 내무부와 재무부의 정보를 받았을 때만 이 문제를 검토하겠다고 계속 주장했다.[125]

메테르니히는 격리에 관한 협의가 오스트리아의 상업에 큰 이익이 될 것이라고 믿고 진정으로 국제 협정을 원했던 것 같다. 실제로, 동지중해와 레반트 지역의 격리 시설에 보관된 기록을 보면, 일반적으로 오스트리아 선박들이 격리 때문에 가장 불편을 겪었다는 것을 확인할 수 있다.[126] 아직 걸음마 단계이기는 하지만 증기선 항해는 다뉴브강을 통한 무역량을 증가시켰고, 또 오스트리아 내에서는 상업적이고 인도적인 이유로 합스부르크제국의 국경을 따라 격리 규제를 완화하라는 압력이 증가하고 있었다. 영국 주재 오스트리아 대사는 애버딘 경에게 이 "국제회의가 방역선cordon sanitaire 비용을 줄이려는 열망으로 구성되었다"고 말했는데, "이 방역선은 국경을 넘나드는 교역을 막는 데 완전히 실패했으며 교통만 불필요하게 차단했다"는 것이다.[127] 비엔나의 지그문트 교수와 같은 일부 저명한 의사들은 전염병을 막기 위해 오스트리아는 위생 개선에 주로 의존해야 한다고 권고하기도 했다.[128] 그러나 오스트리아는 이전부터 역병에 시달려 온 오스만제국과 긴 국경을 맞대고 있었는데, 이는 오랫동안 분명히 그들을 보호해 온 조치를 포기하기가 쉽지 않았다는 것을 의미했다.

영국과 프랑스는 자국의 상업적·제국적 이해관계 때문에 국제 협약을 모색하려고 했다. 알제리 지역과 동지중해의 무역을 둘러싸고 프랑스의 개입이 점증하면서 격리 조치를 개선하려는 강력한 동기가 주어졌으며, 1840년대에 프랑스는 일방적으로 지중해 항구에서 격리를 줄이기 위한 조치를 취했다.[129] 영국에서도 상업 세력은 더욱더 영향력이 커졌고 1846년 수입 곡물에 대한 관세(옥수수법) 폐지에 힘입어 자유무역론자들은 다른 규제의 철폐도 시도했다. 격리를 반대하는 사람들은 영국이 이에 소요되는 연간 비용을 2~3백 만 파운드로 추산했는데, 지중해 상인 진영에서 입은 손실도 비슷한 규모였을 것이다.[130] 1830년대 후반, 영국과 그 밖의 다른 나라들도 오스만제국과 일련의 상업 및 항해 조약을 체결했는데, 그 목적은 이전에는 외국 상인에게 금지되었던 지역의 무역을 개방하고 오스만제국령으로 들어오는 수입품에 대한 관세를 줄이려는 데 있었다.[131] 따라서 오스만 측이 포함된 격리에 관한 합의에 도달하려는 시도는 영국을 비롯한 유럽 강대국들이 무역과 항해에서 양보를 얻어 내려고 힘쓴 과정의 일부였다.[132]

그러나 영국이 격리를 둘러싼 국제 합의를 시도하도록 만든 요인은 상업적 이익만이 아니었다. 격리는 지중해를 여행하는 사람들에게 여전히 큰 불편함을 가져다주었다. 레반트를 거쳐 인도로 오고 가는 영국인들의 수가 증가하고 있는 시점에 지중해 정박 항구, 특히 알렉산드리아에서의 격리 조치는 '부조리'와 '비리'로 많은 불만을 샀다.[133] 영사들로 구성된 보건위원회 창설 이후 유럽 상인과 외교관들은 격리 조치가 선택적으로 시행되고 있으며 제도 자체가 비효율적이라고 항의했다.[134] 이집트 정부가 다른 유럽 강대국들의 묵인하에 영국의 이익에 해를 끼치기 위해 고의로 격리 조치를 이용하고 있다는 의심이 커지고 있었다. 동인도회사가 아덴Aden을 점령한 데 이어 1836년 이곳에 인도행 증기선용 석탄 저장고를 세우면서 영국과 이집트의 관계는 악화일로를 걸었다. 무함마드 알리는 자신의 영토 가까이에 영국군이 주둔한 것에 분노를 표명했고, 동인도회사의 의도를 매우 미심쩍어했다.[135] 1838년 알렉산드리아 주재 영국 영사는 이집트의 격리 시행 방식에 대해 정식으로 불만을 제기하기 시작했고 영국 선박에 대한 양보를 요구했다.[136] 이듬해 영국과 이집트의 관계는 더욱 악화되었다. 무함마드 알리의 아들 이브라힘이 지휘하는 이집트 군대가 오스만의 시리아를 침공했고, 이에 오스만인을 지원하기 위해 유럽 연합군이 파견되어 이집트의 야망을 좌절시켰다.

이런 상황에서 이집트 당국이 적대국으로 간주하는 나라의 의도를 감시할 기회를 이용했다는 것은 놀라운 일이 아니다. 알렉산드리아와 카이로의 정기 증기선steam-packet 직원들은 (이집트 정부가) 위생적인 훈증 소독을 한다는 구실을 내세워 외교 공문을 가로채고 지연시키고 심지어 파괴하려 했다고 자주 불평을 토로했다.[137] 의사 존 보링John Bowring은 1842년 하원에서 "공식 보고서를 열람하고 송곳으로 구멍을 내고 끌로 깊이 새기고 식초에 담그며……오랫동안 훼손되어 거의 읽을 수 없는 상태로 목적지로 부쳐졌다"고 말했다. 그는 "동방에서 격리 유지가 정치적 목적을 갖고 있다는 것은 의심의 여지

가 없으며, 정치적 이해관계가 격리에 의해 촉발되고, 국가의 건강이
아닌 국가의 이해야말로 해외에서 규제를 시행하는 심각한 상황의
주된 동기가 되었다"고 주장했다. 그는 이집트만이 이런 식으로 격리
를 남용한 것이 아니라 부끄럽게도 영국 영사관 관리들도 그랬다고
주장했다. 그러나 러시아만큼 일상적이고 노골적으로 격리를 남용한
나라는 없었다. 보링은 검역관들을 가리켜 "여행자들을 마음대로 체
포하고 석방하는 정무직 관료"라고 묘사했다. 그들은 "모든 서신을
수중에 넣었고……그 순간의 일시적인 이해에 따라 상업 거래를 저
지하거나 촉진시켰으며……그리고 공중보건이라는 이름 아래 일반
경찰과 염탐꾼 제도를 도입했다"고 선언했다. 그의 견해에 따르면,
영국 정부가 국제 협정을 필요로 했다(당시 발의안은 총리이자 원로 자
유무역론자였던 로버트 필Robert Peel을 포함해 정부 각료들의 열광적인 지
지를 받았다).[138]

　　1848년 혁명으로 위생 규제에 관한 국제회의를 개최하려는 노력
에 대한 관심은 흩어졌다. 그러나 프랑스 측이 다시 활발하게 협상을
재개했고, 지중해 연안 11개국(오스만제국 포함)이 1851년 파리에서
개최될 국제회의에 참석하도록 설득하는 데 성공을 거뒀다. 대부분
의 나라들이 대표 2명, 외교관 1명 및 의사를 파견했다. 비록 기술적
인 문제에 대한 합의에 도달하는 것이 필요하다고 여겼지만, 정치적
이고 상업적인 문제들을 적절하게 고려하기 위해 외교관도 참석한
것이다. 프랑스 외무장관의 주장대로, 기술과 산업 진보의 시대에 걸
맞은 절차modus operandi를 찾고, 상업과 공중보건의 필요성 사이에
적절한 균형을 이룰 필요가 있었다. 새로운 교통수단이 물리적 거리

감을 지우고 있듯이, 이제는 국제 화합을 가로막고 있던 정치적·상업적 걸림돌을 제거해야 할 때라고 그는 주장했다.[139] 외교적으로도 적당한 시기였다. 1848년 오를레앙계 왕정이 폐지되면서 영국과 프랑스 사이의 긴장이 사라진 반면,[140] 다른 곳에서 반동정치의 승리는 오히려 안정과 갈등을 회피하려는 열망을 나타냈다.[141]

파리회의는 대체로 실패로 여겨진다. 각국 대표들이 콜레라의 전파성transmissibility 등 핵심 쟁점에 합의하지 않았고, 회의에서 도출한 협약은 프랑스, 사르데냐(이탈리아의 사르데냐. 당시 이탈리아 반도는 여러 나라로 나뉘어져 있었다—옮긴이 주), 포르투갈 등 3개국만 서명하고 그나마 사르데냐만 단독으로 비준했기 때문이다.[142] 대체로 격리 폐지를 더 꺼리는 지중해 연안국과 상업 및 식민지상의 이유로 격리 폐지를 바라는 영국 및 프랑스 사이에 주로 분열이 있었지만 이해관계가 엇갈리는 부분이 많아서 서로 합의에 이르기는 어려웠다. 메테르니히가 처음에 낙관론을 펼쳤지만, 오스트리아 대표들은 전염병 발생 시 해양 격리 및 소독 제도를 고치려는 어떤 시도도 반대했으며, 특히 영국이 옹호한 제안, 즉 원면의 위협을 낮추기 위해 전염 위험성이 있는susceptible 상품군을 재분류하자는 제안에 반대했다. 러시아 대표들과 함께, 그들은 육로 방역선이 제아무리 불완전하더라도, 레반트의 페스트로부터 그들의 제국을 방어할 수 있는 유일한 수단으로 여겨지는 그 방역선을 폐기하자는 영국의 제안에 반대했다. 그러면서도 (러시아 대표와 다르게) 오스트리아 대표들은 콜레라가 다른 역병과 같은 방식으로 전염되지 않는다고 보는 프랑스 및 영국의 입장을 지지했으며, 콜레라를 예방하기 위해 격리 조치와 육로 방역선을 이용하는 것에는 반대했다.[143] 대다수 이탈리아 영방국가들의 경우 회의에서 자유화의 폐해에 종종 영향을 미치는 입장을 정하는 데 공공여론이 중요했다.[144] 그러나 오스트리아 대표들은 이집트와 오스만 제국에서 위생 감시 강화와 같은 특정 조치를 취하는 것이 바람직하다는 점에 대해서는 만장일치로 찬성했다.[145] 특히 알렉산드리아의 격리 규정 남용을 둘러싸고 이전에 불만이 있었음에도, 1844년 이후 이집트가 페스트의 위험에서 벗어났기 때문에 그러한 조치가 효과적으로 보였다.[146]

1851년의 파리회의가 구속력 있는 합의에 이르지 못했다고 하더라도 개최 사실 자체는 주목할 만한 것이다. 이전 세기에는 격리 조치를 외교정책의 수단으로 광범위하게 남용했다. 1820년대 말 부르봉 정부는 에스파냐에서 자유주의적인 움직임을 분쇄하기 위해 방역선을 이용했다. 그 후 상황은 많이 진전되었지만, 더 중요한 것은 파리회의의 정신이 그 후에도 여러 차례 제기되리라는 점이었고, 마침내 1866년 또 다른 콜레라의 큰 물결을 타고 다시 나타났다. 향후 반세기 동안, 위생 문제를 다루는 국제회의가 10여 차례 이상 열렸으며, 그 마지막 회의에서 국제 협약을 비준하기에 이르렀다. 이러한 발전이야말로 1830년대와 40년대에 첫발을 내딛은 이후 산발적으로 진화해 온 국제주의의 결실이었던 것이다. 그러나 파리회의는 한 시대의 종국과 동시에 새로운 시대의 서막을 알리는 것이었다. 그것은 긴장이 고조되는 시기에 열렸고, 그 회의를 낳은 국제 협조 체제는 크리미아 전쟁(1853. 10~1856. 2. 1853년 제정러시아가 흑해로 진출하기 위하여 터키, 영국, 프랑스, 사르데냐 공국 연합군과 벌인 전쟁—옮긴이 주)

발발로 단기간에 붕괴되고 말았다. 위생 문제에 관한 구속력 있는 협약agreement에 이르는 데 수십 년이 걸린 것은 주로 제국주의 열강의 경쟁 탓이었다. 알렉산드리아와 콘스탄티노플에 설립된 것과 같은 국제기구와 1870~80년대 위생 관련 국제회의에서 영국은 그 경쟁국들이 격리 자유화 조치 주장에 의문을 제기함에 따라 점차 고립되었다. 세계 유수의 상업국가가 왜 이 고립된 길을 걸었는지 이해하기 위해서, 우리는 먼저 영국에서 일어난 사건들을 살펴야 한다. 이 사건들을 겪으면서 위생 관련 협약들은 점차로 지배적인 자유무역 원리와 조화를 이루게 되었다.

4
장

격리와
자유무역 제국

제임스 맥윌리엄James Ormiston McWilliam 초상화
작자 미상, 1845년경.

†

제임스 맥윌리엄은 그의 세대에서 가장 탁월한 해군 외과의 중 한 사람이었다. 1841년 니제르 원정에 참가하여 함장과 기관병이 열병에 희생된 후에도 앨버트Albert호를 조종하는 영웅적 업적으로 일반 대중에게도 잘 알려지게 되었다.

제임스 맥윌리엄James Ormiston McWilliam이 쓴 책
*Medical History of the Expedition to the Niger during the years 1841~2: comprising an account of the fever which led to its abrupt termination*의 앞표지.
런던, 1843.

†

MEDICAL HISTORY

OF THE

EXPEDITION TO THE NIGER

DURING THE YEARS 1841-2

COMPRISING

AN ACCOUNT OF THE FEVER

WHICH LED TO ITS ABRUPT TERMINATION

BY

JAMES ORMISTON McWILLIAM, M.D.

SURGEON OF H.M.S. ALBERT AND SENIOR MEDICAL OFFICER OF THE EXPEDITION

WITH PLATES

LONDON

JOHN CHURCHILL PRINCES STREET SOHO

MDCCCXLIII.

맥윌리엄의 니제르 원정 의료 기록history은 널리 칭송되었으며 열대 질병에 대한 전문가로서의 평판을 얻게 했다. 이 논문에 힘입어 그는 포르투갈 보아비스타Boa Vista섬의 열병 발생을 조사토록 명령받았으나 해군성과의 불편한 관계로 인해 다른 전문가가 파견되었다.

세인트 알반스 헤드St Alban's Head(영국 도세트Dorset 해안에 위치한
스와나제Swanage에서 남서쪽으로 5킬로미터 떨어진 곳)에 정박한 우편선 타인Tyne호
출처: 일러스트레이티드 런던 뉴스Illustrated London News, 30. 1857.

†

우편선들은 종종 아메리카 대륙이나 열대 아프리카로부터 영국으로 황열병을 들여와 유럽 항구에 질병
의 상흔을 남겼다. 이 그림에 등장한 선박 타인Tyne호도 1856년 12월 브라질로부터 돌아오자마자 도세
트Dorset 해안가에서 좌초되어 악명을 떨쳤다.

부에노스아이레스에 퍼진 황열병

후안 마누엘 블라네스Juan Manuel Blanes, 1871.

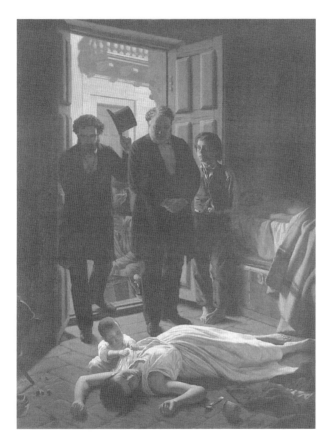

부에노스아이레스에서 황열병으로 인해 많은 죽음을 목격한 화가의 공포를 표현한 그림. 한 여성이 황열병으로 쓰러져 사망한 상태에서 젖먹이 어린 아들이 엄마의 도움을 구하고 있다. 여성의 뒤에는 두 명의 의사가 방안에 들어왔으나 너무 늦게 도착하여 아이의 부모를 살리지 못하였다. 전염병 창궐로 나타난 실제 상황을 묘사하고 있으며 그림 속 두 의사는 이후 황열병으로 사망했다. 1871년 중 부에노스아이레스에서 황열병으로 인해 1만 3천 명 이상이 목숨을 잃은 것으로 추정된다.

대서양을 횡단하는 선박들의 속도 향상은 감염자가 하선하기 전에 황열병 증상을 보이지 않을 수도 있음을 의미하였다. 몇몇 황열병 감염 사례는 미 대륙에서 유럽으로 여행을 다녀온 승객들 사이에서 발생했다. 다만 이들 숫자는 극소수였다. 1850년대와 1860년대 유럽에서의 황열병 유행은 일반적으로 미 대륙에서 유럽 항구에 온 화물이 하역될 때 발생했다. 전염병균을 보유한 모기들이 화물과 짐칸에 숨어들었던 것이다.

파나마운하 건설 공사를 위해 쿨레브라Culebra 산을 깎아내리는 모습
general view looking west, towards Panama. 출처: 일러스트레이티드 런던
뉴스Illustrated London News, 92, 1888.

†

파나마운하 건설 공사는 황열병 창궐로 인해 큰 혼란이 있었으나 윌리엄 고자스William Gorgas 의무감의
지휘하에 미군이 실시한 조직적인 모기퇴치운동으로 황열병이 근절되어서야 혼란에서 벗어나 공사가 재
개될 수 있었다.

1844년 11월, 영국의 데번포트Devon Port 해군 기지에서 소형 증기함 에클레어호가 아프리카 중서부 기니만Guinea灣의 비아프라Biafra를 향해 출항했다. 그곳에서 에클레어호는 노예무역을 감시하는 해군 함대에 합류했다.[1] 1845년 9월 28일, 이 함정이 영국으로 귀환했을 때 생존한 승무원은 원래 승선 인원의 3분의 1도 되지 않았다. 희생자 대다수는 시에라리온Sierra Leone 해변에 머무는 동안 열병에 걸려 목숨을 잃었다. 물론 이전에도 영국 해군 서아프리카 함대에 소속된 함정 승무원의 사망률이 50퍼센트를 넘었기 때문에, 에클레어호의 피해가 각별하게 주목받지 않을 수도 있었다.[2] 그러나 이 함정의 치명적인 불행은 국제적으로 널리 논란을 불러일으켰으며, 그 이후 몇 년간 위생 문제와 관련해 두드러진 사례로 거론되었다.

그 이유는 에클레어호가 귀항할 때 직면한 특수한 상황 때문이었다. 항해 도중에 에클레어호 승무원들은 포르투갈령 케이프베르데 군도Cape Verde Islands에 속한 보아비스타Boa Vista에 상륙 허가를 받았다. 며칠 후 이 전함은 다시 출항했는데, 이 섬은 이미 황열병으로 보이는 감염성 높은 전염병의 내습으로 황폐화되어 있었다. 이 역병 소식으로 에클레어호에 대한 즉각적인 비난 목소리는 수그러들었고, 오히려 영국에서는 승무원들이 처한 곤경 때문에 비난보다 동정의 목소리가 커졌다. 일부, 특히 죽은 승무원의 후임을 자원한 사람들은 영웅의 자리에 올랐으며, 함장 또한 유명하고 연줄이 좋은 정치 가문 출신이어서 신문사와 의원들의 관심을 불러일으켰다. 그러나 에클레어호와 보아비스타에서의 발병은 지역적인 관심 이상의 것이었다. 이것은 주요 전염병이 증기선의 이동으로 퍼진 최초의 사례였고, 서아프리카와 서인도제도로부터 유럽으로 황열병이 급속하게 퍼질 것이라는 우려는 격리 조치의 완화 또는 폐지를 원하는 사람들에게는 새로운 숙제가 되었다.

보아비스타 사건은 세계 상업사의 중대한 전환기에 일어났다. 당시 주로 인도, 카리브해, 오스트레일리아, 캐나다에 국한되었던 영국의 공식적 제국에다 이제 영국 해군이 관할하는 자유무역 지대, 즉 '비공식적' 제국이 덧붙여졌다.[3] 이들 제국 연결망은 후일 최초의 전 지구적 경제global economy의 기초를 형성했는데, 이 '세계 체제world system'는 명백하게 자유무역 원리에 기반을 둔 것이었다.[4] 이 체제는 영제국의 노예제 폐지 물결 속에서 형성되었고, 그 체제의 수익성은 더 확대된 무역의 자유뿐만 아니라, 아시아에서 아메리카의 빈곤한 노예 경제로 대양을 가로지르는 노동력 이동에 기반을 두고 있었다. 상품과 인간의 이동은 증기선과 철도 이용이 증가함에 따라 더 용이해졌으며, 이전에 거의 불모지였던 지역들 간의 교통 속도와 빈도를 다 같이 높였다. 그리하여 제국은 더 일관적인 성격을 갖게 되었지만 그 연결망은 질병 감염의 새로운 기회를 제공했다.[5] 수십 년간 자연적인 발병지로 알려진 곳에서만 제한적으로 나타났던 역병과 황열병 같은 전염병이 다시 퍼지면서 그동안의 안일한 태도에 충격을 주고 새로운 상업 질서에 위협을 가했다. 이 세계 체제와 양립할 수 있는 위생 제도를 고안하는 것은 엄청난 도전이었고 결과적으로 향후 몇 년 동안 격렬한 논란거리가 되었다.

유해 선박

영국에서 서아프리카로 출항한 후 에클레어호는 노예선 통행을 봉쇄하기 위해 셰르부르Sherbro섬 인근 시에라리온 남부 해안에서 5개월 간 정박했다. 이 지역은 아프리카 해안에서 가장 건강에 좋지 않은 곳 가운데 하나로 여겨졌고 섬 근처에 남아 있던 선박 대부분이 심각한 열병 발병을 피할 수 없었다. 그러나 에클레어호는 보급품과 연료를 채우기 위해 북쪽으로 항해한 뒤에야 비정상적으로 높은 치사율을 겪기 시작했다. 그때까지는 원래 승무원 146명 중 9명이 사망했지만, 이들은 아프리카 해안에서 아프리카 관련 업무 종사자들에게 위험한 직업병과 같이 잘 걸리는 열병의 희생자로 여겨졌을 뿐이다. 에클레어호는 13일간 정박했지만, 승무원들은 단 하루만 해안에 상륙할 수 있었고, 그 기간에 선원 한 명이 고주망태로 취해서 며칠 동안 돌아올 수 없었다. 7월 23일, 에클레어호는 결국 닻을 올리고 다른 증기선 앨버트Albert호와 함께 감비아Gambia 방향으로 출항했는데, 앨버트호는 1841년에 다수 선원들이 말라리아로 사망한 니제르강 탐험에 참여한 적이 있었다. 널리 알려진 이 탐험은 지방 부족들을 노예제도에서 벗어나게 하고 열대 아프리카를 합법적인 무역에 개방시키려는 시도였다.[6]

이 단계에서 열병은 1건 발생했지만, 에클레어호가 감비아에 도착하기 전인 8월 10일에는 선원 7명이 특히 치명적인 질병으로 죽었다. 함장 월터 에스트코트Walter Estcourt 중령은 이렇게 썼다. "병의 진행 속도가 너무 빨라서 건강과 정신력이 모두 좋은 사람도 검붉은 구토와 아프리카의 강들에서 걸리는 열병 중에서도 가장 악성의 여러 증상들을 보이며 고통에 시달리다 3, 4일 만에 죽어 나갔다."[7] 에클레어호는 감비아에서 5일간 정박했다가 케이프베르데 군도로 향했다. 함장 에스트코트는 공기가 바뀌면 병자의 회복에 도움이 되지 않을까 기대했다. 8월 21일 에클레어호는 보아비스타의 어느 섬 앞에 닻을 내렸다. 이 무렵까지 원래 승무원 6명 당 1명꼴로 사망했다. 함장은 선상을 청소하고 배를 훈증 소독하기 위해 아프리카 출신 선원을 제외하고 나머지 선원들의 상륙 허가를 케이프베르데 군도 총독으로부터 얻어 냈다. 아프리카 출신 선원들은 지역 열병에 대해 면역력이 있으리라고 여겨져서 종종 훈증 소독 같은 일을 맡거나 연료와 물자 구입 목적으로 말라리아 창궐 지역 해안으로 파견되기도 했다. 시에라리온 해안의 두 부족민 중에서 모집된 아프리카 출신 선원들은 건실한 육체적 표본으로 알려졌으며, 일반적으로 유럽인보다 중노동에 더 적합한 것으로 여겨졌다. 게다가, 그들은 부지런하고 배우는 일에

열심이었으며, 많은 이들이 선원 일에 뛰어난 능력을 보였다.[8]

아프리카 출신 선원들이 에클레어호에 남아 있는 동안 유럽인 환자들은 항구로 들어가는 입구 근처 어느 작은 무인도의 한 요새에 머물렀다. 선원 가운데 건강한 사람들도 상륙 허가를 받았는데, 그들은 텐트에서 잠을 잤다. 집 한 채를 장교용으로 마련했으며, 에스트코트는 영국 영사관에서 숙박했다. 그러나 이러한 조치들은 선원들의 건강에 거의 영향을 미치지 않았다.[9] 8월 31일까지 5명이 더 사망했고 에스트코트는 이렇게 기록했다. "몇 명은 곧 회복되어 걸어다녔지만……선원들 간에 열병이 빠르게 퍼졌고, 이달(9월) 1일부터 8일 사이에 우리는 장교 3명, 선원 9명, 청년 4명, 어린아이 3명을 잃었다. 사망자를 제외하면 약 35명만 남은 것이다. 남아 있는 사람들마저 많은 이들이 이미 열병을 앓고 있었고, 너무 쇠약해져서 일상 업무도 맡기 어려웠다."[10]

해군 외과의사 세 사람의 조언을 들은 후에, 함장 에스트코트는 악천후로 유명한 포르투갈의 마데이라Madeira를 향해 항로를 잡았는데, 이는 승무원들이 영국으로 귀환하기 전에 회복할 기회를 갖기 위한 것이었다. 이 당시, 함정의 보조 외과의 하트Harte는 열병으로 죽었고, 다른 해군 함정 그라울러Growler호에 승선해 여행 중이던 해군 외과의사 맥클러Mclure가 자원해 그를 대신했다. 그라울러호의 보조 외과의 코페이Coffey와 그 밖의 몇몇 승무원들도 에클레어호 승선을 자원했다. 에클레어호는 9월 13일에 출항했는데, 그 전날 함장 에스트코트도 열병에 걸렸다. 에스트코트와 의사 맥클러는 에클레어호가 마데이라에 도착하기 3일 전에 사망했다.[11] 배가 포르투갈 풍샬

Funchal항에 이르렀을 때는 승무원의 3분의 2가 죽었다. 한편 에클레어호의 상황을 잘 파악하고 있던 마데이라 총독은 선원들의 상륙을 허가하지 않았다. 에클레어호는 이제 몇 안 되는 선원만 싣고 비스케이Biscay만(에스파냐의 북서부 오르테갈곶에서 프랑스의 브르타뉴 반도 서쪽 끝에 이르는 대서양 연안의 만灣—옮긴이 주)을 가로지르는 험난한 항해를 할 수밖에 없었다. 때마침 추분 시기 폭풍우가 빠르게 다가왔다. 항해 전망은 암울했지만, 그 섬을 떠나려는 무역 상인 7명과 젊은 해군 외과의 시드니 버나드Sidney Bernard가 배의 귀환에 도움을 주었다는 사실은 그나마 다행이었다.[12]

에클레어호는 9월 28일 영국의 포츠머스Portsmouth에 도착했다. 승무원 가운데 (버나드를 포함해) 90명 이상이 열병을 앓았으며, 사망자만 45명이었다. 이 해군 함정은 하슬라Haslar 해군 병원의 입원 제안을 받았지만, 인근 어느 병원에도 환자들을 상륙시킬 수 없었다. 그 대신 1825년 격리법에 따른 권고 기간인 21일 동안 격리 조치를 당했다. 포츠머스에 입항하는 감염 선박은 보통 마더뱅크Motherbank에 한정해 격리되지만, 악천후 때문에 에클레어호는 입항조차도 쉽지 않았다. 3일이 지난 후, 에클레어호는 켄트주 스탠게이트만Stangate Creek에 있는 격리 시설로 방향을 돌려 항해했다. 이곳에서도 모든 선원들은 선상에 있어야 했다. 이 격리 기간에 더 많은 선원이 감염되었고 이미 병에 걸린 사람들은 상태가 급격하게 악화되었다. 단 하나 좋은 소식은 아프리카 출신 승무원 36명 가운데 고작 5명만 병에 걸렸다는 것, 그리고 감염자 모두 치명적이지 않다는 것이었다.[13] 에클레어호 사망자 수는 이제 언론의 지대한 관심을 받았으며, 이 때문에 해군성은 승무원들에게 상륙하도록 요구했다. 10월 8일 환자들을 군함 우스터Worceter호로 옮기고, 회복 중인 선원들은 벤보우Benbow호에 태웠다. 이 당시 외과의 버나드는 너무 심하게 앓아서 움직일 수 없었으며 바로 그다음 날 사망했다. 우스터호에서 활동하던 다른 외과의 코페이가 회복 중인 것이 그나마 다행이었다.[14] 우스터호에서 근무하던 다른 외과의 로저스Dr. Rogers가 열병에 감염되었고 스탠게이트에서 승선한 항해사도 같은 병에 걸려 사망하기도 했지만, 그 며칠 동안에 남은 환자 대부분이 회복하기 시작했다.[15] 10월 13일, 에클레어호와 우스터호 등 함정에서 새로운 발병 사례는 없었고 로저스 박사도 회복되기 시작했다.[16] 31일에는 드디어 에클레어호 격리 조치가 해제되었다.[17] 살아남은 사람들은 복무에서 벗어나 보상을 받았다.[18] 함정에서 일을 도왔던 자원자 29명 가운데 생존자들은 승진, 연금 또는 다른 금전적인 보상을 받았다.[19]

　에클레어호의 비극적인 항해가 낳은 가장 중요한 결과들 중 하나는 많은 사람들이 구식이고 비인간적이라고 여겼던 영국의 격리법에 확실하게 주목했다는 사실이다. 이 함정이 스탠게이트에 억류된 직후, 《더 타임스》지는 이렇게 외쳤다.

　　증기선 에클레어호에 탑승한 선원이 끔찍한 처지에 빠져 있는데도 그들에게 임박한 죽음의 그림자로부터 그들을 구하려는 어떤 노력도 하지 않도록 방치해서는 안 된다……불길에 싸인 집에 문이 잠겨 있다는 것을 알게 되면, 많은 사람들이 집안사람들을 구하려고 몰려올 것이다……에클레어호의 아직 생존한 사람들에 관하여 현재 구호 상태는 이렇다. 도움의 손길이 미치지 못하는 동안 그들은 역병의 참화에 먹이가 되도록 방치되고 있다……이 불합리하고 구태의연한 격리법은 오히려 구호를 방해할 뿐이며, 에클레어호 선원들은 40일간 그들의 운명에 내맡겨진 것이다. 이를 용인해야 하는가?[20]

《더 타임스》지는 '용감한' 버나드와 다른 자원자들을 기독교 순교자로 바라보려는 국민적 분위기를 포착했다.[21] 그들의 "침착하고 사심 없는 영웅적 행위"는 "지나치게 구시대적" 제도에 집착한 당국의 옹졸한 관료적 형식주의와 극명하게 대조를 이루었다.[22] 기세등등한 자유무역론과 곡물법 폐지운동이 절정에 이르면서 격리는 상업상의 장애물로 널리 받아들여졌다. 따라서 에클레어호를 격리하기로 한 결정은 지역 언론뿐만 아니라 전국적으로 광범위하게 보도되었다. 함장의 고향인 글로스터셔Gloucestershire의 신문들은 "최악"으로 묘사했던 그 열병이 초래한 "끔찍한 참화"를 보도했다. 자유주의 계열의 《글로스터 저널Gloucester Journal》은 격리 기간에 선내에서 사망자가 계속 발생했다는 사실에 관심을 나타냈지만,[23] 보수 계열의 《글로스터셔 크로니클Gloucestershire Chronicle》지는 관계 당국의 대응을 좀더 긍정적으로 바라보았다. 에스트코트 함장과 선원들의 비극적인 죽음을 애도하면서, 그 신문은 당국이 선박에 의사와 보급품을 공급할 수 있도록 개방적인 조치를 취했다는 점을 들어 격리 조치가 최선의 방법으로 이뤄졌다고 말했다. 그 신문의 보도는 아마도 곡물법을 둘러싼 논란기에 지주 세력의 지지자로서 확고한 보호주의 관점을 반영했을 것이다.[24] 비록 에클레어호가 야기한 논란에서 의료 집단이 격리 그 자체는 아니더라도 격리 조치에 관한 입법에 더욱더 비판적인 경향을 보여 주었지만, 의사들의 의견은 똑같이 양분되어 있었다. 일반적으로 개혁적인 관점을 지녔던 《랜싯Lancet》지는 그런 견해를 표명했다. 10월 11일 자 사설은 이렇다. "안타까운 일이다. 몇 주 동안 대양을 가로질러 희망의 끈을 놓지 않고 영국 해안으로 고난의 항해를 한 후에, 이 불쌍한 승무원들은 이틀 이상 배 안에 억류되어 감염과 죽음의 표적이 되고 있다. 그때까지 그들에게 어떤 구호 조치도 이뤄지지 않았다." 신문은 영국 항구의 격리 조치가 비인간적이고 시대에 뒤떨어졌으며, 에클레어호를 취급하는 방식이 "포르투갈의 작은 아프리카 식민지 총독이 관대하게 보여 준 허가 및 도움과 비교할 때 뒤떨어진 것"이라고 주장했다.[25]

그러나 가장 강하게 비판의 소리가 나온 곳은 해군이었다. 《해군정보Naval Intellengencer》지는 그 선박이 지원을 호소한 후 3일 동안이나 이 선박을 격리 시설인 마더뱅크에 계류시켰다고 격리 주무 부서를 질책했다. 신문 보도에 따르면, 해군 의료진은 "이 불행을 겪고 있는 함정에 두 벌의 운반용 각재角材를 지체 없이 보내고, 환자들을 한 곳에 수용하고 감염되지 않은 사람들을 다른 곳에 수용했어야 했다"고 본다는 것이다. "그런 조치들로 일단 질병의 진행을 제어했을 것이다. 반면 그런 주의를 소홀히함으로써 함정이 도착한 후 이미 선원 3, 4명이 치명적인 상태로 악화되었고, 정부 당국이 적절한 주의를 기울이지 않는다면 더 많은 사람들이 희생당할 것이라고 우려한다."[26] 해군 측에서는 이런 경우에 격리 조치가 불필요하다고 생각하는 분위기가 있었다. 하슬라 해군병원 의사 리처드슨은 이렇게 말했다. "그렇게 높은 비율로 승무원들의 목숨을 앗아 간 예외적인 사망률에도 불구하고……나는 이 선박이 우리나라에 전염병을 퍼뜨릴 것이라는 두려움을 느끼지 않는다. 그리고 환자들은 통풍이 잘 되는 병실에 있었다……나는 수행원들에게 발진티푸스 환자들을 위해 따로 마련된 병실에서 일어나는 것 이상으로 커다란 위험이 있다고는 생각하지 않는다."[27] 곧바로 격리 총감 윌리엄 핌이 리처드슨이 해군성에 보낸 편지 내용을 반박했다. 그는 해군성에 다음과 같은 점을 환기시켰다.

> 승무원들이 앓은 전염병은 일반적으로 유럽에서 격리 조치를 취하는 병이다. 그리고 그 전염병이 이 나라의 상업적 이익에 재앙스런 결과를 초래하리라는 것을 잘 알고 있기에, 에클레어호 사건에서처럼 대다수 유럽 강대국들이 엄격한 격리 시설에서 조치를 취하는 것을 받아들이고 있는 것이다. 이탈리아 국가들은 영국에서 출발해 이탈리아 여러 항구로 들어오는 모든 선박에 대해 확실히 그렇게 하고 있다. 이런 이유 때문에라도, 그리고 공중보건의 안전에 관련된 논의가 없이는, 나는 선원의 상륙뿐만 아니라 에클레어호의 격리 해제를 단호하게 반대하는 것이다.[28]

해군 의무감 윌리엄 버넷William Burnett은 핌이 언급한 견해를 중대한 예외로 대했다. 1845년 11월 그는 해군 장관에게 이렇게 보고했다. "에클레어호에서 일어난 것과 같은 상황에서 이것 또는 다른 열병이 전염될 가능성을 부정하지는 않습니다. 그렇지만, 필연적으로 핌과 정반대의 결론을 이끌어 내는 정황과 증거가 있는 반면, 그런 방향으로 흘렀으리라는 증거는 조금도 없습니다." 그는 계속해서 이렇게 말했다. "그러나 이렇게 되더라도 저는 배가 마더뱅크에 도착했을 때 에클레어호의 환자들이 최소한의 공중보건의 위험이 없이도, 하슬라 병원에 노착해 통풍이 잘 되는 병실에 입원할 수 있었다고 밝히는 데 추호도 주저하지 않겠습니다."[29]

버넷의 보고서는 그 자신과 핌 사이의 길고도 격렬한 논쟁의 시작을 알린 것이었다. 핌은 황열병 전문가였고 육군 복무 중 지중해 속령 지브롤터를 포함해 여러 차례 이 병을 직접 목격했다. 1815년에 그는 황열병으로 더 잘 알려진 '볼라마 열병'에 관한 논문을 썼는데, 이것은 열대 기후대에서 흔히 발병하는 일반 '소탕열remittent fever'과 다른 것이라고 강력하게 주장했다.[30] 핌은 서아프리카에 두 종류의 열병이 존재한다고 믿었다. 그중 하나가 소탕열이었다. 선원들이 나무와 물을 찾아 육지로 올랐을 때, 특히 강 상류로 가는 배에서 자주 걸렸다. 이 열병은 습기가 많은 미경작지, 부패를 자극하는 열이 있는 곳이라면 어디서나 흔히 볼 수 있었다. 부패가 '나쁜 공기malaria'를 낳는다고 생각되었으며, 부패한 물질에 노출되면, 특히 피로 때문에 쇠약해진 사람들이 열병에 걸린다는 것이다. 이 열병은 열대 기후대에서 가장 흔하게 발병했지만, 유럽 저지대에서도 나타났으며, 1809년 월체렌Walcheren에 상륙한 영국군의 사망률이 아주 높았던 원인이었다는 것이다. 이것은 논란의 여지가 없었지만, 핌은 또 서아프리카와 서인도제도에 다른 열병이 있다고 믿었다. 이 열병은 매우 달라서 결코 독기(말라리아)나 비위생적인 상태와 관련된 것은 아니었다. 이 열병(황열병)은 "매우 전염성이 강하며" 열이 높으면 전염성이 높아졌다. 그것은 구토와 같은 특이한 증상을 보였는데, 구토 증상은 '소탕열' 증후에는 없었으며, 살아난 환자는 결코 다시 그 열병에 걸리는 일이 없다는 점에서 이전 형태들과 구별되었다.[31]

1845년 10월 중순, 핌은 해군성에 보고서를 제출했다. 이 보고서에서 그는 에클레어호에서 발생한 열병은 '황열' 또는 '볼라마 열병'이 분명하다고 썼다. 그것은 "전염성이 매우 강한 성질을 띠었으며 페스트보다 훨씬 더 두렵고, 여름에 이 나라에 전파된다면 가공할 치사율을 보여 줄 것이며, 유럽 모든 지역에서 확립된 엄격한 격리 조치의 여파로 상업에 오랫동안 재앙이 될 것"이라고 경고했다. 비록 핌은 그 열병이 보통 따뜻한 기후대의 질병이라고 생각했지만, 그것이 항해 중에 증기선의 불길에 의해 유지되는 "인공적인 따뜻한 기온"을 매개로 해서 영국에 유입될 수 있다고 믿었다.[32] 달리 말하면, 아프리카 항해에 이용되는 증기선은 온실처럼 작용해 이국 전염병을 배양하는 역할을 할 수 있으며, 좋은 날씨라면 다른 곳에서 뿌리를 내릴 수 있다. 그러나 버넷은 핌의 가정, 즉 "선원이 승선한 증기선 갑판의 열이 때때로 기관실의 불길에 의해 높아질 수 있고 이에 따라 열병을 증식시켜 서인도제도와 아프리카 해안으로부터 영국으로 유입시킬 수 있다"는 가정은 명백하게 잘못된 것이라고 주장했다.

해군성이나 해군 의료진은 해군 증기선 자체가 전염병을 불러온다는 생각을 적극 지지하지는 않았다. 그러므로 버넷은 에클레어호에서 발생한 열병은 감염이 아니라 건강에 해로운 환경이라 할 수 있는 강 상류에서 남성을 고용한 데서 비롯한 것이라고 주장했다. 그의 견해로는, 이 병은 선원들이 시에라리온에 상륙하는 것을 허락한 결정 때문에 더 악화되었다. 그곳에서 선원들의 과음이 체질을 약화시켰기 때문이다.[33] 버넷은 "양쪽 의료진 20명 중 19명이 황열병에 대한 자신의 견해"를 공유하고 있으며, 이른바 황열병이란 "모든 열대 지방에 널리 알려진 '구토 증세를 동반하는 이상성弛張性 열병bilious remittent'(열이 더했다 덜했다 하는)이 약간 변형된 것에 불과하다는 의견이 지배적이었다"고 주장했다.[34] 그러나 버넷은 이른바 황열병이 영국에 위협이 되지는 않는다고 확신했지만, 상업적인 이유로 다른 나라에 대해 영국 선박의 안전성을 재확인해 줄 필요가 있다는 점을 인정했다. 핌의 제안과 마찬가지로, 버넷 또한 해군 함정의 항해에 계절에 따른 규제를 가하기보다는 환자를 수용할 안락한 병원선을 운영하는 유능한 해군 의료진의 책임 아래 영국 남서쪽 근처 실리Scilly섬에 격리 시설을 갖추는 편이 낫다고 밝혔다.[35] 이는 그의 전문가적 소신을 명확하게 반영하지 않은 실용적인 제안이었다. 그것은 또한 당시 영국에서 운영하던 격리 조치와 아주 다른 형태였다. 선원들이 감염된 선박을 떠나 위생적인 환경 아래 수용되도록 허용했기 때문이다.

어떤 점에서 보면, 핌과 버넷의 논쟁은 황열병의 성격과 기원에 대한 오랜 논란을 다시 일깨워 준 것일 수도 있다. 해군 의료국은 비록 대다수가 지금은 별개의 질병이 아니라는 입장으로 기울었지만, 육군 또는 민간 의료계와 마찬가지로 황열병 문제에 대한 견해가 나뉘어 있었다.[36] 그러나 핌과 버넷이 제안한 실질적인 대책은 전문적인 판단만큼이나 정치적 편의에 의해 구체화되었다. 격리 시설 총감직을 맡고 있는 핌의 주된 관심은 영국을 질병의 유입으로부터 보호할 수 있도록 하는 데 있었다. 아울러 그는 이 예방 조치가 다른 나라들이 영국에 대해 격리를 부과하는 것을 막기에 충분한 조치라는 것을 확인해 줄 수 있어야 했다. 에클레어호를 격리할 당시 핌은 이런 생각을 품고 있었고 해군 항해 규제에 관한 자신의 권고안을 작성할 때에도 큰 영향을 주었을 것이다. 그 무렵 그는 지중해 격리 시설들을 둘러보고 돌아왔으며 그가 견문한 내용을 에클레어호가 포츠머스에 귀환하기 몇 주 전에 이미 외무부와 상무국에 제출한 바 있었다.[37]

앞에서 본 바와 같이, 핌은 국제회의를 소집할 생각을 가지고 외국 열강과 협상에 관련된 일을 해왔다. 결국 그 회의는 1851년 파리에서 개최되었다.[38] 이 논의는 1840년대 로버트 필Robert Peel 정부에서 재연되었다. 정부가 지중해 연안국이 부과한 "불필요할 정도의 엄격한 조치"뿐 아니라, 그 "불확실하고 가변적인 적용"을 우려했기 때문이다.[39] 핌은 외무부로부터 페스트의 잠복기 같은 문제들에 관해 메테르니히 총리가 제기한 특정한 문의 사항에 대한 대응책 초안을 작성해 달라는 요청을 받았다.[40] 이 초안은 에클레어호가 귀환하기 며칠 전에 완성되었다. 만일 메테르니히가 그 초안에 만족한다면, 격리 문제를 논의하기 위한 국제회의가 실제로 개최될 전망이 보일 것 같았다. 이런 상황에서, 한 신문사가 표현한 '페스트 선박pest ship'[41]의 입항은 환영받을 수 없었다. 왜냐하면 그것은 아프리카와 카리브해의 영국 속령으로부터 지중해 지역으로 황열병이 유입될 가능성을 제기했기 때문이다. 이와 대조적으로, 버넷은 격리 조치가 해군 함정에 불편함을 끼치는 경우를 제외하고는 격리 문제에 전적인 관심은 없었다. 그가 바라본 바로는, 에클레어호에 취한 조치는 확고한 의학적 근거가 없는 불필요하고 비인간적인 것이었다. 더욱이 해군에 대한 불만이 높아지고, 낮은 충원율과 높은 탈영 비율이 더 심화되는 상황에서 격리가 선원들을 감염된 선박에 계속 머물게 하는 것을 의미한다면, 그런 조치는 피해야 하는 것이었다.[42]

버닛은 해군 의무감으로서 또한 그 평판을 조심해야 했고 보아비스타에서 방금 전염병이 발생한 그 폭풍을 예상했을지도 모른다. 문제의 핵심은 해군 의료진이 에클레어호 함장과 포르투갈 당국에 이 질병에 관해 사실대로 설명을 했는지, 또는 그들이 황열병의 발병을 고의로 숨기려 했는지 여부다. 그것이 분명히 전염병이라는 점을 부인함으로써, 그리고 에클레어호에서 높은 사망률을 초래한 다른 이유를 강조함으로써, 버닛은 자기 직무 분야에서 명성을 지키려고 했던 것이다. 그러나 의료진을 위한 그의 변호는 관찰 기록에 의존했다. 그것은 고인이 된 함장 월터 에스트코트에게 어느 정도 책임을 떠넘기는 것을 의미했다. 만일 황열병이 아니라면, 해안 지역에서 일반적인 열병의 한 형태인 셈인데, 그 열병의 비정상적인 심각성은 함정의 비위생적인 상태 탓이 분명했던 것이다.

국내에서 시작된 자선

에스트코트는 옥스퍼드대 선거구 하원의원이자 유력 지주 가문의 수장인 토머스 에스트코트Thomas G. B. Estcourt의 넷째아들이었다.[43] 열두 살 때 해군에 입대해 에클레어호에서 발병하기 전까지 흠잡을 데 없는 경력을 쌓고 있었다.[44] 에스트코트의 지휘권을 둘러싼 이후 논쟁은 버넷의 주장, 즉 이 발병 원인이 시에라리온 해안 상륙 당시 승무원의 "불규칙한" 행위 때문이었으며, 그 후 보아비스타에서 사망률 증가는 "내가 들어본 것 가운데 가장 무절제한 음주"에 의해 초래되었다는 주장에서 촉발되었다. 버넷의 정보원은 그가 배의 한 선원으로부터 "술이 가득 담긴 양동이"를 건네받았다고 말했다.[45] 이러한 주장은 해군성에 보낸 비밀 서한에 담겨 있었지만, 1846년 5월, 이 문제는 에클레어호와 보아비스타의 발병에 대해 막 조사를 진행하려던 의회에 제출될 예정이었다. 이 시점에서 에스트코트의 가족은 아들에 대한 비난이 의회 문서로 간행될까 걱정했고, 이로 인해 사건을 비방하는 캠페인의 희생자가 되지 않을까 우려했다. 이 문제는 에스트코트 가문 쪽, 함장의 처남이자 의회의 식민지 담당 사무차관 애딩턴A. H. Addington에 의해 의회에서 처리되었다.

가족들은 버넷의 편지가 의회에 제출될 뿐만 아니라, 에클레어호 선임 소령의 증언과 함장의 무죄를 입증할 다른 문서들이 누락되었기 때문에 근심에 쌓였다. 애딩턴이 해군성에 보낸 서한에서 지적했듯이, "문서가 누락된 것은 첫눈에prima facie 일단은 그 선박의 함장을 엄중하게 취급하기 위한 것으로 보인다." 애딩턴은 의회 문서에 당시 서아프리카 함대 사령관이자 그라울러호 함장 버클이 쓴 서한이 포함되지 않았다는 점에 특히 유감을 표명했다. 함장의 가족은 이 편지가 에스트코트에게 씌워진 가장 심각한 혐의를 벗겨 줄 것이라고 확신했다.[46] 그 당시 버클은 배스Bath에서 휴식을 취하고 있었는데, 에스트코트의 가족과 접촉했을지도 모른다. 그는 해군성으로부터 버넷의 주장에 비추어 에클레어호의 탑승 규율과 지휘관의 행동에 대해 언급해 달라는 요구를 받았다. 그러나 해군성은 의무감 버넷이 제기한 주장 대부분을 반박할 만한 것을 얻어 내기가 난처했을 수도 있다. 버클은 해군성에게 에클레어호가 함정을 최상의 상태로 유지하기 위해 최선의 노력을 기울였으며 "선상 규율은 늘 엄격했다"는 점을 확인해 주었다.[47] 그는 에클레어호가 선상에서 발생한 치명적인 사망을 막을 방도가 거의 없었다고 주장하면서, 높은 치사율을 그들의 항해 임무가 연장되리라는 소식을 들은 승무원들의 침울한 분위기 탓으로 돌렸다. 그는 또 그 해역에서 5개월을 보낼 때까지 단한 건의 노예 무역선을 나포하지 못한 상황도 스스로 '불길한 배'에 승선했다는 상상을 불러일으켰고, 이것이 그들의 허탈감을 더했을 것이라고 덧붙였다.[48]

이 소식은 노예무역을 감시하는 해군 작전이 영국인의 삶에 쓸모없고 낭비적인 것이라고 비판하는 사람들에게 힘이 되었다.[49] 그들은, 해군은 단지 함정의 존재만으로 교역을 막을 수 있다고 하지만, 함정이 노예무역선 한 척도 막지 못하고 몇 달씩 그저 기다릴 뿐이라고 주장했다. 어쨌든 에스트코트 선장이 승무원들을 시에라리온 육지에 상륙시킨 것, 즉 버클이 묘사한 바와 같이 "좋은 뜻이지만 실수"를 허용한 것은 승무원들의 사기 저하 때문이었다.[50] 버클은 바로 이 허락이 실수라고 생각했다. 승무원들이 말라리아에 노출된 앨버트호의 선원과 뒤섞이게 되었기 때문이다.[51] 버클은 앨버트호의 승무원들에 대해 "매우 곤란하며 질이 좋지 않다"고 표현했다. 그들은 돈을 받아먹고 "무절제한 일을 벌이고" 에클레어호 선원들이 자기들을 흉내 내도록 부추겼다는 것이다.[52]

물론 에클레어호 선원들이 시에라리온에서 열병에 감염되자, 선장은 틀림없이 갑판 아래에서 치료를 위한 쾌적한 환경을 찾았으리라고 버클은 확신했다. 그는 해군성에 다음과 같이 보고했다. "선박 갑판의 환기, 탄약고magazine의 어질러진 상태, 창고 등이 무더운 기온 때문에 선장 에스트코트가 선상 감염자를 수용할 만큼 완벽한 조치를 취하지는 않았을 것이다." 버클이 강조한 바대로, 이는 선장의 잘못이 아니라 영국에서 출항하기 전에 그 함정이 화급하게 준비되었다는 사실을 의미할 뿐이다. 이런 상황에서 환기를 개선하기 위해 할 수 있는 일은 거의 없었다.[53] 《더 타임스》에 실린 익명의 편지에도 비슷한 언급이 있다. 편지는 해군 작전을 벌일 때는 물론이고 최상의 상태에서도 증기선 기관실은 숨이 막힐 지경이었다고 날카롭게 지적했다.[54] 여기저기 산재한 비위생적인 아프리카의 해군 기지에 대한 비판도 거세졌다. 이제 많은 사람들이 노예 문제보다 해군 승무원의 복지가 더 중요한 문제라고 믿게 되었다.[55] 그러나 보아비스타에서 포르투갈 당국으로부터 입수한 열병의 실체를 일부러 숨기지 않았나 하는 의혹으로 볼 때, 에스트코트 선장의 행동에는 여전히 의문이 남는다. 이 점이 에클레어호의 섬 입항에 관한 자체 보고를 요청한 외무부의 주된 관심사로 보인다. 이에 따라 보아비스타 주재 영국 영사는 에스트코트가 고의로 선박에 황열병 감염 실태를 숨긴 것이 아니라 "선상에 퍼진 병을 오해한" 외과의사들로부터 잘못된 자문을 받았다고 외무장관 애버딘 경에게 통보하면서 "시종일관 일반 해안 열병 이외에 아무런 일도 없었다"고 표명했다. 이 의견은 섬의 일부 의사들에게서 "(검은 구토가) 암시하는 증상이 꼭 황열병에만 국한되지 않거나 또는 환자의 질환이 황열병 증세가 아니라고 주장했다"는 확인을 받았다. 포르투갈인 의사 알메이다 박사도 이 병이 황열병이 아니며 특별히 전염성이 있지는 않다고 확인했다.

그러나 영사는 이 의사들이 격리 조치를 막기 위해 일부러 황열병의 존재를 은폐했다는 주장에 대해서는 전혀 언급하지 않았지만, "그 질병의 위험하고 해로운 증세에 관한 의료진의 그릇된 진단"에 대해서는 매우 비판적이었다.[56] 에클레어호 외과의사들은 열병을 승무원들이 몇 달 동안 채소는 별로 없이 소금에 절인 고기만 주로 배급받은 탓으로 돌렸다. 이 저질 식사가 그들을 쇠약하게 하고 우울증에 빠뜨리며 해안 지역의 말라리아에 유달리 취약하도록 만들었다는 것이다. 에스트코트는 곧바로 이 의견에 동조했으며, 더 많은 진료 예약을 받은 에클레어호의 원래 의사 케니에게 "지체 없이 발병 사실을 통보하고, 내가 인지하고 있듯이 (황열병) 소문이 해군 장교들의 선의로 볼 때 의심스럽다"는 점을 알려 줄 것을 요청했다.[57] 일단 에클레어호가 선원들을 상륙시켰을 때, 누구도 황열병 감염을 확인하는 데 관심을 기울이지 않았다. 해군의 명예와 외과의사의 청렴과 완전히 별개로, 케이프베르데 군도 총독도 황열병이 발병했다는 것을 알았다면, 선원의 상륙을 허락했다고 극심한 비난을 받았을 것이다. 발병 원인에 관해 더 많은 공식 조사가 이루어졌을 때 왜 총독이 계속해서 그 질병은 전염성이 없었다고 고집했는지 이 점이 설명해 준다.

엄청난 비용

1845년 말과 1846년 초에 에클레어호와 보아비스타의 발병 사이에 어떤 관계가 있었는지는 그때까지도 잘 알려지지 않았다. 영국 정부가 당장 우려한 것은 지중해 연안국들이 영국 선박에 부과한 격리 조치로 인한 피해였다. 비록 발병 소식이 지중해 국가들에 경종을 울려 여러 나라들이 규제를 지속하기로 결정했지만, 최초의 격리 조치는 심지어 보아비스타 발병이 일반적으로 알려지기도 전에 내려졌다. 영국 선박의 격리를 처음 시행한 나라는 나폴리였는데, 1845년 10월 17일 나폴리 당국은 포틀랜드Portland와 도버Dover 사이의 남부 해안을 따라 항해하는 영국 선박들이 자국의 모든 항구에 입항하는 것을 거부하겠다고 외무부에 통고했다. 영국의 다른 지역에서 출항해 도착하는 선박들은 21일간, 대서양을 건너 입항하는 선박은 14일간의 관찰 기간 동안 격리되어야 했다. 스코틀랜드와 아일랜드에서 출항한 선박들은 이런 규제에서 면제되었고, 지브롤터에서 출항하는 선박은 개별 사례별로 평가해 조치를 내렸다. 이 결정은 런던 주재 나폴리 대사가 영국 신문을 통해 에클레어호 기사를 읽은 후에 내려졌다. 나폴리 주재 영국 대사 갈웨이Gallway 대위는 애버딘 경에게 다음과 같이 불평했다. "이 조치가 영국 상업에 아주 심각하게 성가신 결과를 가져오지 않는다면, 그 부당성 때문에 조롱거리가 될 것입니다……인도 니시타Nisita에서 영국 선박이 격리 후 출항증명서를 갱신하기 위해서는, 충분히 방역 작업을 하는 동안 화물을 배에서 내려 작은 배로 나폴리로 이적하는 데 엄청난 비용을 들여야 합니다."[58]

추밀원의 핌과 그의 고위직 관료들은 이제 에클레어호에 대해 취한 조치만으로는 영국 선착장이 황열병에 감염되었으리라는 두려움을 가라앉히기에 불충분하다는 것을 알게 되었다. 런던 주재 나폴리 대사가 그 무렵 서아프리카에서 귀환한 다른 선박, 그라울러호 선상에서 두 건의 황열병 발병 사례를 들었다는 소식에, 추밀원은 좀더 근본적인 조치를 취해야 했다.[59] 10월 21일, 추밀원은 세관원들에게 "앞으로는 아프리카나 서인도 해안으로부터 입항하는 선박(특히 증기선)의 선주나 승무원에 대한 검역에 각별히 유의할 것이며, 그들에게 격리에 관련해 질문하고 답변을 받아 적고 필요하다면 관련된 서류를 확보하라"는 훈령을 내렸다. 만일 선박이 황열병 비슷한 질병에 감염된 사람을 실어 날랐다면 이들 선박은 곧바로 격리 조치되어야 할 것이었다.[60]

영국 선박에 가한 제한 조치는 런던과 나폴리 간의 외교활동을 촉발했다. 영국 측은 10월 9일 이래 에클레어호 선원과 그 관련자들이 새로운 열병에 걸린 사례가 있었고, 그 배가 영국에 도착한 후에는 오직 7명만이 발병했다는 점을 나폴리 정부에 알리고자 했다. 나폴리 측은 또 그라울러호 승무원 중에 황열병 증세 사례는 없었고 발병한 질병도 "대부분 전염성이 없다"는 통보를 받았다.[61] 이러한 확인이 나폴리 측을 설득해 격리 기간을 줄이고 남부 해안에서 선박 출입 금지를 해제하는 데 충분했던 것으로 보인다.[62] 이는 영국 정부에게 어느 정도 위안이 되었지만, 다른 이탈리아 국가들 대부분이 나폴리를 뒤따라 영국 선박을 규제하고 있다는 소식에 묻혔다. 왕립 해군 함정과 선착장의 위생 상태가 양호하다는 추밀원의 명확한 진술만이 "해당 질병의 증세와 진행 상황에 대해 외국 정부가 접하는 근거 없는 우려를 해소할 것"이라고 여겨졌다.[63] 그러나 영국 정부 당국이 과민 반응으로 인식한 것은 다른 곳에서는 현명한 예방책으로 간주되었다.[64]

격리 조치는 대부분의 지중해 국가들이 선택하는 위생정책으로 남아 있었는데, 그 이유는 보통 부과된 요금으로 메울 수 있을 만큼 재정 지출이 비교적 적었기 때문이다.[65] 11월 말에 영국 외무부는 추밀원으로부터 선착장과 왕립 해군 함정의 위생 상태를 확인했다는 진술을 가까스로 확보했다. 이 진술은 런던 주재 나폴리 대사가 확인 서명했다. 나폴리와 다른 모든 이탈리아 국가들에게 복사본이 보내졌고,[66] 이러한 확인은 나폴리와 사르데냐 당국이 영국 선박에 대한 모든 규제를 제기하기에 충분하다는 것을 입증해 주었다. 다른 나라들도 곧 그 뒤를 따랐다.[67]

12월 동안 영국 선박에 대한 잔여 격리 조치가 대부분 해제되면서, 짧지만 피해를 가져다준 지중해 교역 중단은 끝났다. 에클레어호의 발병은 영국 증기선이 유럽의 나머지 지역에 끼칠 위협을 고조시켜 향후, 특히 여름철에 영국 선박에 대해 비슷한 규제를 가할 가능성을 배제할 수 없었다. 사실, 이 사건은 에클레어호가 보아비스타에서 황열병을 유입했다는 주장이 제기된 이후 몇 달간 사람들의 관심을 끌었다. 에클레어호 근처에 주둔하던 포르투갈인과 자국 군부대에 불과 몇 주 사이에 주로 발생한 이 질병은 전염병으로 추정되었다. 감염 비율로 보면, 보아비스타인의 3분의 2가 이 병에 걸렸다. 원주민 3천 75명 중 생존자는 불과 2백 66명, 유럽인 69명 중 생존자는

32명이었다고 한다. 총독과 그 가족을 포함한 유럽인 주민 대부분은 가능한 한 빨리 그 섬을 탈출했다. 영국 영사에 따르면, 이 병은 "대부분 하층민 사이에 퍼져서 많은 불행을 낳고 심지어 일반 식료 부족까지 야기했다."[68]

포르투갈에서는 1832~3년 그 나라를 괴롭혔던 끔찍한 콜레라 전염병에 대한 기억을 떠올리며 그 발병 소식이 큰 경종을 울렸다. 보아비스타 열병의 속성에 대한 불확실성을 인정하면서, 그 전파 방식과 본토로 확산될 가능성에 대한 긴급한 조사를 요구했다.[69] 그러나 병의 징후는 검은 구토, 두통, 고열, 소변 막힘과 혈관 파열 등 황열병의 특징이라는 것은 이미 알려져 있었다.[70] 영국 영사는 그 병이 전염성이 있다고 믿었다. 환자를 간호하는 사람들이 예외 없이 이 병에 걸렸기 때문이다. 그는 더 나아가 해군 의사들이 그 병의 전염성에 관해 포르투갈 당국을 의도적으로 호도했음을 시사하는 발언을 남겼다.

> 만일 그곳 행정 당국이 에클레어호 입항 전에 선상의 열병이 위험한 증세를 보였다는 점을 상상할 수 있었다면, 결코 입항허가증을 발부하지 않았을 것이다……그 함정에 탑승했던 의사들은 이제 사망자 속에 포함되어 있지만, 특히 당국으로부터 선상 의료진과 상의하라는 의뢰를 받은 의사들에게 좀더 상황을 알 수 있는 진술을 하지 못했다는 사실이 꼭 유감스러운 일만은 아닐 것이다.[71]

이 재앙은 모든 케이프베르데 군도가 동떨어져 있고, 그 병이 이웃 산니콜라우São Nicolau섬에서도 나타났다는 사실과 뒤섞였다. 격리 조치가 섬 주민들을 도우려는 노력, 특히 식량과 의약품을 들여오려는 시도를 방해했으며, 이에 따라 공급이 부족해졌다.[72]

전염병이 해군의 과실 탓으로 드러나자, 영국 정부가 배상금을 지불해야 한다는 주장이 제기됐다.[73] 포르투갈의 설명에 따르면, 이 섬에서 특히 공포스러운 고통을 겪은 빈곤층이 이런 요구를 했다.[74] 그러나 영국에 대놓고 전염병 책임을 묻는 것은 오랜 동맹국이자 교역 상대국인 포르투갈에게 상당히 당혹스러웠을 것이다. 따라서 이 전염병에 대한 포르투갈의 공식적인 조사는 정치적으로 비난받았다. 특히 이 섬의 일부 의사들이 이 질병은 황열병이고 영국에 의해 유입되었다는 대중의 견해를 지지했기 때문이다.[75] 리스본에서 파견된 열병 전문가들은 아주 다른 결론을 내린 후에, 그 질병은 전염성이 없다고 보고했다.[76] 그 섬의 선임 내과의도 그 열병의 성격에 대해 생각을 바꾸었다. 처음에 그는 섬의 발병과 에클레어호의 발병 사이에 연관성이 있다고 생각해 그 섬과 모든 교류를 중단하라고 명령했다. 그러나 리스본에서 의사들이 도착한 후, 그는 "보아비스타섬을 초토화시킨 질병이 전염병이 아니고, 에클레어호 선원들을 엄습한 것과 동일하다는 견해를 반박하는 근거가 있다는 점을 고려했다."[77] 이러한 태도 변화에 뒤이어 그 괴질이 전염성이 없다는 섬 보건 당국의 발표가 나왔다.[78] 이러한 결론을 내림으로써 해군과 총독에 대한 비판의 소리가 잦아들고 영국과 포르투갈 관계도 계속 안정되었다.

그럼에도 영국 측은 여전히 자체 조사를 의뢰하기 위해 발병 원인에 충분히 관심을 기울이고 있었다. 1846년 여름에 의회는 그 열병의 성질과 전염성 여부를 확인하기 위한 조사를 요구했다.[79] 에클레어호 또한 격리 문제에 관한 의회 토론에서 자주 거론되면서 자유무역론자들의 주요 쟁점이 되었다. 하원에서 격리 반대활동의 주요 인물은 지중해 격리 비판자인 존 보링John Bowring이었다. 보링은 맨체스터 제조업 세력의 이익을 대변하는 리처드 콥든Richard Cobden과 존 브라이트John Bright 같은 의원들과 밀접한 관계를 맺고 있었으며, 가장 영향력 있는 곡물법 반대자 가운데 한 사람이었다.[80] 그는 격리라는 이름 아래 "엄청난 목숨을 앗아간" 또 다른 사례로 에클레어호 선원들이 겪은 곤경을 거론하면서 상업적·인도주의적 입장에서 격리에 반대했다. 그는 감염된 선원을 더 위생적인 분위기의 장소로 옮기는 것이 적절한 조치였을 것이라고 믿었다. 그러나 이와 다르게 그들은 선상의 그 유해한 공기 속에서 훨씬 더 악화되었던 것이다. 게다가 그 병은 거의 확실히 전염성이 없기 때문에 선원들로부터 아무런 위협도 받지 않았다고 그는 주장했다.[81] 의회에서 보링은 또 다른 자유무역론자인 급진파 의원 조셉 흄Joseph Hume의 지지를 받았는데, 그는 영국에서 격리 제도를 운영하는 데 매년 12만 기니 이상이 소요된다고 주장했다.[82] 정부는 보링과 그 지지자들에게 공감을 표명하면서도 "지중해에서 우리 상거래를 유지하기 위해서는 신중하고 심사숙고하여 대처해야 한다"고 지적했다.[83] 달리 말하면, 해외 강대국들이 영국 항구에 위생상의 위협이 전혀 없다는 점을 확신하도록 하기 위해서는 유감스럽지만 때로는 격리도 필요하다는 것이었다.

이 열띤 논쟁의 와중에 추밀원은 니제르강 탐사 당시 유명해진 의사 맥윌리엄에게 이 문제에 대한 보고를 의뢰했다. 그 탐사는 열병에 따른 엄청난 인명피해 때문에 포기되었고, 맥윌리엄은 선장과 기술자마저 사망하자 스스로 배를 조종해 하류로 빠져나간 후에 영웅의 지위를 얻었다.[84] 이러한 공적으로 맥윌리엄은 1840년대에 가장 유명한 해군 인사 중의 한 사람이 되었지만, 그를 정부에 추천하도록 만든 것은 맥윌리엄의 열병 보고서였다. 맥윌리엄은 보고서에서 그 탐험을 파국으로 몰고 간 질병은 많은 사람들이 주장하듯이 황열병이 아니라고 주장했으며, 그것이 별개의 질병으로 존재한다는 것을 부인했다. 따라서 맥윌리엄은 정부가 전염성이 없기를 바라는 그 질병의 전염병 여부를 조사하기에 적절한 인물로 보였던 것이다. 만일 보아비스타에서 황열병의 존재를 설득력 있게 부정한다면 정부는 당혹스러운 입장에서 벗어날 수 있고, 카리브해와 아프리카의 식민지에서 온 선박들이 유럽에서 건강에 아무런 위험을 겪지 않을 것이라고 주장할 수 있을 것이다.

맥윌리엄의 조사는 몇 달 동안 계속되었는데, 이 조사에 수백 명의 주민들에 대한 심문도 포함되었다. 대부분의 질문은 감염된 사람들과 접촉하여 열병이 퍼졌는지 여부를 확인하는 것이었다.[85] 그러나 맥윌리엄이 내린 결론은 정부가 기대했던 것이 결코 아니었다. 그는 그 섬이 이전에는 건강했으며, 주민을 엄습한 병은 에클레어호 승무원을 통해 유입된 전염성 질병이라고 단정했다.[86] 이는 열병에 대한 핌의 견해를 재확인하고, 그가 영국으로 귀환한 에클레어호에 격리 조치를 부과한 일을 정당화하는 것으로 보였다. 그러나 맥윌리엄의 견해는 한 가지 중요한 측면에서 핌과 달랐다. 그의 보고서는 그 병이 황열병이 아니라고 기술했다. 맥윌리엄은 이렇게 주장했다. "윌리엄 핌이 묘사한 것과 같은 질병이 정말 해안 지역의 풍토병이라면,

당연히 우리는 그 지역에 주둔 중인 대규모 함대를 고려해 더 많은 점들에 귀 기울여야 할 것이다."[87]

맥윌리엄은, 에클레어호와 그 후에 보아비스타에서 나타난 열병이 아프리카 해안에서 흔하게 나타나는 소탕열이었시만, 함정과 선원들의 건강하지 못한 상태, 그리고 환자들이 섬에서 묵었던 숙소의 비위생적 상태 때문에 전염성을 얻게 되었다고 확신했다. 그는 섬 주민의 사망률이 높은 것은 영양 상태가 나쁘고 의료 지원이 부족했기 때문이라고 말했다.[88] 맥윌리엄은 일단 배가 영국에 도착했을 때 핌이 취한 조치에 대해서도 비판적이었다. 그는 그 질병이 추운 곳에서는 맥을 못 추기 때문에 격리 조치를 취할 필요가 없었다고 믿었다. 그의 주장으로는, 핌은 황열병이 추위에 수그러들었다고 기술한 그 자신의 출판물과 모순되는 행동을 했다. 맥윌리엄은 이렇게 단언한다. "우리는……격리 총감이 10월에 상륙하기로 되어 있는 에클레어호 승무원들에게서 감염될 위험을 아주 두려워했을 것이라고 추측할 수 없다. 특히 그들이 세상에서 가장 훌륭한 병원의 서늘하고 잘 환기되는 병실에 수용된다고 생각한다면 말이다."[89]

맥윌리엄이 전염병이라고 공언한 것은 니제르강 탐사를 다룬 그의 보고서(흔히 보링과 다른 전염병 반대론자들이 인용한 것)를 볼 때 예상 밖의 일이었지만, 황열병이 별개의 질병이 아니라는 그의 지론과 에클레어호에 부과한 격리 조치에 대한 그의 반대 모두 해군의 지침에 충실한 것이었다. 그런데도 핌은 맥윌리엄의 보고서를 환영하고 추밀원에게 보낸 서한에서 그 보고서가 "가장 가치 있는 문서"라고 선언했다. "문제가 된 질병과 관련해 그가 제시한 이론異論의 여지없는 다양한 증거들이 마침내 황열병의 성질 및 역사, 특히 그 전염성에 관해 아주 중요하고 오랫동안 이어진 논쟁적인 문제의 결론을 도출하고 해결했다"는 것이다.[90] 핌의 편지는 (맥월리엄이 부인한 바 있는) 황열병이 특수한sui generis 질병인가 여부를 둘러싼 논란을 거론하지 않았으며, 에클레어호와 보아비스타의 열병이 전염성을 띠고 있다는 자신의 이론을 확인한 맥월리엄의 보고서 일부 내용만을 부각시켰다. 그는 맥월리엄이 전염성을 인정한 것이야말로 에클레어호를 격리하기로 한 자신의 결정을 옹호한다고 생각했는데, 당시 그런 결정을 내렸기 때문에 그는 널리 비판을 받고 있었다. 핌은 이렇게 말한다. "보아비스타에서 투숙 결과를 보라. 영국에서 입원을 거절한 것이 적절하지 아니한가?"[91]

윌리엄 버넷 경은 1847년 3월 하원에 제출된 맥월리엄의 보고서에 그다지 호감을 갖지 않았다. 맥월리엄이 발병 관련 정보를 얻기 위해 많은 노력을 기울었다는 점을 인정하면서도, 해군성에 열병이 전염성이 있다거나 그 병이 에클레어호를 따라 보아비스타로 퍼졌다는 그의 주장에는 동의할 수 없다고 통보했다.[92] 그는 해군 병원의 또 다른 선임의사이자 감찰관inspector-general인 길버트 킹Gilbert King에게 2차 조사를 의뢰하라고 해군성을 설득했다. 해군 병원 측 킹의 조사는 맥월리엄의 조사보다 훨씬 철저하지 못했다. 그가 맥월리엄 보고서를 널리 알린 그와 같은 종류의 인터뷰를 시도했다는 증거는 없다. 그러나 1847년 10월 해군성에 접수된 평가서에서 킹은 보아비스타 열병이 섬에서 비롯되었으며, 그것은 섬 일부를 범람시켜 독기를 띠게 만든 비정상적인 폭우 때문이었다고 강력하게 주장했다.[93] 이 견해는 케이프베르데 총독의 의견과 일치했다. 총독에 따르면, "그 열병은 계절의 최절정기에 발생한 엄청난 폭우에 기원을 두고 있다."[94] 킹은 보아비스타에 대한 조사와 버뮤다에서 전염병을 취급한 경험을 토대로 계속 '황열병'은 전염병이 아니라고 결론지었다.[95]

킹의 보고서는 의회가 이 문제에 대한 '균형 잡힌' 견해를 수용할 것이 분명하기 때문에 버넷과 해군의 환영을 받았다. 실제로, 의학적 견해와 전문 지식의 선별적 이용은 향후 몇 년간 격리를 둘러싸고 공식적 견해 차를 특징짓게 할 것이었다. 그러나 그 보고서에 대한 핌의 반응은 신랄했다. 그는 추밀원에 다음과 같이 통보했다. "이 보고서를 아주 주의 깊게 숙독한 후, 저는 킹 씨가 그 문제에 관해 아주 미미한 정보라도 추가했는지 확인할 수 없으며……그 반대로, 그는 그 문제를 흐릿하게 만들고 그의 결론은 젊은 의사들에게 황열병의 성질 및 역사에 관한 정보를 제공한다기보다는 혼란스럽고 당혹하게 만들 뿐이라고 생각합니다." 그는 킹이 1846년에 관찰했던 가벼운 열병 몇 사례에 대해서만 언급했기에 편리하게도 검은 구토 증상이 나타나지 않았다는 점을 지적했다. 또한 킹은 에클레어호의 발병에 대해서도 언급하지 않았다. 핌은 다음과 같이 결론지었다. "킹 박사의 질의와 진술에 따르면, 그의 유일한 설명은 해안의 열병이 선박과 관련되지 않는다는 것이고, 그 질병이 지역적인 원인, 독기malaria와 습지의 해로운 공기marsh miasmata에서 비롯되었다는 것이다."[96]

사건 이후의 파장

보링과 흄 같은 사람들로 대표되는 자유무역과 반反격리 로비 활동가들은 에클레어호와 아프리카를 오가는 다른 증기선들에서 열병이 발생한 것에 대해 좁고 통풍이 잘 되지 않는 갑판 아래의 상태 탓으로 돌렸다.[97] 그러나 에클레어호와 보아비스타 열병에 관한 보고서 내용은 출판된 지 몇 년이 지난 후 새로 구성된 보건위원회가 이들 내용을 상세하게 검토하면서 비로소 널리 알려지게 되었다. 보건위원회는 1848년 공중보건법에 의거해 에드윈 채드윅Edwin Chadwick을 책임자로 삼아 설립되었는데, 이 기관은 격리를 반대하고 공공연하게 자유무역을 옹호했다. 그 첫해에는 추밀원 당국의 반발을 사전에 차단하기 위해 이 문제에 대한 보고서를 작성했다.[98] 이 보고서는 전염에 대한 증거가 없으며, 설혹 있다고 하더라도 격리 조치는 전혀 쓸모없는 것으로 드러났다고 단정했다.[99] 그러나 이러한 결론은 의료계로부터 만장일치의 지지를 받지 못했다. 많은 실무자들이 격리 문제에 대해 보건위원회의 견해에 동의했지만, 그러면서도 대부분은 역병이나 콜레라 같은 질병이 특정한 조건 아래서 전염성을 갖게 된다는 것을 기꺼이 인정함으로써 완고한 반감염론을 인정하려 하지 않았다.[100] 아마도 의료계의 비판 때문인지, 특히 (황열병을 함께 취급한) 격리에 관한 보건위원회의 2차 보고서는 덜 독단적이었다. 채드윅(셰프츠베리 경)과 의사 토머스 사우스우드 스미스Thomas Southwood Smith가 초안을 쓴 이 보고서는 이론적 추정을 거부하고 오직 그들이 관찰한 바대로 사실만을 고수했다. 그러나 보건위원회가 증거에 접근한 방법은 제아무리 낮춰 잡고 말해도 선별적이었다. 보고서에 수집된 '사실'의 대부분은 황열병의 전염성과 격리의 유용함을 부정하는 것들이었다. 이는 보고서의 상당한 부분을 차지했던 에클레어호와 보아비스타 전염병에 대한 보건위원회의 대응에서도 알 수 있다. 대서양 증기선 항해에서 이 발병의 중요성은 왜 보건위원회가 격리를 둘러싼 논란의 일반적 주제인 전염병보다 오히려 황열병에 초점을 맞추었는지를 설명해 준다.[101]

우선, 보건위원회는 그 질병이 전염되어 보아비스타로 전파되었다는 맥윌리엄의 견해를 매우 불신했다. 그들은 맥윌리엄이 인터뷰한 증인들의 신뢰성에 의문을 제기했다. 증인 대부분은 사회 하층 출신이었고 그 질병이 해외에서 유입된 것이라고 증언하는 데에는 금전상의 관심 때문이라고 생각했다.[102] 증인들이 맞다고 하더라도 전염설을 입증하는 증거는 없다고 주장했다. 에클레어호 승무원과 뒤섞여 있던 군인 중에 열병이 발생한 것도 그들의 불결하고 환기가 잘 되지 않는 숙소 탓으로 쉽게 돌렸다고 이 보고서는 주장했다. 보건위원회는 또 그 질병이 다른 케이프베르데 군도로 옮겨졌다는 증거를 일단 무시하면서 이러한 일은 결코 없었다고 강력하게 단정했다.[103]

보건위원회의 입장에서, 에클레어호에서 발생한 열병이 비정상적일 만큼 심각했던 것은 그 함정과 승무원들의 특수한 환경으로 설명할 수 있었다. 보고서는 그 함정을 계류시킨 것은 "감염 상태였기 때문"이라는 킹의 견해와,[104] 그리고 에클레어호가 셰르부르섬과 시에라리온에 정박했을 때 그 배를 방문한 심슨 선장의 보고를 인용했다. 심슨은 승무원들이 폭우에 노출돼 건강이 좋지 않았고 술 때문에 "흥분한 상태"라고 주장했다. 그는 또한 그 배가 녹색 나무를 연료로 사용했는데, 그것은 "태우면 건강에 매우 해로운" 것이라고 주장했다.[105] 그 섬의 전염병은 우연히 일어난 것으로 간주되었고, 킹 박사의 보고에서처럼 폭우에 뒤이어 대기가 해로운 상태로 변한 탓으로 여겨졌다. 또한 보건위원회는 에클레어호가 도착하기 전에 산발적으로 열병이 발생했으며 그다음 해에 또 다른 열병이 유행했다고 주장했는데, 이는 유입된 것이라기보다는 지역조건이 그 원인임을 시사한 것이었다.[106]

따라서 보건 당국은 황열병의 경우 전염설을 뒷받침할 증거가 없다는 결론을 내렸다. 격리에 관해서는, 일반적으로 그런 조치를 시행하고 있는데도 대서양 연안과 지중해에서 수많은 전염병이 발생하였기 때문에, 그런 조치가 어떤 방역도 제공할 수 없다고 보았다. 보건위원회는 또 그 결론이 의료계 전체의 의견과 일치한다고 주장했다.[107] 이는 다소 과장된 것이지만 의학적인 소견은 확실히 보건위원회가 표명한 견해 쪽으로 옮겨 가고 있었다. 영국 의사들은 황열병의 비전염성을 증언하는 식민지 의료진의 무수한 보고에 휘둘렸다.[108] 그러나 의료계의 의견은 만장일치와 거리가 멀었다. 많은 사람들이 황열병에 대해 스스로 '반감염론자'라고 자처했지만, 일부 의사들은 그 병이 특정한 상황에서 전염될 수도 있다는 점을 부인하려고 하지 않았다.[109] 자기 의견을 내는 소수 의료진은 감염이 영국 선박에서 발생한 대부분의 질병의 주요 원인이라고 주장했다. 예를 들어, 사우샘프턴Southampton에서 활동하는 의사 존 윌빈John Wilbin과 알렉산더 하비Alexander Harvey는 《랜싯》지에 논문을 게재했는데, 여기에서 그들은 그 당시 증기 우편선에서 발생한 열병을 전염된 것으로 판단했다.[110] 하지만, 중요한 것은 이 논문이 그 선박의 외과의사와 다른 우편선에서 일하는 의료진의 비난을 받았다는 점이다.[111] 비판한 사람들 중에는 영향력 있는 개빈 밀로이Gavin Milroy도 있었는데, 그는 정부 우편선 전직 의사이자 개혁주의 계열의 정기 간행물《외과의학 리뷰Medico-Chirugical Review》공동 편집인이었다. 그의 견해는 보건위원회의 관심을 끌었고 보건위원회는 1849~50년과 1853~5년의 콜레라 창궐기에 그를 의료 총감독관으로 임명했다.[112] 또한 보건위원회는 그 무렵 파리에서 열린 국제위생회의의 제언, 즉 황열병 감염국 선박에 부과하는 격리 기간을 대폭 줄여야 한다는 제안을 언급할 수 있었다.[113]

1851년, 격리에 관한 국제 협정의 전망은 여전히 밝았다. 상원의 반反격리활동 지도자인 상제르망 백작Earl of St Germans(Edward Eliot)은 파리회의가 다른 나라들과 합의를 이끌어 낼 수 있는 좋은 기회라 생각하고 이를 성사시키기 위해 정부가 좀더 적극적인 조치를 취할 것을 촉구했다. 그는 외무장관 맘스베리 백작Earl of Malmesbury(James Harris)이 전임자인 파머스턴 후작과 애버딘 백작보다 자유무역의 진흥에 별로 열의가 없어 보인다고 비난했다. 또 맨체스터 상업회의소가 발트해에서 콜레라 환자인 승객을 태우고 출항한 일부 선박에 대해 격리 조치를 취하기로 한 최근 결정에 불만을 품고 있다는 사실을 넌지시 알리기도 했다. 이는 상업의 자유에 대해 정부의 의지가 약하다는 것을 드러낸 것이라는 주장이다. 맘스베리 백작은 감염자들만 격리되었다고 대답했고, 그는 의료계 간의 전염에 대한 합의가 없는 한 격리를 제외할 수 없다고 거부했다. 그는 또 이 회의에 대해 좀더 신중한 시각을 가지고 있으며, 여러 관련국들 간의 합의를 이루기가 어렵다는 점을 강조했다.[114] 그의 입장이 옳았다는 것이 입증되었는데, 이는 파리에서 구속력 있는 합의가 이루어지지 않았고 대부분의 나라들에서 이전과 같이 격리 규정이 많이 남아 있었기 때문이다.[115] 이제 맘스베리의 입장이 전임 장관들과 매우 달랐던 것은 아니다. 파머스턴과 애버딘 경은 상업 이익과 영국의 대외관계 사이에서 절묘한 균형을 유지했다. 그들은 영국 선박에 대한 더 해로운 규제를 막기 위해 격리 규제가 필요하다는 사실을 결코 간과하지 않았다.

그렇다고 해서 에클레어호와 보아비스타 사건을 둘러싼 논란이 위생정책에 아무런 영향을 미치지 않았다는 뜻은 아니다. 에클레어호를 격리 시설에 넣기로 한 결정과 그 후 몇 명의 승무원의 사망에 따른 국민들의 항의는 향후 영국 정부가 그러한 조치를 내리기 더 어렵게 만들었다. 감염된 것으로 판단되는 선박에는 계속 격리 조치가 내려졌으나,[116] 1825년 격리법은 이제 좀더 관대하게 해석되었다. 영국에서 격리될 때 에클레어호에서 발생한 사망은 의회 토론에서 몇 번이고 되풀이 언급되었고,[117] 이에 비추어 영국의 규정은 상당히 수정되었다. 그 사건 이후에 사우샘프턴에서 격리된 최초의 선박은 우편선 '라 플라타La Plata'호였다. 1853년에 에클레어호보다 불과 이틀 짧은 격리 조치를 받았다. 영국에서는 황열병에 대한 격리 조치를 취할 때마다 이미 회복한 승객은 모두 상륙할 수 있도록 한다는 내용의 추밀원령이 내려졌다.[118] 밀로이는 이를 "공중보건을 위한다는 명목으로 선박의 승객과 승무원에 가하는 해로운 규제를 대폭 줄였지만,

그런데도 헛된 조치로 알려지기도 한" 계몽된 조치라고 칭찬했다.[119] 기존 규제는 특히 건강을 회복하기 위해 더 추운 지방으로 가려는 환자들을 괴롭혔다.[120] 그러나 격리된 승무원이 열병으로 사망한 사건이 일어나자 사우샘프턴 시민들은 크게 격앙했다. 이 질병이 도시 전역에 퍼질 것을 우려했던 것이다. 이런 불안을 감안해, 다음 해에 우편선 파라나Parana호에 대해서는 격리 기간을 10일 늘렸다.[121] 그렇다 하더라도, 격리 기간은 1825년 법령에 따라 허용된 최대 21일보다는 상당히 줄어든 상태를 유지했다.

격리 문제에 관해 자유주의적 입장이 가장 분명했던 곳은 영국 서인도 식민지였다. 에클레어호와 보아비스타 사건이 있었음에도, 황열병이 전염성 질병이 아니라는 것이 카리브해 지역의 지배적인 견해였다. 보아비스타에서 발생한 질병에 관한 보건위원회 보고서에 힘입어 식민지 당국은 그 발병과 감염된 승무원들의 상륙 간에 어떤 관련성도 없다고 부인할 수 있었다. 1852년 11월 바베이도스에 도착한 돈트리스Dauntless호에서 황열병으로 의심되는 질병을 알리는 보고를 보아도 명백하다. 바베이도스 총독이 존 패킹턴John Packington 의원에게 보낸 이 서한은 다음과 같이 언급하고 있다. "바베이도스에서 일반인의 관심은 최근 해군 함정 '에클레어호'의 발병 사례와 그리고 '돈트리스호'의 사례와 관련하여……보아비스타에서 아프리카 열병 확산에 쏠렸습니다." 이어서 그는 바베이도스 역시 섬으로 역병이 유입되는 사례로 연결된 증거가 전혀 없다고 단언한다.[122] 달리 말해, 황열병이 보아비스타로 들어오지 않았다는 보고는 '돈트리스호'를 격리하지 않겠다는 총독의 결정을 정당화하기 위해 이용된 것이다.

총독은 또한 선장이 청결하고 위생적인 방법을 사용해 신속하게 이 질병에 대처했다고 지적했다. 이번에는 선장이 주지사에게 "치명적인 역병이 엄습해 그렇지 않아도 덜 계몽된 당국과 사회라면 해안가에 승무원 상륙 허가를 망설였을 그런 때에, 이 속령이 피난처로서 물자를 저희에게 개방한 관대한 태도"에 크게 감사했다는 것이다.[123]

식민지에서 일하는 대부분의 영국인들은 격리가 '독점적 규제'라는 밀로이의 의견에 동의했는데, 그런 조치는 무역에 지장을 주고 그들의 귀국을 방해하는 것이었다. 사실, 그의 견해를 플릿Fleets의 부감독관 왓슨Mr Watson, 자메이카 중앙보건위원회 의사 뎀프스터Dr. Dempster와 바워뱅크Dr. Bowerbank 등 서인도제도의 저명한 의사들이 되풀이 언급했는데, 이들은 모두 예외적인 경우를 제외하고는 황열병이 전염되지 않는다고 주장했다. 이런 의견에 따라, 대부분의 영국령 서인도 섬들의 행정 당국은 그때까지는 황열병에 대비한 격리 조치를 시행하지 않았던 것으로 보인다. 의심스러운 환자를 태우고 도착한 선박들은 가장 가까운 육군이나 해군 병원으로 환자를 보낼 수 있었고, 그곳에서 다른 환자와 함께 치료를 받았다. 건강한 승객과 선원들은 그 배에 그대로 남아 있지 않고 상륙을 허락받았다.[124] 일반적으로, 감염원에 가까운 나라들은 감염에 대해 엄격한 조치를 취하기 쉽지만,[125] 카리브해에서 계속 나타나는 황열병의 위험이 실제로는 그 질병에 대한 두려움을 감소시켰을지도 모른다. 더 중요하게는, 황열병의 강한 전염성을 인정하면 매년 몇 달간 격리의 필요성을 받아들일 수밖에 없으며, 이는 엄청난 무역 차질을 가져오리라는 점이었다. 따라서 카리브해 지역에서 격리를 엄격하게 시행하는 경우는 콜레라와 같이 해외에서 유입될 질병에 국한되었다.

서인도제도에서는 일부 의료계 인사들의 항의와 영국 속령에서 몇 차례 격렬한 황열병 전염이 있었음에도, 보아비스타 사건 이후 몇 년간 이 병에 감염된 선박을 격리하지 않는 정책을 계속 시행했다.[126] 다음 장에서 보게 되겠지만, 서인도제도는 1852~3년 첫 번째, 1856년 두 번째, 그리고 1863년 세 번째이자 가장 치명적인 황열병에 의해 황폐화되었다.[127] 그러나 거센 비난에 직면한 속령 총독들은 잠복기가 불분명하기 때문에 격리 조치가 황열병 방역에 쓸모없다는 주장만 계속했다. 실제로 왕립의과대학이 지명한 한 위원회는 후일 식민지 행정 당국이 격리 문제를 숙고하기 위해 초청했을 때, 이런 견해를 인정했다.[128] 의료계가 황열병과 격리 문제를 둘러싸고 분열하자, 식민지 총독들의 주장도 흔들렸다. 하지만 대부분은 여전히 방역을 불필요한 무역 규제라고 생각하고 있었다. 그들이 격리에 반대한 또 다른 이유는 노예제 폐지 이후 설탕 재배지를 마비시킨 노동력 부족이었을 것이다. 이들 속령의 경제는 1850년대에도 여전히 취약한 상태였고 격리는 인도와 중국에서 계약 노동자들을 지구 반 바퀴 돌아 데려오는 데 들인 값비싼 비용에 또 시간과 비용을 들이는 것이었다.[129] 예를 들어, 인도에서 온 선박들은 영국령 가이아나와 같은 다른 곳으로 가기 전에 카리브해의 한 장소—예컨대 트리니다드—에서 종종 멈췄다. 이들 지역 중 한 곳이 감염 풍문이 나돌면 황열병에 대한 격리 부담이 콜레라 방역을 위해 때때로 취해진 조치에 따른 부담에 보태졌을 것이다.

1840년 이전에는 영국 정치인과 국민 대부분은 국가의 격리법이 폐지되거나 심지어 상당히 완화되는 것을 원하지 않았다. 자유주의의 광채에도 불구하고, 격리 폐지를 강력하게 밀어붙인 사람들을, 이기적인 이유 때문에 국민 건강을 기꺼이 희생시키려는 기득권층 옹호자로 여기는 경향이 있었다. 이러한 태도는 특히 영국의 일부 해양 도시에서는 여전히 남아 있었지만, 1840년대 중엽부터 격리 반대론이 더 존중되고 더 널리 확산되면서 중대한 변화가 있었다. 좀더 자유주의적인 위생 관리 체제가 국익과 동일하게 여겨졌으며, 진보적이고 인간적인 것으로 정당화되었다. 이러한 변화는 어떤 단일 요인이나 사건에서 비롯된 것은 아니지만, 에클레어호와 보아비스타 전염병이 전환의 중심축이 되었다. 이와 관련된 사건들이 선원 복지에 대한 인도적 관심과 자유무역주의자들의 좀더 개선된 격리 반대 운동을 결합하는 데 기여했다. 한쪽이 다른 한쪽을 강화시켰다. 이 사건들이 영국과 서인도 속령에서 격리 자유화에, 구식 격리 제도의 대안을 심각하게 고려하려는 여론 분위기를 조성했던 것이다.

이와 같이 격리 제도의 수정이 가능해진 것은, 대중과 전문가 견해 간의 균형이 개혁을 지향해 나가도록 만들었다는 점 때문이며, 또한 격리에 따른 제약 때문이기도 했다. 여기에서 문제가 된 것은 단지 무역의 자유나 추상적인 자유주의 원칙의 위반만이 아니었다. 격리 조치가 군사력으로 부과하는 '성가신 규제'와 식민지 관료 및 노동력 이동도 문제가 되었던 것이다. 제국 내에서 그들의 자유로운 유통은 영국이 중심이 되는 경제 질서에 긴요한 것이었다. 따라서 의료계 내에서 육군, 해군, 식민지 행정 당국의 로비스트들은 사실상 만장일치로 격리를 비난했으며, 그들은 자기들이 봉사하는 조직의 대변자가 되었다. 격리가 제국 내 교통(교류)에 미치는 해로운 영향에 대한 불평은 과거에도 자주 나타났지만 이제 새로운 기술은 기대감을 불러일으켰고 영국과 해외 영토 간의 관계에 대한 새로운 견해vision를 낳았다. 증기선 및 전신에 의한 신속한 연결은 영제국을 응집력 있는 전체로 바라보는 새로운 전망을 조성했다. 이는 왜 영국 정부와 식민지 행정 당국이 황열병의 경우에 더욱더 개혁을 준비하거나 격리를 폐지했는지를 설명해 준다.

어디까지 이런 방향으로 나갈 것인가에 관한 논쟁에서 에클레어호와 보아비스타 사건은 다년간 커다란 영향을 주었다. 에클레어호 사건은 격리 조치의 비인간성을 상징하게 되었고, 보아비스타에 대한 조사는 격리 폐지를 정당화하는 방향으로 정리되었다. 이들 논쟁에서 또 다른 주목할 만한 특징은 주창자들이 의학적 소견과 증거를 이용하는 방식이다. 영국 측과 포르투갈 모두 전문가들이 외교적 편의에 부합하는 견해에 이르리라는 믿음을 가지고 전문가들을 선택했던 것으로 보인다. 그들이 도출한 결론에서 불편한 면이 드러났을 때, 대안으로 다른 전문가들을 신속하게 파견했다. 그러나 격리에 관한 보건위원회 보고서와 마찬가지로, 후속 보고서도 전문가들이 자신의 입장을 강화하기 위해 이전 조사를 선택적으로 이용했으며, 정부 관리는 그들이 선호하는 행동 방침을 정당화하기 위해 그 세부 사항을 선택했다. 의학적인 견해가 이런 식으로 사용된 것은 처음이 아니지만, 이제 전문가들이 과거 어느 때보다도 정치적으로 더 큰 역할을 하게 된 것이다. 이는 앞으로 다가올 일의 징조였다. 그 몇 년 전부터 국제적 위생 체계의 기반이 마련되기 시작하자, 여러 분야의 전문가들이 격리 및 이와 유사한 조치에 대한 가열찬 논쟁을 진행했다. 그럼에도 불구하고 그러한 논쟁의 해결은 여전히 과학적 논리의 힘보다는 외교력에 더 커다란 빚을 지고 있었다.

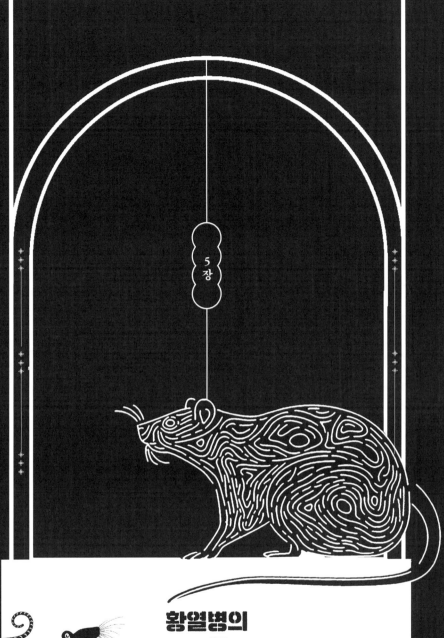

5
장

황열병의
유행

클레이턴Clayton 방역 장비의 모습

출처: 오스왈도 크루즈Oswaldo Cruz, *Os serviços de saúde publica no Brasil: especialmente na cidade do Rio de Janeiro: de 1808 a 1907*, Rio de Janeiro, 1909.

황열병의 곤충 매개체가 발견됨에 따라 황열병 퇴치를 위해 그림과 같은 방역(소독) 장비가 전 세계적으로 사용되기 시작했다. 1890년대와 1900년도 전염병 창궐 기간 동안 전염균을 죽이기 위한 노력으로 클레이턴Clayton 방역(소독) 장비도 더 일반적으로 사용되었다.

검역소
쿨레브라섬Culebra Island, 파나마Panama, 1909.

파나마는 황열병과의 전쟁에서 최전선에 있었다. 미국 운하관리청은 1914년 운하가 개통되었을 때에는 운하 통과 선박에 대한 엄격한 감시를 고수했으나 선적 항구 출발 시 황열병 비감염 증명이 발급되었던 선박에 대해서는 자유통행을 허용하였다. 이러한 조치는 검역의 필요성을 줄였으며, 이후 검역 시설 직원 수가 상당폭 감소했다.

갑작스레 발현하는 콜레라의 증상

November 1831, 출처: 란셋Lancet, MDCCCXXXI–XXXIII, 4 February 1832.

콜레라의 급격한 증상과 갑작스런 발현은 이 전염병을 19세기에 가장 두려운 질병의 하나로 만들었다.
격렬한 경련과 다량의 설사 후 희생자는 전형적으로 사망하기 전 신경성 의식 상실 상태로 고통받았다.
콜레라의 특징인 "푸르딩딩한" 상태가 여기에 그려져 있다.

전염성 콜레라의 습격을 받은 아시아와 유럽 지역의 지도

출처: 제임스 케네디James Kennedy, *The history of the contagious cholera: with facts explanatory of its origin and laws, and of a rational method of cure* 런던, 1832.

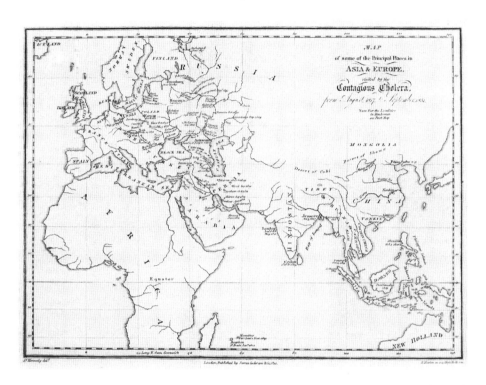

1817년 뱅골 삼각주 지역에서 콜레라가 창궐한 후 감염된 지역을 나타낸 지도. 이 콜레라는 이후 10년 동안 아시아 내 다른 지역으로 확산되었으며 1830년대에는 유럽에까지도 확산되었다. 이 전염병은 무역, 성지순례, 노동 이주에 따라 확산되었으나 그 당시에는 이 질병이 전염성이 실제로 있는지를 놓고 격렬한 토론이 벌어졌다.

1840~50년대에 대서양 양안의 여러 나라들은 황열병을 막기 위한 격리 조치를 완화했다. 1828년 지브롤터에 잠시 나타난 이후 유럽에서 발병 사례는 없었다. 병이 자취를 감추자 안정감이 되살아났다. 그것은 마치 짐승이 열대 지방의 은신처로 돌아간 것 같았다. 프랑스는 1847년 황열병에 대한 격리를 일방적으로 없애는 데까지 이르렀으며, 영국과 그 대서양 제국에서는 그러한 방역 조치를 완화하거나 폐지했다. 북아메리카 일부 항구는 황열병의 영향을 계속 받았지만, 예전처럼 정기적으로 엄습하거나 심각하지는 않았고 북미 지역 나라들도 방역 장벽을 낮추는 것을 허용했다. 그러나 1860년대 중반에 들어서는 규제가 느슨하거나 사실상 존재하지 않는 시대는 종국을 고했다. 각국이 위생 조치를 재검토하기 시작했으며, 기존의 제도를 새로운 조치로 대체하거나 보완할 것을 고려했다.

　이러한 태도 변화는 황열병의 유병률 및 발병률의 급상승에 따른 것이었다. 1850년대부터 이 질병은 대서양 서쪽을 통해 급속히 퍼졌고, 무역을 통해 남미 및 카리브해의 발병지와 연결된 세계의 다른 지역을 위협했다. 1830년대에 증기선의 등장으로 대서양 횡단의 여행 기간이 약 30일에서 15일로 단축되었고, 1880년대는 스크루 프로펠러와 같은 동력의 향상으로 다시 더 짧아졌다.[1] 황열병은 그 특징적인 증상이 나타나기 전에 대서양을 횡단해 전염될 수 있었고 그 지역 전체에 걸쳐 상업에 대한 위협이 증가하고 있었다.

열대성 전염병

황열병에 대한 관심은 1850년대에 잘 알려진 몇몇 전염병에 이어 대서양 양안 중 아메리카 해안에서 꾸준히 높아졌다. 리우데자네이루에서 처음으로 4천 명 이상이 죽었다.[2] 비록 질병으로 인한 치사율이 이진의 다른 역병보다 낮았지만, 브라질은 ㅗ 식선까지 전염병을 거의 겪지 않았다가 황열병이 초래한 파국으로 충격파가 몰아쳤다. 1852년경 카리브해에서 그 질병이 나타났고, 그다음 해 뉴올리언스에서 심각한 발병이 뒤따랐다.[3] 뉴올리언스에서 발생한 전염병으로 7천 8백 49명이 목숨을 잃었고, 미국에서는 이 항구를 비롯해 다른 모든 항구의 위생 시설을 대대적으로 재점검하기 시작했다.[4] 그 후 몇 년 동안 그 질병은 계속해서 남북 아메리카 대륙 전역에 퍼졌고 대서양을 건너 유럽으로 향했다. 1858년 영국의 주요 의학 잡지 중의 하나인 《랜싯》지 특파원은 다음과 같이 언명했다: "20년 전만 하더라도 치명적 전염병인 황열병이 열대 지역에 국한된 것으로 여겨졌지만,

최근 몇 년간 이 병은 아메리카 해안을 따라 조금씩 확산되어 이전에 전혀 알려지지 않은 곳까지 이르렀으며, 이제는 악성적인 형태로 유럽의 도시를 공격하고 있다."[5]

특파원은 1857년 9월에 리스본에서 시작하여 12월 말까지 맹위를 떨친 황열병의 심각한 창궐을 언급하고 있다. 전염병이 사라질 때까지, 1만 2천 명 이상의 환자와 5천 명의 사망자가 발생하는 동안, 도시민 25만 명 가운데 약 5분의 1이 공포에 질려 달아났다. 리스본의 전염병과 아메리카 대륙에서 발병 증가는 1790년대와 1800년대 초 전염병으로 인한 대혼란을 날카롭게 상기시켜 주는 것이었다. 일부 유럽인들은 리스본이 리우데자네이루처럼 가파르고 혼잡한 골목길, 지저분하고 저급한 주민들이 사는 더러운 곳이었기 때문이라고 스스로를 안심시켰다. 또 다른 이들은 전염병을 비정상적인 폭우를 타고 대기 중에 해로운 입자들이 넘쳐난 탓으로 돌렸다. 그러나 발병과 항해, 특히 리스본과 감염된 곳으로 알려진 라틴아메리카 항구 사이의 연관성을 외면할 수 없었다. 일부는 리우데자네이루에서 출항한 선박의 승무원들이 해안에서 감염됐을 수도 있다고 의심했지만 가죽과 같은 상품 또한 관련되어 있었다.[6] 어느 쪽이든 전염병이 낳은 경보음은 여러 이웃 나라들이 예방 조치를 취하도록 하기에 충분했다.

프랑스에서는 오랫동안 사용되지 않던 기존 격리 시설Lazaretto을 다시 열어 북쪽으로 확산되는 전염병이 발생했을 경우 많은 수의 환자와 의심환자를 수용할 준비를 갖췄다. 프랑스 위생국의 조사 담당관 프랑수아 멜리에Dr. François Mélier는 모든 항구를 둘러보고 격리 시행을 위한 규정을 만들었다. 포르투갈에서 전염병이 가라앉은 후에도 프랑스 측은 세네갈에서 출발한 선박의 승객들이 브레스트Brest 항에 상륙하는 것을 막았는데, 그들이 항해 중에 타구스Tagus강에 들어갔다는 이유 때문이었다. 그 배에서 황열병 발병 사례는 보고되지 않았지만, 그 배에는 병약자로 분류된 승객 1백 86명이 타고 있었고, 이는 충분히 우려감을 불러일으킬 만했다. 프랑스 규정은 1851년 파리에서 제정된 국제위생협약을 다시 답습한 것인데, 이 협약은 법적 문서로서의 위상은 부족했지만, 때때로 개별 국가의 조치에 합법성을 부여하는 데 사용되었다.[7] 그 규정에 따르면, 황열병의 경우, 감염된 항구에 정박한 날부터 선상에서 질병의 발생 없이 열흘이 경과해야 격리를 해제할 수 있었다.

브레스트항에서 부과한 격리 기간은 비교적 짧았지만, 자유무역의 열렬한 주창자들은 이를 보고 경악했다. 리스본 측이 12월 24일 공식적으로 황열병이 없다고 공표했음에도 프랑스는 1858년 1월부터 이 조치를 시행했다. 이는 공황 상태와 기회주의에 휩쓸려 옛날의 격리 조치로 회귀하려는 분위기를 고조시켰다. 책임 문제도 표면화되었다. 앞장에서 보았듯이, 1845~6년 포르투갈령 보아비스타섬 주민들은 영국 해군 함정에 질병을 전염시켰다는 이유로 영국 측으로부터 배상 요구를 받았다. 이제 포르투갈 당국은 리우데자네이루에서 돌아오는 항해 중에 리스본에 닿았던 또 다른 영국 우편선 타마르호의 책임을 지적했다. 그러나 이 경우, 타마르호와 그 배의 선장은 프랑스 육군 위생과 조사관이자 독자적인 전문가인 의사 기용Dr. Guyon으로부터 과실이 없다는 선고를 받았다. 의사 기용은 당시 발병의 원인을 논의하기 위한 회의에 참석하기 위해 그해 10월 리스본으로 파견된 터였다. 그는 12월 말까지 리스본에 머물다가 사우샘프턴으로 항해했으며, 그곳에서 항구 의료 감독관 월비를 인터뷰했다. 그는 타마르호가 리스본에 정박했다가 사우샘프턴으로 귀환했음을 알게 되었다. 월비에 따르면, "타마르호는 리우데자네이루를 오가던 항해 중에 한 건의 발병 사례도 없었다."[8] 기용은 이 선박이 리스본에 병을 유입시킬 수는 없었으리라 생각했다. 그러나 추후 런던회의에서 추밀원 격리 감독관 윌리엄 핌과 함께, 브라질에서 사우샘프턴에 도착한 수많은 선박들의 귀환 항해 중 환자와 사망자 발생 사례에 관한 보고가 있다는 점을 들어 우려감을 표명했다. 기용이 사우샘프턴에 체류하는 동안에도 항해 중인 오리노코호에서 28명의 사망자가 발생했다는 보고가 들어왔고 또 상당수의 환자와 회복 중인 승객을 싣고 있는데도 입항 허가를 받았다.[9]

사우샘프턴에서의 주의 조치는 특별히 느슨한 것은 아니었지만, 기용의 관찰로는 조만간 황열병 문제에 주의를 기울여야 할 것이었다. 영국의 규정들과 프랑스 당국이 근래 시행한 규정 사이에 불일치가 있었고 그것은 갈수록 더 당혹스러워질 수 있었다. 프랑스 측은 처음에는 상업상의 항해에 대해 자유방임적으로 접근했으며, 심지어 브레스트에서 7마일 떨어진 곳에 있는 황열병 환자들을 위해 영구적인 격리 시설의 설치를 시도하기까지 했다.[10] 메시지를 강화하려는 듯이, 그 이후 몇 달간 카리브해의 영국 선박에서 추가 발병 사례가 보고되었다. 그 질병은 세인트토머스섬에서 나타나 섬 항구에 정박한 많은 선박에 영향을 미쳤다. 우편선 타인Tyne호도 리우데자네이루에서 정박 중에 황열병의 심각한 공격을 받았다.[11] 영국, 카리브해,

남미 사이를 왕래하는 횟수로 볼 때, 영국 선박들은 황열병뿐만 아니라 다른 국가들이 시행하는 규제 조치들에도 특히 취약했다. 리스본 당국이 프랑스의 전례를 뒤따라 황열병이 보고된 항구에서 출항한 선박에 대해 격리 조치를 시행하기 시작했다. 새로운 규제의 첫 번째 대상은 리우데자네이루에서 출항한 우편선 타인호였다. 승객들은 선박에서 리스본의 격리 시설로 옮겨 수용되었지만, 그 후에는 이마저도 너무 위험하다고 여겨졌으며, 시 보건위원회는 선상에서 황열병 발병이 보고된 브라질 발 선박은 모두 다른 곳의 격리 시설에서 엄격한 격리를 거치지 않는 한 상륙을 허가할 수 없다고 공표했다.

이러한 예방 조치는 1857년 황열병으로 초래된 파국을 생각하면 일견 타당한 것처럼 보이지만, 영국 측은 격렬하게 반대했다. 리스본에서 왕립우편회사Royal Mail Company 대표와 영국 정부의 장관은 규제를 완화시킬 목적으로 리스본 당국에 이 문제를 제기했다. 영국 언론은 리스본의 조치들을 전염병으로 드러난 '진짜' 문제를 불필요하고 조잡하게 전환한 것이라고 표현했다. 《랜싯》지의 견해로는, 그것은 소 잃고 외양간 고치는 격이었다. 그 전염병은 "격리를 시행하기 위해 추가적인 부조리를 부과하려는" 구실로 이용되었다. 그 의미는, 그 조치들이 본질적으로 징벌 성격을 띠었고, 《랜싯》지가 전염병의 진짜 원인으로 믿고 있는 '해로운 독기miasmatic nuisances'를 없애지 못한 시 당국의 실패로부터 관심을 돌리기 위한 것이었다.[12] 실제로, 그 후 몇 년간 의사들 대부분은 주기적으로 황열병에 감염된 서인도제도나 다른 곳에서 오는 배편에 대해 더 엄격한 규제가 필요하다는 점을 확신하지 못했다. 이런 입장은 무역과 해군 작전에 대한 규제를 막는 데 관심을 쏟는 정부가 열렬히 지지하는 바였다.

황열병은 분명히 더 심각한 문제로 떠올랐지만 관리와 의학 관련 저술가들의 견해로는, 그 해결책은 격리보다는 오히려 항구 및 선상의 더 청결한 위생에 있었다. 대부분의 관료와 의료 분야 기고자들의 견해에 따르면, 기관실이 통풍이 잘 안 되고 엄청난 열이 발생해 열대성 감염이 확산되고 지속될 수 있기 때문에 소형 증기 동력선은 특히 황열병과 같은 질병에 취약한 것 같았다. 당시 상인들의 건강과 그들이 일하는 조건에 관해서는 거의 알려지지 않았지만, 어떤 경우에 상선들이 황열병의 영향을 극심하게 받은 것은 분명했다. 1851~2년 데메라라Demerara에서 발생한 전염병에 관해 설명하면서 의사 블레어는 그 질병이 상선에서 먼저 나타났으며, 석탄과 특허 받은 연료를 나르던 사람들이 특히 심한 고통을 겪었다고 언급했다. 1853년 초, 자메이카 킹스턴Kingston의 상선에도 황열병이 나타나, 섬 중앙보건위원회는 선상의 발병에 대한 조치를 신속하게 마련했다. 이 조치들은 선상의 위생 상태 개선과 해안에서 환기가 잘 되는 병실로 선원을 후송하는 것에 초점을 맞췄다. 감염 선박과의 불필요한 접촉은 모두 피해야 했지만 격리에 대한 언급은 없었다.[13]

그러나 1861년, 영국의 관계 당국은 황열병에 대한 이전의 자유주의적 태도를 재검토하기 시작했다. 리스본 전염병이 발생한 지 불과 몇 년 후에 황열병이 유럽에서 재발했다. 이번에는 생나제르St Nazaire에서였다. 과거에, 선박이 황열병 환자를 싣고 프랑스에 도착하는 경우가 있었지만 그 병은 승객과 승무원에게만 국한되었다. 예컨대, 1861년 9월 14일, 쿠바의 설탕을 실은 선박이 낭트에 도착했을 때 선상에 여러 명의 환자들이 있었고 항해 중에 18명이 사망했다.[14] 그러나 같은 달 하순 생나제르 항구에서의 발병은 선원뿐만 아니라 짐꾼과 하역부 중에서 여러 명의 사망자가 발생했다는 점에서 이전과 달랐다. 환자 치료를 돕기 위해 그곳에 왔던 지역 의사 한 명도 감염되어 죽었다. 보고된 40건의 발병 사례 가운데 26명이 사망했다.[15] 일부 관찰자들이 보기에 이러한 사건 전개과정은 그 질병이 사람의 접촉으로 퍼졌다는 증거였으며, 따라서 격리야말로 현명한 대응 방침임을 시사했다. 그러나 이번 발병에 대해 엄밀한 조사를 벌인 의사 멜리에Mélier는 그렇지 않다고 결론지었다. 그의 견해에 따르면, 그 질병은 직접적으로 전염된 것이 아니라 유입된 것이었다. 그는 아바나에서 맹위를 떨친다고 알려진 전염병이 설탕 화물을 실은 선박 속에 갇혀서 대서양을 횡단하는 항해 중에도 서식한 것이 틀림없다는 결론을 내렸다. 이러한 결론은 보아비스타 사건을 둘러싼 추측과 다르지 않았지만, 멜리에는 체계적으로 모든 접촉 증거들을 소사했고 그것만으로 부족한 점이 있다는 것을 깨닫게 되었다. 그러나 반감염론자들이 전형적으로 주장하듯이, 그 질병이 단순히 지역 상황으로 인해 발생했을 가능성은 거의 없었다. 1860년대에 이르러 황열병의 임상적 특징과 사후에 나타나는 특징들은 거의 일치했고 생나제르에서 희생자들의 병적 징후와 증상은 다른 곳에서 관찰된 것과 일치했다. 전염성 있는 독기(공기)의 유입만이 그럴듯한 설명인 것 같았고 격리 조치 유지의 적절성을 시사하는 것이었다. 실제로, 다른 설탕 운반선에 대해 엄격한 격리 조치를 취한 것이 1861년 황열병의 발병을 막았다고 인정되었다.[16]

비록 의료 종사자들 사이에서 벌어지고 있는 논의 중 더 중요한 점은 대부분의 일반 대중에게는 알려지지 않았겠지만, 불과 몇 년 간격으로 유럽에서 두 차례나 황열병이 발생한 것은 큰 경종을 울리는 사건이었다. 1862년 8월, 미국 남북전쟁 당시 북부 측이 봉쇄했던 남부항구에서 출항한 선박이 런던에 도착한 후에 큰 경보음이 울렸다. 이 선박은 황열병이 전염된 채로 그레이브센드에 도착한 후 템스강을 거슬러 빅토리아 부두에 이르렀고, 거기에서 선원과 목면 화물을 내려놓았다는 소문이 퍼졌다.[17] 플레이스토Plaistow와 인근 부두 주변에 황열병 전염이 확산되지 않을까 하는 두려움에서 '상당한 소란'이 일었다. 이 사건에서 그 불안은 근거 없는 것으로 판명되었지만, 그것은 황열병이 열대 지방에서 온대 지방으로 확산되고 있다는 실질적인 우려감이 있었음을 보여 준다. 아바나나 바베이도스 같은 항구에서 상인들 사이의 '엄청난 손실'은 이러한 두려움이 그 후 몇 달간 더 심화되었다는 것을 입증해 주었다.[18] 아프리카 해안을 따라 황열병이 창궐했다는 보고도 있었는데, 이 해안은 교역상으로 리버풀과 같은 항구와 연결되어 있었던 것이다.[19]

영국 정부는 이제 격리에 찬성하는 것으로 보였는데, 이런 태도는 좀더 자유주의적인 정책을 펴는 사람들의 반대를 불러일으켰다. 서인도제도에 기반을 둔 한 의사는 "황열병의 전염성 여부에 관한 문제는 영국에서 아직 해결되지 않은 것 같다"고 말했다. 그는 이렇게 덧붙인다. "여기에서는 다들 자신들은 전염된다고 생각하지 않는다. 아바나, 베라크루즈, 바베이도스, 데메라라, 트리니다드, 자메이카, 세인트토머스 등 서인도제도의 행정 당국은 특히 가벼운 질병인 홍역에 대해서도 격리할 만큼 아주 엄격하다. 그러나 당국은 황열병 환자가 있는 선박에 대해서는 입항허가증pratique을 발급하기도 한다." 그의 견해에 따르면, 사람들을 격리 병원pesthouse에 수용하는 것은 '학대의 극치'였다. 그는 영국 정부가 황열병에 대해 광범위하게 경험한 의사들의 말을 듣기를 바랐다.[20] 그러나 정부는 최소한 주요 항구에서 결정적으로 격리 쪽으로 흔들리는 여론에 귀 기울이는 경향이 있었다. 이에 따라 1862년 12월 말 리우데자네이루에서 황열병이 유행하자, 정부는 그곳에서 출항하는 모든 선박을 격리 조치하기로 결정했다.[21]

격리 문제는 1865년 리스본 전염병 이후 유럽에서 두 번째로 발생한 황열병으로 다시 부각되었다. 10월 초, 쿠바에서 출항한 선박 헤클라Hecla호가 도착한 후, 웨일스 남부 해안의 다소 예상 밖의 장소에서 황열병이 나타났다. 부두에 정박했을 때, 한 선원이 병에 시달리고 있었는데, 그는 배가 입항한 다음 날 사망했다. 그런데 보름 만에 구리 원광을 하역하는 동안 선박과 직접 접촉한 마을 주민들 사이에 황열병이 퍼졌다.[22] 이전에도 선상에서 발병한 선박들이 입항했지만, 이것이 선박에서 해변으로 질병이 퍼져 나간 최초의 사례였고, 나라 전체가 경악했다. 전염설 지지자들은 이 선박이 격리되지 않았다는 사실을 지적한 반면, 반대자들은 "하절기 스완지Swansea의 기온이 황열병 발병 지대의 온도에 가깝게 비정상적으로 오른 탓"이라고 반박했다.[23] 결국 27명의 마을 사람들이 열병에 감염되었으며 그 가운데 15명이 죽었다. 생나제르의 경우와 마찬가지로 이 발병은 그 지방 보건 의료관 조지 뷰캐넌George Buchanon과 추밀원 의료 담당관 존 사이먼John Simon의 면밀한 의학적 조사를 받았다. 멜리에처럼, 그들은 황열병이 직접 전염되는 질병이 아니라 유입된 감염원이 화물칸 내부에서 창궐했기 때문에 나타났다고 결론내렸다. 그러나 멜리에가 상품과 사람을 격리하는 방식의 보수적 해결책을 채택한 반면, 사이먼은 전염성 입자에 의해 오염되었을 수 있는 화물에 더 관심을 집중했다. 그가 보기에, 이것은 다른 위생상의 방해물과 거의 같은 방법으로 해결할 수 있는 문제여서 사람들을 격리할 필요가 없는 것이었다.[24]

사이먼은 격리를 꺼렸지만, 그 조치를 행하라는 추밀원의 압력이 가중되고 있었다. 사람들은 황열병이 유입될 가능성을 두려워했고 카리브해와 정기적으로 교역하는 항구 도시 주민들은 계속해서 신경을 곤두세웠다. 격리는 이전에 그럴 가능성이 별로 없던 분야의 지지도 받고 있었다. 얼마 전까지만 해도 격리를 폄하했던《랜싯》등 의료 분야 정기 간행물들이 이제는 정부의 단호한 조치를 촉구하고 있었다. 1866년 카리브해의 세인트토머스섬에서 황열병이 발생했다는 보고가 들어왔다. 그리고 선상에서 황열병이 발생한 그 지역 선박들의 귀항에 뒤이어, 이 잡지는 다른 관련 사항 중에서도 특히 우편선을 통해 '황열병 지대'와 빈번하게 접촉한 사우샘프턴 항구처럼 영국에서 황열병이 다시 한번 폭발할 가능성이 있다고 공표했다.[25] 곧이어 35건의 황열병 발병 사례가 있는 우편선 아트라토Atrato호가 세인트토머스에서 이 항구에 도착한 후에 14명의 사망자를 냈다는 발표가 있었다. 추밀원은 주저했지만, 사우샘프턴항 의료 담당관이 앞장서서 건강한 승객과 승무원들을 마더뱅크에 있는 격리 시설로 옮겼다.[26] 그 배가 격리 시설에서 풀려 나던 바로 그 무렵 세인트토머스를 출항한 또 다른 선박이 황열병 환자들을 싣고 도착했다.

아트라토호 사례에 머뭇거리고 있다는 비난에 시달린 추밀원은 즉시 엄격한 격리를 결정했다.[27] 이는 정반대로 방향을 튼 셈이었고 이번에는 '비인간적' 시행으로 되돌아갔다는 비난을 받았다. 영국의 이러한 조치는 확실히 생나제르 사건 이후 프랑스가 확립한 조치에는 크게 미치지 못했다. 생나제르 사례에서는 건강한 승객과 환자 모두 감염 선박에서 옮겨졌다. 많은 사람들이 분명히 원했듯이, 격리 조치가 황열병을 제어하는 데 중요한 역할을 하려면, "그 열병에 걸린 개인들이 겪는 어려움을 최소화하면서" 시행되어야 할 것이었다.[28] 추밀원은 일반인의 이러한 감정에 동조하고 곧바로 프랑스와 대책을 조율한 것 같다.[29] 이제 아무도 카리브해에서 영국 해안으로 뿜어져 나오는 황열병의 '물결'에 방어막을 세우려는 의도를 의심하지 않게 되었다. 프랑스를 포함한 다른 나라들은 이미 자국 신박이 세인트토머스 섬에 접안하지 못하도록 했고, 정부는 그 섬에서 출항한 모든 선박들이 승객과 승무원들이 의료 검사를 기다리는 동안 해안에서 떨어진 곳에 닻을 내리게 하는 것이 현명하다고 생각했던 것이다.[30]

새로운 위생 체제를 향하여

황열병 재발에 대처하기 위해 대서양 국가들은 대부분 격리 조치로 되돌아갔지만 영국은 명백히 거부감을 갖고 있었다. 영국의 조치는 여론의 무게가 실리고 주변국들의 기대에도 영향을 주었다. 그러나 모든 나라가 무역 위축으로 부정적인 영향을 받았기 때문에, 격리 의존도를 낮춘 새로운 규제 제도에 대한 욕구가 커졌다. 이러한 방향으로 약간의 진보가 있었는데, 이러한 진보는 황열병을 전염병이라기보다 더러운 오물에서 비롯한 병으로 다시 정의함으로써 가능하게 되었다. 또한 열대 지방에서 기원하는 감염 문제를 빈약한 행정 및 시민의 무시와 점점 더 연결 짓기에 이르렀다. 이러한 변화는 어떤 단일한 사건까지 추적할 수 없지만 1870년대 초 남아메리카에서 황열병이 발병한 것에 대한 국제적인 반응에서 명백히 나타났다. 1871년 정상적인 황열병 지대 남쪽에 위치한 부에노스아이레스에서 황열병이 가져온 '참혹한 파국'에 관한 보고서들이 북미와 유럽에 전해지기 시작했다.[31] 아르헨티나 수도에서 전염병이 발생한 것은 이번이 처음은 아니었다. 1821년과 1857년에도 심각한 전염병이 돌았다. 그러나 그 사이에 증기선 운항의 발전은 '열병 벨트'의 북부와 남부에 인접한 국가들이 이전보다 더 심각한 위험에 놓이게 되었다는 것을 의미했다. 1870년대까지만 해도 아르헨티나인들은 대부분 브라질을 가장 유력한 감염원으로 보는 경향이 있었다. 예를 들어, 1857년의 전염병을 브라질에서 출항한 선박 탓으로 돌렸다.[32] 그러나 1870년 전염병의 위협은 뜻밖에도 동쪽의 내륙국가 파라과이에서 비롯되었다. 파라과이는 3국동맹전쟁(1864~70)에서 아르헨티나, 브라질, 우루과이 3국동맹에게 패배한 여파로 황폐하게 변했다. 모든 주동자들의 군대는 콜레라에 유린당했고 전쟁이 끝날 무렵에는 황열병이 엄습했다.

부에노스아이레스의 상인과 시 당국은 이 질병이 강 하류로 흘러가 한때 번영했던 항구를 감염시켜 사업을 망가뜨리고 도시 인구를 격감시키지 않을까 우려했다. 그러나 황열병으로부터 도시를 방어하는 것은 당국에 골칫거리를 안겨 주었다. 파라과이에서 출항하는 선박에 대한 격리가 가장 확실한 조치였으나, 만일 그들의 항구에 대해 일방적으로 격리를 실시한다면 라 플라타La Plata강을 가로질러 우루과이의 수도 몬테비데오와 거래하는 교역을 잃게 될 가능성이 높았다. 이를 염두에 두고, 1870년 12월, 부에노스아이레스의 위생국 위원장 부스티요J. M. Bustillo 대령은 몬테비데오의 같은 직위 담당자에게 양쪽 어느 항구에게도 불이익을 주지 않는 공통의 협정을 제안하는 편지를 썼다. 몬테비데오 측의 답변은 긍정적이었고, 두 나라 위생국 관계자들이 만나서 세부적인 준비를 하자는 제안이 있었다. 파라과이에서 직접 출발해 하류에 도착하는 모든 선박에 대해 12일간 격리를 취하기로 합의했다.[33] 이러한 조치들을 조정하기 위한 노력은 1월 말에 시작되었지만 몇 주 후 부에노스아이레스에서 황열병으로 보이는 첫 번째 사례가 보고되면서 중단되었다. 우루과이 당국은 몬테비데오의 한 신문이 부에노스아이레스에서 출항하는 모든 선박에 대해 '엄격한 경계'라고 표현한 바대로 한 달 이내의 격리 조치를 유지했다.[34] 그 후 몇 주 동안 사망자가 발생했다. 3월 26일까지 매일 1백 명의 사망자가 보고되었고 그 주에 우루과이 정부는 항구 폐쇄를 공표했다.[35] 《민주주의La Democracia》지는 극단적인 조치 이외에 어느 것도 공포에 질린 몬테비데오 시민들을 만족시킬 수는 없다는 이유로 그 조치를 정당화했다.[36]

부에노스아이레스 당국도 환자의 가족을 그들 집에 격리시키는 등 똑같이 강력한 조치를 취했는데, 어떤 사람들은 이를 비인간적이라고 비난하기도 했다. 게다가 그 몇 년 사이에 심하게 악화되고 있는 도시의 위생 상태를 개선하려는 시도가 있었다.[37] 그러나 이러한 노력은 전염병을 누그러뜨리는 데 아무런 도움이 되지 않았다. 1871년 5월 중순 《부에노스아이레스 스탠다드》지는 이전 주에 약 4천 명이 황열병으로 사망했다고 발표했는데, 그 당시 도시에 거주하는 3만 명의 시민 가운데 감염자는 약 7천 명에서 1만 명 사이로 추정된다. 이 무렵 도망갈 수 있는 사람들은 대부분 탈출했다. 이 결과로 우루과이가 아르헨티나 선박에 통행금지 조치를 내림으로써 사업이 일시 중단되었다. 상업 생활이 마비되자, 정부는 남은 한 달간을 공휴일로 선포할 수밖에 없었다.[38]

관찰자들은 대부분 황열병이 부에노스아이레스로부터 들어왔고, 아르헨티나와 우루과이에서 종종 '역병plague' 또는 '전염병contagion'으로 언급되었다는 데 동의했다.[39] 더 나아가, 아르헨티나와 긴밀한 관계를 맺고 있는 이탈리아와 같은 나라들도 격리 형태로 예방 조치를 취했다.[40] 부에노스아이레스는 이탈리아 출신 인구가 많았으며 이탈리아 당국은 많은 이민자들이 다시 모국으로 돌아오려 할 것을 우려했다. 그러나 그 도시가 자연적인 이점을 활용하지 못했다는 믿음도 널리 퍼져 있었다. 한때 활기찬 분위기로 유명했던 부에노스아이레스는 "가장 일반적인 위생 규칙에 대한 완벽하고도 완고한 무시" 때문에 도시 위생이 파탄에 이르렀던 것이다. 도시의 악취와 흙과 물이 오염된 나머지 구제할 수조차 없었다고 전해진다. 인구를 도매금으로 정리하고 재배치하지 않고서는 가장 건강한 도시라는 옛 명성

을 회복할 수 있을 것 같지 않았다.[41]

황열병의 원인은 한 세기 이상 뜨겁게 논란이 되었지만, 그때까지 논쟁은 주로 그 병이 전염성을 갖는지 아니면 기후에 따른 질병인지의 문제를 둘러싸고 전개되었다. 열대성 질병이면서도 취약한 하수 시설과 위생 환경이 병의 확산에 관련된다는 강한 확신이 남아 있었다. 더운 날씨는 이 병의 정상 분포를 부분적으로 설명해 주었다. 그러나 많은 사람들은 카리브해 및 라틴아메리카 항구들이 위생 상태를 악화시키는 부실한 시설 관리 때문에 더 주기적으로 감염되고 있다고 주장했다. 브라질과 카리브해에서는 아프리카 출신 노예들이 도착하면서 여러 해 동안 오물이 쌓였다는 것이다.[42] 리우데자네이루에서 황열병이 초래한 경제적 혼란은 말할 것도 없고, 오래 지속된 노예 제도의 오명 때문에라도 위생 상태 개선을 가장 시급한 문제로 부각시켰다. 따라서 1873년 리우데자네이루에서 황열병이 발생했을 때, 시립의과대학은 정부에 위생 상태의 개선을 위한 영구적인 조치를 취할 것을 요구했다. 대학 당국은 좀 더 나은 하수 시설과 모든 가정에 깨끗한 물의 공급을 요구했다. 또 인구가 밀집한 교외까지 '도시정비회사'의 운영 범위를 확장할 것을 정부에 요구했다.[43] 브라질 북동부 열대 지역 바히아Bahia주 살바도르에 자리 잡은 한 영향력 있는 의과대학도 비슷한 결론에 도달했다. '열대 의학자tropicalistas'로 알려진 그 대학 열대병 전문가들은 이전에 '열대성'으로 간주된 많은 질병을 재분류하고 있었다. 그들은 황열병이 더운 기후의 불가피한 산물이 아니라 위생 개혁을 통해 예방할 수 있다는 사실을 보여 주려고 했다.[44] 1873년 그들 학술지 《바히아 의학 잡지Gazeta Medica da Bahia》는 브라질 항구의 선박에서 질병이 퍼지는 것을 예방하고 항구의 위생 상태를 개선하기 위한 조치들을 병합해 시행하라고 제안했다.[45]

브라질 항구들을 황열병의 위협에서 벗어나게 만드는 일이야말로 브라질 경제에 매우 중요하다는 사실이 폭넓게 알려졌다. 1870년대에 미국 및 유럽과의 무역에서 호황을 누린 브라질은 주요 항구인 리우데자네이루를 통해 면화, 귀금속, 고기, 커피 그리고 다른 많은 상품들을 수출하고 있었다. 미국은 브라질 커피의 주요 수입국이었고, 영국과 프랑스가 그 뒤를 이었다. 반면 다른 수출 상품의 대부분은 영국이 그 목적지였다.[46] 이러한 수출 무역의 경제성에 대한 가치가 증대되고 있다는 것을 인식함으로써 당시 황열병 전파의 중심지로 간주되던 리우의 위생 상태를 개선하려는 노력도 이루어졌다.[47] 도시의 위생 개혁은 수도 공급 및 하수 시설 개선안을 둘러싸고 빚어진 논란으로 답보 상태였지만,[48] 1870년대에 최악의 위생 상태로 남아 있던 판자촌의 일부를 밀어 버리려는 더 큰 결정이 있었다.[49] 이러한 개혁에 자극을 가한 것은 1870년대 중엽 황열병의 창궐이었다. 1873년에 전염병이 발생해 3천 6백 59명이 병사했으며, 1874년 9월 리우, 포르탈레자, 페르남부쿠, 파라이바 북부에서 더 심각한 발병이 있었다. 이들 항구를 출항한 선박들은 브라질과 정기적으로 교역하는 여러 나라에 입항하는 순간 엄격한 격리 조치를 받았다.[50] 이듬해 리우데자네이루에서 또 다른 심각한 전염병이 보도되자 네덜란드 등 유럽 각국이 비슷한 조치를 취했고[51] 1876년 이 도시에 병이 재발하자 외항선들이 항구를 빠져나갔는데 일부는 화물도 없이 출항했다.[52] 리우데자네이루의 위생 당국은 황열병에 엄격하게 대처하기로 결정했지만,

나머지 국가들은 쉽게 납득하지 못했다. 따라서 《바히아 의학 잡지》가 전염병으로 고통받는 지방에 병원을 개설하기로 한 정부 당국의 결정을 보도하자, 그 도시 감염의 초점을 의도적으로 확산시키려 한다는 경악의 소리도 나왔다. 더욱이, 그 도시에서 가장 인구가 밀집한 지역의 배수와 환기 시설에는 진척된 증거가 거의 없는 듯했다.[53]

그 후 몇 년간 황열병은 미국 남부 항구들 중 일부뿐만 아니라 남아메리카와 카리브해에서도 정기적으로 보고되었다.[54] 영국에서도 리우와 서인도제도에서 출항하는 상선들이 황열병 환자를 싣고 도착했을 때 경보를 발령했다. 당국은 이전에 수용자들을 임시로 소개했던 한 빈민원 의무실에 감염된 승무원을 격리시켰다.[55] 대서양을 오가는 증기 여객선도 또 다른 우려 대상이었다. 병에 걸린 승객 대부분이 영국에 도착하기 전에 발견되어 격리되었다. 그러면서도 그들이 입항했을 때 일부 소수는 적발되지 않고 통과했다. 서인도제도를 출항, 항해 도중에 병에 걸린 한 남성은 해안에 상륙한 후에 런던의 부유층 거주지인 벨그라비아에서 죽었다. 열병 전문가 찰스 머치슨Charles Murchison이 그를 검시해 황열병에 걸려 사망했음을 확인했다. 그러나 발병 사례 보고는 더 이상 없었고 유난히 추운 4월의 날씨로 병이 퍼진다는 두려움이 줄었기 때문에 그의 죽음은 경종을 울리지 않았다.[56] 이러한 개별 사례를 제외하고, 1870년대 유럽 항구에서 황열병의 발생은 더 이상 보고되지 않았다. 황열병이 주기적으로 발생했던 미국 남부에서도 전염병은 비교적 적었으며 조지아와 플로리다의 항구 도시에 국한되었다. 비록 이들 발병이 수백 명의 사람들에게 영향을 미쳤지만, 남부 주들에 곧 들이닥칠 재난과 비교하면 아무것도 아니었다.

1878년 5월, 뉴올리언스에서 황열병이 보고되었는데, 이는 아바나에서 퍼져 나간 것이 분명했다. 뉴올리언스에서 이 질병은 빠르게 미시시피강 계곡으로 퍼져 루이지애나, 미시시피, 테네시주를 황폐화시켰다. 1878년 10월에 전염병이 가라앉았을 때까지 2만 명 이상이 죽었다. 이는 1850년대 이후 미국에서 최초로 심각한 황열병 창궐이었고, 순전히 사망자의 숫자로만 보면, 미국 역사상 최악의 사례였다. 이 전염병은 1860년대 후반부터 엄습한 전염병 파고의 일부로서, 첫 사례는 리우데자네이루에서 퍼져 나갔고, 그 후 사례는 아바나와 뉴올리언스 같은 항구들이 중심지였다.[57] 1860~70년대에 많은 항구 도시에서 전염병의 발생 빈도와 강도가 높아졌는데, 이는 부분적으로는 기후 요인에서 비롯되었을 것이다. 황열병 매개체인 모기가 온도 변화에 매우 민감하기 때문이다. 그러나 이 질병의 급속한 확산은 미국, 쿠바(당시 에스파냐 식민지), 라틴아메리카 공화국들의 경제 발전에 따라 이 지역이 겪고 있던 대규모 무역 증가에 의해 촉진되었다. 증기선 항해 또한 승객과 승무원의 감염 증세를 면밀하게 조사하기 어렵게 만들었다. 항해 기간이 짧아져서 그들의 증세가 나타나기도 전에 도착할 수 있었기 때문이다. 황열병 잠복기는 3~6일 사이인데, 당시 가장 빠른 선박이 대서양을 횡단하는 데 걸리는 시간보다 약간 짧을 뿐이었다. 카리브해에서 출항해 미국 멕시코만 항구나 심지어 대서양의 많은 다른 항구들로 향하는 증기선도 일주일 이내에 목적지까지 도달할 수 있었다.

이들 도시의 취약한 위생조건과 도시 기반 시설은 급속한 경제 발전에 보조를 맞추지 못했다. 대부분은 하수 처리가 잘 되지 않았고 매개체인 모기가 쉽게 번식할 수 있는 노천 웅덩이로 가득했다. 부두와 산업 시설 가까이 하수 시설이 갖춰지지 않은 대지에 자리 잡은 극빈층 주거지가 특히 그러했다. 그러므로 위생 개혁 운동가들이 황열병과 취약한 도시 행정을 연결 짓는 것은 옳았지만, 그 문제에 대한 그들의 이해는 오늘날과 전혀 달랐다. 예를 들어, 1866년 데메라라의 황열병에 관해 보고한 조사위원회는 이 병이 콜레라나 장티푸스처럼 배설물로 전염되는 질병이며 따라서 고도가 높은 지역이나 서늘한 기후대에서도 발생할 수 있다고 결론지었다.[58] 1876년 사바나 지역을 엄습한 전염병에 관한 보고서에서 알프레드 우드헐Alfred Woodhull도 그 발병이 위생을 무시한 결과 때문이라고 비난했다. 처음에 그는 황열병이 쿠바에서 출항한 에스파냐 선박에 실려 사바나 지역으로 유입되었다고 믿었다. 이들 선박은 철도 제방을 쌓는 데 쓰일 자갈을 실었다. 그러나 나중에 그는 유입된 이떤 증거도 없으며, 설사 있었다고 하더라도 어떤 격리 제도도 그것을 막을 수 없었으리라는 결론을 내렸다. 그가 보기에 전염병의 가장 유력한 원천은 빌보 운하Bilbo Canal라는 기만적인 이름으로 불리는 열린 하수로였다. 미국 의무감Surgeon-General에게 제출된 그의 보고서는 황열병 원인에 관한 논의를 되살렸고, 많은 사람들은 이 질병이 꼭 이국적인 것만은 아니라고 추측하게 되었다. 황열병은 비위생적인 환경에서만 창궐할 수 있는 가능성이 점점 높아지는 것 같았다.[59]

1878년 황열병이 미국 남부를 엄습했을 때, 이미 중요한 공중보건 문제를 논의할 첫 번째 조치가 가까스로 취해졌다. 뉴욕시의 메트로폴리탄 보건위원회 구성과 미국 공중보건협회의 선전에 자극을 받아, 많은 주들이 보건위원회를 설립하기 시작했다. 이 질병이 뉴올리언스에서 발생하기 전까지 버지니아, 조지아, 미시시피, 테네시주에 모두 위생 당국이 설립되어 있었지만, 자금 부족으로 별다른 성과를 거두지 못했다. 자금이 부족했을 뿐만 아니라, 이들 기관은 국가가 어떤 조치를 취해야 하는지 조언할 수 있는 능력 이상의 힘을 발휘하지 못했다.[60] 1878년 전염병은 이 부족함을 여실히 드러냈고, 각주 보건위원회가 질병의 진행 과정에 관해 서로 정보를 전해줄 필요성이 있음을 보여 주었다. 증기선 항해가 강과 바다를 타고 황열병을 옮겼듯이, 철도망의 발달로 내륙에 널리 확산될 것이 확실해졌다. 이것이 1878년 전염병의 비정상적인 심각성과 그것이 만들어 낸 전례 없는 경보와 불안의 원인이었을 것이다. 사람들은 은밀하게 모여 기차와 철도를 공격하고 이 질병 때문에 도망쳐 온 낯선 외지 사람들을 쫓아냈다. 이러한 공격을 막기 위해 주 정부는 주 경계에 격리 시설을 세우고 철도 여행을 금지하며 사업활동을 중지시킬 수밖에 없었다.[61]

1878년의 전염병을 겪으면서 남부 지역 보건위원회 관리들은 개혁에 대한 열망으로 잠시 단결했다. 국민의 관심이 의회에 국가 차원의 격리 제도를 도입해야 한다는 압력을 가했으나, 주의 권익을 옹호하는 특정 상업 세력이 이를 성공적으로 반대할 수 있었다.[62] 비록 연방 격리 제도에 관한 법안은 부결되었지만, 그보다는 더 완화된 법률을 통해 1879년 3월 전국보건위원회National Board of Health가 창설되기에 이르렀다. 단명으로 끝난 이 기구는 주 보건위원회를 조정하고 지원하기로 되어 있었지만, 감염이 의심스러운 화물에 대한 의학적 조사와 소독 제도를 구축하고자 했다. 따라서 전국보건위원회는 일부 주들이 황열병의 추가 발병에 대처하는 데 도움을 주었으나 때로는 주의 완강한 저항에 부딪혔다. 루이지애나주 보건위원회 의장은 외부의 간섭이 자신의 권위를 침해하고 상업을 위축시킬까 우려했다.[63]

1878년의 기억이 희미해지면서 그나마 공중보건 개혁에 대한 미약한 공감대마저 허물어지기 시작했고 대부분의 주들은 고립적이고 적대적인 방식으로 되돌아갔다. 그럼에도 지역 차원의 위생 개혁에 아주 유익하다고 입증된 지속적인 변화가 있었다. 바로 공중보건에 대한 기업가 단체의 참여가 증가했다는 점이다. 지금까지 기업가 세력은 그런 문제에 비껴서 있었고 위생 조치까지 막았지만, 1878년 전염병을 겪으면서 많은 사람들이 개혁에 적극적인 역할을 하는 것이 자기들의 이익이라고 여기게 되었다. 국내 상업은 철도의 붕괴로 중단되었고, 1878년 전염병의 심각성에 놀란 많은 나라들이 미국 상품의 수입을 제한했다. 예를 들어, 영국은 1825년 격리법 규정을 이용해 미국 남부 항구에서 출항한 선박을 격리시키고 의심스러운 물품을 파기하거나 소독했다.[64] 이러한 대응은 불필요하고 퇴행적인 조치라고 의학계 일각에서 비난을 받았지만, 그럼에도 자국 항구 도시 주민을 안심시키기 위한 것으로 보인다.[65] 이러한 행동의 정당성은 의학적 관점에서 논쟁의 여지가 있을 수 있다. 그러나 그와 같은 조치들은 미국 기업가에게 깊은 인상을 남겨 주었다. 그들은 여러 남부 도시들의 열악한 위생 상태가 북부 주뿐만 아니라 해외에서도 나쁜 평판을 심어 주었다는 점을 깨닫기 시작했다. 예를 들어, 뉴올리언스는 1878년의 전염병 때문에 약 1천 만 달러의 무역 손실을 입었다.[66]

의료계의 많은 사람들이 믿고 있듯이 열악한 위생 상태가 황열병의 원인이라면, 그런 손실은 전염병이 증식하는 데 필요한 조건을 없앰으로써 예방할 수 있을 것이었다.

놀랍게도, 일부 기업인들도 국가 격리 시스템에 대한 생각을 선호하기 시작했을 것이다. 무역 회사들은 대체로 지방 정부가 통제하는 격리를 선호하는 경향이 있었는데, 그런 경우 중앙 정부보다 더 쉽게 조작할 수 있었다. 그러나 남부 주의 여러 항구에서는 보복 조치를 유발할 정도로 격리는 느슨한 방식으로 시행되었다. 남부 모든 주의 항구 도시는 자기 도시의 기업을 보호하고 격리를 통해 과세 수입의 증대를 꾀하는 등 순전히 경제적인 이유로 격리를 시행해 왔다. 그러나 대기업들이 어떤 특정한 장소나 이익을 고려함이 없이 전국 차원에서 이상적으로 조직된 합리적인 시스템을 요구한 것은 바로 이 '상업적 격리'를 끝내기 위해서였다. 1878년의 혼돈으로 가장 큰 피해를 본 철도 회사들이 이 운동의 선봉에 섰지만, 많은 면 판매업자, 수출입 창고업, 해운 회사들의 지원을 받았다.[67] 그런데도, 전국적 격리 시스템이 북부 주들의 이익을 위해 작용하리라는 두려움을 가진 기업인과 관리들은 아직도 남아 있었다. 루이지애나 보건위원회는 전국보건위원회가 "동부 자본가들의 강력한 철도 로비"에 지배되고 있다고 불평했다. 철도로 내륙과 연결된 대서양 연안 도시들을 통해 무역이 이루어질 수 있도록 남부 항구를 폐쇄하는 데 격리를 이용한다는 것이다.[68] 격리 비판론자들은 영국과 같은 다른 선진국들은 격리 제도에 대한 신뢰를 거두고 그 대신 위생 조치에 더 의존한다고 주장했다. 그들이 보기에, 도시가 청결하면 격리는 불필요해지는 것이었다.[69] 그러나 전국보건위원회의 창설로 촉발된 우려는 근거 없는 것이었다. 기금이 부족한 나머지 개별 주에 효과적으로 개입하기에는 너무 약했고 1833년에 해산되었기 때문이다.[70]

효과적인 전국 격리 시스템이 없는 경우, 미국 항구가 어떻게 상업적 이익과 공중보건을 보호하기 위한 법적 책임 사이의 균형을 맞추려고 했는지 살펴보는 것이 유익할 것이다. 비록 남부 항구의 많은 의사들이 격리에 대한 적개심 때문에 여전히 인정하지 않았지만, 의료 당국은 대부분 그러한 규제가 의심스러운 화물에 대한 소독 등 위생 조치와 병행하면 황열병을 예방하는 최선의 방법을 제공하리라고 믿었다.[71] 미국의 대부분의 항구는 청결을 보장하면서도, 감염될 가능성이 있는 항구에서 출항한 선박을 대상으로 격리 및 소독 조치를 그대로 활용했다. 한동안 미국 대서양 연안에서 가장 큰 항구였던 볼티모어의 경우를 살펴보자. 체서피크Chesapeake만에서 유리한 입지 조건을 갖춘 볼티모어는 남부와 중서부로 통하는 관문이자 많은 상품의 재분배에 아주 적합한 자연스러운 위치에 있었다. 19세기 중반 이 도시는 당시 황열병과 연루된 여러 상품 중 하나인 페루산 조류 배설물(구아노guano)의 재처리와 이물질 제거, 드럼통 적재, 포장의 중심지였다.[72] 볼티모어는 이전에 격리에 대한 자유주의적 입장으로 유명했는데, 그 입장은 보는 사람의 관점에 따라 저질 또는 전범典範으로 여겨질 수 있었다. 그러나 격리나 의료 검사가 국제적 의제로 고조되는 상황에서 어떤 항구도 더 이상 독불장군 노릇을 하면서 경제적으로 계속 번영을 누릴 수는 없었다.

또 볼티모어는 대서양 횡단 무역 연결망의 중요한 연결점node이었다. 아바나, 마르티니크Martinique, 카르타헤나Cartagena, 리우데자네이루, 베라크루즈VeraCruz, 푸에르토리코, 기타 남미와 카리브해 항구에서 출발한 증기선이 정기적으로 운항했다. 동시에 볼티모어는 리버풀, 스완지, 안트베르펜, 암스테르담, 브레멘, 마르세유, 지브롤터, 리스본 등 유럽 도시들과 빈번하게 무역을 했다. 이들 항구의 일부는 과거에 황열병에 시달렸으며 1878년의 끔찍한 전염병 여파로 모두 긴장했다. 게다가 대·소형 범선들이 볼티모어와 동부의 다른 항구들 사이를 왕래하는 등 연안 항해가 아주 활발했다. 볼티모어 항만 당국은 자유무역과 공중보건, 그리고 무역 상대국의 안심 사이에서 미묘한 균형을 이루어야 했다.

이 균형은 1880년대 들어 감염이 의심되는 항구에서 출항한 선박들만 의료 검사를 함으로써 상업에 별다른 지장을 주지 않고 유지할 수 있었던 것으로 보인다. 볼티모어의 위생 관리가 허술해 다른 항구와 갈등을 빚었다는 징후는 없지만 격리나 소독을 받는 선박은 눈에 띄게 적었다. 1883년과 1884년 수치는 해운량과 전염병 창궐 면에서 전형적인 연도로 보이는데도, 단지 48척의 증기선만 격리 또는 훈증 조치를 받았다. 1년 내내 발생했던 천연두·홍역·디프테리아 환자들은 선박에서 격리 시설로 옮겨졌지만 이들을 실은 선박은 격리 조치를 당하지 않았다. 이러한 조치에 따른 교역 중단은 주로 남쪽에 있는 항구에서 황열병이 발생했거나 그 병이 북아메리카까지 확산될 수 있으리라 여겨졌던 시기에만 국한되었다. 상업적으로 가장 바빴던 이 몇 개월간은 황열병이 항구의 활력을 저해할 가능성이 남아 있었다. 그럼에도 1883년 항만 관리들이 검사한 증기선 중 6퍼센트만

이 위생 조치를 받았고 감염된 항구에서 온 승객들 가운데 12퍼센트만이 황열병에 감염될 가능성이 있었다.[73]

1883년 격리가 절정에 올랐던 몇 달간은 황열병 감염 위험이 최고조에 이르렀던 시기와 일치한다. 이 시기에 가장 긴 격리 기간은 5일이었으며 그 대상은 주로 쿠바의 시엔푸에고스Cienfuegos에서 온 선박이었다. 격리 조치를 받은 다른 선박들 대부분이 같은 항구에서 출항했고, 그 나머지는 쿠바의 관타나모Guantánamo나 멕시코의 베라크루즈 같은 카리브해 항구들에서 왔다. 이들의 경우, 격리 기간은 1~2일이었으며, 감염된 항구에서 온 일부 선박들은 그 조치를 받지 않았다. 1884년 해운량이 약간 적었을 때, 어떤 형태로든 위생 조치를 받은 선박의 비율은 10.5퍼센트, 주기적으로 황열병에 감염된 항구에서 볼티모어에 도착하는 선박의 위생 조치 비율은 21퍼센트였다. 황열병이 창궐한 최절정기에는 훈증이나 격리를 받은 선박 대부분이 아바나, 베라크루즈, 콜롬비아의 카르타헤나 등지에서 왔다. 그런데도 48시간 이상 억류된 선박은 1척에 불과했다.

1883~4년을 합치면, 볼티모어에서 교역 중단은 미미했으며 이 항구와 다른 미국 항구에서 운영되는 위생 조치 시스템은 질병의 만연에 관해 입수한 정보 못지않게 훌륭했다. 1870년대 후반까지, 일부 보고자들은 더 신뢰성 있게 위생 감시를 할 수 있는 국제위원회 설립을 요구했다.[74] 공화당 출신 대통령인 러더포드 헤이스Rutherford B. Hayes가 국제위생회의를 개최하기로 결심한 것도 바로 이 때문이었다. 이 회의는 국무부의 언급대로 대서양 연안에서 열린 최초의 국제회의였다.

지난 2년간 이 나라 특정 지역에서 황열병이 널리 창궐했고, 해외의 감염된 항구에서 이 나라로 오는 선박을 따라 황열병과 콜레라 같은 전염성 질병이 유입될 위험이 거의 항상 있어 왔기에……미국에서 입법 조치가 있었다. 그러나 현지 당국이 미국 영사 및 의료 담당 관리와 협력하여 우리 정부가 위생상의 안전에 필수적이라고 여기는 규정을 시행하는 데 주저하는 모습을 보이고 있는 사실 때문에 그 법적 적용에 어려움이 있다.[75]

미국 정부는 국제 법규를 제정할 뜻은 거의 없었지만 전염성 질병의 통보를 위한 공동 시스템을 구축함으로써 이 방향으로 더 진척되기를 원했다.[76] 1881년 1월, 미국 정부가 희망하는 회의가 워싱턴 소재 국무부 리셉션 홀에서 소집되었다. 이 무렵 헤이스 대통령의 뒤를 이어 공화당의 제임스 가필드James Garfield가 그의 짧은 대통령직 임기를 시작했다(대통령 선거 후 관직 분배에 불만을 품은 변호사에 의해 취임한 지 6개월 만에 저격당해 사망했다.—옮긴이 주). 이전의 몇몇 회담과는 달리, 이번 회담은 중남미와 아시아 대표들이 이전에 그들을 지배했던 유럽 국가 대표들과 나란히 앉아 있는 등, 세계적인 사건이라는 주장이 더 많았다. 각국 대표들은 대부분 감염의 국제적 통보가 바람직하다는 의례적인 찬성 투의 발언을 했지만, 그것을 시행할 수 있는 방법에 관해서는 동의하기가 쉽지 않았다. 이 문제를 검토하기 위해 회담에서 소위원회를 설치했는데, 이 소위원회는 위생과 역학 조사 문제에 전문성을 갖춘 의료인들을 조직화하기 위해 국제위생위원회를 상설화해야 한다는 급진적인 제안을 내놓았다. 전 세계에 걸쳐 항구와 기타 주요 도시들을 지정하고 그곳에서 위생위원회가 독립적인 감독관으로 활동할 예정이었다. 위생 감독관들은 선박이 항구를 출항하기 전에 검사할 뿐만 아니라 해당 지역의 위생 상태도 확인해야 했다. 이 밖에, 모든 서명국들은 자국 내 질병의 유행을 보도하는 주간 공지를 발행할 예정이었다. 이런 제안은 참석한 모든 대표들의 구미에 맞지 않았고 그들 중 일부는 멕시코 대표 이그나시오 알바라도 Ignacio Alvarado의 제안을 더 선호했다. 알바라도는 각국이 주재국 의사를 임명하고 이들이 주최국이 임명한 의사와 함께 조사활동을 하게 하자고 제안했다. 둘 사이에 견해 차가 있을 경우 최종 심판관은 제3국이 지명한 의사들을 선정하도록 하자는 것이었다. 이 의사들이 모든 주요 항구에 국제위생위원회를 구성하고, 이들을 최고 민간기구가 주재하도록 한다는 것이다. 만일 각 항구의 국제위생위원회가 심판관 임명에 동의할 수 없다면, 논란이 되는 문제들을 다수결로 결정할 것이었다. 이 제안의 분명한 매력은 현지 정부가 신성으로 녹립적이고 영구적인 국제기구를 설립하는 것보다 오히려 더 많은 권력을 유지한다는 점이었다.[77]

관련 국가들의 서로 다른 이해관계를 고려하면, 이 국제회의가 질병 통보의 구속력 있는 제도에 합의하는 데 실패한 것은 놀라운 일이 아니다. 심지어 미국에서조차 항만 당국이 독립적으로 활동했고, 어떤 경우에는 질병 보고와 격리 절차에 들어갈 때 무책임하기까지 했다. 1880년대 황열병 발병이 상대적으로 줄면서 주 보건위원회 간의 분쟁도 감소했지만, 1888년 플로리다에서 다시 황열병이 재발했다. 그 후 미시시피와 앨라배마에서 황열병이 보고되자, 더 광범위한 지역에 황열병이 퍼질 거라는 공포가 일었다. 그러나 이 무렵 새로운 국가기구가 이전의 전국보건위원회 책임의 일부를 떠맡아 격리를 관장하게 되었다. 플로리다를 도우러 온 해양병원MHS은 주 당국에 이 전염병을 다루는 방법에 대한 귀중한 조언을 해주었다. 그러나 병원은 위생 대책을 함께 조율할 힘이 부족했고 일부 중소 항구 도시들은 정확한 정보보다는 소문에 기대어 서로 격리 조치를 시행했다. 이 공황은 교역에 엄청난 혼란을 초래했고, 다음 해 앨라배마 주 몽고메리에서 회의 소집으로 이어졌다. 이 회의에는 남부 주 대표들이 대부분 참가했다. 회의 목적은 지역 규정을 제정하고 모든 주들이 서명한 후 이를 준수하도록 하는 데 있었다. 회의는 합의를 도출했으며 향후 10년간 효력을 유지했다. 이 협정은 각기 다른 주에 부과한 격리 문제를 둘러싸고 주기적으로 빚어지는 위생 당국 간의 분쟁을 해결하는 데 도움을 주었다.[78]

협정이 효과가 있는 것처럼 보인다는 것은 전국 차원의 새로운 격리 기구에 대한 요구가 거의 없다는 것을 뜻했다. 어쨌든, 해양병원은 그러한 기구에게서 기대할 수 있는 것 이상으로 더 많은 일을 차츰 넘겨받았다. 1890년 해양병원은 주 사이의 질병 전염에 관한 새로운 규정을 감독할 권한을 부여받았다. 황열병과 콜레라 같은 질병을 주 경계를 넘어 의도적으로 전파하는 것은 범죄 행위가 되었다.[79] 3년 후, 해양병원은 미국에서 격리 조치에 관한 전권을 부여받기에 이른다. 비록 주들이 여전히 그들만의 격리 규정을 가지고 있었지만, 해양병원 의무감은 이제 직접 개입하고 필요하다면 추가 규정을 제정할 수 있는 권한을 갖게 되었다.[80] 많은 주들에게 이는 중앙 집권화의 방향으로 나아가기를 원했던 수준 정도였으나, 1898년 이 기구에 추가 권한을 부여하자고 제안한 캐프리 상원의원의 법안은 주의 권리에 의거해, 그리고 지방 관리들이 가장 잘 알고 있다는 주장에 근거해 비판을 받기도 했다. 이 문제를 고려했던 하원 위원회에 출석한 한 증인은 이렇게 말했다. "기후조건과 운송의 차이, 그리고 전혀 다른 치료가 필요한 질병의 성질 등과 같은 차이들이 있습니다. 그리고 그런 점은 연방 관리보다……현지 의사들이 더 잘 알고 있다는 것을 충분히 인정할 수 있다고 봅니다."[81] 그는 같은 이유로 미국공중보건협회와 뉴욕의과대학이 이 법안에 반대한다고 덧붙였다. 이들 기관과 단체는 공화당 상원의원 존 스푸너John C. Spooner가 초안을 잡은 대체 법안[82]을 지지했는데, 이 법안은 각주 대표들로 구성된 자문회의를 제안한 것이었다. 남부 주들은 일반적으로 자신들은 이미 효과적인 격리 체계를 갖추었으며 따라서 전국적인 규제가 필요하지 않다고 느끼고 있었다. 실제로, 남부에서 파견된 대표들은 그 무렵 앨라배마주 모빌Mobile에서 모임을 갖고서 남대서양과 멕시코만 연안 주들을 함께 묶는 협약을 맺었다.[83] 플로리다주 보건 담당관은 훨씬 더 솔직하게 캐프리 상원의원이 제안한 법안이야말로 "각주 주민의 응당 누려야 할 권리를 침해한 것"이라고 비난했다. 그는 "전장의 메뚜기들처럼 우리의 먹을거리를 먹어 치우고 자유를 빼앗는 연방 위생병들의 무장"을 경고했다.[84]

캐프리의 법안에 찬성한 의사들은 자신들의 직업이 그 법안 내용보다 광범위하게 뒤떨어져 있으며 대중들은 '전국위생총감national head of sanitary' 지명을 지지한다고 주장했다. 어떻게 이런 결론에 이르렀는지 분명하지는 않지만, 그들은 이민과 질병에 대한 불안감이 커지고 있다는 점을 알고 있었을 것이다. 격리 조치 지지자들은 대중의 지지를 더 얻기 위해 항상 '현지인' 정서에 의존할 수 있었다.[85] 해양병원의 월터 와이먼Walter Wyman 의장은 스푸너 의원이 제안한 대체 법안이 강한 분노를 낳을 것이라고 덧붙였다. 어떤 자문위원회도 해안을 끼고 있는 주보다 수적으로 많은 내륙 주들이 지배할 것이기 때문이다. 내륙 주들은 연안 주가 초안한 규정이 강제적이라는 점을 깨닫게 될 것이다. 와이먼의 견해에 따르면, 재무부는 상업과 관련된 다른 모든 문제들을 감독하기 때문에 격리 관할권도 가져야 한다.[86] 와이먼은 또한 전국을 순회한 초청 강연에서 캐프리의 법안에 대한 지지를 이끌어 내기 위해 최선을 다했다. 1898년 10월 신시내티 상업 클럽의 연설에서 그는 지역 공무원들이 상업상의 이익에 굴복하게 되는 유혹에 대해 말했다. 그러한 공백은 보통 역효과를 초래하며, 그 결과 질병의 침입과 다른 항구가 시행한 조치들이 '상거래의 교란'을 초래한다고 주장했다. 그는 이를 막기 위한 유일한 방법은 연방 정부의 통제 아래 격리 조치를 시행하는 것이라고 주장했는데, 이는 기득권 세력에 덜 순응하는 방식일 것이었다.[87]

캐프리 법안에 대한 반응은 공중보건을 위해 어떻게 상업을 가장 잘 규제할 수 있느냐는 문제에 대해 매우 다른 두 가지 관점을 보여 주었다. 비록 그 토론은 미국의 정치 생태계 특유의 속성을 가지고 있었지만, 전 세계 위생 정책에 관한 논의에서도 기본적으로 동일한 차이점이 명백하게 드러났다. 본질적으로, 그 차이에서 관점은 한 가지였다. 중앙 정부와 관리들은 상업적인 고려 사항들을 염두에 두었지만 그들은 더 큰 그림을 보아야만 했다. 상업 및 해운 집단과 제조업 및 농업의 이해관계가 항상 동일하지는 않았다. 미국 남부에서도 분명히 그랬듯이, 그들 또한 경쟁자들보다 불공정한 이득을 얻기 위해서 격리 조치를 이용해 지방 차원에서 분할했다. 그러한 분할은 일시적으로 특정 집단의 기업가들에게 유리할 수도 있지만, 그 보복은 국가 전체의 경제 활력에 해로웠다. 여기에 더해, 중앙 정부는 국제 관계라는 더 큰 틀 안에서 무역 거래를 고려해야 했다. 따라서 중앙 정부 관리들의 견해는 지방 정부의 견해보다 더 잘 알고, 더 멀리 내다보고, 외교적인 사항까지 고려하는 경향이 있었다. 사업가들은 불필요한 혼란을 막기 위해 협정을 표준화하면 이점이 있다는 것을 깨닫게 되었지만, 국제적인 우려 사항이 아닌 한 그들의 관점은 더 국지적으로 쏠리는 경향이 있었다. 미국에서는 오랫동안 북부의 내밀한 의도와 연방 정부를 둘러싼 의혹이 재무부 통제에 대한 반대를 부추기고 연방 차원의 위생 조치에 대한 욕구를 제한하는 작용을 했다. 그러나 와이먼은 격리 문제를 더 광범위하고 더 장기적인 관점에서 바라보았고, 신시내티 회의에서 미국이 금세기에 황열병으로부터 해방된 지 9년밖에 되지 않았으며 많은 경우 열병은 교통 단절을 초래했다는 점을 상기시켰다. 그가 생각하기에, 향후 이러한 상황을 피하기 위해서는 단순히 연방 주들이 특정한 연방 기구 산하로 편입되는 것이 아니라, 연방 정부가 인접한 주들 간의 위생 문제에 더 개입할 필요가 있었다.

예를 들면, 와이먼은 1898년 미국-에스파냐 전쟁에서 미국의 승리로 사실상 미국 속령이나 다름없게 된 쿠바를 언급했다. 실제로,

황열병을 통제하려는 열망이야말로 미국이 쿠바와 전 지배자(에스파냐)의 분쟁에 개입하기로 한 이유 가운데 하나였을 것이다.[88] 1896년부터 미국은 아바나의 위생 상태에 대해 에스파냐 정부에 공식적인 불만을 제기했지만 아무런 효과도 없었다. 1898년 전쟁 발발은 좀더 직접적인 개입의 빌미를 제공했다. 와이먼은 다음과 같이 자신 있게 말했다. "쿠바에서는 미국이 우세하기 때문에 항구나 도시의 위생 상태가 좋아지기 전이라도 정부가 미국 연안으로 떠나는 선박에 대한 감시를 제대로 하는 데는 어려움이 거의 없을 것이다." 그는 이 지역에 대한 미국의 고조된 관심이 카리브해 전역에 걸쳐 황열병의 발생 원천을 제거하자는 '국제 정서'를 일깨울 것이라고 주장했다. 멕시코에서 열린 범미주의학협회Pan-American Medical Association 회의에서 와이먼은 이 점을 강조하면서, 그들이 수치심을 느낄 수 없다면 정부들이 이 일에 개입할 수밖에 없다는 점을 시사했다.[89] 공중보건이라는 명분으로 재침입을 염두에 둔 것 같지는 않지만 외교 압박과 무력 위협은 분명히 활용 수단에 들어 있었다.

그러나 쿠바의 위생 상태에 개입하려는 미국의 첫 시도는 와이먼이 기대했던 것보다 덜 성공적이었다. 미국 황열병위원회가 쿠바 의사 카를로스 핀라이Carlos Finlay의 모기 전염론을 입증하기 시작한 후에야 효과적인 대책 프로그램이 고안되었다. 모기 박멸에 노력을 집중함으로써, 위원회는 1901년까지 황열병 제어를 위한 완전히 새로운 패러다임을 확립해 이 질병을 근절시킬 수 있다는 것을 보여 주었다. 쿠바인들은 자신들이 핀라이의 발견이나 또는 이 병을 제거하기 위한 미국과의 협력 면에서 당연히 받을 만한 공로를 인정받지 못했다고 느꼈다. 그리고 비록 미국의 쿠바 점령은 황열병의 소멸과 함께 끝났지만, 섬의 위생 상태는 여전히 논쟁거리로 남아 있었다. 1906년 전염병 형태의 황열병이 재발한 것은 미국의 또 다른 침입을 촉발시켰고, 그때부터 쿠바의 독립은 이 병을 막아 내는 일에 달려 있다는 점이 분명했다.[90] 다른 중남미 국가들도 이 점을 주목했다.

위생 조치의 결과

예상했던 대로 파나마 지협isthmus을 지나는 운하를 통해 대서양과 태평양을 연결하자는 제안에 황열병의 망령이 어렴풋이 되살아났다. 이 프로젝트는 1879년 페르디낭 드 레셉스Ferdinand de Lesseps 산하의 프랑스 파나마운하 회사가 설립된 직후 시작되었다. 원래 계획은 두 대양을 연결하는 운하를 해수면에서 파려는 것이었지만, 1887년경에는 이것이 불가능하다는 것이 명백해져, 경사도가 높아 물을 가두는 방식이 필요한 곳에 건설하기로 결정했다. 1889년 그 회사가 파산하여 법정 관리에 들어갈 때까지 이 계획을 따른 건설은 계속되었다. 1894년 새로 설립된 회사가 1902년까지 계속 공사를 하다가 미국에 매각하기로 합의했다. 미국이 중남미에서 영향력을 확대함에 따라 그 프로젝트에 대한 관심이 한동안 커졌다. 그러나 미국-에스파냐 전쟁에 뒤이어 운하가 미국의 통제 아래 건설되고 자리 잡아야 한다는 신념으로 변했다. 운하의 전략적 이용과는 별개로, 특히 태평양 연안 주들의 국내 산업을 크게 자극할 것으로 예상되었다. 이것이 1899년 의회가 만든 지협운하위원회Isthmian Canal Commission(ICC)의 발상이다. ICC는 곧 운하 양안에 딸린 좁은 토지에 대한 영구 지배권을 얻기 위해 그 당시 지협을 장악해 온 콜롬비아와 협상을 시작했다. 1903년 11월 콜롬비아로부터 파나마가 독립 선언을 하면서 문제가 복잡해졌지만, 독립 한 달 만에 새로운 파나마 공화국은 운하를 따라 10마일 넓이의 영토를 사용하고 점유하며 통제할 수 있는 권한을 미국에 넘겼다. 이 땅은 서쪽 리몬만에서 동쪽 콜론까지 이어졌다.[91]

그 후 운하 작업은 1906년 건설 공사가 미국 공병대의 손으로 넘어오면서 본격적으로 시작되었다. 이는 운하위원회가 공병단 소속의 조지 고설즈George W. Goethals 대령을 최고 책임자로 하여 재편성됨으로써 가능해졌다. 1908년 루스벨트 대통령은 위원회를 폐지하고 고설즈 대령에게 완전한 행정권을 주었다. 그 후 토목 및 건설 공사 준비에 3년이 소요되었고, 그동안 쿠바 작전의 베테랑이었던 윌리엄 고가스William Gorgas 대령과 미국 위생국 조사팀은 말라리아와 황열병 등의 질병을 옮길 수 있는 모기를 박멸하기 위해 운하 인근 지역 Canal Zone의 정화 작업에 착수했다. 후대에 역사상 가장 위대한 위생상의 성취 가운데 하나라는 찬사가 뜻하듯이, 이 작업으로 황열병은 운하 지역에서 근절되었다.[92] 그와 동시에 공사 자재 공급에 필요한 철도를 근대화하고, 노동 인력을 한데 모아 음식과 상수도 공급이 가능한 숙소를 마련했다. 이후 4년 만에 운하 건설이 끝났고 1914년 8월에 개통, 최초의 증기선이 운하를 통과했다.

그러나 운하가 개통되기 전에 두 대양의 합류에 따른 위생상의 의미에 대한 우려가 있었다. 1893년 미국 격리법은 파나마운하의 대서양 쪽 파나마시티와 태평양 연안 콜론Colon시의 미국 영사관 사무실에 공중보건국PH과 해양병원 의료진을 파견해야 한다고 명시했다. 그 후 몇 년간, 미국 정부는 파나마 당국이 남미에서 오는 선박이 자국 항구를 감염시키는 것을 막아야 할 때에 실제 검사를 하지 않는다고 여겼고, 이에 파나마 항구의 격리 통제권을 얻기 위한 로비를 시작했다. 이 권한을 부여받게 되어 이제 파나마 정부 당국의 격리 의무를 두 영사관에 파견된 미 보건위원회 및 해양병원 의료진이 맡게 되었다. 지협운하위원회가 운하 건설을 인수하면서 격리 책임도 맡았는데, 위원회는 이제 의료진이 위원회 소속이 되어야 한다고 요구했다.[93] 운하가 완공되기 몇 년 전, 그리고 그 주변 지역의 황열병이 사라지기 전에, 지협위원회는 그 질병이 풍토병이라는 비난에 매우 민감하게 반응했다. 다른 나라들은 느슨하게 위생 조치를 취할 뿐이어서 결국 황열병이 자국 항구를 떠나 파나마로 나가는 경로를 찾게 만든다는 비난이 일었던 것이다.

남아메리카 항구에 대한 견해는 널리 받아들여졌던 것으로 보인다. 1903년 샌프란시스코 근교 엔젤섬의 격리 시설 책임을 맡은 한 의료 감독관이 해양병원의 상급자에게 서한을 보냈는데, 중남미 서부 해안의 빈약한 위생 상태에 관심을 가져 달라는 내용이었다. 그러나 그의 주장에서 더 중요한 것은 태평양증기해운사Pacific Steam Navigation와 남미 증기선 회사들의 선박이 칠레·페루·에콰도르·콜롬비아의 항구에서 매주 파나마에 도착하기 때문에 파나마와 연관성이 있다고 지적한 점이었다. 이들 회사 소유의 선박을 이용한 승객들은 파나마에서 그곳 항구와 미국 서부 해안을 정기적으로 오가는 태평양우편선회사 배로 갈아타곤 했다. 그에 따라 황열병이 북부 태평양 연안으로 퍼져 나갈 경로는 많이 있었다.[94] 태평양증기해운사와 태평양우편선회사는 각기 회사 선박이 사용하는 일부 격리 시설을 유지하는 비용을 보조했지만, 이러한 예방 조치는 그다지 강한 확신을 불러오지 못한 것처럼 보인다.[95] 황열병은 운하 지역의 미 해군 장교들에게도 시급한 걱정거리였다. 해군 제독 헨리 글래스Henry Glass 소장은 파나마에 황열병을 발병시킬 가능성이 가장 높은 곳으로 에콰도르 항구를 지목하고, 지협운하위원회가 에콰도르의 각 항구에 검역관을 파견, 모든 외항선 승객들의 황열병 의심 사례를 조사할 것을 제안했다. 글래스 제독은 그와 같은 협정이 적어도 감염 환자 탑승이 의심되는 선박이라도 사전 통지해 주기를 바랐다.[96] 이를 위해서는 기능 좋은 전신 서비스가 필수적이었다. 남미와 운하 지대, 그리고 운하와 미국을 연결하는 전신선은 조기 경보 시스템이 효과적으로 작동할 수 있도록 해줄 것이었다.[97] 당시 파나마 주재 미국 대사 윌리엄 뷰캐넌William Buchanan은 이에 동의하고서, 국무장관에게 "전염병의 출현을 막기 위한 노력을 아끼지 말라"고 촉구했다. 그는 페루·베네수엘라·콜롬비아·에콰도르·서인도제도 항구에 숙련된 검역관들을 파견해야 한다는 요구를 되풀이했다.[98] 국무장관도 이에 동의하고 즉시 뷰캐넌에게 새로운 협정이 승인되었음을 알렸다. 또 다른 미국 공중보건 관리가 콜론으로 파견되어, 남미 항구에서 들어오는 선박과 이들 항구로 출항하는 선박을 조사하는 데 도움을 줄 예정이었다. 현명하게도, 콜론으로 파견된 인물은 이미 황열병에 면역된 것으로 알려진 의사 클로드 피어스Claude Pierce였다.[99] 새 파나마

공화국 정부는 이 제안들을 재가했고, 미국인들의 위생 지원을 기대했다.[100]

이제 파나마의 격리 조치를 미 재무부의 통제하에 더욱 확고하게 하려는 공동의 시도가 있었다. 파나마의 상황은 해양병원 측이 필리핀, 하와이제도, 푸에르토리코를 포함한 미국의 거의 모든 해외 전진 기지에서 격리를 확대함에 따라 점점 변칙적으로 변했다. 해양병원 비망록memorendum은 이렇게 지적한다. "두 대양 사이에 격리 당국의 연결망을 통일하기 위해 이 기능을 파나마까지 확장해야 할 일이 남아 있다."[101] 이 비망록은 또한 미국 자신이 이전에 시도한 선례를 환기하고 있다. 그 당시 주들이 잇달아 재무부에 그 자체의 격리 기능을 넘겨서 결국 2~3개 주만이 독자적으로 격리 조치를 시행하고 있었던 것이다. 미국 재무부 관리들은 이 조치가 운하 지역과 미국, 양자의 이익에 부합한다고 선언했다. 파나마 최고 검역관의 지휘를 받는 통합 시스템이 유리한 점은 남미 항구의 해양병원 파견 검역관들이 운하 지역의 검역관과 더 정기적으로 접촉할 수 있다는 것이었다.[102] 그러나 정부의 다른 부처, 특히 육군성War Department은 단일한 통제 기구에 어떤 특별한 이점도 없다고 확신했으며 알 수도 없었다. 운하 지역에서 운항하는 동안 여러 항구에서 엄격한 규제를 받기 때문에 파나마의 격리 조치가 약화되는 것은 상상조차 할 수 없을 것 같았다.[103]

이러한 반대가 있었음에도, 재무부의 권한은 지지를 받았으며 파나마의 격리 행정은 재무부가 직접 통제하게 되었다. 1913년 이를 실현하기 위한 행정 명령이 내려졌으며, 이듬해 운하 개통과 함께 그 조항은 효력을 갖게 되었다. 무엇보다도, 이 명령은 파나마에서 정박하거나 운하를 통과하는 선박이 출항한 항구가 발행한 보건증명서를 소지할 필요가 없게 만들었다. 이 조치는 공중보건을 위한 효과적인 안전 장치를 유지하면서도 상품과 승객의 미국 수송을 빠르게 할 수 있었다. 이 운하를 통과하는 모든 배와 파나마 항구에 정박하는 배들은 황열병이나 다른 전염병이 발견될 경우 격리 조치를 받아야 했다. 그곳 검역관들은 선박과 화물을 처리하는 데 필요하다고 생각되는 어떤 조치든지 부과할 수 있는 권한을 가질 수 있었다.[104] 1918년까지 검역관들은 매 분기마다 7백 척 이상의 선박을 검사했지만, 그해 첫 3개월 동안 검사한 선박 가운데 단지 18척만을 억류했고, 28척은 격리 상태로 운하를 통과해도 좋다고 허가했다.[105]

격리 횟수가 많고 기간이 연장되는 것은 카리브해 연안국과 남미 국가에서 대농장을 경영하는 보스턴의 '연합청과회사United Fruits Company' 같은 기업에는 특히 우려할 만한 일이었다. 격리가 지연되고 검사 및 훈증 도중에 거친 처리로 과일이 손상을 입거나 썩을 수 있었다.[106] 그런 기업들의 명운이란 어쩌면 상업 거래가 격리로 인한 장애를 얼마나 최소화할 수 있는가에 달려 있었고, 이 문제는 이번에는 운하 지역과 남미 항구를 연결하는 통합된 질병 통보 시스템에 좌우되었다. 매년 수천 척의 대형 선박에 이를 만큼 선박량이 폭증하면 많은 선박에 대해 격리 조치를 시행하는 데 어려움을 겪을 수밖에 없었다. 보통 운하의 최고 격리 담당관에게는 특정 선박의 보건 상태에 관한 정확한 정보를 적시에 통보받는 것이 중요한 문제였다. 전신을 통해 검역관들은 의심스러운 선박을 추려 낼 수 있었고, 그렇게 되면 시간을 줄이고 선박의 탈주 가능성을 낮출 수 있었다. 그러나 황열병이 만연했던 몇 년간 이 통합 체제에서 기대했던 혜택은 실현되지 못했다. 운하 검역소에는 감염선과 의심스러운 선박들이 넘쳐났으며, 이 때문에 상당한 지체와 상업상의 손실을 가져왔다.[107] 이에 따라 미국은 해외 항구의 질병 통보 관행을 개선하려는 노력을 배가했다.

질병에 대한 좀더 정확한 정보를 얻으려는 욕구, 이것이야말로 미국이 1902년 최초로 범미주汎美州위생회의 소집에 열을 올린 주된 이유였다. 1902년 회의와 그 이후에 열린 위생회의들은 미국이 추진한 범미주 운동의 일환이었다. 그것은 서반구의 모든 독립 국가들을 포용하는 데 목적을 두었다. 이 운동은 적어도 국가 간 전쟁을 막을 뿐아니라 수송, 상업, 금융, 공중보건 등에 관한 더 광범위한 표준화를 지향하는 등 여러 목표를 가지고 있었다. 1902년 회의에서는 세계 최초로 영구적인 국제위생기구인 범汎미주보건국Pan American Bureau of Health을 설립했는데, 그 주된 목적은 남·북미 국가들의 질병 및 위생 규정에 관한 정보를 개선하는 데 있었다. 1905년 제2차 위생회의는 위생 협약을 가결했으며, 이 협약은 미국·온두라스·과테말라·에콰도르·코스타리카·페루·살바도르 등이 서명했다. 그것은 파리회의에서 약간의 수정을 거쳐 유럽 열강이 서명한 협약으로 바뀌었다. 워싱턴협약의 주요 목적은 격리를 줄이고 상업에 불필요한 간섭도 줄이려는 것이었다. 황열병은 사람 대 사람 접촉이 아니라 모기에 의해서만 전파될 수 있다는 견해에 공감대가 높아지면서 이런 목표 달성은 더 쉬워졌다. 감염된 항구에서 출항한 선박에 대해 모기를 박멸하기위해 훈증이 필요하겠지만, 그에 앞서 격리 조치에 따른 지연과 기간 연장은 정확한 정보가 들어온다면 완화될 수 있었다.

1906년 리우데자네이루에서 열린 제3차 범미주국제위생회의는 워싱턴협약을 비준하고 콜레라·페스트·황열병 예방을 위한 기존 대책을 성문화했다. 각 서명국은 이제 이러한 질병으로 입증된 사례가 나타나면 곧바로 다른 나라에 알리기 시작했다.[108] 이후 회의는 황열병 모기가 서식하는 선박과 화물에 대한 훈증 조치 등과 관련해 더 많은 표준화를 마련했다.[109] 그러나 일부 국가는 처음에 미국이 지배하는 기구에 자신들의 권한을 넘기는 것을 꺼려 브라질은 처음 두 차례 위생회의에 대표자를 파견하지도 않았다. 아르헨티나·쿠바·코스타리카와 같은 국가의 위생 대책도 워싱턴협약과 상충되는 모습을 보였다.[110]

라틴아메리카 국가들 대부분이 더 통일된 위생 체계의 혜택을 원했던 반면, 일부 나라는 이 지역에서 미국의 국력 성장에 불안감을 느꼈으며 이들 나라에게 워싱턴협약과 그 이후 협약의 의미는 위생 제국주의 냄새를 풍겼다. 다른 아메리카 국가들의 위생 문제에 대해 미국의 관심이 고조된 것은 시어도어 루스벨트 대통령이 추구한 좀 더 확고한 외교 정책의 한 요소였다. 1904년 루스벨트는 1823년부터 중남미에 관한 미국 정책의 근간을 이루었던 먼로주의Monroe doctrine를 근본적으로 개정했다. 이 원칙은 원래 미국의 이익에 직접적인 위협으로 인식되고 선전포고나 다름없는 중남미에 대한 유럽의 간섭을 막으려는 것이었다. 사실, 먼로주의는 미국이 유럽 정치에 관여하는 것을 자제하기로 약속함과 동시에, 대서양을 미국과 유럽의 세력권으로 나누려고 했다. 그러나 루스벨트 정부의 필연적인 귀결은 알려진 바와 같이 중남미 지역에서 '불경하고 만성적인 그릇된 행위'가 있을 경우 이에 대한 미국의 개입을 정당화하기 위해 그 원칙을 개정했다. 그것은 위생 문제도 수용한 것으로 보이며, 미국행 선박에 대한 적절한 위생 기준을 보장하기 위해 그 후 몇 년 안에 미국 요원을 중남미 항구에 파견하는 일이 일반화되었다. 더 뛰어난 정보 요원이 결합한 이 조치를 통해 미국과 파나마운하 검역 당국은 그렇지 않았을 때보다 더 자유주의적인 체제를 운영할 수 있게 되었다. 따라서 미국의 외교적 압력은 두 가지 서로 다른 방향으로 작용했다. 한편으로는 미국과 정기적으로 교역하는 나라들이 적절한 위생 예방책을 갖추도록 하는 것이 필요했고, 다른 한편으로는 그 나라들은 1900년대 초 국제회의에서 나온 취약한 합의를 위협하는 위생 규정의 시행을 포기해야 했다.

미국이 직면한 문제는 어떤 면에서는 유럽 열강이 이집트와 오스만제국 등 서이시아 국가들과 부딪힌 것과 비슷했다. 알렉산드리아와 콘스탄티노플에 설립된 국제보건위원회는 서구에 위생상의 안전 장치를 제공하면서 상업과 제국 통신 수단이 과도하게 침해받지 않도록 했다. 그러나 서대서양의 상황은 미국의 지배력 때문에 달랐다. 이는 범미주위생회의가 유럽에서 소집된 위생회의처럼 제국주의적 경쟁의 장을 마련하기보다는 주로 단일 국가의 이익에 의해 좌우된다는 것을 의미했다. 이 지역 전체에서 미국의 지배는 대기업들의 이익과 동의어가 되어, 쿠바의 보건국장 후안 기테라스Juan Guiteras가 "심각한 전염병에 대한 오랜 경험에서 나는 한 번도 우리에게 관련된 중요한 사업적 이익을 발견하지 못했다"고 한탄할 정도였다.[111] 그는 오랫동안 이 지역의 미국 위생정책에 대해 비판적이었고 미국이 쿠바와 같은 나라에 정책을 지시했다는 사실을 싫어했다. 기테라스는 범미주위생국 위원회에서 활동했는데, 이 기구도 미국의 지휘를 받고 있었다.[112]

그러나 좀더 자유로운 위생 체제에 대한 압력을 미국만 가한 것은 아니었다. 여러 중남미 국가들에서 상업엘리트들이 때로는 군부의 도움을 얻어 토지 보유지의 겸병에 매진하면서 수출경제로서의 성장을 방해하는 장애 요소를 제거하는 근대화 과정을 겪고 있었다.[113] 따라서 위생정책에 대한 그들의 목표는 미국 정부의 목표와 일치했다. 예를 들어, 1918년에 멕시코 국경 양쪽에서의 격리 및 훈증 절차는 미국 상공회의소뿐만 아니라 멕시코 상공회의소의 항의에 따라 상당히 완화되었다. 미국 공중보건국은 그러한 모든 주의 조치의 제거를 지지할 준비가 되어 있지 않았지만, 어쨌든 '비논리적이고 불필요하다고' 여겨지는 것들을 폐지했다.[114]

파나마운하의 위생 기구 설립에도 그와 같은 고려가 상당히 작용했다. 몇몇 나라의 수출업자들이 두 운하 중의 하나를 통해 미국으로 상품을 보낼 수 있는 선택권을 가지고 있기 때문에 (파나마)운하 지역에서 시행되는 조치들은 수에즈에서 상업 경쟁국의 조치보다 약하거나 엄격하지 않은 것이 필수적이었다. 만일 해운 회사들이 격리에 따른 장기간의 계류에 직면한다면, 그것은 운송 비용에 반영될 것이다. 반대로, 어느 한쪽의 격리 조치가 상대적으로 느슨한 것으로 보였다면, 아마도 목적지 항구에서 격리가 추가될 것이다. 파나마운하의 최고 검역관이 분명히 밝혔듯이, 이와 같이 상충되는 이해의 균형을 맞추기 위해 격리 및 훈증 처리를 정교하게 해야 했다.

> 파나마운하를 통과하는 해상 수송과 관련된 모든 것이 최고로 효율
> 적인 상태로 지속되는 것이 중요하다. 파나마운하는 수에즈운하와
> 무역 경쟁을 해야 하고, 운하뿐만 아니라 운하를 항해하는 선박이 정
> 박할 수도 있는 모든 항구에서 격리 조치의 결함이 이 항로에 불리한
> 작용을 하는 것을 고려해야 하기 때문이다.[115]

황열병이 운하를 통해 동쪽으로 더 멀리까지 확산될 수도 있다는
아시아 각국 정부의 우려도 누그러뜨릴 필요가 있었다.[116] 예를 들어,
1911년 영국령 인도 정청政廳은 감염 지역에서 출항한 선박이 파나마
운하를 통과함으로써 황열병이 자국 영토로 유입될 가능성을 논의했
다. '열대 의학의 아버지' 패트릭 맨슨Patrick Manson은 런던 전염병학
회에서 앞서 읽은 논문으로 경보음을 울렸으며, 이후 인도 의료국
Indian Medical Service의 의료곤충학자medical entomologist 시드니 제임스
Sydney P. James는 사실 확인 목적으로 파견되어 싱가포르와 홍콩뿐 아
니라, 파나마운하 구역과 카리브해 항구들을 방문하기도 했다. 그는
결국 홍콩이나 다른 동아시아 항구가 감염되면 인도가 감염될 수도
있겠지만, 이를 제외하면 인도가 황열병 때문에 직접 위험에 처하지
는 않는다는 결론을 내렸다. 그의 주장으로는, 이런 점에서 남북 아메
리카 대륙에서 전염병 확산에 관한 더 정확한 정보가 필요하며, 이를
위해 중남미 운하 구역과 가능하면 홍콩과 싱가포르에 인도보건위원
회 관리를 상주시킬 필요가 있었다.[117] 미국 측도 아시아로 확산되는

황열병의 위험을 줄이기 위해 중남미 국가들에 더 직접적으로 개입하기로 결정했다. 1914년 7월 당시 미국 육군 의무 총감 윌리엄 고가스의 요청을 받은 록펠러재단은 아메리카 전역에 걸쳐 황열병 제거에 나섰는데, 첫 번째 복표는 에콰노르의 주요 항구 과야길Guayaquil이었다. 그 항구는 태평양 연안에서 황열병이 만연한 유일한 곳이었다.[118]

그러나 그런 노력이 지역 전체에 영향을 미칠 수 있으려면 어느 정도 시간이 걸릴 것이다. 그 후 몇 년간 과테말라, 페루, 브라질, 온두라스, 엘살바도르, 니카라과, 멕시코에서 황열병 전염 보고가 잇따랐다. 비록 록펠러재단이 이들 국가로 활동을 넓혔지만,[119] 미국의 상업은 운하를 통한 해상 수송을 대상으로 하는 해외 격리 및 금수 조치에 여전히 영향을 받았다. 미국 정부는 "격리 기간을 최소한으로 줄일 수 있도록 질병과 위생 상태에 관한 정확하고도 지속적인 보고"를 제공받을 목적으로 중남미 항구에 상주하는 자국 의료진의 수를 늘리는 방식으로 대응했다. 아울러 미국 정부는 이 소규모 '보건국'이 해당 지역 당국과 해운업자들에게 조언과 도움을 제공해 모든 기관들이 황열병과 싸우기 위해 함께 활동하기를 희망했다.[120] 일단 이러한 새로운 협정이 발효되자, 감염되지 않은 항구에서 출항한 선박에 특정한 자유를 부여할 수 있었으며, 외국 정부들도 면제를 신청하기 시작했다. 예를 들어, 1921년 베네수엘라 외무장관은 자국에서 황열병이 만연하지 않기 때문에 현재 콜론항에서 시행하는 위생상의 규제를 해제할 수 있는지 여부를 질의했다. 그는 콜론의 경우 자국에서 항해하는 선박들에서 단 한 건의 감염 사례도 발견되지 않았다고 덧붙였다.[121] 훈증 조치도 의심스러운 선박만을 대상으로 해 선적 지연을 대대적으로 줄였다. '유나이티드청과회사' 같은 기업들은 운하의 검역 책임자에게 그들 자체적인 훈증 처리 절차에 대해 알리기 시작했으며,[122] 선박들은 모기가 선상에 있다고 의심을 사지 않는 한, 황열병 방역을 위한 훈증 조치를 받지 않았다.[123]

파나마운하를 지나는 선박에 대한 위생 조치의 완화는 북남미 정부 당국자가 현재 가지고 있는 위생 정보 시스템에 대한 자신감을 보여 주었다. 미국은 1880년대 초부터 격리에서 감시로의 전환을 지지해 왔으며, 이러한 목적을 달성하기 위해 중남미 국가들에 쌍방 간에, 그리고 국제적으로 압력을 가해 이 목적을 관철시켰으며, 먼로주의 원칙을 공중보건 영역에까지 확장시킬 수 있었다. 그러나 처음 그들의 유보 사항이 무엇이든, 대부분의 라틴아메리카 정부들은 미국에 질병에 대해 신속하게 통보하고 미국 공중보건국 관리들이 자국 항구에서 활동하도록 허용하는 대가로 미국으로부터 양보를 얻어 내는 것이 그들에게도 유리하다는 것을 알게 되었다. 이러한 관계는 록펠러재단과 일부 중남미 국가들 사이에 존재했던 '정략결혼marriage of convenience'과 다르지 않았다. 이런 방식에서는 이 공중보건에서 두 나라 간의 협력에 대한 초기 저항이 완전히 극복되지 않고 상당 부분 남아 있었다.[124] 그러나 여타 세계에서 위생 외교는 제국 정치의 예측 불가능한 변화에 의해 훨씬 더 큰 영향을 받았다. 서대서양에서 미국은 단독으로 패권을 확립할 수 있었지만, 영국 측은 수에즈운하 이동 지역에서 그에 비견할 만한 상당한 것들을 얻지 못했다. 이제 우리가 바라볼 곳은 이 말썽 많은 지역이다.

6
장

동방의
방벽

원인을 결과로 오해함

출처: 펀치Punch, 1849.

†

MISTAKING CAUSE FOR EFFECT.

Boy. "I SAY, TOMMY, I'M BLOW'D IF THERE ISN'T A MAN A TURNING ON THE CHOLERA."

콜레라가 오염된 식수에서 확산된다는 새로운 견해를 패러디한 스케치. 존 스노John Snow는 이후 1854년 런던에서 발생한 콜레라에 관한 전염병 연구에서 이러한 연관성을 확립한 것으로 유명해졌다. 그러나 당시에도 콜레라 전염이 식수를 매개로 이루어진다는 이론이 일반적으로 받아들여지는 데에는 여러 해가 걸렸다.

1832년, 1848년, 1854년, 1867년, 1873년에 힌두스탄Hindoostan에서 유럽으로, 또 북남미로 퍼진 콜레라의 실제/추측 경로

존 피터스John Peters. 출처: 에드먼드 찰스 웬트Edmund Charles Wendt,

A Treatise on Asiatic Cholera 뉴욕, 1885.

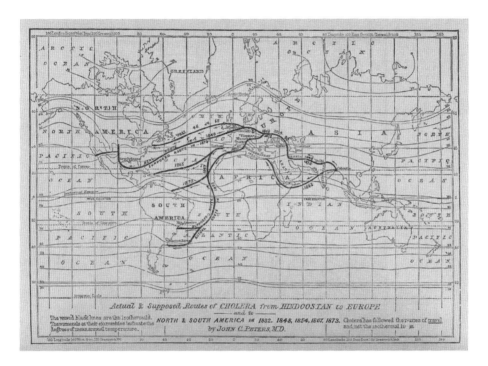

이 지도는 콜레라가 어떻게 전파되는지와 이 질병이 어떤 의미에서든 전염성이 있는지에 대한 지속적인 논쟁을 시사하고 있다. 특히, 이는 전염성을 주장하는 자와 콜레라의 확산은 기상조건에 의해 규율된다고 지속적으로 주장하는 자 간의 논쟁을 말해 준다. 어떤 견해를 갖는지는 예방 조치와 궁극적으로는 상거래에 대한 혼란과 관련하여 시사점이 있다.

이집트에 퍼진 콜레라:
브린디시Brindisi에서 검역하는 모습(1883)

†

지중해 항구에서 승객들에 대한 의학적인 검사는 1880년대와 1890년대에 수에즈운하를 통과하는 운항
에서 일반적인 특징이 되었다. 이러한 조치들은 깊은 분노를 유발했으나 유럽과 아시아 사이의 무역과
커뮤니케이션에 대한 장애물이 되는 일반적인 검역 제한 조치의 필요성을 일정 수준 낮추게 하였다.

편지 훈증 소독 장비(1870년경)

출처: Dr. Cabanes, *Moeurs intimes du Passé*, 1923년경.

✝

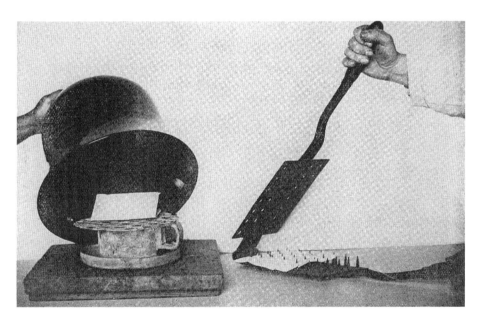

편지에 구멍을 뚫고 소독하는 이 장비는 훈증 소독 과정에서 종종 개봉되는 우편물에 대한 훼손을 줄이기 위한 시도에서 19세기에 사용하게 된 많은 장비 중 하나이다. 중요한 정치적 또는 상업적 정보를 포함할 가능성이 있는 서신들이 종종 위생 감시 구실로 개봉되었다.

1865년 전 세계는 메카Mecca에 모인 순례자들 사이에 콜레라가 발생하는 것을 공포의 눈으로 지켜보았다. 이 전염병으로 약 3만 명—메카 순례자의 거의 3분의 1—이 죽었으며, 이는 곧 세계를 뒤덮을 역병의 핵심을 이루었다. 광대한 영토에 인구가 널리 흩어져 있는 러시아에서는 약 9만 명이 병에 걸려 죽었고, 북아메리카에서는 그 전염병이 대부분 항구를 엄습해 사망자는 거의 5만 명에 가까웠다. 프로이센과 전쟁에 휘말린 오스트리아–헝가리제국의 병사자는 16만 5천명을 넘었다. 콜레라로 인한 사망자 수는 오늘날의 기준으로 볼 때많은 것으로 보이지만, 대부분의 나라에서는 결핵과 같은 일반적인전염병과 비교하면 치사율이 대체로 낮은 편이었다. 콜레라에 대한공포감은 그 병이 실제로 초래할 통상적인 위험을 훨씬 더 초과한 것이었다. 그것은 병사자 대부분이 겪게 되는 그 끔찍하면서도 수치스러운 죽음 때문에 특히 서구인의 상상력을 강렬하게 장악했다. 콜레라는 이 불행한 사람들을 어떤 사전 경고도 없이 '엄습'했으며, 그리고 전신에 나타나는 첫 번째 증상 후에 그들은 곧바로 복부 경련을 일으키고 설사가 멈추지 않아 뱃속의 모든 것을 쏟아내야 했다. 신경 쇠약과 죽음이 그 뒤를 따랐다.[1]

콜레라는 불길하고도 미스터리한 분위기에 가려져 있었다. 그것은 벵골 삼각주의 늪지대에서 비롯되었다고 널리 믿어졌지만 이를 넘어서 발병 원인과 확산 방식은 알려지지 않아 뜨거운 논쟁거리였다.[2] 콜레라의 동양 관련설은 어둠과 타락의 이미지를 떠올리게 만들었다. 인도 또는 더 우려스럽게도 유럽이든 간에, 콜레라는 인구가 조밀하고 지저분한 지역에서 창궐하는 것 같았다. 이런 곳의 청결은 시급한 문제가 되었다. 그러나 콜레라를 둘러싼 불확실성은 위생만으로는 이 병을 억제할 수 있다고 확신하는 사람이 거의 없다는 것을 의미했다. 어떤 의학 전문가들은 콜레라가 썩은 물질에서 나오는 해로운 독기에서 비롯된다고 생각하는 반면, 또 다른 전문가들은 콜레라가 대기 중의 전기electricity가 고조된 상태나 아직 과학에서 알려지지 않은 미세한 유기체를 섭취한 데서 연유한다고 보았다.[3] 만일 의료 전문가들이 합의를 이룰 수 없다면, 일반 사람들은 자신의 안전을 어떻게 자신하겠는가? 콜레라의 원인이 무엇인가라는 문제도 교역에 중요한 영향을 미쳤다. 그 질병이 전염된다고 가정할 경우 방역선과 격리 형태의 예방 조치가 뒤따를 터였다. 그런 조치는 무역에 대한 침해뿐만 아니라, 시행하는 것조차도 악명 높을 정도로 어려웠으며, 시민 소요를 유발할 수도 있었다. 콜레라가 전염성이 없거나 오직 부분적으로만 전염된다면, 그런 예방 조치는 중복되거나 또는 예외적인 환경에서만 필요할 것이었다. 환경 및 상수도 개선에 더 관심을 기울여야 할 것이었다. 어떤 선택도 정부에게는 중요한 문제였다. 왜냐하면 둘 다 재정적이고 정치적인 비용을 중요하게 부담할 가능성이 높았기 때문이다.

이전의 콜레라 파동에서 전염설 옹호자들은 그 병이 광대한 대양을 가로질러 확산되는 것을 전염성의 증거로 바라보았다. 대다수 정부가 이에 동의했으며, 콜레라가 위협할 때 정부는 감염된 항구의 선박에 대한 규제를 명령했다. 그러나 1830~4, 50년대에는 인도가 콜레라의 원천으로 간주되었음에도, 그곳에서 온 선박의 감염에 대해서는 비교적 별다른 관심이 없었다. 메카 순례도 마찬가지였다. 메카에서는 1833년, 1836년, 1847년에 콜레라가 발생했는데도,[4] 그 질병 전파 경로는 모호했으며 전파 속도는 종종 느려졌다. 예를 들어, 1830년대 초에 콜레라는 처음에 남아시아와 중앙아시아를 횡단하고 러시아를 거쳐서 유럽에 이르러 멈칫거렸다. 마찬가지로 1851년 국제위생회의에서도 서아시아 전역이 콜레라 발생지임을 인정하면서도 상업을 목적으로 하는 인도 항해나 메카 성지순례를 통제하라는 특별 권고를 하지 않았다. 1865년 유행병에 대한 대응은 이전과 달랐다. 콜레라의 진행 속도가 이전보다 훨씬 빨랐고 그 전파 경로가 더 분명하게 정해졌기 때문이다. 이 질병은 한 보고서가 묘사한 대로, "전례 없는 속도로" 이 나라에서 저 나라로 확산되었는데, 증기선과 철도에 의해 전파 속도가 빨라진 것이었다.[5]

이전 30년간 증기선 항해의 확산으로 범선 시절보다 배가 좀더 빠르게, 그리고 중간 기착 없이 목적지에 도착할 수 있게 되었다. 1830 ~70년 사이에 여러 해운 노선의 여행 기간이 사실상 반으로 줄었다.

증기력을 이용해 더 크고 더 강한 철제 선박을 건조할 수 있게 되었는데, 이 철제 증기선은 더 많은 승객을 운송했으며 그에 따라 더 많은 세균을 퍼뜨릴 수 있었다. 철도 역시 새로운 감염 경로를 제공했는데, 역학적인 관점에서 가장 중요한 것은 지중해 항구와 홍해 항구를 연결하는 알렉산드리아–카이로–수에즈 철도였다. 많은 인도 순례자들이 1865년 메카에 콜레라를 퍼뜨렸다고 전해지는데, 그 당시 이들은 사막을 가로지르는 전통적인 대상 행렬보다 철도 편을 더 선호했다. 또한 코카서스 횡단철도가 완성되면서 페르시아에서 동유럽까지 콜레라가 전파되는 일이 더욱 빈번하게 일어나게 된다.[6]

따라서 1865년 메카에서의 콜레라 발병은 아라비아에서 서쪽으로 더 멀리까지 은밀하고 급속하게 확산될 가능성 때문에 더 큰 우려를 낳았다. 프랑스의 나폴레옹 3세가 1850년대 초 이래 열리지 않던 국제위생회의를 다시 소집한 것은 바로 이 두려움 때문이었다. 서아시아의 오스만세국, 페르시아, 이집트와 마찬가지로 유럽 국가 대부분이 이 요청에 응답했다. 이 세계가 새로운 통신 기술에 의해 변모되어 왔고, 오직 더 강력한 국제 협력을 통해서만 관리될 수 있다는 인식이 있었다.[7] 제3회 국제위생회의는 이 새로운 국제주의의 한 단면이었다. 편의상 국제주의 면모를 보여 주었을지도 모르지만, 참가국들이 상호의존성을 인정함에 따라 일부 서비스 가능한 협정들이 맺어졌다. 국제전신협회(1865), 만국우편연합(1874), 국제도량형협회(1875) 등이 결성되었고 국제 시간대의 기초로서 그리니치를 본초자오선 기점으로 확정하기도 했다.[8] 이런 상황에서도 위생 문제에 관한 비슷한 합의를 시도하는 것은 아주 낙관적이지는 않았다.

제3차 국제위생회의 개최지로 제안된 곳은 오스만제국 수도 콘스탄티노플이었다. 각국 정부는 대부분 스포트라이트가 동양에 확고하게 쏠려 있는 시점임을 고려할 때 적절하다고 여겼다.[9] 1860년대까지 서구 국가들은 수십 년간 계속된 위생 개혁의 혜택을 거두기 시작했다. 성인 사망률이 떨어지기 시작했는데, 이는 환경 개선과 다른 형태의 위생 방역에 크게 힘입은 것이었다. 그러나 유럽의 관측통들이 보기에, 동양에서는 위생적으로 진전한 증거를 거의 볼 수 없었고, 이 때문에 많은 사람들이 오스만제국의 통치 체제가 콜레라뿐만 아니라 질병 자체를 위한 번식지 역할을 할 뿐이라고 굳게 믿었다. 콜레라의 위협으로부터 유럽을 보호하는 유일한 길은 이들 제국이 자국의 위생 규정을 강화하도록 장려하는 것으로, 그렇게 함으로써 엄격한 격리와 서방으로의 수출 금지 조치를 줄일 수 있을 것 같았다. 따라서 여러 서구 국가 대표들의 의도는 동양으로부터의 질병 전파를 막기 위한 완충 지대를 서아시아에 만들려는 것이었다. 그러나 제국 경쟁의 시대에 말하기는 쉬워도 실행하기는 어려운 일이었다. 특히 영국에게는 중대한 문제였다. 이 나라는 해상 무역의 이익과 인도 관계 때문에 서아시아 내부나 또는 그 지역을 통과하는 이동을 규제하려는 시도에 불균형적일만큼 큰 영향을 받기 때문이었다. 이런 점에서 콘스탄티노플 회의와 그 이후의 회의들에서 합의한 기술적 결정들은 상당히 정치적 중요성을 띠고 있었다.

　　영국에게는 유감스럽게도, 콘스탄티노플 회의에 참석한 각국 대표들은 대부분 순례와 상업적 운송을 통제하기 위해 이집트 및 터키 항구의 규제 강화를 원했다.[10] 그러나 면제품이나 모직 같은 상품에 숨어 있을 콜레라의 위험은 무시해도 좋다고 생각했는데, 지금은 그 병의 주요 매개체로 널리 간주되고 있는 몇몇 상품들만이 배설물에 의한 오염에 취약하다고 여겨졌기 때문이다. 1840~50년대에 런던의 의사 존 스노John Snow의 역학 연구에서부터 점차적으로 진전된 콜레라에 대한 새로운 이해는 교역과 항해에도 깊은 영향을 미쳤다. 스노는 사람의 배설물 속 콜레라균에 오염된 물이 콜레라를 전파하는지를 추적했다. 비록 인간 대 인간 사이의 직접 전염은 불가능해 보였지만, 감염된 개인이 배나 항구의 음식이나 공급수를 오염시킬 가능성은 매우 현실적이었다.[11] 그러나 스노 이론의 일부 측면, 특히 병을 유발하는 유기체의 정체와 본질에 관한 이론은 그 실제 적용 문제는 물론이고, 여전히 논쟁거리로 남아 있었다. 콘스탄티노플 회의 대표들은 이런 문제를 상세하게 검토할 필요가 있었다. 그들은 각각 4개 위원회를 구성했는데, 각 위원회는 각각 본회의에 제출할 보고서를 작성했다.

이들 가운데 세 보고서는 교역에 관련된 제반 문제를 논의했다. 즉 '일반적인 예방 조치'에 관한 보고서, 격리에 관한 보고서, 그리고 이집트에서 인도까지의 지역을 뜻하는 '동방'에서 취해야 할 조치에 관한 보고서가 이에 해당한다. 이 회의에 참석한 대부분의 국가들은 각 위원회에 대표를 참석시켰으나 일부 국가는 모든 위원회에 파견하지는 않았다. 비록 약간의 이견은 있었지만, 대표단의 일반 성향은 최근의 과학 지식에 어긋나지 않는다고 생각되는 방식으로 위생 조치를 강화하고 격리 기간을 연장하는 데 기울어져 있었다. 이는 질병이 퍼져 나갈 수 있는 길목을 차단하고 항구와 같은 장소에서 식량과 물

공급을 오염으로부터 보호하는 것을 의미했다. 콜레라 예방을 위한 특별 보고서에서는 일반 위생조건의 중요성을 강조했는데, 콜레라를 그 원천에서부터 막아야 한다는 것이었다. 특히, 이것은 항구와 선박에서 급수와 위생에 더 많은 관심을 기울여야 함을 의미했다. 인도 정청은 이미 1858년 도착여객선법 개정을 검토 중이었으며, 이는 대표단이 규정한 대부분의 요건을 충족시킨 것으로 보인다. 그러나 회의에서는 이 법의 조항이 영국 국기를 단 선박뿐 아니라 인도 항구에서 출항하는 다른 모든 국적선까지 확대되어야 한다고 촉구했다. 이 회의는 또 상선들이 각국 정부의 규제를 받아야 하며 선박의 보건 상태 개선을 위해 고안된 발명품에 대해서는 상금을 지급해야 한다고 강조했다.[12]

회의에 참석한 대표 대다수는 격리 필요성에 동의했다. 혹은 동의하지 않더라도 그렇게 말하지는 못했다. 과거에는 격리가 반드시 효력이 있었던 것은 아니었다. 특히 러시아와 중부 유럽에서 콜레라를 막기 위해 이용한 방역선이 그러했다. 그러나 부단히 감시하고 체계적으로 시행한다면, 효력이 있을 것 같았다. 그리스의 여러 항구와 뉴욕시는 여러 차례 콜레라 환자의 입항을 막았으며, 그에 따라 인근 지역이 콜레라의 영향을 받는 동안에도 질병 위험으로부터 벗어났다고도 했다. 회의에서는 또 일부 저명한 상인들이 '과학적' 원칙에 입각한 격리를 인정한다고 발언하기도 했다. 대표들은 "사전에 알고서 적절하게 적용한다면, 이들 규제 조치는 콜레라 엄습의 결과로 산업 및 상업 거래가 영향을 받는 장애보다 교역과 국제 관계에 피해를 훨씬 덜 입힐 것"이라고 결의했다.[13]

콘스탄티노플 회의에 앞서, 대부분의 나라들은 콜레라에 감염된 항구에서 온 선박에 대해 최장 5일간 격리 조치를 취했으나 이후 어떤 경우에는 두 배 늘리기로 했다. 콜레라의 잠복기가 7일까지 길어질 수 있다는 점에 일반적으로 동의했기 때문에, 10일 격리 기간은 아주 예외적인 사례까지 대비하는 것으로 보였다. 회의에서는 순례자만 태운 여객선을 제외한 모든 선박에 대해 2단계의 격리 체계, 즉 항해 기간에 따라 최장 10일까지 연장되는 관찰 격리, 그리고 관찰 중에 결과가 좋지 않거나 저등급 보건증을 제출한 선박에 대해서는 필요하다면 10일간의 엄격한 격리를 추가할 것을 제안했다. 관찰 격리하에, 저등급 보건증을 지닌 선박은 격리시키고, 승무원·승객·화물 모두 상륙이나 하역을 못하도록 할 예정이었다. 엄격한 격리 중에는 모두를 배에서 격리 시설로 옮기고, 선박과 화물도 소독을 거칠 것이다. 화물은 환기하고 물로 씻어 내거나 석회와 소다수가 섞인 염화물로 훈증 소독을 해야 했다.

육로 격리 기간은 순례나 군대 이동을 제외하고 8일로 정했는데, 그 기간이 길어질 수 있었다.[14] 회의에서는 또 헤자즈Hejaz(서아라비아 메카, 메디나)로 향하는 순례자를 받기 위해 아라비아 반도의 홍해 연안에 격리 시설 2곳을 설치할 것을 권고했다. 그곳에서 순례자들은 24시간 동안 관찰 격리되거나, 만일 그들 중에 콜레라가 발병한다면 15일간 엄격한 격리를 받아야 했다. 이 회의는 순례자들 사이에서 콜레라가 발견될 경우 이집트와 헤자즈 간 해상 운송을 완전히 중지시킬 것을 권고했다. 한편, 영국령 인도 정부는 특히 가장 중요한 순례 항구인 뭄바이에서 자국 내 질병의 확산을 막기 위한 조치를 취할 것을 촉구했다.[15] 회의가 제안한 것은 사실상 동양the East에 대한 강한 통제였다.

불결에 대한 혐의

콘스탄티노플 회의 후에는 알렉산드리아의 영사위원회Consular Commission, 즉 보건위원회가 이전보다 더 적극적인 역할을 할 수밖에 없었다. 콘스탄티노플의 위생위원회Sanitary Council도 마찬가지였다. 이 두 기구는 모두 감염원으로 추정되는 인도에 각별한 주의를 기울였다. 처음에, 인도에 가장 큰 영향을 끼친 규제는 오스만제국과 콘스탄티노플 위생위원회 국제 회원국들이 만든 것이었다. 콘스탄티노플 위생위원회는 순례자들이 하지Haj(메카 또는 메디나)까지 가면서 이용한 항구를 포함해 홍해 연안에 위치한 항구들 대부분을 통제했다. 1867년 오스만 당국은 콜레라의 추가 침입으로부터 자국령을 방어하기 위해, 콜레라가 나타났거나 또는 감염된 항구를 거쳐서 항해한 인도 선박에 대해 10일간 격리 조치를 취하기로 선언하고, 13일 이상 항해한 선박에 대해서는 3일을 단축했다. 오스만의 위생관이 위생 상태가 나쁘다고 생각하는 선박에 대해서는 별도로 취급했다. 승객들이 열악한 환경에서 사망한 악명 높은 일련의 사건이 일어난 이후 순례자와 이민자를 나르는 선박의 위생 상태를 규제하려 했던 인도 여객선법Native Passengers Ships Act의 방침을 따라서 선박의 톤당 승객 수를 정했다.

아라비아해 순례자에 대한 이와 같은 조치와 격리 시설quarantine station 제안은 인도 정청에 몇 가지 어려움을 안겨 주었다. 콜레라가 "다소간 전 인도에 걸쳐 발병하는 풍토병"이었기 때문에 감염되지 않았음을 보여 주는 보건증명서를 구비하고 인도 항구를 떠날 선박은 거의 없을 것처럼 보였다. 영국 관리들도 오스만의 규정에서 인도가 지목되었다는 점에 분개했으며, 메카로 순례자를 실어 나르는 모든 선박, 특히 자바와 같은 네덜란드 속령에서 출항한 선박들에게도 똑같이 적용할 것을 요구했다.[16] 그러나 인도 당국이 지나치게 경각심을 갖는 것은 아니었다. 그들은 제다Jeddah(사우디아라비아 헤자즈 지방의 항구) 근처에 격리 시설을 세운다고 하더라도 해운에 커다란 지장을 주리라고는 생각하지 않았다. 그 항구를 드나드는 상선들 대부분이 제다에서 이집트로 떠나는 선박에 적용하는 격리 규제를 따르지 않고서도 본국으로 항해를 시작할 수 있었기 때문이다.[17] 이에 따라 오스만제국의 새로운 규제로 인해 초래될 혼란은 최소화할 수 있을 터였다. 비록 순례자를 태운 여객선에 대해 더 강하게 규정을 시행한다면 선주와 순례자 모두의 비용이 증가하겠지만, 오로지 상업적인 관점에서 보면 큰 곤란이 뒤따르지는 않을 것이었다. 실제로 오스만제국 영내의 항구로 운송되는 상품들은 세척하지 않은 면직물과 모직, 그리고 동물 가죽과 넝마 같은 종류를 제외하고는 대체로 훈증이나 열 쏘이기를 면제받았다. 특정 선박이 감염되거나 감염이 의심되는 항구에서 출항했는지 또는 안전한 항구에서 출항했는지 여부를 확정해 주는 보건증명서도 오스만제국의 관리가 아니라 인도 관할 당국이 발행하도록 되어 있었다.

이에 따라 인도 선박은 인도가 책임져야 했다. 그러나 인도 선박의 안전성을 보증하는 보건증명서를 영국 관리들이 함부로 남발하는 바람에 인도 해운 행정의 평판이 깎이고 결국 오스만 측의 보복 조치를 유발했다. 최초의 사건이 아라비아의 아덴항에서 일어났다. 이 항구는 1837년 이래 뭄바이 지방 정부의 관할이었으며 1937년 독자 권한을 갖게 될 때까지 그런 상태를 유지했다. 1871년 오스만제국 보건위원회는 아덴항의 보건 담당관 존 터너Dr John Turner가 감염된 항구에서 온 선박에 보건증명서를 발행했으며 이런 사례가 일어나는 것을 방지하기 위해 인도 해운에 엄격한 규제 조치를 취해야 한다고 주장했다. 터너는 자신이 결백하다고 항의했지만 뭄바이 지방 정부조차 그의 해명이 의심스럽다는 점을 인정할 수밖에 없었다.[18] 그런 상황이 재연되는 것을 막기 위해 뭄바이 당국은 아덴에 격리 시설을 만들 것을 제안했다. 따라서 감염된 곳에서 오는 모든 선박들은 오스만 역내 항구로 항해하기 전에 검사를 받아야 했다.[19] 아덴 당국도 이에 동의했다. 아덴의 부정무보좌관Assistant Political Resident은 이렇게 말했다. "이 아덴항의 오염 의혹을 벗겨 내는 일의 엄청난 중요성을 고려할 때, 나는 어떤 방향으로 가든지 모든 선박이 보건증명서를 구비해야 한다고 생각한다."[20]

콜카타 인도 정청政廳은 이 제안에 개의치 않았다. 그들은 콘스탄티노플 회의 이후 초안을 잡은 새로운 규정에 대해 항의하지는 않았지만, 오스만제국 보건위원회와 이집트 보건 당국의 입장이 어떻게 변할지 우려하고 있었다. 1870년 이들 기관은 1869년 말 개통된 수에즈운하를 통해 아라비아의 순례지에서 질병이 급속하게 확산될 것을 우려해 콜레라에 감염될 가능성이 있는 항구의 선박에 대해 좀더 엄격한 규제를 가했다. 이러한 두려움은 충분히 근거가 있었다. 1871년과 1872년 콜레라가 헤자즈 북쪽 시리아와 남러시아로 퍼졌고, 홍해를 가로질러 수단으로 확산되었다. 이집트는 북쪽과 남쪽으로부터 위협을 받았으며, 감염이 의심되는 곳에서 수에즈에 입항해 온 모든 선박에 대해 10일간의 격리 조치를 시행했다. 인도 정청을 곤란하게 한 것은, 이 규제가 아덴항을 포함했고, 향후 몇 년간에 이집트의 규제 조치가 더욱더 강력해져서, 불결한 상태에 있거나 감염이 추정되는 항구에서 출항하는 모든 선박들에 대해 30일간의 격리 조치를 취했다는 점이다.[21] 뭄바이와 같은 인도 항구의 경우, 이런 조치는 해운을 계속 방해할 가능성이 높아졌다.

이집트 주재 영국 영사는 이집트 보건위원회의 행위가 정당하다고 생각했지만, 인도 정청과 다른 당사자들은 상업에 대해 부당하게 간섭하는 것에 격앙했다. 주요 해운 회사들—반도 및 동방회사Peninsula and Oriental Company와 영령 인도 증기해운사British India Steam Navigation Company—는 그들의 사업에 대한 이 새로운 규제에 거세게 불평했다.[22] 이전에 오스만제국과 이집트 정부에 협력했던 인도 정청은 어떤 종류의 격리도 쓸모없고 의학적으로 정당하지 않다고 선언하면서 항의하기 시작했다. 그러나 확신과 용기를 가진 것으로 보이지는 않았다. 1870년 인도 격리법이 통과되었는데, 이 법은 인도 정청의 승인 아래 지방 당국이 자국 관할 항구를 보호하기 위해 격리 규정 초안을 작성할 수 있도록 하는 내용이었다. 인도 정청이 왜 그렇게 했는지는 명확하지 않다. 인도가 연안 무역을 통한 질병 확산을 막기 위해 최선을 다하고 있다는 점을 오스만과 이집트 당국에 주지시키려는 조치였는지도 모른다. 그러나 가장 그럴듯한 설명은 일부 지방 정부가 이를 요청했다는 점이다. 항만 당국은 메카에서 돌아오는 순례자들을 통해 콜레라가 자기들 도시로 유입되고 서인도 및 모리셔스Mauritius에서 귀환하는 이주노동자들이 황열병을 전염시킬 것을 우려해 수년간 격리를 요구해 왔다. 콜카타의 인도 정청은 선상에 전염병이 퍼졌다고 의심되는 경우에 순례자를 실은 일부 여객선의 정박을 막았다.[23] 이러한 조치들은 본질상 임시방편에 지나지 않고 합법적인지도 의심스러웠다. 그리하여 1870년 격리법은 격리 및 의료 검사를 더욱 강화하여 상황을 바로잡으려는 것이었다. 그러나 이법은 벼락치기로 마련되었고 인도 정청은 곧바로 후회하게 되었다. 위생 위원 커닝엄J. M. Cuningham이 영국 휴가 중일 때 통과되었는데, 사실 커닝엄은 콜레라나 역병에 관한 전염설에 기대는 어떤 조치에도 반대했기 때문이다. 그는 이들 질병이 오로지 비위생적 상태의 결과라고 믿었다.

커닝엄이 전염설(그리고 격리)에 격렬하게 반대한 이유는 상당한 주목을 받아 왔다. 그가 단기간에 생각을 바꾼 것처럼 보였기 때문은 아니다. 1867년 인도 정청의 공식적인 위생 위원으로 활동하면서 그는 콜레라가 사람 간의 접촉으로 전염된다는 견해를 지지했다. 그 좋은 예가 그 당시 갠지스강 하리드와르Haridwar 순례지에서 발병한 사건이다. 병은 귀환하는 순례자들의 여정 경로를 따라 나타났다. 여전히 이 문제에 대한 합의는 없었지만, 커닝엄만이 풍향이나 지방의 위생 상태가 발병과 거의 관련성이 없다고 믿은 것은 아니었다.[24] 이에 그는 군부대와 지방자치체 경비대가 위생 방역선을 설치해 전염을 막으라고 권고했다. 그러나 그는 격리를 일반적인 행동 방침으로 옹호하는 것을 그만두었다. 격리가 심각한 불안을 야기할 뿐만 아니라 더 대규모로 시행하기도 불가능하다고 생각했기 때문이다. 다른 많은 인도 문관과 마찬가지로, 커닝엄은 1857년 세포이 봉기의 교훈을 염두에 두고 있었다. 봉기는 부분적으로 인도의 관습과 종교적 관행에 대한 간섭이 그 원인이었다. 그러나 몇 년 지나지 않아 커닝엄은 콜레라가 인간의 접촉에 의해 퍼진다는 이론뿐만 아니라 어떤 형태의 격리에도 열렬한 반대자가 되었다.

역사학자 쉘든 왓츠Sheldon Watts는 커닝엄이 이러한 견해를 받아들이도록 압력을 받았다고 주장했다. 그에 따르면, 커닝엄의 1867년 보고서는 런던에서 '냉담한 반응'에 직면했고, 1867년 말 휴가 차 영국에 갔을 때 그는 격리가 '악덕'이라는 정부 견해에 설득당했다. 그러나 왓츠는 커닝엄의 보고서가 부정적으로 받아들여졌다거나 영국 정부가 그에게 어떤 압력을 행사했다는 증거는 제시하지 않았다. 그는 또 영국 정부가 1869년 개통할 예정이던 수에즈운하를 통과하는 선박에 대해 격리 조치가 미칠 영향을 우려해 그 무렵 콜레라에 대한 입장을 바꿨다고 주장한다. 이 주장 또한 뒷받침할 만한 어떤 증거도 제시하지 않았다.[25] 실제로, 운하가 개통된 후에도 격리 조치에 대한 심각한 우려는 없었던 것으로 보인다. 커닝엄이 왜 자신의 생각을 바꿨는지 알려 주는 결정적인 시사점도 없다. 만일 그가 계속 인도 위생 위원으로 자리 잡기를 원했다면, 다른 견해를 갖는 것이 유리하리라고 계산했을 수도 있다. 그러나 콜레라가 직접적으로는 전염성 질병이 아니라는 사실을 알려 주는 통계상의 증거가 축적되었기 때문에 생각을 바꿨을 가능성도 무시할 수 없다. 이와 관련해 가장 영향력 있는 보고서 중 하나는 인도의 동료 의무장교이자 에든버러대 졸업생인 제임스 브라이든James L. Bryden의 보고서다. 그는 콜레라가 계절풍을 타고 인도에 퍼진다고 믿었다. 비록 후에 영국에서 조롱거리가 되었지만, 인도에서 많은 사람들은 브라이든의 보고서를 권위 있는 것으로 여겼다.[26]

1868년부터 커닝엄은 콜레라의 전염성을 계속 주장하는 일부(결코 모두가 아닌) 관리들을 가혹하게 다루면서, 지방 위생 위원들에게 그에 대한 자료를 더 많이 수집하라는 훈령을 보냈다.[27] 커닝엄이 왜 그렇게 했는지는 분명하지 않다. 특히 그의 상급 관리들이 원했던 것보다 더 앞서 나갔기 때문이다. 비록 인도 정청이 육로 격리의 타당성을 의심하기 시작했지만, 당국은 1870년대에 이르러서야 마침내 그 조치를 폐지해야 한다고 촉구했다.[28] 그런데도, 육로 격리에 대한 정부의 태도는 일관되지 않고 실용적이었다. 때로는 커닝엄의 권고를 받아들이지 않으면서도, 그들은 펀자브Punjab와 같은 중요한 군사 지역을 보호하기 위해 대규모의 방역선 설치를 원하는 군 장교들의 충고에 귀 기울이기도 했다.[29] 따라서 커닝엄은 정부보다 앞서서 격리 철회를 주장하는 경향을 보이면서도, 때로는 이 문제에 관해 총독viceroy 산하 행정위원회council 일부 위원보다는 덜 유연했다. 우리가 보듯이, 전염설에 대한 그의 독단적인 반대는 런던 정부에게도 역시 골칫거리가 되었다.

따라서 커닝엄의 심경 변화는 계산된 직업상의 변화라기보다는 확신에 찬 문제였을 가능성이 높다. 그가 자기 견해의 정치적 함의를 잘 몰랐다는 것은 아니지만, 그러기는커녕 입장을 바꾸라는 압력을 받았거나 개인의 이익을 기대해 그렇게 했다는 증거는 없다. 인도 정청은 해양 격리에 대해 확고한 입장을 갖지 않았다. 격리법을 통과시켰다는 사실이 이에 대한 증거다. 그러나 커닝엄은 그가 근무했던 정청보다도 실용적인 면이 부족했다. 그의 주장으로는, 인도에서 격리의 효용성을 인정하면 인도 선박에 대해 격리 조치 시행을 원하는 사람들의 입장을 강화시킬 터였다. 1870년 법으로 이미 버마와 마드라스 당국이 자국 항구에 격리 조치를 도입했으며 벵골은 새로운 법안에 따라 기존의 규정을 공식화하는 과정에 있었다. 그러나 인도 정청은 뭄바이가 그런 사례를 뒤따르는 것을 막아야 할 입장이었고 커닝엄도 그래야 한다고 결정했다.

뭄바이는 인도 항구 중에서 가장 중요했다. 미국 남북전쟁(1861~5) 동안 영국이 랭커셔Lancashire 면직물 공장에 필요한 원면 대부분을 인도 서부 지역에서 들여오기 시작하면서 이 도시는 급속하게 성장했다.[30] 면화는 양모와 함께 전통적으로 콜레라나 페스트 같은 질병의 온상이라고 여겨지는 품목들에 포함되어 있었다. 따라서 영국 섬유 제조업자와 인도의 면화 재배 농민들은 홍해와 수에즈운하의 항해 중단으로 막대한 손실을 입었다. 커닝엄은 일단 휴가에서 돌아온 후 인도 정청에 격리 문제로 더 이상 양보하지 말라고 조언했다. 무역에 지장을 주는 것은 차치하고라도, 메카 순례자들에 대한 더 이상의 규제는 순례 자체를 훼방 놓는 것과 마찬가지이며 인도 해운 회사의 손실을 가져올 터였다. 위생위원회의 지원을 받아 인도 정청은 뭄바이나 아덴 항구에서 격리 조치의 필요성이 없다고 주장하기 시작했다. 그것은 순례자를 나르는 여객선으로 하여금 아덴에 정박하도록 강제하는 인도 여객선법과 그 항구에서 이미 적절하게 시행 중인 조치들을 고려한 것이었다. 뭄바이 지방 정부는 여전히 의견이 달랐다. 유럽에서 발생한 성홍열과 같은 전염병의 확산에 대해 우려를 표명하면서, 수에즈운하를 통과하는 선박량이 증가함에 따라 이런 병이 전파될 위험이 커졌다고 주장했다. 또 아덴항에 상주할 의사를 지명할 것을 요구했다. 이 의료진의 의견에 따라 당국은 홍해, 아라비아 해안, 걸프만에 연해 있는 다른 항구들의 감염 소식을 공표하고 항구에서 출항하는 선박에 대해 격리 조치를 부과해야 할 것이었다.[31]

뭄바이 지방 정부가 실제로 유럽으로부터 감염 가능성을 우려했는지 말하기는 어렵지만, 이 도시에 상존하는 엄청난 위생상의 문제점을 고려하면 성홍열의 일부 발병 사례에 신경을 곤두세웠을 것 같지 않다. 가장 그럴듯한 이유는 당국이 항만과 출항 선박에 발급하는 위생검사 증명서의 신뢰도를 높이려 했다는 점일 것이다. 뭄바이는 콘스탄티노플이나 알렉산드리아의 보건위원회가 표적으로 삼은 유일한 항구는 아니었다. 그러나 이 도시는 수에즈운하를 통과하는 상당수 선박의 출항지 또는 목적지였으며 아라비아해와 페르시아만에 산재한 항구들과 관련된 상업활동의 중심지이기도 했다. 뭄바이는 또한 메카 순례자들의 주 승선항이었다. 따라서 콘스탄티노플과 알렉산드리아의 두 보건위원회가 마련한 위생 조치들은 뭄바이에 나쁜 영향을 미쳤다. 이들 조치 중의 일부는 신뢰할 만한 증거에 의해서라기보다는 공포감 때문에 추진되는 것처럼 보였다. 인도양 지역은 전신망으로 연결되어 이제 질병 발생 보고를 알렉산드리아나 콘스탄티 노플 당국에 몇 분 안에 통고할 수 있었다. 도시에 주재하는 영사는 보건위원회에 파견된 자국 대표로부터 질병 발생 정보를 듣고 다른 영사관이나 제국 전초 기지에 곧바로 통보할 수 있었다. '영인英印해 저전신' 등의 회사들이 구축한 이 새로운 통신망을 통해 당국은 불필 요하게 해운 수송을 가로막지 않도록 좀더 정확하게 위생 조치를 정 형화할 수 있었다. 그러나 전달된 정보가 반드시 정확한 것은 아니었 으며, 위험도가 상향 또는 하향 조정됨에 따라 격리 기간도 변하기 일쑤였다.[32] 격리가 해운—특히 영인증기선 항해와 반도 및 동방해 운회사 등의 운송 라인—에 미치는 영향은 치명적이었다. 아라비아 해 연안의 항구에서 운항하는 상업 해운이 특히 그랬다. 알렉산드리 아 당국이 뭄바이나 또 매우 긴밀한 지역인 아덴에서 출항한 선박들 이 내보이는 보건증명서를 거의 신뢰하지 않았던 것은 분명하다. 항 구를 떠나는 모든 선박들이 보건증명서를 빌행받아아 할 필요성에 일반적으로 동의했음에도 불구하고, 실제로 아무것도 이루어지지 않 았던 것이다.[33]

따라서 뭄바이의 상인 세력은 이 제도가 가진 예상 밖의 변화의 위 력을 절감했다. 뭄바이에서 여정을 시작하거나 그곳에서 끝낸 상선이 며 여객선도 마찬가지였다. 뭄바이 당국은 이 제도를 통제할 수 있는 방법을 찾는 데 필사적으로 매달렸고, 스스로 격리 시설을 갖추는 것 이 해외에서 신뢰도를 높이고 출항하는 선박의 격리 기간을 줄일 수 있으리라 믿었다. 이런 점에서 뭄바이 지방 정부의 견해는 콜카타 지 방 정부보다는 런던 정부의 견해에 더 가까운 것이었다. 또 다른 국제

위생회의가 비엔나에서 열리기 2개월 전인 1874년 5월, 영국 외무장관은 터키 대사의 요청을 받고서 영국령 인도(아덴 포함)의 위생법의 성격에 대해 문의했다. 회의가 다가옴에 따라, 인도의 위생 관련 시설을 정밀하게 조사하는 중이었고, 런던은 아라비아해 연안 항구에서 느슨한 예방 조치로 인해 홍해와 지중해를 오가는 영국 해운에 더 가혹한 조치가 취해지지 않을까 우려했다.[34] 런던 정부는 인도 여러 항구의 격리에 반대하기는커녕, 해외 국가들을 안심시키기 위해 인도 정청이 위생상 일부 규제를 가하기를 원했다. 인도 정청이 국제사회의 우려를 심각하게 받아들이지 않을 경우 지중해와 홍해의 모든 영국 선박이 가혹한 보복 조치를 당할 수도 있다는 것을 알았다.

이집트 위생 당국과 그리고 알렉산드리아 보건위원회에 파견된 대부분의 외국 대표들은 인도 정청 쪽에서 보낸 전언에 자기들 주장이 어떻게 반영될지 초조해하고 있었다. 보건위원회의 영국 대표는 알렉산드리아 영국 영사에게 다음과 같이 전하고 있다.

> 이집트 보건위원회에서는 기근의 영향을 받고 있는 인도 공중보건의 현 상태에 대해 불안감이 팽배합니다. 저는 이러한 상황에서 인도를 출발해 수에즈에 도착하는 모든 선박이 최초 출항지에서 발급한 보건증명서 원본을 갖추는 것이 필수적이라고 감히 말하고 싶습니다. 이는 항해 시작부터 각 선박의 위생상의 역사 전체를 보건위원회에 알리기 위함이지요.[35]

그는 인도를 출항하는 선박이 아덴항에 보건증명서 원본을 맡기고 그곳에서 새로운 보건증명서를 발급받는 것이 일반적인 관행이었다고 설명했다. 이는 콜레라에 감염된 항구에서 출항한 선박들이 효과적인 위생 감시 없이 이집트에 도착할 수 있다는 것을 뜻했다. 뭄바이 주재 터키 영사 또한 자신에게 그 항구에서 발행한 모든 보건증명서를 검사할 수 있는 권한을 줄 것을 요청했는데, 인도 정청 담당관은 그 요청이 "전례가 없는" 것이라고 생각했다. 그는 "보건 관리를 믿을 수 없다는 것은 비난일 뿐"이라고 불평하면서, 정청이 이런 요구를 거부해야 한다고 권고했다.[36]

인도 정청은 그의 통제하에 있는 아덴항과 여타 항구에서 더 엄격한 위생 규정을 채택하도록 강요할 목적으로 기근 문제가 논란이 되었다고 여겼다. 데칸고원을 황폐하게 만든 기근이 대체로 콜레라를 비롯한 전염병 발병을 동반한다는 것은 잘 알려져 있었다.[37] 그러나 인도 총독viceroy은 영국 국무장관에게 다음과 같이 항의했다. "기근에 따른 진염병을 두려워할 이유가 없습니다. 인도의 선반석인 보건은 훌륭합니다. 수에즈에서 모든 선박에 격리 조치를 하는 것은 심각한 불편을 초래할 것입니다."[38] 인도 정청은 프랑스를 비롯한 다른 강대국들이 이집트 위생위원회를 통해 영국 항해에 피해를 끼치는 규제를 가하려는 구실로 기근 문제를 이용하고 있다고 확신했다. 그는 "이집트 정부가 호텔 경영자들의 이익을 위해 자국 내에 승객을 체류하도록 하는 계획을 세웠다"고 주장했다. 여기에서 그는 인도에서 이집트에 도착하는 모든 승객들을 3일 동안 억류하자는 위생위원회의 제안을 언급했는데, 그렇게 되면 승객들은 알렉산드리아에서 출발하는 여객선을 놓치게 될 것이었다.[39]

이것은 뭄바이 지방 정부에게 매우 반갑지 않은 소식이었지만 당국은 인도 정청보다는 이집트 당국의 요구에 부응하려는 경향이 있었다. 인도 정청은 자신이 관할하는 주요 항구, 특히 뭄바이·카라치·아덴 등에 대한 엄격한 규제를 원하지 않았시만 홍해와 수에즈에서 더 큰 피해를 주는 규제를 막기 위해서 충분한 조치가 취해지길 바랐다. 뭄바이의 영국 및 인도 상인들은 더 항구적인 해결책을 찾지 않으면 자신들이 붕괴될 것이라고 두려워했으며, 뭄바이 지방 정부도 이를 막는 최선의 방법은 이집트 보건위원회의 일부 요구를 수용하는 것이라고 믿었다. 실제로 아덴에서는 항구의 보건 관리와, 항만 경찰이 선박에 대해 본격 감염 조사를 받을 때까지 예비 격리 조치를 시행하고 있었다.[40] 이러한 관행의 법적 근거는 없었지만, 뭄바이 당국도 암묵적인 제재를 취했다. 예를 들어, 페르시아의 부시르Bushire 항에서 콜레라가 발생했다는 뉴스에 뒤이어, 그 항구에서 아덴에 도착하는 모든 선박들은 보건 관리에게 검사를 받을 때까지 항구의 특별 분류 구역으로 향하게 되었다. 감염이 없는 선박에 대해서는 정박 허가가 내려졌다. 그렇지 않은 선박은 정박을 거부당하거나 바다에서 격리 기간을 거쳐야 했다. 이 무렵 아덴에는 해군 함정에서 천연두와 홍역 환자가 발생했을 때 가끔 이용하던 섬 외에 상설 격리 시설이 없었다.[41]

1872년 말 뭄바이 지방 정부의 승인에 따라 아덴에 대한 격리 규정이 마련되었다. 이 규정은 알렉산드리아와 콘스탄티노플의 보건위원회를 만족시키고 그와 동시에 최소한의 해운 규제를 유지하는 것을 목적으로 했다. 이 규정은 항만 책임자, 새로 임명된 아덴항 주재 외과의, 프랑스 영사, 아라비아해–동방해운 대표 등이 포함된 한 위원회가 알렉산드리아 보건위원회와 협의하여 작성했다.[42] 그러나 가장 큰 관심사는 알렉산드리아 당국을 만족시키는 것이었지만, 최장 10일간의 격리 조치를 부과하는 권한 때문에 아덴도(그리고 뭄바이까지) 그에 상응한 보복 조치를 취할 수 있었다. 1873년 홍해의 아프리카 쪽 해안에 콜레라가 만연하자 이집트 보건위원회는 발원지와 상관없이 홍해를 통과하는 모든 선박에 대해 격리 조치를 시행했다. 아덴도 이집트에서 도착하는 모든 선박을 격리시켰는데, 이번에는 이집트 측이 아덴의 선박 규제를 없애기 위해 격리를 해제했다.[43] 따라서 아덴항의 조치는 원하는 효과를 얻은 것처럼 보였다. 1874년경 뭄바이 지방 정부는 좀더 항구적인 기반을 마련하기를 원했는데, 1870년 법 조항에 의거해 격리 시설을 설치하는 지방 입법안을 도입하기에 이르렀다.[44]

페스트의 귀환

뭄바이의 결단은 영국령 인도의 수도 콜카타에서도 큰 관심을 불러일으켰다. 인도 정청의 위생 위원은 뭄바이 지방 정부가 은밀히 격리 제도를 도입하려 한다고 의심하고 자신이 관할하고 있는 항구들에 적용할 세부 규정을 요청했다.[45] 비록 커닝엄 측에는 지속적인 불안 요인이었지만, 1874년 뭄바이에서 격리는 거부하기 힘든 문제였다. 콘스탄티노플 회의가 권고한 조치를 재고하기 위해 비엔나에서 국제

위생회의가 재차 소집되었기 때문이다. 당시 흑해 무역은 오스만제국이 보스포루스 해협의 시설에서 격리 조치를 취할 때마다 정기적으로 중단되었는데, 러시아는 이 심각한 불편을 겪은 후에 회의 소집을 요청했다.[46] 러시아의 지지를 받아 위생 규제가 완화될 가능성이 보이자 인도 해운업계는 인도가 격리에 관해 뚜렷하게 일관된 입장을 갖지 않았다는 것을 보여 주는 것이 절실했다. 그러나 예상된 개혁은 실현되지 않았고, 회의는 합의 없이 끝났다.

그리고 이러한 논의는 곧 아라비아해 전역에 걸쳐 역병(페스트)이 발생하면서 중단되었다. 오스만제국 역내域內와 페르시아에서 페스트가 발생했다는 보고는 이 지역과 빈번한 교역을 한 아덴과 뭄바이까지 감염될지 모른다는 우려를 낳았다. 1844년 이래 페스트는 이집트와 레반트에서 발생하지 않았고, 그 3년 전부터 동유럽에서는 사라진 터였다. 그러나 1850년대와 1860년대에 다시 돌아왔다. 이 발병의 진원지로 추정되는 곳은 중국 윈난성이었으나, 1853년에는 메카와 같이 아주 멀리 떨어진 곳에서도 발병이 보고되었고, 그 5년 후에는 트리폴리에서도 나타났다. 이때까지만 해도 페스트는 비교적 소규모 전염병이었고 그들 사이의 연관성도 불명확했다. 하지만 1867년 바스라항과 1870년대 오스만제국의 메소포타미아주에서 나타난 발병은 깊은 우려를 불러왔다.[47] 페스트는 이번에는 국지적으로만 남지 않았고 1876년경에는 페르시아 남서부까지 퍼지면서 러시아와 서아시아 전역에 심각한 경종을 울렸다. 이들 국가의 위생 조치는 인도 정부의 소관 업무가 아니었지만, 외국 정부는 인도와 그 속령을 역병을 쉽게 유럽으로 확산시킬 징검다리로 간주했다.

메소포타미아나 페르시아와 정기적으로 접촉하는 항구 중 하나인 아덴은 특별한 위험이 상존했기에 이집트 보건위원회는 그 항구에 정박하는 모든 선박에 대해 규제 조치를 취했다. 뭄바이, 페르시아 만, 메소포타미아 지역 간의 빈번한 교통으로 인도 최대 항구도 감염될 수 있으며 무역과 시민 질서에 파국적인 결과를 초래할지 모른다는 전망을 낳았다. 뭄바이 지방 정부는 해외 각국을 안심시키기 위해 지방 자체의 격리법을 다시 요청했다. 바그다드와 테헤란에 주재하는 영국 관리들도 인도 정청에 뭄바이가 메소포타미아의 감염된 항구에서 온 선박에 대해 격리 조치를 취할 수 있도록 하라고 촉구했다.[48] 뭄바이 당국과 마찬가지로, 그들도 그런 조치가 이집트의 불안을 잠재우고 페르시아 걸프만을 지나오는 선박에 대한 규제를 완화시켜 줄 것이라고 믿었다. 그러나 인도 정청은 여전히 귀담아듣기를 거부했다. 커닝엄은 메소포타미아와 페르시아의 역병이 불량한 위생 상태에서 비롯된 것이며 전염성이 있다는 증거도 없다고 주장했다. 그는 또한 인도 쿠마온 지역의 구릉지에서 그 역병이 가끔 발생했지만 결코 격리를 시행하지 않았다는 사실에도 불구하고, 그 병이 그곳에 잔존했다는 점을 주목했다.[49]

인도 행정부의 자유방임적 태도는 이집트 정부가 홍해에 있는 영국 선박에 대해 조치를 취하도록 자극했다. 1875년 5월 영인증기해운사의 지사支社 그레이-도스사社Messrs Gray, Dawes & Co.는 영국 외무장관에게 편지를 보냈는데, 이는 자기들이 이집트와 오스만 당국의 격리 조치 남발로 규제를 당하는 데에 항의하는 것이었다. 그들은 수에즈에서 더 부담스러운 규제들 중 일부를 없애는 데 역할을 해준 것에 대해 외무장관에게 감사를 표했다. 그러나, 카라치와 페르시아만 해운 노선을 다시 개설한 후 오스만제국의 지배 아래 있는 제다Jeddah와 같은 홍해 연안 항구에서 격리 조치를 받았다고 하면서 자신들은 메소포타미아에 질병이 존재한다는 소문 이외에는 그런 조치를 받을 근거가 없다고 주장했다. 실제로 이들 조치는 회사의 이익을 저해하는 유일한 것이었다.

> 우리 홍해 지사支社들은 페르시아만을 거쳐 홍해 항구를 향해 나가는 우리 기선들이 오스만의 이집트 총독Khedive이 거느린 선박의 왕래를 방해하기 때문에 그 타격은 우리를 겨냥한 것이라고 단언한다. 그리고 우리에게 전혀 알려지지 않은 곳에 자리 잡은 현지 상인들은 격리 문제를 다룬 편지를 우리에게 보냈는데, 그 편지에서 자기들이 당한 손실을 지적하면서 해상 운송을 계속 유지하기 위해 자기들의 처지를 올바르게 취급하도록 노력하고 또 그렇게 해주기를 촉구했다.[50]

5월 말 이집트 보건위원회에 파견된 영국 대표는 회사가 자사自社 선박에 의료진surgeon을 고용한다면 수에즈의 격리 문제를 피할 수 있을 것이라고 귀띔했다. 그는 의료진이 선박이 정상이라고 보고하면 이집트의 항구에 들르지 않는 한 격리를 받지 않고 수에즈운하를 통과할 수 있을 것이라고 했다. 그러나 영인증기해운사는 여전히 허위 보고에 의거해야 이익을 거둘 수 있다고 믿었다. 그 제안으로 연간 천 2백 파운드가 추가 비용으로 증가할 가능성이 있고, 선박이 정상이라면 격리를 거쳐 운하를 통과할 필요가 없다고 항의했다. 해운사는 또 다음과 같이 주장했다.

> 그런 협정은 이집트 당국에게 상당히 적절할 것이다. 사실상 우리 선
> 박들이 이집트 총독 휘하 상선들과 경쟁하는 것을 막아 줄 것이기 때
> 문이다. 하지만 그것은 우리의 이익에 가장 해로울 것이다. 왜냐하면
> 그 협정으로 우리는 이집트 무역에서 제외될 뿐만 아니라 반도-동양
> 해운사, 프랑스 메사가리해운Messagaries Maritime, 오스트리아 로이
> 즈해운 등과 준비해 왔던 환적換積을 가로막을 것이다.[51]

이런 서한을 보고, 인도장관 솔즈베리는 페스트의 유입을 막기 위
해 인도 정청이 무엇을 했는지 밝힐 것을 요구했다. 정청은 이에 대
해 "[그 역병이] 발생할 위험은 거의 없으며 터키에서 역병이 나타났을
때 인도 항구에서 격리 조치를 시행하는 것이 임시방편이라고 생각
하지 않는다"고 답변했다. 그러나 오스만제국의 보건위원회가 필요
하다고 판단할 경우에는 역내 모든 항구에서 선박에 대한 훈증 조치
를 허용할 준비가 되어 있었다.[52]

한편 뭄바이 당국은 자국 영토에서의 격리 필요성을 계속 주장했
고, 1875년 10월 인도 정청의 승인을 받기 위해 격리 법안의 2차 초
안을 보냈다. 새 법안이 건강하지 않은 사람들만 억류할 것을 제안했
기 때문에 실질적으로 더 자유롭다는 주장이었다. 그러나 이러한 수
정에도 불구하고, 인도 정청 위생 위원들은 그 법안을 여전히 반대했
다. 커닝엄은 이렇게 주장했다. "그런 조치는 해운 회사의 한 마디 해
명도 듣지 않고서 취한 순전히 이론적인 고려 사항이므로 받아들일

수 없다."[53] 인도 정청 장관 아서 하웰Arthur Howell은 위원회에서 인도 총독viceroy이 했던 것처럼 커닝엄의 견해에 전적으로 동조했다. 그는 뭄바이 당국에 다음과 같이 전했다. "인도 정청은 심지어 현재 규정마저 선박 소유주들의 상당한 비용 지출을 수반하는 데다가 일반인의 안락과 편의를 심하게 방해하며, 그나마 그 조치로 인해 (뭄바이 당국이) 어떤 이득을 얻는 게 아닌가 의심스럽다는 견해를 가지고 있습니다."[54] 그러나 런던 정부는 인도의 비타협적인 입장에 대해 점점 더 우려하고 있었다. 이 입장이 영국을 국제적으로 고립시키고 있다는 것이었다. 영국 외무장관이 보기에 다른 나라와 협상의 여지는 거의 없었다. 그는 지중해와 홍해에서 비교적 자유로운 항해를 확보하기 위해서는 다른 나라에 양보할 필요가 있다고 믿었다.

뭄바이 당국도 같은 결론을 내렸다. 당국의 수석장관 레이븐스크로프트E. W. Ravenscroft는 인도 내무부의 같은 업무 담당자에게 보내는 전보에 이런 입장을 분명히 밝혔다. 그는 다음과 같은 점을 상기시켰다. "두 가지 목적으로 격리를 취할 수 있습니다. 하나는, 그 조치를 내린 항구의 주민 보호입니다. 다른 하나는, 현 사례에서 주로 그렇듯이, 우리 통제 밖에 있는 다른 나라 행정 당국의 입장을 수용하는 데 있습니다. 그 입장은 외국 항구에서 중단 없는 해운 수송을 유지하는 것이 매우 중요하다는 점이지요." 이집트 보건위원회를 만족시키기 위해, 그는 원안에서 크게 벗어나지 않은 새로운 규정을 제안했다. "이집트 당국이 최근 몇 년 동안 페스트로 인한 피해를 염두에 두고 우리의 편의를 충족시키기 위해 최소한의 위험이라도 감수할 의사를 가졌을 가능성은 거의 없어 보인다. 이러한 편의 제공 목적으로 제출된 규정들은 선상에서 실제 질병이 발생했을 경우 정박한 후 15일이 지난 다음에야 제공된다." 레이븐스크로프트는 이집트 항구들에서는 매년 여름마다 지중해 연안국들에 의해 격리 조치가 시행되는데, 이는 의학적 관점에서 필요하다고 생각했기 때문이 아니라 오로지 프랑스, 이탈리아, 에스파냐 항구와 자유로운 해양 수송이 가능한 유일한 방법이었기 때문이라고 주장했다.[55]

1876년 여름 이집트 보건위원회가 취한 조치는 이러한 주장을 정당화하는 듯했다. 그해 3월부터 유프라테스강을 따라 전염병 발생이 보고되었고 페르시아만 연안과 인도양 전역에 산재한 항구들은 그 지역에서 온 선박들을 면밀히 감시했다. 뭄바이 당국도 예외가 아니었으며, 항만 관리들에게 "감염된 선박이 항구로 들어오는 것을 막기 위해" 필요한 조치를 취할 것을 지시했다.[56] 그러나 이러한 조치들은 알렉산드리아 당국자들을 만족시키지 못한 것으로 보인다. 아마도 확실한 법적 근거가 부족했기 때문이었을 것이다. 따라서 그해 6월, 메소포타미아에서 페스트가 추가 발생했다는 보고 이후에 위원회는 다시 한번 인도 항구에 엄격한 규제를 취한다고 위협했다. 엄격한 규제로 인도 항구를 위협하여, 영인증기해운사로부터 거센 항의를 받기까지 했다. 커닝엄은 이에 대한 우려를 되풀이해서 말했다.

> 이집트 당국이 실제로 위협을 가한 것은 카라치, 뭄바이, 아덴이 페르시아만에서 온 모든 선박에 대해 보름간 격리 조치를 취하지 않는다면 수에즈 당국도 인도양에서 도착한 모든 선박을 대상으로 보름간의 격리를 시행할 것이라는 점이다.……그 제안은 터무니없다. 인도는

이집트와 마찬가지로 역병[페스트]에서 벗어나 있으며, 페스트에 관한 한, 이집트가 인도에서 온 선박을 격리하는 것과 마찬가지로 인도도 이집트에서 온 선박에 격리 조치를 내리는 것이 합리적일 듯하다.[57]

커닝엄은 더 이상의 위생상 규제를 비난했지만 이번에는 그보다 윗자리에 있는 고위 정치가들에 의해 거부당했다. 총독 자문위원회의 한 위원은 이렇게 기록했다. "페르시아만에서 뭄바이, 아덴, 카라치 항구로 오는 모든 선박에 대해 이집트 당국을 만족시킬 수 있는 특정 형태의 격리가 시행되어야 한다는 것에 자문위원회는 동의했다."[58]

이에 따라 커닝엄은 그가 이전에 반대했던 뭄바이의 초안 내용과 유사하게 모든 인도 항구에 적용할 규정을 마련하라고 지시받는 수모를 당했다. 그는 이런 조치가 이전 총독의 견해와 배치되는 것이라고 항의했다. "그들은 뭄바이 당국에 거부한 것을 이집트 당국에게 양보할 것입니다. 그들은 선상에 역병이 발생하지 않은 경우에도 모든 선박에 대해 15일간의 격리를 시행할 것이고, 역병이 단 한 건이라도 발생했을 때에도 승객 외에 우편까지도 격리에 포함시키며 무기한으로 시행할 것입니다." 그는 또한 "뭄바이, 카라치, 아덴에서의 결과는 더 심각할 것"이라고 덧붙였다.[59] 그러나 커닝엄의 비타협적인 태도는 인도 정청이 소중하게 여기는 런던으로부터의 독자성을 위협하고 있었다. 총독 자문위원회의 에드워드 베일리Edward C. Bayley는 이렇게 설명한다.

그 질문은……이집트 정부의 압력이나 영국 외무부의 간섭 요청에 양보한다는 점을 기본으로 삼고 간략하게 논의되었다. 그리하여 이전의 대안을 채택하기로 결정했다. 커닝엄 박사가 제안한 규정은 어떠한 격리도 제공하지 않았다. 내가 격리를 취하기로 한 수정안은 역병이 실제로 발생하지 않는 한, 내가 보여 주었듯이, 가장 미약한 종류의 조치일 뿐이다.[60]

페르시아만

인도 총독[부왕viceroy]은 베일리의 평가에 동의하고 새로운 규정의 도입을 승인했지만, 알렉산드리아 보건위원회가 전에 부과했던 규제 조치를 해제해 압력이 완화되었기 때문에 그 규정 초안을 마련하지 않았던 것으로 보인다. 그 후 18개월 동안 이 문제는 잠잠해졌으니, 이와 관련해 영국과 인도 정청이 갈수록 더 걱정하는 문제가 있었다. 오스만제국, 특히 메소포타미아주와 그 동쪽 이웃인 페르시아(카자르 왕조의 이란) 간의 관계에서 나타나는 격리 문제였다. 걸프만에 대한 상업적·정치적 개입이 증가하면서 영국인들은 곤란한 입장에 처하게 되었다. 1821년부터 오스만제국은 일련의 치명적인 콜레라 전염병을 겪었는데, 이 때문에 많은 터키인들이 현대 유럽 국가들과 비슷한 위생 행정을 요구하게 되었다. 당시 오스만 보건위원회Board of Health는 대체로 해외 열강이 구성한 것이었고 1870년대에는 제국의 조치에 영향을 미칠 수 있는 위치에 있었다. 그런데도 콘스탄티노플 위생위원회Sanitary Council는 어느 정도 자율권을 가지고 있었으며, 몇몇 이웃 나라들에게는 은밀한 침략 행위로까지 보이는 지시를 내렸다. 이는 페르시아만과 아라비아해에 근접한 오스만제국 소속 주들의 항구에 부과한 격리 조치로 종종 해상 수송이 중단되곤 했던 페르시아에게는 분명히 사실로 보였다. 바스라Basrah 주재 영국 부영사는 터키 행정관consul이 발급한 보건증명서 없이 마하므라Mahamrah 항을 떠난 모든 선박에 대해 알포Al Faw항에서 격리 조치를 내렸던 1864년에 이를 언급하고 있다. 그는 그 조치의 시행을 "페르시아 정부가 상당히 반대했던 것 중의 하나"라고 기술했다.[61] 문제가 되는 격리를 시행한 것은 오스만 당국의 권한이라기보다는 격리 대상 선박에게서 거둬들이는 터무니없는 요금 때문이었다. 부영사는 "격리 비용으로 적정 요금의 4~5배에 해당하는 6 또는 심지어 9케란keran의 요금이 선박들에게 청구되었다"고 말했다. 그는 계속해서 다음과 같이 언급했다. "액수가 보잘것없다고 하더라도, 이 수수료는 갈취로 여겨질 것이고 따라서 바스라에서 무역과 해운의 증가를 억제하는 데 어느 정도 작용할 수밖에 없다."[62] 이들 조치는 영국의 이익에 직접 영향을 미쳤다. 바스라 주재 영국 지사支社들은 그 항구와 알포항에 들어오는 모든 선박들이 이전 기항지에서 발행한 보건증명서 소지 여부와 관계없이 '특정한 형식적 절차'를 거쳐야 한다고 불평했다. 이들 선박의 기항지는 뭄바이였다.[63]

페르시아에 대한 영국의 영향력은 증대되고 있었고, 영국은 또한 메소포타미아에서 무역상의 이익을 확대하려고 했다. 그러나 두 지역 강대국, 오스만과 페르시아 간의 관계가 악화됨에 따라 영국은 난감한 상황에 직면했다. 페르시아-오스만 간의 국경에서는 서로 경쟁이 치열했으며, 메소포타미아에 있는 카르발라Karbala나 나제프Najef 같은 성지를 매년 순례하는 과정에서 페르시아에서 온 시아파 무슬림을 거칠게 다뤘다는 주장 때문에 긴장이 고조되었다. 위생상의 위협을 준다는 이유로 순례자들의 바그다드 방문은 금지되었다.[64] 오스만 측은 또한 유럽 국가들이 이전 시기에 그랬듯이, 국경과 그리고 그와 인접한 영토에 대한 자기주장을 강화하기 위해 검역을 이용했다. 1870년대 중엽, 페르시아는 콘스탄티노플 위생위원회를 약간 모방해 새롭게 구성한 국제위생자문위원회의 지시로 격리 조치를 시행하면서 보복에 나섰다.[65] 오스만 쪽에서는 역병에 대한 '단순한 소문'만으로 페르시아가 자기 항구들에 대해 징벌적 조치를 감행하고 있다고 불평했다.[66] 영국이 직면한 딜레마는 1870년 페르시아 국왕의 바그다드 방문으로 최고조에 달했다. 나시르 알 딘Nasir al-Din 페르시아 국왕은 한편으로는 종교적 헌신(시아파 성지 방문)을 위해 이 여행을 시작했고 다른 한편으로, 유럽으로 디딤돌을 놓는다는 심정으로 이 여행을 시도했는데, 당시 페르시아 정부의 계몽된modernized 총리는 왕이 서구 문명의 놀라운 성취에 깊이 감명 받기를 원했다. 페르시아 국왕 방문 시 오스만[터키] 당국은 영국 민간의사 윌리엄 콜빌William Colvill의 지도 아래 그들이 시행한 공중보건 개혁의 일부를 보여 줄 기회를 갖게 되었다. 그러나 국왕의 여정이 시작될 때 징조가 좋지 않았다. 오스만 당국은 국왕의 엄청난 호위대와 숙소 수행원들(총 약 1만 명)이 콜레라를 자국 영내로 퍼뜨릴 수도 있다고 주장했다. 이에 따라 바그다드의 영국 영사는 테헤란 주재 영국 영사관에 "격리를 존중하고 수행원들을 적정 숫자로 줄여야 한다는 점"을 국왕에게 주지시키라고 촉구했다. 그곳 영사는 "콜레라가 수행단에 나타났으며, 그 상태도 심각하다"고 통보했다.[67] 그러나 국왕은 이미 오스만제국 국경절반 가까이 와 있었다. 테헤란 주재 영국 영사는 테헤란에서 그 문제를 다시 거론하더라도 소용없을 것이라고 생각했다. 콜레라의 창궐을 피할 수 있는 유일한 희망은 영사관 관리를 국왕의 수행원에 합류시키는 것뿐이었다.[68]

메소포타미아에서 페르시아와 오스만제국 정부의 관계가 파탄나면 이 지역에 대한 영국의 이해에 심각한 결과를 초래할 것이었다. 그러나 테헤란의 영국 외교관에 따르면, 파국은 쉽게 피할 수 있었다. "터키 당국은 페르시아 국왕의 여정에 동행할 수행원과 캠프에서 콜레라가 발생할 가능성을 모두 알고 있었을 것이다." 테헤란 영사는 당시 외무장관 그랜빌 경에게 이렇게 전했다. "저와 터키의 대리 대사Chargé d'Affaires는 이 문제들을 자주 논의해 왔으며, 처음부터 현재억류될 위험에 대비할 충분한 시간이 있었지요."[69] 이 발언이 분명히 뜻하는 것은, 터키인들이 일부러 그 사건을 페르시아 국왕을 모욕하기 위해 조작했다는 점이다. 이러한 사건 전개를 통해 우리는 위생규제의 본질에 해당하는 그 정치적 성격과, 그리고 외국의 영향력이 커지고 있었지만 오스만제국과 페르시아가 국제 관계의 역학을 변화시킬 힘을 가진 독자적인 행위자임을 알 수 있다.[70] 메소포타미아의 바스라와 같은 항구와 그리고 그 지역의 주요 강을 따라 취해진 조치는 영국 무역에 커다란 영향을 미쳤는데, 사실 영국 무역은 이미 오스만제국 정부의 보호주의적 조치에 제약을 받고 있었다. 예를 들어

'영국 티그리스–유프라테스 해운'은 증기선 두 척만 운용할 수 있었다. 이 해운사가 취급하는 무역품은 주로 비단과 담배류였다. 이 회사는 페르시아에서 비단과 담배를, 그리고 메소포타미아에서 밀과 피혁류를 구매해 각기 러시아와 페르시아에 되팔았다. 페르시아와 오스만제국 간의 관계 악화는 이 무역에 심각한 손상을 입혔는데, 국경을 넘나들며 교역을 할 수 있는 주요 기회 중의 하나인 국왕의 순례에 대한 금지가 특히 그랬다. 티그리스강 무역에 가해진 규제를 볼 때, 페르시아에서 온 순례자들은 영국산 면제품의 주요 조달업자이기도 했다.[71]

1876년 메소포타미아에서 발병한 페스트는 상황을 악화시킬 것 같았고 영국은 테헤란에서 이미 구성된 보건위원회의 목소리를 직접 듣는 것이 중요했다. 일반적으로 중앙위생위원회로 알려진 이 기구는 1868년 프랑스령 모리셔스Mauritius 출신으로 페르시아 국왕의 개인 주치의였던 톨로잔J. D. Tholozan을 위원장으로 1868년 설립되었다.[72] 이 위원회는 명목상으로만 존재했으나 인접한 오스만제국 속주에서 페스트 전염병이 나돌자 재조직되었다. 톨로잔이 아직 위원으로 있기는 했지만 재조직된 후로는 페르시아 교육장관 이티사델 술라나Ihtizadel Sullana 왕자가 주재했다. 외국인이 우세했던 알렉산드리아와 콘스탄티노플의 위원회와 달리, 테헤란 보건위원회의 나머지 위원들은 대부분 이란인으로 구성되었다. 여기에는 전통의학 전문의 tibb와 회의가 열리는 테헤란대학의 학장이 포함되었다. 톨로잔을 별도로 하면 유일한 외국인은 이전에 콘스탄티노플 위생위원회와 1866년 국제위생회의에서 영국을 대표했던 딕슨J. Dickson뿐이었다. 그는 격리 반대론자로 잘 알려져 있었지만, 위원회에 참석한 이란 의사들 사이에 거의 지지를 얻지 못했다. 이 중 '의사의 왕Malekela Tubbah'이 라는 별칭으로 알려진 전통의학 전문의 한 사람만이 격리에 반대한 것으로 보인다. 나머지 이란 출신 위원들은 국경을 따라 어떤 형태로 든 방역선을 세우고 항만에서 유사한 조치를 취하는 것을 지지했다. 딕슨의 보고가 정확하다면, 당시 국왕 주치의이자 가장 저명한 서양 의학 전문의였던 톨로잔은 콘스탄티노플 위생회의가 권고한 육지 방 역선의 실효성에 대해 그가 이전에 견지했던 회의론을 표명하지 않 았던 것 같다.[73] 사실, 회의론 때문에 톨로잔은 보건위원회 위원장직 에서 물러났던 것으로 보인다. 위원회는 이제 그런 거리낌이 없었고, 메소포타미아로부터 국왕 행렬이 도착하는 대로 국경 근처 카스라 시렌Kasra Shiren에서 15일간의 격리 조치를 부과하기로 결정했다. 모 든 주지사에게 의심스러운 역병 징후가 페르시아 내지로 유입되는 것을 막으라는 명령이 떨어졌다. 부시르 인근 카스락Kasrak섬은 메소 포타미아에서 해상으로 입국하는 경우의 격리 시설로 선택되었다. 이 조치는 지역 주민들에게 인기가 있었을 터인데, 이들은 1865년 콜 레라 발병 보고가 있었을 때 바스라에서 오는 선박들에 대해 자체적 으로 격리 조치를 취한 적이 있었다.[74]

그러나 페르시아 정부는 이런 시설을 유지할 자원도 전문가도 없 어서 영국에 도움을 요청했다. 페르시아만, 바스라, 인도 항구 간의 무역은 대부분 영국 측이 관할하고 있었기 때문에, 페르시아 당국도 해상 격리를 영국의 책임으로 생각했다. 1876년 3월과 4월 메소포타 미아에서 페스트가 발생했다는 보고에 따라 페르시아 정부는 터키와의 국경을 따라 세워진 방역선에서 5일간의 격리를, 바스라에서 들어온 선박에 대해 해상 격리 조치를 내렸다. 테헤란 주재 영국 영사 테일러 톰슨W. Taylor Thompson은 그 후 인도 총독에게 다음과 같이 통보했다.

> 페르시아 정부는 바다에서 격리 규제를 시행할 수단이 없기 때문에, 인도 정청 지사 및 해군 장교를 통하여 선박에 대한 격리를 강제하고 효과적인 격리를 하기 위해 인도 정청과 공동 시행을 요청하고 있습니다.[75]

겉으로 격리를 반대하는 모습으로 미루어 보면, 인도 정청이 페르시아의 요청에 긍정적인 대답을 했다는 것은 다소 놀라운 일이다. 사실, 해군 장교들이 부시르와 다른 항구의 당국자를 돕기 위해 곧바로 피견되었다.[76] 이는 인도 정청의 정책 및 위생 위원의 의견과 대비되는 실용적인 결정이었다. 의심할 나위도 없이, 테헤란과 좋은 관계를 유지하고 이 지역에서 영국 해운의 혼란을 줄이기 위한 목적에서 그런 타협이 이루어진 것이다. 해상 격리에 대한 통제도 영국인들이 가벼운 수준에서 격리를 시행할 수 있도록 했다. 그러나 이것은 육로 격리와 달랐다. 오스만제국과 국경을 따라 시행된 조치는 아쉬운 점을 많이 남겼다는 것이 곧 분명해졌다. 국경을 넘는 사람들에게 돈을 갈취했으며 많은 사람들이 두 차례씩 격리를 받을 수밖에 없었다. 한 번은 국경을 넘어 입국할 때, 그리고 다시 그들이 떠나려 할 때였다.[77]
1876년 메소포타미아에서의 역병 발생은 새로운 문제를 제기했다. 메소포타미아는 영국 섬유산업에서 사용되던 모헤어mohair(앙고라 토끼털) 등 일부 희귀 품종을 포함한 양모 수출의 중심지였다. 모헤어는 잘 알려진 대로 브래드퍼드Bradford와 같은 '소모사梳毛絲 도시 Worstedopolis'의 경제 활력에 필수적이었다. 그러나 양모는 오랫동안 페스트와 탄저병 같은 여타 질병을 옮길 수 있는 물질로 간주되어 왔다. 실제로 메소포타미아는 브래드퍼드와 키더민스터Kidderminster를 포함해 영국 공업 도시에서 발생한 탄저병의 근원지로 여겨졌는데, 특히 키더민스터는 카펫 생산지로 유명했다.[78] 그러나 1876년 페스트가 나타난 후, 특히 알렉산드리아 보건위원회 대표들은 이 질병에 가장 큰 관심을 두었다. 그해 6월 보건위원회는 걸프만의 항구를 떠나서 뭄바이나 아덴 등에 정기적으로 정박하는 모든 선박들에 대한 철저한 감독을 요구했다. 아덴은 평상시의 규정을 넘어서 항로를 벗어나 걸프만에서 온 선박과 걸프만에서 카라치로 화물을 운송한 후 다시 돌아온 선박을 대상으로 15일간 격리 조치를 단행했다. 아덴의 한 정치인은 이렇게 설명한다. "일반 무역 문제에서 아덴과 같은 항구에 심각한 불편을 가져올 [규정] 불이행에 대한 위협이 실행되면 고통스럽다는 점을 감안해 규정을 엄격하게 준수할 필요가 있다."[79] 이 전례 없는 엄격한 조치를 도입한 것은 선박이 수에즈운하를 통과하기 위해 원래 항구에서 출항하기 전에 양모를 훈증시킬 것이라고 예상했기 때문이다. 영국은 터키 당국에게 선적 전에 화물을 소독하라고 요구했으나 거절당했다. 이에 따라 뭄바이 등 환적항은 처음부터 소독 시설을 갖추어야 했다. 뭄바이 세관장이 인정했듯이, 이 모든 운영은 '엄청난 불법'이었지만, '영인증기해운' 같은 해운 회사가 반대했음에도 그 조치는 콜카타 인도 정청의 재가를 얻기 전에 먼저 뭄바이 지방 정부의 승인을 받았던 것이다.[80]

　페르시아만의 선박들에 대한 위생 규제 문제는 점점 더 심각해지고 있었다. 1877년 초, 테헤란 보건위원회에 파견된 오스만 대표 카스탈디Dr. Castaldi가 페르시아에 항구적인 위생 서비스와 함께 격리 체제를 권고하면서 절정으로 치달았다. 그러나 톨로잔은 영국의 지원 없이는 해양 격리가 효력을 발휘할 수 없다는 인도 정청의 신념을 다시 밝혔다.[81] 비록 인도 정청이 일찍이 지원해 주었지만, 영국은 영구적인 토대를 갖춘 격리 제도를 책임지는 데 주저했다. 그들이 끝까지 원하지 않았던 것은 콘스탄티노플과 알렉산드리아에 자리 잡은 것과 같은 또 다른 강력한 위생 기구의 창설에 협조하는 일이었다. 당시 페르시아만 영국인 거류지 행정 책임을 맡은 영 육군 중령 프라이도는 중앙보건위원회 지시를 받도록 하는 것보다는 오히려 현지에서 위생 조치를 취하는 편이 더 낫다고 믿었다. 그는 이렇게 말한다. "질병 예방에 개별적인 이해를 가지고 있기는 하지만, 지방 행정 기구가 위생에 관심을 느끼면서도 격리 조치의 지속에 뒤따르는 중요한 상업적 고려 사항을 중앙위원회보다는 덜 간과할 것이다."[82] 런던의 영국 정부도 비슷하게 이런 쪽으로 기울어, 테헤란 보건위원회를 콘스탄티노플이나 알렉산드리아에 있는 까다로운 기관으로 바꾸려는 어떤 시도에도 단호하게 반대했다. 그러나 오스트리아-헝가리 정부는 이 방향으로 열심히 밀고 있었고, 콘스탄티노플 위원회에 파견된 유럽 여러 나라 대표뿐만 아니라 전 유럽의 각국 외무부에 지지를 호소했다.

메소포타미아에서 페스트 발병은 오스만제국 속령으로부터 합스부르크제국의 동쪽으로 확산되지 않을까 하는 과거의 공포를 다시 불러일으켰다. 19세기 중반에 육지와 하천 격리의 자유화 요구가 있었음에도, 오스트리아 정부는 여전히 동쪽 국경을 따라 설치한 위생 방역선을 필수불가결한 것으로 간주했으며, 그것이 거의 두 세기에 걸쳐 제국을 지켜 주었다고 신뢰했다. 콘스탄티노플 위원회에서 오스트리아 대표는 프랑스 및 이탈리아 대표의 지지를 얻어, 그 지역에 대한 실효성 있는 봉쇄veritable stranglehold를 제안했다. 권고안에는 바스라에서 격리 규제의 강화, 샤트알아랍Shatt−al Arab강에서 오는 모든 영국 선박에 대해 아덴과 페르시아만에서 격리 시행, 페르시아 북쪽 국경을 따라 러시아의 격리 실시, 바스라항에서 오는 모든 선박의 격리를 위해 페르시아의 반다르 압바스Bandar Abbas항과 부시르항에 격리 시설 설치는 물론, 메소포타미아로 향하는 페르시아 국왕의 순례길을 따라 순례자에 대한 소독 등의 내용이 포함되었다.[83]

1877년 오스트리아−헝가리 정부는 영국에 대해 더 강한 압력을 가했다. 의료위원회를 메소포타미아와 페르시아에 파견해 페스트를 연구하고 일시적인 테헤란의 보건자문위원회를 항구적인 기구로 전환하자는 제안이었다.[84] 영국 외무장관 에드워드 스탠리(다비 경Lord Derby)는 오스트리아 대사에게 영국 정부가 알렉산드리아와 테헤란에서 보건위원회의 활동에 불평할 만한 이유가 자주 있었고 새로운 시도에 단호히 반대한다고 통보했다. 그는 테헤란회의가 "계몽된 위생 조치를 채택케 할 수 있는 최선의 수단"을 조사하는 일을 유일한 임무로 삼는 경우에만 회의를 영구화하는 움직임에 지지를 보낼 생각이었다. 다비 경은 기존의 내지(內地) 격리를 강화하거나 터키-페르시아 국경을 따라 새로운 격리 시설을 갖추려는 어떤 시도에도 반대했다. 그는 비엔나 위생회의에서 이 문제를 논의해 도출한 결론이 방역선이 강제적인 것이 아니고 또 그것이 국제 교역에 해롭다는 점에 주목했다.[85] 바그다드 주재 영국 영사관 소속 의사 콜빌은 외무장관 다비 경의 입장에 지지를 보냈다. 그는 외무장관에게 다음과 같이 전했다.

> 오스트리아 정부의 서한과 콘스탄티노플 위생위원회 회의록의 전체 요지는……더 많은 격리 조치를 취하는 것뿐 아니라 허용된다면 지구를 그들의 네트워크에 가두려는 것이며, 그렇기에 이 문제는 의료뿐만 아니라 정치 문제가 되었습니다.[86]

콘스탄티노플 위생위원회의 회의록은 페스트가 전염병임을 부인하는 콜빌과 영국 정부의 입장을 다른 각국 대표 모두가 반대했다는 것을 보여 준다. 격리 문제에 대한 외무장관 다비 경의 견해는 주로 콜빌과 영국 정부의 인도장관의 견해에 근거를 둔 것이기는 했으나, 그는 자국 정부의 입장이 과학적인 견해에 부합한다고 주장했다. 오스트리아-헝가리 대표는 이에 대해 회의론을 피력하고 영국 정부가 상업적인 이유 때문에 언제나 격리를 줄이려고 노력해 왔다고 공표했다. 프랑스 대표는 또 감염원에서 훨씬 더 멀리 떨어진 영국과 달리 지중해 국가들은 방역을 완화할 수 없다고 지적했다.[87] 영국은 외교적으로 고립되어 있었고, 페르시아에 대한 오스트리아의 주도적 조치를 마비시켰다는 비난을 받았다. 실제로, 콘스탄티노플 위생회의 이후로 오스트리아의 입장은 상당히 굳어져 있었다.[88] 그럼에도 다비 경은 오스트리아를 조준해 테헤란 영사관에게 기존 격리보다 개선된 위생 조치에 집중하라는 훈령을 내렸다. 이것은 메소포타미아 레슈트Reshut 지방 국경의 페르시아 쪽에서 페스트가 발생한 이후 무엇보다도 더 중요해졌다. 테헤란은 주 당국이 사망자의 적절한 매장과 오수 구덩이 배수를 포함해 필요한 조치를 강제하기가 어렵다는 것을 깨달았다. 지방 정부는 매장 규제에 대한 대규모의 저항에 대처할 힘이 없어 보였고 위생 사업을 수행할 항구적인 기관을 설치하지 못했다. 따라서 페르시아 국가의 약점으로 인해 걸프만 연안과 페르시아의 육지 국경에서의 격리 문제를 향한 국제적인 관심을 흩어놓을 수 없었다.[89]

다른 나라들의 편견에 대처하기

메소포타미아에서 페스트가 나타나 페르시아로 퍼짐에 따라 이 전염병이 (유럽으로 가는 관문인) 이집트에 이르는 것을 막는 최선의 방법이 무엇인가라는 질문이 제기되었다. 가장 논란이 되는 조치는 인도 정청이 관할하는 항구의 격리 규정이었는데, 대부분의 나라들이 이런 규정이 구비되기를 원했다. 많은 관측통들은 페스트가 걸프만에서 직접 유입되는 것처럼 뭄바이나 카라치를 통해 퍼질 수 있다고 주장했다. 그런 조치는 인도 정청으로선 여전히 바람직하지 않은 것이었지만, 홍해 연안에 더 가혹한 조치가 도입되는 것을 막기 위해 걸프만에서 위생상의 규제가 보완되기를 바라는 영국 관리들이 있었다. 1877년 메소포타미아에서 다시 페스트가 발생하자, 터키 정치 자문관 닉슨J. P. Nixon 대령은 향후 영인증기해운사와 우편 계약을 할 때 해운사의 증기선이 뭄바이−바스라 간 여객 운송을 금지할 것을 요구하라고 제안했는데, 1877년 메소포타미아 역병 재발로 여객들이 줄고 있었다. 그러나 이것이 현실적으로 불가능하다면, 메소포타미아와 인도 사이를 오가는 모든 증기선은 페스트가 '활성'화 될 때 카라치에서 약 5일 정도 단기간 격리 조치를 받아야 한다고 제안했다. 그는 다음과 같이 깨닫고 있다.

> 이 문제를 법제화하고 인도에 격리 제도를 도입할 때, 이는 확실히 무역에 큰 걸림돌이 되기 때문에 정청은 일부 반대에 대처할 준비를 해야 한다. 그러나 동시에, 입법회되면 그것은 질병의 확산을 억제하는 가장 효율적인 방법이기도 하고, 우리 정청의 주의 깊은 감독하에 그 권한이 행사될 때, 이 나라에서 너무 고통스럽게 느껴지는 짜증나는 여러 원인들은 그다지 심각하지 않게 될 것이다.[90]

메소포타미아 내지에서 격리 조치 시행을 반대했음에도, 전혀 그럴 것 같지 않은 의사 콜빌이 오히려 해상 격리의 몇몇 형태를 지지한 것은 전적으로 실용적인 이유 때문이었다.[91] 그는 걸프만에 격리 시설을 세우고 인도나 유럽으로 행하는 모든 영국 선박을 항해 전에 그곳에 잠깐 계류시킬 것을 제안했다. 그 목적은 선박들이 방해 없이 수에즈운하를 통과할 수 있도록 하는 데 있었다. 이와 비슷한 제안의 이면에는 수에즈에서 장기간 지체되고 이집트 관리들에게 강탈당하느니 오히려 영국이 관할하는 더 자유로운 제도 아래서 격리를 받는 것이 선박들에게 더 낫다는 생각이 깃들어 있었다.[92] 콜빌의 제안은 콘스탄티노플 위생위원회에서 그가 맞닥뜨린 반대파의 견해에서 비롯된 것인지도 모른다. 콘스탄티노플 위원회는 이전에 레반트 지역의 전염병에 대한 그의 반격리론에 입각한 설명을 거부한 적이 있었다. 실제로, 위원회는 전염설과 격리에 대한 영국 측의 반대는 오로지 상업에 끼칠 피해를 줄이려는 목적 때문이라고 생각했다.[93] 그러나 인도 정청은 "그런 격리 조치가 상업에 큰 지장을 초래할 것이며 상인 사회에 상당한 손실과 어려움을 가져올 것"이라고 믿었다. 그 제안은 이전에 베일리가 권고했던 내용, 즉 격리 그 자체보다는 인도 항구에서 의료 검사를 다시 한다는 내용에 의거한 것이었다.[94] "추가적인 예방 조치를 위해서 우리 항구 도시가 주민을 감염에 취약하게 만드는 비위생적인 상태에서 벗어나도록 하는 데 의거해야 한다. 비위생적 상태가 없어지면 페스트 같은 성격의 질병은 퍼지지 않을 것이라고 확신한다."[95]

이와 같은 의료 검사와 위생 개선의 결합은 1872년부터 콜레라에 관해 영국에서 취한 접근법과 일치하지만,[96] 1825년 격리법 아래서도 여전히 페스트가 발생했다. 다시 영국의 입장은 일관성이 없는 듯이 보였고, 이는 알렉산드리아와 콘스탄티노플 위생위원회에 자국 대표의 고립을 조장했다.[97] 유럽에서 거의 진척을 보지 못한 영국은 이집트에서 외교 공세를 펼쳤는데, 영국은 이집트가 오스만제국의 이집트 총독kehdive에게 압력을 가할 수 있기를 바랐다. 이집트 공채 상환을 감독하는 한 위원회가 구성된 후 영국과 프랑스는 이집트 내정에 대해 상당한 통제권을 가졌고 특히 영국의 영향력이 커지고 있었다. 외무장관 다비 경은 인도 항구에서 엄격한 조치를 취하지 않을 경우 영국 선박에 대해 예상되는 모든 규제를 제한하려는 생각으로, 이집트 정부를 통해 알렉산드리아 보건위원회에 압력을 가할 계획이었다.[98] 이 계획은 성공적인 것으로 나타났으며 1877년 11월 초 전 보건원장이었던 의사 콜루치 파샤Colucci Pasha는 전염병 감염 국가에서 오는 선박에 대한 기존 위생 규정을 수정하는 제안을 마련했다. 콜루치 파샤는 메소포타미아와 리비아에서 '좀더 약한 형태의 역병'으로 보이는 페스트가 나타나자, 이 병은 쉽게 전염되지 않는다며 15일간의 정상적인 격리 중단을 주장했다. 당시 알렉산드리아 주재 영국 부총독 헨리 칼버트Henry Calvert는 다음과 같이 긍정적으로 보고했다.

콜루치 파샤의 규제는 페스트가 의심되는 항구에서 도착하는 선박과 그리고 선상에서 어떠한 의심스러운 증세도 없이 5일간 항해한 선박에 대해서는 격리 시행 중인 운하 통과를 허용해야 하며, 이집트 항구들에서 격리를 받을 필요가 없다는 내용이기 때문에 해운업 이익에 대한 과도한 부담을 덜게 될 것입니다. 선상에서 의심스러운 질병이 나타났을 경우에만 그 선박은 토르Tor[홍해의 엘토르항에 있는 격리 시설]에서 격리 요청을 받게 됩니다. 15일간의 항해는 격리 기간으로 산정되기 때문에 이집트로 오는 승객과 화물을 실은 선박은 24

시간 관찰 후에 (선상에 오른 의료진이 만족한다면) 자유로운 '입항 허가pratique'를 얻습니다.[99]

이에 못지않게 중요한 것은 우편물이 개봉되지 않은 상자로 운하를 통과한다면 격리를 면제하자는 제안이었다.[100]

이 규정은 환영받았지만 완화된 규정은 오직 페스트에만 적용되었다. 콜레라 환자가 발생했거나 콜레라에 감염된 항구에서 출항한 선박은 이전과 같은 조치를 받았다. 따라서 영제국 간 무역에 대한 위생상의 주된 제약은 그대로 유지되었다. 영국 기업과 민간인들은 갈취와 뇌물 등 이집트 검역 당국에서 자행하는 '엄청난 직권 남용abuse'과, 제다항에 내린 순례자들이 겪는 이와 비슷한 치욕에 대해 불평을 터뜨렸다.[101] 한편으로는 보복, 그리고 다른 한편으로는 이집트 당국을 달래려는 시도로, 아덴과 같은 항구는 검역소에 선박을 배치하기 위해 적법성 여부를 측정하기도 했다.[102] 1878년 8월, 제다에서 아덴에 도착한 유럽인 남녀 한 쌍이 작은 보트에 그대로 탄 채 6일간 격리당했다는 사실이 폭로된 후, 이러한 시행 조치들은 영국 인도 장관과 인도 정청의 관심을 끌게 되었다. 유럽인 남녀는 자신들의 처지와 특히 사생활의 침해에 대해 항의했지만, 거류지 당국자는 후에 두 사람이 겪은 곤경은 그들이 말하는 것만큼 힘들지 않았으며 아덴을 거쳐 수에즈로 가려고 했기 때문에 그들 책임일 뿐이라고 공표했다. 그러나 당국자가 아덴항에서 이전에는 어떤 격리 조치도 내리지 않았기 때문에 두 사람에 대한 모든 절차가 불법임을 스스로 인정한 것이나 다름없었다.[103] 아직 인도 정청의 위생 위원으로 활동하던 커닝엄은 아덴항의 절차가 '암흑시대에나 걸맞은' 것이라고 선언하면서 인도 정청이 관할 항구에서 어떠한 형태의 격리도 지지해서는 안 된다고 계속 주장했다.[104]

그러나 런던에서는 제다와 수에즈의 영국 영사관이 보고한 폐해를 막기 위해 새로운 결정을 내렸다. 외무부는 알렉산드리아에 있는 영국 영사에게 다음과 같이 지시했다.

> 이들 보고에서 드러난 방해, 부패, 잔혹성에 대해 이집트 보건위원회와 이집트 정부에 강하게 항의하고, 합법적인 무역업자들에게 불행과 범죄와 질병을 유발해 불필요한 손실을 입히며, 이 무능하고 부패한 관리들이 자신의 치부 외에 더 나은 목적에 봉사하는 일이 없는 듯한 이런 상황을 여왕 폐하의 우리 정부는 결코 묵과할 수 없다는 점을 분명히 밝히기 바랍니다.[105]

(영국 정부 부처인) 인도부India Office는 이와 비슷한 입장을 보이면서 "이들과 다른 신문들에서 드러난 폐해를 볼 때 어떤 근본적인 개선책을 도입하는 것이 시급하다"고 천명했다. 인도부는 알렉산드리아 주재 영국 영사 비비안의 제안을 지지했다. 그 제안은 이집트 정부를 알렉산드리아 보건위원회에서 완전 분리하고, 이집트 항구에 정박할 의사가 없는 선박들이 운하를 통과할 경우 보건위원회의 억류 권한에 이의를 제기하는 것이었다.[106] 보건위원회에 항의하기는 했지만, 원하는 결과를 얻어 낼 수 없다는 것이 명백해졌다. 인도 정청의 완고한 태도가 영국, 이집트 그리고 다른 지중해 국가들 간의

교역에 지장을 주고 있다는 것도 분명히 드러났다. 1878년 9월, 영국 정부는 인내심이 바닥났다. 인도부 장관 솔즈베리 경은 인도 정청에 "홍해를 통과하는 선박에 제약을 가하는 위험을 피하기 위해 가능한 한 다른 국가의 편견을 해소하는" 일의 중요성을 지적하면서 인도 정청이 관할하는 모든 항구에 적용되는 격리 규정을 마련하라고 지시했다.[107]

이에 따라 솔즈베리는 인도 항구에 적용할 위생 규정 제정 여부를 놓고 본국 정부와 인도 정청, 그리고 뭄바이 지방 정부 간에 벌어졌던 팽팽하고 장기간에 걸친 논쟁을 마무리했다. 이제 남은 문제는 규정이 어떤 형태를 취해야 하는가, 그리고 관련 당사자들이 이를 모두 수용할 수 있는가 여부뿐이었다. 인도 정청은 지방 당국이 규정을 만들 때 준수해야 할 두 가지 기본 원칙을 세웠다. 즉, 전염병을 앓는 승객을 태우고 인도에 들어온 선박들을 대상으로 하는 의료 검진 제도를 도입하고, 해외 질병, 특히 페스트와 황열병이 유입될 위험이 있는 경우에 따라서 격리를 시행한다는 것이다. 그러나 (뭄바이) 지방 당국이 콜카타의 인도 정청에 보낸 규정 초안은 일관성이 없었다. 1879년 2월 인도 장관은 "현재 이 사태의 상황이 해외 열강의 항구에서 조잡한 격리 규정에 항의하는 영국 정부의 주도권을 약화시키고 있다"고 밝히면서 인도 정청에 대해 그 상황을 시정할 조치를 취할 것을 촉구했다.[108]

이에 따라 인도 정청의 위생 위원 커닝엄은 지방 정부의 지침을 고려해 격리에 관한 좀더 분명한 규정을 작성하는 임무를 떠맡게 되었는데, 아이러니하게도 이것은 이미 1877년 뭄바이 지방 정부가 처음 작성한 규정에 기초를 두었다. 검진 절차의 적법성에 대해 일부 의구심이 있기는 했지만, 의료 검진 규정은 법률 조항이 아니라 인도 정청의 행정 명령으로 도입될 것이었다.[109] 그 규정 초안은 인도의 관행을 영국에서의 절차에 맞추어 효율적으로 만들었는데, 의료 검진이 무역이나 승객에게 미치는 불편을 최소한도로 줄이려는 의도가 있었다. 따라서 천연두나 콜레라 같은 발병이 한두 건에 불과한 선박에는 평소처럼 정박을 허용했으며, 검사 시행 도중에 건강한 승객을 억류할 필요가 없었다. 이제 필요한 것은 병에 걸렸다고 의심되는 승객을 선장이 선박 검진을 받기 전에 미리 하선시키지 않았음을 확인하는 것뿐이었다. 두 명 이상의 승객이 질병에 걸렸을 때는 전체 승객은 배 안에 남아야 했으며, 검진 도중에 배를 청소하고 훈증했다. 심지어 격리 규정도 느슨했다. 그들은 감염된 항구에서 왔더라도 선상에 환자가 없으면 곧장 입항해 정상적으로 정박할 수 있었다.[110] 그러나 인도기 이런 제도를 갖추지 않을 수 없었다는 사실은 제아무리 힘이 있다고 하더라도 이제 어떤 국가도 국제 여론을 무시할 수 없게 되었음을 보여 준다.

국제위생회의의 개최 횟수가 빈번해지고 콘스탄티노플과 알렉산드리아에 국제위생위원회라는 기구가 설립되면서 이제 어떤 나라 정부도 주도적 의견에서 벗어나기가 어려워졌다. 그렇지 않으면 특히 부와 위력을 해상 무역에 의존하는 영국 같은 나라에 피해를 줄 집단적인 보복 조치가 이루어질 가능성이 있었기 때문이다. 영국 지방행정 장관은 홍해에 격리 조치가 내려지는 상황을 다음과 같이 요약했다. "이집트 자체의 조치는 격리에 관한 유럽 강대국 의중의 지시를 받아 온 것 같다. 이들 국가의 입장은 국제회의에서 표명된 견해뿐 아니라 지중해 연안에 내려지는 다양한 격리 권한의 실제 행사를 통해서 알 수 있는 것이다. 이리하여 이집트는 "자체적인 격리 조치를 아주 엄격한 높은 수준으로까지 끌어올리고 자국의 이익에 따른 그런 예방 조치뿐 아니라, 지중해 국가들의 우려 때문에 그 나라가 수용 압력을 받고 있는 갖가지 예방 조치를 취할 수밖에 없다."[111] 따라서 위생 규제는 국내 보건에 대한 위협을 감지하는 것 못지않게 다른 나라의 기대도 계속 반영하는 것이다. 이는 오늘날까지 어느 나라에도 적용될 수 있는 진술이다.

그러나 국제위생회의가 전염병을 좀더 일관성 있게 관리했던 반면, 레반트에서 페스트 창궐 같은 위기에 대응하는 과정에서 균열이 나타남으로써 시스템의 한계가 드러났다. 19세기 후반 국제주의의 가장 심각한 결함은 유럽 중심주의가 아니라,[112] 19세기 중엽에 존재했던 어떤 이념적 동질성이 약화되고 국가 간 경쟁이 치열해지고 있다는 사실 때문이었다. 1830~40년대에는 자유무역의 정신에 입각해 위생상의 국제주의가 유지되었지만 1870년대에 이르러 경쟁국들은 그 교의가 영국의 특수이익을 은폐하려는 겉치레에 지나지 않는다고 말하기 시작했다.[113] 1880년대에 위생 규제 측면에서는 그런 상태가 지속되었고 영국과 인도는 외교적으로 고립되었다.[114] 격리 같은 문제에 대한 합의가 이론상으로는 바람직했지만, 국익을 방해한다는 이유로 허용되지 않았고 많은 경우 이러한 이익을 관세 및 기타 무역 규제를 통해 보호했다.

1890년대 초엽에 상황은 다시 바뀌었다. 부분적으로, 이는 콜레라에 대한 새로운 과학적 지식을 반영하는 것이었다. 1883년 독일 과학자 로베르트 코흐Robert Koch가 콜카타의 한 저수지에서 콜레라의 원인균인 박테리아를 발견했고, 이로써 식수가 질병 전염의 주요 매개체라는 점이 확인되었다. 그러나 코흐의 발견은 몇 년 동안 논쟁거리로 남아 있었고, 일단 받아들여졌어도 감염자를 억류할 필요성은 줄어들지 않았다. 국제 위생 분야의 변화에 더 중요한 자극을 준 것은 수에즈운하를 통과하는 선적량의 증가였다. 그 무렵 동아프리카에 식민지를 획득한 독일도 그러했다. 독일은 1882년 삼국동맹(오스트리아–헝가리제국, 이탈리아, 독일)에 참여한 동맹국에 영향력을 행사해 수에즈운하에서 격리 자유화에 대한 지지를 확보했다. 이 같은 전망의 변화는 1885년 로마에서 열린 국제위생회의에서 이미 눈에 띄었는데, 이탈리아 외무장관은 지중해에서 격리 조치의 '혼란(무정부 상태)'을 비난하고 모든 국가에 적용될 표준화된 격리 규제를 도출하기위한 국제위원회 결성을 제안했다.[115]

그런 기구를 만들 시기는 아직 무르익지 않았지만, 더 큰 규모의 표준화 및 자유화에 대한 지지가 높아지고 있었다. 예컨대, 1892년과 1893년에 각기 베네치아와 드레스덴에서 열린 국제위생회의에서 순례자들이 출입하는 항구는 아니지만 홍해 연안 수에즈 부근 항구에서의 조치가 약간 완화되었다. 독일, 특히 개혁을 요구하는 현재 영국의 주요 지지자였던 이탈리아와 오스트리아–헝가리제국은 놀라운 태도 변화를 보이는데, 이 나라들은 이전에는 철저한 격리 옹호자였다. 유럽 강대국 대부분이 동양과 그 지역의 영국 속령에 부과하려고 했던 것, 위생을 꼬투리삼은 압박이 상당히 완화되었던 것이다. 그러나 영국과 제국주의 경쟁국인 프랑스는 국제적으로 소수가 되기는 했지만, 여전히 많은 문제들에 대해 단호한 입장을 고수했다.[116] 어쨌든 이런 상황은 극적인 전환이었고 과학적 견해의 변화보다는 외교와 국익 계산을 반영한 것이었다. 그러나 이러한 협정은 콜레라에만 적용되었고 1851년 파리회의 이후 심각하게 고려되지 않았던 페스트와 관련한 위생 규정을 전용할 가능성이 매우 높았다. 1870, 80년대에 페스트가 발생했을 때, 대부분의 국가는 단순히 엄격한 형태의 격리 조치로 되돌아갔는데, 이는 증기선, 철도, 그리고 세계 무역의 시대에 걸맞지 않은 것으로 드러났다. 1890년대에 세계가 또 다른, 훨씬 더 심각한 전염병에 뒤흔들린 후에야 페스트에 대한 일관성 있는 국제적 대응에 해당하는 방안이 도출되었다. 교역과 정치 생활에 많은 혼란을 겪은 후에야 비로소 해결된 것이다.

7
장

페스트와
세계 경제

영국군 보병연대Staffordshire Regiment가
전염 지역의 집들을 청소하는 모습
홍콩, 1894.

†

홍콩에서 전염병에 대응하기 위한 시도로 전염 지역에서 재물의 대량 폐기 등을 포함한 가혹한 방법들이 사용되었다. 그러한 조치들은 전염병이 다른 나라들로 퍼질 수 있고 이에 따라 제국의 주요 항구인 이 도시와 교역 중단을 초래할 수 있다는 두려움을 잠재우기 위한 필사적인 시도였다.

전염병 창궐 당시 뭄바이Bombay 모습

작자 미상, 1896년 혹은 1897년.

 이웃에 발생한 전염병으로 집을 떠나야만 했던 부유층 가족이 격리 캠프 내 임시 막사 외부에 앉아 있는 장면이다. 이러한 수모는 뭄바이와 다른 전염병 감염 도시들로부터 대규모 탈출과 폭동을 초래하고 비즈니스 활동을 정지시켰다. 영국 당국은 곧 지역 사회 지도자들과 타협을 해야 했고 억압적인 조치들을 완화시켜야만 했다.

아메리카 대륙으로 확산하는 전염병

앨버트 로이드 타터Albert Lloyd Tarter, 1940년대.

미국으로 전염병이 확산되는 것에 대해 널리 퍼져 있던 공포를 표현하고 있다. 동아시아와 중남미 국가들에 초점이 맞춰져 있지만 미국이 동서 양쪽으로부터 공격받는 나라임을 보여 주고 있다. 미국은 아시아와 중남미 항구들에 대한 엄격한 감시를 계속했으며 때로는 이들 항구의 위생 관련 사안에 개입하기도 했다.

선박에 몰래 타 전염병을 더 멀리 확산시키는 쥐

엘버드 로이드 타터Albert Lloyd Tarter, 1940년대.

미국인 화가 앨버트 로이드 타터Albert Lloyd Tarter는 이 그림에서 선박을 통한 무역이 초래하는 지속적인 위험을 부각하고 있다. 1900년도에는 이미 쥐, 벼룩과 림프절 페스트bubonic plague 간 연관성이 일반적으로 인정되었으며 전염병 대응 조치들은 인적 이동에 대한 규제에서 쥐 반입 방지로 바뀌었다. 이것은 선주들에게 새로운 책임을 갖도록 하게 하였으며 검역이나 무역에 대한 장애가 될 수 있는 조치의 필요성을 감소시켰다.

앞장에서 우리는 19세기 중반에 걸쳐 중국과 서아시아에서 때때로 페스트가 발병하는 것을 살폈다. 몇몇은 원거리 무역을 교란시킬 만큼 심각한 것이었다. 물론 대부분의 사람들은 페스트를 마치 과거의 질병처럼 인식했다. 과학과 위생 이전의 특정한 시대를 떠올리게 하는 공포스러운 사건으로. 그러나 1890년 중국 남부에서 발생한 전염병은 본격적인 대유행병이 되었다. 이전 페스트의 물결은 유라시아와 북아프리카에 주로 영향을 주었던 반면, 이번 것은 전 세계로 퍼져 나갔으며 사람들이 거주하는 모든 대륙에까지 이르렀다. 페스트는 성숙한 세계 경제의 동맥을 따라 빠르게 퍼졌고, 근대 교통수단에 의해 그 전파 경로가 수월해졌다. 증기선 항해와 해양 기술의 발전으로 해상 수송 시간을 수십 년 전보다 몇 분의 일로 단축했고 수많은 대규모 철도 공사가 완료되었거나 진행되고 있었다. 새로운 운송 방식에 힘입어 이 질병은 외견상으로 뚜렷하게 근대적인 빛깔을 띠었지만 다른 면에서는 역시 '현대적'이었다. '제3차 대역병'은 조직적인 반응을 불러일으킨 최초의 위기였다. 페스트에 대한 첫 번째 반응은 공황이었지만, 그에 따른 사회 혼란이 주요 강대국들이 비준한 일련의 국제 협정을 낳았다. 이 힘겨운 국제 합의로 페스트가 국제 경제를 파괴하는 것을 막았으며 새로운 위생 질서의 토대를 마련했던 것이다.

고통스러운 교훈

중국 윈난성은 여러 해에 걸쳐 페스트에 시달려 왔으나 1850년대에는 더 자주 발생했고 때때로 광시廣西와 광둥廣東 등 인근 성으로 퍼져나갔다.[1] 민란이 페스트 창궐의 주된 원인이었을지도 모르겠으나, 다른 성으로 퍼진 것은 수익이 높은 아편 무역 때문이었을 것이다. 이무역이 고지대 감염 원친지와 남부 및 동부의 성업 중심지를 연결시켰던 것이다.[2] 이후 제3차 대역병Third Plague Pandemic으로 알려지게된 최초의 창궐 시기가 언제인지 의논이 분분하지만, 1890년대에 이질병이 윈난성 동남부 주요 무역 도시 중의 하나인 멍쯔蒙自로부터주강珠江 강변의 일부 촌락까지 전염되었다는 보고가 있다. 그 이전에는 질병이 윈난성을 벗어난 후에 없어졌지만 1890년 이후에는 계속 번져 1894년에는 광둥성 전역을 엄습했다. 그 후 광둥성 수도이자주요 상업 중심지인 광저우廣州에 이르는 것은 시간문제였다. 따뜻한날씨에 힘입어 선腺페스트가 창궐했기 때문에, 1894년 초 광둥성의심한 더위가 질병 확산에 유리했을 것이다.[3]

5월경 페스트는 이미 해안을 따라 영국과의 조약으로 할양된 홍콩항에 이르렀다.[4] 광저우에서 80마일도 못 미쳐 주강 하구에 있는 홍콩은 감염에 매우 취약했다. 정크선(범선)이나 증기선을 이용해 강 상류의 항구들과 교역이 빈번하게 이루어졌고 해외에서 일자리를 찾으려고 광저우에서 홍콩으로 '쿨리coolie'(육체 노동에 종사하는 하층의 중국인·인도인 노동자를 서양인이 부르던 호칭.—옮긴이 주)라고 불리는 수많은 노동자들이 몰려들었다.[5] 고향에 머물러 있으라는 권고appeal는 무시되었으며 수천 명의 노동자들이 아무런 방해를 받지도 않고 도시로 들어왔다. 광저우 주민들은 페스트 발병 보도를 듣고도 특별히 놀라지 않았는데, 이는 많은 중국인들이 그 질병을 전염성 있는 병으로 여기지 않았기 때문이다. 단지 그들은 거주지와 사업장 주변의 공기를 정화하려고만 했다.[6] 그 지역의 어떤 도시도 어떤 형태로든 격리 제도를 도입하지 않았고, 오랫동안 개혁안이 발의되었음에도 위생 상태는 열악했다. 홍콩의 영국 당국은 수많은 중국인 지주들이 이런 개혁에 저항하는 것을 묵인해 왔다. 인구 과밀을 규제하면 그들이 임대료로 거두는 수입이 줄어들 것이라는 이유 때문이었다.[7]

　　홍콩에서 페스트는 인구가 과밀하고 비위생적인 거리를 통해 급속하게 퍼졌다. 6월 중순까지 거의 2천 명의 목숨을 앗아 갔는데, 이때의 페스트는 이전의 것과 아주 다른 종種임이 분명해졌다. 안일했던 도시는 곧바로 공황 상태로 변했다. 8만 명에 이르는 사람들이 도시를 떠났다. 그 결과, 상업은 '심각한 영향'을 받았으며 노동력이 부족해졌다.[8] 도시의 상업 생활이 되살아나려면 현지 원주민과 거류지 외국인 사회의 신뢰가 회복되어야 했다. 대부분의 영국 관리와 의사들은 이

전에는 극빈층 중국인 주민—이들 중 많은 사람들이 페스트 감염 지역에서 온 이주민이었다—에게만 이 질병이 국한되었다는 견해를 밝혔다. 중국 인구 중 가장 가난한 계층은 열악한 생활환경 때문에 특히 더 감염되기 쉬운 것으로 여겨졌다.[9] 그러나 초기의 노력은 위생 상태 개선에 별 도움이 되지 못했다. 페스트 피해자와 의심환자를 병원으로 강제 이송하는 데 주력했기 때문이다. 영국군의 가택 수색을 수반한, 당국의 강압적인 접근은 원래 의도와 정반대의 효과를 초래했다. 주민들은 격렬하게 반발했고 수천 명이 도시에서 탈출해 경제 상황을 악화시키고 중국 남부 전역에 페스트를 더 퍼뜨렸다.[10] 홍콩항 총독 윌리엄 로빈슨 경Sir William Robinson은 이렇게 지적했다. "페스트의 영향은 모든 분야의 사업에서 감지할 수 있는데, 은행가·상인·해운회사·제당산업·무역업자·상점주·자산 소유자·노동계급으로부터 거두는 세수 손실은 정확하게 계산할 수도 없다."[11]

이 중에서, 가장 심각한 영향을 받은 것은 해운 분야였다. 페스드의 발병 시점은 보통 수천 명의 중국인이 홍콩에서 말라카 해협 정착지(말라야)나 또는 더 먼 곳으로 이송되는 이민노동이 절정에 이르는 계절과 일치했다. 이 전염병은 국제적으로도 경종을 울려, 밴쿠버로 떠나는 태평양 우편선들은 중국인 탑승을 거부했다. 영국, 프랑스, 독일 해운사의 증기선도 마찬가지였다. 프랑스와 독일 선박들도 홍콩에서 온 화물 운송을 거부하고 심지어 입항조차 허락하지 않았다. 이러한 주의 조치는 단순히 질병에 대한 두려움 때문만이 아니라 홍콩에 정박했던 선박이 세계 대부분의 항구에서 엄격한 격리 조치를 받게 될 것이라는 정확한 정보 때문이기도 했다. 로빈슨 박사가 "무역과 상업에 관한 한 페스트가 전례 없는 재앙에서 중요한 비중을 차지하게 되었다"고 단언했을 때 이는 과장이 아니었다.[12] 그는, "홍콩의 10분의 1을 파괴하고 다시 건설하는 결과를 초래할 수 있다"고 하면서 오랫동안 지체된 위생 개혁을 서둘러 추진할 수밖에 없었다.[13] 상수도와 위생 공사도 개선되어야 할 것이었다. 지금까지는 조약으로 개방한 이러저런 항구들에서 이런 개선의 증거가 많이 나타나지 않았다. 일본 연구원인 기타사토 시바사부로北里柴三郎와 프랑스계 스위스 과학자 알렉상드르 예르생Alexandre Yersin이 독자적으로 페스트균plague bacillus 발견을 공표했다고 해서 그러한 개혁의 필요성을 약화시킨 것은 아니었다. 당시 홍콩에 잠시 체류하던 두 세균학자는 중국인의 생활습관과 그들 거주지의 비위생적인 상태가 세균을 증식시킨다고 주장했다.[14]

홍콩의 페스트 예방은 제임스 로슨James Lowson(시립병원의 의사)과 페니 박사(해군 내과의사), 그리고 외과 전공의 제임스(육군 의무장교)로 구성된 위원회가 주관했다. 이 위원회는 몇 건의 법률 및 기타 규정 초안을 작성했으며 이 법률들은 후에 홍콩 행정 및 입법위원회에 의해 확정되었다.[15] 1894년 7월 초까지 2천 3백 63명이 사망하고, 입원자는 2천여 명에 이르렀다.[16] 연말에 접어들면서 병이 가라앉았는데, 이는 날씨가 더 추워지고 감염 지역에서 사람들이 빠져나가기 시작했기 때문일 것이다. 그다음 해에는 더 이상 발병 사례가 보고되지 않았지만 1896년 1월 다시 페스트가 발생했다. 이번에는 당국이 즉시 대응했다. 페스트에 걸린 환자들을 격리된 병원으로 옮겼고 접촉자들은 항구에 정박한 정크선에 분리했다. 희생자와 접촉자의 실제

수치는 선박이 곧 넘쳐날 것이며 접촉자 분리는 포기할 수밖에 없다는 것을 뜻했다. 실행할 수 있는 유일한 행동 방침은 임시 거주자들이 살균 소독을 받을 경우 광둥성의 가족에게 돌아가도록 허용하는 것이었다. 소독은 인기가 없었지만 그 도시를 떠날 수 없게 된 후로는, 이번에는 정크선이 아니라 접촉자 전용 대형 창고를 이용해 분리하는 시책이 별다른 반대 없이 재개되었다.[17]

2년 전에 로빈슨이 제안한 야심찬 홍콩 개혁 프로그램은 흔적조차 남지 않았고 또 다른 페스트 침입에 대응해 방역을 강화하려는 어떤 조치도 취해지지 않았다. 홍콩 총독은 당국이 페스트를 통제할 수 있다는 점을 입증하고 싶어 했지만, 식민 당국은 그런 조치에 비용을 지불하기 위해 세금을 올리거나 내륙의 무역에 간섭할 만한 일을 벌일 준비가 되어 있지 않았다. 이러한 활동을 하지 않은 것은 광둥성의 청 왕조를 고려했기 때문인지도 모른다. 격리를 곧 시행한다거나 외국인이 중국인을 조사하고 익류하는 일을 유난히 불편하게 생각했다.[18] 또 해외의 상업 세력 쪽에서도 조약항條約港의 행정을 특징짓는 자유방임주의적 협정에 위배되는 일을 하는 것을 매우 꺼렸다. 1894년까지는 전염병 위협에 대처하기 위해 조치를 한 중국 항구는 거의 없었고, 의료 시설은 초보적이었다.[19]

가장 큰 예외는 상하이와 샤먼廈門항이었는데, 이 두 항구는 인도에서 콜레라가 발생했을 때 그곳에서 온 선박들을 주기적으로 격리시켰다. 1894년에도 상하이가 앞장섰다. 홍콩에서 페스트가 발생하자 중국 남부에서 온 선박들을 격리 조치했다.[20] 이 질병이 남부 항구에 도달한 직후 상하이 국제 조계租界 당국은 홍콩과 광둥성 등 다른 항구에서 도착한 모든 선박들에 의료 검진을 실시했다. 조사가 끝날 때까지 어떤 선박도 항구에 들어올 수 없었고 이 주의사항들은 9월 중순까지 유지되었다. 이와 동시에 시 당국은 조계지 청소에 착수하고 필요할 경우에 대비해 임시 병원과 훈증 시설을 설치했다. 1896년 다른 남부 항구들에서 페스트가 발견되었을 때, 다시 한번 이러한 조치들을 재분류해 시행했으며, 그로부터 2년 후, 광저우와 홍콩에서 추가로 발병한 이후에는 영구적인 격리 시설을 세웠다. 그 시설은 향후 몇 년간 중국 남부에서 샤먼, 타이완, 마닐라, 산터우汕頭, 만주, 일본으로 페스트가 퍼져 나갈 때 사용되었다. 이러한 조치들은 많은 중국인에게 매우 인기가 없었지만, 페스트를 저지해 사업에 거의 해를 끼치지 않는 것으로 보였다. 상하이를 통과하는 무역량은 홍수와 시민 소요, 미서전쟁(미국-스페인 전쟁) 등으로 상거래가 중단되었던 1897~8년을 제외하고는 1894년 이래 꾸준하게 증가했다.[21]

상하이는 무역 확대로 계속 이익을 거둔 반면, 홍콩은 심대한 타격을 입었다. 1898년부터 1903년까지 영국 의사 윌리엄 심슨William Simpson이 속령(홍콩)의 페스트 전염에 관해 보고한 것에 의하면, 한번 발생하면 한 달 이상 전염병으로부터 자유롭지 못했다. 페스트 발생 보고가 아예 없어도 계속해서 대륙으로부터 다시 감염되었다. 심슨은 이렇게 지적했다. "중국에서는 전염병의 위력을 완화할 수 있는 어떤 일도 할 수 없다. 페스트도 예외가 아니다." 그러나 다른 외국 항구가 홍콩에서 온 선박을 격리해 계류시키는 데 드는 비용을 비교할 경우 홍콩에서는 적절한 격리 시설을 갖추는 비용이 저렴한데도, 홍콩 당국 역시 태만하기 짝이 없었다. 심슨이 보기에, 그 도시에 필요한 것은 중국의 질병 확산에 대한 더 깊이 있는 지식과 그 지식에 토대를 둔 예방 시스템이었다. 그는 다음과 같이 주장했다.

> 이 보호는 격리 조치가 아니라 감염된 지역과 교역하는 정크선 및 증기선에 대해 일 년 중 가장 위험한 시기에 감독하는 것일 뿐이다. 매일 수백 명의 승객을 태우고 광저우와 홍콩을 오가는 본토 또는 유럽의 대형 증기선을 대상으로 회사 비용으로 선상에 의사를 배치하고 페스트와 다른 전염성 질병에 걸린 환자들에 관해 보고하도록 하려는 것이다. 그 대안은 증기선이 해변에 오기 전에 의료 검진을 하는 것이다.[22]

심슨의 권고안은 상하이 세관 당국이 도입한 대책보다 미흡했고 홍콩과 정기적으로 무역하는 항구들의 안전(방역) 책임자들을 안심시키지도 못했다. 해외 열강은 홍콩을 비롯한 중국 항구가 페스트 선파를 막기 위해 격리나 이와 유사한 조치를 취해야 한다고 더 강력하게 주장했다.[23] 그러나 청 정부는 외국의 통제와 관련된 격리에 반대했다. 그러나 무역 문제에 대한 더 이상의 간섭을 방지할 유일한 희망은 중국이 조약항의 방역활동과 병행해 자체 격리 제도를 택하는 것이었다. 1902년 베이양北洋전염병방역소가 설립되었고 4년 후에 이 방역소와 기타 지방 소재 기관들이 황제의 관할에 속하게 되었다.[24] 이들 위생 기관은 주로 국제적인 우려를 완화하기 위한 것이었지만, 이를 통해서 청 당국은 개항장에서 자기들의 관할 권한을 주장할 수 있었다. 중국 관헌은 중국인 시신을 수색하고 검사할 수 있는 유일한 권한을 갖게 되었다.[25] 그러나 이들 조치는 바람직한 효과를 거두지 못했고 향후 수십 년간 중국의 위생 문제에 대한 외국의 개입은 더욱 심화되었다.

서양으로의 가교

중국 밖에서 처음으로 페스트 감염의 목소리가 터져 나온 항구는 뭄바이였다. 페스트는 1896년 뭄바이에 이르렀다. 어떻게 어디서부터 감염되었는지에 관해서는 서로 다른 견해들이 있었지만, 대부분의 관측통들은 이 병이 홍콩에서 직접 왔다고 믿었다.[26] 뭄바이에 이르러 병은 부두에 있는 창고를 통해 빠르게 퍼져 나갔고, 그 후 도시와 주변 지역 전체에 퍼졌다. 홍콩의 경우와 마찬가지로 페스트는 급성장하는 도시의 빈민가와 골목에서 알맞은 보금자리를 찾았다. 당시에는 알려지지 않았지만, 그 병의 가장 효력 있는 매개체인 곤충, 쥐벼룩은 뭄바이에 아주 흔했다. 아마도 페르시아나 이집트에서 수입된 목화 더미를 통해 들어왔을 것이다.[27]

뭄바이에 페스트가 퍼지면서 그 도시의 위생 예방 대책의 허술함이 부각되었다. 수십 년간 개혁이 진행되었음에도, 인도 최대의 항구는 1860~70년대의 콜레라 전염기에 얻은 '버림받은pariah'이라는 지위에는 변함이 없었다. 시 위원회council는 일시적으로 도시 청소 작업을 시작했지만 기득권층vested interests은 개혁을 방해했다. 비록 인도 남성은 투표권과 피선거권을 가지고 있었지만, 재산 자격이 있어야 그 권한을 행사할 수 있었다.[28] 그 결과, 자기 소유의 재산에 영향을 미치거나 위생 개선을 위해 세금을 인상하려는 어떤 규제도 반대하는 빈민가 지주들이 시 위원회를 지배했다.[29] 또 다른 문제는 지방 상인과 지방 정부의 묵인 아래 보건 당국이 운영하는 가벼운 격리 제도였다. 1870년대부터 격리 및 의료 검진 시스템은 있었지만, 이들 조치는 국제 여론을 진정시키는 데 필요한 최소한의 수준일 뿐이었다. 따라서 1894년 광둥성과 홍콩에서 오는 선박들에 대해 격리 조치를 취했을 때,[30] 다른 많은 항구에 비해 느슨하게 시행되었다.

페스트는 1896년 5월경 뭄바이에 이른 것으로 추정된다. 그때 몇몇 인도 의사들이 선상에서 부기가 있는 열병 환자들을 치료하기 시작했다. 이런 증세는 뭄바이에서 분명히 흔하지 않은 것이었고, 이 당시 보고된 비정상적으로 많은 사례는 페스트가 9월 23일 공식적으로 공표되기 이전에 이미 나타났음을 시사한다. 발병만으로도 상거래를 중단시킬 수 있기에 그 질병의 진단조사 꺼려했다. 그 결과 페스트 소문에 대해《뭄바이 가제트*Bombay Gazette*》지는 '무서운 짓거리'라고 비난하기도 했다. 기실 이 신문은 도시 내 유럽 상인과 해운업자의 이해를 대변하고 있었다.[31] 9월 말, 관리들은 여전히 페스트의 발병을 확인하기 꺼려했지만, 다른 곳에서는 몇 가지 예방 조치를 시행하고 있었다. 카라치Karachi와 콜카타에서는 뭄바이에서 오는 선박에 대해 격리 조치를 취했고, 뭄바이 보건국은 감염이 의심스러운 모든 건물을 소독하고 석회수를 뿌렸다.[32] 그 후 몇 달간 페스트 방역 운동은 활발하게 전개되었다. 배수관과 하수구 소독이 단위 산업 규모로 시작되었으며 그와 함께 감염이 의심되는 사람들을 강제 입원시키고 접촉자들도 격리시켰다. 이러한 조치들은 시 위원 스노P. C. H. Snow가 묘사했듯이, 도시민 사이에 '거센 맹목적인 공황'과 비슷한 상황을 낳았다. 1896년 10월부터 이듬해 2월까지 그의 사무실은 "매일같이 각계각층의 사람들이 몰려와, 너무 과격한 조치를 취하지 않아야 하며, 그들이 도시에 잘 머물고 무역도 절대로 중단되는 일이 없어야 한다는 입장에서 온갖 고려사항을 내놓아야 한다고 탄원했다."[33] 홍콩에서는 시민들이 도시를 떠나지 못하게 하는 어떤 시도도 없었다. 뭄바이에서 채택한 정책은 불필요한 적대감만 불러일으켰다. 이전에 영국인에게 봉사했던 사람들 가운데 일부는 이제 시끄러운 반대자가 되었다. 페스트를 통제하는 데 기득권을 가졌던 인도의 강력한 상인 집단도 온건한 대응을 촉구했다. 이 상인들 중 규모가 크고 영향력이 큰 소수 상인들은 파르시스Parsis였다. 이 집단은 이 도시에서 의료 자선활동의 선두에 섰고 시 행정에 협조해 위생 조치를 주도했다. 저명한 파르시스 정치인이자 후에 인도상인협회 회장이 된 딘쇼 에둘지 와차Dinshaw Edulji Wacha 같은 인사들은 전염병 예방 조치를 지지하려고 했지만, 만일 그 조치가 시민에게 공포를 안겨 준다면 그렇게 하지 않을 것이었다.[34]

문제의 심각성은 1896년 10월 페스트 희생자들을 수용하기 위해 사용하던 아서 로드 병원 외부에 도시 면직공장 노동자들이 운집했을 때 분명하게 드러났다. 그들은 건물을 파괴하고 고용주를 공격하겠다고 위협했다. 같은 달 29일 1천여 명에 가까운 노동자 집단이 돌아와 계속 협박하며 건물을 부수고 일부 직원을 폭행했다. 군중은 다수 경찰이 개입하여 흩어졌지만 이제 페스트에 의한 위협은 대중 소요와 탈주 가능성에 대비해야 한다는 것이 분명해졌다. 그러므로 시 위원회는 일부 사람들을 그들의 집안에 머물도록 하는 격리 조치를 수정하기로 결의했다. 이로써 상황이 진정되었고 1897년 2월부터 도시를 탈출한 많은 사람들이 돌아오기 시작했다.[35] 그러나 페스트는 뭄바이에서 주변 지역으로 확산되고 있었고, 좀더 단호한 개입을 바라는 많은 유럽인 주민들은 이러한 조치의 완화를 강하게 비판했다. 아이러니하게도 일찍이 병의 존재를 인정하기를 꺼려했던 《뭄바이 가제트》지가 가장 강하게 비판했다. 인도 해운업에 가해진 여러 규제를 우려하는 인도 정청의 고위 문관들도 이런 입장을 공유하였다.

뭄바이 흑사병이 보도된 지 며칠도 지나지 않아 수에즈와 다른 외국 항구들이 인도에서 출항한 선박들에 대해 격리 조치를 취했다. 수에즈의 격리 조치는 형식적인 것에 가까웠다. 왜냐하면 1892년 베네치아 국제위생회의가 좀더 자유주의적인 체제를 구성했기 때문이다. 이제 무역의 최대 장애는 알렉산드리아 보건위원회가 아니라 개별적인 판단에 따라 일부 국가가 취한 징벌 성격의 조치였다. 가장 심한 규제는 프랑스가 취했는데, 뭄바이에서 온 기선들에 대해서 승객들의 하선을 금지했다.[36] 또한 오스트레일리아, 미국, 브라질, 오스만제국에서도 인도 선박에 대해 엄격한 규제를 취했다.[37] 그러나 가장 타격이 큰 규제는 프랑스, 이탈리아, 독일이 페스트를 옮길 수 있다는 이유로 인도 생가죽과 가죽제품의 수입을 금지한 조치였을 것이다. 이들 3개국이 인도의 가죽 수출제품(인도 제6위의 수출품)의 40퍼센트 이상을 수입했기 때문에, 수입 금지 조치는 특히 대부분의 가죽을 공급했던 벵골에 재앙과 같은 타격을 입혔다.[38] 가죽 무역에 관련을 맺고 있는 콜카타 상인들의 주장을 듣고 벵골 상공회의소는 그 수입 금지가 의학적으로 불필요하다고 밝히면서 그 조치에 격렬하게 항의했다. 모든 가죽은 건조한 후 비소를 섞어 수출했는데, 사람들은 비소가 페스트균을 살균할 것이라고 믿었기 때문이다. 게다가 이 시기에 벵골은 그 질병으로부터 벗어난 것처럼 보였다.[39]

시 위원회의 조치에 뒤이어 뭄바이, 아덴, 카라치에서 격리를 시행하게 되었음에도, 해외의 거래 상대방과 경쟁국들의 우려를 말끔히 씻어 내기에는 불충분했다. 좀더 과감한 조치가 필요했다. 뭄바이 지방 정부의 첫 번째 조치는 뭄바이 페스트 대책위원으로 임명된 제임스 로슨James Lowson의 직무에 관여하는 것이었다. 홍콩에서의 경험을 바탕으로, 로슨은 지방 페스트위원회가 군인들이 주도하고 의사한 명을 반드시 포함하는 더 작은 기구들로 대체되어야 한다고 주장했다. 이 새로운 페스트위원회는 이 병의 확산을 막기 위한 정부의 결연한 의지를 알리는 새로운 법 조항에 따라 강화된 권한을 부여받았다. 1897년 전염병 법은 페스트위원회가 카스트와 종교에 따른 특수 수용 시설 간의 접촉을 분리하고 조사하며, 필요하다면 페스트 감염이 의심되는 철도 승객들을 억류할 수 있도록 했다. 그러나 유럽인들은 그런 조항에서 면제되었다.[40]

새로운 법안은 심지어 인도가 콜레라로 최악의 피해를 입은 시기에도 전례 없는 규모로 위생상의 개입을 가능하게 했다. 군인과 행정관에게 권한이 이양됨에 따라, 의료 기관은 사실상 부차적으로 취급되었다. 인도 의료 기관 고위 인사들은 보통 위생 개혁의 점진적 접근을 선호했다. 이는 인도 인구 중 영향력 있는 계층을 소외되지 않게 했다. 그러나 인도군 일부 장교들, 특히 젊은 군인들은 인도의 위생 발전이 미흡하다는 점에 좌절감을 느꼈고, 새로운 입법을 좀더 급진적인 아젠다로 발전시킬 수 있는 기회로 여겨 환영했다. 많은 젊은 장교들이 분리와 의료 검진에 열정적으로 착수했다. 몇몇은 또한 박테리아학에 열중했고 새로운 정치 체제를 페스트 접종 같은 예방법을 도입할 수 있는 호기로 생각했다.[41] 과학과 강제성을 뒤섞은 이런 조치는 무서울 정도의 강한 반발을 불러일으켰다. 무수한 마을과 도시에서 그런 조치와 또 그런 조치가 곧 시행되리라는 전망 때문에 수천 명이 탈주했으며, 일부 지역에서는 페스트위원회에 대한 반대 감정이 인도 국민회의의 온건한 반영反英 감정보다 민족주의 정치에 더 강렬한 자극을 주었다. 뭄바이에서 멀지 않은 푸나Poona시에서는 영국인 페스트위원회 위원 랜드W. C. Rand가 암살되었으며, 그 밖의 인도 서부와 북부 전역에서 폭동과 기타 폭력 사건들이 일어났다.[42] 수많은 영국계 주민들이 1857년의 세포이의 난과 같은 대규모 봉기가 일어나지 않을까 두려워했다.[43] 주민의 탈주와 산업계의 파업이 상업에 끼친 피해도 매우 심각했다. 1897년 1월《뭄바이 가제트》지는 주식 거래소가 문을 닫았고 사업이 정체되었다고 보도했다.[44]

이와 같이 끔찍한 수단을 동원해 페스트를 잡으려는 시도는 참담하게 끝났고 이제 영국인들은 지역 사회 지도자들과 대화할 수밖에 없었다. 이 대화에 뒤이어 1896~7년의 엄격한 조치는 카스트 제도와 종교의 요구에 더 주의를 기울이는 '자발적인 분리' 방식에 밀려났다. 기차역에서 여성 승객을 검사하는 일은 여성을 임명해 맡도록 했다. 폭발적인 상황이 가라앉으며 뭄바이의 사업활동은 정상에 가까워졌다. 페스트 방역활동도 페스트의 확산 방식에 대한 의료계 견해가 진화함에 따라 재형성되고 있었다. 인도에서 처음 나타난 지 2~3년 후에 이제 페스트—적어도 인도에서 발병하는 종류의 페스트—가 쉽게 전염된다는 증거는 거의 없어진 것처럼 보였다. 인도 페스트위원회와 이 전염병을 조사하기 위해 인도에 온 해외 위원들은 쥐를 가장 유력한 매개체로 보기 시작했다. 페스트가 쥐에 기생하는 쥐벼룩에 의해 퍼진다는 설(1898년 P. L. 시먼드가 주장했다)은 1906년까지 대부분의 사람들을 설득시킬 만큼 아직 확증되지는 않았다. 그러나 인간의 사망에 앞서 쥐 떼가 대량으로 죽어 나가는 최초의 사례가 뭄바이의 쥐가 들끓는 창고에서 종종 발생했다는 사실을 관찰하면서 위생상의 조치 대상을 인간 신체에서 설치류로 옮기는 일이 정당성을 얻게 되었다. 이리하여 쥐를 박멸하는 일은 그 효력이 입증되지 않았을지라도, 페스트 방역 전략의 핵심이 되었다.[45]

이와 같은 발전은 외교 무대의 변화, 특히 1897년 베네치아 국제위생회의에서의 협상과 밀접하게 관련되어 있었다. 이 회의는 인도의 운명을 결정짓는 데 결정적이었다. 왜냐하면 회의에서 성안成案된 협약은 인도 해운 분야에 대한 규제를 완화하고 좀더 자유로운 위생 체제를 시행하기로 했기 때문이다. 감염된 나라들을 적대시하는 가혹하고 일방적 행위를 즉각 막아 내지는 못했지만 그런 행위를 정당화하는 일은 더 어렵게 되었다. 인도 경제에 관한 한 중요한 변화 중 하나는 페스트를 나른다고 의심받는 상품에 대한 수입 금지를 해제한 조치였다. 외국 여러 나라의 페스트위원회의 연구에 힘입어, 대부분의 의학자들은 이제 가죽류가 그 질병을 퍼뜨리지 않는다는 점에 동의했다.[46] 실제로 페스트 확산 과정에서 (곡물과 직물을 제외한) 대부분의 상품의 역할은 미미하다고 여겨졌다. 베네치아 위생회의에서 합의된 조치들은 다른 측면에서 보더라도 자유주의적인 것이었다. 외부로 향하는 해상 교통은 철저하게 검사하고 의심되는 선박은 출항할 수 없도록 했다. 바로 이런 조치들이 선박들이 향하는 항구들의 격리 필요성을 크게 낮췄다. 같은 맥락에서 육로 승객에 대한 격리는 불필요하다고 선언했고, 감염된 지역에서 온 여행자들에 대한 검사도 충분하다고 여겼다.[47]

베네치아협약의 의의는 상업에 대한 위생 규제를 과학 지식과 일치시켜 국제적으로 빚어지는 혼란을 최소화한 데 있었다. 페스트는 과거에 빈약한 정보 때문에 공황 상태를 낳고 불필요한 상거래 중단을 초래했지만, 이제 국제적으로 공인된 질병이 되었다. 페스트가 뭄바이에 이르렀을 때, 대부분의 관측통들은 다른 곳이 감염되는 것은 시간문제라고 생각했으며, 각국마다 자기 나라가 가혹하게 취급당하지 않기를 바랐다.[48] 따라서 격리, 의료 검진 및 기타 조치들이 표준화되어 어떤 나라도 특별히 불이익을 받지 않도록 하는 것이 대부분의 나라에게 이익이 되었다. 에스파냐의 한 내과의사가 말했듯이, 협약은 이전 회의에서처럼 단순한 타협이 아니라 국가 이익의 수렴을 상징했다.[49] 합의의 정도를 과장해서는 안 되지만,[50] 베네치아협약은 이전에 존재했던 것에 비해 상당히 돋보일 정도로 개선되었다. 이전의 협약에 마지못해 서명하던 영국에서조차 베네치아 문서가 상업적 필요와 양립할 수 있다는 느낌을 보였다. 전염병학회의 회장인 레인 노터J. Lane Notter는 이 협약에 대해 이렇게 말했다. "그것은 감염성

질환의 예방과 통제를 위해 각국 정부가 채택할 수 있는 수단에 대해 진정으로 '자유롭고' 또 진정으로 '과학적인' 개념을 지향하는 일부 국가들의 위대한 진보를 보여 준다."⁵¹ 그러나 이 새로운 체제에 대한 신뢰는 더 엄격한 위생 기준과 더 엄격한 감시 시스템에 의해서만 유지될 수 있었다.

페스트, 대유행병이 되다

베네치아 위생회의 직후 첫해에는 페스트가 거의 인도와 중국 남부 지역에 국한되어 있었으나, 그 후 10년간 그 병은 세계 다른 지역 대부분에 퍼졌다. 아시아를 넘어서 발생한 질병 중에서 가장 놀라웠던 것은 이집트에서 일어났다. 비록 1844년 이래 페스트로부터 벗어났지만, 이집트는 여전히 '아시아적' 질병이 쉽게 서쪽으로 전염될 수 있는 집결지로 여겨졌다. 이미 오래전에 알렉산드리아에 국제기구(보건위원회)가 설립되고 1899년 이집트 보건위원회가 동지중해의 가장 중요한 위생 당국으로 자리 잡게 된 것도 이런 이유 때문이었다. 지금의 의미로 보면, 이집트 위생·해양·격리위원회는 오스만제국뿐만 아니라 유럽 국가 대부분이 파견한 의료 자격을 갖춘 대표들로 구성되었다. 이집트 정부 또한 보건위원회를 대표했으며, 다른 나라 대표들이 1표만 갖고 있는 것과 대조적으로 이집트 대표는 3표를 행사할 수 있었다. 이집트 보건위원회는 정치성이 짙은 것으로 악명 높았고 외교적 영향력을 휘둘렀으나 1897년부터는 역사상 어느 시기보다도 대표들 간의 합의를 더 많이 이끌어 냈고 위원회의 결의 사항은 베네치아 위생회의 협약과 일치하는 것이었다.[52]

그러나 이집트 측의 준비는 전염병의 전파를 막는 데에는 불충분했고, 그중 첫 번째 발병 사례가 1899년 5월 알렉산드리아에서 보고되었다. 6월 중순까지 43건이 발생했는데, 오진 및 은폐를 포함하면 실제 숫자는 더 많았을 것이다. 이미 3월부터 페스트가 발병한 제다에서 들어오는 선박은 격리를 수용해야 한다고 선언했지만, 과거에도 감염된 항구에서 출발한 선박이 입항했다는 것은 공공연한 비밀이었다.[53] 이 경우, 페스트가 이집트의 위생 규제를 회피하는 데 능숙한 그리스 상인들과 함께 들어왔다는 소문이 퍼졌다. 그러나 일부 사람들은 이 문제가 위생위원회 때문이 아니라 효력 있는 조치의 시행을 막은 베네치아협약 때문에 나타났다고 생각했다. 이 협약은 제다와 같은 감염된 항구에 대해서는 격리를 허용했지만 아직 질병이 보고되지 않은 인근 항구에 대해서는 유사한 조치를 확고하게 금지했다. 그러므로 전염병 감염이 공식적으로 공표되지 않은 홍해 연안 항구에서 이집트로 유입되었으리라고 생각할 수도 있었다. 격리 조치를 완강하게 반대하는 사람들이 볼 때, 수에즈운하를 통한 페스트 확산을 막지 못한 것은 현행 방역 체제의 본질적인 결함을 보여 주는 것이었다. 한 영국 특파원이 말했듯이, 이집트는 위생상의 안전을 '정교하지만 허점이 있는 체제'에 의존하고 있었다. 이 허점이 근래 들어 더 분명하게 드러나면서 페스트뿐만 아니라 콜레라까지 이 나라에 유입되어 파국적인 영향을 주고 있었다. 그가 보기에, 격리 조치를 더 효력 있게 시행해야 하는지 또는 베네치아협약의 조항들이 적절한 것인지 그 여부를 따지는 것은 이제 한가한 일이 되고 말았다: "다시 한번 말하지만, 가장 정교하다는 격리 준비 사항들이 한 나라를 보호하는 데 실패했다는 사실이 드러났다."[54]

이집트 위생위원회는 자신들을 변호하기 위해 이 질병이 철도를 통해 들어왔다고 주장했으나, 1899년 내내 주요 철도 노선을 타고 전염병이 발병한 사례가 없었으므로 사람들을 납득시키지 못했다. 페스트는 알렉산드리아와 포트사이드Port Said(1900년 당시)에 일단 퍼지고 나서 무역로, 즉 강과 대상 행렬과 철도를 따라 내륙으로 확산되었다.[55] 베네치아에서 성명을 내놓았는데도, 페스트가 넝마나 곡물 같은 공식적으로 의심되는 상품뿐 아니라 온갖 종류의 감염된 물품에 묻혀 퍼진다는 소문이 나돌았다. 그 질병과 상업의 밀접한 관련성은 알렉산드리아에서 처음 보고된 발병 장소가 식료품점과 그리스 상인 소유의 빵집이었다는 사실, 그리고 이곳들이 질병 유입에 관한 소문의 원천일지 모른다는 추측에 힘입은 것이었다.[56] 일단 질병이 공표되자, 해양 위생위원회는 해외 격리를 통해 알렉산드리아에서 다른 이집트 항구로 페스트가 퍼지는 것을 막아 역병의 피해를 최소화하는 시도를 했다. 1899년 5월 말, 아테네는 알렉산드리아에서 도착한 선박에 대해 격리 조치를 단행했고 그리스 정부는 자국의 모든 선박들이 비슷한 규제를 당하지 않도록 주의를 기울였다.[57] 알렉산드리아에 대한 규제도 더욱 널리 퍼지고 있었다. 6월 초 오스트리아-헝가리제국의 항구 트리에스테와 나머지 그리스 항구가 아테네를 뒤따라 10~12일간의 격리 조치를 시행하자 유럽과 지중해 세계 전체가 합류할 태세였다.[58]

더 이상의 규제를 모면하기 위해, 이집트 정부는 가장 미미한 페스트 의혹에 대해 조치를 취하라는 요청을 받았으며, 그것도 즉각적으로 과감하게 단행해야 한다는 요구였다.[59] 이집트에서 페스트 방역 책무는 이제 해양 위생위원회에서 영국이 이끄는 정부 공중보건국 소관으로 옮겨졌다. 이집트에서 취한 조치는 1897년 뭄바이 페스트 위원회 보고서에서 권고한 것과 비슷했지만, 이미 1895년 법은 이집트 공중보건국에 전염병 발생 시 통보, 격리, 소독의 효과적인 권한을 부여한 바 있었다. 이집트 사람들도 인도나 홍콩 주민보다 위생 조치를 더 잘 수용한다고 알려졌다.[60] 어느 목격자가 말했듯이, "그 민족의 관습, 생활방식, 문화 일반에서 무수한 변화"가 있었다.[61] 그러나 또 다른 일부는 이런 견해를 반박했다. "일반적으로, 모든 반半 문명화된 사회에서 토착인들은 위생상의 주의 조치를 취할 때 당국에 저항한다."[62] 그러나 뭄바이나 서아시아의 일부 도시—페르시아의 부시르항—에서 페스트에 걸린 노동자, 전신국, 또는 다른 해외 당국 상징물들을 공격한 것과 달리, 대부분의 경우 그 저항은 폭력적이라기보다는 소극적이었다.[63]

이집트가 그보다 더 동쪽에 있는 나라들을 괴롭혔던 대량 사망과 민중 소요를 겪지 않았던 것은 분명하다. 이집트 정부는 현행 법령 아래서 분명한 권한을 부여받았을 뿐 아니라, 공중보건국이 역병 퇴치만을 목적으로 이집트 공채위원회에서 2만 파운드를 정부에 제공한다는 신속한 결정으로 임무에 도움을 받았다.[64] 그러나 공중보건국은 인도에서 중요한 교훈을 얻었는데, 그것은 당국이 주민과의 협력에 노력하지 않는 한 페스트 대책은 효력이 없으리라는 점이었다. 이를 위해 공중보건국과 알렉산드리아 시 당국은 지역 사회 지도자들을 끌어들였고, 이들은 의심스러운 사례를 통보하는 등의 활동을 하고 보상을 받았다.[65] 비록 다른 나라들이 이집트의 발병 사례 때문에 여전히 불안해했지만, 정부의 정교한 대책이 어느 정도 확신을 심어주었고 9월 중순에 알렉산드리아에서 전염병은 사실상 수그러들었다.[66] 이집트 선박 규제는 해제되기 시작했고 상황은 많은 사람들이 우려했던 것만큼 심각해지지 않았다. 알렉산드리아와 포트사이드와 같은 이집트 항구 도시에서 산발적으로 발병이 계속되었지만 그런 사례는 쉽게 퇴치되었으며 신속하게 종결되었다. 이집트는 역내 무역로에 대한 위생 규제와 특수 전염병 관리국과 같은 새로운 기구 설립으로 주요 해안과 운하 정착지를 넘어서까지 페스트에 효과적으로 대처할 수 있었다.[67]

페스트가 이집트에 발생하면서 남유럽으로도 퍼질 전망도 있었지만, 오직 한 도시에서만 감염된 배를 벗어나 마을 사람들에게까지 상당히 확산되었다. 그곳은 대서양 연안의 항구 오포르투Oporto였다. 오포르투는 포르투갈 북부 도우로Douro 강변에 자리한 인구 15만의 상업과 제조업 중심지였다.[68] 1899년 6월 페스트에 의한 최초 사망자가 보고되었다. 흔히 있는 일이지만, 페스트의 초기 위협은 여론의 부정과 불신에 부딪히는 일이었다. 오포르투 최고 의료 책임자인 리카르도 호르헤Ricardo Jorge 박사는 페스트 도래를 알리다가 상인층뿐만 아니라 대다수 도시 주민들의 적대감에 직면했다. 한 통신원은 이렇게 말하고 있다. "도시의 번영을 해상 무역에 의존하는 항구 도시에서 페스트 발병을 공표하는 것은 가벼운 문제가 아니다."[69] 1857년 리스본의 황열병 전염기에 주장했던 것을 상기하면서, 그 발병을 즉각적으로 인정한 사람들은 영국 선박을 손가락질하기 시작했다. 그 질병은 리스본과 런던을 왕래하던 '코크시City of Cork'호를 통해 인도나 이집트에서 유입되었다는 소문이 돌았던 것이다. 이 배는 런던에서 옮겨 실은 다양한 원산지(중국산 차, 미얀마산 쌀, 실론산 타피오카, 인도산 황마) 상품을 운송했다. 리스본에서 마지막으로 하역한 것은 6월 5일이었는데, 마침 그날은 페스트로 인한 사망자가 처음 보고된 날과 일치했다.[70]

페스트가 동쪽에서 포르투갈로 전파되었다고 추정하는 것은 불합리하지 않지만, 그럴 가능성은 9월 초 오포르투에 도착한 파리 파스퇴르연구소 조사단이 곧 부인했다. 포르투갈 사람들은 이전에 자국 항구에서 심각한 전염병에 직면했을 때 프랑스 전문가들의 조언을 구했다. 그러나 칼메트A. Calmette와 살림베리A. Salimberi가 이끄는 조사팀은 인도 페스트위원회 설립과 베네치아협약 통과 이후 명백한 흐름이 된 과학적 국제주의를 표방하고 있었다. 조사단의 주된 목표는 페스트에 대한 박테리아성(세럼) 치료법을 개발하는 것이었지만, 그들은 그 병의 원인과 방역을 포함해 발병의 모든 특징을 조사하는 활동을 펼쳤다.

칼메트와 그의 동료들은 이 질병이 파라과이나 아르헨티나로부터 3월 또는 4월경에 왔을 것이라고 결론지었다. 파라과이에서 오는 도중에 부에노스아이레스에 정박했던 배의 두 승무원은 리스본에 도착한 후 곧 사망했고, 세 번째 승무원은 사타구니에 가래톳이 돋은 것으로 밝혀졌다. 그러나 이런 정보는 항만 당국이 비밀에 부쳤던 것으로 보이며, 그 때문에 6월 초 공식 보고되기 전에 이미 그 병은 항만 전역으로 퍼져 나갔다.[71] 심지어 페스트가 확인된 후에도, 일반적으로 포르투갈의 오포르투 주민들은 그 발병을 믿지 않았다.

그러나 이웃 나라들은 긴장했다. 에스파냐는 포르투갈에서 온 모든 입국자들을 격리했고 국경선을 따라 다섯 곳에 격리 시설을 세우기 시작했다. 이러한 것들이 준비되고 의료 검진 시스템이 갖춰질 때까지, 국경을 넘나드는 모든 교류는 금지되었다.[72] 베네치아협약은 여전히 육로 격리를 허용했는데 이는 오스트리아-헝가리와 러시아 같은 강대국들이 주장했기 때문이다. 그러나 갈수록 의료 검진에 의존하는 나라들에 육로 격리 조치는 더 오래되고 더 고립된 시대의 유산으로 여겨졌다. 심지어 에스파냐 의사들조차 그 육지 방역선이 낡고 효력이 없으며, 베네치아협약에 위배되는 것은 아니지만 그 정신에 어긋나는 것이라고 비난했다. 그러나 호세 베르데스 몬테네그로 José Verdes Montenegro 박사가 보기에, 포르투갈 측은 자신만을 탓할 수밖에 없었다. 만약 그들이 발병을 숨기려 하지 않았다면, 에스파냐가 그렇게 가혹하게 반응하지 않았을 것이라고 그는 주장했다. 그의 견해에 따르면, 포르투갈 당국이 그 질병에 대한 보고를 꺼린 것은 '국제적인 무책임의 사례'에 해당한다.[73] 몬테네그로는 1900년 에스파냐가 국경 개방을 결정했을 때, 필요할 경우 자국인과 자국 상품을 화학 약품으로 검사하고 처리하는 방식을 통해 여행자들을 통과시키기로 하자 환호했다. 그는 이것이야말로 국제위생협약의 정신에 더 부합한다고 느꼈다. 그 정신이란 방역의 주안점을 격리에서 소독으로 옮기는 것이었다.[74] 몬테네그로 박사는 또 프랑스가 구래의 방역선보다 해양 규제 조치에 의존해 왔다는 점도 높이 평가했다.[75] 격리 조치와 별도로, 프랑스는 자국 어부들에게 이 질병이 국경을 넘어 확산될 경우에 대비해 포르투갈이나 에스파냐 북부 항구에 상륙하지 말라고 경고했다.[76] 포르투갈의 일부 식민지와 이전 식민지를 포함한 다른 정부들은 더 강경한 입장을 취했다. 1899년 8월, 아조레스Axores는 포르투갈에서 온 모든 선박의 정박을 불허했고, 마데이라Madeira도 곧 그 뒤를 따랐다. 1899년 9월 브라질 당국은 포르투갈의 모든 항구에서 출항한 선박에 대해서도 가혹한 격리 조치를 단행했다.[77]

포르투갈의 해상 무역은 중단되었다. 포르투갈 정부는 영구적인 피해를 막으려면 외국 정부를 안심시키기 위해 단호하게 행동해야 한다고 믿었다. 1899년 8월 말 8개 대대 병력으로 구성된 군 방역 부대가 시민들이 허가받지 않고 출입하는 것을 막기 위해 오포르투를 포위했다. 이 조치를 취하면서 리스본에 있는 연방보건위원회는 오포르투 시 당국을 제치고 활동하면서 칼메트 등 외국인 조사단을 포함한 대부분의 시 의료진을 무시한 채 행동했다.[78] 그러나 포르투갈 정부의 과감한 조치가 국제적 불안을 완화시키려는 목적이었다면, 그런 면에서는 효력이 없었다. 병의 증세가 도시를 넘어 인근 촌락에 무수하게 나타났으며《영국 의학 논총British Medical Journal》은 이를 다음과 같이 조롱하기도 했다. "이것은 오래된 이야기다. 방역선은 병을 퍼뜨리기 위한 것일 뿐이며, 신뢰할 수 없는, 금지해야 할 방식의 한 형태다."[79] 더구나 그 방역선은 오포르투 주민들 사이에서는 몹시 인기가 없었다. 9월 중순까지 수출 금지 조치로 1만 2천 명이 실직했고 이것과 또 다른 조치들에 대한 격렬한 항의가 있었다. 의료계도 이 병을 퍼뜨렸다고 비난받았으며, 의사들은 환자들을 병원이나 영안실로 데려가다가 공격을 받기도 했다.[80] 이런 항의 때문에 시 당국은 일단 소독을 하고 도시 공장들이 다시 문을 열 수 있게 되자 물자를 배부하도록 허용했다. 사람들도 의료 검진과 짐 소독을 거친 후에 방역선을 통과할 수 있게 되었다.[81]

격리 조치의 완화에 뒤이어 발병 사례가 급증했다. 전염병이 시작된 이래 최악의 주였던 10월 둘째 주에는 28건의 새로운 감염 사례가 보고되어 발병자 수가 148명에 이르고 44명이 사망했다.[82] 시 당국의 즉각적인 대응은 극장이나 무도회 같은 공공오락을 금지하는 등 새로운 조치를 도입하는 것이었다. 그러나 대부분의 외국 관찰자들이 보기에, 오포르투 페스트의 진짜 원인은 밝혀지지 않았다. 바다 위 화강암 절벽에 우뚝 솟은 도시 상부에는 쾌적한 빌라와 공원지가 있었지만, 아래쪽 빈민가는 꼬불꼬불한 골목길과 인구 과밀 주거지로 악명 높았다. 오포르투에 온 영국인 의사 셰드웰A. Shadwell은 런던 전염병학회에 제출한 논문에서 도시의 가장 오래된 이 구역이 "좁은 통행로와 골목길로 이루어져 있고 양쪽에 높은 집들이 치솟아 있으며 동방의 오물이 가득한, 일반적인 동방식 주거지"라고 말했다.[83] 어떤 추정치에 따르면, 15~20명의 사람들이 한 아파트에서 함께 살아가는 일이 드물지 않았다.[84] 설상가상으로, 도시 주민들은 위생에 대한 가장 기초적인 개념도 부족했고, 일상생활에 대한 어떤 간섭에도 화를 내는 것처럼 보였다. 따라서 오포르투는 페스트, 비참함, 미신 등의 특징을 지닌 옛 유럽으로의 회귀를 상징하는 곳이었다. 페스트는 포르투갈에서 지난 2백 년 이상 사라졌었지만 그럼에도 일부 인사들은 페스트가 풍토병이 될 수도 있다고 우려했다.[85] 사실, 이 발병 사건은 포르투갈이 아직도 불완전하게 문명화되어 있다는 경고로 작용한 셈이었다. 오포르투에 온 한 외국 특파원은 다음과 같이 말했다.

위생 관리는 대중의 편견에 맞서 많은 논쟁을 벌여야 한다. 포르투갈어를 아는 사람들이 들으면 깜짝 놀랄 만큼 이곳 사람들은 오리엔탈리즘적 믿음을 보여 준다. 사람들은 그 질병이 의사들이 날조한 것이며, 환자들을 없애려고 병원으로 이송한다고 믿는다. 인도나 중국에서는 그런 견해가 당연하겠지만, 서유럽에서는 그런 일이 가능하다고 믿는 사람은 거의 없다.[86]

도시를 둘러싼 나쁜 평판과 그리고 페스트가 오포르투뿐만 아니라 포르투갈 전체의 경제 활력에 끼친 피해를 정확하게 인식한 후에 시 당국은 급진적인 개혁을 약속했다. 1899년 10월 말 시 당국은 위생상의 목적으로 1백 만 파운드의 막대한 융자금을 얻기 위해 노력하고 있다고 발표했다.[87] 홍콩과 뭄바이 당국처럼, 오포르투 시 당국도 그 도시 경제의 회생이 질병 억제를 위해 진지하게 협조하고 있음을 여타 세계에 확신시킬 수 있느냐에 달려 있다는 결론을 내렸다. 이러한 접근은 리스본 정부의 고압적인 개입과 완전히 대조적이었는데, 정부의 고압적인 태도가 그동안 수도와 지방 도시 사이에 있었던 기존의 긴장 관계를 더 악화시켰던 것이다.[88] 그러나 국제적인 관점에서 보면, 이 당시 페스트 발병의 가장 중요한 유산은 베네치아협약에 의해 확립된 위생 조치들의 취약성을 드러내 주었다는 점이다. 이들 조치는 분명히 그것들이 의존했던 질병 통보 시스템만큼 훌륭했으나 몇몇 정부는 분명히 신뢰받지 못했다. 포르투갈과 에스파냐도 적어도 처음에는 방역선과 같은 낡고 자유롭지 못한 조치를 선택함으로써 협약 정신을 포기했던 것이다.

1899년이 지나면서, 오포르투에서 유행하던 전염병은 유럽에서 더 이상 발병하지 않고 가라앉았다. 이듬해에는 트리에스테, 글래스고, 나폴리, 마르세유, 함부르크 등 일부 유럽 항구에 페스트가 상륙했지만, 발병 사례는 극소수였고, 오포르투에서처럼 병이 고착될 것이라는 우려는 전혀 없었다. 이들 항구는 대부분 위생 감시와 유능한 보건 당국의 효과적인 시스템을 갖추었기 때문에 발병 환자를 신속하게 격리해 페스트를 종식시켰다.

1899년 말과 1900년 내내 진짜 우려되는 일이 벌어졌다. 이전에 결코 감염되지 않았던 나라와 대륙으로 페스트가 확산된 것이다. 비록 에스파냐–포르투갈의 정복 시기에 중남미에서 페스트 전염병이 발생했을지도 모르겠지만, 일반적으로 그 질병은 남북 아메리카 대륙까지 결코 도달하지 않았다고 믿어졌다. 1899년 9월 남아메리카 파라과이에 처음 페스트가 보고되자, 일부 의료 당국은 이 소식을 그대로 인정하기가 어렵다고 생각했다. 특히 바다에서 약 6백 마일 떨어진 아순시온Asunción에 이 병이 출현했다는 보고를 듣고 그러했다.[89] 연말까지 파라과이, 브라질, 아르헨티나가 모두 감염되었고, 1900년에 페스트는 미국은 물론, 아프리카와 오세아니아의 많은 지역에까지 이르렀다.

페스트의 전파 경로를 확실하게 추적할 수 없지만, 그 이동은 경제

활동과 밀접하게 관련되어 있었다. 파라과이와 아르헨티나는 리우 파라나/리우 파라과이 강 수계로 수입된 인도산 곡물을 타고 감염되었을 것이며, 또 다른 경로로는 오포르투에서 증기선을 타고 브라질의 산토스항에 도달한 것 같다.[90] 남아메리카에서 이 질병은 이전에 카리브해와 중앙아메리카에까지 황열병이 거쳐 간 경로를 따라 이젠 잘 닦인 해안 교역로를 타고 퍼져 나갔다. 국제 무역과 노동력 이동은 여러 아프리카 식민지에서 페스트 감염의 가장 유력한 원인이었다. 예를 들어, 포르투갈령 동아프리카는 고아Goa나 마다가스카르 Madagascar와의 교역 결과로 감염되었을 것이고,[91] 영국령 동아프리카는 인도에서 선적된 곡물과 우간다 철도 공사를 위해 들여온 인도 이민노동자를 통해 감염되었을 것이다. 그러나 독일령 동아프리카와 그 이웃 이슬람 속령Sultanate에서 전염병의 가장 유력한 원인은 헤자즈로 떠났던 이슬람 순례자들의 귀환이었다.[92] 질병 분포의 정상적인 패턴은 1899~1902년 보어전쟁 때문에 복잡해졌다. 전쟁으로 페스트에 감염된 항구에서 특정 상품에 대한 수요가 크게 늘었기 때문이다. 이 두 요인은 남아프리카의 감염에서 강력하게 결합되었다. 케이프타운과 엘리자베스항은 영국군, 말, 그리고 다른 외래종 가축을 먹이는 데 소요되는 곡물을 인도나 아르헨티나에서 선적한 결과 감염되었을 것이다.[93]

페스트는 대상caravan들이 다니는 육로를 따라 인도에서 중앙아시아에 이르렀고, 1899년 러시아령 아시아의 사마르칸트와 아스트라칸Astrakhan, 고대 실크로드의 두 도시에 도달했다. 이 병은 같은 해 말에 비슷한 방식으로 티베트와 몽골로 북상했다. 이러한 전파 방식은 오래전 시대를 연상시켰고, 유사하게 구태의연한 대응을 불러일으켰다. 예를 들어, 아스트라칸에서 페스트가 보고된 후 루마니아 당국은 러시아와 마주보는 국경을 폐쇄했는데, 이는 러시아 내에서도 발병을 억제하려는 시도를 촉발했다. 루마니아 당국이 러시아에서 국경 마을을 통해 들어온 여행객들을 대상으로 의료 검진을 시행할 때까지 교역은 사실상 중단되었다. 심지어 그 후에도 교역은 부진했으며, 베네치아협약에 따라 의심스럽게 여겨지는 상품은 물론 모든 상품을 소독해야 했기 때문에 거래가 지연되는 일이 일반적이었다.[94]

그러나 대부분의 경우, 페스트는 해상 무역로를 따라 확산되었다. 거의 언제나 무역선, 특히 곡물 운반선에는 많은 쥐가 들끓었는데, 쥐벼룩이 때때로 선원과 그리고 목적지 항만에서 일하는 부두 노동자를 감염시켰다. 이런 방식으로 중국 항구에서 일본으로 급속하게 전파되었다. 예컨대 1899년 고베와 오사카, 같은 해 마닐라, 페낭, 하와이까지 감염되었다. 하와이에서 온 전염병은 서쪽으로 퍼져 샌프란시스코로, 또 동남쪽으로 다른 태평양 도서를 감염시켰다. 페스트로 어려움에 처한 나라와 그 교역 상대국이 직면한 문제는 국제 무역의 중단 없이 어떻게 이 질병 전파의 사슬을 끊어 낼 수 있는가였다. 각국 정부는 또한 베네치아협약 중 비교적 자유로운 조항들을 자국 국민의 기대에 맞춰야 했다. 오포르투 같은 경우 사람들은 페스트 발병을 뒤늦게야 인정했고 그것을 통제하려는 시도에도 적대적이었다. 그러나 감염의 가능성은 대개 그 질병이 나타날 경우 수입을 금지하거나 질병을 근절하기 위해 과감한 대응 조치를 취하라는 요구를 낳았다. 이 딜레마는 과거에 전염병을 겪지 않았던 나라들에서 해결하기가 가장 어려웠다.

감염되었으리라 여겨지는 죄수와 이민자를 수송하는 선박에 대해 엄격한 격리 정책을 취했던 오스트레일리아만큼 이 점을 분명하게 보여 주는 나라는 없었다.[95] 아시아와 교역량이 특별히 많지는 않았지만, 오스트레일리아로 향하는 중국인 이민자들이 갈수록 늘면서 그들이 '아시아형' 질병을 유입시킬 것이라는 우려를 낳았다. 감염에 대한 두려움이 앵글로색슨계 힘이 희석될지 모른다는 공포와 뒤섞여 격리를 인종정책의 도구로 삼기에 이르렀다.[96] 19세기 오스트레일리아에 유입된 전염병은 발진티푸스, 성홍열, 천연두와 같은 비교적 흔한 질병이었다.[97] 이것들은 종종 큰 경종을 울렸으나 1900년 시드니에 도달한 페스트에 비하면 아무것도 아니었다.

그해 1월 최초로 공식적인 페스트 희생자가 발표되었는데, 그는 시드니 항구에서 일했다. 처음에는 이 발병이 고립된 사례처럼 보였으나, 2월 말 선창 주변에서 더 많은 사례가 담지되었다. 여기서부터 항만 가까운 곳의 쥐가 들끓는 창고와 인구 밀집 주거지로, 그리고 다시 시내 중심가 주택가로 페스트가 급속하게 퍼져 나갔다. 시드니의 무역과 뉴사우스웨일스 전체 무역에 끼칠 피해 전망은 엄청난 것이었다. 시드니는 오스트레일리아 항구들 가운데 가장 중요했으며, 세계 대부분의 지역과 정기적으로 연결되었다. 1899년 그 항구에 정박한 선박의 총 선적 톤수는 약 2백 58만 9,457톤으로 경쟁국들보다 적은 편이었다. 그러나 실제로 페스트가 발병하기 전까지는 비교적 그 병에 대한 불안감이 거의 없었다. 해양 기술이 발달해도, 시드니는 사람들이 페스트의 가장 유력한 근원지로 생각하는 홍콩에서 선편으로 아직 3주 걸릴 먼 거리에 있었다. 그들에게는 알려지지 않은, 오스트레일리아와 더 가까운 몇몇 작은 항구들이 그 무렵에 감염되었고, 그중 하나가 뉴칼레도니아의 누메아Noumea항이었다. 누메아에 페스트가 도달한 것은 그 병이 시드니에 이르기 바로 전에 발표되었는데 시드니는 누메아에서 증기선으로 불과 3일 반 내지 6일가량 걸렸다. 병균의 잠복기보다 상당히 짧았던 것이다.[98]

페스트에 감염된 다른 도시들 대부분이 그렇듯이, 시드니의 전염병은 상대적으로 지역에 국한되었고 더 가난한 계층, 특히 부두나 쥐가 들끓는 제분소 같은 곳에서 일하는 사람들이 주로 걸렸다. 1900년 8월 전염병이 수그러들 무렵까지 발병 사례는 303건, 사망자는 103명이었다.[99] 시드니에서 페스트가 지리적·사회적으로 제한적이었으므로 감염 지역 내에서 질병을 억제하기 위한 조치들이 적극 고안되었다. 발병 사례가 확인되면 환자와 접촉자들을 신속하게 울루물루Woolloomooloo 격리 시설로 보냈고, 그 후에는 선편으로 노스헤드North Head의 격리 시설로 옮겼다. 그곳에서 페스트 피해자들은 타인과 접촉할 수 없도록 완전히 격리되었다. 환자는 병원으로, 접촉자는 비교적 안락하고 외벽이 트인 정자형 주택으로 보냈다. 전염병이 사라졌을 무렵 거의 1천 8백 명이 격리 상태에 있었다. 이 고립정책에 이어 지역 봉쇄와 청소가 뒤따랐다. 도시 내 피해 지역들은 봉쇄되었고, 노동자들이 소독, 석회수 세척, 청소 등의 일을 하는 동안 주민들은 그대로 남아 있어야 했다. 이러한 절차에는 법률상의 근거가 없다는 것을 제외하고는 별로 주목할 만한 점이 없었다.[100] 오스트레일리아 식민지는 영국을 모델로 삼은 공중보건법이 있었지만 그 범위는 더 제한적이었고 지방 정부는 훨씬 적은 권한만 가지고 있었다. 그 법률은 이민자에 대한 격리를 허용했지만 오스트레일리아 안에서 전염병이 발생할 경우 환자와 접촉자를 소개疏開, 격리하는 규정은 없었다.[101] 시드니의 전염병 대응 조치에서 주목할 만한 또 다른 점은 뉴사우스웨일스 정부가 전염병에 대처하는 방법을 놓고 보건위원회와 갈등을 빚었다는 사실이다. 보건위원회는 접촉자를 무차별하게 격리하는 데 강력하게 반대했으며, 오직 환자를 병원으로 이송하는 것만 필요할 뿐이라고 주장했다. 또한 방역선을 친 지역 중 일부에서 상품을 격리하라고 조언했다.[102] 정부는 이 충고를 무시했다. 그리하여 감염된 주민들과 사업가들의 분노에 찬 반발에 직면했다. 특히 사업가들은 격리에 따를 거래 중단과 청소 작업 기간의 상품 및 사업체 건물과 부지에 끼치는 피해에 항의했던 것이다.[103]

1900년 발병 당시 시드니의 강력한 조치는 효력이 있는 것처럼 보였으나, 그보다 2년 후에 페스트가 재발했을 때는 접근 방식이 매우 달랐다. 그 무렵 다른 오스트레일리아 항구에서도 페스트가 발생했으며 시드니에 다시 들어왔다. 이번에는 아시아 및 태평양 도서와의 무역보다는 오히려 퀸즐랜드와 서부 오스트레일리아의 연안 무역을 통해 유입되었을 것으로 보인다.[104] 오스트레일리아 다른 지역에 페스트가 나타나면서 적절하게 대응할 여지가 더 많았다. 이번에는 최신의 과학적 조언을 참조해 효과적인 대응을 할 수 있었다. 1902년에 페스트는 특별히 임파선이 부어오르는 형태로 전염되는 것이 아니라 그 확산에 쥐가 핵심적인 역할을 한다는 데에 일반적인 합의가 있었다. 당국은 이번에는 보건위원회의 권고를 받아들였고,

지역 격리나 접촉자 분리 조치를 취하지 않았다. 그 대신 병자를 병원으로 옮기고 감염된 지역을 정화하며 쥐를 박멸하고자 했다. 이 새로운 접근 방법은 더 인간 존중적이고, 사업상의 이해와도 양립할 수 있었다. 시드니 최고 의료 담당관 존 톰슨John A. Thompson은 다음과 같이 설명했다. "감염 예상 지역은 신속하고도 철저하게 청소했지만, 그러는 도중에도 폐쇄하지 않았고, 인구와 무역의 이동도 결코 방해하지 않았다."[105]

깨지기 쉬운 합의

사람으로부터 쥐에게로 초점의 변화는 1903년 파리에서 열린 국제위생회의에서 승인받았다. 합동으로 대처하는 것이 바람직하다는 인식이 확산되고 있었지만, 페스트에 대한 대응은 이때까지는 단편적이었다. 많은 나라들이 보건 문제로 자국의 주권을 포기하려고 하지 않았기 때문이다.[106] 그러나 성급하고 가혹한 조치가 무역에 끼친 피해는 국제사회를 자극했다. 더욱이, 어떤 정부도 홍콩과 뭄바이 같은 거대 항구 도시를 굴복시킨 수입 금지 조치와 위생 규제를 당하고 싶어하지 않았다. 따라서 파리에서 각국 대표들은 최신의 과학적 견해와 국제 무역의 필요성을 고려해 페스트와 다른 전염병에 대한 통제를 이끌어 내려고 노력했다. 이 회의에서 서명한 협약은 국제 보건 규제의 선구라 할 수 있는데, 1907년 4월 로마에서 비준되었다. 그것은 이전에 페스트에 걸리기 쉽다고 여겨졌던 상품 목록에서 대부분의 품목을 삭제하고, 항해 후 5일 이내에 어떤 환자도 발생하지 않은 선박에 대해서는 자유항행 권리를 부여했다.[107] 이제는 항구와 선상의 쥐를 박멸하는 것은 물론, 쥐들이 선내로 들어오지 못하도록 하는 조치에 더욱 중점을 두었다.[108] 페스트와 콜레라 증상을 보이는 사람들은 여전히 국경 지역에 억류될 수 있지만, 육로 격리는 금지되었다.[109] 또한 도착 항구의 위생활동으로부터 승선 항구의 위생 조치로 균형을 맞춤으로써 전염병 발생 통지를 시급히 개선할 필요가 있었다.[110]

영국과 프랑스 같은 주요 강대국들이 1903년 협약을 확고히 지지하고 있었지만, 처음에는 그들의 식민지와 속령을 모두 포함시키지는 않았다. 그럼에도 1908년 1월 영국령 서아프리카의 골드코스트 Gold Coast에 페스트가 엄습했을 때 행정 당국은 파리회의 정신에 따라 행동해야 한다는 결심을 굳혔다. 식민지 항구이자 수도인 아크라 Accra에서 나타난 이 발병은 1월 11일 공식적으로 발표되기 전까지 한동안 전염되고 있었을 것이다. 일단 페스트가 확인되자, 식민지 당국은 즉시 조치를 취했고 서아프리카의 영국령 식민지 당국과 다른 열강 식민지 당국에 실제 상황과 그리고 전염병 방역을 위해 취한 조치들을 통보했다. 이들 조치는 학교 폐쇄, 환자 격리, 감염된 주거지 파괴와 쥐 박멸 등을 포함했다. 이런 조치들이 시행되는 동안, 영국 정부 식민부Colonila Office는 홍콩에서 페스트를 경험한 적이 있는 제임스 심슨W. J. Simpson을 현지로 파견했다. 심슨은 2월에 아크라에 도착해 공중보건위원회 일을 떠맡았으며 모든 예방 조치를 주도했다. 이 가운데 가장 주목할 만한 것은 출항하는 선박의 위생 상태salubrity를 개선하기 위해 고안한 조치들이었다. 화물과 승객은 출항 전에 훈증을 받았고 선내 화물창도 철저히 검사했으며, 선원과 승객 모두 페스트 예방 접종을 받도록 했다.[111] 그러나 영국과 같이 (위생 방역에) 호의적인 국가에서조차 심슨이 이용할 수 있는 소규모 의료진만으로 이런 조치를 시행하기에 충분한지는 의문의 여지가 있었다.[112]

심슨 일행이 승선항에서 필요한 의무를 강조함에 따라 아크라에서 취한 주의 조치는 파리에서 도출한 협정과 일치했다. 그러나 국제적으로 좀더 자유로운 위생 체계를 갖추는 것은 지방 차원에서는 더 힘든 일이었다. 식민지 정부가 효과적으로 위생 조치를 취할 수 있으리라는 확신은 여러모로 분명히 부족했고, 이러한 이유 때문에 심슨의 공중보건위원회는 일부 사람들이 퇴행적이라고 볼 수 있는 조치를 취했다. 즉 아크라 주위에 위생 방역선을 세운 것이다. 예방 접종을 받은 아프리카인만이 그곳을 떠날 수 있었지만, 사람들이 우려했듯이 많은 감염자들이 방역선을 피해 빠져나가려고 했다. 일부는 육로로, 일부는 어선에 올라탔다. 페스트는 곧 해안을 따라 다른 곳에 출현했으며, 국제적으로 큰 경보음과 함께 긴 기간의 격리 조치를 시행하기에 이르렀다. 그러나 이 소규모 발병 사례는 곧바로 통제할 수 있었고 아크라에서도 전염병은 1908년 10월 이후 수그러들었다. 비교적 빠르게 전염병을 잡을 수 있었던 것은 당시 총독 대행이 '과감하다'고 인정한 조치를 취했기 때문이다. 1908년에 통과된 전염병 조례는 보상 조항이 있음에도 감염자 및 의심환자의 시신을 처리하고 그들의 소유물을 소각, 매립할 권한을 크게 강화했다.[113] 그러나 페스트 방역활동을 지휘하는 사람들은 이전의 발병으로부터 중요한 교훈을 얻었고, 지방의 아프리카인 관리들을 동원해 주민들이 격리나 집

단 대피와 같은 논란이 되는 조치들을 준수하도록 했던 것이다.[114]

아크라 식민 당국의 반응은 다른 제국주의 열강을 안심시키기 위해 현지에서 강력한 조치를 취했다는 점에서 그 후 열대 아프리카 식민지에서 나타난 여러 발병에 대한 조치와 비슷했다.[115] 그러나 골드코스트 지역의 사례는 국제사회의 대응이 처음에 1903년 파리에서 윤곽이 잡힌 그 이상에 미치지 못했음을 보여 준다. 많은 나라들이 여전히 정부—특히 식민지 행정—가 적절한 조치를 취하고 신뢰할 만한 발병 관련 보고를 할 수 있는 능력을 갖췄는지 확신하지 못했다. 1909년 세계에서 두 번째로 국제공중보건기구Office Internationale d'Hygien Publike의 창설을 재촉한 것은 이러한 현실을 절감했기 때문이다. 1903년 파리회의에서 합의한 국제기구의 창설은 한때 회의론을 불러일으켰지만, 대부분의 지도자들은 이제 그 필요성을 알게 되었다. 이 국제기구가 집행권을 갖지 않았기 때문에, 영국처럼 통상적으로 초국가적 권위에 회의적인 나라들에게 경각심을 불러일으킬 만한 것은 거의 없었다.[116] 사무국의 주요 업무는 전염병 관련 정보를 월간 회보를 통해 전달하는 것이었는데, 이 회보는 전염병과 질병 예방에 관한 기사도 간간이 실었다. 이 회보 첫호는 페스트와 쥐 박멸에 관한 기사로 채워져 있는데, 유행병이 이 기구 설립의 중요한 추진 동기였음을 보여 준다.[117] 미주공화국총회Conference of American Republics는 파리회의를 재빨리 받아들였고 그것은 1905년 워싱턴 위생협약Washington Sanitary Convention에 공식적으로 반영되었다.[118] 그러나 이 미주美州 협약에는 몇 가지 변화가 있었는데, 페스트에 관한 규정은 유럽과 그 식민지에서 시행되고 있는 것보다 다소 엄격했다.[119] 유럽과 아시아로부터의 대규모 이민으로 미국뿐만 아니라 많은 아메리카 국가들은 감염에 취약해졌다. 따라서 파리회의는 페스트 발병이 의심되는 항구에서 출항한 선박의 경우 5일간 계류시킨 반면, 워싱턴협약은 7일로 정했다.[120] 이러한 규정은 온두라스, 과테말라, 에콰도르, 멕시코, 코스타리카, 페루, 엘살바도르 등이 비준했다.[121] 하지만 그 협약이 상업 세력에게 너무 많은 양보를 했다고 여기는 사람들도 있었다. 미국과 관계가 좋지 않았던 쿠바가 그런 우려를 가장 강하게 제기했지만,[122] 미국에서도 많은 사람들이 공유하고 있었다. 1905년까지 미국은 몇 차례 페스트 발병을 겪었다: 1899년 하와이(최근에야 다른 사례와 통합된다), 1900년 샌프란시스코와 오클랜드, 1901년 샌디에고에서 병이 나타났다. 이들 전염병은 주로 중국 이민자들에게 가혹한 조치를 취하는 결과를 낳았는데, 이들이 이 질병을 유입시키고 확산시켰다는 비난을 많이 받았던 탓이다. 이 가혹한 조치는 아시아 이민자의 유입에 반대하는 사람들의 열렬한 지지를 받았지만, 그럼에도 다수 상인들은 해운 및 노동계 인사들과 함께 무역 중단, 설탕 농장·철도 및 다른 사업의 노동에 필요한 이민의 유입 금지 조치에 목소리를 높여 항의했다.[123] 대기업의 이해와 관련해서는 통제 조치가 더 약화될 것 같았다.

이런 점을 감안하여, 미주 보건 당국은 페스트가 정기적으로 발생하는 곳과 가장 근접한 지역인 남아메리카로부터의 운항을 계속 엄격하게 감시할 필요가 있다고 주장했다. 1903년 미국 태평양 연안 여러 곳에서 페스트가 발생했고, 캘리포니아 북부 지역까지 쉽게 전파될지 모른다는 우려가 나왔다. 샌디에고 남쪽으로는 어떤 격리 시설도 없었기 때문이다. 샌프란시스코 검역소에서 일하는 한 외과의사는 의무감surgeon-general에게 파나마에서 북쪽으로 항해하는 모든 선박에 대해 위생 검사를 착수할 것을 촉구했다.[124] 그다음 해에 그 절차가 시행되었고 미국 공중보건 관리들이 미국으로 향하는 선박, 선원, 승객들을 검사하기 위해 콜론과 다른 파나마 항구로 파견되었다.[125] 1908년까지 이들 항구의 검역 당국은 매년 1천여 척 이상의 선박에서 페스트와 황열병을 검사했고, 그 결과 5천 명 이상이 격리 수용되었다.[126] 페스트에 감염된 항구에서 오는 선박에 대한 격리 기간은 1주일이었다. 미국 보건 당국은 이 기간을 변경할 수 있다고 생각하지 않았다. 그러나 곧 개통될 운하를 이용한 해상 교통을 자유롭게 하기 위해 결국 약간의 양보가 이루어졌다. 1914년부터는 페루와 칠레(여전히 페스트에 감염된 나라들)뿐 아니라[127] 파나마에서 온 선박의 승객과 선원들이 출발지에서 훈증 소독을 받았다면, 5일보다 더 길게 관찰 대상으로 억류당하지는 않게 되었다. 이러한 혜택을 얻으려면 승객과 승무원은 그들이 감염되지 않았으며 수하물도 안전하거나 훈증 소독했음을 입증하는 의료진의 증명서가 필요했다. 만일 이러한 규칙들을 지켰다면, 그리고 승객들과 승무원이 출항하기 전에 5일 이상 페스트 감염 지역에 거주하지 않았다면, 그들은 새로운 규정의 적용을 받을 수 있었다. 만약 이들 요건 중 어느 하나라도 충족되지 않았다면, 그들은 7~10일간 계속 억류되어 관찰을 받아야 했다.[128]

새로운 방역 체제는 많은 격리 시설들이 이제 쓸모없는 것으로 간주된다는 것을 뜻했다. 1926년 하와이의 최고 격리 담당관은 "격리 시설의 활동을 효율적으로 수행할 수 없게 만든" 직원 감축에 항의했다.

그가 보기에, 하와이 격리 시설은 "동양과 태평양 연안 사이의 첫 방어선"이기 때문에 이 직원 감축은 중대한 실수였다.[129] 전염병은 이미 하와이 섬들, 특히 마우이 섬들 중 일부에 존재했는데, 설탕 농장과 파인애플 농장이 감염되었다. 이에 따라 미국 의무감은 쥐들에 대한 실험실 검사 장비를 포함해 섬의 페스트 방역활동을 위해 더 많은 자금을 재무부에 요청했다. 그는 재무부에 "하와이의 페스트 감염 예방은 미국과 여타 지역을 보호하는 일이며, 따라서 연방 정부의 문제"라는 점을 상기시켰다.[130] 페스트는 미국 본토에서도 결코 흘러간 기억이 아니었다. 1919~20년 뉴올리언스, 펜사콜라, 플로리다, 그리고 텍사스주 갤버스턴과 보몬트에서 발병했다. 이들 중 어느 곳에서도 발병 사례가 20건을 넘지는 않았지만, 이는 미국이 페스트에 취약하다는 점을 계속 환기하는 데 기여했다.[131]

이를 염두에 두고 하와이에서 전염병이 퍼지는 것을 막기 위한 노력이 강화되었다. 출항 화물의 통제와 인증에 훨씬 더 많은 관심을 기울이게 되었으며, 이로 인해 위생 요원들이 철도, 항만 회사, 해운 회사, 과수업자와 긴밀하게 협력해야 했다.[132] 의료진은 힐로와 카훌루이의 선창에 화물을 싣고 내리는 세세한 모든 활동을 감독하고, 선착장과 그 주변에 위생상의 결함이 있는지 세밀히 조사하며, 해운과 관련된 다양한 사람들을 인터뷰했다. 설탕, 과일, 야채 등의 포장을 비롯해, 쥐와 벼룩이 선적에 끼어들어 감염되는 것을 막기 위한 새로운 절차가 도입되었다. 이런 초기 검사 후에 후속 절차가 제대로 진행되는지 확인하기 위한 정기적인 점검이 있었다.[133] 대체로, 생산과 운송의 여러 규정들이 잘 시행되었지만, 때때로 위생 규정 위반 사례가 있

었고 해운 회사들 간에 상대방의 준수를 둘러싼 논란이 빚어졌다.[134]

미국 당국이 취한 조치는 1903년 이후 더 분명해진 추세를 예시해 주었다. 즉, 엄격한 봉쇄정책에서 더 나은 정보에 기초를 둔 위험 관리 정책으로 옮겨 간 것이다. 여기에 뒤이어 도착항의 격리에서 출발항의 예방 조치로 주안점이 옮겨졌다. 대유행병이 창궐한 처음 몇 년간은 교역 상대국들을 안심시키려는 노력으로 고압적인 개입을 초래했지만, 상업을 붕괴시키는 격리 제도는 점차 더 체계적이고 지속적인 새로운 체제로 대체되었다. 하와이와 시드니의 경우처럼, 이 체제는 사람과 상품의 이동을 제한하기보다 환경 개선과 쥐와 벼룩의 침투 통제에 더 의존하는 경향이 있었다. 그러나 일부 주목할 만한 예외도 있었다. 1910~11년과 1920~1년 중국 북부의 전염병 확산을 통제하기 위해 취해진 과감한 조치가 이에 해당한다.

1910~11년 만주를 휩쓴 전염병은 약 6만 명의 목숨을 앗아 갔는데, 인도 아대륙 서부와 북부에서 수백만 명이 사망한 인도 전염병 이래 가장 치명적인 발병 사례였다.[135] 1890년대 중국 남부에서 창궐한 전염병과 달리 만주에서는 강이나 연안 항로보다는 철도를 타고 퍼졌다. 그런 시나리오는 그보다 몇 년 전에 인도에서 페스트 확산을 목격한 영국의 세균학자 한킨E. H. Hankin이 예견했던 터였다. 아시아·아프리카의 대규모 철도 공사를 언급하면서 그는 이렇게 경고한다. "질병이 근절될 것이라는 약속은커녕, 점증하는 불안의 근원이 될 것이다."[136] 이 예언은 적중했다. 1890년대 이후 만주는 점차 이 지역의 패권을 놓고 경쟁한 러시아와 일본의 지배 아래 들어가게 되었다. 러시아는 만주에서 블라디보스토크까지 자신의 입지를 확장하기

위해 북만주를 가로지르는 동청철도東淸鐵道를 건설했는데, 이 철도는 모스크바와 태평양 연안을 연결하는 시베리아 횡단철도의 최종 구간이었다.[137] 동청철도와 남쪽 뤼순旅順의 러시아인 정착지까지 남부 지선으로 연결되었으나 1904~5년 러일전쟁에서 러시아가 일본에게 패배한 후에 러시아 세력은 북쪽으로 밀려났고 뤼순과 연결되는 남부 지선은 일본이 장악해 반半관영 남만주철도회사[만철滿鐵]에 귀속되었다. 1910년 흑사병이 만주를 엄습했을 때, 그것은 내륙 멀리 떨어진 페스트 발생 지역과 하얼빈이나 선양瀋陽 같은 주요 산업 도시를 연결하는 이 노선을 타고 퍼졌던 것이다.[138]

페스트에 대한 최초의 보고는 1910년 10월 내몽고의 한 작은 철도읍 만졸리에서 비롯되었다. 다음 달에는 러시아 지배하의 하얼빈시에서 이 질병이 나타났는데, 시베리아 마멋(타르바간tarbagan, 중앙아시아산 다람쥐과의 하나)을 사냥하던 두 남자가 페스트 진단을 받았다. 타르바간은 페스트의 야생 감염원인 셈이었고 과거에도 사냥꾼들은 병에 걸렸었다. 그러나 새로운 철도 연결을 통해 이 질병이 평소의 범위를 훨씬 넘어 퍼질 수 있게 되었다. 하얼빈 철도 거점은 곧 페스트의 확산 지점이 되었다. 페스트는 만주 중부 및 남부 지역, 그리고 인접해 있는 허베이성과 산둥성으로 급속히 퍼져 나갔다. 감염 경로는 중국 새해를 맞아 귀성하는 노동자들의 경로와 밀접한 관련이 있다.

이 경우 페스트는 바이러스성 폐렴 형태를 띠게 되어 승객이 빽빽하게 들어찬 철도 객차와 인구가 과밀한 빈곤층 주거지에 쉽게 퍼져 나가기 때문에, 한정된 구역으로부터 빠르게 이동할 수 있는 것이다.[139] 따라서 그 당시 만주 유행병에서 특히 페스트 통제 조치는 쥐보다 사람에게 더 집중했다는 점에서 가장 최근 발병에 취해진 것과 상당히 달랐다. 첫 번째 전염병이 창궐할 때, 철도 차량을 격리용 객실로 바꿨고, 그다음에 전염병이 유행하는 동안 하얼빈에서 러시아 측은 중국 측과 협력해 격리와 감염된 주택 소각을 비롯해 '엄격한 조치'를 시행했다. 러시아 당국은 말레이시아 출신의 케임브리지대 졸업생 우롄더吳連德 박사를 채용해 페스트를 직접 치료하도록 했다. 남만주에서도 일본인들이 페스트에 대해 이와 비슷하게 결정적인 조치를 취했다.[140] 이처럼 강력한 대응을 했음에도, 만주에서는 경제 교란이 심각했다. 타르바간 모피의 거래는 1911년 러시아와 중국 두 나라에서 모두 금지되었다. 물론 그 후에 특정 철도역에서 모피 제품의 검사와 소독 조치를 포함해 우롄더 박사가 작성한 엄격한 규정하에 다시 재개될 수 있었다.[141] 이보다 더 중요한 것은, 철도 운행의 중지에 따라 무역이 심각한 영향을 받았으며, 전염병 창궐기에 총 손실이 1억 달러에 이르는 깃으로 추정된나는 점이다.[142]

만주에서는 페스트로 고통을 겪은 바 있었지만, 이전의 발병은 대부분 토착 보균원源과 접촉보다는 중국 남부에서 또는 연안 무역을 통해 유입되었다. 예를 들어, 1899년과 1907년에 페스트는 잉커우營□와 같은 항구에 국한되어 나타났고, 그 결과 발병 사례도 수백 건에 불과했다.[143] 1910~11년 페스트는 다른 식으로 나타났으며 중국 정부는 이에 경악한 나머지 1911년 4월 선양에서 열린 국제회의에 열강의 대표 파견을 초청하는 전례 없는 조치를 취했다. 정부는 진정으로 자국의 조약항을 관할하는 열강의 조언과 협조를 구하는 한편, 스스로 페스트와 다른 전염병들을 통제할 능력이 있다는 점을 입증하고 싶었다. 1911년 만주 역병 방역국을 설립하게 된 것은 이 긴급성 때문이었다. 방역국은 만주 지역에서 다른 열강 대표들과 함께 활동했다.[144] 예를 들어, 1920~1년의 전염병 기간 동안 방역국은 하얼빈에서 대부분의 작업을 인계받았고, 러시아와 일본 당국은 다른 감염 지역에 집중하게 되었다. 1911년에 하얼빈을 드나드는 모든 열차는 철저한 의료 검진을 받았으나 그 도시는 첫 번째 유행기보다 오히려 더 큰 피해를 입었다. 하얼빈에서 1910~11년 사망자가 1천 5백 명 정도였던 데 비해 1920~1년에 약 3천 1백 25명이었다. 그러나 남만철도 승객에 대한 일본 측의 철저한 검진 덕분에 첫 번째 유행기에 큰 타격을 입었던 일부 마을에서 감염 사례가 크게 줄었다. 예를 들어, 1910~11년 선양에서는 페스트로 약 5천 명이 죽었으나 1920~1년에는 4명만이 보고되었다.[145] 페스트 퇴치를 위한 위생 기구도 1911년과 1926년 콜레라 전염병을 통제하는 데 이용했다. 이 당시 방역국은 만철 당국이 철도 승객을 계속 격리하는 데 도움을 주었다.[146]

이러한 조치는 페스트와 콜레라가 중국 내지에서 퍼지는 것을 막는 데 도움이 되었지만, 중국 여러 항구의 위생 방역에 관해서는 국제적인 의심이 여전히 짙었다. 1910년 만주에 페스트가 나타나자 많은 남쪽 항구들은 북쪽에서 온 선박에 7일간의 격리 조치를 시행했지만 곧바로 완화했다. 상하이 검역관들은 항만 당국으로부터 "상품 운송에 가능한 한 최소한만 간섭하라"는 지시를 받았다고 불평했다.[147] 상하이와 다른 조약항의 주된 문제는 상인 세력에게는 그 위생상의 조치가 중국 정부가 직접 통제하는 항구보다 훨씬 더 민감했다는 점이었다. 친황따오秦皇島항의 검역관 앤드류 박사는 이렇게 설명한다.

우리는 중국인들과 달리 규정에 호락호락 순응하지 않는 외국 선주들 때문에 일하는 데 애로가 많다. 선주들이 격리 규정 준수를 거부하고 검역 영사와 장관들에게 전보를 보낸 사례가 하나 있었는데, 베이징에서 (황제의) 칙령을 내려 보낸 후에야 우리는 규제 조치를 시행할 수 있었다.[148]

선양에서 열린 국제위생회의 이후 이러한 허점은 상식이 되었고 중국과 정기적으로 거래하는 많은 나라에 경종을 울렸다. 태평양 연안의 영토에 상선뿐 아니라 중국으로부터 이민을 받아들이는 미국만큼 이 점이 더 분명한 곳은 없었다. 미국이 통제하는 항구에서 점진적인 규제 자유화는 중국 및 다른 외국 항구의 페스트를 더 효과적으로 감시할 수 있어야만 가능했다. 이에 따라 미국 공중보건국 대표들이 미국 국토와 정기적으로 접촉하는 대부분의 항구에 배치되었다.[149] 이들 관리는 항구의 규정들을 점검하고 필요할 경우 쥐의 침투를 막기 위해 훈증 같은 위생 조치를 취할 수 있는 위치에 있었다.[150] 중남미에서 이러한 미국의 위생 조치는 이미 잘 확립되어 있었지만 동아시아의 위생 조치는 임시적이고 비효율적이었다. 1922년 미국 정부는 (동아시아에서) 전염병 확산 방지를 위해 어떤 조치를 취하고 있는지 알아보기 위해 중국과 일본에 공중보건국의 빅터 하이저 Victor Heiser 박사를 파견했다. 1905~15년, 10년간 하이저는 필리핀에서 보건국장을 지냈는데, 그는 중국으로부터 무역과 노동자 이주가 필리핀 군도에 끊임없는 위협을 가하고 있음을 정확하게 파악했다. 1899년 홍콩으로부터 필리핀 군도로 페스트가 들어왔으며 1906

년 마침내 사라질 때까지 병은 낮은 수준이기는 하지만 계속 발생했다.[151] 그러나 재감염 가능성은 여전히 높았다.

그 위협은 두 가지 주요 감염원에서 나왔다. 큰 위험은 이제 페스트의 '요람'으로 널리 알려진 중국에서 왔다. 일본과 무역에서 제기된 위험은 정도가 덜했다. 일본은 1853년 페리 제독의 파견 이후 미국에 문호를 개방했다. 넓은 해안과 해외 식민지, 그리고 광범위한 무역 연결망으로 일본은 감염에 매우 취약했다. 1907년 6백 45명으로 절정에 달한 후에 보고된 페스트 발병 사례는 감소했지만, 여전히 주요 항구에 간헐적으로 나타나 해외 열강은 주의를 기울였다.[152] 일본은 그 당시 기준으로 매우 엄격한 검역법을 가지고 있었다. 그러나 일본에서 미국으로 향하는 선박에 대한 위생상의 주의사항은 일반적으로 미국 영사관이 작성했으며, 중국의 경우와 마찬가지로 지방 해운업자들이 비용을 감당했다. 예를 들어 1922년 하이저는 요코하마, 나가사키, 상하이, 홍콩의 위생 상태를 점검했다. 대체로 규정을 준수한 것으로 보이나, 일부 항만에서는 해운 회사와의 긴장이 뚜렷했다. 요코하마에서 하이저는 다음과 같이 언급했다: "미국의 격리 규정하에서 소독이 필요한 가죽 및 그와 유사한 물품은 그에 따라 소독하도록 되어 있다. 그러나 소독이 철저하지 않다고 믿을 만한 이유가 많다."[153] 상하이에서는 미국 영사관이 "글자 그대로, 검역 검사 시행 방식을 거론하는 불만사항으로 사방에 둘러싸여 있었다." 선장들은 "상하이 앞을 흐르는 강(황푸강)에 설치된 부교식 선창에서 6피트 떨어지게 선박을 정박하라는 시도의 부당성"에 항의했다. 해양 측면에서 보면, 이는 위험하고 실행 불가능하며 불필요한 것이었다.

선주들은 또한 미국 검역관 랜섬 박사가 상하이에서 자신의 측근인 영국인 의사들을 자주 대행했다고 불평했다. 랜섬이 승무원과 3등 선실 승객들에게 욕설을 퍼붓고, 승선하는 동안 신사답지 않게 행동했다는 것이다. 랜섬은 또 편애 혐의로 기소되었다. 그를 비판하는 사람들은 랜섬을 공장의 위생 감독관으로 고용한 회사는 격리 검사 기간에 각별한 취급을 받았다고 주장했다. 미국 총영사는 지방 의사들 사이에 경쟁이 치열하므로 랜섬에 대한 항의 중 일부는 무시해도 좋다고 시인했다. 그러나 그는 "비판의 상당 부분이 정당하다"는 것을 받아들이고 랜섬을 미국 공중보건국의 다른 정규 직원으로 교체해 줄 것을 요청했다.[154] 하이저는 이러한 폐해를 끝내기 위해 중국과 일본의 주요 항구에 주재하는 기존 관리들을 정규 의무 관리로 교체하거나, 감독관이 의료진을 순회 방문하도록 하고, 의무 관리는 비리를 시정하고 위생 업무를 체계화해야 한다고 촉구했다. 그는 필리핀의 최고 검역관이 이 목직에 충분한 능력을 갖췄다고 믿었다. 그러한 계획을 대체할 수 있는 안은 미국 항구에 더 엄격한 방역 규정을 갖추되 아시아 항구에서는 이를 없애는 것이었다. 하이저는 두 번째 안을 선호했지만, 필리핀이 감염에 노출되리라 여겼다. 그는 또한 그러한 움직임이 격리와 검역의 효과라는 측면에서 볼 때 비현실적임을 알았다. 또한 어떤 이익을 얻을 수 있다 하더라도 국내 해운에 불가피한 불편거리를 상쇄할 만큼 충분하지 않다는 점에서, 어떤 이익도 국내에서의 피할 수 없는 '운송에 대한 지원'을 상쇄할 수 없다는 것을 알고 있었다.[155]

하이저는 대부분의 공중보건 담당자들보다 국제 여론에 더 잘 적응했고, 19세기 위생회의 이후의 발전을 분석한 논문의 필자였다.[156] 그는 표준화를 향한 추세를 분명히 인식했으며 그 추세를 대체로 지지한 것 같다. 사실, 1920년대는 대서양 양안에 통일성을 위한 더 강력한 추진 동기가 있었다. 1912년 파리에서 체결된 가장 근래의 국제 위생협약은 격리 기간을 줄이고 감시와 쥐 박멸에 더 중점을 두려고 했다.[157] 그러나 제1차 세계대전 이후 그 협약은 개정될 필요가 있었다. 소련과 같은 새로운 국가와 제국이 등장한 반면, 그 협약에 서명한 몇몇 나라와 제국들은 이제 더 이상 존재하지 않았다. 낡은 관습도 현실적인 문제가 되었다. 예를 들어, 서아시아에서는 테헤란과 콘스탄티노플의 보건위원회, 이집트의 해양위생위원회, 탕헤르Tangier의 국제보건위원회 등 네 곳의 별개 위생 기관이 존재하기 때문에 선박 규제의 책임소재가 복잡했다. 이들 기구 간의 조율이 부족하며, 필요 없이 격리 조치를 부과한다는 불평이 있었다.

제1차 세계대전 후, 이 문제들을 바로잡고자 하는 열망이 강력했다. 새로운 추진력은 새로운 국제 협력 정신을 전형적으로 보여 주는 국제연맹League of Nations 결성에서 나왔고 1919년 국제공중보건기구Office International D'Hygien Publike는 영국이 제시한 기준, 즉 "위생협약이 상업 및 교통의 이해와 양립할 수 있어야 한다"는 기준에 의거한 규제 초안을 작성하기 시작했다. 과거에는 그러한 요구를 특별한 호소로 여겨 일축했지만 이제 그런 개혁이 바람직하다는 합의가 널리 퍼져 있었다. 국제공중보건국은 새로운 규정 초안에 필요한 정보를 얻을 수 있는 위치에 있지 않았지만, 1921년 국제연맹의 승인을 받으면서 그 프로젝트는 실현 가능해졌다.[158] 그때부터 국제연맹의 보건분과Health Section는 일종의 정보 교환소 역할을 하면서 각국 정부를 한데 모아 의료 문제를 더 효율적으로 취급하도록 했다. 전염병 관리에 직접 관여하지는 않았지만 역학疫學 자료의 수집과 보급을 통해 국제적으로 대응책을 조율하고 관련 정보를 향상시키는 데 도움을 주었다.[159] 통신 기술도 이론상으로 적시에 질병 신고가 가능해질 정도로 발전했다. 전기 통신망도 이제 광범위하게 깔렸고 무선 라디오의 출현으로 선박들이 그들의 건강 상태를 목적지 항구에 직접 보고할 수 있었다. 항구는 또한 전신 시스템의 접점을 이용해 메시지를 보내는 대신 서로 직접 통신할 수 있었다.[160]

그러나 신뢰할 만하고 광범위한 역학 보고 체계를 구축하는 데 시간이 걸렸고, 그 사이에 국제연맹 보건분과는 자체 조사단을 파견해 세계 각지의 건강 상태에 대한 정보를 수합하려고 했다. 이들 가운데 가장 중요한 것은 노먼 화이트F. Norman White가 이끄는 조사단이었다. 화이트는 1922년 국제연맹이 아시아 전염성 질병의 유행을 조사하기 위해 파견한 인물이었다. 조사단의 주된 목적은 각국 규정을 조율하고 항해에 끼치는 피해를 줄이기 위해 아시아 항구의 위생 상태를 조사하는 것이었다. 그는 뭄바이, 콜롬보, 상하이, 오사카, 자카르타, 싱가포르를 포함한 많은 항구를 방문했다. 화이트 조사단은 "동양에서 가장 중요한 선상船上 질병"은 페스트라고 생각했다. 이제 그 질병이 항구에서 항구로 퍼진 것은 '쥐들이 좋아하는' 상품, 특히 주로 곡물의 운송 때문이었다. 화이트는 지난 몇 년간 페스트가 발생하지 않은 상하이, 마닐라, 타이완Formosa이 이뤄 낸 성공을 지적하면서, 격리 대신에 항구와 선박에 쥐의 감염을 막기 위한 다양한 대책을 권고했다. 이러한 조치에는 체계적인 쥐 검사, 정크선이나 소형선 같은 선박에 대한 훈증 소독, 쥐가 침투하지 못하는 화물 창고에 의심화물 하역하기, 쥐를 방지하는 전용 창고 시설, 역학 정보 및 전염병 확산 패턴에 대한 깊은 관심 등도 포함되있다.[161] 화이트는 이런 방법을 통해 "상거래의 자유로운 흐름을 성가시게 규제하지 않고서도 페스트에 대한 절대적인 면역력 확보가 가능할 것"이라고 판단했다.[162]

그러나 일본과 같은 일부 신흥 강대국들은 자유화의 확대를 바라는 서방 국가들의 요구에 굴복하지 않았다. 외국 항구에서 일본에 도착한 모든 선박은 1922년 항만검역법에 따라 건강 검진을 받았다. 항만 보건 당국에는 그들이 각각의 경우에 적용할 수 있다고 생각하는 모든 조치를 결정할 수 있는 재량권이 부여되었다. 이러한 규제들은 매우 강경할 수 있었다. 그 규제가 완화되는 것을 막기 위해 일본 정부는 국제위생협약 서명을 거부했다. 일본 정부가 보기에, 1903년과 1912년의 위생협약은 일본을 서양에 종속시킬 목적으로 하는 일련의 '불평등조약' 중 가장 최신의 것이었다.[163] 일본의 엄격한 위생 체제는 항구에 따라 절차가 다르지만 식민지까지 확대되었다. 예를 들어 부산과 같은 한국의 항구에서는 페스트 감염을 우려해 간헐적으로 쥐 떼 조사가 실시되었지만 한국에서 페스트 발병 사례가 보고된 적이 없다는 이유로 선박에 대한 훈증 검사는 없었다.[164] 그러나 1917년까지만 해도 페스트에 재감염된 타이완 식민지에서는 주요 항구에서 조직적인 쥐 박멸 작업이 진행되었고, 선박 화물은 특별히 설치된 창고에서 이산화황 가스로 훈증했다. 일본 본토와 마찬가지로, 타이완 식민 당국은 엄격한 검사 제도를 시행해 1922년에만 6만 3천 명

이 넘는 사람들을 검진했다.[165]

　비록 1920년대에는 위생 조치에 대한 보편적인 합의가 불가능했으나, 그다음 해에는 일부 지역에서 더 긴밀한 협력을 이끌어 냈다. 아바나 위생회의에서 성안된 1924년 범미주위생협약Pan American Sanitary Code은 통계와 위생 조치를 표준화하여 "국제 상업에 불필요한 간섭"을 줄이려는 여러 시도 중의 하나였다.[166] 그 협약은 서명국들이 페스트, 콜레라, 황열병, 천연두, 발진티푸스 등의 발병 즉시 범미주위생국Pan American Sanitary Bureau에 통보하는 것은 물론, 이 질병을 막기 위해 여러 조치를 취하도록 했다. 위생국은 각국 정부에게 질병의 분포에 관한 정보를 제공하고, 각국이 최근 연구를 곧바로 알수 있도록 할 예정이었다. 가장 중요한 것은 범미주위생국이 여러 나라의 각종 위생 당국에 그 협약을 어떻게 해석할 것인지 조언해 주는 핵심 역할을 맡는다는 점일 것이다. 이는 이론상으로 실제 시행 조치 간의 불일치를 줄일 수 있다는 것을 의미했다. 또 항공 여행의 도래를 반영해, 공항도 이 협약의 여러 규정들을 적용하도록 했다. 격리용 정박 시설과 똑같은 기준으로 검사를 위한 시설을 따로 마련하도록 했다. 미국 이외에 모든 중남미 국가들이 이 새로운 협약의 서명국이었다.[167]

　2년 후, 비슷한 노선의 세계적 합의를 도출하려는 시도가 있었다. 1926년 파리에서 열린 국제위생회의의 주요 목적은 역학 정보를 개선하고 격리 조치 의존도를 줄이려는 것이었다. 심지어 화학적 훈증 소독으로 인한 피해가 미약한 화물에는 격리를 제한하려는 시도도 있었고, 항만 당국은 쥐의 침투를 막는 데 다른 방법을 사용하도록 권유

받았다. 이러한 원칙들에 대해서는 일반적인 합의가 있었지만, 아시아와 미주에서의 조치들은 조약의 별도 조항에 의해 다루어졌고, 여러 개별 국가들이 특정 조항의 탈퇴를 협의하기도 했다. 예를 들어, 일본 측은 이제 자국이 새로운 협약에 편입되기를 원했음에도, 정작 지역 협정에만 서명할 준비를 갖추었을 뿐이다. 일본은 전염병 정보를 다루는 지역 분국을 만들자는 의견에 서명했지만, 중국이나 소련 등 다른 나라가 그랬듯이 비교적 사소한 발병 사례를 전신電信으로 보고하는 것은 유보했다. 일본보다 더 멀리 아시아에 자리 잡은 이 광대한 나라들은 중앙 보건 당국에 정보를 신속하게 보낼 수 있는 전신 기반 시설이 부족했다.[168] 그러나 1931년경 정치적 소요로 어려움을 겪는 일부 중국 항구를 제외하고는 아시아의 주요 항구 대부분이 매주 질병 발생을 (국제공중보건국) 동양 분국에 보고했다.[169]

지역 분열과 국가의 조항 탈퇴가 계속 이어졌음에도, 20세기 처음 30년간의 추세는 압도적으로 위생 규제의 감축과 조화를 지향하고 있었다. 격리에서 감시로, 즉 봉쇄에서 위험 관리로의 변화는 단순히 페스트의 도전 때문만은 아니지만, 그것과 밀접하게 관련되었던 것은 사실이다. 전 세계적으로 페스트의 급속한 이동은 인류가 얼마나 가까워졌는지를 상기시키는 역할을 했으며, 그 관심을 피해 가는 나라는 거의 없는 것 같았다. 그러나 페스트도 여전히 지역적인 문제였다. 그 병은 홍콩의 번잡한 거리에서든지 오포르투의 인구가 밀집한 아파트에서든지, 불결과 무지가 만연하는 곳이라면 어디든지 전염되는 것 같았다. 19세기의 콜레라처럼, 페스트는 너무 오랫동안 위생에 소홀했던 나라의 정부와 시 당국에 자극을 주었다. 그들은 그러한 문제들을 더 이상 무시할 수 없었다. 그들은 확장되고 더 긴밀하게 통합된 세계 경제에 적극적인 참여자로 남기를 원했다.

세계적 전염병pandemic 초기에는 그 병에 대한 대응이 중구난방이고 무역에도 피해를 끼쳤다.[170] 그러나 세기 전환기에 지금까지와는 다른 접근이 필요하다는 일반적인 합의가 있었다. 즉 나라들이 상호 합의한 한도 내에서 활동하는 접근 방법이 그것이다. 검역과 같은 전통적 위생 조치의 빈도와 기간을 줄이려는 일반적 요구도 있었다. 그러나 위생 관리에서 국제적인 '가벼운 터치light touch' 시스템이 효과적으로 작동하기 위해서는 두 가지가 필요했다. 첫 번째는 세계 각지에서 질병의 유행에 관한 신뢰할 수 있는 정보였다. 두 번째는 전염병이 발생했을 때 국가나 식민지 당국이 대처하는 능력과 해결책에 대한 자신감이었다. 그러나 강대국들은 대개 그들 지배 영역 내의 사건들을 감시할 수 있는 반면, 더 폭넓은 정보를 수집하기 위해서는 국제공중보건기구OIHP와 국제연맹 같은 국제기구에 의존해야 했다. 이는 세계 일부 지역에서 기술적 한계가 있고 일본 같은 나라가 정보 공유나 국제 협약 서명을 꺼린다는 점으로 볼 때 여전히 문제가 있었다. 이미 혼자 힘으로 준準제국주의 국가가 된 미국은 다른 나라의 위생 문제를 면밀히 감시하고 개입함으로써 문제 해결의 길을 찾았다.

1920년대 후반에 이르러 페스트의 위험은 줄어들고 있었고, 세계 대부분의 지역에서는 페스트가 사라지거나 감소하고 있었다. 매년 1백 건 이상의 감염 사례가 나오는 중요한 전염병은 열대 아프리카, 인도, 동남아시아 지역에서 계속되었지만, 그 10년 또는 그 이전 시기와 비교하면 대수롭지 않은 일이 되었다.[171] 국제회의가 권고한 조치들이 페스트 쇠퇴에 어느 정도 기여했는지는 분명하다. 그러나 페스트나 다른 전염병의 위협이 줄어듦으로써 그와 같은 회의는 불필요해졌다. 1938년 마지막 국제위생회의가 거의 한 세기 전에 개최된 장소인 파리에서 소집된 것은 적절했다. 마지막 회의는 아주 제한된 업무만을 맡았는데, 그것은 수에즈운하의 위생 책임을 이집트에 돌려주는 문제였다. 따라서 알렉산드리아 위생위원회는 해체되었고 그 업무는 당시 외국의 통제로부터 독립한 국립해양검역보건위원회 National Conseil Sanitaire Marine et Quarantine에 인계되었다.[172] 1935년에 발효된 항공항행위생협약과 같은 중요한 협정은 이제 주요 회의에 의지하지 않고서도 만들어질 수 있었다. 1948년에 창설된 세계보건기구에 비해 기능이 점점 후순위로 밀려났지만 '범미주위생회의'는 유럽보다 더 오래 존속했다.[173] 이들 회의의 주제는 전쟁 전의 주제와 달랐다. 콜레라, 페스트, 황열병은 존재감이 희미해졌다. 가축 질병과 농작물 전염병에 의해 위치가 뒤바뀐 것이다.[174] 다음 장에서 보게 되듯이, 이들 질병을 통제하기 위해 무역을 어느 정도까지 규제할 것인가 하는 문제는 해결하기가 그만큼 어렵다는 것이 드러났다.

8
장

보호냐 아니면
보호주의냐?

미국에 대한 전염병의 위험성을 강조하고 있지만 전 세계적 문제로 인식되고 있음을 보여 준다. '대유행병pandemic diseases'(전 세계로 퍼질 가능성이 있는 질병)의 개념은 상대적으로 새로운 것이었으며, 1890년대 시작된 3차 대유행병의 경험에 의해 상당한 정도로 형성되었다.

메트로폴리탄 가축 시장에서 수입 가축들을 검사하는 모습

하든 시드니 멜빌H. S. Melville. 출처: 일러스트레이티드 런던 뉴스Illustrated London News, 47, 1865.

1860년대에는 가축 질병이 헝가리 가축 시장들과 북유럽과 서유럽 내 항구들을 연결하는 신설된 철도 노선을 통해 러시아로부터 쉽게 퍼질 수 있다는 우려가 증가했다. 그곳의 가축 시장과 일부 철도 노선에 서는 검역이나 다른 위생 조치가 느슨했었고 종종 검역이나 위생 조치로부터 완전히 빠져 있었다.

우역으로부터
보호를 바라는 가톨릭 주교bishop의 기도문
1866.

✝

O Lord God Almighty, whose are the cattle on a thousand hills, and in whose hand is the breath of every living thing, look down we pray Thee, in compassion upon us, Thy servants, whom thou has visited with a grevious murrain among our herds and flocks. We acknowledge our transgressions, which worthily deserve Thy chastement, and our sin is ever before us; and in humble penitence we come to seek Thy aid. In the midst of judgment, do thou, O Lord, remember mercy - stay, we pray Thee, this plague by Thy word of power, and save that provision which Thou hast in Thy goodness granted for our sustenance. Defend us, also, gracious Lord, from the pestilence with which many foreign lands have been smitten; keep it, we beseech Thee, far away from our borders, and shield our homes from its ravages; so shall we ever offer unto Thee our sacrifice of praise and thanksgiving, for these Thy acts of providence over us, through Jesus Christ Our Lord. Amen.

1860년대 우역의 확산은 많은 유럽 국가들에서 강력한 대응 조치를 이끌어 냈다. 성서에 나오는 전염병 Biblical plague(이집트 역병)을 연상시키고 콜레라의 전 세계적 확산과 함께 창궐함으로써 자아성찰soul-searching을 끌어냈다. 이 기도문은 1865년 우역의 도래 이후 영국에서 있었던 수많은 참회의 전형적인 모습으로 모두 이 전염병을 인간의 사악함 탓으로 돌리고 있다.

지역 경찰서에서 발표한 공고문
던스Dunse, 19 November, 1867. 스코틀랜드Scotland(왼쪽)

✝

영국에서 우역이 창궐했을 때 발표된 공고문 중 하나. 동물 질병의 억제에 국가 개입이 증가하고 있음과, 이를 달성하기 위해 이동 규제의 필요성에 대한 인식을 보여 주고 있다. 1866년의 전염병(동물)법의 입법은 동물 수출 자유화 트렌드와 위생 예방 조치를 무시했던 관행을 바꾸었다.

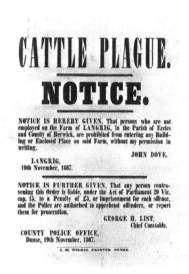

소 도축 악령이거나 진짜 우역이거나(풍자화)
출처: 펀치Punch, 1865(오른쪽)

✝

소 전부를 도축함으로써 우역을 근절하려는 정부의 정책에 대한 우려가 매우 컸다. 여기에서 보듯이 정부의 가혹한 조치는 전염병 자체보다 더 위협적인 것으로 인식되었다. 많은 농가에서 이 정책에 불만을 제기하였으나 대중은 이를 지지했다.

19세기에 세계는 질병의 대혼란에 빠졌다. 비록 인구에 미친 충격이 페스트나 '콜럼버스의 교환Columbian Exchange'보다 약했다 하더라도, 질병은 이전보다 더 빨리, 그리고 더 멀리 세계 무역로를 따라 바다와 육지를 가로질러 퍼져 나갔다. 잠재적으로 가장 파괴적인 것은 동물과 식물에 영향을 주는 질병들이다. 이들 질병은 인간이 의존하고 있는 농업 체계를 파괴할 수 있는 능력을 가졌고, 그 결과(기근과 사회적 붕괴)는 종종 전염병의 결과보다 더 심각했다. 그러나 세상은 질병으로 더욱 밀접하게 연결되기는 했지만, 역사가 르 루아 라뒤리E. Le Roy Ladurie의 유명한 구절에 나오는 '통합unified'과는 거리가 멀었다.[1] 선진국들은 이제 질병을 성공적으로 관리할 수 있는 자원과 지식을 가지고 있는 반면, 가난한 나라들—이들 중 많은 나라들이 선진국의 식민지—은 그렇게 할 수단이나 의지가 부족했다. 이는 전염병뿐만 아니라 저발전 경제의 중심을 강타한 가축과 농작물 질병에도 해당되었다.

1900년대까지 산업화된 나라들의 대다수는 콜레라나 황열병 같은 전염병을 억제하거나 퇴치했다. 아시아, 아프리카, 라틴아메리카로부터 서구 세계의 큰 항구로 감염이 확산되는 것을 막기 위해 상당히 정교한 시스템도 구축되어 있었다. 질병 감시와 표적 개입 방식을 적용함으로써 세계 경제의 건전성에 필요한 사람과 상품의 유통을 방해하지 않고서도 위생상의 안전을 계속 도모할 수 있게 되었다. 이러한 시스템은 주요 글로벌 업체들 간에 합의가 있어야 작동할 수 있었지만, 농산물 거래의 경우 이 수준에 이르지 못했다. 부분적으로, 이것은 국가별 경험의 다양성을 반영했다: 어떤 나라들은 수년 동안 해충과 함께 살았고, 다른 나라들은 최근에야 해충과 마주쳤다. 그러나 동식물의 무역을 어떻게 규제할 것인가에 대한 합의에 도달하지 못한 것은 주로 농산물 수출국과 수입국의 서로 다른 경제적 이해관계 탓이었다. 예를 들어 축산업은 신세계(아메리카) 경제에서 큰 비중을 차지했으며, 이들 국가에서 값싼 육류를 수출하는 것은 유럽 소규모 생산자들의 생계를 위협했다. 이와 비슷하게, 선진국의 과수 재배업자들은 노동력과 다른 비용이 더 낮은 더 빈곤한 나라의 생산자들에게 잠식당할 것이라는 전망에 직면했다. 위생 통제는 표면적으로 합법적인 수단을 제공했는데, 이 수단을 통해 위생 비용을 균등화하고 국내 산업을 보호할 수 있었다.

동물과 사람의 질병

19세기 이전에는 유럽과 아시아의 많은 지역이 소 역병cattle murrain에 의해 간헐적으로 영향을 받았다. 이들 질병이 무엇이었는지 결론 내리는 것이 항상 쉽지는 않지만, 그것은 보통 고난기, 그리고 특히 군대와 동물의 이동이 광대한 거리에 걸쳐 감염을 퍼뜨리는 전쟁 시기에 창궐했다. 또한 알려진 바와 같이 소 역병 또는 '우역牛疫rinder-pest'이 주로 발병한 시기는 에스파냐 왕위계승전쟁(1702~13), 오스트리아 왕위계승전쟁(1740~8) 및 7년전쟁(1756~63) 시기와 일치한다. 처음 두 질병은 러시아 초원 지대에서, 그리고 세 번째는 흑해 인근에서 발생한 것으로 보인다.[2] 그러나 전쟁 상황은 질병이 대륙을 횡단해 퍼져 나가는 데 필요한 조건을 제공했지만, 지방 또는 지역적으로는 가축 거래에 힘입어 퍼졌다. 18세기 중엽 이전에 대부분의 유럽 국가들은 소의 판매를 금지하는 법이 없거나 아주 드물었는데, 바로 이 희소한 법 때문에 가축 역병이 유입된 후에 몇 년간 창궐하기도 했다.[3] 그러나 1740년대부터 유럽 여러 나라들은 감염된 가축의 도살, 판매 규제, 그리고 헛간과 농장의 강제 소독 등의 내용을 갖춘 법안을 통과시켰다. 이들 법률의 대부분은 원래 교황 클레멘스 11세(1700~21)가 선포한 규칙에 근거를 두고 있었는데, 그는 개인 주치의인 조반니 마리아 란치시Giovanni Maria Lancisi로부터 그런 조치를 취하라는 권고를 받았다. 란치시는 열병 전염을 파고들었으며 이 열병과 동물 질병 간의 유사점을 주목했다. 사람에게 퍼지는 역병pestilence처럼, 가축 역병도 국지적 감염력local infectious influence과 확산성 전염transmittable contagion이 결합한 데서 비롯하는 것 같았다. 그러므로 란치시가 권고한 통제안은 가축의 이동과 사육 환경의 두 측면을 주목한 것으로, 격리, 역병에 걸린 짐승의 도살, 축사의 훈증도 포함했다. 이러한 조치들이 발병을 수그러들게 만드는 것으로 보였으며 다른 나라들도 이에 주목했다.

1740년대에 우역이 다시 유럽을 강타했을 때, 많은 나라들이 비슷한 결과를 기대하며 바티칸의 전철을 밟았다.[4] 몇 나라는 그런 결과를 얻어 냈지만, 다수는 성공적이지 못했다. 영국과 같이 강력한 중앙 통제가 부족한 나라들은 란치시의 원칙을 일시적으로만 받아들였기 때문에 성과를 거두지 못했다. 정부가 질병의 확산을 저지하려고 결정을 내리더라도 실행 능력이 따르지 못하기 십상이었고, 밀수꾼들이 대놓고 위법을 저질렀다.[5] 또 다른 문젯거리는 감염된 가축의 살처분을 농부들이 반대한다는 점이었다. 이들은 우역 발생 사례를 보고하기보다는 숨기고, 차라리 직효가 있다는 엉디리 민간 치방으로 소를 치료하는 방법을 택했다.[6] 이 경우 유일한 모범 사례는 프로이센이었다. 이 나라에서는 민간 치료제가 예방 조치의 회피를 조장한다고 생각해 이들 제품의 판매와 광고를 금지했다. 그 대신 프로이센은 동유럽에서 감염 가능성이 있는 소 유입을 막기 위해 군이 지키는 엄격한 방역선을 유지했는데, 어떤 면에서는 유럽 다른 나라에 대해서도 감염 방벽을 제공한 셈이었다. 프로이센이 나폴레옹 전쟁에 휘말렸을 때, 방역선 경비가 무너져 우역이 유럽 대륙에 널리 퍼졌던 것이다.[7]

19세기 중반에, 동물 질병이 다시 한번 퍼졌는데, 이번에는 원격지 교역의 결과였다. 그 시대의 정신에 부응하여, 가축 운송에 관련된 옛날의 규제—관세, 허가 등—를 철폐함으로써 유럽의 소들을 이전보다 더 자유롭게 옮길 수 있었고, 이제 유럽은 신대륙에서 기른 가축을 들여오기 시작했다. 증기선 해운의 등장이야말로 이런 교역(원거리 가축 운송)의 요체였다. 범선으로 더 오랜 시일 항해하는 것보다 증기선으로 나르는 것이 목적지까지 더 빨리 그리고 이론상으로는 가축이 더 건강한 상태로 도착할 수 있기 때문이었다.[8] 동물들이 국경을 넘을 때, 질병도 넘어왔다. 특히 위생 통제가 관세나 다른 무역 장애물과 함께 쇠퇴했기 때문이었다. 무엇인가 잘못되었음을 알려 주는 첫 징후는 이른바 '폐병'으로 알려진 질병이 유럽에 퍼져 나간 1830년대에 나타났다. 이 질병은 오늘날에는 소낭성 폐렴bovine pleuropneumonia이라 불린다. 전염성이 강한 이 호흡기 감염병은 수년간 중부 유럽과 동유럽 일부 지역에서 창궐했으나, 1833년 네덜란드에 이르렀고 곧바로 아일랜드·영국·스칸디나비아에도 나타났다. 1843년 미국에서도 폐렴이 보고되었는데, 아마도 독일에서 들어왔을 것이다. 그 질병은 뉴욕시 전역에 퍼졌지만 감염된 동물들을 도살함으로써 근절되었다. 4년 후, 이 전염병이 이번에는 다시 뉴저지에서 영국으로부터 들여온 가축에서 나타났다. 그러나 농부가 사심 없이 자신의 모든 소 떼를 도살하기로 결심함으로써 근절되었다. 1850년대 내내 미국 동부 해안에서 추가 발병 사례가 있었고 그때마다 비슷한 방법으로 막았다. 그러나 이 질병은 결국 뿌리를 내렸다. 로테르담에서 감염된 소를 들여온 후에 매사추세츠 일부 지역에서 폐병이 유행했고, 곧 인근 펜실베니아주와 메릴랜드주로 퍼졌다.[9]

폐병은 잠복기가 길고 서서히 퍼지는 경향이 있기 때문에 폐병에 대해 농민들의 단합된 행동을 부추기는 것은 어려웠다. 예를 들어, 영국에서는 이 문제를 해결하기 위한 법안이 통과되기 전에 거의 30년간 아무런 조치 없이 퍼지도록 방치해 농민들이 매년 2백 만 파운드의 손해를 보았다.[10] 구제역도 마찬가지였다. 좀처럼 치명적이지는 않았지만 어쨌든 그 병은 소, 양, 돼지에게 엄청난 고통을 안겨 주었다. 폐병과 마찬가지로 구제역은 1830년대와 1840년대에 널리 퍼지기 시작해 유럽 대륙을 가로질러 영국과 아메리카 대륙을 감염시켰다. 일반적으로, 구제역은 예방 법률이 도입되기 전에 여러 차례 발생했다. 세계의 몇몇 지역에서 감염된 가축을 격리해 돌보면 건강을 되찾았다.[11] 그러나 1860년대 우역이 재발했을 때 적어도 번영하는 나라에서는 제각기 다른 대응 방식을 취했다. 콜레라와 황열병의 부활로 세계가 위협을 받고 있던 시기라서 이 우역에 대해서도 더욱더 방어적인 사고방식이 지배했다. 마치 세상이 성서에 나오는 재앙의 방식으로 감염의 파도에 휩쓸리는 것 같았다. 이러한 인상은 질병 자체의 성격에 의해 조장되었다. 당시 유행하던 다른 동물 질병과 달리, 우역은 전염성이 강할 뿐만 아니라 아주 치명적이었다. 대부분의 소는 발열, 콧물, 설사 등의 증세가 나타난 지 6~12일 이내에 죽었다. 전 세계의 농촌이 황폐해졌다.

우역의 본거지가 러시아에 있다는 것은 당시 널리 인정되었지만, 1860년대의 대유행으로 치닫는 몇 년간 가장 주목받은 곳은 오스트리아-헝가리제국이었다. 오스트리아-헝가리는 러시아에서 수출된 소의 대부분을 인도받은 후 더 서쪽으로 운송했다. 매년 약 소 10만 마리가 에스파냐 북부의 갈리시아Galicia와 헝가리를 통과했고 그곳에서 장기간 격리 조치될 경우 발생하는 비용 때문에 불법적인 반입이 성행했다. 이때 병든 소들이 많이 밀반입되었는데, 오스트리아–헝가리에서는 6년 또는 7년마다 우역이 발생해 종종 파국적인 결과를 낳았다. 예를 들어 1849~51년에는 30만 마리가 공격을 당했고 1863년에는 감염된 지역에서 사육하는 소의 14퍼센트가 죽었다.[12] 대부분의 경우, 발병은 합스부르크제국의 특정 지방에 국한되었지만, 1850년대 후반에 그 병은 더 넓게 확산되었다. 로테르담과 함부르크, 두 항구를 페스Pesth와 렘베르크Lemberg의 목초지와 연결하는 철도가 곧 완공됨에 따라 동쪽으로부터 급속하면서도 지속적인 감염 위험이 높아졌던 것이다. 더욱이, 갈리시아 철도변의 격리 시설은 열악해서 러시아에서 유입된 우역의 확산을 억제할 수 없을 것 같았다.[13]

이 중대한 위협을 계기로 1863년 함부르크에서 유럽 수의사들이 전례 없는 모임을 갖게 되었다. 영국의 수의사 존 갬지John Gamgee 교수의 발의에 따라 이 회의는 유럽 대륙의 다른 지역들에서 정보를 모으고 유럽 각국 정부에 상호 이익이 될 예방책을 제안하기 위한 목적으로 개최되었다. 이 회의에서는 러시아산 소의 거래에서 나타난 문제의 성격과 특정 종류에 대한 격리 필요성에 관해 광범위한 합의가 이루어졌다. 그러나 각국 대표들은 격리 기간에 대한 합의는 도출해낼 수 없었다. 대다수는 격리 기간(일반적으로 프로이센과 오스트리아는 21일 격리 시행)을 10일로 단축하는 것을 선호했는데, 이는 10일 기간으로 충분하고 또 기간 단축이 오히려 격리를 회피하려는 동기를 줄여 줄 것이라고 믿었기 때문이다. 그러나 프로이센 수의사들이 장악한 소수파는 긴 격리 기간을 선호했다.[14] 1865년 비엔나에서 열린 그 다음 회의에서 오직 몇몇 대표들은 21일간의 격리 기간을 계속 주장했을 뿐이고, 이전 회의에서 단축에 반대했던 대표들도 그들의 생각을 바꿨다.[15]

그러나 수의사들이 합의를 이끌어 내는 동안에도 그들을 대표로 파견한 각국 정부들 간에는 아무런 합의도 없었다. 극소수만이 그 문제에 대해 생각했을 뿐이다. 심지어 지금까지 가축 역병에 신경을 곤두세워 경계했던 프로이센조차 덴마크와 전쟁, 또 오스트리아-헝가리와 임박한 분쟁에 정신이 팔려 시선은 다른 곳에 두고 있었다.[16] 섬이라는 위치가 영국의 안일한 태도를 낳았을지 모르겠지만, 영국 해협을 믿고 있던 영국 대표들은 곧바로 실망하고 말았다. 1865년 6월 23일, 런던 램베스Lambeth에서 가축에 전염성 선역腺疫distemper(말이나 당나귀 등이 걸리는 급성 전염병)이 발생했다는 보고가 있었다. 갬지와 다른 수의학 전문가들이 조사한 결과 그 병이 우역이라는 것을 확인했다. 그들은 그곳의 우역 발생이 보고되기 직전에 라벨Lavel시에서 수입된 러시아산 소들과 함께 (런던에) 도착했으리라고 결론지었다. 이 소들은 북동쪽 항구인 헐Hull을 통해 영국에 수입된 후에 곧바로 런던으로 보내졌는데, 그곳에서 다른 가축들을 감염시켰을 것이다.

그 무렵 발생한 (가축) 황열병에 더디게 대응했다는 비판에 자극받은 추밀원은 이 새로운 위협에 단호하게, 그리고 공공여론을 앞질러 대처했다. 추밀원은 즉시 가축 검사와 감염된 모든 가축에 대한 도살 명령을 내려 아무런 보상도 받지 못한 농민에게 큰 어려움을 안겨 주었다.[17] 이 과감한 조치는 우역의 비참함을 가중시켰고 마치 구약성서의 불행의 이미지를 떠올리게 했다. 여기에 사람들 사이에 콜레라가 다시 유행하면서 많은 사람들은 이들 질병 모두가 사악하고 물질주의적으로 성장한 세상을 징벌하려고 보내진 것이 아닌가 하는 의문을 품기 시작했다. 1866년 3월 9일 캔터베리 대주교는 전국 각지에서 국가의 죄를 속죄하기 위해 '수치의 날'을 지킬 것을 요구했다. 격렬한 어조의 설교를 통해 안식일을 지키고 죄를 뉘우칠 것을 국민에게 요구했다.

이와 비슷한 종류의 설교는 콜레라와 페스트 같은 전염병이 유행할 때 가끔 전해졌지만, 우역에 관련된 설교는 '과학'을 중시하거나 또는 좀더 정확히는 대중이 익히 알려진 종교보다 과학을 더 신뢰한다는 점을 입증하는 등 새로운 특징을 가지고 있었다. 1860년대에 교회는 자연선택이라는 진화론의 사도들뿐만 아니라, 이 세계는 그것을 지배하는 물리 법칙의 지식을 통해서만 이해될 수 있다는 좀더 일반적인 신념에 맞서 싸우고 있었다. 교회의 이러한 불안은 우역에 관한 설교와 정부의 근절정책에 대한 비난으로 나타났는데, 설교자들은 이 정책을 과학적 추론의 지시를 받은 비인간적 행위로 바라보았다.[18] 그것은 또한 우역이 전염이 아니라 신성하게 규정된 도덕률의 위반 때문에 퍼져 나갔다는 확신에서 명백하게 드러나는 것이었다.[19] 윌리엄 맥콜William McCall 목사는 전염병의 씨앗을 찾기 위해 동물을 수송하는 조건 그 너머에 있는 것을 살피지 않으면 안 된다고 주장했다.

어떤 사람들은 우역이 주로 외국 소들을 우리나라에 들여오는 동안 주로 이들을 다루는 잔인한 방식 때문에 발생한다고 생각해 왔다. 그리고 항해 중에 불쌍한 동물들을 본 많은 사람들은 선상에서 자행되는 무분별한 잔혹성에 관한 불쌍한 이야기를 말했다. 질병의 다른 근원은 있을 수 있겠지만, 확실히 이것은 죄악이고 처벌이 필요한 국가적 죄악이다.[20]

'수치의 날'은 가축 거래와, 그리고 우역을 통제하려고 취한 조치들에 대한 대중의 불안을 반영했다. 두 가지 불안 모두 우역의 전염성을 인정하지 않으려는 분위기에 녹아들었다. 그러한 관념은 신앙을 가진 사람과 과학 지식을 갖춘 사람들 사이에 똑같이 나타날 수 있어야 했다. 내과의 찰스 벨Bell, Sir Charles은 우역이 수입한 감염 소보다는 영국에 이미 존재하는 '전염성 영향epidemic influence'에서 비롯되었다는 그의 신념에서 훨씬 더 나아갔다. 그가 보기에, 최근에 수입된 소들은 종종 열악한 환경에서의 오랜 여행으로 지쳐서 보통 가장 먼저 죽었다. 이러한 의견들은 일부 설교에서 표현된 견해와 크게 다르지 않았지만 벨은 실제적인 치료법에 더 강한 믿음을 가졌다. 그는 우역을 예방할 수 있는 유일한 방법은 정부가 고안한 대책이 아니라 농민의 노력뿐이라고 믿었다. 개별 농민에 대한 권고사항은 다음과 같았다.

적절한 치료법이 가장 효과적일 수 있을 때에 그 치료에 의존할 수 있도록, 농부는 자신의 농장을 적절한 방법으로 소의 체질을 개선하고, 그들의 상태를 매일 세심하게 검사하는 요양소로 전환해야 한다.[21]

이러한 권고안은 에든버러 화학자 라이언 플레이페어Lyon Playfair 와 같이 좀더 온건한 전염론 옹호자들 중 일부와 양립할 수 있었는데, 그는 농장과 철도 화물차량, 기선의 나쁜 환기와 위생 상태가 최근 유행에 일조했다는 것을 인정했다. 플레이페어는 우역을 자신들이 가장 경시했던 죄업에 대한 징벌로 생각하는 사람들을 '광신자'라고 비난하면서도, 신이 그의 피조물을 주관하는 법을 만들었고 그 법을 위반하면 반드시 벌을 받을 것이라고 믿었다. 과학자들의 임무는 그의 법칙을 통해 표현된 창조주의 지혜를 이해하고 사회가 그들과 조화를 이루도록 하는 것이라고 그는 믿었다.[22]

우역을 근절하기 위한 캠페인에는 대중의 지지를 동원할 수 있었다. 그 운동은 격리와 위생 개선을 모두 포함하는 것이었다. 그러나 도살정책은 모든 것을 무색하게 만들었다. 가장 활발하고 영향력 있는 대변자 가운데 한 사람이 갬지였는데, 그는 대륙 유럽에서 관찰한 관행에 대한 자신의 권유를 바탕으로 도살정책을 옹호했다. 1866년 갬지는 에든버러대학의 교수직에서 런던에 있는 앨버트수의대Albert Veterinary College 교장으로 옮겨갔고, 이 높은 지위를 기반으로 여론의 흐름을 거스른다는 점을 충분히 알면서도 격리 및 도살을 지지했다.[23] 그는 이 단순한 메시지에서 벗어나는 어떤 일에도 단호히 반대했으며 영국 정부도 역병을 치료하거나 그 치료법을 광고하려는 모든 시도를 불법으로 공표함으로써 프로이센을 본받아야 한다고 생각했다.[24] 그는 감염된 가축의 추출물(고름)을 사용한 우역 예방 접종을 도축 문제의 초점을 없애는 방역 조치란 이유로 반대했다. 이 방법은 오래전부터 유럽 대륙의 농부들이 사용했지만, 종종 치명적인 결과를 빚어 내 전국적으로 시행하기에는 더뎠을 것이다. 같은 이유로, 그는 1865~6년 세 차례에 걸쳐 의회에 보고한 왕립위원회Royal Commission의 결론을 비난했지만, 분명하면서도 모두가 동의한 예방 조치를 이끌어 내지는 못했다. 그는 원칙적으로 그러한 조치에 이의가 없었으나, 질병이 너무 멀리 그리고 넓게 침투하여 이 조치들을 시행하는 것은 불가능했다. 그는 이렇게 말했다. "우역이 영국과 같은 나라에 침투했을 때, 신속하고 결단력 있게 감염의 모든 핵심을 근절하지 않고서 다른 예방 방법을 채택하는 것은 편리하지도 또 경제적이지도 않다."[25] 그러나 도살이 더 잘 진행되도록 하기 위해서 장기적으로 국가 보험 제도에 근거를 두고 피해 입은 농부에게 보상하는 방안을 권고했다.[26] 또한 영국에서 격리에 대해 상당한 반대가 있음을 알고 있는 갬지는 그런 저항이 정상적으로는 단기간에 그칠 것이며 이에 따른 불편은 질병이 감염되기 시작했을 때 오는 대혼란과 비교할 수 없다는 주장을 폈다.[27] 그는 인간보다 가축을 격리하는 것이 더 쉬운 일이라고 주장했다. 왜냐하면 가축은 여러 마리를 감독해 옮길 수 있고, 우역과 같은 전염병은 단순한 전염으로 우발적인 일이 거의 없기 때문이라는 것이다.[28]

농부와, 인도주의적인 이유로 도축을 거부하는 사람들의 반대에 직면해 영국 정부는 흔들렸지만, 잠정적이나마 갬지가 옹호하는 방향으로 움직이고 있었다. 감염된 소 떼를 대상으로 대량 도살을 허용한 1866년 가축질병법Cattle Disease Act은 지방 당국에 폐렴과 구제역을 포함한 동물의 모든 질병에 대한 권한을 부여한 몇몇 법률 중 최초의 것이다.[29] '살처분stamping-out' 정책은 그 체계에서 다른 대안적

방법들을 밀어냈다. 실제로, 그러한 조치들은 수의사들 사이에서 거의 만장일치의 지지를 받았고, 일반 대중 사이에서도 인기가 높았다.[30] 그러나 여전히 완고하고 목소리 큰 회의론자들이 남아 있었다. 그 가운데 한 사람인 조지 포고George Foggo는 이전 뭄바이 입법회의 의원으로 우역과 콜레라의 유사성을 포착했으며, 두 질병에 대해 그렇게 급속도로 생각을 바꾸었을 때 전문가들이 얼마나 믿을 만한지 궁금했다.[31] 그는 그 얼마 전 프랑스 의학아카데미와 같은 단체가 전염설에 반대한다고 선언했고 프랑스가 알제리를 오가는 선박에 대한 격리를 포기했다고 회상했다. 1865년 늦게, 영국 추밀원 역시 그 질병이 만연했던 이집트에 대한 격리를 선언했지만 불필요한 조치였다. 그런 존중받는 단체들이 이전의 정책을 뒤집기로 결정했을 때 불과 몇 년 이내에 무엇이 바뀔 수 있었을까? 포고의 견해로는, 그들의 돌연한 입장 표변은 패닉을 야기했고, 전문가들의 신뢰성 및 정부의 지혜에 의문을 던졌다. 더구나 모든 증거는 인구 과밀을 줄이고 위생 상태를 개선하는 것보다 격리나 이와 유사한 조치가 동물과 인간의 질병을 예방하는 데 덜 효과적이라는 사실을 지적하는 것 같았다. 정부는 이러한 문제에 주의를 기울여야 하며, "무역이나 개인의 자유에 대한 성가신 간섭"과 거래하지 않아야 한다고 주장했다.[32]

그러나 이곳은 영국이지 프로이센이 아니었다. 영국은 지방 자치 전통이 강했다. 따라서 1860년대와 1870년대 법률 통과는 상당한 해석의 여지를 남겼고 지방 당국이 이를 시행하는 방식과 강도는 아주 다양했다. 그러나 이들 기관의 무관심으로 좌절감이 커지면서 중앙 정부가 농업위원회 형태로 자신의 권한을 남용하기에 이르렀다. 이

것은 처음에는 인기가 없었지만 세기말 영국에서 근절된 역병 통제에서 현격한 차이를 드러냈다.[33]

영국 식민지의 상황은 이보다 더 좋을 수 없었다. 인도에서 우역이 퍼지기 시작했을 때, 영국 정부의 반응은 요란하지 않았다. 1860년대에 관리들이 우역이라고 확인한 질병이 발생하자 여러 주에서 주목했다. 매년 수십 만 마리의 소가 죽어 나갔다. 이 감염의 급속한 확산은 농업의 상업화와 가축의 이동에서 비롯했지만, 1866년 가축질병법을 통과시킨 남부 첸나이Chennai 지방을 별도로 치면, 이 질병을 치료하기 위한 어떤 법률도 도입되지 않았다. 이 법은 영국의 관련법보다 훨씬 온건한 것이었다. 인도의 광활한 벌판과 소 떼의 규모를 생각하면 효과적인 감시를 유지한다는 것은 불가능했기 때문이다. 영국 관리들은 또한 힌두교도들이 그들의 신성한 동물을 도살하는 것에 대해 단호하게 반대하리라 예견했다.[34] 이런 이유와, 그리고 의심할 여지없이, 격리 시설 빛 기타 시설을 갖추는 데 필요한 비용 때문에, 인도 정부는 영국과 같은 수준의 통제를 하라는 수의사들의 요구를 계속 거부했던 것이다.[35]

인도에서 우역의 유행은 소를 수입하는 나라들로 우역이 퍼지는 것이 시간문제임을 의미했다. 인도는 19세기 후반 필리핀을 황폐화시킨 가축전염병epizootics의 한 원천임은 확실했지만, 유일한 원천은 아닐 수도 있다. 중국 남부도 이 시기에 감염되었는데, 영국령 인도에 인접한 시암(태국)과 같은 나라들도 그러했다. 이 나라들은 그 몇 년 전부터 우역을 알고 있었지만, 이번 감염은 농업의 상업화, 소비 패턴의 변화, 그리고 원거리 가축 거래의 성장으로 역병이 좀더 광범위하게 퍼져 나간다는 것을 뜻했다. 젖소와 짐 나르는 가축은 인도에서 말라야와 싱가포르로 수출되었다. 시암은 정기적으로 쇠고기 육류를 선적해 싱가포르와 수마트라로 운송했다. 양, 염소, 소 등이 홍콩에서 필리핀을 비롯해 다른 여러 지역으로 수출되있다. 이들 지역 중 특정한 곳이 우역의 원천지이거나 아니면 동남아시아 모두일 수 있었다. 이들 지역은 또한 항구 대부분이 문호 개방정책을 취했기 때문에 감염에 특히 취약했다. 위험이 명백해졌을 때에도 격리, 도살 및 다른 규제들은 유럽 식민지 대부분에서 약간의 진전밖에 없었다. 필리핀의 일부 지역에서는 진척이 이루어졌지만, 감염 지역과 감염되지 않은 지역 간의 효과적인 장벽을 유지하는 것은 어려워서 대체적으로 이루어지지 않았다.[36]

아프리카의 상황도 이와 비슷했다. 우역은 1889년 대륙 북동 지역에 처음 나타났고, 이때부터 급속하게 퍼져 1896년에는 남쪽 끝까지 도달했다. 이 시기에 어떤 식민지 정부도 동물 질병에 관한 법률을 제정하지 않았고, 그 확산을 막기 위한 조치도 취하지 않았다. 그 결과, 우역은 목축민에게 이루 형용할 수 없는 불행을 가져다주었다. 이들의 주요 생계수단은 파괴되었다. 그에 따른 한 가지 결과로 유럽 제국주의자들에 대한 저항이 약해졌고, 그에 따라 제국주의자들이 그들 지배 기구를 더 쉽게 설립할 수 있었다.[37] 얼마 후, 이 식민지 정부 가운데 일부는 우역을 통제하기 위한 조치를 취하기 시작했다. 백인 농장주가 정착하면서 그들의 생계가 가축의 건강 유지에 달려 있게 되었기 때문이다. 인도의 상황과 달리, 아프리카 식민 당국은 동물에 대한 원주민의 정서에 얽매이지 않았고, 케이프 식민지와 같은 일부 지역에서는 격리와 살처분을 적극 추진했다.[38] 그럼에도 그 질병은 아프리카 여러 지역에서 풍토병으로 자리 잡았고, 통제에 저항하는 봉기와 다른 소요 때문에 가축 유행병은 피해 막심한 질병으로 확대되었다. 심지어 평화로운 시기에도 광활한 지대에서 방목했고, 야생 동물들 사이에서 질병을 통제하는 일은 어렵기 때문에 전통적인 통제 수단은 거의 무용지물이 되었다. 1900년대 초에 더 안전한 접종 형태의 새로운 기술이 도입되지 않았다면, 우역은 아마도 아프리카의 많은 지역을 더 오랫동안 황폐화시켰을 것이다. 새로운 접종은 독일 세균학자 로베르트 코흐Robert Koch에 의해 1897년에 개발되었는데, 아주 강력한 세균보다는 약해진 세균을 사용했다. 효과적인 시행 전략을 마련하는 데는 수십 년이 걸렸지만, 예방 접종으로 20세기 말까지 아프리카와 인도에서 우역을 근절할 수 있었다.[39] 그것은 드문 성공 스토리이지만 세계의 다른 지역들에 비하면 매우 늦게 나온 이야기다.

효과적인 통제 조치가 도입되기 전에, 우역은 유럽·아프리카·아시아의 여러 지역에서 대혼란을 일으켰다. 그러나 북아메리카는 우역을 겪지 않았다. 비록 1870년대에 아르헨티나와 브라질에서 이 질병이 잠깐 나타났지만, 지방에 국한되었고 빠르게 퇴장했다. 이 점에 대해서는 두 가지 설명이 가능하다. 아르헨티나와 미국 같은 나라들이 육류와 소의 순수출국이었다는 사실은 감염 확률이 순수입국보다 낮다는 것을 의미한다. 예를 들어, 아메리카와 유라시아 대륙 사이의 해양 항로는 인도와 동남아시아 군도 간의 항로보다 상당히 길었다. 우역 증세가 구제역 등의 병에 걸린 소의 증상에 비해 훨씬 두

드러지기 때문에 긴 항해 도중에 병든 동물이 눈에 띄었을 가능성이 높았다. 하지만, 아메리카 대륙은 그 자체의 고민거리가 있었다. 폐렴이나 구제역 같은 수입 감염에 대처해야 할 뿐만 아니라, 토착 감염원이 있었기 때문이다. 19세기 중반에 이러한 질병들 중 일부는 가축의 활발한 거래와 공식적인 통제 부재 때문에 보통 그 나라의 다른 일부 지역에 영향을 미쳤고, 국한된 지역 외부로 퍼져 나갈 수 있었다. 예를 들어, 1860년대에 미국은 '에스파냐 열병' 또는 '텍사스 열병'으로 알려진 질병의 빈번한 발병을 겪기 시작했다. 이 가축(소) 역병은 연방 남부 주들에서 풍토병인 셈이었고 종종 치명적이기까지 했다. 그러면서도 긴 잠복기(30~40일) 때문에 탐지가 어려웠다.

텍사스 열병은 남북전쟁 이전과 전쟁기에 수많은 소 떼를 몰살시켰다. 그러나 1868년 중반까지는 주요 이슈가 되지 않았는데, 그때 그 특징적인 증상(발열, 체중 감소, 피오줌 증상)이 무게를 늘리기 위해 북쪽으로 보낸 텍사스산 소 떼 사이에 두드러지게 나타났다. 미주리와 캔자스주에 인접한 지역 목장주들이 오랫동안 두려워했던 텍사스 열병은 1868년에 더 커다란 경종을 울렸다. 왜냐하면 이 질병이 처음으로 북쪽 중서부Midwest에 나타났기 때문이다.[40] 일리노이주 카이로에서 시작된 이 병은 남부 소 떼를 끌고 가는 소몰이꾼과 소 거래상에 대한 폭력적이고 위협적인 대응을 부추겼다. 미주리주의 한 농장주가 농업 잡지 기고문에서 다음과 같이 경고하고 있다.

텍사스산 소 떼가 다가오고 있을 때 미주리주 주민에게 말을 걸어 보라. 그러면 그는 당신을 바보라 부를 것이다. 차갑게 총을 장전하고 이웃들과 합류할 것이다. 그들은 또한 겁먹지 않을 것이다. 그들은 죽이고, 죽이고, 소 떼가 되돌아갈 때까지 계속 그럴 것이다……이것은 당신에게는 분명 국경 근처 불량배 행태처럼 보이겠지만, 이것은 우리가 텍사스의 열병을 피하는 바로 그 방법이다. 그리고 단언하건데, 일리노이도 똑같은 일을 해야 할 것이다.[41]

곧, 남부 소들을 팔거나 소유했던 거래상들과 농부들은 위협과 공격을 당하고, 분노한 공개회의에서 그들의 행동에 대해 설명하라고 소환당하기까지 했다. 미국 정부의 초청으로 발병을 조사한 갬지 교수가 "비장열splent fever 예방은 대체로 불법행위를 막고 공공평화를 유지하는 것을 뜻한다"고 공표했을 때 결코 과장된 말이 아니었다.[42] 이러한 무질서는 미국 내 소 거래에 직접 충격을 주었지만, 텍사스의 열병 발생과 위생 통제가 느슨하거나 거의 없다는 미국 증권가의 보도기 잇따르면서 해외에 공포감을 불러일으켜, 미국으로부터 가축과 건초 수입을 일시적으로 금지하는 결과를 낳았다.

미국 농업 위원Commissioner of Agriculture에게 제출된 갬지 보고서는 분명히 상업에 심각한 영향을 미칠 터였다. 갬지는 가축 거래의 위축을 두려워하는 다양한 세력들을 잘 알았다. 그는 미국 북부의 여러 도시에서 고기 가격이 올라 남부에서 소를 들여와야 더 저렴한 식재료에 대한 수요를 충족시킬 수 있다는 것을 알고 있었다. 갬지는 시카고 육류 상인들이 행사하는 정치적 영향력과 텍사스에서 소를 사육하고 출하하는 데 관련된 사람들에 대해서도 똑같이 인식하고 있었다. 그러한 세력은 쉽게 무시할 수 없었다. 외국인으로서 갬지는, 정치적 분쟁에 말려드는 것을 주저하지 않았던 영국 우역 사례와 달리 권고를 별로 하지 않았다. 그러나 그의 보고서에는 질병 예방에 관한 몇 가지 중요한 원칙이 있었다. 갬지는 중서부 목장주들의 인식과 반대로 그 병이 전염되지 않는다고 선언했다. 그가 보기에, 텍사스 열병은 남부의 토착 환경에서 오염된 음식을 먹은 소, 독이 있는 식물을 포함하고 있거나 안드라andhra와 비슷한 유기체의 포자에 감염된 그런 음식물에서 생긴 것 같았다. 이 유기체는 어떤 것이든(나중에 진드기에 의해 전염되는 기생충으로 판명되었다) 미국 남부의 습한 환경에서 가장 잘 번식하는 것처럼 보였지만, 북쪽의 목초지에서도 따뜻한 날씨에 번식할 수 있었다. 갬지의 견해로는, 감염된 소의 분뇨를 통해 전염될 수도 있었다. 대변에 섞인 그 유기체(병균)가 지금까지 건강한 소들이 풀을 뜯는 목초지에 남아 있기 때문이었다.[43]

따라서 질병의 전염은 간접적인 것으로 보였고, 우역과 같은 전염성 질병distemper과 매우 다른 조치가 요구되는 것이었다. 장기적으로는 남부의 목초지 배수와 독초 제거에서 해결책을 찾을 수 있다고 갬지는 결론지었다. 그러나 그것은 먼 이야기였고 당분간은 그가 보기에 효과적일 수 있는 유일한 조치로는 수입 소와 토종 소를 우리에 함께 수용하기 쉬운 겨울철에 소 떼 반출을 제한하는 것, 그리고 가능하면 수입 소를 특별히 지정한 지역에만 가두는 것이었다. 사실상, 이것은 북부의 주 전역에 거대한 격리망을 조성하는 것을 의미했다. 이 제안은 농장주에게 인기가 없을 것 같았지만, 갬지는 그런 격리선이 없다면 그 질병과 그에 뒤따르는 경제적 혼란을 막을 방법이 없다고 믿었다.[44] 그가 의심했던 것처럼, 처음에는 남부산 가축을 격리해야 한다는 제안은 어느 것이나 반대했던 해당 사업자들이 좋아하지 않았다. 그러나 수출업자들은 갬지가 미국에서 들여온 건초에 우려할 만한 것이 없다고 영국 정부에 재확인해 주었다는 점에서 위안을 얻을 수 있었다. 그의 지적대로 영국으로 수출된 건초는 주로 텍사스 열병이 발견된 남부나 중서부가 아닌 동부와 서부 주에서 생산되었다.[45]

한편 유럽 국가들은 미국산 건초가 아니더라도 자국 항구로 들어오는 가축에 대해 긴장하고 있었다. 미국의 농장주와 수출업자는 자국산 동물의 건강에 대한 우려가 근거 없으며 유럽의 농부를 보호하려고 수입을 제한하는 것이 아닌지 의심스럽다고 항의했다.[46] 그럼에도 1880년대에 중서부 여러 주들이 갬지가 제안한 방식의 통제를 받아들이기 시작했다. 오클라호마와 같은 일부 주는 텍사스산 소 떼가 도착하자마자 격리하기 시작했으며, 캔자스주와 같은 다른 주들은 두 소 떼를 함께 뒤섞어 옮기는 것을 전면 금지했다. 1890년대 초에 텍사스 열병이 진드기에 의해 감염된다는 것이 밝혀지자 농부들도 물과 원유가 들어 있는 커다란 통에 소를 집어넣어 감염을 통제하기 시작했다. 그러나 이런 조치들은 소규모 소 떼를 기르는 목장주에게는 인기가 없었다. 그들은 이런 방법을 비싸고 귀찮은 일거리로 보았기 때문이다. 이에 따라 이에 반대하는 폭력적인 항의가 빗발쳤다. 1900년대 초에 연방 정부의 통제를 받을 때까지 이런 조치의 실효성에 대한 의문은 여전히 남아 있었다.[47]

미국 수출업자와 유럽 수입업자 사이의 긴장은 텍사스 열병뿐만이 아니었다. 영국 정부도 폐병을 앓는다고 알려진 미국산 소의 수입에 대해 단단히 경계하고 있었다. 이 질병은 1870년대에 미국 소들을 영국 항구 리버풀로 운송하는 과정에서 여러 차례 나타났고, 1879년 영국 정부는 영국 항구에 도착한 지 10일 이내에 미국 소들을 모두 도살하라는 명령을 내렸다. 이 규제로 미국 목장주들은 적절하게 살 찌운 소 떼를 팔 수 없었기 때문에 아주 곤란을 겪었으며, 이에 따라 그들의 상업적 잠재력을 현실화할 수 있었다.[48] 벨기에와 같은 다른 유럽 국가들은 같은 이유로 미국산 소에 대해 격리 조치를 시행했고, 경우에 따라서는 수십 년간 이를 유지하기도 했다.[49]

그러나 19세기 후반에 발생한 가장 심각한 위생 분쟁은 미국 돼지 고기의 유럽 수출에 관한 것이었다. 독일, 스웨덴 및 기타 유럽 국가 에서 수백 명이 병에 걸렸고 일부는 돼지고기를 먹은 후 죽었다. 수 입 돈육의 일부는 미국에서 들어온 것으로 보인다. 1878년 비엔나대 학의 해부학 교수인 리하르트 헤슐Richard Heschl 박사는 미국산 돼지 고기ham의 20퍼센트가 선모충旋毛蟲Trichineella spiralis에 감염되었다고 주장했는데, 이 기생충이 발병 원인으로 보였다. 이에 힘입어 1879년 이탈리아 정부는 미국산 돼지고기에 대해 수입 금지 조치를 내렸고 오스트리아-헝가리가 그 뒤를 따랐다. 1880년 독일도 미국 돼지고 기 수입을 금지했고 1881년 프랑스도 같은 조치를 취했으며 스페인, 그리스, 터키도 곧 합류했다. 이러한 조치들이 미국 경제에 미치는 복합적인 영향은 파괴적일 터였다. 당시 돼지고기는 미국 전체 수출 시장의 10퍼센트를 차지했으며 연간 거의 8천 만 달러의 가치가 있 었기 때문이다.[50]

미국산 돼지고기에 내려진 모든 수입 금지 조치 중에서 독일의 금지가 가장 큰 피해를 입혔다. 독일은 미국산 돼지고기의 최대 수입 국이었다. 처음부터 이 수입 금지 조치는 독일 총리 오토 폰 비스마르크Otto von Bismarck가 강력하게 옹호한 1879년 관세법의 통과와 시기적으로 일치했기 때문에, 미국 측은 독일이 얄팍하게 보호주의 베일로 은폐한 것이라 생각했다.[51] 금지에 반대했던 독일 자유당이 깨달은 것처럼 돼지고기를 건강상의 이유로 금지하는 것은 순전히 경제적인 이유보다는 훨씬 쉬운 일이었다.[52] 그러나 독일의 수입 금지는 미국의 보복을 유발했고 '돈육 전쟁Pork War'으로 알려진 10년간의 무역 분쟁을 촉발했다. 유럽 국가들 간의 관세 전쟁은 드물지 않았고 심지어 전통적인 자유무역 챔피언인 영국에서도 농업 부문이 값싼 외국 수입 농산물의 영향을 실감하면서 갈수록 보호와 '제국 특혜관세imperial preference'를 외치는 소리가 커지고 있었다. 그러나 많은 나라가 '보호주의로 회귀'하고 있었다고 하더라도, 자유무역에 대한 풀뿌리 지지가 상당히 많았기 때문에 과대평가할 것은 아니었다. 당시 유권자들 중 많은 사람들의 주요 관심사는 빵, 고기, 그리고 다른 기본 식재료들을 충분히 여유 있게 비축하는 것이었다.[53] 따라서 각국에서 보호무역주의가 팽배했던 정도는 소비자 세력에 대한 생산자의 강력한 지배력 여부에 달려 있었다. 정부는 또한 자유무역의 혜택과 실제 감염 위험 사이의 균형을 맞춰야 했고 많은 경우 감염에 대한 공포는 생산자와 일반 대중 모두에게 매우 현실적인 문제였다. 수출국들이 생산물의 위생 기준을 개선하여 불안감을 완화하려 한다면, 그들은 어떠한 제한도 풀거나 줄일 수 있는 합리적인 근거를 가지고 있었다. 이는 정확히 1891년 독일에서 일어났다.

그때 미국에서 위생 안전장치를 개선한 법안이 통과함에 따라 독일 정부의 수출 금지 해제를 설득했던 것이다.[54]

미 당국은 이제 모든 종류의 가축 질병을 통제하기 위해 활발한 조치를 취했다. 연방 당국은 개별 주에 대한 통제를 강화하고 가죽, 양모 및 기타 동물성 제품의 수입업자 등 사업가 세력과 더 밀접하게 협력하고 있었다. 1905년에 통과된 법률은 농무장관이 연방 공중보건국에서 사람 검역에 대한 통제권을 갖게 된 것과 거의 같은 방식으로 주 사이를 오가거나 국경을 넘는 소 떼의 운송에 대해 엄격한 격리 조치를 부과할 수 있도록 했다. 한 정부 간행물은 이렇게 지적한다. "구제역은 바람직하지 않은 외계의 적으로 분류되어야 한다."[55] 이와 동시에, 육류 제품의 안전성을 향상시키기 위한 더 큰 노력이 이루어졌다. 1902년 법은 불량식품과 약품의 주간州間 운송을 금지하고 1906~7년 육류 검사법은 식용으로 부적당하다고 판정된 육류에 대해 주간 거래 또는 해외 무역을 엄금했다.[56]

이러한 조치들이 국내와 해외에서 미국산 육류 및 가축의 평판을 높이는 데 큰 기여를 했지만, 돈육 전쟁과 이와 유사한 분쟁들은 의견 불일치를 해결하기가 어렵다는 것을 보여 주었다. 콜레라와 황열병을 규제하기 위한 국제 포럼과 협약이 동물과 육류 제품의 운송에 지속적인 차질을 빚지 않도록 할 필요가 있다는 점이 점점 분명해지고 있었다. 또한 많은 나라들이 국제적으로 합의된 표준, 위생 인증, 과학 정보의 공유로부터 혜택을 얻으리라는 점도 인정되었다. 제1차 세계대전을 앞둔 몇 년간 그러한 감정은 종종 표출되었지만 성공적인 행동으로 옮겨지지는 못했다. 그러나 전후에 국제연맹이 상징하는 국제 협력 정신은 항구적인 협약에 대한 희망을 불러일으켰다. 1920년 프랑스 정부는 전염병 연구에 관한 국제회의가 곧 파리에서 개최될 것임을 공표하면서 그 주도권을 잡았다. 그 무렵 이웃 벨기에에서 우역이 발생했다는 것은 이 문제가 프랑스의 관점에서 보면 절박한 문제임을 뜻했지만, 전쟁에 따른 경제적 혼란 때문에 교역 관계의 재건은 대부분의 국가에서 긴박한 문제로 떠올랐다. 프랑스 정부는 이 회의가 동물병 연구에서 국제 협조의 발판이 되기를 기대했으며, 이 회의에서 도출된 새로운 기구도 OIHP처럼 파리에 기반을 두고 프랑스가 국제 정세의 중심 역할을 할 수 있도록 의도했다.[57]

1921년 5월에 시작된 회의에서 대표단은 주최 측이 제시한 결의안의 대부분을 만장일치로 채택했다. 여기에는 좀더 과학적인 연구의 필요성, 정기적인 위생 관련 회보 게시의 바람직성, 질병 확산을 통제하기 위한 강화 조치, 인증의 표준화, 그리고 OHIP와 유사한 국제기구의 창설 등이 포함되었다. 그러나 최대한 국제기구로 만들려는 야망이 있었음에도, 국제가축전염병기구Office International des Épizooties(OIE)는 전적으로 유럽 중심의 것이었다. 일부 중남미 국가들은 이 생각에 열광적인 지지자였고 1924년 4월 국제가축전염병기구 창설 협약에 서명했지만 미국을 포함한 많은 비유럽 국가들은 그러지 않았다.[58] 그러므로 국제가축전염병기구 집행위원회는 유럽 각국 정부의 지배를 받았으며 지명된 비유럽국가 대표들도 독립국이라기보다는 유럽 열강의 식민지에서 온 사람들이었다.[59] 따라서 미주美州와 무역에 관한 한, 이 협소한 대표 구성이 위원회의 효율성을 필연적으로 제약했다. 이 기구에서 미국은 인간의 건강보다 동물의 건강에 더 많은 영향을 끼쳤다. 그럼에도 국제가축전염병기구는 부지런하고 정력적으로 활동했다. 회보에 질병 예방에 관한 과학 기사를 게재하고, 전 세계적으로 질병 발생에 대한 보고서를 제공했다.[60] 국제가축전염병기구 위원장 르클랭쉬E. Leclainche 또한 수출되는 동물 및 육류에 첨부하는 위생 보고서와 인증서의 표준화를 더 강화할 것을 간절하게 요청했다.[61]

1928년 국제가축전염병기구가 선택한 방향은 국제연맹의 재가를 얻었는데, 이 방향은 불화의 씨앗을 뿌릴 위협이 될 비밀 보호주의 조치들에 의해 점점 더 우려감이 높아졌다. 그해 2월, 국제연맹 사무총장은 회원국들을 초청해 질병과 가축 및 육류 교역 등에 관해 국제연맹 경제위원회에 조언해 줄 전문가위원회에 수의사들을 지명했다. 이 소위원회가 위생 대책을 점검해 수출입국 간 이익의 균형을 맞추기를 희망했다. 국제가축전염병기구는 이 전문가들이 최신 정보를 제공하도록 지원하는 데 핵심 역할을 맡도록 되어 있었다.[62] 그러나 소위원회는 협의체였고, 회원국들이 자국의 위생 관행에 어떤 조치를 취하거나 개입하도록 강요할 권한도 없었고, 위생 문제와 관련된 무역 분쟁을 판단할 권한도 없었다.[64] 또한 10명의 전문가들이 유럽에서만 뽑혔기 때문에 국제가축전염병기구와 똑같은 문제로 어려움을 겪었다. 이러한 제약은 많은 나라들이 자국 산업을 보호하려는 경향이 있었던 대공황을 다루는 데 중요한 약점이 되었다.[64]

수의사로 구성된 이 소위원회의 신뢰성을 높이기 위해 유럽 이외의 3개국(뉴질랜드, 아르헨티나, 우루과이)에서 전문가를 초청해 회원으로 가입시켰다.[65] 1931년 국제연맹은 또 수의학 문제에 관한 국제회의를 개최하라고 더 강하게 압박하기 시작했다.[66] 수의학 소위원회와 국제연맹 경제위원회 위원들은 회원국이 효과적인 질병 감시를 유지하고, 가축과 육류 처리 시설을 검사하며, 고기와 살아있는 동물의 수송을 규제할 의무를 갖는다는 문서를 작성했다. 수출품 검사는 각 국에서 지정 인원의 수의사로 구성된 위생검사소에서 실시될 예정이었고, 각 나라나 식민지는 수의학 위생 회보를 발간해 정기적으로 국제가축전염병기구에 발송할 예정이었다.[67] 그러나 국제연맹은 여전히 유럽제국을 벗어난 지역에서 이 활동이 동의를 얻기 어렵다는 것을 깨달았다. 주요 걸림돌은 이웃 국가인 멕시코, 중남미 공화국, 캐나다, 서인도제도에 대한 선호를 계속 유지하려는 미국 정부의 태도였다. 한편, 다른 나라에서 들여온 가축에 대한 전면적인 격리 기간은 돼지 15일간, 소 30일간이었다. 미국과 교역상의 특권을 누리는 멕시코 등 다른 나라들의 가축은 질병 검사 대상일 뿐이었다.[68]

미국의 위생정책과 국제가축전염병기구 가입 거부는 외국과의 경쟁에서 목축업자와 육류 생산자들을 보호하려는 것이었고 이 원칙은 향후 수십 년간 유지되었다. 그러나 그것은 국제 관계 때문에 때로는 약화되기도 했다. 예를 들어, 1930년대 초에 프랭클린 루스벨트는 라틴아메리카에 대한 미국의 개입을 제한하고 이 지역의 경제 및 정치 안정에 기여하기 위해 구상된 '선린정책'의 일부로서 남미 몇몇 국가들과 관세 협정을 모색했다. 이를 위해 미국 정부는 모든 무역 규제의 철폐 또는 완화를 요구했고, 1935년 (이 지역에서 가장 선진적인 가축 육류 수출국인) 아르헨티나와 조약을 체결해 감염된 지역에만 제한적으로 수입 금지 조치를 취하기로 했다. 이 조약은 제4차 범미주상업회의(1931)에서 위생 규제가 보호무역주의의 망토 역할을 하지 않을 것이라고 선언한 결의안과 일치했다. 그러나 이 조약이 체결된 직후 미국 국무부에는 자신의 이익이 침해당했다고 주장하는 농부들의 항의가 쇄도했다. 동물산업국은 이 조약에 대한 지지를 거부했으며 상원은 비준을 망설였다. 이는 곧 아르헨티나 언론에서 보호무역주의에 대한 비판적 발언을 불러일으켰고 아르헨티나 정부는 실망했다. 국내에서의 완강한 반대에 직면한 미국 국무부는 1939년까지 비준에 대한 모든 희망을 포기했다.[69]

아르헨티나는 국제가축전염병기구 회원국에도 육류를 수출하는 데 어려움을 겪었다. 이 나라는 특히 영국과 중요한 무역 관계를 맺고 있었다. 영국은 아르헨티나에서 대량의 고기를 수입하고 상당량의 공산품을 아르헨티나에 수출했다. 영국 투자자들은 팜파스의 목축 지대와 항구를 연결하는 철도를 비롯해 아르헨티나 사회 기반 시설infrastructure 대부분을 확충하고 육류산업을 일으켰다. 1880년대부터 고기를 냉동·냉장시키는 새로운 방법이 고안된 이후, 영국 기업가들은 라 플라타강Río de la Plata 하구에 도축장, 육류 포장 및 냉장공장을 설립했다. 또한 선박 설계를 개선함으로써 아르헨티나에서 영국으로 매년 수만 마리의 살아있는 동물(주로 소 떼)을 운송할 수 있게 되었다.[70] 1860~70년대에 유럽인 이주자들과 함께 아르헨티나에 들어온 구제역은 때로는 가축 수송을 방해했지만, 영국에서 심각한 발병이 나타난 직후인 1920년대에 이르러서야 수의사들은 이 병을 일으키는 바이러스도 감염된 고기에 의해 전염될 수 있다고 의심했다. 그러나 미국 정부와 달리, 영국은 아르헨티나산 육류 수입을 금지하기를 꺼렸다. 수출업자와 소비자들의 이익보다 투자자들의 이익을 우선시했기 때문이다. 자국의 축산업이 부족하기 때문에 영국은 외국산 수입이 없이는 육류 수요를 채울 수 없었다.

1920년대 중엽, 구제역 발생이 육류 수입과 관련되었다는 확실한 증거가 드러나자 영국 정부는 아르헨티나산 육류에 대해 완전 수입 금지는 아니지만 어느 정도 규제 조치를 취할 수밖에 없었다. 정부는 아르헨티나에 좀더 강력하게 질병 통제를 시행할 것을 요구했지만 아르헨티나 정부는 그럴 재원이 없다고 반발했다. 많은 육우 생산자와 수출업자 또한 이 규제가 과학적 정당성이 결여된 정치적 행위라고 주장했다. 보호주의적 충동은 영국에도 분명히 존재했지만 농부들은 외국과의 경쟁보다는 자국 정부를 더 두려워했다. 영국의 농부들은 주로 1860년 이래 '해외 유입alien' 질병(구제역)이 영국 해안을 엄습했을 때 영국 정부가 그 질병과 싸우기 위해 취한 파국적인 근절 징책 때문에 구제역을 두려워했다. 아르헨디니에서는 자연면역력이 높아 구제역은 국지적 풍토병endemic이었고 가벼운 증세로 발병했다. 그러나 자국 육우 수출품에 대한 전면 수입 금지에 직면한 아르헨티나 정부는 국내에서의 반대를 물리치고 감염된 동물의 이동과 도살에 대한 좀더 엄격한 통제를 도입했다.[71]

제2차 세계대전은 인간의 건강 관리에 새로운 시대를 열었지만 동물과 육류 제품 무역을 주관하는 다양한 관행과 쌍방 간 협정에 종지부를 찍지는 않았다. 한동안 국제가축전염병기구의 미래도 불투명해 보였다. 1945년 국제연맹을 대체한 유엔은 2개의 특별 보건기구, 국제식량농업기구FAO와 세계보건기구WHO만을 설치했다. 세계보건기구는 인류의 건강만을 맡았으며 국제가축전염병기구의 영역을 침해하지 않았으나, 국제식량농업기구는 달랐다. 그러나 국제가축전염병기구 회원국들은 기구가 동물의 질병을 특별히 다루는 독립적인 기관으로 계속 남기를 바랐고 1952년에는 국제식량농업기구와 국제가축전염병기구, 두 국제기구의 업무 경계와 협력 노선을 확립하는 합의가 이루어졌다. 그에 앞서 수년간 국제가축전염병기구는 회원국들의 위생 규제의 조화를 이끌어 내고 새로 형성된 유럽 공동체에 우선 초점을 맞추려고 했다.[72]

그럼에도 중남미와 유럽 국가들의 관계는 위생 분쟁으로 계속 어려움을 겪었다. 1967~8년 영국과 아르헨티나는 아르헨티나에서 영국으로 구제역이 전파되었다는 주장으로 다시 갈등을 빚었다. 1951년 마지막 대규모 발병 이후 영국에서는 1천 건이 넘는 사례가 발생했지만 대부분은 쉽게 수그러들었다. 구제역은 1967년 10월 말 영국에서 발생했으며, 순식간에 영국 전역으로 퍼져 나갔다. 영국 정부는 이전과 동일한 대응 조치인 대량 살처분을 취했다. 질병이 수그러들 무렵인 1968년 3월 소 20만 8,811마리, 양 11만 3,423마리, 돼지 11만 3,423마리가 살처분되었다. 농부들에게 보상금으로 지불된 3천 5백 만 파운드를 포함해 영국 경제에 1억 파운드 이상의 피해를 주었다고 추산된다. 살처분 대안으로 백신 접종이 거론되었으나, 정부는 그 비용과, 그리고 피해를 입은 여러 종류의 동물용 백신의 효력에 대한 의심 등 여러 이유를 들면서 거부했다. 그럼에도 도살정책에 대한 불확실성과 농업 세력이 희생되었다는 광범위한 정서가 아직 남아 있었다. 도살은 차치하고라도, 농부들은 원래 발병 원인으로 여겨

온 아르헨티나산 육류에 대한 수입 금지를 정부가 주저하는 데 분노했다. 총 179건의 발병 사례 가운데 대다수는 남미, 그 대부분이 아르헨티나에서 들여온 감염된 고기, 구정물, 뼈와 내장 또는 고기 포장지 때문에 걸렸던 것이다.[73]

이에 따라 아르헨티나는 가축 질병에 대한 통제가 느슨하다고 알려졌지만, 영국 정부는 1967년 12월 1일까지 수입 금지 조치를 취하지 않았고 발병 직후인 1968년 4월에 이를 해제했다. 이런 어설픈 대응은 전국지주협회와 전국농민연맹의 항의를 촉발했다. 이들 단체가 보기에 아르헨티나에 보복 위협을 계속 가한다면 제조업 부문의 이익을 잃을 수도 있다는 점에서 영국 정부가 양보했다고 생각해 분노했던 것이다.[74] 기록적인 무역 적자에 시달리던 영국 정부는 아르헨티나와 전면적인 무역 전쟁을 감당할 수 없다고 계산해 물러섰다. 금지령이 해제된 후 아르헨티나에서 육류 수입이 재개되어 1년여 만에 다시 정상 수준으로 되돌아갔다. 그러나 이는 무역 자유화의 승리와 거리가 멀었고 당시 영국이 겪고 있던 경제적 어려움을 반영했을 뿐이다. 아르헨티나가 재빨리 알아챈 것처럼 경제 보복의 위협만으로도 상당한 보상을 받을 수 있었다.[75]

제2차 세계대전 전날까지 국제가축전염병기구는 회원국이 44개에 지나지 않았고 그 대부분이 유럽 국가였다. 그러나 1964년에 창립 40주년을 기념했을 때 4개 대륙에서 81개 회원국을 끌어들였다. 국제가축전염병기구의 전 지구적 광역성은 이제 지역 사무소를 중심으로 여러 지부 설립에 반영되었다. 각 지부는 국제가축전염병기구의 회보에 그 진행 절차를 보고하는 회의를 자주 개최했다.[76] 이 범위가 넓어짐에 따라 세계 빈곤국의 경제 발전을 돕겠다는 좀더 강력한 약속이 이루어졌다. 이는 동물성 질병을 억제하기 위해 마련된 예방 접종과 같은 프로그램에 대한 지원을 의미할 뿐만 아니라, 무역 거래를 제한하는 위생 조치의 지속적인 강화를 의미했다. 다시 말해, 그 목적은 국제적으로 각종 조치들의 조화를 꾀하고 경제 보호의 수단으로서 지나친 남용을 종식시키는 데 있었다. 그러나 미국은 여전히 국제가축전염병기구 가입에 별다른 관심을 보이지 않았고, 미국이 국제적 기구 외부에 있는 동안은 동물과 육류 제품의 거래를 통제하는 위생 규정에 관한 중요한 협정에 대한 전망은 없었다. 국제가축전염병기구가 세계동물보건기구World Organization for Animal Health(WOAH)가 되고 미국이 서명국이 된 2003년까지는 상황이 크게 달라지지 않았다.

세계동물보건기구WOAH, 이 새로운 기구는 가난한 나라들에게 불공정한 영향을 미친다고 인정되는 위생 규제의 폐해를 제거하는 일에 헌신했다. WOAH가 분명히 언급했듯이, "소비 감소와 함께 정당화되지 않은 무역 붕괴는 소득 자원을 잃은 전 세계 소규모 농부들과 생산자에게 영향을 미친다."[77] 그러나 최근 무역 분쟁의 역사는 WOAH/OIE가 종종 목표를 달성하지 못했다는 것을 보여 준다. 예를 들어 구제역은 아르헨티나와 미국 사이에 긴장의 원천으로 남아 있었고, 양국 정부 간 어떠한 해결책도 미국 축산업 세력의 비난을 받았다. 아르헨티나 농부들이 보기에, 미국은 어떤 대가를 치르더라도 목장주를 보호하는 데 열중하는 것 같았다.[78] 일부 관찰자의 의견으로는 지역화가 유일한 해결책이었다. 즉, 질병의 유병률과 위생 시설의 상태에 따라 서로 다른 지역에서 다양한 통제 기준을 허용하는 것이다.[79] 새로운 세기가 밝으면서, 세계 표준화의 전망은 여전히 식물 무역에서 그랬던 것처럼 아득한 꿈처럼 보였다.

영원한 논쟁의 전망

1845~52년에 아일랜드 대기근, 즉 감자 기근Potato Famine은 약 1백만 명의 사망자를 냈고, 영국과 북아메리카 등의 다른 지역으로 비슷한 인구 규모의 이민을 초래했다. 기근의 직접 원인은 감자 병충해였지만, 그렇게 파국적인 결과로 치달은 것은 단순히 생산물 부족 때문만은 아니었다. 이 농업 재앙에 대한 정부의 부적절한 대응—이는 현대 경제 이론이 그럴듯하게 정당화한 것인데—은 강력하게 비판받았으며 아일랜드 역사에서 일종의 전환점이 되었음을 입증했다.[80] 기근 자체는 아일랜드 농민 식단의 주식인 감자가 부분적으로 손실을 입은 결과일 뿐이지만, 앞으로 닥칠 일의 불길한 징조였다. 폐병의 서쪽 행진이 가축 질병의 재발을 예고했던 것처럼, 미국 해충이 유럽에 도달하면서 사람들은 이 병충해가 농경지에 끼칠 폐해를 걱정하게 되었다.

아일랜드 기근을 야기한 이 질병은 균류 같은 유기체인 감자역병 균疫病菌Phytophthora infestans에 의해 발생했는데, 이 균은 당시 비료로서 널리 수요가 있던 구아노guano(바닷새의 배설물)를 선적한 배를 따라 페루에서 아일랜드에 이르렀을 가능성이 가장 높다고 생각되었다. 만일 날씨 조건이 적당하다면, 이 곰팡이의 포자가 빨리 퍼져서 식물이 열매를 맺기 전에 썩게 만들 수 있다. 비록 그 후에 발생한 농작물 역병 중에 이 감자 병충해만큼 파국적인 것은 없었지만, 이후에도 아메리카 토종 병원균이 곧바로 유럽에 퍼지기 시작했다. 이들 중의 하나는 포도덩굴에 영향을 미치는 기생 곰팡이나 '흰곰팡이mildew'였다. 이 균류는 1843년 영국 남동부의 한 온실에서 처음 나타났고 그곳에서 프랑스, 이탈리아, 에스파냐로 퍼져 나갔다. 이 문제를 해결하기 위해 유럽의 포도주 생산자들은 이 병에 내성이 있는 것으로 알려진 미국산 포도나무를 수입했는데, 그것 역시 훨씬 더 치명적인 해충인 포도 진딧물(필록세라Phylloxera vastatrix)에 감염되었음이 알려졌다. 이 진딧물 같은 곤충은 북아메리카가 원산지였고 1856년에 미국의 곤충학자 아사 피치Asa Fitch가 발견했다. 그러나 1864년 프랑스 남부 포도밭에 나타나 포도넝쿨의 뿌리와 잎을 파괴했으며, 많은 경우 곰팡이의 2차 감염으로 이어졌다. 이 진딧물은 점차로 프랑스 포도 재배 지역 전체에 퍼졌고, 포르투갈·이탈리아·스위스·오스트리아·독일의 포도주 재배 지역도 예외는 아니었다.

처음에는 그 곤충을 통제할 수 있는 조치는 없을 것 같았다. 포도를 재배하는 사람들은 소독한 모래에 뿌리를 묻고 화학 물질을 뿌리고, 뿌리를 보호하기 위해 포도원을 물로 씻어 냈지만 소용이 없었다. 사람과 동물의 질병이 발생했을 때 행했던 선례를 따라, 가장 심한 피해를 입은 나라들로부터 포도주 생산자와 과학자들이 정보를 공유하고 해충을 제어할 방법을 찾기 위해 모였다. 이 회의의 결과 1878년 베른협정이 체결되었다. 이 협정은 포도 진딧물병 발생을 통보하고 감염 지역의 식물 및 식물성 물질의 이동을 규제하는 규칙을 제정했다. 포도 진딧물병 방지와 당시 사용된 다양한 방법의 장단점에 관한 정보 교환도 이루어졌다. 베른협정은 독일, 오스트리아-헝가리, 에스파냐, 프랑스, 이탈리아, 포르투갈 및 스위스가 서명한 것으로 1881년 보르도에서 더 많은 국가가 추가로 서명했다.[81] 이 협정은 식물들의 거래를 규제하려는 최초의 국제적인 시도였으나, 그것은 필록세라를 제어하는 데 무력하다는 것이 드러났다. 1886년 남아공, 1888년 페루, 1890년 뉴질랜드에서 필록세라병 감염이 나타났다. 필록세라 해충은 이미 너무나 광범위하게 분포되어 있었고 그에 대한 조치들마저 실제 효력을 갖기에는 불충분하게 시행되었다. 1920년대까지 많은 포도밭에서 이 질병이 수그러든 것은 거래 규제가 아니라 북아메리카에서 이 질병에 강한 변종을 들여왔기 때문이었다.[82]

필록세라 협정은 효력이 없었을지 모르나, 원격시 무역이 수많은 외부 질병과 해충을 퍼뜨리는 경향에 대한 우려가 커지고 있음을 보여 주는 징후이기도 했다. 많은 종種들의 대량 멸종 가능성이 커 보였고, 그 결과 일부 국가들은 특정 식물의 거래를 금지하거나 규제하는 법안을 통과시키기 시작했다. 예를 들어 1873년 독일은 미국 감자 농장을 감염시킨 콜로라도 딱정벌레(학명으로는 Leptinotarsa decemlineata)의 확산을 막기 위해 미국으로부터 식물과 식물 제품의 수입을 금지했다. 그로부터 4년 후에 영국은 북아메리카 전역에 걸쳐 이 딱정벌레 확산에 대한 대중의 경고음이 높아지는 가운데 '해충박멸법 Destructive Insects Act'을 통과시켰다. 이 곤충은 철도와 기선을 타고

서부의 그 본거지로부터 대서양쪽으로 매년 70마일씩 동진했다. 1877년 이 해충은 리버풀 부둣가 식물들에서 발견되었고, 이미 제정된 동물전염병법의 선례를 참조해 관련법이 신속하게 통과되었다. 이 법은 의심스러운 화물의 하역 금지, 딱정벌레 서식이 의심되는 작물 폐기, 풍뎅이 서식지로 추정되는 농작물 폐기, 피해 당사자에 대한 보상 등의 권한을 추밀원에 부여했다.[83]

콜로라도 딱정벌레는 영국까지 널리 퍼지지는 않았지만 1870년대 유럽 전역에서 나타난 경각심은 식물 거래를 규제하기 위한 법적 개입의 시작을 알렸다. 필록세라에 관한 베른 및 보르도협정과 함께, 이러한 조치들은 자유무역의 종식 그리고 인간과 동물의 질병에 대해 유사한 위생 체계의 출현을 의미한다. 유럽에서 시작된 이런 경향은 곧 다른 곳에서도 이어졌다. 1870년대 이래 미국의 일부 주에서는 값진 농작물의 감염을 막기 위한 법률을 제정하기 시작했으며 1891년에는 남미 열대 지역 및 태평양 지역으로부터 감염 확산을 막기 위해 캘리포니아주 산페드로San Pedro에 연방 식물 격리 시설을 설립했다. 이에 뒤이어 1912년에 유럽 및 아시아 풍토병endemic의 감염과 침투 범위를 통제하려는 목적으로 식물격리법이 통과되었다.[84] 이 법에 따라 질병 감시 및 보호 조치를 수행하는 기구로 연방원예위원회 Federal Horicultural Board가 신설되었다. 태평양 건너편에서도 식물 병원균과 해충의 확산에 대한 우려가 커지고 있었다. 1912년 일본 식민지 조선에서는 식물보호법을 통과시켰고, 필리핀은 10년 후에 이를 뒤따랐으며, 영국과 일본 식민지인 인도와 타이완에서는 1914년과 1921년에 각기 비슷한 규정을 만들었다.[85]

이러한 조치들은 처음에는 논란의 여지가 없었지만 일부 사람들은 격리가 보호주의를 감추고 있지 않나 의심했다. 예를 들어, 미국에서 연방격리법 비판자들은 외국 식물들이 감염을 퍼뜨릴지 모른다는 미약한 의혹과 근거로 규제를 도입했다고 주장했는데, 그러면서도 타당한 증거를 요구하지도 않았다. 이런 조치들은 몇몇 국내 대량생산자에게 혜택을 가져다주었지만, 원예업에 관련된 또 다른 사람들은 이 시행에 반대하면서 다음과 같이 주장했다.

이런 조치는 대중에게서 그들이 사용하고 원하는 식물을 빼앗아 가고 있다. 나아가 원예, 교육, 조사 업무와 숙련된 선구적인 아마추어들의 주도적 역할을 제어하고 있다. 그것은 원예의 질적 수준을 낮춘다. 그것은 중요한 상품 분야에서 이 나라의 수출 무역을 방해하고 우호적인 국제 관계를 교란시키려고 위협한다. 국제 무역의 상호주의 원리에 위협을 가하고 있는 것이다.[86]

연방원예위원회의 정책에 반대한 '북서부 과수재배자협회'와 같은 단체는 위원회가 수출국들의 보복을 초래하고 장기적으로는 자국의 이익에 해로울 것이라고 믿었다. 비록 원예위원회 측이 유아단계인 미국 산업을 보호하려는 것일 뿐이라고 부인했지만, 바로 그렇게 하고 있는 듯이 보였다.[87] 몇몇 나라는 이미 미국에 대한 보복을 시작했다. 에스파냐가 특정 품종의 포도에 대한 미국 측의 수입 금지를 고려해 무역 조약 갱신을 주저하는 동안에, 영국과 아일랜드도 비슷한 이유로 미국 감자의 수입을 금지했다.[88] 위원회의 보호주의적 기조는

'큰 정부'를 두려워하는 많은 미국인들에게도 혐오스러운 것이었다. 반대자들은 격리가 시민의 자유를 잠식하고 있다고 주장했다. "상당 수 자유가, 침묵하고 보이지 않는 정부의 꾸준하고 은밀한 침해"를 통해 이미 상실되었다는 것이다.[89] 그 대안으로, 원예위원회 비판자들은 선적항에서 식물 자재를 주의 깊게 검사해 화물이 건강하고 깨끗하다고 인증함으로써 보호를 계속할 수 있다고 제안했다. 그들은 이것이 1912~19년간 이 법이 시행된 방식이며, 영국 및 다른 대다수 문명국에서 사용하는 종류의 통제와 비슷하다는 점을 덧붙였다.[90]

1920년대에 연방원예위원회 비판자들이 언급한 이런 식의 논쟁은 종종 있었고, 일반적으로 값싼 외국산 수입품과 (또는) 국내 과잉 생산에 직면한 신생 산업이나 기존 업체의 이익을 보호하려는 노력에서 비롯되었다. 이 10여 년간 박테리아성 질병인 부란병腐爛病fire-blight에 대처하여 1921년 뉴질랜드에서 사과pip fruits 수입을 금지한 오스트레일리아를 포함한 다른 여러 나라에서 식물 위생 주의사항을 도입했다. 부란병은 미국과 일본을 포함한 전 세계 여러 곳에서 지난 수십 년간 나타났다. 1919년 뉴질랜드에 나타난 후, 그 나라 전역의 과수원에 퍼지는 데 약 10년이 걸렸으며 큰 어려움을 안겨 주었다. 정부는 감염원으로 추정되는 미국산 묘목의 수입 금지 등으로 대처했지만 이는 뉴질랜드산 사과 수입국인 오스트레일리아도 납득시키지 못했다. 오스트레일리아 정부는 곧바로 뉴질랜드산 사과를 수입 금지했는데, 그 근거로 든 이유를 뉴질랜드 측은 부당하다고 여겼다. 당시 두 나라는 전후 군인 정착 프로그램의 일환으로 사과 재배업을 확대하려 하고 있었다. 그러나 두 나라의 과일 생산은 점차 엇갈렸다.

뉴질랜드 농부들은 새로운 종류의 사과를 재배하는 데 능숙해졌고 효과적인 마케팅 전략을 가지고 있었다. 오래된 방법과 전통적인 종류의 과일에 계속 의존하던 오스트레일리아 생산자들은 상대적으로 덜 효율적이었고, 그들 생산물은 뉴질랜드산의 대체물로 값싸게 팔렸다. 그동안 질병 예방을 최우선의 목적으로 삼은 오스트레일리아의 수입 금지는 일종의 보호정책으로 보이기 시작했다.[91]

1947년 '관세 및 무역에 관한 일반 협정GATT'이 체결된 후, 공식 관세 폐기는 수많은 위생 및 기타 무역에 대한 '기술적인' 장벽 쌓기로 상쇄되었다. 따라서 1971년 일본이 공식적으로 사과 시장을 개방했을 때, 값싼 외국 수입품을 막기 위해 긴 해충 목록에 의존했다. 이 방법으로 미국산 수입 과일은 1995년까지 일본 국내에서 볼 수 없었다. 1995년에 이르러서야 엄격한 식물 위생 조건 아래서 특정 품종의 국내 반입이 허용되었다.[92] 이런 조치의 영향을 받은 상품은 과일만이 아니었다. 1970년대 초, 미국에서 생산되는 겨울밀에 피해를 주는 '이삭마름병dwarf bunt'이라는 질병으로 밀의 국제 무역은 황폐화되었다. 그러나 과학자들이 이를 막는 방법을 고안한 후에도, 중국과 브라질 같은 나라들은 미국산 곡물 수입을 거부했다.[93] 이러한 조치들은 GATT의 정신에 반하는 것이었지만 그렇다고 무역 장벽을 낮추려는 시도를 모색하지도 않았다.

비관세 장벽을 다루지 않았기 때문에, GATT 회담은 보호주의 정부의 식물위생법 남용을 막는 데 거의 기여할 수 없었다. 이 시기에 조화를 향한 유일한 중요한 단계는 1952년 유엔 식량농업기구 회원국들이 서명한 국제식물보호협약Interarntional Plan Protection Convention

(IPPC)이었다. IPPC가 수시로 개정됨에 따라, 조약국들에게 식물 질병의 확산을 막기 위한 대책이 장려되었다. 동물 질병의 경우처럼 국제 표준을 준수하지 않으려는 나라는 다른 국가의 이의제기를 받아들여야 하는 위험 평가에 근거하도록 요구받았다. 만일 그 나라에서 질병이 발생하지 않았고 수입품이 감염 위험이 높다는 점을 입증할 수 있다면, 규범화된 조치보다 더 엄격한 것도 합법적이라고 여겨졌다. 동물 질병과 마찬가지로, 이는 지역적 특성에 어느 정도 양보한 셈이지만, 온갖 방식의 의심스러운 관행에 문을 열어 주었고 오스트레일리아와 뉴질랜드 간의 오랜 무역 분쟁을 종식하는 데 아무런 도움이 되지 않았다. 수입 금지에 대한 수많은 항의가 있었음에도, 그리고 위험성이 미미하다는 뉴질랜드의 주장에도 불구하고, 오스트레일리아 측은 뉴질랜드산 사과가 부란병에 감염되었다는 이유로 계속 수입을 금지했다.[94]

1995년 '세계무역기구WTO'가 결성되면서 이런 분쟁이 신속하고 공정하게 해결될 것이라는 희망이 높아졌다. '관세 및 무역에 관한 일반 협정'을 대체하기 위해 설립된 WTO는 관세에서 안전요건에 이르기까지 국제 무역의 대부분을 주관하게 되었다. 보건 문제에 관여하고 다양한 물품의 운송에서 질병으로 인한 위협을 방지하거나 줄이는 것을 목적으로 한 지침 초안을 작성한 것은 세계무역기구의 성과이다. 세계보건기구가 서명국들이 준수해야 하는 '국제 보건 규정 International Health Regulations(IHR)'을 기초한 것처럼 세계무역기구는 농업 거래에서 질병의 전염 위험을 줄이기 위한 위생 및 식물병 협약 SPS agreement을 만들었다.[95] SPS협약은 그런 모든 규정은 "과학에 근거한 것"이어야 하며, 국가들 간에 임의로 또는 부당하게 차별해서는 안 된다고 규정했지만, 그렇게 할 수 있는 과학적 정당성이 있다면 문제 제기를 허용했다. 이는 당황스러울 정도로 다양한 조치들에 문을 열어 준 셈이었다.[96] 몇몇 조치는 겉으로 보기에 진정한 건강상의 위험을 다루기보다는 보호주의적 목적을 위해 더 많은 것을 부과했다.

만일 어떤 국가의 SPS 조치에 이의제기가 있을 때, 세계무역기구는 가장 먼저 중재 역할을 하도록 되어 있었다. 그러나 논쟁 당사국들이 서로 이견을 해소할 수 없다면 이의를 제기한 국가는 (분쟁 당사국들의 자문기관으로 선정된) SPS위원회의 한 분과 패널panel에 관련 문서를 제출할 수 있었다. 그러면 이 패널은 증거를 참조하고 구두증언을 듣고, 이와 아울러 해당 분야 전문가들의 추가 증거를 검토한다. 이 분과 패널은 두 당사자가 서로 대응할 기회를 갖는 중간보고를 작성한 후에, 겉으로 보면 세계무역기구의 자문기구인 WTO 분쟁조정위원회Dispute Settlement Borad(DSB)에 최종 보고서를 제출하도록 되어 있었다. 보고서는 이론상으로는 참조용이지만, DSB는 위원들 사이에 그렇게 해야 한다는 공감대가 있어야만 조사 결과에 반대할 수 있었다. 또한 두 당사국에게는 법 조항에 대한 항소를 허용하고 항소는 DSB가 설립한 7인 항소 기구에 의해 받아들여질 수 있었다.[97]

모든 식물 위생 조치의 핵심 테스트는 그것이 관련 국제 표준에 근거하는지 여부, 즉 '국제식물보호협약IPPC'이 설정한 기준인지 여부였다. 그렇지 않을 경우, 그 조치는 위험 평가를 받도록 되어 있었다. 만일 (SPS위원회의) 분과 패널이 이 조치를 '위생 및 식물병 협약' 위반으로 간주한다면, 불쾌해진 해당국 정부는 이를 변경하거나 또는 계속 유지하면서 항의 당사국에 보상하는 선택권을 가질 수 있었다. 만일 이렇게 진행되지 않는다면, 항의 당사국은 수출 손해액의 가치에 해당하는 무역상의 양보를 중단할 권리를 갖게 될 것이다.[98] 그러나 시행 기한deadline을 합의하기까지 최장 2년이 걸릴 수 있으며, 그동안 항의 당사국이 심각한 손실을 입을 수도 있다.[99] 세계무역기구는 지시를 따르지 않을 경우 '재평가'할 수 있는 권한을 갖고 있었지만, 부과할 수 있는 제재는 소급 적용할 수 없었다. 각국이 위생 관행을 변경하는 데 필요한 '합리적인 기간'을 허용했기 때문에, 시행 기한도 상당히 유동적이었다. 이는 보통 15개월 이상 걸리지는 않았지만, 협상 대상이 될 수도 있었다. 그 사이에 생산자와 수출업자들이 큰 어려움을 겪게 되고, 경우에 따라서는 폐업할 수도 있었다.[100]

이러한 문제들은 세계무역기구가 처음 15년 동안 다룬 많은 SPS 사례에서 명백하게 드러났다. SPS협약이 체결된 지 10년이 지났지만 오스트레일리아와 뉴질랜드 정부는 아직도 오랫동안 지속된 분쟁을 해결하지 못하고 있다. 2005년 뉴질랜드의 사과 재배업자들은 웰링턴에 있는 오스트레일리아 고등판무관실High Commission에 모여들어 사과를 언더스로우 방식으로 정문에 던지며 시위를 벌였다. 이는 1981년 크리켓 경기 당시 오스트레일리아 팀 주장 그레그 채펄Greg Chappell이 뉴질랜드 팀 타자가 6점을 득점하면 동점이 되는 것을 피하기 위해, 투수에게 (정상적 투구 방식인 오버스로우 대신) 언더스로우 식으로 공을 던지라고 지시한 일을 암시하는 것이었다. 오스트레일리아 팀의 이런 행위는 비스포츠적이라고 널리 비난받았다. 뉴질랜드 사과 재배자들은 오스트레일리아의 사과 금지 조치가 이와 비슷하게 불공평하다고 믿었다. 이에 따라 뉴질랜드 정부는 뉴질랜드산 사과 수입을 허용할 경우 과연 부란병 전염 위험이 있는가, 이 문제를 둘러싸고 오스트레일리아를 WTO 분쟁조정위원회DSB에 제소했다. DSB의 전문가 위원회는 사과 수입이 부란병 전염의 '무시할 만한 위험'이 있을 뿐이라고 판결했지만, 그럼에도 오스트레일리아는 수입 금지 조치를 지속했다. 오스트레일리아 정부가 농부들로부터 상당한 압력을 받아 왔기 때문이다. 세계무역기구의 판결을 무시한 오스트레일리아에 대해 당시 짐 스터튼Jim Stutton 뉴질랜드 농무장관은 다음과 같이 거세게 항변했다. "오스트레일리아 사람들은 식물병 문제에서는 속임수를 씁니다. 정직한 과학적 개념들은 그들에게는 아무런 의미가 없는 모양입니다."[101]

2005년 6월, 뉴질랜드 정부는 세계무역기구에 오스트레일리아에 대한 또 다른 불만을 제기하고 해당국이 과학직 근거가 있는 위험 평가를 내릴 것을 요구했다. 다음 해 11월, 위험 평가를 담당하는 기관인 오스트레일리아 차단방역국Biosecurity Australia은 다양한 식물위생phytosanitary 조치 범위 안에서 수입을 허용해야 한다는 보고서를 제출했다. 2007년 3월 오스트레일리아 동식물검역국장이 이를 승인했다. 그러나 첨부된 조건은 엄격했으며 뉴질랜드 정부가 보기에 과학적 정당성이 결여되어 있었다.[102] 뉴질랜드 정부는 상업적으로 거래된 사과를 통해서 부란병이 전염되는 것을 보여 주는 증거가 없다고 주장했다. 2007년 8월 뉴질랜드는 SPS협약 제11조 및 세계무역기구의 '분쟁 해결을 위한 규칙 및 절차에 관한 협약' 제4조에 의거해 오스트레일리아와 협상을 요구했다. 2007년 10월 4일 제네바에서 협의가 이루어졌지만 아무것도 해결할 수 없었다. 이 쌍무회담은 실패했고 뉴질랜드 정부는 세계보건기구 분과 패널의 설치를 요청했다. 오스트레일리아는 세계무역기구가 뉴질랜드산 사과 수입 금지 조치의 적법성을 조사하는 것을 막으려고 전력을 기울였으며 패널 구성을 저지하려고 거부권을 행사했다. 그러나 이것은 세계무역기구의 규정에 따르면 오스트레일리아가 단 한 차례, 그리고 2008년 1월 다시 만날 때만 사용할 수 있는 조치였다. 오스트레일리아는 분과 패널 구성을 막을 수 없었다.[103] 패널 구성은 3월에 결정되었지만 오스트레일리아 정부는 뉴질랜드가 패널 구성을 요구할 근거가 없다고 주장하면서 다시 이의를 제기했다. 이 문제를 둘러싸고 청구 claim와 반소反訴counterclaim가 번갈아 이어졌고, 2008년 6월에 이르러서야 분과 패널은 뉴질랜드 측이 제기한 사항을 계속 고려하겠다는 취지의 예비 판결을 내렸다.

그 이후 몇 달간 두 나라는 세계무역기구의 분쟁 해결 절차에 따라 내용을 서면으로 제출했다. 청문회는 2008년 9월과 2009년 6~7월에도 열렸다.[104] 뉴질랜드 정부와 사과 재배업자들이 정당하지 못하다고 간주한 수입 금지 조치가 90년 가까이 지난 후에 비로소 그들은 마침내 폐지나 규제 완화를 바라볼 수 있게 되었다. 어림잡아 계산하더라도 매년 2천 만 뉴질랜드 달러의 가치에 해당되었다.[105] 2010년 8월 내려진 세계무역기구의 최종 판결은 오스트레일리아의 안전 점검이 '비과학적'이고 불필요하게 무역에 지장을 초래한다는 사실을 확인한 후 수입 규제 개정을 요구했다.[106] 이 사례는 분쟁 해결이 일단 시작되었더라도 결론에 도달하는 데 오랜 시간이 걸릴 수 있음을 보여 준다.

오스트레일리아는 지리적으로 고립되어 있기 때문에 인간, 동물, 식물의 질병으로부터 비교적 자유로울 수 있었다. 오스트레일리아 항구에서 엄격한 경계를 통해 그 자연적 이점은 더 강화되었다.[107] 그에 따라 오스트레일리아에서는 격리 조치가 보편적이었으며 농부와 정부 모두 이를 중요한 정책 자원으로 여겼다. SPS협약으로 보면, (문제가 있는 상품을) 수입 금지하거나 또는 수입품의 가격을 인상할 수 있는 반면, 오스트레일리아산 생산물을 수입하는 국가들의 상품신뢰성을 유지하는 데 도움이 된다. 2001년 8월 오스트레일리아의 농무장관과 통상장관의 공동성명은 다음과 같이 설명한다. "대부분의 사람들은 격리가 단지 오스트레일리아에 들어오지 못하게 하는 것이라고 생각하지만, 격리야말로 오스트레일리아 수출활동의 드러나지 않은 강점 중의 하나이기도 하다." 이들은 "지난 5년간 세계무역기구의 검역 규칙을 활용해 오스트레일리아 수출업자들의 시장 접근 이익 240여 건 이상을 달성했다"고 자랑하면서 그런 조치는 "과학에 근거한 것이지 산업 보호에 근거한 것이 아니다"고 강조했다. '위험 제로' 접근법이 세계무역기구 규정과 양립할 수 없는데도, 오스트레일리아는 무분별하게 보수적인 격리 및 위험 평가의 관점을 취했다. 장관의 회보에는 공개적으로 강조하기 어려웠지만, 그러한 접근은 SPS협약의 범위 안에 완전히 들어 있었다.[108]

뉴질랜드와 같은 다른 나라들은 오스트레일리아가 열대 과일 수입을 개방하기를 원했던 필리핀처럼 (오스트레일리아 측과) 분명히 다르게 생각했다. 2003년 필리핀 정부는 오스트레일리아가 파파야와 바나나 수입을 막으려고 부당하게 격리 조치를 이용한 문제에 대해 해결 절차를 시작할 것이라고 발표했다. 두 나라는 오스트레일리아의 수입 금지 조치를 둘러싸고 몇 년 동안 협상을 벌여 왔는데, 호주에서는 허가 없는 신선한 과일과 야채의 수입을 전면 금지한다는 오랜 방침에 따른 것이었다. 일부 오스트레일리아 수입업자들은 필리핀에서 파파야를 공급받게 해 달라는 요청을 자주 했으며, 1995년에는 플랜틴plantain(바나나 일종)과 바나나의 수입 허가를 추가로 요청했다. 그러나 이들의 요구는 인정되지 않았고 세계무역기구의 후원 아래 양자 간 협의가 뒤따랐다. 오스트레일리아는 바나나 진균병black sigatoka과 같은 특정 질병이 필리핀에서 유행했으므로 이런 과일을 수입하는 것은 안전하지 않다고 주장했다. 그러나 필리핀은 호주의 격리 조치가 과학적으로 근거가 없거나 국제 기준에 부합하지 않기 때문에 세계무역기구 규정을 위반하고 있다고 주장했다.[109]

이 분쟁에는 많은 것이 걸려 있었다. 필리핀 생산자들은 이미 연간 3천 만 달러 이상의 농산물을 오스트레일리아에 수출했으며, 오스트레일리아의 재배자에 비해 생산 비용 면에서 확실한 이점이 있기 때문에 만만치 않은 경쟁자로 여겨졌다. 그러나 오스트레일리아 농부들은 바나나 진균병이 자국에 유행할까봐 진심으로 두려워했다. 2001년 이 진균 발병이 퀸즐랜드에서 탐지되어 일부 농장에서는 이 바나나 농작물 전체를 폐기하기도 했다.[110] 이 질병은 살진균제와 다른 방법들을 이용해 진압하는 데 많은 비용이 들었으며, 그에 따라 바나나 가격이 약 15~20퍼센트 올랐다.[111] 오스트레일리아 바나나 재배업자들은 세계무역기구에서 금지한 자신들의 주장을 관철하기 위해 과학자들과 변호사들로 구성된 '세계적 수준'의 조사팀을 구성했다. 뉴사우스웨일스 바나나 회사 회장 로스 보일Ross Boyle은 이렇게 말했다. "우리는 과학에 충실하기로 동의했지만, 만일 그들이(필리핀 측) 정치에 의존한다면 우리도 그들과 비슷해야 한다는 것을 깨달았습니다." [112] 필리핀 정부는 확실히 이 분쟁을 좀더 넓은 맥락에서 다루려고 했다. 9·11테러 이후 오스트레일리아와 기타 국가들은 필리핀에서 암약하는 이슬람 테러 조직을 매우 우려하게 되었고 오스트레일리아 정부는 필리핀에서 이들과 맞서 싸우는 데 500만 오스트레일리아 달러를 지원했다. 그러나 마닐라의 일부 정치인들은 오스트레일리아가 필리핀 수출품에 대한 금지를 철회해 경제 활력을 자극한다면 필리핀 현 체제에 대한 환멸을 막기가 더 쉬울 것이라고 주장했다. 이 나라 바나나는 주로 주민들 대다수가 이슬람계이며 만성적인 빈곤과 정치적 불안이 만연한 민다나오섬에서 재배되었다. 일부 경제학자들에 따르면, 수입 금지 조치를 철회하면 필리핀 생산자들에게 매년 5천 만 달러의 소득이 돌아갈 것이었다. [113] 필리핀 정부는 검역관들이 오스트레일리아에서 온 일부 선적 화물에서 탄저균 오염 흔적을 발견했다고 주장한 후에 이를 이유로 오스트레일리아산 쇠고기에 대해 수입 금지 조치를 내림으로써 마찬가지로 보복을 가했다. [114]

필리핀과 오스트레일리아, 양국 사이에 다가오는 무역 전쟁은 세계 무역의 불평등성에 대한 관심과 연결되어 있었다. 이 불평등 문제는 반세계화와 공정거래를 표방하는 단체들로부터 갈수록 더 많은 검열을 받고 있었다. [115] 한 운동가는 바나나 수입 금지에 이렇게 썼다. "미국, EU, 그리고……개발도상국들이 이점을 가지고 있는 섬유 및 농업 분야에 대한 오스트레일리아를 비롯한 강대국들의 보호주의적 무역정책은 필리핀 정치 지도자들이 WTO 체제에 의문을 갖게 만들었다."[116] 그 수입 금지는 오스트레일리아에서도 공격을 받고 있었다. 오스트레일리아의 검역정책은 일반적으로 인기가 있었지만, 일부 논평가들은 필리핀 과일의 수입 금지 조치가 국익에 해롭다고 주장했다. 무역 및 공공정책 분석가인 피터 갤러거Peter Gallagher는 호주의 격리 절차가 세계무역기구 규정을 위반하고 경쟁국들과 무역 블록에 공격 빌미를 제공할 가능성이 높다고 믿었다. 국내에서도 검역 장벽이 상대적으로 더 가격 경쟁력이 있는 수입품을 규제하기 때문에, 소비자들이 더 비싼 가격을 지불하는 데 따른 피해액만큼 오스트레일리아 생산자의 이익으로 돌아가도록 만드는 것 같았다.[117]

세계무역기구의 결정에 많은 것을 의존했지만, 어떤 결의도 도출되지 않았다. WTO 분쟁조정위원회(DSB)는 2003년 8월 29일 필리핀의 불평을 해소할 분과 패널을 구성하기로 합의했지만 이 패널은 2005년 12월에야 소집됐다. 물론 이렇게 지연된 데에는 DSB가 패널 구성을 발표한 직후 곧바로 DSB 측에 참조 조항을 제공하지 않은 필리핀 정부의 잘못도 일부 있었던 것으로 보인다. 한편 오스트레일리아는 2004년 2월 필리핀산 바나나의 수입에 관한 수정 보고서를 제출했는데, 이 보고서는 검역을 받은 단단한 녹색 바나나의 반입을 허용하기 위해 수입 제한을 완화하도록 권고했다. 이러한 움직임은 마닐라에서 환영받았으며 세계무역기구도 오스트레일리아를 좀더 합리적인 시각으로 바라보게 되었다.[118]

하지만, 이번에는 오스트레일리아 바나나 재배자 사이에 분노가 일었다. 오스트레일리아 바나나재배자위원회는 이 보고서가 자국의 엄격한 검역 기준을 약화시켰으며 2004년 3월 5일 케언스Cairns에서 항의 집회를 열었다고 주장했다. 그해 연말까지 오스트레일리아 차단방역국은 모든 위험 평가 과정을 재검토해 달라는 정부의 요청을 받았다.[119]

존 하워드John Howard 정부는 다자간 무역 자유화를 위한 영향력으로서 신인도信認度를 유지하는 데 관심을 기울였고 오스트레일리아 소비자들의 이익에 동조했다. 그러나 바나나와 기타 열대 과수를 재배하는 퀸즐랜드주에서 바나나 산업은 엄청난 비중을 차지했기에 하워드 정부는 딜레마를 안고 있었다. 당국은 일방적으로 검역을 완화할 경우 추가적인 항의와 파업에 직면할 것이고, 그렇지 않을 경우 국제적으로 고립될 위험을 안고 있었다.[120] 이런 서로 경쟁적인 압력에 미루어 볼 때, 상기에 걸친 분쟁 해결 과정이 오스트레일리아 정부에게 아주 반갑지 않은 것만은 아니었다. 궁극적으로 시행할지 모르는 어떤 결정도 하워드 행정부 혼자보다는 세계무역기구에 의해 취해질 것이고, 따라서 세계무역기구의 비난을 모면하게 될 것이다.[121] 그러나 하워드 총리는 상업적 연관성뿐만 아니라 지역 안보와 국방 협력을 개선하기 위한 지속적인 노력의 일환으로 오스트레일리아-필리핀 관계를 정상궤도에 올려놓기를 열망했다. 이슬람 극단주의와 테러리즘에 대한 상호간의 우려는 아프가니스탄과 이라크 침공의 물결 이후 가장 중요한 현안으로 떠오른 정치적 의제였다. 이 침공 작전에 오스트레일리아는 군대 파견은 물론 다른 형태의 지원을 했다.[122] 따라서 2007년 존 하워드는 필리핀 농무장관 아서 야프 Arthur Yap를 만나 2008년 제2분기 말까지 필리핀 바나나에 대한 공식적인 위험 평가가 완료될 것이며, 필리핀산 바나나의 오스트레일리아 수출은 엄격한 검역을 받아 같은 해 3분기에 개시될 것으로 예상된다고 공표했다.[123]

그동안 필리핀의 바나나 재배업자들은 자국산 농산물이 수입국에 가능한 한 위험을 주지 않도록 최선을 다해 왔다. 민다나오섬 일부 지역에서는 균진 방역을 위한 공기 분사를 강화하여, 피부에 발진이 나고 몸이 불편하다고 호소하는 주민들의 우려를 사고 있었다.[124] 곰팡이 살충제로 사용되는 화학 물질 중 하나는 필리핀에서 사용이 허용되긴 했지만 미국 환경보호국에 발암 물질로 등록되어 있었다. 따라서 민다나오섬의 다바오시는 2007년 2월 현지 농장의 공중 살포를 금지하기로 결정했고, 2009년 필리핀 의회에서는 모든 농장에 대해 이를 금지하려는 움직임이 있었다. 델 몬테, 돌레-스탠필코 등 다국적 기업들이 포함된 필리핀 '바나나 재배업자 및 수출업자 협회'가 다바오시의 금지 판결에 이의를 제기했지만 받아들여지지 않았다.[125] 그러나 다른 지역에서는 공중 분사를 계속해 환경 단체의 거센 반발을 샀다.[126] 필리핀 정부는 수출 소득과 시민 불안의 심화 사이에서 어려운 선택에 계속 직면했다.

필리핀과 오스트레일리아, 두 나라 정부 간의 진일보한 협정accord 은 양측에게 다 같이 결정하기 어려운 내용을 포함하고 있었다. 생산자의 이익, 지역 안전성, 공중보건 등의 고려사항은 모두 균형 잡힌 시각에서 따져봐야 했다. 두 정부의 선언은 예상했던 대로 해충과 더 경쟁적인 값싼 과일의 도입을 우려한 바나나 재배업자 단체들의 격렬한 반발을 자아냈다. 당시 필리핀산 바나나 가격은 상자 당 5달러 50센트였으나 오스트레일리아산 바나나는 18달러였다. 오스트레일리아산 바나나는 유기농 시장 및 기타 틈새시장을 제외하고는 장기적으로 경쟁할 수 없을 것 같았다.[127] 2007년 오스트레일리아 생물검역국Biosecurity Australia이 엄격한 검역을 받은 필리핀산 바나나의 오스트레일리아 도입을 허용하도록 권고하는 수정 위험 평가를 발표했지만, 바나나 업계는 생물검역국이 새로운 위험 평가조건에 따라 생산자를 적절히 보호할 수 있을지 확신하지 못했다. 퀸즐랜드주 정부는 2009년 초에 이 결정에 대해 항소했으나, 결국 기각되었다. 그럼에도 바나나 재배업자들은 상당한 지지를 계속 얻었다. 예를 들어, 슈퍼마켓 체인점 IGA는 현지 제품이 출시될 때에는 모든 필리핀산 바나나를 1천 2백 70개의 매장에서 진열하지 않을 것이라고 발표했다.[128] 필리핀산 바나나가 오스트레일리아로 대거 유입될 기미는 아직 보이지 않았고 필리핀 생산자들은 1970년대부터 바나나 균진병을 통제해 왔음에도 불구하고, 위험 평가가 자국산 바나나를 표적으로 삼는 데 이용되고 있다고 불평했다. 그리고 일본과 일부 서아시아 국가들과 같이 엄격한 안전 기준을 가진 다른 나라들이 지난 30년간 필리핀산 바나나 수입을 허용했다는 점을 지적했다.[129] 필리핀 바나나 재배업자들은 이 시장이 호황을 누리는 것을 다행으로 여겼다. 특히 일본에서는 바나나 다이어트 열풍으로 그 전년도 수입량이 1천 1백 20만 상자로 치솟았다.[130]

오스트레일리아는 세계무역기구 출범 이전에 제기된 몇몇 분쟁에서 악당처럼 묘사되었다. 그러나 정부는 일부 시민들이 원하는 것보다 더 유연했다. 아마도 가장 분명한 예는 2004년에 미국과 체결한 자유무역협정이 아닐까 싶다. 이 당시까지 미국 정부는 식물과 동물 제품에 대한 오스트레일리아의 엄격한 격리 조치에 자주 불만을 표명했으며, 미국 생산자와 수출업자들은 일반적으로 무역 장벽을 낮출 수 있는 협정의 전망을 환영했다. 극도로 부담스러운 규제 중 하나는 캘리포니아산 포도의 오스트레일리아 수출을 제한하는 조치였다. 따라서 캘리포니아 농장주 연맹은 제안된 합의를 지지했지만, 어떠한 새로운 협정도 '건전한 과학'에 근거해야 할 것이라고 경고하면서 신중한 태도를 보였다. 그들이 보기에, 최종 협정은 새롭게 제기되는 식물 위생 문제를 정기적으로 해결하기 위한 기구를 포함해야 했다. 잠재적인 분쟁을 해결하기 위해 진정으로 독립적인 기구가 만들어지지 않는 한, 캘리포니아 농장주 연맹이 의심하는 오스트레일리아 국내 정치는 "몇 개월간 질질 끌며, 종종 위험 평가 이외의 고려사항에 근거해 결정할 수도 있을 터였다."[131] 이와 비슷한 내용이 실제로 협정에 포함되었다. 자유무역협정의 결과 두 위원회가 설치되었는데, 각국의 규제에 대한 이해를 증진시키기 위한 위생 및 식물병 SPS 위원회와 검역에 초점을 맞춘 동식물 건강 대책에 관한 상임기술 실무그룹이었다. 두 나라 모두 검역이나 식품 안전에 대해 내려진 결정은 '과학에 근거한 것'이 되리라고 단언했다.[132]

그러나 오스트레일리아에서는 정부가 미국의 압력에 굴복했다는 두려움이 일었다. 상원 조사위원회에 제출된 자유무역협정에 관한 조사서는 협정이 오스트레일리아 국민의 이익에 어긋난다고 지적하면서, 정부가 오스트레일리아와 미국 경제 규모의 차이 때문에 협상 자세가 나약했다고 주장했다. 조사서는 협정이 "오스트레일리아의 농업이나 생물 다양성에 아무런 관심도 없는 숙련된 미국 협상가들의 압력 아래 시간이 경과하면서 우리의 검역 기준을 훼손한 것처럼" 보인다고 항의했다. 또 이 협정은 안전 기준을 유지하도록 구성된 두 기술위원회에서 업계 대표나 '허수아비'를 배제한다는 내용을 명시적으로 언급하지 않았다고 지적했다.[133]

처음 15년간 세계무역기구에 회부된 분쟁들과 마찬가지로, 호주-미국 협정을 둘러싼 논란은 위험 평가에 대한 합의에 도달하기 어렵다는 것을 보여 준다. 그것은 또한 위생 및 식물병SPS 협정의 근본적인 약점을 강조해 준다. 세계무역기구의 규정은 서명국들의 다양한 조치를 허용했는데, 유일한 요건은 국제 표준과 '과학에 근거한 것'에 광범위하게 부합해야 한다는 것이다. 이렇게 할 수밖에 없는 이유들이 있었다. 회원국들의 기술적 역량과 자원이 다르듯이 질병 환경도 크게 달랐다. 그러나 지역적 다양성 외에도, SPS협정은 과학적 증거가 '충분하다'고 간주될 수 있는 경우 회원국에게 상당한 수준의 선택 범위를 허용했다. 제5조 제2항에 따라 회원들은 추후 확인 여부를 가릴 수 있는 잠정적 조치들을 채택할 수 있도록 했다. 나중에 그 조치들을 폐기할 수도 있지만, 해외 수입품에 대한 이 같은 일시적인 제한은 특히 개발도상국의 많은 생산자들에게 지나치게 부담스러운 것으로 드러났다. 또 제3조 제3항에 따라 세계무역기구 회원국들은 "관련 국제 기준에 근거한 조치에 의해 달성할 수 있는 것보다 더 높은 수준의 위생상의 또는 식물 위생상의 보호"를 낳는 조치를 도입할

수 있도록 허용되었다. 물론 관련국들은 그렇게 하는 것에 대해 '과학
적 정당성'을 제시하도록 요구받지만, 한 해설자의 말처럼, "하나의
해충이나 하나의 질병이 스스로 설정되느냐 여부에 관한 판단은 과
학적인 판단의 세계에서 영원한 논쟁의 전망만을 보여 줄 뿐이다."[134]

9
장

전염병과
세계화

미국산 쇠고기 수입 반대 집회에 나선 전국 한의대생
출처: 연합뉴스

2008년 대한민국의 수도 서울에서는 미국 쇠고기 수입에 대한 반대가 대규모 시위를 촉발하였다.
이때 광우병 감염에 대한 잠재적 위협이 정부와 미국의 영향력에 대한
더 폭넓은 반대를 강화하는 역할을 하였다.

비행기에서 내리는 탑승객을 대상으로 사스를 검역하는 모습

출처: 연합뉴스

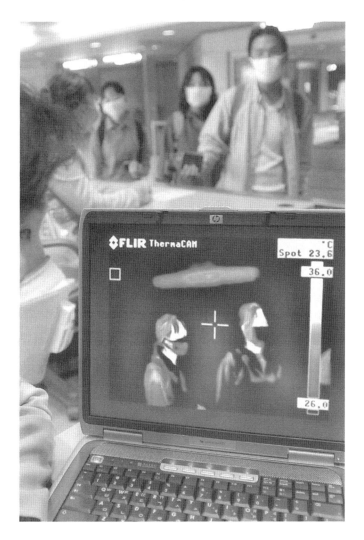

사스SARS는 21세기 최초의 대유행병이었다. 이 전염병에 걸린 사람들의 숫자가 상대적으로 작았으나, 테러리즘과 글로벌 경제의 취약성에 불안해하던 세계에 충격파를 던졌다. 사스에 대한 대응이 보다 폭넓은 초국경적인 전염병 안보에 대한 요구를 가져왔다. 사진은 2003년 4월 29일 인천공항에서 검역원들이 적외선 열감지 장치를 이용해 베이징발 탑승객들에 대한 검역을 하고 있는 모습.

조류 인플루엔자에 감염된 닭 살처분 현장
출처: 연합뉴스

†

대한민국은 1990년대와 2000년대에 조류 인플루엔자 발생의 영향을 받은 많은 나라들 중 하나다. 이 질병은 1918~19년의 인플루엔자만큼 치명적일 가능성이 큰 새로운 판데믹이 나타날 수 있다는 우려를 낳았다. H5N-1은 인간 대 인간 간 전염을 일으키지는 않았으나 농가에 상당한 피해를 초래하였으며 생물보안biosecurity과 가금류 대량 사육농 관련 동물 복지에 대한 격렬한 논쟁을 불러일으켰다. 사진은 2016년 12월 12일 조류 인플루엔자가 확진된 충북 옥천의 한 산란계 농장에서 닭 매몰 작업을 진행하고 있는 모습.

농업용 항공 살포기Crop duster plane가
항공 방제를 하고 있는 모습
출처: 연합뉴스

식물의 질병을 예방하기 위한 산업적 규모의 살충제 사용은 식물 위생phytosanitary을 근거로 필리핀으로부터의 열대과일 수출을 막기 위한 시도에 대한 대응 조치의 하나였다. 그러나 이러한 방법은 이들 화학제품에 의해 인류 건강에 대한 피해가 초래된다는 주장에 대해 큰 논쟁을 유발하였다. 사진은 2017년 7월 서울시 강서구 벼 재배 지역에서 헬리콥터를 이용해 병해충을 막기 위해 실시한 항공 방제 모습.

20세기 말에 이르러 냉전이라는 엄밀한 이분법은 거의 사라졌다. 동유럽 공산주의의 붕괴는 단일한 초강대국인 미국의 보호 아래 의기양양하게 퍼져 나가는 자본주의와 자유민주주의에 대한 행복감을 불러일으켰다.[1] 세계무역기구의 창설과 여러 공식적인 관세 장벽 철폐 또한 자유무역의 새로운 시대를 예고하는 것처럼 보였다. 그러나 미래는 자유주의적 자본주의 예언자들이 예견했던 것과 다소 달랐다. 1990년대까지 싱가포르 같은 아시아 '호랑이들'의 부상은 일본처럼 앞선 아시아 국민 경제들과 함께 더 이상 서양에 의해 좌우되지 않는 미래 경제를 가리켜 주었다. 그 10년 후 인도와 중국의 거대한 성장은 이러한 재편성을 돌이킬 수 없는 것으로 보이게 했다. 낮은 생산비와 기술 고도화에 힘입어 이들 국가는 수출 시장에서 이점을 누렸으며, 외부 투자자들에게 매력적인 곳으로 여겨졌다. 실제로, 서양에 기반을 둔 많은 기업들이 그들의 운영(공정) 일부를 아시아로 '외부 발주outsourcing'하기 시작했다. 이런 움직임이 가능하게 된 것은 전자 통신 혁명에 힘입은 것이었다.

이것들은 그 지지자와 비판자들이 다같이 '세계화globalization'라고 부르는 새로운 현상의 일면일 뿐이다. 세계 통합은 새로운 현상은 아니었지만, 세계 전쟁과 이념적 구분이 20세기 대부분의 기간에 걸쳐 적절하게 진행되어 왔다는 것을 의미했다.[2] 그러나 1990년대부터 특히 중국의 마르크스 이데올로기가 자본주의의 번영을 허용하기 위해 희석된 이후 상품과 금융의 흐름을 방해하는 정치적 장벽은 줄어들었다. 이 다극화된 세계에서 개별 국가들은 이전보다 덜 중요하게 되고, 전 지구적 운영 체계가 성장할 것으로 보였다. 그러나 세계화는 많은 사람들이 상상한 것보다 더 다양하고 분절된 과정이었다. 초국가적 기업들은 각기 다른 취향과 감성을 고려하여 지역 상황에 적응하지 않을 수 없었다. 세계화는 또한 지역 경제와 문화적 다양성을 보존하려는 사람들의 저항에 부딪혔다.[3] 새로운 세기의 첫 10년이 끝날 무렵, 동합의 순소로운 신전은 더 이상 확신할 수 없게 보였고, 세계적인 불황이 도래함에 따라, 일부 논평자들은 보호무역주의가 스스로 다시 점화하지 않을까 우려했다. 일부 아시아 국가들이 경기 침체에서 벗어나기 시작하면서, 이 경고는 예언적인 것으로 비춰졌다. 저평가된 통화라는 주장이 세계 양대 경제국인 중국과 미국 간 무역 전쟁의 위협을 가했기 때문이다.

이러한 긴장은 상업과 질병의 최근 역사에서 뚜렷하게 드러난다. 세계화의 지지자들은 시장의 효력과 다양성을 찬양했지만, 그 비판자들은 종종 세계화가 국내 생산자와 문화에 미치는 위험성을 지적해 왔다.[4] 많은 경우, 이러한 두려움은 수입 상품, 특히 식료품의 건강 상태에 대한 불안감과 강하게 결합되어 왔다. 인간과 생필품의 이동이 빨라짐에 따라 질병 확산에 대한 우려도 나타났다. 세계 도시들은 여러 약제에 내성을 가진 결핵에서부터 사스SARS에 이르기까지 일련의 감염에 서로 연관되었고, 동물의 원거리 무역은 새로운 종류의 인플루엔자와, 그리고 한 종種을 넘어 다른 종으로 건너갈 수 있는 병원균을 확산시킬 위험이 있었다.

이것들은 모두 합법적인 우려들이지만 공중보건의 관점에서 세계화의 가장 중요한 결과는 아마도 질병이 더 넓게 확산되고, 심지어 값싼 국제항공 여행의 시대에 더 급속히 퍼질 수 있는 데 그치지 않는다. 중요한 것은 세계화가 위생 기준에 압박을 가하는 것이고 그 압박은 아주 불평등하게 행사되었다는 점이다. 강대국들은 때로는 무역에 대한 위생 장벽을 낮추기 위해 약한 나라들을 눌렀지만, 그들 또한 공식 관세 철폐의 결과로 치열한 경쟁에 직면했다. 이런 상황에서, 각국은 SPS협약과 같은 비관세 장벽을 자국의 농업 및 산업을 보호하기 위한 형태로 이용하는 경향이 점점 더 강해졌다. 즉 세계 운영을 위한 제도들로 이를 막기에는 대체로 무력한 그런 상황이었다.

종의 경계를 넘어, 국경을 넘어

세계화와 관련된 위생 문제 중 일부는 새로운 질병이 세계 언론의 관심을 끌면서 1980년대 후반과 1990년대에 표면에 떠오르기 시작했다. 알려진 대로 광우병Bovine Spongiform Encephalopathy(BSE)은 처음에는 소에게 영향을 주었고, 그다음에는 종 사이를 '건너뛰어' 인간에게 영향을 주는 것으로 보였다. 그 질병은 그 사실이 밝혀지기 몇 년 전에 확립된 먹이 주기 관행에 그 기원을 두고 있었다. 병의 출현을 설명하기 위해 다양한 이론이 나왔지만,[5] 기형 단백질의 일종인 '프리온prions'이라고 불리는 전염 매개 물질의 역할을 중심으로 과학적인 공감대가 형성되었다. 이 매개물은 1970년대와 1980년대에, 특히 신경 조직과 뼈다귀 등 도살로 인한 찌꺼기 재료가 사료에 포함되기 시작했을 때, 먹이사슬에 포함되었던 것으로 보인다. 이 과정은 영국에서 가장 일찍 발현해 1980년대 중반에 광우병 첫 사례가 보고되었다. 어쨌든 이것은 1988년 영국 정부가 광우병의 원인을 조사하기 위해 구성한 사우스우드위원회Southwood Committee가 내린 결론이었다. 위원회가 보고서를 제출한 직후, 영국 정부는 감염 가능성이 있는 모든 동물에 대한 도살을 명령했고, 동물 단백질에서 추출한 사료를 금지했다. 그러나 이미 상황은 악화되기 시작했으며, 결국 정부는 약 4백 40만 마리의 소를 도살해야 했다. 이런 과감한 조치들은 질병을 통제하는 데 도움이 되었지만, 감염된 고기가 먹이사슬에 들어가는 것을 충분히 빨리 예방하지는 못했다. 국민들을 안심시키기 위한 시도로, 영국 정부는 1989년 2월에 유아용 음식 재료로 소 내장을 금지했으며 뒤이어 그 이용 자체를 전면 금지했다. 국제적으로도 경각심이 커지고 있었고, 유럽위원회는 1988년 7월 이전에 태어난 영국산 쇠고기 수출뿐 아니라 소의 뇌수와 척수 물질을 식용으로 사용하는 것을 금지했다.

일부 사람들은 이러한 조치를 지나치다고 여겼지만, 대중의 우려는 충분히 근거가 있는 것으로 드러났다. 1995년 한 영국 시민이 처음으로 '크로이츠펠트야콥병vCJD'의 새로운 변종으로 사망했다. 이 끔찍하고 치명적인 질병은 광범위한 경종을 울렸고 영국 정부는 이 질병과 광우병 사이에 연관성이 있으리라는 점을 인정하지 않을 수 없었다. 유럽 국가들에 대한 우려에 대응하여, 1996년 3월 유럽연합은 전 세계에 걸쳐 영국 쇠고기의 수출 금지를 발표했다. 영국 정부는 이 조치에 대해 격렬하게 항의했는데, 새로운 변종으로 사망한 농부는 소 내장 식용 금지 조치가 내려지기 전에 퇴행성 뇌장애에 걸렸으리라고 주장했다. 영국 정부는 유럽연합 회원국을 상대로 '쇠고기 전쟁'을 선포하고 이 금지를 해제하려는 시도로 비협조정책에 착수했다. 국내에서도 이 조치를 강화하여 1997년에는 대중적으로 선전하는 '살 붙은 뼈다귀' 전면 판매라는 인기도 없는 시책을 도입하였다. 그러나 유럽공동체European Community의 결정의 비합법성에 대한 호소에도 불구하고, 영국 쇠고기 전면 수출 금지는 1999년 여름까지 효력을 유지했다.[6] 당시에도 프랑스는 방어를 위해 광우병 전파 위험에 관한 지속적인 불확실성을 이유로 수입 금지 조치를 고수했으나, 영국 정부는 프랑스가 자국 생산자를 보호하려 한다고 의심했고 유럽 재판소는 2001년 12월 프랑스에 불리한 판결을 내렸다. 전면 수입 금지는 결국 2002년 10월에 해제되었다.[7]

광우병을 겪은 최초의 국가로서, 이 질병과 그와 비슷한 인간 감염병에 대한 영국의 경험은 비슷한 곤경에 처한 다른 나라들에게도 기준점이 되었다. 영국 정부의 공적 무능력을 알게 된 후에 유럽 각국 주민들은 도대체 자국 식량 공급에 관한 전반적인 진실을 듣고 있는

지 걱정했으며 또 놀라워했다. 많은 사람들은 또한 그 병이 자연에 위배되는 현대 농업 관행의 결과라고 느꼈다. 1860년대의 가축 전염병과 마찬가지로, 광우병은 인류의 죄업에 대한 징벌로 여겨졌다.[8] 그러나 영국의 농업에 나타난 참화를 목격하면서 다른 나라 농부와 관리들은 광우병의 존재를 확인하기를 꺼려했다. 공포감이 광범위하게 퍼지는 가운데 보호무역 지지자들은 외국산 육류 수입을 봉쇄하기 위해 대중의 불안을 이용할 수 있다고 생각했다.

세계 경제의 이러한 분열은 광우병이 보고된 직후부터 영국 밖에서 나타나기 시작했다. 1990년대 후반까지 광우병은 프랑스를 포함한 몇몇 유럽 국가의 소들 사이에서 발견되었고 얼마 지나지 않아 대서양 건너편 캐나다와 미국의 소들에게서도 나타났다. 대부분의 경우, 광우병은 세계 시장에서 거래되는 오염된 사료에서 전염되었을 것으로 추정된다.[9] 그러나 사료를 통해 퍼졌든, 감염된 동물을 통해 퍼졌든 간에, 광우병은 널리 퍼져 있었고 많은 나라들이 자국의 소떼와 시민이 감염되는 것을 두려워하기 시작했다. 따라서 동물과 육류의 수입은 세계화에 대한 우려의 초점이 되었다.

한 나라와 미국의 양면적 관계를 규정하게 된 곳으로 한국보다 더 분명한 사례는 없었다. 광우병은 미국에서 그 사례가 확인된 직후인 2003년 12월 한국에서 처음으로 뜨거운 문젯거리로 떠올랐다. 미국은 지금까지 한국의 쇠고기 수입량의 대부분을 공급해 왔지만, 그 안전성에 대한 신뢰는 곧 사라졌다. 일본과 멕시코 같은 다른 주요 수입국들도 미국산 쇠고기를 금지했으며, 며칠 사이에 미국은 수출 시장의 90퍼센트를 잃었다.[10] 미국 정부는 소비자들을 안심시키기 위해 재빨리 움직였다. 이미 도살장에서 신경성 문제의 징후를 보여 주는 소를 감시하는 시스템이 존재했지만, 겉보기에 건강한 동물에 대한 검사는 제한적이었다. 첫 번째 광우병 사례 이후, 먹이사슬에서 뼈나 신경 조직과 같은 특정 고위험 물질을 제거하고, 기계적으로 회수된 육류를 금지시키는 등 추가적인 예방 조치를 취했다. 최초의 광우병 사례가 나타난 정황에 대해서도 철저히 조사했는데, 이 소는 고기와 뼈의 먹이에 대한 금지가 발효되기 전에 캐나다에서 태어나 수입되었다는 주장을 제기했다.[11] 다시 말해, 농사 관행이나 사료, 어느 쪽에도 잘못이 없었다.

이러한 발견과 쇠고기를 보호하기 위해 취해진 추가적인 주의사항들에 힘입어 미국 정부는 미국산 쇠고기 수입 금지(금수) 조치가 정당하지 않다고 주장할 수 있었고, 2005~6년간, 미국 측은 양자 간, 그리고 세계무역기구를 통해 금수 조치를 해제하도록 엄청난 압력을 가했다.[12] 가장 오랫동안 버티던 한국과 일본, 두 나라가 마침내 태도를 굽혔다. 2005년 말 일본은 수입 금지를 해제했으나, 그 후에 신경 조직과 같은 고위험성 물질뿐 아니라 21개월 이상 된 소의 육류를 협정에서 제외하기로 합의했음에도, 이 금지된 쇠고기가 국내에 반입된 사실이 불거지자 다시 금수 조치를 내렸다.[13] 2006년 7월 일본 관리들이 미국에서 검사를 실시한 후에 새로운 협정이 체결되었지만 미국산 쇠고기에 대한 일본 소비자의 신뢰도는 여전히 낮았다.[14]

정확히 2006년, 한국이 수입을 재개하기로 결정했을 때 이와 똑같은 일이 발생했다. 2007년 10월까지 미국산 쇠고기 화물에서 금지된 우육牛肉이 발견되자 다시 금수 조치를 내렸고, 수입 금지는 2008년 4

월에 새로 선출된 이명박 대통령이 이 문제를 재조사하기 시작할 때까지 견고하게 유지되었다.[15] 이명박 대통령은 10년 만에 처음으로 등장한 보수계 대통령으로서 압도적 지지로 당선되었다. 현대엔지니어링과 현대건설의 전직 고위 임원 출신으로 '불도저'라고 알려졌던 그는 진보 출신 전임자 노무현 대통령에 대한 실망감 때문에 오히려 커다란 희망을 불러일으켰다. 한국은 수출 주도형 경제로 성공을 거두었으나(한국의 경제 규모는 세계 13위였다) 그 당시 어려운 경제 문제에 직면해 있었다. 인플레이션이 빠르게 증가하며 성장이 흔들렸고 연금 제도의 개혁이 필요했다. 이 대통령은 민간 기업에서 보여 준 것과 같은 각오로 이러한 문제들을 다루겠다고 약속했다. 무엇보다 경제의 국유 부문을 민영화하고 노조 권력에 도전하는 것을 목표로 삼았다. 그의 견해로는, 그렇게 해야만 한국이 팽창하고 있는 세계 경제를 최대한 활용할 수 있을 것이었다. 많은 한국인들은 이러한 개혁을 반겼지만 이 대통령은 거친 스타일 때문에 쇠고기 파동이 일어나기도 전에 지지자들로부터 멀어지기 시작했다.[16] 더 심층적인 수준에서, 많은 한국인들은 세계화가 그들의 경제뿐만 아니라 국민 문화에 미치는 영향에 대해 깊이 있는 양면적인 시각을 가지고 있었다. 그러나 이 대통령이 2008년 4월 쇠고기 금지 문제를 논의하기 위해 워싱턴으로 날아갈 때까지는 야당과 다른 이익단체들은 이러한 불안감을 터뜨려 정치 운동으로 전환시킬 수 없었다.

미국산 쇠고기 금지는, 4월 이명박 대통령이 중요하게 여기는 미국 정치인들이 한국과 무역 협정을 파기하겠다고 위협했기 때문에 이 대통령이 최우선으로 다룰 의제로 떠올랐다. 한국은 이전에 미국산 쇠고기의 주요 시장이었고, 수입 재개는 미국과의 협정을 위한 중요한 조건이 될 것 같았다. 만일 이 대통령이 방문 전에 널리 조사했다면 대중의 지지를 얻을 가능성이 있었을지 모른다. 그러나 그는 상의 없이 쇠고기 수입에 찬성했다. 많은 사람들에게 이 대통령은 미국의 압력에 굴복한 것이며 이는 그를 오만하면서도 나약하게 보이게 만들었다. 이 협정은 또한 한국의 독립성에 관한 오랜 공포심을 다시 일깨웠다. 1950~3년의 한국전쟁 이후 수만 명의 미군이 한국에 주둔해 왔고 수도 중심부에 위치한 대규모 미군 군사 기지는 그들의 존재를 끊임없이 상기시키는 것이었다. 많은 한국인들에게 식량 주권과 정치적 주권 문제는 불가분의 관계였다. 2008년 6월 10일, 거의 10만 명의 사람들이 이 대통령의 미국산 쇠고기 수입 재개 결정에 항의하기 위해 서울 중심지에 모였다. 이 시위의 시점은 매우 상징적이었다. 그 시점은 한국이 권위주의 통치에서 벗어나 민주주의를 지향하는 대규모 가두시위가 일어난 지 21주년이 되는 날이었다. 이제 대통령의 일방적이고 비밀스러운 결정으로, 한국은 시간을 거슬러 한 걸음 퇴행할 것같이 보였다. 그러나 2008년 시위는 과거로의 회귀나 심지어 값싼 외국산 고기가 국내 시장에 넘쳐날 것이라는 전망에 관한 것이 아니었다. 6~7월 내내 거리로 나온 시위자들을 단결시킨 것은 '광우병'에 대한 공포와 그와 비슷한 인간 감염병 문제였다. 비록 다른 나라들에서 변종 크로이츠펠트-야콥병vCJD에 따른 사망자 수가 일부에서 우려했던 비율에 이르지는 못했지만, 전 세계에서 발병 사례가 꾸준하게 나타났기 때문에 한국인들에게 경종을 울리기에 충분했다. 대통령은 그들에게 과거 광우병 발병 사례가 보고된 적이 있고 한국을 포함한 여러 나라에 대해서 식품 안전 규정을 위반했다고 알려진 나라(미국)의 쇠고기를 받아들일 것을 요청하고 있었다.

서울에서 일어난 대규모 시위 때문에 이 대통령은 수입 재개를 몇 주 연기할 수밖에 없었다. 정운천 농림장관과 함께, 이 대통령은 대중의 두려움을 진정시키려고 시도했고 세계동물보건기구가 미국을 '광우병 위험 통제' 국가로 선언했다는 사실을 지적했다. 그러나 한국 국민들은 미국과의 협정이 무역을 감시할 기득권 세력에 너무 많은 신뢰를 거는 것으로 보여 안심할 수 없었다. 이 대통령은 미국의 광우병 검사 절차가 비록 미국 소의 1퍼센트만 조사했음에도 적절하다고 생각했다. 또한 한국 소비자들은 미국에서 소비용으로 도축된 소의 18퍼센트가 30개월 이상 된 소라는 사실에 결코 안심할 수 없었다.[17] 미국산 쇠고기의 아시아 수출 실적 기록과, 1980~90년대에 영국 정부가 자국민에게 제시한 잘못된 정보 등의 영향으로 많은 사람들은 공식 자료의 신뢰성에 의심을 품게 되었다. 실제로, 2008년 여름 내내 한국에서는 이전에 영국에서 발생한 일, 특히 종 사이의 경계를 넘어선 광우병의 위험에 관해 영국 정부가 무마용으로 잘못된 정보를 내놓았다는 사실에 대한 관심은 강렬했다.

정부에 대한 신뢰가 떨어지면서 수천 명의 시위자들이 서울 거리를 행진했다. 야간 시위는 온라인으로 조직되어 정부가 대처하기 어렵게 되었다. 처음에는 분명한 지도자들이 없었지만 곧 시위자들의 관심사를 대변하고 시위를 조직하는 인물들이 나타났다. 이들 시위는 대부분 평화로웠으며, 보통 시위에서는 볼 수 없는 젊은 엄마들과 어린이들도 가담했다. '무력한' 정부와 '무절제한' 외세의 작용으로 위협받는 취약계층이라는 상징성은 강렬한 것이었다. 13세의 한 여학생은 미국인 기자에게 이렇게 말했다. "미국산 쇠고기가 두려워요. 저는 학교에서 열심히 공부할 수 있어요. 좋은 직장을 구할 수도 있는데, 쇠고기를 먹고 그냥 죽을 수도 있어요."[18] 이 시위는 6월 내내 계속되어 부모, 학생, 회사원, 노동조합원, 예비군까지 이질적인 집단을 끌어들였다.[19] 많은 사람들은 이 저항이 수입 금지 재개로 이어지기를 희망했다. 그러나 그들은 6월 21일 미국과 새로운 협의에서 수일 내에 수입 쇠고기를 시장에 풀겠다는 발표를 듣고 실망했다. 이 대통령의 사과와 미국산 쇠고기의 안전에 대한 추가 보장은 분명히 한국인을 납득시키지 못했다.

비록 그 시위들은 고정된 지도부가 있지는 않았지만, 첫 시위는 제1야당인 '통합민주당'이 이끌었다. 이전보다 더 급진적인 내용으로 볼 때, 미국산 쇠고기의 수입에 대한 대중의 분노가 이명박 정부에 대한 광범위한 반대를 고조시킬 기회였다. 이들 중 하나는 민주노동당의 김광일이었다. 그는 이 시위가 집권 한나라당의 '반민주적·제국주의적' 신자유주의 정책에 반대하는 발판이 되기를 바랐다. 그는 촛불 행진이 '이익보다 민중 먼저'라는 원칙을 구현하고 있으며, 이것이 한국 시위자들과 전 세계의 신자유주의 저항 투쟁을 하나로 묶었다고 믿었다.[20] 그러나 기성 정당들은 다른 조직체들과 여론의 주목을 공유했을 뿐이었다. 6월 말 서울시청 앞 타원형 광장에서 천주교 사제 2백여 명과 그 주위를 에워싼 8천여 명의 군중이 미사에 참석한 후 약 1시간 동안 인근 거리를 행진했다. 이후 사제단은 시위대에게는 집으로 돌아가도록 촉구했지만 10명의 성직자들은 미국과 재협상을 촉구하면서 단식 투쟁을 시작했다. 이러한 행동은 대중을 기반으로 하는 또 다른 시위를 촉발했다. 다른 종교단체들이 그 싸움에 참가했다. 7월 초, 불교도와 몇몇 개신교 교회도 일부 시위자에 대한 경찰의 잔혹한 대응을 비난하면서 시위에 동참하겠다고 선언했다.[21]

이 시점까지 서울에서의 시위는 거의 폭력적이지 않았다. 시위대와 진압 경찰 사이에 사소한 충돌은 있었지만, 양측 어느 쪽에서든 단호하게 무력을 사용하지는 않았다. 그러나 6월 후반에는 분노의 분위기가 약해지고 있었다. 그러다 26일 수도 서울에서 수천 명의 시위대가 경찰과 충돌했고, 노조가 전투적으로 변하는 징후가 있었다. 50여만 명 이상의 회원을 거느린 한국 최대 노동조합의 하나인 전국민주노동조합총연맹(민주노총; KCTU) 회원 3백여 명이 미국산 쇠고기를 비축한 18개 저장 창고로 연결되는 도로를 봉쇄한 것이다. 민주노총은 이와 동시에 쇠고기 협상에 반대하는 무기한 파업에 돌입하겠다고 선언했는데,[22] 이는 한국의 주요 수출 산업 일부에 영향을 미쳤다. 7월 2일 5만 5천 명의 노동자들이 2시간 파업에 돌입한 결과, 현대자동차는 2천 8백 80만 달러의 손실을 입었다.[23] 며칠 지나지 않아 전국교직원노동조합(전교조)도 항의 시위에 동참하고 개별 학교에 쇠고기 수입 재개를 반대하는 현수막을 내걸었다.[24] 긴장이 고조되자 정부는 시위대를 엄중 단속하기로 했다. 6월 말까지 7백 46명의 시위자들이 경찰에 의해 구류를 살았고 6명은 체포되었다. 7월 1일 경찰은 7명의 광우병 국민회의 지도자들의 집을 급습해 컴퓨터와 서류를 압수했다. 집회를 조직한 8인에 대해서는 구속영장이 발부되었다.[25]

정부의 강경한 태도는 비민주적 통치로 회귀하려 한다는 비난을 촉발했지만, 지지자가 없지는 않았다. 시위에 피해를 입은 식당 및 다른 자영업체 운영자들은 광우병 국민회의에 반대하는 시위를 조직했다. 또 다른 이들은 시위대의 폭력 사용을 비난했으며 교직원 노조와 종교단체들이 정치 집회에 참여하는 것에 반대했다.[26] 수입 금지가 해제되고 엄청난 양의 육류가 세관 창고에서 풀려 나자 미국산 쇠고기에 대한 억제된 수요가 뚜렷하게 드러났다. 수많은 소매상들과 식당 주인들이 쇠고기를 손에 넣기 위해 열심이었고 서울에 본사를 둔 '에이미트A-Meat' 같은 도매 회사들은 수요를 따라잡기 위해 안간힘을 썼다.[27] 대한상공회의소도 감염 위험이 없음을 보여 주기로 결심한 의사와 자체 임원들이 참가한 수입 쇠고기 시식 행사로 국민을 안심시키는 것이 현명하다고 생각했다.[28] 미국에 거주하는 한국인들도 수입 재개를 지지하는 시위를 서울에서 벌였다. 한국계 미국인들은 어려운 처지에 있었고 새로운 고국에 대한 충성심을 보여 주려고 했는데, 그들은 한국인들에게 미국산 쇠고기가 안전하다고 안심시키기 위해 노력했다.[29] 한국에 있는 미국인들도 비슷한 곤경에 처해 있었는데, 좀더 전통적인 방법으로 분쟁을 해결할 것을 요구했다.[30] 이러한 지지 제스처에도 불구하고 이명박 정부는 고립되고 약했다. 심지어 수입 재개에 찬성하거나 적어도 심각한 건강상의 위험을 겪지 않을 사람들조차도 대통령이 불필요하게 온건파까지 적대시한다고 믿었다. 이 대통령이 다른 사람들의 의견을 받아들여 의미 있는 대화를 모색해야 한다는 요구가 계속 이어졌다.[31] 그러나 정부는 반대 세력을 계속 억압함으로써 잠재적 지지자들마저 떨어져 나갔다. 7월 초

대통령은 급속히 악화되는 경제 상황에 비추어 시위대에 대한 조치를 강화하라고 경찰에 지시했다. 막대한 무역 적자가 발생했다는 소식에 증시가 폭락하자 대통령은 자동차 공장 가동 중단을 '불법'으로 선언하면서 표면상 정치적 파업으로 출근을 거부하는 노동자들을 체포하겠다고 위협했다.[32] 그 발표는 곧 저항에 부딪혔다. 종교 집단과 노동자 집단을 포함해 수천, 수만의 사람들이 모여들어, "이명박 물러나라", "민중은 승리한다" 등의 구호를 외쳤다.[33] 시위는 몇 주간 계속 일어났으며, 그중 일부는 폭동 진압 경찰이 해산시켰다.[34] 그 후 몇 달간 정부의 장악력이 강해지고 정규 시위자들의 수가 줄어들기 시작했다. 위기 때 분출된 불만의 상당 부분이 표면 아래로 가라앉았다.

변성 크로이츠펠트야콥병은 지금까지 무역과 관련이 있었던 대부분의 질병과 상당히 달랐다. 단순히 종들 사이에 전파될 수 있는 새로운 질병이라는 사실보다는, 정부와 그들이 고용한 전문가들의 신뢰성에 의문을 품게 만들었다. 영국에서 광우병 파문 이후, 정부가 공중보건을 위해 행동할 것이라는 신뢰감은 산산조각이 났다. 이와 같은 불신은 광우병에 잠재해 있는 정치적 긴장을 가시화시킨 한국에서 더욱 뚜렷했는데, 그중 가장 중요한 것은 미국에 대한 양면 관계였다. 수입 육류를 통해 광우병이 확산될 가능성은 또한 세계화의 렌즈, 즉 미국산 쇠고기에 대한 금수 조치 완화가 미국과 같은 경제 대국 앞에 선 중간 규모 국가의 경제의 나약성을 여실히 보여 주는 것이었다. 자국 산업과 국민 건강을 효과적으로 보호할 수 있는 나라는 거의 없는 것 같았다. 그렇게 할 수 있었던 나라는 소수의 강대국과 북미자유무역협정NAFTA이나 유럽연합처럼 같은 무역 블록에 들어 있는 회원국 사이에서나 찾을 수 있었다. 우리가 앞장에서 배웠듯이, 그들은 종종 국제 협정의 허점을 악용하고 분쟁 해결 과정을 지연시키기 위해 수많은 장애물을 만들 수 있었다. 그러나 사스의 형태로 세계가 새로운 위협에 직면했을 때, 원칙적인 문제는 보호가 아니라 질병의 경향성—또는 질병에 대한 두려움—이 투자자들의 신뢰를 떨어뜨리는 것이었다. 세계 경제를 불안정하게 만들 수 있는 잠재력은 사스가 역학적 영향을 훨씬 능가하는 중요성을 가졌다는 것을 의미했다.

사스, 보안, 자유무역의 한계

2002년 11월, 중국 남부의 한 정부 관리가 폐렴에 걸렸는데, 이 병은 일반적인 치료 형태에 반응하지 않는 나쁜 사례였다. 2월 중순까지 광둥성에서 3백 건 이상의 '급성호흡기증후군'의 발병이 보고되었고 5명이 사망했다. 베이징에서 파견된 의료진이 발병 사례를 조사하고 광둥성 호흡기질환연구소장 중난산鐘南山 박사를 만났는데, 그는 어느 누구보다도 새로운 감염병의 본질을 잘 이해하고 있었다. 이 시점에서, 그 발병은 공식적으로 공표되지는 않았지만, 우려감이 증폭되고 있었으며 사람들이 유용하다고 생각하는 약이라면 어느 것이나 손에 넣으려고 했기 때문에 약종상들이 몰려들었다. 중 박사와 그의 동료들은 그 병을 치료하는 데 성공을 거두지는 못했다. 그러나 그는 병이 비말 감염으로 퍼진다는 것을 발견했고, 환자들을 격리시킴으로써 감염을 막으려고 했다. 정부의 보건 당국자들은 이러한 발견을 무시했지만 3월 중순에 이르면 이 문제는 더 이상 부인할 수 없게 되었다.[35] 홍콩의 상업 및 금융 중심지에서 전염병이 발생했으며, 이때부터는 알려진 바대로, '중증급성호흡기증후군severe acute respiratory syndrome(SARS)'은 더 이상 국내 문제가 아니라 세계적인 관심사가 되었다. 3월 15일 세계보건기구는 사스가 이미 '전 세계적인 보건 위협'이 되었음을 천명하면서 이미 캐나다, 태국, 베트남 등지에서 발병이 확인되었음을 밝혔다. 3월 19일까지 미국, 에스파냐, 독일, 슬로베니아, 영국 등지에서도 의심되는 사례가 나타났다.[36]

질병의 이동 속도는 무섭게 빨라져서 세계가 얼마나 작아졌는지 실감하게 했다. 필연적으로 '사스'는 곧 세계화 현상과 연결될 터였다. 즉, 질병이 상업과 관광 네트워크를 따라 퍼지면서 물질적 의미와, 그리고 좀더 미묘한 방식으로, 전자 매체로 가능해진 정보의 신속한 송신에 의해 가상의 대유행병을 창출했기 때문이다. 2월의 투기, 소문, 고의적인 허위 사실이 그대로 퍼지면서 기업 신뢰를 떨어뜨리고 상품과 통화 시장에 내재된 불안정을 증폭시켰다. 심지어 세계화를 공개적으로 칭찬했던 사람들조차 새로운 경제는 대체되는 것 이상으로 예측하기 어려운 창조물이 될 것이라고 인정했다. 1990년대 후반, 최종 위기는 동남아시아의 '호랑이' 경제(신흥공업국 경제)의 급속한 상승을 갑작스럽게 종식시켰지만, 그때 금융 붕괴라는 '전염병'을 동시에 포함하고 있었다. 미래는 훨씬 더 불확실해졌다. 세계 경제는 금융 전염뿐만 아니라 실제 상황에서도 점점 더 취약해 보였기 때문이다.

2000년과 2010년 사이에, 에볼라와 같은 소위 '열대성' 질병의 출현과 확산은, 황열병이나 뎅그열dengue fever과 같은 더 잘 알려진 감염병의 재유행과 함께, 질병에 대한 지속적인 취약성의 세계로 남아 있었다. 에볼라와 유행성 출혈열은 급속도로 수그러들었고 세계 경제에 큰 문제가 되지 않았다. 그러나 황열병, 뎅그열 그리고 모기에 의한 다른 감염병은 더 널리 퍼져 있었기에 더 큰 문제를 일으켰다. 사실, 이들 질병의 지리적 범위는 계획성 없는 도시 개발, 기후 변화, 그리고 뎅그열 매개체인 모기가 쉽게 서식할 수 있는 중고 타이어의 광범위한 거래 등으로 확산되는 것처럼 보였다. 그러나 가장 큰 어려움은 1980년대에 에이즈HIV/AIDS의 출현으로 불거졌다. 에이즈가 항레트로바이러스제Antiretroviral drugs 보급으로 서구에서는 급속하게 만성 고질병이 되었지만,[37] 질병이 퍼지고 있는 세계 각 지역, 특히 사하라 이남 아프리카 지역을 위협했기 때문에 지역적 관심사항으로 남아 있었다.[38] 그럼에도 에이즈조차도 아직은 세계 경제에 즉각적인 위협을 가하지는 않았다: 그것은 통상적인 의미에서 무역과 관련성 있는 질병이 아니었고, 빠르게 퍼지면서 급속하게 치명적으로 악화되는 전염병으로서의 잠재성은 부족했다. 그러나 사스는 이 조건에 딱 들어맞았고 아시아 금융 위기와 뉴욕 세계무역센터 공격 이후와 마찬가지로 기업에 대혼란을 일으킬 잠재성이 곧바로 인정되었다. 세계보건기구가 사스에 관련해 첫 발표를 한 직후, 이 질병이 동아시아의 취약한 경제 회복을 막고 세계를 큰 불황으로 빠뜨릴 것이라는 우려가 표명되었다.[39] 사스는 다른 이유로도 중요했다. 공중보건의 하위준칙을 마련하는 중요한 시기에 나타난 이 질병은 공공의료 종사자들이 자기 분야의 연관성을 보여 줄 수 있는 수단을 제공했다. 인터넷을 통한 뉴스와 소문의 급속한 확산·보급과 결합해, 이러한 하위 준칙 사항들은 그 질병이 집중된 관심을 받을 수 있도록 해주었다.

2003년 4월까지 사스는 수그러들 징후가 보이지 않았고 인도를 포함한 몇몇 인구 밀집 국가에서도 나타났다. 그러나 이 전염병은 여전히 주로 중국 남부에서 널리 퍼져 나갔으며 4월 2일 세계보건기구는 홍콩과 광둥성으로 모든 불필요한 여행을 늦출 것을 권고했다. 이런 반갑지 않은 주의에 당황한 중국 정부는 전염병에 너무 느리게 대응한 데 대해 사과 성명을 발표했다. 원자바오溫家寶 총리와 후진타오 胡錦濤 신임 국가 주석은 온 나라를 동원해 발병을 숨긴 관리들을 쫓아냈다. 이러한 조치는 국제 여론을 안심시키기 위한 것이었지만 중국 밖에서는 중국 정부의 진정성에 대해 심각한 의구심이 일었다. 중국 당국은 더 많은 행동을 보여야 할 필요가 있었다. 난징南京시 동부에 1만 명 격리를 포함해 과감한 조치를 취하기로 했다. 공공장소에서 침을 뱉는 것은 금지되었고 격리를 어긴 사람들은 무기징역이나 처형 위협을 받았다. 이러한 조치들은 중국, 특히 농촌 지역에서 어느 정도 사회 불안을 야기했지만, 여타 세계가 듣고 싶어 하는 메시지를 전달한 셈이었다. 즉 중국 정부는 더 이상 전염병을 부인하지 않고 그 책임을 심각하게 여기고 있다는 것이었다.[40]

중국 측이 사스에 대해 공세적 진압을 준비함에 따라, 상업 및 금융 전문가들은 이 지역 경제에 대한 대유행의 결과에 대해 추측하기 시작했다. 사스가 여타 지역에 중국만큼 악영향을 끼치지 않더라도, 중국 경제는 세계에서 가장 빠르게 성장했고, 전 세계 상업 거래

가운데 5건 중 1건 꼴로 관련되어 있었다. 따라서 세계보건기구는 특히 J. P. 모건과 같은 주요 투자은행들이 다른 아시아 국가들의 성장 전망을 낮출 때 이 질병이 심각한 영향을 미칠 것을 우려했다.[41] 2003년 4~5월경, 이러한 우려는 경제의 여러 부문에서 나온 경제 운용 지표를 볼 때 이해할 만한 것이었다. 홍콩도매업협회는 많은 쇼핑객들이 집에 머물러 있는 등, 사스를 벗어나 소비 심리가 회복되려면 여러 달이 걸릴 것이라고 믿었다. 관광산업도 심각한 영향을 받아 3월 후반 홍콩 방문객이 전년에 비해 10퍼센트 줄었다. 구 공항 교통량은 관광객과 비즈니스 관련 여행자들이 멀리하면서 25퍼센트 감소했다. 네슬레와 같은 초국적 기업들은 동아시아 도시에서 계획했던 상업 행사를 취소했고, 위생상 규제가 사업가들의 여행을 막거나 방해했다. 기업들은 승산이 없는 상황에 처해 있었다. 만일 그들이 여행을 연기하기로 결정할 경우 귀중한 사업을 잃을 수 있었다. 그러나 기업이 감염된 나라에 대표를 보낸다면, 귀환 후에 그들을 최장 10일간(사스 잠복 기간) 격리시켜야 할지도 모른다. 사스는 또한 국제 경제의 중요한 부분이 된 무역 협정에도 타격을 주었다. 예를 들어, 홍콩의 시계산업은 대표들이 그 병을 옮기고 있을지도 모른다는 우려 때문에 스위스에서 열린 무역박람회에서 철수할 수밖에 없었다. 홍콩시계산업연맹은 이 금지로 회원사가 18억 달러에 상당하는 손해를 입을 것으로 추산했다.[42]

이 상황은 아직 재앙은 아니었지만 패키지여행 및 출장 취소는 경제 활력을 떨어뜨리고 투자자들의 신뢰를 앗아 가고 있었다. 예를 들어, 싱가포르에서 약 100건의 사스 의심환자가 나타나면서 은행들은 싱가포르의 성장 전망을 대폭 낮추었는데, 사스 때문에 일주일에 약 1천 3백 만 달러의 관광 수입을 잃을 수 있다고 계산했다. 세계은행은 사스가 2003년 한 해 동안 아시아 경제 성장률의 0.3퍼센트를 낮출 수 있다고 추정했다.[43] 그러나 사스에 대한 공포는 이제 더 멀리 있는 경제에도 해를 끼치고 있었다. 아시아 여행객이 줄어들면서 특히 샌프란시스코와 댈러스 발 항공편이 심한 타격을 받는 등 그 피해는 미국에서 감지되기 시작했다. 여객 운임 수익이 전년에 비해 10퍼센트 감소했는데 항공산업이 세계적 전염병의 가장 커다란 피해자 중의 하나가 될 것 같았다.[44] 사스는 또한 출장이나 관광에 대한 제한을 넘어 경제적 영향을 미칠 수도 있을 것 같았다. 사스가 발표되기 전에는 미국 정부의 의견으로 달러 대비 너무 저평가된 통화들이 있었다. 그러나 사스가 아시아 상업에 미치는 악영향에 대한 두려움은 중국, 일본, 한국, 타이완의 환율 재평가에 저항하는 경향이 더 짙어진다는 것을 의미했다. 각국은 다른 아시아 국가들이 비교 우위를 차지하지 못하도록 통화 가치를 높이는 것을 꺼렸다.《헤럴드 트리뷴》지는 이들 국가가 자국의 세계 무역 전망에 치명적일 수 있는 보복 조치에 무방비 상태로 노출되어 있다고 경고했다. 일부 사람들은 아시아 국가들이 1930년대식 경쟁적 평가절하와 보호주의 여건을 조성하고 있다고 우려했다.[45]

그러나 사스가 세계 경제에 재앙을 일으킬 가능성은 현실보다는 이미지에 더 달려 있었다. 아시아인들이 하얀 백색 마스크를 쓰고 있는 모습을 담은 방송 이미지는 서양에서 신기한 것이었는데, 이 때문에 공포감이 높아지고 질병에 따른 경제 침체가 확산되었다. 텔레비전과 인터넷에서는 공포스러운 이야기와 설익은 뉴스 기사들이 넘쳐 났다. 서구 각국 정부도 사스를 국가 안보에 위협이 되는 것으로 취급함으로써 감염된 국가에 대한 압력을 강화했다. 예를 들어, 미국의 조지 부시G. W. Bush 대통령은 자국에서 대규모 발병이 나타난다면 사스를 막기 위해 군 방역진을 활용할 수도 있다고 공표했다.[46] 이전에 군 인력은 결코 이용하지 않았다. 즉, 미국 보건 당국은 일반적 격리보다는 감염된 개인 스스로의 격리에만 의존했던 것이다. 그러나 이와 같은 강경 발언은 대량 사망의 가능성을 언급한 경고성 보고에 따라 야기된 대중의 공포를 완화하려는 의도였을 것이다.[47] 오스트레일리아 무역위원회Australian Trade Commission의 수석 이코노미스트 팀 하코트Tim Harcourt는 이 보고서가 초래할 경제적 영향에 관해 이렇게 말했다. "정부는 사스 그 자체보다 사스에 대한 사람들의 반응이 경제에 더 많은 피해를 줄 것을 두려워하고 있다." 그러나 그는 전염병이 기업을 파국으로 몰아대기보다는 기업활동을 늦추도록 만들 가능성이 높으며, 사스가 관광과 전문 서비스산업 의존도 때문에 홍콩과 싱가포르를 가장 크게 강타할 것이라고 믿었다. 비록 오스트레일리아는 관광 수입의 감소로 어려움을 겪겠지만, 그 수입의 대부분을 사스의 직접적 영향을 받지 않는 상품 수출에서 얻었기 때문에 그 폭풍을 이겨낼 것이라고 결론지었다.[48]

5월 말까지 중국의 일부 전문가들은 사스가 자국 경제에 미치는 영향은 발병에 대한 정부의 단호한 대처 노력에 의해 제한적일 것이라고 추정했다.[49] 그러나 다른 저명한 경제학자들은 주의의 뜻을 피력했다. 미국 브루킹스연구소 이종화 교수와 워릭 맥키빈Warwick J.

McKibbin 교수는 사스와 같은 질병의 경제적 영향을 모형화하는 것은 매우 어려우며 항공편의 최소 축소 등과 같은 손실액을 단순히 합산하는 것만으로 정확한 수치를 산출할 수 없다는 점을 지적했다. 이들은 사스의 경제적 비용은 직접적인 피해를 넘어 가장 심각한 영향을 받는 부문으로 넘어갔고 경제 충격은 무역과 자본의 흐름에 영향을 끼침으로써 가장 심한 타격을 받은 나라에서 다른 나라로 확산되는 것 같다고 주장했다. 이어서 그들은 다음과 같이 경고했다. "세계가 더욱더 통합되면서 사스와 같은 유행성 전염병의 세계적 비용이 상승할 것으로 예측된다." 여기에 질병 자체의 운명에 대한 불확실성이 더해졌다. 그것은 사라질 것인가, 아니면 변이되어 더 치명적인 것으로 변할 것인가? 이러한 불확실성이 투자자의 확신에 미치는 영향은 잠재적으로 치명적이었다. 만일 투자자들이 아시아 국가가 정기적으로 사스의 영향을 받을 가능성이 있다고 생각한다면, 투자자들은 아시아 국가들에 투사할 때 너 커나란 위험 프리미엄을 요구할 것이며 이는 그 나라에서의 사업 신뢰도에 즉각적인 영향을 줄 것이었다.[50]

따라서 가장 심각한 영향을 받은 국가들은 이 전염병에 대처하기 위해 단호한 조치를 취하는 것 외에는 다른 선택의 여지가 거의 없었다. 그들의 주된 목표는 투자자와 국제사회의 신뢰를 회복하는 것이었다. 이런 점에서 사스에 대한 반응은 1890년대 전염병에 대한 반응과 비슷했으며, 외국 정부와 기업들을 안심시키기 위해 단호한 국가 개입을 부정했다. 대부분의 나라들은 이 질병과 싸우려고 시도하면서 다시 격리 조치로 되돌아갔고, 홍콩에서는 격리 및 다른 봉쇄 방법을 시행하기 위해 한 세기 전에 페스트 전염병 창궐에 뒤이어 제정된 식민지 시기 옛 법률을 발동했다. 학교와 어린이집은 폐쇄되었고, 의심스러운 환자가 탑승한 여객기는 운행 정지되었다.[51] 이들 조치는 별다른 반대 없이 시행되었고 대중의 신뢰를 얻었다. 공적 책임이 있는 언론이 여론을 통합하고 공식적인 대처활동과 보조를 맞추었기 때문이다.[52] 그러나 정부가 비슷한 조치를 도입하려고 했던 타이완에서는 이미 타이완과 중화인민공화국의 관계를 둘러싼 오랜 논쟁으로 국내 여론이 분열되어 있었다. 당시 여당으로 중국에 반발했던 민주당은 사스를 중국형 전염병으로 묘사했으며, 그 기회를 이용해 오히려 양국 간 해협을 넘나드는 사업 열기를 가라앉히려고 했다. 민주당은 이 열기가 타이완 독립을 위협할 것이라 생각했기 때문이다. 야당인 국민당은 홍콩으로 우회하기보다 타이완에서 중국으로 가는 직항로를 허용하자는 자체 제안으로 맞섰다. 그 결과, 그 질병과 싸우는 방법에 대한 합의가 이루어지지 않았고, 격리 및 다른 규제를 가하려는 시도는 너무 늦었고 또 대체로 무시되었다.[53] 사스에 대한 타이완의 대응은 과학적으로 계산된 개입이라기보다는 정치적 대응의 특징들을 지니고 있었다.[54]

그러나 사스로 고통받는 국가들 중에서 타이완은 매우 예외적이었다. 싱가포르는 공항에서의 검진, 접촉자 추적, 가정 검역 시행 등을 통해 몇 주 만에 발병 상황을 통제했으며 2003년 5월 31일 세계보건기구는 싱가포르가 사스에서 벗어났음을 공표했다.[55] 세계보건기구는 이번 발병에 대한 싱가포르의 대처가 '예외적'인 사례라고 말했다.[56] 토론토에서 사스 발생으로 캐나다가 세계보건기구의 자문 대상이 된 이후 캐나다 정부도 감염자와 접촉했을 가능성이 있는 사람에 대해 10일간 격리 조치를 취하는 등 이동 제한 조치를 취해 불안감을 해소하려 했다. 이러한 조치로 인한 충격은 손실액에 대한 보상을 제안함으로써 결과적으로 완화되었다.[57] 토론토는 20일간 새로운 환자가 발생하지 않아 7월 2일 사스로부터 자유로워졌다고 공인받았다. 중국은 6월 23일 세계보건기구의 감염국 목록에서 지워졌다. 두 나라 모두 심각성의 다양한 정도에 따른 격리 및 여행 규제 조치를 취했고, 여기에서 얻은 교훈은 분명했다. 즉 검역, 접촉자 추적, 격리가 전염병을 통제했다는 것이다.[58] 미국 공중보건협회 전무이사 조지스 벤저민Georges C. Benjamin은 후에 이렇게 말했다. "결국 그 시기를 구한 것은 옛날식 역학과 질병 통제였다."[59] 기본적인 메시지는 공공의 건강은 이전과 마찬가지로 국제적 관련성이 있다는 것이었다. 아마도 더 그럴 것이다. 많은 전문가들에 따르면, 세계화는 이윤 추구와 공중보건 사이의 메울 수 없는 갈등을 덮어둔 채 앞서 나갔다. 이러한 방치를 보여 주는 척도는 세계보건기구 내에 환경 및 기타 현대의 관심사에 관한 실무그룹이 있음에도, (무역을 규제하는 SPS위원회와 달리) 무역이 인간의 건강에 미치는 영향을 고려할 위원회가 아직 없다는 사실이었다. 공중보건 종사자들에게 가장 시급한 과제는 이 틈을 메우고 세계의 '건강 보안health security'을 회복하는 것이었다.[60]

그러나 사스의 교훈은 분명치 않았다. 사스의 발생에 실효성 없는 대응을 했음에도 불구하고, 이 질병은 타이완에서 빠르게 수그러들었고 2003년 7월 5일 세계보건기구의 감염국 목록에서 제외되었다. 캐나다에서 발병 기간은 불과 3일밖에 되지 않았다. 따라서 다른 나라에서도 이 질병이 자연적으로 소멸했는가에 대한 의문점은 남아 있지만, 더 중요한 것은 사스가 왜 국제 보건에서 그렇게 대단한 명성을 갖게 되었는가 하는 점이다. 그 대답은 부분적으로 사스의 신기함과 그 질병이 불러일으킨 특이한 공포에 있다. 일부 과학자들과 공중보건 종사자들은 그 병이 적어도 2천 5백 만 명의 사망자를 낸 1918~19년의 끔찍한 유행성 독감 이후 볼 수 없었던 규모로 대량 사망을 초래할 수도 있다고 추측했다.[61] 예를 들어 2003년 4월 한 미국 공중보건 전문가는 6만 명의 미국인이 이 바이러스로 죽을 것이라고 예측했다.[62] 세계는 또한 유행성 호흡기 전염병이 마지막으로 전 지구에 퍼졌던 1960, 70년대와 아주 다른 세상으로 바뀌었다. 냉전은 끝났지만 2001년 9월 11일 테러와 이슬람 원리주의의 부상 여파로 불안감이 팽배했다. 또한 소련이 멸망함에 따라 이전에 거의 상상조차 할수 없는 생화학 테러의 가능성이 떠올랐다. 이전 소련 과학자들이 그들의 전문 지식이나 치명적인 미생물을 테러리스트 조직에 팔까 두려워했기 때문이다. 여기에 국가 주권의 약화와 서구에서 아시아로 경제력 이동, 즉 세계화와 관련되어 나타나는 진행 과정에 대한 우려가 더해졌다. 예컨대, 국제 무역을 통한 콜레라 및 황열병 확산에 대해 19세기에 나타난 공포와 분명히 비슷한 점이 있었지만, 이제는 경제적 상호의존성이 상품 교환을 능가한 것이다. 국가 간 자본의 흐름은 이전보다 훨씬 더 커졌고 더 빨라졌다. 영상 뉴스 미디어와 인터넷 보급은 인쇄물과 전신의 시대에 비해 사람들이 전염병과 그에 대한 정부의 대처를 좀더 자주 그리고 생생하게 알게 된다는 것을 뜻했다. 비록 많은 사람들이 미디어와 뉴스 보도를 보는 방식이 매우 정교해졌지만, 이 새로운 기술의 순효과는 공황을 일으키고 스스로 취약성에 대한 인식을 더 절감케 하는 것이었을지도 모른다.[63]

아시아 각국 정부와 재계 지도자들은 인터넷이 공황을 야기하는 경향을 잘 알고 있었고 사스가 자국에 대한 규제 조치를 정당화하는 데 이용되지 않을까 우려했다. 그들은 또한 자본 도피가 기업 신뢰도에 해를 입히기 위해 악의적으로 계산된 무시무시한 소문을 뒤따를지도 모른다고 두려워했다. 싱가포르 같은 나라들이 사스에 강력하게 대응한 것은 주로 이런 일이 일어나지 않도록 확실히 하려는 데 있었다. 이런 점을 염두에 두고 사스 대책의 핵심 시책 가운데 일부는 과학자와 공중보건 종사자뿐만 아니라 오랫동안 사스 발병 가능성에 촉각을 곤두세우고 있던 재계에서 나왔다는 점에 주목해야 한다. 이미 1996년 '무역 관련 감염'을 검토하기 위해 '급발성 감염 연결망Emerging Infection Network'을 구축했던 아시아태평양경제협력회의 APEC의 관련국 통상 장관들은 아시아-태평양 지역의 국제 공조를 강조했다.[64] 이에 따라, 2003년 6월 태국에서 만난 APEC 통상 장관들은 세계보건기구와 같은 국제기구와 협력하여 사스에 대해 필요한 모든 조치를 취하기로 결정했다. 그들은 APEC 회원국의 대책들이 상호 조화를 이루어야 하며, 검진screening 조치들이 이동을 과도하게 간섭하지 않고서도 기업의 신뢰를 유지하는 방향으로 고려되어야 한다고 보았다. 무엇보다 "사스 공포가 보호무역주의나 사람, 상품, 자본의 이동을 제한하는 비관세 장벽을 높이는 구실로 이용되지 않아야 한다"고 결의했다.[65] 물론 그 당시의 광우병 논란이 사스에 대한 APEC 차원의 대책을 촉발시켰을지 모르지만, 광우병 사례와 달리 사스가 보호무역주의를 정당화하는 데 이용되었다는 증거는 없다. 그것은 매우 곤란한 종류의 질병이었고 사스 때문에 부정적인 영향을 받은 유일한 상품 거래는 특정 동물 종—사향고양이, 너구리, 중국산 오소리 등—이 감염 서장소로 의심된다는 정노였을 뿐이다.[66] 사스가 상업에 끼친 위험은 오히려 간접적인 것이었다. 즉 통제 조치가 기업의 이동성에 미치는 영향과 감염국의 기업활동 신뢰도를 떨어뜨리는 언론 보도 경향이었다.

결국, 홍콩과 같은 지역의 상업과 관광 모두 비교적 빠르게 회복되었기 때문에 사스의 경제적 악영향은 많은 사람들이 예상했던 것보다 덜한 것으로 드러났다.[67] 그럼에도 사스는 세계 경제를 뒤엎을 수 있는 전염병의 가능성을 보여 주었고 이에 대한 대응이 향후 10년간 국제 공중보건의 기조를 형성했다. 사스 발병 기간 동안 세계적 전염병에 대처하는 것은 주로 질병 억제 측면에서 숙고했는데, 여기에 초점을 맞춘 것에 대해서 공중보건 종사자들은 너무 협소하다고 생각했다. 세계은행의 구조 조정 프로그램에 의해 건강 치료가 하향 조정되고 나서 몇 년이 지난 후, 이 질병 억제에 주안점을 둔 시책은 일차 건강 치료가 국제적 의제에서 상위에 오르리라는 희망을 가졌던 사람들을 실망시켰다.[68] 사스의 맥락에서 공중보건은 인도주의적인 연관성을 무시하는 듯이 보였고 국가 보안의 한 측면이 되었다.[69] 토론토 내과의사이자 맨해튼 연구소 선임연구원인 데이비드 그랫저David Gratzer는 《국민평론National Review》 2003년 5월호 기고문에서 사스에 대해 다음과 같이 썼다. "이 독감 비슷한 바이러스는 하나의 경고다. 9월 11일은 무시했던 경고의 결과를 우리에게 보여 준 것이다." 테러

리스트를 후원하거나 보호했던 국가와 마찬가지로, 질병을 알리지도 않고 전염을 막기 위한 조치를 취하지 않는 국가는 '국제적 낙오자'로 취급해야 한다는 주장이었다.[70]

국제사회에서 보안 의제는 명확하지 않지만, 그럼에도 세계보건기구 같은 국제 기관은 그 영향을 받았으며 어느 정도 후속 조치가 뒤따랐다. 예를 들어, 2005년 세계보건기구는 '신형 질병emerging disease'을 더 효과적으로 다룰 목적으로 새로운 국제 보건 규정을 발표했는데, 이것은 주변 인구나 다른 국민에게서 질병의 위협을 찾으려는 경향이 있는 보안 이론가들을 대단히 만족시키는 조치였다.[71] 일부 인사들은 이 새로운 규정을 국제 정치에서 공중보건을 올바른 위치로 끌어올린 '준거가 될 만한 사건landmark event'으로 환영했다.[72] 한 열성적인 해설자가 말했듯이, '세균 통치germ governance'는 '좋은 통치good governance'와 동의어가 되었다.[73] 그러나 국제사회가 공중보건을 좀더 심각하게 받아들이는 듯이 보였지만 세계적 전염병의 대비를 둘러싼 불안은 의도하지 않은 결과를 낳았다. 각국 정부가 국제 규범을 벗어나는 조치를 취하는 것이 더 용이해져, 보호주의 조치들이 질병에 대한 합법적인 대응으로 정당화된 것이다.[74]

대유행병과 보호주의

일부 보건 당국자들이 끔찍한 결과를 예상했음에도, 사스는 비교적 빨리 왔다가 사라져서, 사상자는 눈에 띄게 적었다. 이 세계적 대유행병이 끝날 무렵, 8천 4백 46명만이 이 병에 걸렸다고 기록되었고, 이 중 8백 76명이 사망했다. 그러나 사스는 질병의 확산에 대한 경계를 새롭게 하고 그 봉쇄에 좀더 초점을 맞추라는 '경종wake-up call'인 셈이었다. 이러한 접근 방식의 열쇠는 검역이었고 2004년 초에 사스가 잠시 재발했을 때 아시아 정부들은 이를 주저하지 않고 재도입했다.[75] 일부 보건 종사자들은 그러한 기법에 대해 추가적인 평가가 필요하다고 생각했지만, 봉쇄 전략은 거의 의심할 여지가 없었다.[76] 그러나 이것은 대유행병(세계적 전염병)의 유일한 유산은 아니었다. 사스는 새롭게 국가가 주도하는 '세균 행정'의 강조를 더 강화하는 방식으로 사회 관계를 재구성했다. 아시아 사회 밖에서는 거의 알려지지 않았던 안면마스크는 서양에서도 바이러스성 질병이 발생했을 때 흔하게 사용되기 시작했고, 공항과 기차역에는 체온 검진 장치가 설치되었으며, 기관들은 대유행병 위협에 대처하기 위한 재해계획을 마련했다. 정치 생활과 마찬가지로 시민사회에서도 보안 위주의 마음가짐이 지배적이 되었다. 전염성 질병의 확산에 대한 우려가 컸던 예전과 같이, 합의의 일탈에 대해서는 처벌이 강화될 수 있었다. 국가, 개인, 그리고 다양한 민간 및 공공단체들이 이러한 추세에 저항한다면 배척당하고 파국의 위험도 있었다.

사스 이후 세계 보건에 대한 첫 번째 주요 도전은 '조류독감bird flu'의 형태로 나타났다. 이것은 조류 인플루엔자 바이러스H5N-1에 걸려 나타나는 질병이다. 그 통속적인 이름이 말해 주듯이, 이것은 잠재적으로 인간을 감염시키고 죽일 수 있었지만, 대체로 가금류가 걸리는 질병이었다. 조류 인플루엔자는 새로운 질병이 아니었으며 가까운

1990년대만 해도 수시로 발병했다. 주로 홍콩에서 수천 마리의 가금류가 폐사되었음은 물론, 감염된 조류와 가깝게 접촉해 온 몇몇 사람들도 걸렸다. 홍콩 정부는 무역과 관광에 미칠 결과를 두려워한 나머지 약 1백 50만 마리의 암탉을 도살했다. 그러나 사스 이후 조류 인플루엔자는 더욱더 주목을 받게 되었다. 조류독감이 새로 발생하자, 사람 대 사람 간 전염의 사례를 면밀하게 조사했고 그 바이러스의 돌연변이 증거를 찾기 위해 지속적으로 검사했다. 2003년 12월, 조류 인플루엔자 바이러스의 새로운 변종이 주로 한국 수도 근처 양계장에서, 그리고 한 달이 지나지 않아 베트남, 홍콩, 태국 등에서 나타났다. 연말까지 같은 종류의 질병이 유럽에서도 보고되었다. 다수의 사망자 기록이 나왔지만 사람 사이에 전염되었다는 증거는 없었다. 그럼에도, 이 새롭고 매우 치명적인 조류 인플루엔자 바이러스 변종의 확산은 세계적으로 큰 경종을 울렸다. 감염된 지역의 농부들이 입은 손실은 대재앙 수준이었다. 예를 들어, 한국에서는 1백 30만 마리가 넘는 닭과 오리들이 바이러스에 의해 죽거나 처음 2주 안에 살처분되었다.[77]

조류 인플루엔자는 양계 농가와 조류 및 육류제품 거래를 망칠 가능성이 있었다. 그 결과, 최악의 감염 지역 일부에서는 차단 방역 biosecurity을 강화하기 시작했다. 홍콩에서는, 그 조치에 높은 비용이 들더라도, 수출 시장의 신뢰를 유지하기 위해 양계 농장의 감염 통제를 개선하려는 공동의 노력이 있었다. 그러나 다른 곳, 예를 들어 중국 광둥성에서는 이 전염병이 창궐했음에도 비교적 거의 조치를 취하지 않았다. 특히 홍콩의 가금류 거래 중심지에서 가까운 곳은 감염에 취약했다. 사스와 '조류독감'의 경험은 같은 방향, 즉 더 철저한 감시와 봉쇄인 것 같았다. 세계보건기구 사무부총장은 이렇게 말했다. "사스에 의해 처음 시작된 신형 질병이 멈춰질 가능성은 전염병으로 변하기 쉬운 질병에 대한 국가 및 국제적인 질병 감시의 역할에 달려 있다." 그의 견해에 따르면, 조류독감도 비슷한 결과를 가져오기 때문에 "각국 정부가 대유행병 대비계획을 개발 또한 강화하고, 사스 창궐기에 세계가 보여 주었던 전례 없는 국제 공조를 이용할 길을 찾아내도록 격려해야" 한다는 것이다.[78]

사스 발생 후 조류독감 인플루엔자는 치명적인 치사율의 위협으로 묘사되었으며, 변이되고 쉽게 전염되는 변종 바이러스에 의한 대유행병은 불가피하다고들 했다. 2005년에 세계보건기구는 그 전염병 때문에 아마도 전 세계적으로 1백 만에서 7백 만 명이 사망할 것이라고 주장했다.[79] 그 후 몇 년간 사망에 대한 예측은 다소 신중해졌지만, 보안을 중시하는 사고방식은 계속해서 독감과 관련해 공중보건의 언어와 관행을 구체화했다. 사스 대유행병 당시 항공사들은 선례를 참조해 조류독감에 대처할 계획을 세웠고 정부는 입국하는 여행자들을 통제할 준비를 했다. 미국에서는 방역을 사용하고 이전에 허리케인 카트리나에 대해 자치 행정 기구가 적절하게 대처하지 못한 점을 고려해 전염병 비상사태가 발생했을 때 군 병력에 대처 임무를 부여하자는 논의가 있었다.[80]

사스와 달리 조류독감은 무역에 더 직접적인 영향을 미쳤고 국제 경제에 미칠 영향은 잠재적으로 더 심각했다. 아시아에서 처음 발병한 이 질병은 가금류의 집단 사육과 관련 있는 것으로 보였고, 대부분의 발병에 대처하는 방식은 감염된 가금류를 도살하는 것이었다.

베트남에서는 가금류의 17퍼센트가 살처분되어 8천 3백 30만 달러에 상당하는 손실을 입었다. 그 질병이 아시아 전역과 유럽으로 퍼졌을 때 손실은 거의 그만큼 컸다. 2004년 유럽에서 조류독감 바이러스 H1N-1가 보고되었을 때 벨기에에서는 조류 2백 30만 마리, 네덜란드의 경우 2백 60만 마리를 폐기처분했다. 이 구식의 도살 또는 살처분 전략은 유럽위원회가 마련한 생물 보안 지침에 의해 강화된 바 있었다. 그 지침은 또 가금류의 운송 금지와 가금류 사육 농장에서 일하는 종사자의 이동 제한을 권고했다. 전 세계적으로, 그런 조치의 필요성을 완화할 수 있는 방법들은 정부가 무시하거나 배제했다. 예컨대, 조류독감 바이러스 백신을 실험한 후에, 태국 정부는 농부들이 조류 살처분을 회피하기 위해 백신 접종에 대해 거짓말을 하지 않을까 우려했기 때문에 이 관행을 금지했다.[81]

이런 극단적인 조치는, 가금류의 조류독감 발병 사례가 훨씬 더 적고 인간 건강에 미치는 영향을 무시할 수 있는 서유럽보다는 아시아의 심각한 영향을 받은 일부 지역에서 더 쉽게 정당화되었다. 2006년 헝가리와 영국에서 몇몇 조류독감 발병 사례가 감염된 농장들 간의 거래와 관련이 있는 것처럼 보였지만, 그런 경우는 드물었다.[82] 세계동물보건기구 과학기술과의 알렉스 슈델Alex Schudel 박사는 유럽의 가금류 밀집도와 인구 밀도가 훨씬 낮다는 점을 감안해 "이번 조류독감의 발병이 사스의 경우처럼 인간 바이러스로 바뀔 수 있는 경로는 없다"고 공언했다.[83] 우리는 유럽위원회와 해당 국가 및 지방 정부의 입장에서 다른 고려 사항들은 유럽위원회와 해당 국가 및 지방 정부의 마음에 걸렸다고 결론내릴 수 있다. 그에 못지않게 더 강력한 조치를 취하고 있는 나라와 비교해 나약하거나 태만하게 보이지 않을까 하는 두려움도 있었을 것이다. 과거와 같이, 각국 정부는 국제 규범을 벗어날 경우 자국이 당할 제재를 우려했다. 질병 예방은 조류독감이 동물이나 인간의 건강에 미치는 위험에 대한 현실적인 인식보다는 보복 조치에 대한 두려움 때문에 더 많이 이루어졌다.

일부 비평가들에 따르면, 도살과 차단 방역의 결합에서 나타나는 믿음은 근본적으로 잘못되었다. 이미 2007년에 '세계 농장 사육 동물에 연민을Compassion in World Farming'(CWF)이라는 운동단체의 한 보고서는 농장 간 차량, 사람, 자재 이동을 제한하려고 고안된 조치가 효력이 없었으며 시행조차 거의 불가능했다고 지적했다. 이 보고서의 핵심은 차단 방역이 '공장식 농장factory farm'에서 가금류를 집중적으로 사육하는 현실적 문제를 외면하고 있다는 것이었다. CWF에 따르면, 조류독감의 놀라운 증가와 그 피해가 없던 나라에서 최근의 발생을 설명해 주는 것은 바로 이 같은 사실이다.[84] 조류독감 바이러스 감염 급증은 가금류 사육의 양적 팽창과 시기적으로 일치한다. 지난 20년간 가금류 사육은 3백 퍼센트 증가했다. 이는 소규모 사육에서 가금류 집중식 사육으로 전환하기 시작한 인도네시아에서 왜 최근에 이 질병이 나타났는지를 설명해 준다.[85] 지금까지, 야생 조류가 주로 가금류를 감염시켰다고 비난받았으나, CWF는 가금류와 육가공품의 국제 거래를 지적했다. 최근의 분자 및 계통발생학 연구는 지역에 따라 다른 아종亞種subspecies 바이러스를 발견했다. 만일 철새가 확산의 주범이었다면 그러한 차이는 더 적었을 것이다. 이를 통해 CWF는 법적 및 불법적 가금류 거래가 다 같이 조류독감 바이러스 확산의 요인이라는 결론을 내렸다. 이 보고서는 조류와 육류의 국경을 넘는 거래가 감염을 확산시킨 몇몇 입증된 사례들을 인용했다. 나아가 밀집식 가축 사육이 조류독감 변종의 발생에 이상적인 환경을 제공하고 있으며, "국내 그리고 국가 간 상품의 빈번한 흐름이 잠재적으로 질병 확산을 높인다"는 것을 뜻한다고 결론지었다.[86]

2009년에도 멕시코에서 돼지로부터 인간으로 전염된 것으로 알려진 인플루엔자 변종과 관련해 똑같은 문제가 더 분명하게 제기되었다. 금세기에 두 번째로 새로운 대유행병이 될 이 병의 기원은 신속한 추적 결과 글로리아La Gloria라는 마을로 밝혀졌는데, 이 마을에서 2009년 3월 중증호흡기질환이 발생했던 것이다. 3월 21일까지 마을 주민의 약 60퍼센트가 독감 같은 증상을 앓았다고 전해졌는데, 많은 촌락민이 거대 기업인 스미스필드푸드가 소유한 인근 농장에서 사육 중인 돼지로부터 감염되었다는 것이다. 이후 스미스필드푸드와 멕시코 정부는 어떤 인과관계도 없다고 부인했지만, 그 병원균H1N-1과 이 병에 붙인 '돼지독감swine flu'이라는 이름은 세계가 이에 대처하는 방식에 중대한 영향을 미쳤다.[87]

2009년 4월 초까지 멕시코에서 '돼지독감'(신종플루)에 걸린 것으로 보이는 환자가 1천 8백 명 정도 발생했으며, 그 숫자는 월말까지 의심환자 1천 9백 95명, 사망자 1백 49명으로 증가했다. 이 무렵 관광객과 사업가들이 멕시코를 떠나 자국으로 돌아간 결과, 다른 나라로 퍼진 것이 분명했다. 4월 28일까지 미국 40건, 캐나다 6건, 영국 2건, 에스파냐 1건, 그리고 몇몇 다른 나라에서는 의심환자가 발생했다.[88] '조류독감'과 달리 '돼지독감' 바이러스는 사람 간에 쉽게 전염될 수 있었고, 따라서 돼지독감 전염 가능성은 더 커졌다. 처음에는 치사율이 매우 높은 것으로 나타났기 때문에 감염된 지역에 여행 차단을 위한 긴급조치를 충분히 촉구할 수 있었다. 유럽연합 보건 담당 집행위원인 안드루엘라 바실리우Androulla Vassiliou는 유럽인들에게 멕시코와 미국 여행을 피하라고 조언해 물의를 빚었다. 이 위원의 발언에 대해 유럽 외교관, 기업인, 일부 의학 전문가들이 즉각 비난했는데, 그들은 이 조언이 불필요하며 수익성이 높은 대서양 횡단 여행 산업에 피해를 줄 가능성이 있다고 경고했다.[89] 유럽 각국의 보건 담당 장관과 세계보건기구는 대중에게 진정할 것을 촉구하고 대중의 공포를 누그러뜨리기 위해 최선을 다했다.[90] 그러나 과학 전문가와 보건 관계자들의 메시지들은 뒤섞여 있었다. 세계보건기구는 공식적 발표가 신중하게 보이도록 노력했지만, 오히려 사람들에게 세계 전염병의 유행이 '불가피inevitable'하며 '임박imminent'했다는 인상을 주었다.[91] 세계보건기구의 대유행 경보단계는 마치 세계가 대재앙으로 치닫고 있는 듯이, 사건의 극적 전개를 시사하는 언론의 집중 보도를 낳았다. 4월 27일까지 경보 제4단계가 발동되었고, 지역사회 차원에서 인플루엔자의 인간 대 인간 감염이 적어도 두 국가에서 발생했다. 대유행병(6단계)을 공표하는 데 필요한 것은 그 병이 2개 이상의 대륙에서 널리 퍼지고 있다는 증거였다. 6월에 이 수준에 이르러 같은 달 11일 대유행병(세계전염병)으로 공식 발표되었다.[92]

이러한 공식 발표로 야기된 긴장감은 돼지독감에 대한 언론의 관심도를 생각하면 피할 수 없는 것이었다. 그러나 더 논란이 된 문제는 세계보건기구가 의도적으로 대유행병의 심각성을 과장했는가라는 점이었다. 이 기구는 이후 변론에서 대부분의 사례가 경미한 수준으로 보였다는 점을 지적하면서 그렇지 않았다고 주장했다. 그러면서도 바이러스 변종이 치사율을 높일 수 있다는 가능성도 열어 두었다. 세계보건기구는 다른 기관과 마찬가지로, 약간 지나치게 '주의' 편에 섰다.[93] 그러나 일부 국가 보건 당국자들은 지금 돌이켜보면 경악할 정도로 놀라운 발표를 했다. 영국의 의료 총책임자인 리암 도널드슨Liam Donaldson은 사망자 수가 1만 9천 명에서 6만 5천 명 사이에 이를 것이라고 추정했다. 가장 낙관적인 추계는 사망자가 불과 3천 1백 명이라는 것이었다. 7월 내각 비상대책위원회인 '코브라Cobra'는 매주 3회 회의를 열어 온나라가 예상되는 대유행병의 공습에 대비할 수 있도록 했다.[94] 전염병의 진행 과정을 정기적으로 업데이트했으며, 민간 및 공공 부문의 고용주들에게 대유행병이 선포되었을 때 취해야 할 조치를 알려 주었다. 이미, 학생과 직원 사이에서 질병 사례가 확인되면 곧 이어 발병한 학교와 기타 공공기관들은 폐쇄되었다. 그러나 북반구에서는 대유행병 선언이 여름철과 겹쳤고 얼마 지나지 않아 발병 건수가 감소하기 시작했다. 멕시코 이외 지역의 치사율이 일반 계절성 독감보다 높지 않고 실제로는 더 낮다는 것이 분명히 드러남에 따라 이제 '돼지독감'에 대한 관심이 고조되었다.

2009년 12월까지 영국에서 돼지독감으로 인한 사망자 추정치는 1천 명 미만으로 떨어졌는데, 이는 계절성 독감에 걸린 사람들의 연간 평균 사망자 수 2만 1천 명보다는 상당히 적다. 도널드슨은 그와 세계보건기구 사람들을 포함한 다른 공중보건 관계자들이 과민반응을 보였다는 비난에 휩싸여 사임했다.[95] 그러나 그와 일부 다른 당국자는 여전히 이 질병이 더 치명적인 형태로 변질될 수 있다는 우려를 표명했다. 동아시아 및 동남아의 돼지와 가금류 밀집사육 지역에서 출몰하는 조류독감 바이러스H5N-1와 혼합될 수도 있었다. 유럽과 북아메리카에서는 1918~19년 유행했던 유행성 독감과 마찬가지로 돼지독감이 겨울철에 다시 재발할 것이라는 두려움이 있었다.[96] 많은 사람들이 이에 회의적이고 보건 관계자들이 이 문제를 과장하고 있다고 의심했지만, 언론은 독감 관련 기사거리에 계속 관심을 기울였다.

중국은 일단 양상이 달랐다. 많은 사람들은 이 지역이 서로 다른 계통의 독감 바이러스가 뒤섞인 온상이 될 것이라고 우려했지만, 2009년 중엽에는 서구 국가들보다 조류독감 바이러스의 악영향을 덜 받았다. 중국은 사스 통제에 성공적인 것으로 입증된 일련의 대책을 지체 없이 도입했고 감염자로 의심되는 사람들 모두에게 엄격한 검역을 실시했다. 공항에서 외국인 입국자의 체온을 측정해 검진하고 그들과 접촉자들을 격리시켰다.[97] 심각한 피해를 입었다고 알려진 나라를 방문하고 온 중국인은 각자 건강 상태에 관계없이 10일간 격리되었다. 해외에서 온 일부 여행자들에게 이런 조치는 극단적이고 불필요하게 보였겠지만, 서방 각국 정부는 과거에 중국에 단호한 조치를 취할 것을 촉구했기에 거의 불평을 터뜨릴 수도 없었다. 그러나 서구의 몇몇 논평자들에 따르면, 경제 중심지에서는 보호주의 성향이 되살아났으며, 이는 차단 방역 조치들에서 표출되었다.

2009년 4월, 몇몇 국가들은 멕시코와 미국에서 생산된 돼지고기의 수입 금지를 발표했다. 필리핀은 두 나라에서 생산된 모든 돈육을 일시적으로 금지했고 중국, 러시아, 태국은 멕시코와 미국의 텍사스,

캔자스, 캘리포니아를 포함한 일부 주에서 생산된 모든 돼지고기 수입을 금지했다. 돈육업계는 이에 대응해 생산자에게 안전지침을 제시했고, 미국 최대의 돼지고기 생산업체인 스미스필드푸드는 멕시코에서 사육 중인 가축 무리나 그곳 사업장 노동자들에게서 독감 감염의 어떤 증거도 찾지 못했다고 주장했다. 이 수입 금지 조치는 미국에 큰 피해를 입힐 가능성이 있었다. 미국만이 유일하게 매년 50억 달러 어치의 돈육 제품을 일본, 중국, 멕시코, 캐나다, 러시아에 수출했기 때문이다.[98] 그해 하반기에 캐나다와 몇몇 유럽 국가에서 돼지독감 바이러스가 보고되자 러시아, 중국 및 다른 8개 국가들 역시 이들 나라로부터 수입을 전면 금지했으며, 이에 유럽연합은 그러한 조치들이 부당할 뿐더러 국제적으로 인정된 기존 지침에 위배되는 것이라고 세계무역기구에 항의했다.[99] 캐나다의 돈육 생산업체 또한 돼지 한 마리 당 1~20달러의 손실을 입었기 때문에 수천여 일자리가 사라질까 우려했다. 캐나다 정부는 이 금수 조치를 비난하면서, 철회하지 않을 경우 중국 및 다른 나라들에 대한 보복을 해제하지 않을 것이라고 위협했다.[100]

세계보건기구, 세계무역기구, 세계동물보건기구 모두 조류독감 바이러스를 전염시킬 수 있다는 이유로 실행된 돼지고기 보이콧을 비판했다. 이러한 금지는 SPS협약과 세계보건기구의 국제 보건 규정(2005)을 모두 위반하는 것으로 보였다.[101] 그러나 SPS협약은 일부 국가가 금수 조치를 고집할 수 있을 만큼 충분히 애매모호한 점이 있었다. 예를 들어, 중국 정부는 감염 피해 지역의 육류 제품에 대한 금수 조치를 해제할 기미를 보이지 않았다. 그 조치는 미주美州의 감염된 나라의 돼지고기뿐 아니라 이들 나라를 통과한 돼지고기까지도 수입을 금지하는 것이었다. 이 조치는 운송비를 줄이기 위해 정상적으로는 여러 작은 화물이 한데 모이는 캘리포니아 항구와 같은, 이른바 환적 중심항에 피해를 주었다. 중국 시장에 접근하기 위해 선적을 변경해야 하는 것은 수출업자에게는 엄청난 비용 증가를 의미했다. 이 같은 입장은 수입품과 국산품 모든 것의 안전을 소비자에게 알리는 데 주력했던 일본과 현저한 대조를 보였다. 따라서 중국이 선포한 것과 같은 금수 조치는 국제기구의 선언과 정반대 되는 것으로 보였다. 그러나 세계무역기구는 준수를 강제할 수 있는 권한이 제한되어 있었다. 중국의 이런 입장을 비판하는 사람들은 세계무역기구 내에서 중국의 강력한 입장은 그 기구가 중국이나 실제로 그와 비슷한 조치를 취한 다른 강대국들에 대해 자신의 의사를 강요할 능력이 거의 없음을 의미한다고 주장했다.[102] 그러나 중국은 자국의 금수 조치가 전적으로 세계무역기구의 규정에 부합하며, 긴급조치도 세계동물보건기구의 규정에 따른 것이라고 강변했다. 마자오쉬馬朝旭 중국 외교부 대변인은 국제 규제에 의거해 세계무역기구와 세계동물보건기구 회원국들이 조류독감 같은 긴급한 상황에서 엄격한 검역 조치를 취할 수 있었다고 설명했다.[103] 사실, 국제기구는 돼지고기를 독감을 유발하는 원인에서 배제할 만한 증거가 충분히 있다고 믿었지만, 이 사례는 적어도 논쟁의 여지가 있었다.

한국과 러시아를 포함한 일부 국가들은 머지않아 금수 조치를 해제했는데, 이는 의학상의 이유 때문은 아니었을 것이다. 러시아는 7월 말 처음으로 미국 위스콘신주와 캐나다 온타리오주로부터 돼지고기 수입을 허용하면서 금수 조치를 해제하기 시작했다. 러시아 당국은 과학적으로 잘못이 있었음을 인정하지 않은 채 이들 지역에서 발생한 질병이 안정되었다는 이유로 자신의 결정을 정당화했다.[104] 그러나 러시아는 처음부터 정치적으로 대처했을지도 모른다. 세계무역기구 외부에서 최대 경제 규모를 지녔던 러시아는 이미 지난 15년 동안 이 기구에 가입하려고 시도해 왔다. 미국 외교관들은 미국산 돼지고기 수입 금지를 해제하는 것이 러시아가 세계무역기구에 가입할수 있는 기회를 확대할 것이라고 제안했다.[105] 과거처럼 무역 금지는 국제 외교에서 협상용 수단으로 작용할 수 있었다.

조류독감 발병을 세계의 보안 위협으로 간주함으로써 많은 돼지고기 수출업자들이 가짜 관행으로 간주하는 수입 금지가 정당성을 갖게 되었다. 중국은 자국의 엄청나면서도 취약한 인구, 조류독감 발병 공중보건 시스템에 끼칠 부담을 이유로 수입 금지가 정당하다고 주장했다. 또한 인간을 감염시킨 바이러스와, 돼지를 감염시킨 바이러스는 유전자 구성이 유사하기에 둘 사이에 분명한 연관성이 있다고 강변했다.[106] 비록 돼지고기 선적 금지를 뒷받침할 증거는 없었지만, 후에 대유행병을 초래한 바이러스는 북미에서 10년 이상 유통되었을지도 모르는 3중重 혼종(인간-돼지-가금류) 바이러스에서 비롯되었다는 것이 밝혀졌다.[107] 세계무역기구가 금수 조치를 지속하는 중국과 기타 국가들에 대해 가지고 있는 규제 집행권도 국제변호사들의 도전을 받았다. 스티브 차노비츠Steve Chanovitz 조지워싱턴대 교수는 세계무역기구의 '개입 권한 확대mission creep'를 비난하면서 세계동물보건기구와 세계보건기구의 돼지고기 관련 공동 성명이 규정에 합당한 것인지, 그리고 돼지고기 수입 금지를 분쟁 해결 과정에서 다룰 경우 건강상의 근거에 의거한 방어권을 배제하는 데 사용될 수 있는지에 대해 의문을 제기했다. 미국 정부와 이 금수 조치를 철회시키려고 하는 미국 등 기타 관련국의 입장은 평판 높은 잡지인 《신과학자New Scientist》지가 미국 질병통제센터의 관리들이 사람에게 감염되는 돼지독감 바이러스와 돼지 감염 바이러스 간 연관성의 정도를 낮추라는 압력을 받고 있다는 기사를 게재한 이후 약해졌다. 그 기사에서 기고자는 어느 때보다도 연관성이 더 분명하다고 강조했던 것이다.[108] 이런 점에서 그 이전 6월 돼지독감 관련 무역 금지 문제를 논의하기 위해 소집된 세계무역기구 SPS위원회 회의가 합의안을 도출하지 못한 것은 놀라운 일이 아니었다. 순수출국과 순수입국의 이해관계는 타협의 여지가 없는 것으로 드러났다.[109]

돼지독감 논란은 몇 개월간 갑론을박하던 무역 분쟁과 관련되어 복잡하게 뒤얽혀 있었다. 2009년 7월 중국은 그 무렵 미국이 중국 가금류에 부과한 금수 조치를 검토하기 위해 세계무역기구 산하에 위원회를 설치할 것을 요청했다. 2009년 3월에 통과된 한 미국 법률은 중국으로부터 가금류 수입을 촉진하는 데 자금 사용을 금지하는 조항을 포함하고 있었다. 중국 측 주장으로는 관련 조항은 세계무역기구의 규정을 위반한 것이었다. 미국 법안 문제는 가금류 수입을 둘러싸고 양국 사이에 벌어진 일련의 논쟁에서 가장 최근의 것이었다. 미국은 조류독감 창궐 이후 2004년 비슷한 수입 금지를 선언했는데, 중국도 미국 가금류에 대해 보복성 수입 금지 조치를 취했다. 그러나 중국은 2004년 미중통상위원회 설치에 뒤이어 이 금수 조치를 해제했지만 미국은 이 협정을 어긴 것으로 보였다.[110] 따라서 이번 중국의 돼지고기 수입 금지 조치는 부분적으로 그에 대한 보복성 조치로 여겨졌다. 2008~9년의 경기 후퇴와 돼지독감 창궐이 서로 결합해 영향을 끼치면서 국제 규정의 부적절성 때문에 그간 곪을 때까지 내버려 두었던 오랜 문젯거리가 더욱 악화되었다. 시민의 안전이라는 이름으로 두 강대국이 각자 취했던 방식의 논리적 귀결은 실제로 세계 경제 전반에 대한 불안감을 가중시키는 것이었다.[111]

조류독감과 돼지독감은 사스와 큰 차이가 있었지만, 두 질병에 대한 반응은 새로운 세기 이 최초의 대유행병이 남긴 유산에 따라 조성되었다. 사스는 세간의 이목을 끈 테러 공격과 세계 자본주의의 미래에 대한 우려 속에서 소련 블록의 몰락과 함께 밀려 온 낙관론이 수그러들고 있던 시기에 발생했다. 서구에서 방어적인 사고방식이 나타났고 많은 공중보건 관계자들은 그 시대의 분위기를 따라 움직였다. 아마도 자기 분야의 미래가 국가 및 세계의 안전 문제에 어떻게 관여하는가에 달려 있다고 믿었기 때문일 것이다. 대량 사망자 수를 예측하는 것은 대유행병에 따른 대재앙에 대해서 '만약이 아니라 언제'의 태도를 조장했으며, 지금까지 위험에 빠져 있었던 의학의 한 분야(공중보건) 쪽으로 좀 더 많은 자원을 동원하는 데 이용되었다. 대중은 종종 이런 과장된 주장에 회의적이지만, 그러면서도 국경을 넘나드는 무역과 인간의 이동을 줄이기를 원하는 사람들의 손에 휘둘렸다. 검역과 무역 금지는 최근에 확립된 '세균 행정germ governance'의 관례에 따라 책임성 있는 조치로 제시될 수 있었다. 이러한 조치 가운데 일부는 그 정당성이 의심스럽기는 하지만, 세계보건기구의 규정이 이 일련의 다양한 관행을 지속할 수 있도록 허용했다. SPS협약은 각국이 감염 위험성에 대한 적절한 과학적 평가에 따라 국제 표준에 근거한 조치로 이룩할 수 있는 수준보다 더 높은 보호 수준을 유지할 수 있도록 했다.[112] 이 조항은 해외 경생을 제한하려는 국가들이 가혹하게 자주 악용할 수 있는 허점을 드러냈다. 그러나 질병의 확산을 막기 위한 제반 조치에 실린 믿음은 때로는 잘못된 것이었다. 일부 비평가들의 견해로는, '차단 방역bio-security'이라는 지배적인 개념은 잘못된 표현이다. 이 말이 그릇된 안전의식을 낳았고, 대중이 그렇게 할 수 없는데도 독감과 같은 질병을 억제할 수 있다고 믿도록 만들었기 때문이다. 그것은 동물과 육류 생산물의 밀집사육(및 원거리 무역)을 정당화하는 일종의 위장막에 지나지 않는 것처럼 보였다.[113]

결론:
위생의 과거와 미래

이 책은 세계의 주요 교역로를 따라 중세 아시아의 대상에서부터 세계 경제의 수많은 노선에 이르기까지 전염병의 경로를 그렸다. 그리하여 상거래가 질병의 재배치에 중요한 요인으로 작용해 병원균과 그 중간 숙주를 이전보다 더 광범위하게 퍼뜨림으로써 때로는 파국적인 결과로까지 이르렀다는 것을 보여 주었다. 상업활동의 각 단계별 변화는 인류의 건강에 심각한 결과를 초래했다. 페스트에서 중요한 작용을 했던 원격지 무역, 아메리카 대륙으로 새로운 감염성 질병의 유입, 19세기 세계 시장 통합에 뒤이은 병원균의 '대교환great exchange'을 보라. 원거리 무역은 세균 전파의 수단을 제공할 뿐 아니라, 종종 그 연결점들을 변모시켰다. 원격지 시장을 위한 대량 생산과 급속한 경제 발전으로 항구 도시와 공업 도시 그리고 농업 지역의 질병 생태계가 바뀌었고, 때때로 종종 새로 유입된 감염병균이 번성할 수 있게 되었다. 이러한 수단을 통해 세계는 어떤 점에서는 질병에 의해 통합되었다고 할 수 있다.[1] 그러나 무역과 관련성이 높은 질병의 전파를 차단하고 그 병원균이 번성할 수 있는 환경조건을 제거하기 위한 조치들도 차례로 고안되었다. 가상 발전한 나라와 가난한 나라들이 분리되고 중요한 역학상의 격차가 벌어지는 두 결정적인 시점이 있다. 첫 번째 '대분기大分岐great divergence'는 17세기 후반에 시작되었다. 유럽 대부분이 (페스트로 불린) 역병으로부터 벗어났다. 두 번째 대분기는 19세기 말에 발생했다. 이 시기에 콜레라, 황열병, 페스트가 유럽의 산업화된 지역에서 수그러들었던 것이다.

이러한 차이들은 상업의 흐름을 유지하고자 하는 사람들에게 엄청난 도전을 제기했다. 일부 국가들이 전염병으로부터 자유로워지자 '덜 문명화된' 지역의 감염원을 불안하게 바라보았기 때문이다. 멀리서 온 감염에 대한 두려움은 종종 무역에 불필요하게 피해를 끼치는 대응을 하게 했다. 실제로, 검역과 위생상의 금수 조치가 미치는 부정적인 영향은 외교정책의 도구로서, 그런 조치를 구사하는 경향이 증가함에 따라 종종 악화되었다. 18세기에 격리란 사실상 전쟁의 무기가 되었고, 때로는 분쟁의 원인이 되기도 했다. 위생 대책의 오용에 따른 상업 교란이 상당했기에 상인과 그들의 정치적 동맹 세력의 분노를 불러일으켰다. 18세기 말까지, 이 위생 조치에 대한 반대는 자유주의와 인도주의의 색채를 띠고 있었으며, 스스로 낡았다고 바라본 옛 관습의 개혁에 진력한 의료 종사자들이 추가 세력으로 가담했다. 이 개혁가들은 약간의 성공을 거두었지만 위생 장벽을 낮추려는 나라나 항구 어디서나 엄격한 제약이 있었다. 감염을 두려워하는 시민과 교역 상대방은 그들의 개혁활동을 날카롭게 감시했다. 그리고 격리 폐지와 같이 전면적인 개혁을 시행한 곳은 어디든지 보복을 당할 수도 있었다. 격리 제도 개혁에 대한 반발과 개혁의 어려움이 결국 19세기 최초의 국제위생회의 개최까지 이어진 것이었다. 1830년대부터 서아시아에 설치된 국제보건위원회와 마찬가지로, 이들 회의는 유럽 내 격리를 자유화하면서 동양(페스트와 콜레라의 진원지라고 추정된)으로부터 감염을 막는 장벽을 만드는 데 목표를 두었다. 그러나 1860년대에 유행성 전염병이 다시 창궐하고 제국주의 경쟁이 치열해지면서 더 이상 진전되지 못했다. 1900년에 이르러서야 비로소 지구 경제 차원에서 질병을 어떻게 관리할 것인가에 대한 일종의 합의에 도달했다. 그러나 그 경우에도 농업 분야의 무수한 감염은 배제되었다.

우리는 지금 거대한 융합의 와중에 있다. 상품, 금융, 인간 노동 모두 전례 없는 속도로 이동하고 있다. 질병도 마찬가지다. 그러나 우리를 괴롭히는 것은 무역에서 나타난 고전적인 질병이 아니라 종 사이의 장벽을 이미 넘어섰거나 넘으려고 위협하는 일단의 감염병이다. 21세기의 첫 번째 전염병인 사스는 합법 또는 불법으로 거래된 야생동물에서 비롯되었고, 광우병은 많은 사람들이 안전하다고 생각했던 산업(가축 사육)에 대한 우려를 불러일으켰다. 지난 10년간 인플루엔자와 관련 있는 대유행병도 창궐했고, 치명적인 조류독감과 인간 감염도가 높은 돼지독감의 특성이 결합된 새로운 종류의 바이러스가 출현할 가능성도 있다. 이런 일이 필연적이지는 않겠지만, 그렇다고 일어나지 않으리라는 법도 없다. 그리고 가장 선진적인 국가들조차 앞으로 발생할 수도 있는 그런 규모의 비상사태에 대처하는 데 진력하게 될 것이다. 만일 앞장에서 제시한 증거들이 앞으로 거쳐야 할 것이라면, 치명적인 대유행병이 상업, 공업, 농업에 미칠 영향은 파국적일 것이다. 사스를 막는 데 들어간 비용과 여행 규제 및 자본 도피에 따른 기업 손실액은 5백~1천 억 달러에 달한다. 그러나 정말 치명적인 대유행병이 휩쓴다면 그 액수는 훨씬 더 증가할 것이다. 예를 들어, 세계은행은 조류독감이 대유행할 경우 손실이 3조 달러에 이를 것이라고 추정했다. 우리는 다만 1918~9년의 대재난이 남긴 계산서를 상상할 수 있을 뿐이다.[2]

아시아-태평양경제협력체APEC와 같은 단체들이 1990년대부터 이미 무역 관련 질병과 대유행병 문제를 검토하기 시작했기 때문에, 불안정한 세계 경제를 파괴할 수 있는 전염병이 나타날 가능성은 눈에 띄지 않았다. 최근 몇 년간 '조기 경보 체제'를 구축하고 정부와 민간단체들이 비상계획을 세우도록 많이 고심했다. 이러한 조치들을 통해 안도할 수도 있고 그렇지 않을 수도 있지만, 최근 인플루엔자 대응의 역사를 보면 정부가 대유행병의 불가피한 결과로 경제적 피해를 심화시킬 수도 있다는 것을 알 수 있다. 사실, 최근에 발생한 조류독감과 돼지독감에 대한 각국 정부의 대응은 어떤 면에서는 19세기 말 페스트에 대한 반응을 연상시키는 것이었다. 19세기 말과 21세기 초, 두 사례의 경우 피해국 정부는 질병을 근절하기 위한 필사적인 노력을 기울여 과감한 조치를 취함으로써 위협에 대처하려고 한 반면, 이웃 국가와 무역 상대국은 부분적으로는 정당하다고 할 수 없는 위생 장벽을 세웠다. 피해를 입은 국가의 정부는 무역 상대국을 안심시키고 투기와 자본 도피에 종지부를 찍기를 원했다. 그러나 많은 나라들이 피해를 입은 나라들의 곤경을 오히려 이용했으며, 경제적·정치적 이익을 얻기 위해 무역 금수 조치를 취했다.

각국 정부가 위생적인 예방 조치를 남용하는 경향은 1890년대보다 지금이 훨씬 더 두드러질 것이다. 2009년 조류독감 대유행 기간에 대부분의 위생 금지는 세계보건기구와 국제가축전염병기구 같은 국제기구가 발표한 지침을 넘어섰으며 많은 나라들이 의도적인 보호국가로 간주되었다. 만일 지속 기간이 더 길고 더 심각한 대유행병이 나타난다면 어떤 일이 일어날지 상상하는 데에는 많은 노력이 필요하지 않다. 이와 같은 긴급 상황과 별개로, 위생 조치 남용은 많은 생산자와 소비자에게 정기적으로 어려움을 불러일으킨다. 가장 큰 타격을 입은 나라들은 대개 개발도상국에 속해 있는데, 개발도상국은 농산물 수출에 더 과도하게 의존하는 경향이 있다. 가난한 나라들은 부유한 국가들 수준의 위생 인프라를 감당할 수 없고 위험 평가risk assessment와 같은 분야의 전문가 때문에 이러한 점에서 영구적으로 불리하다. 처음 15년간 세계무역기구에 제출된 SPS 관련 우려의 61퍼센트가 개발도상국 회원들에 의해 제기되었다는 것은 중요하지 않을 것이다.[3] 이런 문제들은 무역에 대한 위생 규정이 여전히 너무 유연하기 때문에 계속된다. 과학적인 위험 평가가 값비싸고 분쟁 해결이 장기화되기 십상이며, 국제 규정을 위반하는 나라에 대한 처벌이 가볍기 때문이다.[4]

이러한 문제들은 단순히 경제의 건강을 위해서가 아니라 지구상의 인간과 다른 동물들의 행복을 위해 해결되는 것이 중요하다. 현재의 시스템은 상업적으로 파괴적일 뿐만 아니라 우리의 건강을 보호해 줄 여력이 거의 없다. 특히 감시와 봉쇄를 지나치게 강조하면 잘 못된 보안의식을 불러일으킬 우려가 있다. 최근 국제식량농업기구, 국제가축전염병기구, 세계보건기구 등이 구축한 인수 공통 감염병 zoonosis에 대한 조기 경보 체제는 각국 정부가 질병이 걷잡을 수 없게 되기 전에 그 발병을 통제하도록 고안되었다. 위협이 임박했을 때 강화된 생물 보안 대책도 마찬가지로 꼭 필요하다. 그러나 이러한 예방 조치는 확실하지 않으며 현 세기의 대유행병은 질병을 옮기는 사람들이 격리 조치와 정교한 감시 체제에도 불구하고 국경을 넘어 다른 사람을 감염시킬 수 있었다는 것을 보여 준다. 조류독감에 감염된 고기는 생물학적 보안으로 유명한 일본 같은 나라에서도 발견되었다.[5] 최근 쩡옌펀曾嬿芬과 우쟈링吳嘉苓의 사스 대유행 연구에서도 관찰되었듯이, "미생물 세계는 인간의 눈에 보이지 않기 때문에, 아마도 진정한 보안과 같은 것은 없을 것이다."[6]

위생 보안에 대한 환상만이 유일한 문제가 아니다. 감시와 억류에 집착할수록 병원균이 나타나고 전파되는 상태를 은폐하는 경향이 있기 때문이다. 인수 공통 감염병과 관련하여 가장 중요한 문제는 동물의 대규모 밀집사육이다. 퓨위원회Pew Commission(퓨Pew 자선재단의 기금으로 설립된 공장식 밀집사육에 관한 조사위원회)는 존스홉킨스대학 블룸버그 공중보건대학원과 협동으로 작성한 공장식 사육에 관한 최근 보고서에서 "동물로부터 인간에 이르기까지 병원균의 위험성 제고, 비치료적 목적(즉 성장 촉진)을 위해 사용한 항생제와 항균제에 내성이 있는 미생물의 출현, 식품에 의한 질병, 근로자의 건강에 대한 우려, 그리고 지역사회에 확산되어 미치는 충격" 등을 경고했다.[7] 아마도 이들 문제의 핵심은 공장식 사육 농가가 일부 논평자들이 부르는 이른 바 '진화 가속 경로evolutionary fast—track'를 제공해 병원균을 더 치명적 인 형태로 변이시키고 있다는 점이다.[8] 최근 독감 분야의 저명한 전문가 로버트 웹스터Robert Webster 박사는 이렇게 말하고 있다. "이전에 는 뒷마당의 가금류를 먹었다.……이제 우리는 수백만 마리의 닭을 공 장식 사육 시설에 집어넣는다. 그 바로 옆에는 돼지 사육 공장이 있다. 이제 이 돼지독감 바이러스가 옆의 닭 사육 시설에 침투해 수십억 마 리의 돌연변이를 동시에 만들 수 있는 기회를 맞게 된 것이다."[9]

　일부 과학자들은 이런 문제를 해결하려면 좀더 협동적인 접근이 필 요하다고 생각했다. 공장식 사육이 제기한 문제는 국제식량농업기구, 국제가축전염병기구, 세계무역기구, 세계보건기구 등 많은 세계적 조 직들의 당면 과제이기도 하다. 국제가축연구소의 최근 보고서는 조류 독감이나 돼지독감 발생 같은 구체적인 문제에 대처하기 위해 합동 대 책반을 구성할 것을 제안했다. 장기적으로는 동물·인간의 공동 건강 단위, 통합지식 관리·정보 공유, 공동 훈련 프로그램 등 보다 강력한 부문 간 협력을 제안한다.[10] 세계보건기구, 국제가축전염병기구, 국제 식량농업기구 등은 이미 이 방향으로 움직여 2006년 조기 경보 체제를 주도했으며 더 진전된 협력을 위해 2010년 성명을 발표했다.[11] 세계보 건기구는 그 스스로 무역과 관련된 보건 문제뿐만 아니라 '인간—동물 접속interface'이라는 의미를 강하게 강조하고 있다. 그러나 현재 이러한 이니셔티브가 실제로 어떤 결과를 가져올지 결정하기는 어렵다.

　부문 간 협동의 성공과 그리고 일부 옹호자들이 공중보건에 대한 단일 건강 또는 범종적凡種的pan—species 접근[12]이라고 부르는 과업의 성공은 각국 생산자들이 얼마나 협력할 준비가 되어 있는지, 정부가 얼마나 심각하게 농업 생산과 분배를 조사할 준비가 되어 있는지에 크게 달려 있다. 그러나 아무리 부지런한 당국이라도 우리가 직면한 도전에 보조를 맞추려고 애쓸 것이다. 이것들은 본질적으로 구조적이기 때문이다. 한 세기 전 유럽과 북아메리카에서 그랬듯이 농촌에서 도시 지역으로 인구가 이동하면서 육류 소비량이 많아졌다.[13] 생존 수준을 훨씬 더 초과한 수입을 올리는 사람들은 돈과 더 많은 고기를 사려는 욕구도 있다. 바쁜 생활 방식이 '느린' 음식 문화에서 종종 자원을 낭비하는 '빠른' 음식 문화로 변화를 가져와 다른 방식으로 음식을 먹도록 강요한다. 이러한 소비 패턴의 변화에 따라 값싼 고기와 육류제품에 대한 수요가 증가했으며, 이는 밀집생산으로 이어졌다.[14] 따라서 많은 아시아 국가들에서 이 분야는 지난 수십 년간 가금류 밀집사육으로 바뀌었다.[15] 2010년 중국만 해도 1만 4천여 곳의 '집중된 동물 사육장'(공장식 농장)이 있었는데, 이런 농장의 가축 밀집도가 질병 출현을 유발한다는 것이다. 특히 동물성 단백질의 대부분은 소와 같은 반추동물이 아니라 돼지나 닭 같은 단위單胃 동물의 밀집사육 농장에서 공급될 것이기 때문에 이러한 경향은 환경과 건강 모두에 광범위한 결과를 초래할 가능성이 있다.[16] 따라서 공장식 농장 안팎에서 인플루엔자와 같은 질병의 발생 위험은 증가할 것이다.[17] 일부 비평가들이 주장하듯이, 동물의 장거리 거래를 금지하여 국가 경계를 넘어서는 감염 가능성을 줄여야 할 때인지도 모른다. 그러나 이것은 이 분야 거래가 종종 불법적으로 이루어지고, 질병이 살아있는 가축뿐 아니라 그 고기를 통해서 퍼질 수 있다는 사실을 무시한다. 역사는 질병, 특히 무역과 관련된 질병이 그 이동뿐 아니라 그 전파에 관심을 기울임으로써 다양한 조치를 통해 가장 잘 대처할 수 있다는 것을 보여 준다. 균형을 맞추지 않으면 우리가 갈망하는 보안이나 우리의 번영에 필요한 상업적 자유 어느 것이나 누릴 것 같지 않다.

위생적 책임이 있는 곳에는 항상 논란이 빚어지는 문제가 있다. 이는 말하기는 쉽지만 실행하기가 어렵다. 국경을 넘어선 감염에 초점을 맞추면 정부와 생산자들은 다른 곳에 책임을 넘길 수 있는 반면, 특정 생산물의 배제라고 하는 걸으로는 합리적이고 강제적인 처방을 내릴 수 있다. 이러한 보호주의 충동은 종종 질병과 무역 자체의 본질에 대한 대중의 불안감을 이용하는데, 이는 국내 산업을 파괴하고 새로운 문화적 영향력을 들여오려는 성향이기도 하다. 세계화 시대에 이러한 두려움은 불편과 불안 등의 일반 감정과 뒤섞여 작용한다. 부유한 나라들은 더 값싼 제품과의 경쟁을 두려워하고 개개인은 전염 가능성을 두려워한다. 치명적인 대유행병이든, 광우병과 같은 은밀한 감염의 형태든 다 그렇다. 세계무역기구와 세계보건기구 같은 단체들은 이 불안정한 상황에 질서를 부여하려고 시도했지만 감염 위험에 대한 평가는 논란의 여지가 많고 앞으로도 그럴 것이다. 모든 당사자들은 자신들의 주장을 입증하기 위한 시도로 '과학'에 호소하지만, 무역의 위생 규제에 순수하게 기술적인 해결책은 결코 있을 수 없다. 그렇지 않다고 제안하는 것은 기껏해야 순진하고 나쁘게 말하면 위험한 허구다. 무역의 자유를 유지하고 위생 보호를 제공하는 우리의 가장 큰 희망은 어떤 이익 집단도, 어떤 국가나 무역 블록도 지배력을 행사하지 못하도록 하는 것이다.

서장

[1] William Budd, *The Siberian Cattle Plague, or, the Typhoid Fever of the Ox*, Bristol: Kerslake & Co., 1865, p. 1.

[2] Andrew Price-Smith, *Contagion and Chaos: Disease, Ecology, and National Security in the Era of Globalization* (Cambridge, Mass.: MIT Press), 2009.

[3] 고전적인 연구로는, F. Prizing, *Epidemics Resulting from Wars*, Oxford: Clarendon Press, 1916. 최근 연구로는 다음을 볼 것. Matthew Smallman-Raynor and Andrew D. Cliff, *War Epidemics: An Historical Geography of Infectious Disease in Military Conflict and Civil Strife, 1850~2000* (Oxford: Oxford University Press, 2000).

[4] 다음을 볼 것. B. K. Gills and W. R. Thompson, eds., *Globalization and Global History* (London: Routledge, 2006); B. Mazlish, "Introduction," in B. Mazlisch and R. Buultjens, eds., *Conceptualizing Global History* (Boulder, Col.: Westview Press, 1993); Regina Grafe, "Turning Maritime Hisotry into Global History: Some Conclusions from the Impact of Globalization in Early Modern Spain," in M. Fusaro and A. Polomia, eds., *Research in Maritime History*, No. 43: *Maritime History as Global History* (St John's: International Maritime History Association, 2010).

[5] Frederick Cooper, "Globalization," in *idem*, *Colonialism in Question: Theory, Knowledge, and History* (Berkeley, University of California Press, 2005).

[6] Adrian Wilson, "On the History of Disease–Concepts: The Case of Pleurisy," *History of Science*, 38 (2000), 271~319; Jon Arrizabalaga, John Henderson and Roger French, *The Great Pox: The French Disease in Renaissance Europe* (New Haven and London: Yale University Press, 1997).

[7] 더 심도 있는 논의는 다음을 볼 것. Mark Harrison, *Disease and the Modern World: 1500 to the Present Day* (Cambridge: Polity, 2004), pp. 12~13.

[8] 다소 이런 스타일의 고전적 연구이지만, 그럼에도 아주 유용한 것으로는, George Rosen, *A History of Public Health* (Baltimore: Johns Hopkins University Press, 1993).

[9] Christopher Halmin, *Public Health and Social Justice in the Age of Chadwick: Britain, 1800~1854* (Cambridge: Cambridge University Press, 1998).

[10] 특히 다음을 볼 것. Michel Foucault, "The Politics of Health in the Eighteenth Century," in C. gordon, ed., Michel Foucault, *Power/Knowledge: Selected Interview and Other Writings 1972~1977* (Brighton: Harvester Press, 1988), pp. 166~82; Dorothy Porter, *Health, Civilization and the State: A History of Public Health from Ancient to Modern Times* (London: Routledge, 1999).

-제1장-

죽음의 상인들

[1] William Rosen, *Justinian's Flea: Plague, Empire and the Birth of Europe*, London: Viking, 2007; Lester K. Little (ed.), *Plague and the End of Antiquity: The Pandemic of 541~750*, Cambridge: Cambridge University Press, 2007.

[2] 예컨대 다음을 볼 것. John Hatcher, *Population and the English Economy 1348~1530*, London: Macmillan, 1987; G. Huppert, *After the Black Death*, Bloomington: Indiana University Press, 1986; David Herlihy, *The Black Death and the Transformation of the West*, Cambridge, Mass.: Harvard University Press, 1997; Norman Cantor, *In the Wake of Plague: The Black Death and the World it Made*, London Simon & Schuster, 2001; Ronald Findlay and Kevin H, O'Rourke, *Power and Plenty: Trade, War, and the World Economy in the Second Millennium*, Princeton,

NJ: Princeton University Press, 2007, pp. 111~20.

3 William H. McNeill, *Plagues and Peoples*, New York: Monticello, 1976, pp. 162~4 참고. 국내에서 이 책은 《전염병의 세계사》와 《전염병과 인류의 역사》라는 제목으로 번역 출간되었다.

4 다음을 볼 것. Ole J. Benetictow, *The Black Death 1346~1353: The Complete History*, Woolbridge: Boydell Press, 2004, p. 49; John Norris, "East or West? The Geographic Origin of the Black Death," *Bulletin of the History of Medicine*, 51 (1977), pp. 1~24.

5 George D. Sussman, "Was the Black Death in India and China?," *Bulletin of the History of Medicine*, 85 (2011), pp. 319~55. 이외에 다음을 볼 것. Li Bozhong, "Was there a 'fourteenth-century turning point'? Population, Land, Technology and Farm Management," in P. J. Smith and R. von Glahn (eds.), *The Song-Yuan Transition in Chinese History*, Cambridge: Mass.: Harvard University Press, 2003, pp. 134~75.

6 Denis Twitchett, "Population and Pestilence in T'ang China," *Studia Sino-Mongolica*, Wiesbaden: Frantz Steiner Verlag, 1979, pp. 35~68.

7 Giovanna Morelli et al., "Yersinia pestis Genome Sequencing Identifies Patterns of Global Phylogenetic Diversity," *Nature Genetics*, 42 (2010), pp. 1140~43.

8 David Morgan, *The Mongols*, Oxford: Basil Blackwell, 1986, pp. 133~4.

9 Peter Spufford, *Power and Profit: The Merchant in Medieval Europe*, London: Thames & Hudson, 2002, pp. 12~29.

10 Michael W. Dols, *The Black Death in the Middle East*, Princeton, NJ: Princeton University Press, 1977, p. 53; Rosemary Horrox, "Introduction," *The Black Death*, Manchester: Manchester University Press, 1994, p. 9.

11 Benedictow, *The Black Death*, p. 70.

12 John Kelly, *The Great Mortality: An Intimate History of the Black Death*, London and New York: Fourth Estate, 2005, p. 8; Joseph P. Byrne, *The Black Death*, Westport, Conn.: Greenwood Press, 2004, p. 7.

13 Horrox, "Introduction," *The Black Death*, pp. 8~9.

14 Dols, *The Black Death*, pp. 36~40; Bededictow, *The Black Death*, pp. 51~2.

[15] McNeill, *Plagues and Peoples*, p. 165.

[16] Benedict Gummer, *The Scourging Angel: The Black Death in the British Isles*, London: The Bodley Heed, 2009, pp. 60~1.

[17] Vivian Nutton, "Introduction," in V. Nutton (ed.), *Pestilential Complexities: Understanding Medieval Plague*, *Medieval History*, Supplement No. 27, London: Wellcome Centre for the History of Medicine at UCL, 2008, p. 8.

[18] J. N.-Biraben, *Les Hommes et la peste en France et dans les pays européens et méditerranées*, vol. 1, Paris: Mouton, 1975, pp. 71~92; *idem*, "Les Routes maritimes des grandes épidémies au moyen âge," in C. Buchet (ed.), *L'Homme, la santé et la mer*, Paris: Champion, 1997, pp. 23~37.

[19] Findlay and O'Bourke, *Power and Plenty*, pp. 125~6.

[20] Stuart J. Borsch, *The Black Death in Egypt and England: A Comparative Study*, Austin: University of Texas Press, 2005, pp. 7~9.

[21] 예컨대 다음을 볼 것. Prosper Alpini, *De medicina Aegyptiorum*, Paris: G. Pele & I. Duval, 1646; Jean Martel, *Dissertation sur l'origine des maladies epidemiques et principalement sur l'origine de la peste*, Montpellier: Imprimeur Ordinaire du Roy, 1721, pp. 44~5, 55~8, 59~61, 87, 91~2.

[22] Angela Ki Che Leung, "Diseases of the Premodern Period in China," K. F. Kiple (ed.), *The Cambridge World History of Human Disease*, Cambridge: Cambridge University Press, 1993, PP. 354~62; Jun Lian, *Zhungguo Gudai Yizheng Shilue*, Huhehaste Nei Monggu Renmin, 1995, pp. 154~5.

[23] Frank G. Clemow, *The Geography of Disease*, Cambridge: Cambridge University Press, 1903, p. 316.

[24] Sussman, "Was the Black Death in India and China?," pp. 340~1.

[25] Clemow, *The Geography of Disease*, p. 319.

[26] "A Voyage Round the World by Dr. John Francis Gemelli Careri, Containing the Most Remarkable Things he saw in Indostan," in J.P. Guha (ed.), *India in the Seventeenth Century*, New Delhi: Associated Publishing House, 1976, vol. 2, p. 203.

[27] T.S. Weir, "Report from Brigade−Surgeon−Lieutenant−Colonel T.S. Weir, Executive Health Officer, Bombay," in R.C.H. Snow (ed.), *Report on the Outbreak of*

Bubonic Plague in Bombay, 1896~97, Bombay: Times of India Steam Press, 1897, pp. 66~7.

[28] John MacPherson, *Annals of Cholera: From the Earlist Period to the Year 1817*, London: Ranken & Co., 1872, pp. 100, 106; Mark Harrison, *Climates and Constitutions: Health, Race, Environment and British Imperialism in India 1600~1850*, Oxford: Delhi University Press, 1999, p. 200.

[29] Ashin Das Gupta, "Indian Merchants and the Trade in the Indian Ocean, c.1500~1750," in T. Raychaudhuri (ed.), *The Cambridge Economic History of India, Volume I: c.1200~c.1750*, Cambridge: Cambridge University Press, 1982, pp. 407~33; *idem*, 'The Merchants of Surat, c.1700~50', in E. Leach and S. N. Mukherjee (eds), *Elites in South Asia*, Cambridge: Cambridge University Press, 1970, pp. 201~22.

[30] Sanjay Subrahmanyam, *The Political Economy of Commerce: Southern India 1500~1650*, Cambridge: Cambridge University Press, 1990, p. 319.

[31] Clemow, *The Geography of Disease*, p. 320; August Hirsch, *Handbook of Geographical and Historical Pathology*, vol. 1, London: The Sydenham Society, 1883, p. 507.

[32] *Tuzuk−i−Jahangiri*, ed., Syud Ahmud, Aligarh: Private Press, 1864, pp. 209~10.

[33] Ibid., pp. 219~20.

[34] Biraben, *Les hommes e la peste*, p. 90.

[35] Samuel K. Cohn, Jr., *The Black Death Transformed: Disease and Culture in Early Renaissance Europe*, London: Arnold, 2002; *idem*, "Epidemiology of the Black Death and Successive Waves of Plague," in Nutton (ed.), *Pestilential Complexities*, pp. 74~100; Graham Twigg, *The Black Death: A Biological Reappraisal*, New York: Schocken, 1984.

[36] Ann G. Carmichael, "Universal and Particular : The Language of Plague, 1348~1500," in Nutton (ed.), *Pestilential Complexities*, pp. 17~52; Lars Walløe, "Medieval and Modern Bubonic Plague: Some Clinical Continuities," in Nutton (ed.), *Pestilential Complexities*, pp. 59~73; Stephane Barry and Norbert Gualde, "*La peste* noire dans l'Occident chrétien et musulman, 1347~1353," *Canadian Bulletin of Medical History*, 25 (2003), pp. 461~98.

37 예컨대 다음을 볼 것. Ludwig Friedrich Jacobi, De Peste, Erfurt: H. Grochius, 1708, passim; Rudolphus Guillelmus Crausis [Rudolf Wilhem Krause], *Excerpta quaedam ex observation in nupera peste Hambugensi, Jena: I.F. Beerwinckel, 1714*, p. 5; Martel, *Dissertation*, pp. 15~17.

38 Michel Drancourt, et al., "Detection of 400-Year Old Yersinia pestis DNA in Human Dental Pulp," *Proceedings of the National Academy of Science of the USA*, 95 (1998), pp. 12637~40.

39 Robert S. Gottfried, *The Black Death: Natural and Human Disaster in Medieval Europe*, London: Robert Hale, 1983, pp. 52~3, 73~4; Barbara W. Tuchman, *A Distant Mirror: The Calamitous Fourteenth Century*, London: Macmillan, 1978, pp. 109~14.

40 Paul Slack, *The Impact of Plague in Tudor and Stuart England*, Oxford: Clarendon Press, 1985, p. 189.

41 McNeill, *Plagues and Peoples*, p. 170.

42 "Ordinances against the Spread of Plague, Pistoia, 1348," in Horrox, ed., *The Black Death*, pp. 195~6.

43 L. Fabian Hirst, *The Conquest of Plague: A Study of the Evolution of Epidemiology*, Oxford: Clarendon Press, 1953, p. 378.

44 Vivian Nutton, "Medicine in Medieval Western Europe," in L. I. Conrad, M. Neve, V. Nutton, R. Porter and A. Wear, *The Western Medical Traditions 800 BC to AD 1800*, Cambridge: Cambridge University Press, 1995, pp. 196~7; McNeill, *Plagues and Peeoples*, p. 170.

45 다음을 볼 것. William G. Naphy, *Plagues, Poisons and Potions: Plague-Spreading Conspiracies in the Western Alps c.1530~1640*, Manchester: Manchester University Press, 2002.

46 F.P. Thompson, *The Plague in Shakespeare's London*, Oxford: Clarendon Press, 1927, pp. 85~6, 107~10, 120~3, 151~2, 163~6.

47 Daniel Defoe, *A Journal of the Plague Year*, London: Penguin, 2003 [1722], p. 187.

48 Adrien Proust, *Essai sur l'hygiène internationale ses applications contre la peste, la fièvre jaune et le Cholera asiatique*, Paris: G. Masson, 1873, p. 158.

49 Thoman Brinton, "The Sins of the English," in Rosemary Horrox, ed., *The Black Death*, Manchester: Manchester University Press, 1997, p. 22.

50 Michael Neill, *Issues of Death: Mortality and Identity in English Renaissance Tragedy*, Oxford: Clarendon Press, 1997, p. 22.

51 William Bullein, "A Dialogue both pleasant and pietyful"(1564), in Rebecca Totaro, ed., *The Plague in Print: Essential Elizabethan Sources, 1558~1603*, Pittsburgh: Duquesne University Press, 2010, p. 164.

52 Vivian Nutton, "The Seeds of Disease: An Explanation of Contagion and Infections from the Greeks to the Renaissance," *Medical history*, 27 (1983), pp. 1~34; *idem*, "Did the Greeks Have a Word For It?," in L.I. Conrad and D. Wujastyk, eds., *Contagion: Perspective from Pre-Modern Societies*, Alder Shot: Ashgate, 2000, pp. 137~62.

53 Ann G. Carmichael, *Plague and the Poor in Renaissance Florence*, Cambridge and New York: Cambridge University Press, 1986.

54 다음을 볼 것. Margaret Pelling, "The Meaning of Contagion: Reproduction, Medicine and Metaphor," in A. Bashford and C. Hooker, eds., *Contagion: Historical and Cultural Studies*, London: Routledge, 2001, pp. 15~38.

55 Anon., *Traité de la peste*, Paris: Guillaume Caelier, 1722, pp. 21~3; Johannes Kanold, *Einiger Medicorus Schreiben von der in Preussen an. 1708, in Dantzig an. 1709, in Rosenberg an. 1708, und in Fraustadt an. 1709 grassireten Pest, wie auch von der wahren Beschaffenheir des Brechens, des Schweisses under der Pest-Schwären, Sonderlich der Beulen*, Breslau: Fellgiebel, 1711, p. 101.

56 Paul Slack, "Responses to Plague in Early Modern Europe: The Implications of Public Health," *Social Research*, 55 (1988), pp. 433~53, 특히 pp. 436~7을 볼 것.

57 Samuel K. Cohn, Jr., *Cultures of Plague: Medical Thinking at the End of the Renaissance*, Oxford: Oxford University Press, 2010, pp. 296~8.

58 점성술 개념의 지속에 관해서는 다음을 볼 것. Christiano Laitner, *De febrius et morbis acutis*, Venice: H. Albricium, 1721, pp. 140~2; Richard Mead, *Of the Power of the Sun and Moon on Mumane Bodies; and of the Diseases that Rise from Thence*, London: Richard Wellington, 1712. 그러나 이 점성술 개념은 르네상스 초기의 개념과 상당히 달라서, 신체와 대기에 대한 미립자나 중력의 물리적 영향에 좀더 관

심을 쏟고 있다. 다음을 볼 것. Mark Harrison, "From Medical Astrology to Medical Astronomy: Sol-Lunar and Planetary Theories of Disease I British Medicine, c.1700~1850," *British Journal for the History of Science*, 33 (2000), pp. 25~48.

59 Richard Mead, *A Short Discourse concerning Pestilential Contagion, and the Methods used to prevent it*, London: S. Buckley, 1720, pp. 3~5.

60 예컨대, Guy de la Brosse, *Traité de la peste*, Paris: L. & C. perier, 1623, p. 72.

61 Dols, The Black Death, pp. 285~98; Lawrence I. Conrad, "Epidemic Disease in Formal and Popular Thought in Early Islamic Society," in T. Ranger and P. Slack, eds., *Epidemics and Ideas: Essays on the historical Perception of Pestilence*, Cambridge: Cambridge University Press, 1992, pp. 77~100.

62 Lawrence I. Conrad, "A Ninth-Century Muslim's Scholar's Discussion of Contagion," ibid., pp. 163~78; Peter E. Pormann and Emilie Savage-Smith, *Medieval Islamic Medicine*, Edinburgh: Edinburgh University Press, 2007, pp. 58~9.

63 *The Shah Jahan of 'Inayat Khan*, trans. A.R. Fuller, New Delhi: Oxford University Press, 1990, pp. 305, 535.

64 Nükhet Varlik, "Disease and Empire: A History of Plague Epidemics in the Early Ottoman Empire (1453~1600)," University of Chicago PhD thesis, 2008, chap. 6; Lian, *Zhongguuo Gudai Yizheng Shilue*, pp. 154~6.

65 Angela K.C. Leung, "The Evolution of the Idea of Chuanran Contagion in Imperial China," in A.K.C. Leing and C. Furth, eds., *Health and Hygiene in Chinese East Asia*, Durham, NC and London: Duke University Press, 2010, pp. 25~50.

66 다음 자료를 볼 것. *L' Ordre public pour la ville de Lyon, pendant la maladie contagieuse*, Lyons: A. Valancol, 1670; Slack, "Responses to Plague," p. 438; Brian Pullan, "Plague Perceptions and the Poor in Early Modern Italy," in T. Ranger and P. Slack, eds., *Epidemics and Ideas*, Cambridge: Cambridge University Press, 1992, pp. 101~24.

67 M. W. Flinn, "Plague in Europe and the Mediterranean Countries," *Journal of European Economic History*, 8 (1979), pp. 31~48.

68 Quentin Skinner, *The Foundations of Modern Political Thought. Volume I: The Renaissance*, Cambridge: Cambridge University Press, 1978, pp. 42~6, 49~65.

[69] John Henderson, *Piety and Charity in Late Medieval Florence*, Oxford: Clarendon Press, 1994, pp. 16~20, 354~9; idem, *The Renaissance Hospital: Healing the Body and Healing the Soul*, London and New Haven: Yale University Press, 2006, pp. 28~31.

[70] Pullan, "Plague Perceptions and the Poor," p. 119.

[71] Cohn, *Cultures of Plague*.

[72] Ibid., p. 280.

[73] Ibid., p. 206.

[74] Quentin Skinner, *Visions of Politics. Volume II: Renaissance Virtues*, Cambridge University Press, 2002.

[75] Randal P. Gerza, *Understanding Plague: The Medical and Imaginative Texts of Medieval Spain*, New York: Peter Land, 2008, p. 40.

[76] E. P. Wilson, *The Plague in Shakespeare's London*, pp. 85~6.

[77] Ibid., pp. 108~9.

[78] Margaret Pelling, "Illness among the Poor," in M. Pelling, *The Common Lot: Sickness, Medical Occupations, and the Urban Poor in Early Modern England*, London: Longman, 1998, pp. 64~5.

[79] Carmichael, *Plague and the Poor*, pp. 121~6.

[80] Daniel Panzac, *Quarantaines et lazarets l'empire et la peste*, Aix-en-Provence: Édisud, 1986, pp. 32~4.

[81] William Naphy and Andrew Spicer, *The Black Death: A History of Plagues 1345~1730*, Stroud: Tempus, 2001, pp. 86~8; Michael Limberger, "City, government and public services in Antwerp, 1500~1800," https://lirias.hubrussel.be [2010. 11. 28. 접속].

[82] Thurdy meeting book, Kingston-upon-Hull Corporation, 8 September 1668, Western MS.3109, Wellcome Library for the History and Understanding of Medicine, London [WL]; Booker, *Maritime Quarantine*, ch. 2.

[83] Laurence Brockliss and Colin Jones, *The Medical World of Early Modern France*, Oxford: Clarendon Press, 1997, p. 351.

[84] Anon., "Quarantaines," *Dictionaire encyclopédie des sciences medicalés*, Paris: P. Asselin & G. Masson, 1874, p. 24.

[85] Alexandra Parma Cook and Noble David Cook, *The Plague Files: Crisis Management in Sixteenth−Century Seville*, Baton Rouge: Louisiana State University Press, 2009, pp. 256~51.

[86] Naphy and Spicer, *The Black Death*, p. 93.

[87] Daniel Panzac, *Populations et santé dans l empire Ottoman* (XVIIIe−XXe siècles), Istanbul: Isis, 1996, pp. 20~1.

[88] Carlo M. Cipolla, *Fighting the Plague in Seventeenth−Century Italy*, Madison: University of Wisconsin Press, 1981, pp. 19~50.

[89] Alfred W. Crosby, *The Columbian Exchange: The Biological and Cultural Consequences of 1492*, Westport, Conn.: Greenwood Press, 1974, 또 다음을 볼 것. idem, *Ecological Imperialism: The Biological Expansion of Europe, 900~1900* (Cambridge: Cambridge University Press, 1986.)

[90] 다음을 볼 것. E. Stannard, *American Holocaust: Columbus and the Conquest of the New World*, New York: Oxford University Press, 1992; Ronald Wright, *Stolen Continents: The Americas through Indian Eyes since 1492*, Boston: Houghton Mifflin, 1992; Fransis J. Brooks, "Revising the Conquest of Mexico," in R. I. Rotberg, ed., *Health and Disease in Human History: A Journal of Interdisciplinary History of Reader*, Cambridge Mass.: MIT Pres, 2000, pp. 15~28; Robert McCaa, "Spanish and Nahuatl Views on Smallpox and Demographic Collapse in Mexico," in Robert, ed., *Health and Discourse*, pp. 167~202.

[91] 다음을 볼 것. Claude Quétel, *History of Syphilis*, Baltimore: Johns Hopkins University Press, 1992; R. S. Morton, *Venereal Diseases*, London: Penguin, 1974.

[92] David Noble Cook, *Born to Die: Disease and New World Conquest, 1492~1650*, New York: Cambridge University Press, 1998, pp. 83~5. 그러나 천연두 유입은 약간 논쟁적인 주제였다. 이에 관해서는 다음을 볼 것. George W. Lovell, "Disease and Depopulation in Early Colonial Guatemala," in D. N. Cook and W. G. Lovell, eds., *The Secret Judgments of God: Native Peoples and Old World Disease in Colonial Spanish America*, Norman: University of Oklahoma Press, 1992, pp. 51~85.

[93] Cook, Born to Die, ch. 2; T. M. Whitmore, *Disease and Death in Early Colonial Mexico: Simulating Amerindian Depopulation*, Boulder, Col.: Westview Press, 1991.

[94] 예컨대, 포르투갈령 브라질에서 인구밀도는 에스파냐령 아메리카 대부분의 지역 보다 낮았다. 이는 내륙 원주민이 질병에 덜 취약했기 때문이다. 이에 관해서는 다 음을 볼 것. A. J. R. Russell-Wood, *The Portuguese Empire, 1415~1808: A World on the Move*, Baltimore: Johns Hopkins University Press, 1992, p. 121.

[95] 다음을 볼 것. S. B. Schwartz, ed., *Tropical Babylons: Sugar and the Making of the Atlantic World, 1450~1680*, Chapel Hill and London: University of North Carolina Press, 2004; Horst Pietschmann, ed., *Atlantic History: Histoy of the Atlantic System 1580~1830*, Göttinggen: Vandenhoeck & Ruprecht, 2002; Fernand Braudel, *Civilization and Capitalism, 15th~18th Century: Volume III, The Perspective of the World*, London: Collins, 1988, chs. 2~3; A. Inikori, "Africa and the Globalization Process: West Africa 1450~1850," *Journal of Global History*, 2 (2007), 63~86.

[96] Immanuel Wallerstein, *The Modern World System: Capitalist Agriculture and the Origins of the European World-Economy in the Sixteenth Century*, New York: Academic Press, 1974. 또 다음을 볼 것. S. K. Sanderson, *Civilization and World Systems: Studying World-Historical Change*, Walnut Creek, Calif.: AltiMira Press, 1995.

[97] Johannes M. Postma, *The Dutch in the Atlantic Slave Trade*, Cambridge: Cambridge University Press, 1990; Robin Law, *The Slave Coast of West Africa*, Oxford: Clarendon Press, 1991; Hugh Thomas, *The Slave Trade: The History of the Atlantic Trade: A Census*, New York: Morton, 1981.

[98] D. Alden and J. C. Miller, "Out of Africa: The Slave Trade and the Transmission of Smallpox to Brazil, 1560~1831," in R. I. Rotberg, ed., *Health and Disease in Human History: A Journal of Interdisciplinary Studies Reader*, Cambridge: Mess.: MIT Press, 2000, pp. 203~30.

[99] 예컨대, 다음을 볼 것. Miguel D. Ángel Cuerya Mateos, *Puebla de los Ángels en Tiempos de Una Peste Colonial: Una Mirada en Torno al Matlazahuatl de 1737*, Puebla: El Colegio de Michoacan, 1999.

[100] Donald B. Cooper, *Epidemic Disease in Mexico City 1761~1813: An Administrative, Social, and Medical Study*, Austin: University of Texas Press, 1965, pp. 95~6.

[101] Larry Stewart, "The Edge of Utility: Slaves and Smallpox in the Early Eighteenth Century, *Medical History*," 29 (1985), pp. 54~70; H. S. Klein and S. L. Engermann, "A

Note on Mortality in the French Slave Trade in the Eighteenth Century," in H. A. Gemery and J. S. Hogendorn, eds., *The Uncommon Market: Essays on the Economic Hsitory of the Atlantic Slave Trade*, New York: Academic Press, 1979, p. 271.

[102] Alden and Miller, "Out of Africa," pp. 218~19.

[103] G. M. Findlay, "The First Recognized Epidemic of Yellow Fever," *Transactions of the Royal Society of Tropical Medicine and Hygience*, 35 (1941), pp. 143~54.

[104] Charles de Rochefort, *Histoire naturelle et morale des Antilles de l Amerique*, 2nd edn, Rotterdam: Arnout Leers, 1665, p. 2.

[105] John Darwin, *After Tamerlane: The Global History of Empire since 1405*, London: Allen Lane, 2007, p. 107; Philip D. Curtin, *The Rise and Fall of Plantation Complex*, Cambridge: Cambridge University Press, 1998, pp. 73~85.

[106] Kenneth F. Kiple, *The Caribbean Slave: A Biological History*, Cambridge: Cambridge University Press, 1984; idem, ed., *The African Exchange: Towards a Biological History of Black People*, Durham, NC: Duke University Press, 1987.

[107] K. David Patterson, "Yellow Fever Epidemics and Mortality in the United States, 1693~1905," *Social Science and Medicine*, 34 (1992), pp. 855~6.

[108] William Hillary, *Observations on the Change of the Air, and the Concomitant Epidemical Diseases in the Island of Barbadoes. To which is added, a Treatise on the Putrid Bilious Fever, commonly called the Yellow Fever; and such other Diseases as are indigenous or endemical in the West India Islands or in the Torrid Zone*, London: C. Hitch & L. Hawes, 1759.

[109] Gerald N. Grob, *The Deadly Truth: A History of Disease in America*, Cambridge, Mass.: Harvard University Press, 2002, p. 76; Patterson, "Yellow Fever Epidemics," p. 857.

[110] J. R. McNeill, *Mosquito Empires: Ecology and War in the Greater Caribbean, 1620~1914*, Cambridge: Cambridge University Press, 2010, pp. 47~9; James D. Goodyear, "The Sugar Connection: A New Perspective on the History of Yellow Fever in West Africa," *Bulletin of the History of Medicine*, 52 (1978), pp. 5~21; Richard B. Sheridan, *Doctors and Slaves: A Medical and Demographic History of Slavery in the British West Indies, 1680~1834*, Cambridge and New York:

Cambridge University Press, 1985.

[111] Henry Warren, *A Treatise concerning the Malignant Fever in Barbodoes, and the Neighbouring Islands: with an Account of the Seasons there, from the Year 1734 to 1738. In a Ltter to Dr. Mead*, London: Fletcher Gyles, 1740, pp. 3~4.

[112] Ibid., pp. 7~8.

[113] Ibid., pp. 13~14.

[114] Ibid., pp. 21~7.

[115] Arnold Zuckerman, "Plague and Contagionism in Eighteenth-Century Engalnd: The Role of Richard Mead," *Bulletin of the History of Medicine*, 78 (2004), pp. 273~308.

[116] Mead, *Short Discourse*, pp. 4~5.

[117] 이 말을 처음 사용한 사람은 일반적으로 푸페 데스포르테스Pouppé Desportes라고 알려졌다. 그는 1732~1748년간 산토도밍고에서 개업의로 활동했다. 다음을 볼 것. Bebjamin Moseley, *A Treatise on Tropical Diseases*, London: T. Cadell, 1789, p. 387.

[118] 가장 일찍 기록된 사건은 1692년에 있었다. Slack, *Impact of Plague*, p. 342.

[119] Findlay, "The First Recognized Epidemic," p. 146.

[120] "An act to oblige Ships and other Vessels coming from Places infected with Epidemical Destempers, to perform Quarantin'," Georgia Council Chamber, 24 April 1760, http://infoweb.newsbank.com [2010. 08. 31 접속].

[121] 버지니아 총독 성명은 다음을 볼 것. http://infoweb.newsbank.com [2010. 08. 31. 접속].

[122] 다음을 볼 것. John Booker, *Maritime Quarantine: The British Experience, c. 1650~1900*, Aldershot: Ashgate, 2007, pp. 256~61; R. C. Williams, *On Guard against Disease from Without: The United States Public Health Service, 1798~1950*, Washington, DC: Commissioned Officers Association of the United States Public Health Service, 1951, ch. 2.

‒ 제2장 ‒
다른 수단들을 동원한 전쟁

[1] 다음을 볼 것. Jeremy Black, *European Warfare 1660~1818*, London and Yew Haven: Yale University Press, 1994; Robert I. Frost, *The Northern Wars 1558~1721*, Harlow: Person, 2000.

[2] 네덜란드 경제의 발전에 관해서는 다음을 볼 것. J. Vries and A. Wordie, *The First Modern Economy: Success, Failure and the Perseverance of the Dutch Economy, 1500~1800*, Cambridge: Cambridge University Press, 1997.

[3] Mr Du Bacquoy to Mr Williamson, The Hague, 16 December 1663, SP 84/168, The National Archives, London [TNA].

[4] Peter Christensen, "In These Perilous Times': Plague and Plague Policies in Early Modern Denmark," *Medical History*, 47 (2003), p. 442.

[5] Sir George Downing, to the Rt Hon. Henry Benett, Secretary of State, The Hague, 4 March 1663, TNA.

[6] Mr Van Gogh, The Hague, to [illegible], 29 August 1664, SP 84/171, TNA.

[7] Downing to Bennett, 8 April 1664, SP 84/170, TNA.

[8] A Lloyd Moote and Dorothy C. Moote, *The Great Plague: The Story of London's Most Deadly Year*, Baltimore and London: Johns Hopkins University Press, 2004, p. 51.

[9] Privy Council to Mayor and Alderman of Chester, ZM/L/4, 17 June 1664, Chester and Cheshire Archives [CCA].

[10] Jeremy Black, The British Seaborne Empire, New Haven and London: Yale Unviersity Press, 2004, p. 92.

[11] Stephen Porter, *The Great Plague*, Stroud: Sutton, 1999, p. 35.

[12] J. R. Jones, *The Anglo‒Dutch Wars of the Seventeenth Century*, New York: Longman, 1996.

[13] M. Borcel to States General, Paris, 23 August 1664, SP 84/171, TNA.

[14] Extrait des Régistres de Parlement, conforming a ban on commerce with the provinces of Holland and Zealand; Paris, 19 November 1664, BOD Vet. E3d.83 (53),

Special Collections Reserve, Bodleian Library, University of Oxford.

[15] Southwell to Joseph Williamson, 2 February 1667, Lisbon, SP 89/8, TNA.

[16] Karl−Erik Frandsen, *The Last Plague in the Baltic Region 1709~1713*, Copenhagen: Museum Tusculanum Press, 2010.

[17] Booker, *Maritime Quarantine*, p. 36.

[18] Mr Wheeler to Sir Robert Sutton, Aix, 8 August 1720, SP 78/168, TNA; Jean−Baptiste Bertrand, *A Historical Relation of the Plague at Marseilles, in the Year 1720*; reprint of 1805 edn, trans. A Plumptre, London: Mawman, 1973.

[19] Sutton to Secretary of State, Paris, 10 August 1720, SP 78/168, TNA; Naphy and Spicer, *The Black Death*, p. 134.

[20] Martin Arnoul, *Histoire de la derniere peste de Marseilles, Aix, Arles, et Toulon. Avec plusiers avantures arrives pendant la contagion*, Paris: Paulus du Mesnil, 1732, pp. 7~8.

[21] Jean Astruc, *Dissertation sur l origine des maladies epidemiques et principalement sur l origine de la peste*, Monpellier: Jean Martel, 1721; Le Sr. Manget, *Traité de la peste*, Geneva: Philippe Planche, 1721.

[22] Sutton to Secretary of State, Paris, 10 August 1720, SP 78/168, TNA; Pichaty de Croissante, Attorney General of Marseilles, "Some Account of the Plague at Marseilles in the Year 1720," *Gentleman's Magazine*, 24 (1754), pp. 32~6; Arnoul, *Histoire*, pp. 2, 6~7.

[23] 1713~22년간 마르세유에는 스미르나에서 온 선박 419척이 입항했다. 이에 관해서는 다음을 볼 것. Daniel Panzac, *Commerce et navigation dans l empire Ottoman au XVIIIe siècle*, Istanbul: Isis, 1996, p. 29.

[24] Wheeler to Sutton, 8 May 1720, SP 78/168, TNA.

[25] Panzac, "Quarantaines," pp. 26~30.

[26] Martel, *Dissertation*, pp. 65~6.

[27] Daniel Gordon, "The City and the Plague in the Age of Enlightenment," *Yale French Studies*, 92 (1997), pp. 81~2.

[28] Junko T. Takeda, *Between Crown and Commerce: Marseilles and the Early Modern Mediterranean*, Baltimore: Johns Hopkins University Press, 2011, pp. 97~101.

[29] Ibid., ch. 8.

[30] Ibid., pp. 104~5.

[31] Biraben, *Les Hommes et la peste*, pp. 245~51.

[32] Mr J. Pulteney to James Craggs, Paris, 27 August and 17 September 1720, SP 78/166, TNA.

[33] Mr Wheake to Sir Robert Sutton, Aix, 8 August 1720, SP 78/168TNA.

[34] Sutton to Craggs, 26 October 1720; "Arrest du Conseil d'Estat du Roy, Au Sujet de la Maladie Contagieuse de la Ville de Marseilles," 14 September 1720, SP 78/169, TNA.

[35] "Memoire servant à justifier qu'il n'y a aucun lieu à interdire le commerce avec la ville de Genève pour cause de *la peste* qui aflige Marseilles et une partie de la Provence," Geneva, 11 September 1720, SP 78/169, TNA. 또 다음을 볼 것. Manget, *Jraite de la peste*.

[36] Zuckerman, "Plague and Contagionism in Eighteenth−Century England," pp. 273~308.

[37] Slack, *Impact of Plague*, pp. 330~2.

[38] Sir Luke Schaub to Lord Carteret, Paris, 4 September 1727, SP 78/170/1, TNA.

[39] M. Laurenz to Mr Stanyan, 10 September, 1721; "Instruction sur les Précautions qui doivent ester observées dans les Provinces où il y a des Lieux attaquez la Maladie contagieuse, et dans les Provinces voisines," Paris, 1721, SP 78/170/1, TNA.

[40] Report of Intendans de la Santé de Marseilles, 27 August 1721; Laurenz to Mr Temple Morgan, 3 September 1721; Stutton to Carteret, 4 September 1721, SP 78/170/1, TNA.

[41] Sutton to Carteret, 10 September 1721, SP 78/170/1, TNA.

[42] Booker, *Maritime Quarantine*, p. 127.

[43] Paul Langford, *A Polite and Commercial People: England 1727~1783*, Oxford: Clarendon Press, 1989, pp. 176~7.

[44] Henry Worsley, Lisbon, to Lord Carteret, Secretary of State, 12 May 1721, SP 89/29, TNA.

[45] Worsley to James Craggs, 8 March 1721, SP 89/29, TNA.

[46] Worsley to Carteret, 7 November 1721, SP 89/29, TNA.

[47] Mr J. Burnett to Carteret, Lisbon, 6 September 1723, SP 89/30, TNA.

[48] De Mendonia to Sen. Claudio Gorgel de Amaral, 8 November 1726, SP 89/30, TNA.

[49] Marquis Don Juan Baptista de Orendayn to Don Jorge de Macazaga, November 1726, SP 89/33; Mr Robinson to the Hon. M. Delafage, Paris, 4 July 1728, SP 78/196; Newcastle to Lord Stanhope, 1 July 1728, SP 78/196, TNA.

[50] Tyrawley to Newcastle, Lisbon, 14 September 1728, SP/35, TNA.

[51] Ibid.

[52] Charles Compton to Lord Newcastle, Lisbon, 28 August 1728, SP 89/35, TNA.

[53] Tyrawley to Newcastle, Lisbon, 14 September 1728, SP 89/35, TNA.

[54] Compton to Newcastle, 7 November 1728, SP 89/35, TNA.

[55] Newcastle to Mr Poyntz, 17 February 1729, SP 78/193, TNA.

[56] Braudel, *Civilization and Capitalization*, vol. 3, pp. 54.

[57] General Sabine, Commanding Gibraltar garrison, to Sir Hohn Norris, British Ambassador, Lisbon, 19 June 1735, SP 89/38, TNA.

[58] Lord Waldegrave to Newcastle, 11 August 1740, SP 78/223, TNA. 영국 당국은 또한 지중해 연안을 따라 바르바리 서쪽으로부터 페즈Fez로 오는 선박에 대해 격리 조치를 부과했다. 다음을 볼 것. W. Sarpe, Office of the Privy Council, to Mr Weston, Secretary to the Viceroy in Ireland, 18 June 1747, D 3135/C804; Order in Council, 28 June 1749, D 3135/C1018; W. Sharpe to Lord George Sackville, 4 September 1751, C 3155/C1271, Derbyshire County Record Office [DCRO].

[59] George Rosen, "Cameralism and the Concept of Medical Police," *Bulletin of the History of Medicine*, 27 (1953), 21~42; *idem*, "The Fact of the Concept pf Medical Police, 1780~1890," *Centaurus*, 5 (1957), 97~113; Foucault, "The Politics of Health in the Eighteenth Century," in E. Gordon, ed., *Michel Foucault, Power/Knowledge*; Dorothy Porter, *Health, Civilization and the State: A History of Public Health from Ancient to Modern Times*, London: Routledge, 1999, ch. 3.

[60] Christopher Lawrence, "Disciplining Disease: Scurvy, the Navy, and Imperial Expansion, 1750~1825," in D. P. Miller and P. H. REill, eds., *Visions of Empire: Voyages, Botany, and Representations of Nature*, Cambridge: Cambridge University

Press, 1996, pp. 80~106.

[61] Johan Peter Frank, *A System of Complete Medical Police*, ed. E. Lesky, Baltimore: J. H. V. Press, 1976, trans. E. Vlim from 3rd edn, Vienna, 1786, p. 446.

[62] Gunther E. Rothenberg, "The Austrian Sanitary Cordon and the Control of Bubonic Plague: 1710~1871," *Journal of the History of Medicine and Allied Sciences*, 28 (1973), 15~23; Panzac, Quarantaines, pp. 65~78.

[63] 이들 조치의 효력에 관한 논의는 다음을 볼 것. Slack, "Response to Plague," pp. 442, 449; *idem*, "The Disappearance of Plague: An Alternative View," *English Historical Review*, 34 (1981), pp. 469~76; Andrew Appleby, "The Disappearance of Plague: A Continuing Puzzle," *English Historical Review*, 33 (1980), pp. 161~73.

[64] Jean-Jacques Manget, *Traité de la Peste*, Geneva: Philippe Planche, 1721; Anon., *Disseertations sur l'origine des maladies épidémiques*, pp. 110~11; Paskal Joseph Ferro, *Untersuchung der Pestanstekung, nebst zwei Aufsätzen von der Glaubwürdigkeit der meisten Pestberichte aus der Moldau und Wallachia, unter der Schädlichkeit der bisherigen Contumanzen von D. Lange und Fronius*, Vienna: Joshph Edlen, 1787, Forword, p. iii.

[65] Ferro, *Untersuchung der Pestanstekung*; Martin Lange, *Rudimenta doctrinae de peste*, Vienna: Rudolph GRaeffer, 1784.

[66] Anon., *Della peste ossia della cura per preservarsene*, e guarire da questo fatalismo morbo, Venice: Leonardo & Giammaria, 1784, pp. 195~6.

[67] Herbert H. Kaplan, *The First Partition of Poland*, New York and London: Columbia University Press, 1969, pp. 129~30.

[68] Nancy E. Gallagher, *Medicine and Power in Tunisia, 1780~1900*, New York and Cambridge: Cambridge University Press, 1983, p. 24.

[69] D. McKay and H. M. Scott, *The Rise of the Great Powers 1645~1815*, London: Longman, 1983.

[70] John T. Alexander, *Bubonic Plague in Early Modern Russia: Public Health and Urban Disaster*, Oxford: Oxford University Press, 2003, pp. 249~51.

[71] Ibid., pp. 284~96.

[72] Daniel Samoilowitz (Samoilovich), *Mémoire sur la peste, qui, en 1771, ravage l'Empire*

Russe, sur-tout Moscou, la Capitale, Paris: Leclerc, 1783, pp. 10~11.

[73] Ibid., p. xv.

[74] Ibid., pp. 229, 243, 254, 265, 273~6.

[75] Ibid., p. 205; Alexander, *Bubonic Plague*, pp. 113~14, 286~8, 289~90.

[76] J. P. Japan, *De la Peste, ou les époques de ce les moyen de s'en préserver*, 2 vols, Paris: Lavillette, 1799, vol. 2, p. 142.

[77] Brockliss and Jones, *The Medical World of Early Modern France*, p. 354.

[78] Panzac, *Quarantaines*, p. 33.

[79] Balthasar de Aperregui, "Orders relatives a sanidad y lazarettos en el Puerto de Barcelona, con motivo de *la peste*, en el año de 1714, y siguientes," Barcelona, 1752, Western MS. 963, William Brownrigg, *Considerations on the Means of Preventing the Communication of Pestilential Contagion and of Eradicating it in Infected Places*, London: Lockyer Davis, 1771, p. 4.

[80] Brownrigg, *Considerations*.

[81] Ibid., pp. 5~6.

[82] Panzac, *Population et santé*, pp. 20~1.

[83] John Howard, *An Account of the Principal Lazarettos in Europe*, Warrington: William Eyres, 1789, pp. 25~7. 이 도시는 1713~1792년 79년 동안 23년간 역병이 발생하지 않았다. 다음을 볼 것. Panzac, *Population et santé, Panzac, Population et santé*, pp. 42~4.

[84] Petition from Batholemew Midy, undated, PC 1/3/101; petition from Jonas Alling and others, 20 December 1713, PC 1/14/115, TNA. 이 시기 격리에 대한 중상중의적 반대론 연구는 다음을 볼 것. Booker, *Maritime Quarantine*, ch. 3.

[85] Petition of Henry Morris, 24 December 1713. 또한 다음도 볼 것. Petition of Mr Wallace, 20 December 1713, PC 1/14/115, TNA.

[86] Lord Leven to the Lords of the Privy Council, 28 August 1711; Adam Brown to Lords of the Privy Council, 26 September 1711, SP 54/4, TNA.

[87] Petition from the Council Chamber, Whitehall, 11 May 1722, PC 1/3/106, TNA.

[88] Petition from John March, Deputy Governor of the Levant Company, n.d. c.1763, PHA/35, West Sussex Record Office [WSRO].

[89] Report on Quarantine by the Privy Council, 1780, PD 1/31/101, TNA.

[90] Langford, *A Polite and Commercial People*, pp. 166~7.

[91] Untainted Englishman, *The Nature of a Quarantine, as it is performed in Italy: To Guard against......the Plague: with Important Remarks on the Necessity of Laying Open the Trade to the East Indies*, London: J. Williams, 1767.

[92] A Gentleman, *A Journal Kept on a Journey from Bassora to Bagdad; over the Little Desert, to Cyprus, Rhodes, Zante, Corfu; and Otranto, in Italy: in the Year 1779*, Horsham: Arthur Lee, 1784, p. 133.

[93] W. Sharpe, Office of the Privy Council, forwarding copy of letter from Venetian ambassador colombo to William Pitt, enclosing orders issued in Venice to impose quarantine against plague, "Terminazione Sopra Proveditori, e Proveditori alla Sanita," T 402, TNA.

[94] F. Vernon, Office of the Privy Council, to Richard Rigby, Principal Secretary to the Lord Lieutenant of Ireland, 9 June 1758, D 3155/C2146, DCRO.

[95] John Dick, British Consul, Leghorn, 26 April 1766, forwarding memorial from British merchnats and translation of a Memorial from the Court of Tuscany, PC 1/8/29, TNA.

[96] Memorial of Lord Darmouth and other Privy Councilors, 4 July 1766, PC 1/8/29, TNA.

[97] Dartmouth and other Privy Councillors, 1/8/29, TNA.

[98] Adorno to Sir Horace Mann, 3 May 1766, PC 1/8/29, TNA.

[99] Petition from merchants of Liverpool to Privy Council, 6 January 1767, PC 1/8/55 TNA.

[100] Privy Council, report on quarantine and copy of Quarantine Act, 1780, PC 1/13/101 TNA.

[101] Papon, *De la Peste*, p. 216~19.

[102] Daniel Panzac, *La Peste dans l'empire Ottoman 170~1850*, Leuven: Peeters, 1985, pp. 58~62; *idem, Commerce et navigation*, p. 129ff.

[103] Panzac, *Quarantaines*, pp. 34~5.

[104] Custom House letter, 10 November 1770 and legal opinion, 13 November 1770,

T 1/475/130~135, TNA.

[105] Petition from London merchants, 9 February 1787, PC 1/3/4, TNA

[106] David Cantor, ed., *Reinventing Hippocrates*, Aldershot: Ashgate, 2002.

[107] Jean Baptiste Sénac, *Traité des causes des accidens, et la cure de la peste*, Paris: P.-J. Mariette, 1744.

[108] John Huxham, *Essay on Fevers*, London: S. Austen, 1750, p. 144.

[109] Dr Timoni, "An Account of the Plague at Constantinople," S. Miles, ed., *Medical Essays and Observations relating to the Practice of Physic and Surgery*, London: S. Birt, 1745, pp. 69, 72.

[110] Dale Ingram, *An Historical Account of the Several Plagues that have appeared in the World since the Year 1346 with An Enquiry into the Present prevailing Opinion, that the Plague is a Contagious Disease, capable of being transported in Merchandize, from one Country to Another*, London: R. Baldwin, 1755, p. 68. 이 질병 창궐기의 전염 이야기를 둘러싼 신화학에 관해서는 다음을 볼 것. Patrick Wallis, "A Dreadful Heritage: Interpreting Epidemic Disease at Eyam, 1666~2000," *History Workshop Journal*, 61 (2006), pp. 31~65.

[111] Ingram, *Historical Account*, pp. 73~4.

[112] Ibid., pp. 119, 139.

[113] Ibid., pp. ii~iii.

[114] Richard Manningham, *A Discourse concerning the Plague and Pestilential Fevers*, London: Robinson, 1758.

[115] "Extracts of Several Letters of Mordach Mackenzie, M.D. concerning the Plague at Constantinople," *Philosophical Transactions of the Royal Society*, 47 (1752), p. 375.

[116] "A Further Account of the Life and Writings of the late Dr. Richard Mead," *Philosophical Transactions of the Royal Society*, 47 (1752), p. 515.

[117] Anon., "Some Account of the of the Life and Writings of the late Dr. Richard Mead'," *Gentleman's Magazine*, 24 (1754), p. 512.

[118] 다음을 볼 것. Mark Harrison, *Medicine in an Age of Commerce and Empire: Britain and its Tropical Colonies, 1660~1830*, Oxford: Oxford University Press, 2010, Parts I and III.

- 제3장 -
격리라는 악덕

[1] Carla G. Pestana, *The English Atlantic in an Age of Revolution 1640~1661*, Cambridge, Mass.: Harvard University Press, 2004.

[2] 정치적 이념과 위생 정책의 관계에 관한 고전적인 서술로는 다음을 볼 것. Erwin H. Ackernecht, "Anticontagionism between 1821 and 1867," *Bulletin of the History of Medicine*, 22 (1948), pp. 561~93.

[3] Corneille le Brun, *Voyages de Corneille le Brun au Levant, c'est-à-dire, dans les principaux endroits de l'Asie Mineure, dans les isles de Chio, Rhodes, Chypres*, etc., Paris: P. Gosse & J. Neautume, 1732, p. 554.

[4] Howard, *An Account of the Principal Lazarettos in Europe*.

[5] Ibid., pp. 2, 26.

[6] Ibid., pp. 26~7, 31.

[7] Patrick Russell, *A Treatise of the Plague*, London: G.G.J. & J. Robinson, 1791.

[8] Harrison, *Medicine in an Age of Commerce and Empire*, pp. 57~8; Alexander Russell, *The Natural History of Aleppo, and Parts Adjacent, containing a Description of the City, and the Principal Natural Productions in its Neighbourhood, together with an Account of the Climate, Inhabitants, and Diseases; particularly of the PLAGUE, with the Methods used by Europeans for their Prevention*, London: A. Millar, 1756.

[9] Booker, *Maritime Quarantine*, pp. 225, 234~54.

[10] Lisabeth Haakonssen, *Medicine and Morals in the Enlightenment: John Gregory, Thomas Percival and Benjamin Rush*, Amsterdam and Atlanta: Rodopi Press, 1997, pp. 214~16.

[11] Rush to Cullen, 16 September 1784, in L. H. Hutterfield, ed., *Letters of Benjamin Rush*, Princeton, NJ: Princeton University Press, 1951, vol. 1, p. 310.

[12] Rush to Howard, 14 October 1789, ibid., p. 527.

[13] J. H. Powell, *Bring Out Your Dead: The Great Plague of Yellow Fever in Philadelphia in 1793*, Philadelphia: University of Pennsylvania Press, 1949, pp. 281~2.

[14] Benjamin Rush, *An Account of the Bilious Remitting Yellow Fever*, Philadelphia:

Thomas Dobson, 1794, p. 313.

[15] Patterson, "Yellow Fever Epidemics," p. 857.

[16] Simon Finger, "An Indissoluble Union: How the American War for Independence Transformed Philadelphia's Medical Community and Created a Public Health Establishment," *Pennsylvania History*, 77 (2010), pp. 37~72.

[17] Martin S. Pernick, "Politics, Parties and Pestilence: Epidemic Yellow Fever in Philadelphia and the Rise of the First Party System," in J. Worth Estes and B. G. Smith, eds., *A Melancholy Scene of Devastation: The Public Response to the 1793 Philadelphia Yellow Fever Epidemic*, Philadelphia: College of Physicians of Philadelphia, 1997, pp. 119~46.

[18] Seen P. Taylor, "'We Live in the Midst of Death': Yellow Fever, Moral Economy and Public Health in Philadelphia, 1793~1805," Northern Illinois University PhD thesis, 2001, pp. 134~7, 157.

[19] William Coleman, *Yellow Fever in the North: The Methods of Early Epidemiology*, Madison: University of Wisconsin Press, 1987; Martin S. Pernick, "Politics, Parties and Pestilence: Epidemic Yellow Fever in Philadelphia and the Rise of the First Party System," in J. Walzer Leavitt and R. L. Numbers, eds., *Sickness and Health in America: Readings in the History of Medicine and Public Health*, Madison: University of Wisconsin Press, 1985, pp. 356~71.

[20] Taylor, "We Live in the Midst of Death," p. 161.

[21] *An Act for the Establishing an Health Office, for Securing the City and Port of Philadelphia, from the Introduction of Pestilential and Contagious Diseases*, Philadelphia: True American, 1799, pp. 6~7.

[22] John Duffy, *A History of Public Health in New York City 1625~1866*, New York: Russell Sage Foundation, 1968, pp. 6~7.

[23] A Philadelphian, *Occasional Essays on the Yellow Fever*, Philadelphia: John Ormorod, 1800, p. 9.

[24] Rush to John Coakley Lettsom, 13 May 1804, in Butterfield, *Letters*, vol. ii, p. 880.

[25] Rush to Thomas Jefferson, 6 October 1800, ibid., p. 826; Rush to John Adams, 14 August 1805, ibid., p. 901; Rush to Adams, 21 September 1805, ibid., p. 206.

[26] Rush to Madison, 23 June 1801, ibid., p. 835.

[27] Rush to Jefferson, 5 August 1803, ibid., p. 872.

[28] Academy of Medicine of Philadelphia, *Proofs of the Origin of Yellow Fever, in Philadelphia & Kensington, in the Year 1797, from Domestic Exhalation; and from the Foul Air of the Snow Navigation, from Marseilles: and from that of the Ship Huldah, from Hamburgh, in two Letters addressed to the Governor of the Commonwealth of Philadelphia*, Philadelphia: T. & S. F. Bradford, 1798.

[29] Charles Caldwell, *Anniversary Oration on the Subject of Quarantine, delivered to the Philadelphia Medical Society, on the 21st of January, 1807*, Philadelphia: Fry & Kammerer, 1807, pp. 7~11, 21~2.

[30] William Travis Howard, Jr., *Public Health Administration and the Natural History of Disease in Baltimore, Maryland 1797~1920*, Washington, DC: Carnegie Institution of Washington, 1924, p. 60.

[31] Caldwell, *Anniversary Oration*, pp. 26~8.

[32] Marcus Ackroyd, Laurence Brockliss, Michael Moss, Kate Retford and John Stevenson, *Advancing with the Army: Medicine, the Professions, and Social Mobility in the British Lsles 1790~1850*, Oxford: Oxford University Press, 2006, pp. 198~202, 318.

[33] James M'Gregor [M'Grigor], *Medical Sketches of the Expedition to Egypt*, London: John Murray, 1804, p. 68; Harrison, *Medicine in the Age of Commerce and Empire*, pp. 259~60.

[34] 다음을 볼 것. Gilbert Blane, *Observations on the Diseases Incident to Seamen*, London: Joseph Cooper, 1785, pp. 128, 187, 252.

[35] Colin Chisholm, *An Essay on the Malignant Pestilential Fever introduced into the West Indian Islands from Boullam, on the Coast of Guinea, as it appeared in 1793 and 1794*, London: C. Dilly, 1795; *idem, An Essay on the Malignant Pestilential Fever, introduced into the West Indian Islands from Boullam, on the Coast of Guinea, as it appeared in 1794, 1794, 1795, and 1796. Interspersed with Observations and Facts, tending to Prove that the Epidemic existing at Philadelphia, New York, etc. was the same Fever introduced by Infection imported from the West Indian Islands: and Illustrated by*

Evidences found on the State of those Islands, and Information of the most Practitioners residing on them, London: J. Mawman, 1801.

[36] John Clark, *Observations on the Diseases in Long Voyages to Hot Countries, and Particularly to those which prevail in the East Indies*, London: D. Wilson & G. Nicol, 1773; Charles Curtis, *An Account of the Diseases of India*, Edinburgh: W. Laing, 1807. 이들 문헌에 대한 논의는 다음을 볼 것. W. E. Bynum, "Cullen and the Study of Fevers in Britain, 1760~1820," in W. F. Bynum and V. Nutton, eds., *Theories of Fever from Antiquity to the Enlightenment*, *Medical History*, Supplement, No. 1, London: Wellcome Institute fro the History of Medicine, 1981, pp. 135~48.

[37] Mark Harrison, *Climates and Constitutions: Health, Race, Environment and British Imperialism in India 1600~1850*, New Delhi: Oxford University Press, 1999.

[38] John R. Wade, *A Paper on the Prevention and Treatment of the Disorders of Seamen and Soldiers in Bengal*, London: J. Murray, 1793, pp. 5, 9.

[39] John R. McNeill, "The Ecological Basis of Warfare in the Caribbean, 1700~1804," in M. Utlee, ed. *Adapting to Conditions: War and Society in the Eighteenth Century*, Tuscaloosa: University of Alabama Press, 1986, pp. 26~42; David Geggus, *Slavery, War and Revolution: The British Occupation of Saint Dominique, 1793~1798*, Oxford: Clarendon Press, 1982, pp. 347~72; Roger N. Buckley, *The British Army in the West Indies: Society and the Military in the Revolutionary Age*, Gainesville: University Press of Florida, 1998, pp. 272~324.

[40] P. Assalini, *Observation on the Disease called The Plague, on the Dysentery, The Opthalmy of Egypt, and on the Means of Prevention, with some Remarks on the Yellow Fever of Cadiz*, trans. A. Leale, New York: T. J. Swords, 1806.

[41] Hector M'Lean, *An Enquiry into the Nature, and Causes of the Great Mortality among the Troops at St. Domingo*, London: T. Cadell, 1797; James Clark, *A Treatise on the Yellow Fever, as it appeared in the Island of Dominica, in the Year 1793~4~5*, London: J. Murray & S. Highley, 1797; J. Mabit, *Essai sur les maladies de l'armée de ST.–Domingue enl'an XI, et principalement sur la fièvre jaune*, Paris: Smith, 1814.

[42] George Davidson, "Practical and Diagnostic Observations on Yellow Fever, as it

occurs in Martinique," Medical Repository, 2 (1805), 244~52; S. Ffirth, "Practical Remarks on the Similarity of American and Asiatic Fevers," *Medical Repository*, 4 (1807), pp. 21~7.

[43] Richard J. J. Kahn and Patricia G. Kahn, "The *Medical Repositary* – The First US Medical Journal (1797~1824)," *New England Medical Journal*, 337 (1997), pp. 1926~30.

[44] Chisholm, An Essay (1801 edn), pp. xxi~xxiii, 95~6, 99~108; *idem, A Letter to John Haygarth, M. D. FRS, London and Edinburgh, etc., from Colin Chisholm, M.D. FRS, etc., Author of A Essay on the Pestilential Fever: Exhibiting farther Evidence of the Infectious Nature of this Fatal Distemper in Grenada, during 1793, 4, 5, and 6; and in the United States of America, from 1793 to 1805: in other to correct the pernicious Doctrine promulgated by Dr Edward Miller, and other American Physicians, relative to this destructive Pestilence*, London: Joseph Newman, 1809; David Hosack to dr Chisholm, New York, 12 August 1809, Letters and Papers of David Hosack, 1795~835, American Philosophical Society [APS], Philadelphia. 저자는 이 참고문헌에 대해 캐서린 아너Catherine Arner의 도움을 받았다. 캐서린은 다음과 같은 자기의 글을 읽도록 해주었다. "Making Yellow Fever American: The United States, the British Empire and the Geopolitics of the Disease in the Atlantic World, 1793~1825."

[45] Jonathan Cowdrey, "A Description of the City of Tripoli, in Barbary; with Observations on the Local Origin and Contagiousness of the Plague," *Medical Repositary*, 3 (1806), pp. 154~9.

[46] John Taylor, *Travels from England to India, in the Year 1789*, 2 vols, London: S. Low, 1799, vol. 1, pp. 114~5.

[47] 다음을 볼 것. A. G. Hopkins, ed., *Globalization in World History*, London: Pimlico, 2002; C. A. Bayly, *The Birth of the Modern World 1780~1914*, Oxford: Blackwell, 2004; Robbi Robertson, The Three Waves of Globalization, London: Zed Books, 2003; Rondo Cameron and Larry Neal, *A Consise Economic Hitory of the World*, New York and Oxford: Oxford University Press, 2003.

[48] 다음을 볼 것. "Globalization," in Cooper, *Colonialism in Question*.

[49] *Second Report of the Select Committee Appointed to consider the means of improving and maintaining the Foreign Trade of the Country. Quarantine*, Parliamentary Papers [PP] 417, 1824.

[50] 다음을 볼 것. Michael Brown, "From Foetid Air to Filth: The Cultural Transformation of British Epidemiological Thought, ca.1780~11848," *Bulletin of the History of Medicine*, 82 (2008), pp. 515~44; Roger Coote, "Anticontagionism and History's Medical Record," in P. Wright and A. Treacher, eds., *The Problem of Medical Knowledge: Examining the Social Construction of Medicine*, Edinburgh: Edinburgh University Press, 1982, pp. 87~108; Charles F. Mullet, "Politics, Economics and Medicine: Charles Maclean and Anticontagion in England," *Osiris*, 10 (1952), pp. 224~51; Charles Maclean, *Results of an Investigation respecting Epidemic and Pestilential Diseases: Including Researches in the Levant concerning the Plague*, 2 vols, London: Thomas & George Underwood, 1817.

[51] R. C. Wellesley to Henry Dundas, 21 March 1799, in E. Ingram, ed., *Two Views of British India: The Private Correspondence of Mr Dundas and Lord Wellesley: 1798~1801*, London: Adams & Dart, 1969, pp. 235~6; Charles Maclean, *To the Inhabitants of British India*, Calcutta: s.n., 1798; Harrison, *Medicine in the Age of Commerce and Empire*, Part II, ch. 4.

[52] Charles Maclean, *The Affairs of Asia considered in their Effects on the Liberties of Britain*, London: s.n., 1806.

[53] Charles Maclean, *Specimens of Systematic Misrule*, London: H. Hay, 1820.

[54] Charles Maclean, *A View of the Consequences of Laying Open the Trade to India, to Private Ships*, London: Black, Perry & Co., 1813.

[55] 이 문제에 관해 더 많은 것은 다음을 볼 것. Catherine Kelly, "Not from the College, but through the Public and the Legislature 'L Charles Maclean and the Relocation of Medical Debate in the Early Nineteenth Century," *Bulletin of the History of Medicine*, 82 (2008), pp. 545~69.

[56] Booker, *Maritime Quarantine*, p. 380~1.

[57] *Report from the Select Committee appointed to consider the validity of the Doctrine of Contagion in the Plague*, 14 June 1819, PP 449, 1819, p. ii.

58 Booker, *Maritime Quarantine*, p. 383.

59 Ibid., pp. 383~4.

60 Margaret Pelling, *Cholera, Fever and English Medicine 1825~1865*, Oxford: Oxford University Pres, 1978, p. 28.

61 Booker, *Maritime Quarantine*, pp. 401~2.

62 Office of Sick and Wounded Seamen to Admiralty Board, 19 August 1797, ADM/ F/27, National Maritime Museum [NMM].

63 예컨대, 1794년 영국 해군Royal Navy은 사라고사로부터 귀중한 상품을 싣고 오다 가 나포된 프랑스 선박이 리스본에서 장기간 격리되는 것에 화를 냈다. 격리를 자 의적으로 연장한 것으로 보였기에 포르투갈 국무장관 및 다른 관리들과 보호협상 을 하게 되었다. Thomas Mayne, Lisbon, 8 November 1794, to Sir Charles Hamilton, Commander, HMS *Rodney*, Portsmouth Western MS. 7313, KL.

64 예를 들어 다음을 볼 것. J. Tommasini, *Recherches pathologiques sur la fièvre de Livorne de 1804, sur la fièvre jaune d'amérique*, Paris: Arthus–Nertrand, 1812.

65 Maj.–Gen. Sir Charles Phillips, "Letters and Instructions to the Office during the Plague at Corfu, 1816," Western MS. 3883, WL; Gallagher, *Medicine and Power*, p. 31.

66 A. B. Granville, *A Letter to the Right Honble. W. Huskisson, M. P., President of the Board of Trade, on the Quarantine Bill*, London: J. Davy, 1825, p. 3.

67 Ibid., p. 9.

68 Ibid., p. 14.

69 Howard, *Public Health Administration*, p. 61; "Report of the Health Officer(1827)," in Baltimore City Health Department, *The First Thirty–Five Annual Reports*, Baltimore: The Commissioner of Health of Baltimore, Maryland, 1853.

70 "Report of the Health Officer(1827), ibid.

71 Ibid.

72 John Buckley & Sons, Lisbon, to Stephan Girard, Philadelphia, 12 August 1816 (No. 695 1816); Daniel Crommelin & Sons, Amsterdam, to Girard, 20 August 1816 (No. 737 1816); [?] to Girard, Elsinore, 11 September 1816 (No. 791 1816); John R. Warder, Amsterdam, 20 1818 (No. 121 1818); John Buckley & Sons, Lisbon (No. 820

1919), Stephan Girard Collection, APS.

[73] Girard to Devèze, 17 December 1823 (LB 19 No. 76), 26 January 1825 (LB 20 No. 174); Devèze to Girard, 4 July 1821 (No. 492 1821); 22 September 1821 (No. 675 1821), Stephan Girard Collection, APS.

[74] "Report of the Consulting Physician(1830)," *The First Thirty-Five Annual Reports*.

[75] Thomas O'Halloran, *Remarks on the Yellow Fever of the South and East Coasts of Spain*, London: Callow & Wilson, 1823; Jean Devèz, *Memoire sur la fièvre jaune afin de la proven non-contagieuse*, Paris: Ballard, 1821; Nicolas Chervin, Certified copied and original documents relating to yellow fever in Guadeloupe and the West Indies, Western MS. Amer. 113, WL.

[76] Étienne Pariset, *Observations sur la fièvre jaune, a Cadiz*, Paris: Audot, 1820.

[77] Ibid., p. 128.

[78] Charles Maclean, *Evils of Quarantine Laws, and Non-Existence of Pestilential Contagion; deduced from the Phoenomena of the Plague of the Levant, the Yellow Fever of Spain, and the Cholera Morbus of Asia*, London: T. & G. Underwood, 1824, pp. 110~15.

[79] Ackerknecht, "Anticontagionism,"; Ann F. La Berge, *Mission and Method: The Early Nineteenth-Century French Public Health Movement*, Cambridge: Cambridge University Press, 1992, pp. 90~4; E. A. Heaman, "The Rise and Fall of Anticontagionism in France," *Canadian Bulletin of the History of Medicine*, 12 (1995), pp. 3~25.

[80] Review of Charles Maclean's *Evils of Quarantine Laws* (1824), *Medico-Chirugical Review*, n.s., 2 (1825), p. 21.

[81] Henry Halford, Gilbert Blane, et al., *Cholera Morbus: Its Causes, Prevention, and Cure; with Disquisitions on the Contagious or Non-Contagious Nature of this dreadful Malady, by Sir Henry Halford, Sir Gilbert Blane, and eminent Birmingham Physicians, and the Lancet, and Medical Gazette, together with ample Directions regarding it, by the College of Physicians and Board of Health*, Glasgow: W. R. M'phan, 1831, pp. 3, 9~11.

[82] Richard Evans, *Death in Hamburg: Society and Politics in the Cholera Years*

1830~1910, Oxford: Clarendon Press, 1987, p. 245.

[83] James McCabe, *Observations on the Epidemic Cholera of Asia and Europe*, Cheltenham: G. A. Williams, 1832, pp. 5~6; William White, *The Evils of Quarantine Laws, and Non-existence of Pestilential Contagion*, London: Effingham Wilson, 1837. 이 밖에 다음을 볼 것. Pelling, *Cholera*, pp. 24~5; Michael Durey, *Return of the Plague: British Society and the Cholera of 1831~2*, London: Macmillan, 1979; Harrison, *Climates*, ch. 4; Charles E. Rosenberg, *The Cholera Years: The Unite States in 1832, 1849, and 1866*, Chicago and London: Chicago University Press, 1968.

[84] Evans, *Death in Hamburg*, pp. 245~9.

[85] Richard Evans, "Epidemics and Revolutions: *Cholera* in Nineteenth-Century Europe," in P. Slack and T. Ranger, eds., *Epidemics and Ideas*, Cambridge: Cambridge University Press, 1992, pp. 167~8; *idem, Death in Hamburg*.

[86] Peter Baldwin, *Contagion and the State in Europe 1830~1930*, Cambridge: Cambridge University Press, 1999, pp. 97~8.

[87] A. D. Vasse St. Ouen, French Consul at Larnaca, Cyprus, to A. R. Roussin, French Ambassador at Constantinople, 27 November 1834 to 26 April 1836, Western MS. 4911, WL.

[88] La Verne Kuhnke, *Lives at Risk: Public Health in Nineteenth-Century Egypt*, Berkeley: University of California Press, 1990; Panzac, *La Peste*, pp. 4446~9; Sheldon Watts, *Epidemics and History: Disease, Power and Imperialism*, New Haven: Yale University Press, 1997, pp. 35~9; Gallagher, *Medicine and Power*, p. 33.

[89] J. E. Johnson, *An Addresses to the Public on the Advantages of a Steam Navigation to India*, London: D. Sidney & Co., 1824, pp. 18~21.

[90] Ataf Lufti al-Sayyid Marsot, *Egypt in the Reign of Muammad Ali*, Cambridge: Cambridge University Press, 1994, pp. 162~72.

[91] R. Owen, *The Middle East in the World Economy 1800~1814*, London: I.B. Tauris, 1981, pp. 92~3; P. Harnetty, *Imperialism and Free Trade: Lancashire in the Mid-Nineteenth Century*, New York: Columbia University Press, 1972.

[92] A.-B. Clot-Bey, *De la Peste observée en Égypte: recherches et considerations sur cette*

maladie, Paris: Fortin, Masson, 1840, pp. 407~8.

93 Panzac, *La Peste*, pp. 458~9.

94 Ibid., pp. 465~70.

95 Gallagher, *Medicine and Power*, pp. 41~2.

96 Hamdan ibn 'Uthman Khawajah, *Ithaf al–munsifinwa–al–udaba fi al–ihtiras an al–waba*, Algiers: al–Sharikah, 1968, p. 26.

97 De Ségur Dupeyron, *Rapport adressé sur les divers régimes sanitaires de la Mediterrantée*, Paris: L'Imprimerie Royale, 1834.

98 C. K. Webster, *Palmerston, Metternich and the European System 1830~1841*, London: The British Academy, 1934, pp. 19~21.

99 Joseph Ayre, *A Letter addressed to the Right Honourable Lord John Russell, M. P., Secretary of State for the Home Department, on the evil Policy of those Measures of Quarantine, and Restrictive Police, which are employed for arresting the Progress of Asiatic Cholera*, London: Longman, Orme, Brown, Green & Longman, 1837; John Bowring, *Observations on the Oriental Plague, and on Quarantine as a Means of Arresting its Progress*, Edinburgh: W. Tait, 1838; 이 밖에 다음을 볼 것. Arthur T. Holroyd, *The Quarantine Laws, their Abuses and Inconsistencies. A Letter, addressed to the Rt. Hon. Sir John Cam Hobhouse, Bart., M. P., President of the Board of Conrol*, London: Simpkin, Marshall & Co., 1839.

100 Earl of Aberdeen to lord Cowley, British Ambassador to France, 27 June 1843, *Correspondence respecting the Quarantine Laws since the Correspondence last presented to Parliament*, London: T. T. Harrison, 1846; PP 1843 [475] LIV.

101 John Murray, *The Plague and Quarantine. Remarks on some Epidemic and Endemic Diseases: (including the Plague of the Levant) and the Means of Disinfection: with a Description of the Preservative Phial. Also a Postcript on Dr. Bowring's Pamphlet*, 2nd ed., London: John Murray, 1839.

102 Palmerston to Sir Frederick Lamb, British Ambassador to Austria, 11 June 1838, in *Correspondence respecting the Quarantine Laws*.

103 Prince Esterhazy, Austrian Ambassador to Britain, to Palmerston, 19 November 1836, *Correspondence relative to the Contagion of Plague and the Quarantine*

Regulations of Foreign Countries, 1836~1943, London: T. R. Harrison, 1843, PP 1843 [475] LIV.

[104] Harold Nicolson, *The Congress of Vienna: A Study in Allied Unity 1812~1822*, London: Constable & Co., 1946; Henry A. Kissinger, *A World Restored: Metternich, Castlereagh Webster, The Congress of Vienna 1814~1815*, London: Thames and Hudson, 1963; Tim Chapman, *The Congress of Vienna: Origins, Processes and Results*, London: Routledge, 1998; Adam Zamoyski, *Rites of Peace: The Fall of Napoleon and the Congress of Vienna*, London: Harper Press, 2007.

[105] 이들 노력은 1846년 프랑스 의학아카데미 의장 프루스R. C. Prus 박사가 작성한 지중해 지역 격리에 관한 한 보고서에 근거를 두고 있다. 다음을 볼 것. George Weisz, *The Medical Mandarins: The French Academy of Medicine in the Nineteenth and Early Twentieth Centuries*, New York and oxford, Oxford University Press, 1995, p. 77.

[106] F. S. L. Lyons, *Internationalism in Europe 1815~1914*, Leiden: A. W. Sythoff, 1963, pp. 56~64.

[107] F. R. Bridge and Roger Bullen, *The Great Powers and the European States System 1815~1914*, London: Longman, 1980, pp. 41~2.

[108] Palmerston to Marquess of Clanricarde, 9 July 1839, Correspondence relative to the Affairs of the levant, PP 1841 [304] VIII, Session 2.

[109] Coleman Phillipson and Noel Buxton, *The Question of the Bosphorus and Dardanelles*, London: Stevens & Hayes, 1917, pp. 74~80.

[110] Roger Bull, *Palmerston, Guizot and the Collapse of the Entente Cordiale*, London: Athlone Press, 1974, p. 334.

[111] Gavin Milroy, *Quarantine and the Plague: Being a Summary of the Report on these Subjects recently addressed to the Royal Academy of Medicine in France*, London: Samuel Highley, 1846, p. 5.

[112] Donale Quataeret, "Population," in *An Economic and Social History of the Ottoman Empire*, ed., H. Inalcik and D. Quataert, vol. 2, Cambridge: Cambridge University Press, 1994, pp. 787~9.

[113] 19세기는 국제 무역량 면에서 증가를 보여 준다. 물론 국제 무역은 18세기에 점

진적으로 증가해 왔다. 그러나 오스만제국 내의 무역은 1900년 이후까지도 외부 무역보다 상대적으로 더 중요했다. Donald Quataert, *The Ottoman Empire: 1700~1922*, Cambridge: Cambridge University Press, 2005, pp. 127~8.

114 이 규정은 1841년 5월에 승인되었으며, 오스만제국의 위생 서비스에 종사하는 모든 의사들에 대한 상세한 지침이 수반되었다. 다음을 볼 것. *Papers respecting Quarantine in the Mediterranean*, London: Harrison & Sons, 1860, pp. 81~7.

115 Metternich to Baron Langsdorff, French Chargé de Affaires at Vienna, 13 July 1838, PP 1843 [475] LIV.

116 위원회는 16명의 위원으로 구성되었고, 오스만제국 관리가 위원장을 맡았다. 모든 위원의 국적과 직업을 규정하는 것은 가능하지 않았지만, 의사 자격을 갖춘 위원을 최소한 5명 포함시킨 것으로 보이며, 해외 위원이 약 절반을 구성했다; 서한에 보면, 당시 유럽 주요 강대국인 영국, 프랑스, 오스트리아–헝가리제국 세 나라는 각각 두 명의 대표를 파견하도록 되어 있다. *Papers respecting Quarantine*, p. 94.

117 Convention between Great Britain, Austria, France, Prussia, Russia, and Turkey respecting the Straits of the Dardanelles and of the Bosphorus, PP 1842 [350] XLV.

118 Webster, *Palmerston*, p. 24.

119 Ibid., pp. 6~7.

120 Aberdeen, to Lord Cowley, 27 June 1843, PP 1846 [318] XLV.

121 J. Macgregor to Viscount Canning, 2 March 1844, PP 1846 [718] XLV.

122 Metternich to Sir Robert Gordon, British Embassador to Austria, 24 May 1844; Gordon to Aberdeen, 31 May 1844; Canning to M. Lefvre, 17 April 1845, PP 1846 [718] XLV.

123 Pym to the Earl of Dalhouse, 6 June 1845, PP 1846 [718] XLV.

124 Pym to Lefevre, 22 September, 1845 PP [718] XLV.

125 Mr Mageis, Austrian Ambassador to Britain, to Aberdeen, 15 December 1845, PP 1846 [718] XLV.

126 다음 격리 선박에 관한 도표 참조. Rhodes, *Papers respecting Quarantine*, pp. 66~70.

127 Magenis to Aberdeen, 15 November 1845, PP 1846 [418] XLV.

[128] General Board of Health, *Report on Quarantine*, London: W. Clowes & Sons, 1849, pp. 78~9.

[129] Clot-Bey, *De la Peste*, p. 383.

[130] Speech by Bowring, 15 March 1842, Hansard, *Parl. Debates*, 3rd ser., col. 610.

[131] 다음을 볼 것. "Copy of the Tariff agreed upon by the Commissioners appointed under the Seventh Article of the Convention of Commerce and Navigation between Turkey and England," PP 1839 [539] XLVIII; *Convention of Commerce and Navigation between Her Majesty, and the Sultan of the Ottoman Empire*, London: J. Harrison, 1839, PP 1839 [157] L; Correspondence respecting the Operation of the Commercial Treaty with Turkey, of August 16, 1838, PP [341], Session 2, VIII.

[132] Collective Note of the Representatives of Austria, France, Great Britain, Prussia, and Russia at Constantinople, to the Porte, July 27, 1839, PP [205] L; Correspondence relative to the Affairs of the Levant, Part III, PP 1841 [337], Session 2, VIII.

[133] 예컨대, Holroyd, *The Quarantine Law*.

[134] *Papers respecting Quarantine*, p. 26.

[135] Campbell to Lord Palmerston, 27 March 1838, G/17/10, Asia, Pacific and African Collections [APEC], British Library [BL].

[136] Panzac, *La Peste*, p. 470.

[137] Lt-Col. P. Campbell, East India Company agent, Cairo, to Peter Amber, 14 July 1835; Campbell to James Melville, 14 July 1837; Alexander Waghorn, East India Company agent, Alexandria, to French Post Office, Alexandria, 18 July 1837, G/17/10, APAC, BL.

[138] Hansard, *Parl. Debates*, 15 March 1842, 3rd ser., LXI, cols. 608~18.

[139] *Procès-verbaux de la conférence sanitaire internationale, ouverte à Paris le 27 juillet 1851*, Paris: Imperimerie Nationale, 1851, vol. 1, 5 August 1851, pp. 3~4.

[140] Bullen, *Palmerston*, pp. 337~8.

[141] A. J. P. Taylor, *The Struggle for Mastery in Europe 1848~1918*, Oxford: Clarendon Press, 1954, p. 46.

[142] Howard-Jones, *Scientific Background*, pp. 15~16.

[143] *Procè-verbaux de la conféérence sanitaire internationale*, 24 October 1851, pp. 23~5;

4 October 1851, pp. 8~9; 18 September 1851, pp. 3~12.

[144] Baldwin, *Contagion*, p. 198.

[145] *Procès-verbaux de la conféérence sanitaire internationale*, vol. 2, Annex to Proc.29, 11 November 1851.

[146] Panzac, *La Peste*, p. 475.

-제4장-

격리와 자유무역의 제국

[1] 영국 해군의 노예무역 단속 역할에 관해서는 다음을 볼 것. Christopher Lloyd, *The Navy and the Slave Trade*, London: Longmans, Green & Co., 1949; E. P. Leveen, *British Slave Trade Suppression Policies*, New York: Arno Press, 1977; Raymond Howell, *The Royal Navy and the and the Slave Trade*, London: Croom Helm, 1987.

[2] Letter from 'A Naval Officer' to The Times, undated [1846] 참조. 이 기사는 1837~8년에 18개월 동안 서아프리카 서비스에 대한 14척의 선박의 사망률 통계를 제공한다. 이들 선박에서 복무하는 총 1,000명 중 336명이 사망했는데, 이들은 거의 모두 이 질병에 걸려 죽었다. 각 선박의 사망률은 3퍼센트에서 71퍼센트까지 다양했다. '에클레어호'에 관련된 서한과 뉴스 발췌자료는 다음에 소장되어 있다. Sotherton-Estcourt Papers, F.529, Gloucestershire County Record Office [GCRO]. 서아프리카에서 영국인 종사자 사망률에 관해서는 다음을 볼 것. . L. S. Coulter and C. Lloyd, *Medicine and the Navy 1200~1900. Vol. IV-1815~1900*, Edinburgh and London: E. & S. Livingstone, 1963, pp. 155~64; Philip D. Curtin, "The White Man's Grave': Image and Reality, 1750~1850," *Journal of British Studies*, 1 (1961), pp. 94~110; *idem, Death by Migration: Europe's Encounter with the Tropical World in the Nineteenth Century*, Cambridge: Cambridge University Press, 1989.

[3] 이 주제에 관한 연구는 광범위하다. 예컨대, 다음을 볼 것. Black, *The British Seaborne Empire*, chs. 5~6; A. G. Hopkins, "The History of Globalization - and the Globalization of History?," in A. G. Hopkins, ed., *Globalization in World History*, London: Pimlico, 2002; P. J. Cain and A. G. Hopkins, *British Imperialism*,

1688~2000, London: Routledge, 2001; Patrick O'Brien, "Europe in the World Economy," in H. Bull and A. Watson, eds., *The Expansion of International Society*, Oxford: Clarendon Press, 1984, pp. 43~60.

[4] John Darwin, *The Empire Project: The Rise and Fall of the British World System 1830~1970*, Oxford: Oxford University Press, 2009; Deepak Lal, *Reviving the Invisible Hand: The Case for Classical Liberalism in the Twenty-First Century*, Princeton, NJ: Princeton University Press, 2006.

[5] Gary B. Magee and Andrew S. Thompson, *Empires and Globalisation: Networks of People, Goods and Capital in the British World, c.1850~1914*, Cambridge: Cambridge University Press, 2010; Jeffrey G. Williamson, "Globalization, Convergence, and History," *Journal of Economic History*, 56 (1996), 227~306; *idem*, "The Evolution of Global Labour Markets since 1830: Background Evidence and Hypotheses," *Explorations in Economic History*, 32 (1995), pp. 141~96; Alan M. Taylor and Jeffrey G. Williamson, "Convergence in the Age of Mass Migration," *European Review of Economic History*, 1 (1997), pp. 27~63.

[6] 다음을 볼 것. Philip D. Curtin, *The Image of Africa: British Ideas and Action 1780~1850*, Madison: University of Wisconsin Press, 1964, pp. 289~317; James O. M;William, *Medical History of the Expedition to the Niger during the Years 1841~2, comprising a Account of the Fever which led to its abrupt Termination*, London: HMSO, 1843.

[7] Capt. Walter Estcourt to Commodore Jones, 8 September, 1845, Boa Vista, F.533, GCRO.

[8] *Statistical Reports on the Health of the Navy, for the Years 1837~43; Part III. North Coast of Spain Station, West Coast of Africa Station, Packet Service, Home Station, Ships employed variously*, London: HMSO, 1854, p. 62.

[9] H. W. Macaulay, British Consul, Cape Verde Islands, to the Earl Aberdeen, 24 December 1846, Estcourt Papers, F.534, GCRO.

[10] Estcourt to Jones, 8 September 1845, F.553, GCRO.

[11] Statement by Mr William Pym, Sup.-Genl. of Quarantine, after interviewing survivors on board the *Eclair* at Motherbank, F.529, GCRO.

[12] The Times, [날짜 미상] F.529, GCRO.

[13] Mr Strait, Surgeon of HMS Ocean, to Vice-Admiral Sir Edward King, 7 October 1845, F.546, GCRO.

[14] Dr J. G. Stewart, R. N., to Sir Edward King, 9 October 1845, F.546, GECO.

[15] Dr Stewart to Sir William Burnett, Director General of the Naval Medical Service, 10 October 1845, F.546; Capt. F. F. Loch, R. N., Supt. of quarantine to Sir Edward King, HMS *Rhin*, Standgate Creek, 11 October 1845, F.546, GECO.

[16] Dr Stewart, Medical Report, 13 October 1845; Loch to King, 13 October 1845, F.546, GCRO.

[17] King to Secretary to the Admiralty, 31 October HMS *Trafalgar*, Sheerness, F.546, GCRO.

[18] Loch to King, 31 October 1845, F.546, GERO.

[19] 에클레어호 선상에서 자원봉사한 장교와 수병 통계는 다음 자료에 의거함. F.529, GERO.

[20] Editorial, *The Times* [날짜 불명 발췌분], F.529, GERO.

[21] "The Pest Ship" [출처 불명의 신문기사 발췌분], F.529; "The Plague on board the *Eclair*," *Gloucester Journal*, 19 October 1845.

[22] *The Times* [날짜 불명 발췌분], F.529, GERO.

[23] *Gloucester Journal*, 4 October 1845, p. 2; 11 October 1845, p. 2.

[24] *Gloucestershire Chronicle*, 4 October 1845, p. 3.

[25] *Lancet*, Editorial, 11 October 1845.

[26] *Naval Intelligencer* [날짜 불명 발췌분], F.529, GCRO.

[27] Dr Richardson, Inspector of Haslar Hospital, to Rear Admiral Parker, 29 September 1845, F.546, GCRO.

[28] Sir William Pym to Greville, 1 October 1845, F.546, GCRO.

[29] Sir William Burnett, report to the Admiralty, 21 November 1845, F.546, GCRO.

[30] Pym, *Observations on the Bulam Fever*.

[31] Pym to Mr Grenville, Admiralty, 29 November 1845, F.546, GCRO.

[32] Pym to Grenville, 22 October 1845, GCRO.

[33] Burnett to Admiralty, 21 November 1845, GCRO.

[34] Burnett to Admiralty, 11 December 1845, GCRO.

[35] Burnett to Admiralty, 21 November 1845, GCRO.

[36] 다음을 볼 것. Curtin, *Image of Africa*, ch. 14.

[37] Mr Lefevre, Foreign Office, to Viscount Canning, enclosing letters from William Pym, 22 August 1845, *Correspondence on the Subject of the 'Eclair' and the Epidemic which broke out on the said Vessel*, PP 1846 [707] XXVI.

[38] Pym to Lefevre, 16 June 1845, ibid.

[39] Earl of Aberdeen to Lord Cowley, British Ambassador in Paris, 27 June 1843; M. Guizot to Lord Cowley, 9 September 1843; Mr MacGregor to Viscount Canning, 2 March 1844, ibid.

[40] Pym to Lefevre, 22 September 1845, ibid.

[41] "The Pest Ship," [출처 불명 신문기사 발췌분], F.529, GCRO.

[42] 다음을 볼 것. E. L. Rasor, *Reform in the Royal Navy: A Social History of the Lower Deck 1850 to 1880*, Hamden, Conn.: Archon Books, 1976, pp. 9~10.

[43] 에스트코트 가문은 13세기경 텟베리Tctbury 근처 쉽튼 모인Shipton Moyne에 영지를 마련했다.

[44] Obituary of Cmdr Walter Grimston Bucknall Estcourt, *Nautical Magazine and Naval Chronicle*, 14 and 12 December 1845, pp. 686~8.

[45] Burnett,, Report to the Admiralty, 21 November 1845, F.546, GCRO.

[46] A. H. Addington, Foreign Office, to Capt. W. Hamilton, Admiralty, 29 May 1846, F.534, GCRO.

[47] Capt. Buckle to Capt. Hamilton, 27 April 1846, F.534, GCRO.

[48] 버클은 "좋은 계절에 우리 배와 순양함의 지속적인 감시만이 이 분기에 노예무역이 성공적으로 이루어지지 못하도록 막았다"고 주장했다. Buckle to Hamilton, 27 April 1846.

[49] Curtin, *Image of Africa*, vol. 2, pp. 315~15.

[50] Buckle to Hamilton, 27 April 1846.

[51] 니제르강 유역 탐사는 주로 무역 근거지를 설립하고 노예 대신 합법적이고 수익성 있는 무역을 촉진할 목적으로 지방 추장들과 반노예제 조약을 체결하려고 정부가 추진한 것이었다. 그 탐사대는 1841년 4월에 항해를 했지만 열병에 따른 높

은 사망률 때문에 철수할 수밖에 없었다. Curtin, *Image of Africa*, vol. 2, ch. 12 참조.

[52] Buckle to Hamilton, 27 April 1846, F.534, GCRO.

[53] Ibid.

[54] Letter "One who has suffered from fever" to *The Times*, 3 October 1845.

[55] Letter from 'A Naval Officer to *The Times* [날짜 불명], F.529, GCRO; Mark Harrison, "An 'Important and Truly National Subject': The West Africa Service and the Health of the Royal Navy in the Mid–Nineteenth Century," in s. Archer and D. Haycock, eds., *Health and Medicine at Sea*, London: Boydell & Brewer, 2010, pp. 108~27.

[56] Mr H. W. Macaulay to the Earl of Aberdeen, Saint Nicholas, Cape Verde Islands, 24 December 1846, F.534, GCRO.

[57] Estcourt to Mr Peter Kenny, Cape Sr\urgeon, Boa Vista, 1 September 1845, F.534, GCRO.

[58] Capt. Gallway, H. M. Consul, Naples, to Earl of Aberdeen, 17 October 1845, F.546, GCRO.

[59] Burnett to Secretary to the Admiralty, 14 November 1845, F.546, GCRO.

[60] Lord Bathurst, Office of the Privy Council, to Secretary of the Commissioners of Customs, 21 October 1845, F.546, GCRO.

[61] Burnett to Secretary to Admiralty, 14 November 1845, F.546, GCRO.

[62] Aberdeen to the Hon. William Temple, 30 and 31 October 1845, F.546, November 1845, F.546, GCRO.

[63] Mr Addington to the Hon. W. L. Bathurst, Foreign Office, 10 November 1845, F.546, November 1845, F.546, GCRO.

[64] Baldwin, *Contagion*, p. 536.

[65] Ibid., p. 532.

[66] Aberdeen to Temple, 24 November 1845; Aberdeen to Mr Abercromby, 24 November 1845.

[67] Temple to Aberdeen, 14 November 1845; Aberdeen to Mr Abercromby, 24 November 1845.

[68] Mr J. Rendall, HM Consul, Cape Verde Islands, to Aberdeen, 22 December 1845,

F.546.

[69] *Revista Universal Lisbonense*, vol. 5, ser.3, 22 January 1846, p. 361.

[70] Dr Bernardino Antonio Gomes, 20 February 1846, Instituto de Investigação Cientifica Tropical, Cabl Verde, Archivo Histórico Colonial [AHC], Lisbon.

[71] Rendall to Aberdeen, 22 December, F.546, GCRO.

[72] Consul–General of Portugal, London, to the Lords of the Privy Council, 19 January 1846, F.546.

[73] 영국 정부는 결국 보아비스타섬 주민에게 보상으로 총 1,000기니를 지불하는 데 동의했다. 다음을 볼 것. General Board of Health, *Second Report on Quarantine: Yellow Fever*, PP 1852 XX, p. 101.

[74] Joaquim M. Franco, Provincial Surgeon, to Bernadino Antonio Gomes, President of the Naval Council of Health, 20 Febuary 1846, Archivo Histórico Ultramarino [AHU], Lisbon.

[75] Joaquim P. de Moraes to Gomes, 4 February 1846; J. M. FRanco to Gomes, 14 December 1845, AHC.

[76] Franco to Gomes, 14 DEcember 1845 AHC.

[77] Moraes to Gomes, 15 February 1846, AHU.

[78] *Boletim Official do Governo de Cabo–Verde*, 116, 5 DEcember 1845, p. 465.

[79] Question from Captain Layard, M. P., 6 August 1846, Hansard, *Parl. Debates*, 3rd ser., LXXXVIII, col. 359.

[80] 이 책 2장을 볼 것.

[81] Question from Dr Bowring, 19 May 1846, Hansard, *Parl. Debates*, 3rd ser., LXXXVI, col. 878. 맥윌리엄스의 견해에 대해서는 탐사에 포함된 다른 외과의사들도 공유했던 것으로 보인다. *Papers Relative to the Expedition to the River Niger*, PP 1843 [472] XLVIII. Report from W. Cook, Surgeon of the *Wilberforce*, to Lord Stanley, Secretary of State for the Colonies, 11 March 1843.

[82] Mr Hume, Hansard, *Parl. Papers*, 3rd ser., LXXVI, col. 881.

[83] Sir G. Clerk, ibid.

[84] Harrison, "A 'Important and Truly National Subject'," pp. 113~19.

[85] *Report on the Fever at Boa Vista by Dr. McWilliam*, London: T. R. Harrison, 1847, p.

17.

[86] Ibid., p. 106.

[87] Ibid., p. 110.

[88] Ibid., p. 111.

[89] Ibid.,

[90] Pym to Lords of Privy Council [날짜 불명], F.549, GCRO.

[91] Pym to Lords of Privy Council [날짜 불명], F.549, GCRO.

[92] Burnett to Secretary to the Admiralty, F.548, GCRO.

[93] Report of Dr King on the Fever at Boa Vista, addressed to Sir William Burnett, 10 Octorber 1847, F.550, GCRO.

[94] Don Jose Miguel de Novonha, Governor–General of the Cape Verde Islands, to Portuguese Consul, Gibraltar, enclosure No. 3, *Report on the Fever at Boa Vista by Dr. McWilliam.*

[95] Reprot of Dr King, F.550, GCRO, p.3.

[96] Pym to Lords of the Privy Council, 15 May 1848, F.551, GCRO.

[97] 예컨대 다음을 볼 것. Motion proposed by Dr Bowring and seconed by Mr Hume, 18 March 1847, Hansard, *Parl. Debates*, 3rd ser., XCI, cols. 150~5.

[98] Pelling, *Cholera*, p. 63.

[99] *Report of the General Board of health on Quarantine*, PP 1849, XXIV.

[100] Pelling, *Cholera*, p. 63.

[101] 보건위원회는 1854년 채드윅 사임 전이나 또는 그 기구가 폐지된 1858년 이전에 페스트에 대한 계획적인 조사를 시작할 시간이 없었다.

[102] General Board of Health, *Second Report on Quarantine*, pp. 89~90, 111.

[103] Ibid., pp. 96

[104] Ibid., pp. 97

[105] Ibid., pp. 97~8

[106] Ibid., pp. 113~16

[107] Ibid., pp. 136.

[108] 다음을 볼 것. G. F. Bone, *Inaugural Dissertation on Yellow Fever, and on the Treatment of that Disease with Saline Medicines*, London: Longman & Co., 1846;

Alexander Bryson, *Report on the Climate and Principal Diseases of the African Station*, London: HMSO, 1847; Daniel Blair, *Some Account of the Last Yellow-Fever Epidemic of British Guiana*, London: Longman & Co., 1850. 본은 영국 육군의 부군의관, 브라이슨은 영국 해군의 외과의사, 그리고 아주 존경받은 인물인 블레어는 영령 기아나의 의무감이었다.

[109] 예컨대, (해군 군의관) Richard Birtwhistle, "Account of the yellow Fever in Board the 'Volage'," *Lancet*, 3 January 1846, pp. 8~9.

[110] John Wilbin and Alexander Harvey, "Account of Yellow Fever, as it iccurred on board R.M.S. Ship 'La Plata', in the Month of November, 1852," *Lancet*, 12 February 1853, pp. 148~51.

[111] T. Bacon Phillips, "Yellow Fever as it occurred on board the R. M. Steamer 'La Plata', on her homeward Vpyage from St. Thomas, West Indies, in the Month of November last," *Lancet*, 26 March 1853, pp. 253~9; William J. Cummins, "the Yellow Fever in thw West Indies," *Lancet*, 28 May 1853, pp. 488~90; letter from Gavin Milroy to the *Lancet*, 9 April 1853, p. 350.

[112] Gavin Milroy (1805~86), DNB.

[113] General Board of health, *Second Report on Quarantine*, p. 133.

[114] Earls of St Germans and Malmesbury, 19 November 1852, Hansard, *Parl. Debates*, 3 rd ser., CXXIII, cols. 224~8.

[115] J. C. McDonald, "The History of Quarantine in Britain during the 19th Century," *Bulletin of the History of Medicine*, 25 (1951), p. 39.

[116] Baldwin, *Contagion*, p. 150.

[117] 예컨대, 에클레어호 사건은 1852년 발트해에서 온 선박들을 격리 조치한 것을 비판하면서, St. Germans 백작이 언급한 바 있다. 19 November 1952, Hansard, *Parl. Debates*, 3rd ser., CXXVIII, col. 227.

[118] *Lancet*, 16 July 1853, p. 50.

[119] "Letter from Gavin Milroy," *Lancet*, 6 August 1853, p. 121.

[120] Cummins, "Yellow Fever in the West Indies," p. 490.

[121] Wiblin and Harvey, "An Account of Yellow Fever,"; T. Bacon Phillips, "Yellow Fever," *Lancet*, 22 January 1853, p. 99 [뉴스 항목을 볼 것].

122 Dispatch from Sir W. M. G. Colebrook, Governor of Barbados, to Rt.-on. Sir John Packington, M. P., 15 January 1853, F.552, GCRO.

123 Capt. E. P. Halsted to Sir W. M. C. Colebrooke, F.552, GCRO.

124 "Letters from Gavin Milroy," *Lancet*, 4 June 1853, pp. 525~6; 1 October 1853, pp. 324~5.

125 Baldwin, *Contagion*, pp. 224~6.

126 예를 들어 1856년 버뮤다 전염병. 이는 다음을 볼 것. Letter from George Thomas Keele, *Lancet*, 8 November 1856; *Report on the British West Indian Conference on Quarantine, Georgetown, Demerara*: C K. Jardine, 1888, p. 14; *Report of the Australian Sanitary Conference of Sydney, N. S.W, 1884*, Sydney: Thomas Richards, 1884, pp. 41~2. 이 회의들은 격리 조치를 도입하지 않았을 경우 직면한 위험 사례로 보아비스타의 전염병을 거론하면서, 인도적인 조건하에서 10일간의 격리를 논의했다.

127 LLetter from T. Dunn, No. 2 Bt., 2/17 Regt., 8 May 1962, to his 'Dear Nicis', describing yellow fever outbreaks on Barbados in 1852 and Trinidad in 1853, and Barvados in 1855 [BRO] 29596; Henry C. Wilkinson, *Bermuda from Sail to Steam: A History of the Island from 1784 to 1901*, vol. 1, London: Oxford University Press, 1973, pp. 607~8, 662, 720.

128 Report of the Quarantine Committee, Royal College of Physicians, 9 May 1889, Call No. 2248/2 Royal College of Physicians, London [RCPL].

129 *Documents relating to British Cuiana* (Demerara: Royal Gazette Office, 1848), p. iii; W. E. Riviere, "Labour Shortage in the British West Indies after Emancipation," *Journal of Caribbean History*, 4 (1972), pp. 1~30; William A. Green, *British Slave Emancipation: The Sugar Colonies and the Great Experiment 1830~1865*, Oxford: Clarendon Press, 1991 [1976]; Lai Walton, *Indentured Labor, Caribbean Sugar: Chinese and Indian Migrants to the British West Indies, 1838~1918*, Baltimore and London: Johns Hopkins University Press, 1993; Madhavi Kale, *Fragments of Empire: Capital, Slavery, and Indian Indentured Labor Migration in the British Caribbean*, Philadelphia: University of Pennsylvania Press, 1998.

[1] Paul Gottheil, "Historical Development of Steamship Agreements and Conferences in the American Foreign Trade," *Annals of the American Academy of Political and social Science*, 55 (1914), p. 52.

[2] Sidney Chalhoub, "The Politics of Disease Control: Yellow Fever in Nineteenth-Century Rio de Janeiro," *Journal of Latin American Studies*, 25 (1993), pp. 441~63; Teresa Meade, "Civilizing Rio de Janeiro': The Public Health Campaign and the Riot of 1904," *Journal of Social History*, 20 (1986), pp. 301~22.

[3] John Duffy, *Sword of Pestilence: The New Orleans Fever Epidemic of 1853*, Baton Rouge: Louisiana State University Press, 1966.

[4] Message from Mayor of New Orleans, 12 December 1854, p. 2; Extract from "Report of the Sanitary Commission on the Epidemic of Yellow Fever of 1853," p. 14, in E. H. Barton, *Care and Prevention of Yellow Fever at New Orleans and other Cities in America*, New York: H. Ballière, 1857.

[5] "The Lisbon Epidemic," *Lancet*, 9 January 1858, p. 45.

[6] J. B. Lyons, "A Dublin Observer of the Lisbon Yellow Fever Epidémie," *Vesalius*, 1 (1995), pp. 8~12.

[7] "The Lisbon Epidemic," p. 45.

[8] *Lancet*, 2 January 1858, p. 24.

[9] *Lancet*, 9 January 1858, p. 49.

[10] "The Lisbon Epidemic," p. 45.

[11] *Lancet*, 13 March 1858, p. 281; 20 March 1858, p. 305.

[12] "Shutting the Stable-Door - Yellow Fever in Lisbon," *Lancet*, 10 April 1858, p. 378.

[13] "Letter from Gavin Milroy", *Lancet*, ii, 10 August 1861, pp. 146~7.

[14] *Lancet*, 12 September 1861, p. 263.

[15] Bertrand Hillemand, "L Épidémie de fièvre jaune de Sain-Nazaire en 1861," *Histoire des sciences médicales*, 40 (2006), pp. 23~36; *Lancet*, ii, 28 September 1861, p. 310.

[16] Coleman, *Yellow Fever*, p. 135.

[17] *Lancet*, 30 August 1862, p. 238.

[18] *Lancet*, 4 October 1862, p. 378; 11 October 1862, p. 406.

[19] *Lancet*, 21 June 1862, p. 679.

[20] Letter from 'R. E. P.,' West Indies, October 1862, *Lancet*, ii, 29 November 1862, p. 609.

[21] *Lancet*, 6 December 1862, p. 635.

[22] P. D. Meers, "Yellow Fever in Swansea, 1865," *Journal of Hygiene*, 97 (1986), p. 185~91.

[23] *Lancet*, 7 October 1865, p. 415.

[24] Coleman, *Yellow Fever*, pp. 167~8.

[25] *Lancet*, 17 November 1866, p. 550.

[26] Ibid.

[27] *Lancet*, 1 December 1866, p. 611.

[28] Ibid.

[29] *Lancet*, 8 December 1866, p. 641.

[30] *Lancet*, 29 December 1866, p. 731.

[31] *British Medical Journal*, i, 29 April 1871, p. 454.

[32] Leandro Ruiz Moreno, *La Peste Historica de 1871: Fibvre Amarilla en Buenos Aires y Corrientes*, Parana: Neuva Impressora, 1949, p. 71.

[33] J. M. Bustillo to J. M. Solsona, 15 December 1870; Solsona to Bustillo, 26 January 1871, reprinted ibid., pp. 156~7.

[34] Ibid., p. 35.

[35] *British Medical Journal*, 29 April 1871, p. 454.

[36] *La Democracia*, 26 March 1871, reprinted in Moreno, *La Peste*, p. 40.

[37] Ibid., pp. 37~8.

[38] *British Medical Journal*, i, 20 May 1871, p. 537에서 인용. 이 밖에 다음을 볼 것. Evergisto de Vergara, "La epidemic de fiebre amarilla de 1871 en Buenos Aires," http://www.ieela.com.ar [2010. 12. 14. 접속].

[39] Moreno, *La Peste*, pp. 35~8.

[40] *British Medical Journal*, 10 June 1871, p. 617.

41 *British Medical Journal*, 3 June 1871, p. 591.

42 "Yellow Fever," *Encyclopaedia Britannica* (1885), pp. 734~6.

43 *British Medical Journal*, 12 April 1873, p. 412.

44 Julyan G. Peard, *Race, Place, and Medicine: The Idea of the Tropics in Nineteenth-Century Brazilian Medicine*, Durham: NC and London: Duke University Press, 1999.

45 *Gazeta Medica da Bahia*, 15 February and 15 March 1973; *British Medical Journal*, i, 3 May 1873, p. 485에서 인용.

46 Jaime Larry Benchimol, *Pereira Passos: Um Haussmann Tropical*, Rio de Janeiro: Bibloteca Carioca, 1990, pp. 49~50.

47 Proust, *Essai sur l hygiène*, p. 183.

48 Benchimol, *Pereira Passos*, pp. 65~75.

49 Chalhoub, "The Politics of Disease Control," pp. 455~9.

50 *British Medical Journal*, 5 September 1874, p. 309.

51 *British Medical Journal*, 1 May 1875, p. 582.

52 *British Medical Journal*, 22 April 1876, pp. 51~6.

53 *British Medical Journal*, 6 May 1876, p. 572.

54 *British Medical Journal*, 30 September 1876, p. 434; ii, 24 November 1877, p. 738; i, 9 March 1878, p. 339.

55 *British Medical Journal*, 15 July 1876, p. 83; i, 12 May 1877, p. 588.

56 *British Medical Journal*, 13 April 1876, p. 540.

57 *British Medical Journal*, 24 November 1877, p. 738; i, 9 March 1878, p. 339.

58 Letter from Surg-Maj. George A. Hutton, *British Medical Journal*, i, 8 June 1878, pp. 847~8.

59 *British Medical Journal*, 20 October 1877, p. 573.

60 Margret Humphreys, *Yellow Fever and the South*, Baltimore and London: Johns Hopkins University Press, 1992, pp. 55~6.

61 Ibid., p. 61.

62 Ibid., p. 63.

63 Ibid., p. 69.

[64] Editorial, *British Medical Journal*, 21 September 1878, p. 426.

[65] Editorial, *British Medical Journal*, 2 November 1878, pp. 667~8; Katrina E. Towner, "A History of Port Health in Southampton, 1825 to 1919," University of Southampton Ph. D. thesis, 2008.

[66] Patterson, "Yellow Fever Epidemics," p. 683.

[67] Humphreys, *Yellow Fever*, pp. 77~111.

[68] Joseph Holt, *Quarantine and Commerce: Their Antagonism destructive to the Prosperity of City and State. A Reconciliation an imperative Necessity. How this may be Accomplished*, New Orleans: L. Graham & Sons, 1884, p. 19.

[69] J. M. Keating, *A History of the Yellow Fever: The Yellow Fever Epidemic of 1878, in Memphis, Tenn.*, Memphis: Howard Association, 1879, pp. 291, 325.

[70] Humphreys, *Yellow Fever*, pp. 13~15.

[71] H. D. Schmidt, *The Pathology and Treatment of Yellow Fever; with some Remarks upon the Nature of its Cause and its Prevention*, Chicago: Chicago Medical Press Association, 1881, pp. 231, 234, 236; John Gamgee, *Yellow Fever: A Nautical Disease. It Origin and Prevention*, New York: D. Appleton & Co., 1879.

[72] Robert C. Keith, *Baltimore Harbour*, Baltimore and London: Johns Hopkins University Press, 2005, pp. 7~8.

[73] Quarantine record for 1881~1918, RG 19 S2, Box 29, Baltimore City Archives [BCA], sample of records for 1883 and 1884.

[74] Gamgee, *Yellow Fever*, pp. 193~4.

[75] State Dept. memorandum, 29 July 1880, RG 43, International Sanitary Conference, 1881, Box 1, National Archives and Records Administration [NARA], College Park, MD, USA.

[76] Memorandum from Mr Frank, State Dept., 30 July 1880, RG 30, Box 1, NARA.

[77] Protocol I and attachment, Proceedings of the International Sanitary Conference, Washington, DC, 5~24 January, 1881, RG 43, Box 1, NARA.

[78] Humphreys, *Yellow Fever*, pp. 119~27.

[79] Act March 27, 1890. *An Act to prevent the introduction of contagious diseases from one State to another and for the punishment of certain offences.*

[80] *An Act granting additional quarantine powers and imposing additional duties upon the Marine–Hospital Service*, February 15 1893.

[81] Statement by Dr A. H. Doty, New York, *Committee on Interstate and Foreign Commerce of the House of Representatives on Bills (H.R. 4363 and S. 2680) to Amend an Act entitled 'An Act granting additional Quarantine Powers and Imposing Duties upon the Marine–Hospital Service*,' Washington, DC: Govt. Printing Office, 1898, p. 4.

[82] 흥미롭게도 스푸너는 북부 주인 위스콘신을 대표했다.

[83] Statement by Dr H. B. Horlbeck, Health Officer, Charleston, SC, in *Committee on Interstate and Foreign Commerce*, pp. 20~4.

[84] Statement by Dr Joseph Y. Porter, ibid., pp. 49~50.

[85] Alan M. Kraut, *Silent Travelers: Germs, Genes, and the 'Immigrant Menace'*, New York: Basic Books, 1994; *idem*, "Plagues and Prejudice: Nativism's Construction of Disease in Nineteenth–and Twentieth–Century New York City," in D. Rosner, ed., *Hives of Sickness: Public Health and Epidemics in New York City*, New Burnswick: Rutgers University Press, 1995, pp. 65~94; Howard Markel, *Quarantine! East European Jewish Immigrants and the New York City Epidemics of 1892*, Baltimore: Johns Hopkins University Press, 1997.

[86] Statement by Walter Wyman, in *Committee on Interstate and Foreign Commerce*, pp. 53~5.

[87] Walter Wyman, 'Quarantine and Commerce,' An Address delivered before the Commercial Club of Cincinnati, October 15th, 1898, unpublished pamphlets, RA 665 W9, Library of Congress [LOC], Washington DC.

[88] Mariola Espinosa, *Epidemic Invasions: Yellow Fever and the Limits of Cuban Independence, 1878~1930*, Chicago: University of Chicago Press, 2009.

[89] Wyman, "Quarantine and Commerce," pp. 9~11.

[90] Espinosa, *Epidemic Invasions*.

[91] Matthew Parker, *Panama Fever: The Battle to Build the Canal*, London: Hutchinson, 2007.

[92] Paul S. Sutter, "Nature's Agents or Agents of Empire? Entomological Workers and Environmental Change during the Construction of the Panama Canal," *Isis*, 98

(2007), pp. 724~54; W. C. Gorgas, *Sanitation in Panama*, New York: Appleton, 1915.

[93] Letter from MHS to John T. Morgan, United States Senate, 22 March 1905, Central File 1897~1923, File 1104 (Canal Zone), Box 99, RG 185, NARA.

[94] Hugh V. Cumming to Surg.-Gen., PH and MHS, 11 November 1903, ibid.

[95] File 14-A-X2, Colombian law establishing a quarantine station against yellow fever at Taboga, 1899, The Panama Canal - French Records, Box 168, RG 185, NARA. 이 격리시설은 타보가에 도착하는 모든 선박에 대해 6일간 감시하는 격리 조치를 시행했다.

[96] Rear Ad. Henry Glass, Commander-in-Chief, Pacific Squadron, to Legislation of the United States, Panama, 7 January 1904, File 1104, Box 99, RG 185, NARA.

[97] Glass to W. I. Buchanan, US Envoy and Minister Plenipotentiary, Panama, 7 January 1904, ibid.

[98] Buchanan to Sec. of State, 8 January 1904, ibid.

[99] Sec. of State to Buchanan, 9 January 1904, ibid.

[100] Claude Pierce, Asst.-Surg. US PH & MHS to Sur.-Genl. US PH & MHS, 18 January 1904, ibid.

[101] Memorandum for the secretary to the Treasury, undated [1913], ibid.

[102] Memorandum for the secretary to the Treasury, received 19 December, ibid.

[103] Memorandum in connection with letter from the Secretary of the Treasury......addressed to the President in regard to the Treasury Department handling the quarantine stations on the Panama Canal, 4 December 1913, Box 99, RG 185, NARA.

[104] Executive Order, Woodrow Wilson, 14 August 1914, File 1104, Box 99, RG 185, NARA.

[105] Consolidated Report of Quarantine Transactions at the Ports of Balboa-Panama and Colon-Cristobal for the three minths ending 31 March 1918, Annual Health Report 1918, p. 41, Box 1, RG 185, NARA.

[106] Marcos Cueto, *The Value of health: A History of the Pan American Health Organization*, Washington, DC: Pan American Health Organization, 2001, pp.

18~19.

[107] Sur.-Gen. R. H. Geel to S. B. Grubbs, Chief Quarantine Officer, Canal Zone, 11 February 1919; Chester Harding, Governor of the Panama Canal Zone, to Geel, 17 September 1919, File 1004, Box 99, RG 185, NARA.

[108] *Second General International Sanitary Convention of the American Republics. Pan-American Sanitary Conference*, 1905, Washington DC: Govt. Printing Office, 1907, pp. 1~2.

[109] *Report of the Delegation from the United States of America to the Sixth International Sanitary Conference at Montevideo, December, 1905*, Washington DC: Govt. Printing Office, 1920, p. 9

[110] Cueto, *The Value of Health*, p. 45.

[111] Juan Guiteras, "Remarks on the Washington Sanitary Convention of 1905, with special reference to Yellow Fever and *Cholera*," *American Journal of Public Health*, 2 (1912), p. 513.

[112] Espinosa, *Epidemic Invasion*, pp. 103~7; Norman Howard-Jones, *The Pan-American Health Orgainzation: Origins and Evolution*, Geneva:WHO, 1981, p. 8.

[113] Cueto, *The Value of Health*, p. 20.

[114] Secretary of American Chamber of Commerce, Mexico, to carter H. Glass, Sec. of the Treasury, 7 June 1919, Central File 15859, Box 762, RG 90, NARA.

[115] Grubbs to Surg.-Genl. Rupert Blue, 16 April 1919, File 1104, Box 99, RG 185, NARA.

[116] The British colonial government of Malaya. British Ambassador, Washington, DC, to Seretary of State, 23 July 1912, ibid.

[117] S. P. James, "The Protection of India from Yellow Fever," *Journal of Indian Medical Research*, 1 (1913), pp. 213~57. 이 여행에서 얻은 경험에 힘입어 제임스는 국제공중보건기구OIHP 위원으로, 이 기구 산하 황열병위원회 위원장으로 임명되었다. 그는 수년간 이 위원회에서 일했고 항공 수송에서 황열병 방역 조치에 관해 조언을 해주었다.

[118] Espinosa, *Epidemic Invasion*, p. 121.

[119] 다음을 볼 것. Anne-Emanuelle Birn, *Marriage of Convenience: Rockefeller*

International Health and Revolutionary Mexico, Rochester, NY: Rochester Unviersity Press, 2006, pp. 47~60.

[120] Harding to Geel, 17 September 1919, File 1104, Box 99, RG 185, NARA.

[121] Venezuelan Foreign Minister, Caracas, to Secretary of State, 23 March 1921, ibid.

[122] W. C. Rucker, Chief Quarantine Officer, to Surg.-Gen., 4 January 1921, ibid.

[123] S. B. Grubbs to Surg.-Gen., 23 June 1920, ibid.

[124] Birn, *Marriage of Convenience*.

-제6장-
동방의 방벽

[1] Christopher Hamlin, *Cholera: The Biography*, Oxford: Oxford University Press, 2009, pp. 2~3.

[2] Mark Harrison, "A Question of Locality: The Identity of *Cholera* in British India, 1860~1890," in D. Arnold, ed., *Warm Climates and Western Medicine: The Emergence of Tropical Medicine, 1500~1900*, Amsterdam: Rodopi, 1996, pp. 133~59; Hamilton, *Cholera*, pp. 52~70.

[3] Pelling, *Cholera*; Harrison, *Climates*, pp. 177~92.

[4] Myron Echenberg, *Africa in the Time of Cholera: A History of Pandemics from 1817 to the Present*, Cambridge: Cambridge University Press, 2011, pp. 52~70; Gallagher, *Medicine and Power*, p. 44.

[5] J. Netten Radcliffe, "Memorandum on Quarantine in the Red Sea, and on the Sanitary Regulation of the Pilgrimage to Mecca," in *Ninth Annual Report of the Local Government Board 1879~90, Supplement containing Reoprt and Papers submitted by the Medical Officer on the Recent Progress of Levantine Plague, and on Quarantine in the Red Sea*, London: George E. Eyre & William Spottiswoode, 1881, p. 92.

[6] Amir A. Afkhami, "Defending the Guarded Nomain: Epidemics and the Emergence of an International Sanitary Policy in Iran," *Comparative Studies of South Asia, Africa and the Middle East*, 19 (1999), p. 130; David Arnold, "The Indian Ocean as a

Disease Zone, 1500~1950," *South Asia*, n.s. 14 (1991), pp. 1~22.

[7] Bayly, *Birth of the Modern World*.

[8] 다음을 볼 것. Martin H. Geyer and Johannes Paulmann, eds., *The Mechanics of Internationalism: Culture, Society, and Politics from the 1840s to the First World War*, Oxford: Oxford University Press, 2001.

[9] Valeska Huber, "The Unification of the Globe by Disease? The International Sanitary Conferences, on *Cholera*, 1851~1994," *Historical Journal*, 49 (2006), p. 462; Arnold, "Indian Ocean as a Disease Zone," pp. 17~18.

[10] Norman Howard-Jones, *The Scientific Background to the International Sanitary Conference, 1851~1938*, Geneva: World Health Organization, 1975; William F. Bynum, "Policing Hearts of Darkness: Aspects of the International Sanitary Conference," *History and Philosophy of the Life Sciences*, 15 (1993), pp. 421~34.

[11] Christopher Hamlin, "Politics and Germ Theories in Victorian Britain: The Metropolitan Water Commissions of 1867~9 and 1892~3," in R. MacLeod, ed., *Government and Expertise: Specialists, Administrators and Professionals, 1860~1919*, Cambridge: Cambridge University Press, 1988, pp. 110~27.

[12] A. H. Leith, *Abstract of the :Proceedings and Reports of the Indernational Sanitary Conference of 1866*, Bombay: Press of the Revenue, Financial and General Departments of the Secretariat, 1867, pp. 48~53.

[13] Ibid., p. 94.

[14] Ibid., pp. 66~85.

[15] Ibid., pp. 92~105. 하지의 위생적 측면에 관해서는 다음을 볼 것. Mark Harrison, *Public Health in British India: Anglo-Indian Preventive Medicine 1859~1914*, Cambridge: Cambridge University Press, 1994, ch. 5; William R. Roff, "Sanitation and Security: The Imperial Powers and the Nineteenth-Century Hajj," in R. Serjeant and R. L. Bidwell eds., *Arbian Studies*, VI, Cambridge: Cambridge University Press, 1982, pp. 143~60; Saurabh Mishra, *Pilgrimage, Politics, and Pestilence: The Haj from the Indian Subcontinent 1860~1920*, New Delhi: Oxford University Pres, 2011; *idem*, "Beyond the Bounds of Time? The Haj Pilgrimage from the Indian Subcontinent, 1865~1920," in B. Pati and M. Harrison, eds., *The*

Social history of Health and Medicine in Colonial India, London: Routledge, 2009, pp. 31~44

[16] Extract from Proc. of Government of India (Home Dept.) Resolution of 21 January 1868, Proc. 75, Govt. of Bengal, Genl. Dept., February 1868, West Bengal State Archives, Kolkata [WBSA].

[17] Memorandum on establishment of a quarantine station near Mokha; remarks on Dr Dickson's letter of 4th June to H. M. Ambassador, Proc. 77 (Medical), Govt. of Bengal, GEnl. Dept., February 1868, WBSA.

[18] Surg.–Maj. O. Turner, 20 March 1871 to Political Resident, Aden, Home (Agriculture, Revenue and Commerce) No. 3 (A), 15 July 1871, National Archives of India, New Delhi [NAI].

[19] Government of Bombay to Secretary of State for India, 27 June 1871, Home (Agriculture, Revenue and Commerce), No. 3 (A), 15 July 1871, NAI.

[20] Report by Ass. Political Resident, 12 September 1872, Proc. No. 7, Quarantine – General Department, R/20/A/399, APAC, BL.

[21] Netten Radcliffe, "Memorandum on Quarantine."

[22] Ibid., p. 103.

[23] H. L. Harrison, Jr. Sec. to the Government of Bengal, to Capt. H. Howse, Officiating Master Attendant, port of Calcutta, 25 September 1867, No. 59, September 1867; Howse to Officiating Sec. to Government of Bengal, 20 August 1867, No. 57, September 1867, WBSA.

[24] *Fourth Report of the Sanitary Commissioner with the Government of India 1867*, Calcutta: Office of the Superintendent of Govt. Printing, 1868.

[25] Sheldon Watts, "From Rapid Change to Stasis: Offical Responses to *Cholera* in British–Ruled India and Egypt: 1860~c.1921," *Journal of World History*, 12 (2001), pp. 349~51.

[26] Harrison, "A Question of Locality".

[27] Harrison, *Public Health*, ch. 3.

[28] Ibid., pp. 107~8.

[29] 커닝엄이 여러 차례 간청했음에도, 인도 정청은 1873년 편자브에 방역선을 세우

기로 한 결정을 뒤집지 않았다. 이 결정에서 인도 정청은 인도 의료국장과 뭄바이 지방정부 위생 위원의 지지를 받았다. 다음을 볼 것. Proc. 511, Government of Bengal, Genl. Dept., 1873, Maharashtra State Archives, Mumbai [MSA].

30 B. R. Tomlinson, *The Economy of Modern India, 1860~1970*, Cambridge: Cambridge University Press, 1993, chs. 2~3; Tapan Raychaudhuri, Dharma Kumar and Meghnad Desai, eds., *The Cambridge Economic History of India*, vol. 2, Cambridge: Cambridge University Press, 1980, pp. 572~7.

31 "Quarantine at Aden," Government of Bombay No. 1223~43, 27 April 1874, Home (Sanitary), No. 31 (A), June 1874, NHI.

32 좋은 예가 누비아의 콜레라에 대한 보고와 1872년 아라비아 반도 서부 항구들에서 출항한 선박들에 대해 수에즈에서 부과한 격리 조치다. 나일강 상류 지역의 정보는 불완전하거나 부정확해 격리 시기의 변동을 가져 왔던 것으로 보인다. 이들 정보는 알렉산드리아의 영국 영사와 아덴 백인거류지 주민들을 통해 뭄바이 지방정부에 전달되었다. 이에 관해서는 다음을 볼 것. Edward Stanton, Consul-general, Alexandria, to Brig.-Gen. J. W. Schneider, Political Resident, Aden, 6 September; Schneider to Stanton, 7 September; Schneider to Secretary to government of Bombay, 29 October; Stanton to Schneider, 16 November; Schneider to Secretary to the Government of Bombay, 16 November, R/20/a/399, APAC, BL.

33 Maginal notes to memo. From Assistant-Resident, Aden, to Harbour Master, 17 July 1872, Proc. No. 7, Quarantine, R/20/A/399, APAC, BL.

34 Secrretary of State for India to Government of India, forwarding request from Secretary of State for Roreign Affairs, 21 May 1874, Home (Sanitary), No. 7 (A) Home (Sanitary) September 1874, NAI.

35 Mr H. Calvert, to Major-General Edward Stanton, 27 June 1874, Nos 31-2 (A) Home (Sanitary), Nos 31-2 Home (Sanitary) September 1874, NAI.

36 A. C. Lyell, memo., 4 September 1874, Nos 31-2 (A) Home (Sanitary), Nos 31-2 Home (Sanitary), September 1874, NAI.

37 Mike Davis, *Late Victorian Holocausts*, London:Verso, 2001.

38 Viceroy to Secretary of State, 19 September 1874, Nos 31-2 (A), Home (Sanitary),

Spetember 1874, NAI.

[39] J. M. Cuningham. memo. 4 September 1874, Nos 31−2 (A) Home (Sanitary), September 1874, NAI.

[40] Health Officer to Commissioner of Police, 12 January 1871, No. 430, Govt. of Bombay, Genl. Dept. Vol. 10, 1871, MSA.

[41] Government of Bombay to Secretary of State, 26 October 1874, Nos 2−4 (A), Home (Sanitary), December 1874, NAI.

[42] Port Surgeon to Political Resident Aden, 20 September 1872, Proc. No. 7; Resident to Port Surgeon, "Quarantine − General Rules for Aden," 8 October 1872, R/20/A/399, APAC, BL.

[43] Political Resident, Aden, to Sec. to Govt. of Bombay, 25 February 1873, Govt. of of Bombay, Genl. Dept., Vol. 70, MSA.

[44] Government of Bombay to Government of India, 19 August 1874, Nos 29−31 (A), Home (Sanitary), November 1874, NAI.

[45] J. M. Cuningham, memo., 18 November 1874, Nos 2−4 (A), Home (Sanitary), December 1874, NAI.

[46] Howard−Jones, *The Scientific Background of the International Sanitary Conferences*, pp. 35~40.

[47] J. D. Tholozan, *Une Épidémie de peste en Mésopotamie en 1867*, Paris: Victor Masson & fils, 1869.

[48] Dispatch from Secretary of State, 17 June 1875, No. 22 (A), Home (Sanitary), October 1875, NAI.

[49] Cuningham, memo. 19 August 1875, No. 22 (A), Home (Sanitary), October 1875, NAI.

[50] Messrs Gray, Dawes & Co. to Secretary of State for Foreign Affairs, 12 May 1875, No. 23 (23) Home (Sanitary), October 1875, NAI.

[51] Messrs Gray, Dawes & Co. to Secretary of State for Foreign Affairs, 25 May 1875, No. 23 (23) Home (Sanitary), October 1875, NAI.

[52] Government of India to Secretary of State, 7 October 1875, No. 25 (A) Home (Sanitary), October 1875, NAI.

53 "Proposed Quarantine Rules for Bombay"—response of J. M. Cuningham, 15 October 1875, No. 34 (A) Home (Sanitary), November 1875, NAI.

54 A. P. Howell, memos, 19 October and 23 October 1875; Howell to Secretary to Government of Bombay, 25 November 1875, No. 35 (A) Home (Sanitary), November 1875, NAI.

55 Hon. E. W. Ravenscroft to Officiating Secretary, Government of India, Home Department, 11 July 1876, No. 34 (A) Home (Sanitary), July 1876, NAI.

56 Government of Bombay Resoln,. Government of Bombay, Home Department Proc. No. 8, March 1876, P/1106/, APAC, BL.

57 J. M. Cuningham, memorandum on "Plague and Quarantine," 15 June 1876, No. 47 (A) Home (Sanitary), July 1876, NAI.

58 Note by "E. C. B.", 15 June 1876, No. 47 (A), July 1876, NAI.

59 Note by "A. P. H."(Arthur Howell), (Home Dept.), 17 June 1876, expressing Cuningham's concerns, No. 47 (A), July 1876, NAI.

60 Note by "E. C. B.", 17 June 1876, No. 47 (A), July 1876, NAI.

61 Col. A. B. Kemball, H. M. Consul, Baghdad, to William /street H. M. Chargé d' Affaires, Constantinople, 28 September 1864, Foreign (Political), No. 267 (A), February 1866, NAI.

62 Extract from a Report by Her Majesty's Vice–Consul at Basra, 15 September 1864, Foreign (Political), No. 267 (A), December 1864, NAI.

63 W. P. Johnston, Basra, to E. Gonne, Secretary to the Government of Bombay, 16 January 1866; Notification, Foreign Department, No. 177, Fort William, 22 February 1866, Foreign (Political), Nos 151~2 (A), February 1866, NAI.

64 Foreign (General) No. 33 (B), December 1875, NAI.

65 Afkhami, "Defending the Guarded Domain," pp. 131~2.

66 "Establishment of Quarantine at Bushire consequent on rumours of plague in Turkish Arabia," Foreign (General) August 1874, Nos 7~8, NAI; ditto Shiraz and Ispahan, Foreign (General), Nos 110~12 (B), January 1875, NAI.

67 Col. Herbert, Baghdad, 20 October 1870 to Charles Alison, Teheran, Foreign (Political), No. 244 (A), January 1871, NAI.

[68] Charles Alison to herbert, 25 October Foreign (Political), No. 245 (A), January 1871; Alison to H. Ongley, 26 October, Foreign (Political), No. 246 (A), NAI.

[69] Charles Alison, British Consul, Teheran, to Earl Granville, 30 October 1870, Foreign (Political), January 1871, No. 243 (A), NAI.

[70] Afkhami, "Defending the Guarded Domain."

[71] Col. J. P. Nixon, Political Agent and Consul-General in Turkish Arabia, to Secretary of State for Foreign Affairs, Baghdad, 15 March 1875, forwarding Baghdad Trade Report for Year ending 12 March 1875, Nos 191~5 (A) Foreign (Political), June 1875, NAI.

[72] Cyril Elgood, *Medicine in Persia*, New York: Paul B. Hoeber, 1934, p. 76; Howard Jones, *International Sanitary Conference*, p. 40.

[73] J. D. Tholozan, *Prophylaxie du choléra en orient: l'hygiène et la réforme sanitaire en Perse*, Paris: Victor Masson & Fils, 1869, pp. 32, 35, 43.

[74] Ibid., p. 42.

[75] Thomson to Viceroy, 16 April 1876, Government of Bombay Home (Sanitary), Proc. 218, May 1876, P/1106, APAC, BL.

[76] Telegram from Foreign Secretary, Government of India, to Resident, Bushire, 20 April 1876, ibid.

[77] Sir J. Dickson, memo., 14 April 1876; J. Ibrahim, Persian Minister for Foreign Affairs, to Mr Taylour Thomson, H. M. Legation, Tehran, 7 April 1876, No. 30 (A) Home (Sanitary), April 1876, NAI.

[78] James F. Stark, "Industrial Illness in Cultural Context: *La maladie de Bradford* in Local, National and Global Settings, 1878~1919," University of Leeds Ph.D. thesis, 2011.

[79] Letter from Political Resident, Aden, to Secretary to the Government of Bombay, Government of Bombay, Home Dept. (Sanitary), Proc. 286, July 1876, APAC, BL.

[80] Commissioner of Customs, Bombay, 4 July 1876 and Government of Bombay Resolution, Proc. 287, Home (Sanitary), July 1876, APAC, BL.

[81] Dr J. R. S. Dickson, 2 January 1877; Minutes of meeting of Tehran Board of Health, 14 January 1877, No. 9 (A) Home (Sanitary), January 1878, NAI.

[82] Lt–Col. W. F. Prideaux to Secretary to Government of India, Foreign Department, 9 December 1876, No. 13 (A) Home (Sanitary), January 1878, NAI.

[83] Duc Decazes to Count Wimffeu, Versailles, 30 October 1876, No. 76 (A) Home (Sanitary), October 1876, NAI.

[84] Earl Derby, Foreign Secretary, to Count Buest, Austrian Ambassador, London 13 July 1877, No. 78 Home (Sanitary), July 1876, NAI.

[85] Derby to Buest, 7 December 1877, No. 96 (A) Foreign (General), April 1878 NAI.

[86] Dr W. H. Colvill to Derby, 22 November 1877, Nos 61–100 (A) Foreign (General), April 1878, NAI.

[87] Procès Verbaux du Conseil du Santé [PVCS], 26 June 1877, No 82 Foreign (General), April 1878, NAI.

[88] PVCS, 3 July 1877, No. 83 (A) Foreign (General), April 1878, NAI.

[89] W. Taylour Thompson to Secretary of State for Foreign Affairs, 28 January 1878; Mr Churchill, H. M. Consul at Resht, to Thomson, 24 December 1877, 7 January 1878, No. 11 (A) Home (Sanitary), April 1878, NAI.

[90] Nixon to T. H. Thornton to Secretary to the government of India, Foreign Department, 23 July 1877, No. 29 (A) Foreign (General), April 1878, NAI.

[91] W. H. Colvill to H. M. Political Agent and Consul–General in Turkish Arabia, 16 March 1876, No. 37 (A) Foreign (General), April 1878, NAI.

[92] Henry H. Calvert to Frank C. Lascelles, 17 September 1878, Foreign Office [FO] 881/4003, TNA.

[93] Extracts from the *Procès–Verbal of the Consul Superieur de Santé*, 10 April and 17 April 1877, FO 881.3331, TNA.

[94] Viceroy in Council to Salisbury, 4 January 1878, No. 26 (A) Home (Sanitary), April 1878, NAI.

[95] Government of India to Secretary of State for India, 4 January 1878, No. 31 (A) Foreign (General), April 1878, NAI.

[96] Towner, "A History of Port Health in Southampton," (thesis), 2008; Anne Hardy, "*Cholera*, Quarantine and the English Preventive System," *Medical History*, 37 (1993), pp. 252~69.

[97] Sir Louis Mallet, Under-Secretary of State for India, to Lord Teterden, Under-Secretary of State for Foreign Affairs, 12 December 1877, No. 88 (A) Foreign (General), April 1878, NAI.

[98] Sir Julian Pauncefote, Under-Secretary of State for Foreign Affairs to Mallet, 26 November 1877; Charles Cookson, Consul, Alexandria, to Derby, 9 November 1877, Nos 90-1 (A) Foreign (General), April 1878, NAI.

[99] Henry Calvert to Cookson, 2 November 1877, No. 92 (A) Foreign (General), April 1878, NAI.

[100] Cookson to Derby, 9 November 1877, No. 91 (A) Foreign (General), April 1878, NAI.

[101] J. M. Cuningham, 6 September 1878, No. 5 (A) Home (Sanitary), December 1878, NAI.

[102] Ravenscroft to Officiating Secretary to the Government of India, 23 September 1878, No. 8 (A) Home (Sanitary), December 1878, NAI.

[103] Government of India to Secretary of State, 6 December 1878, No. 16 (A) Home (Sanitary), December 1878, NAI.

[104] J. M. Cuningham, memo., 19 August 1878, No. 5 (A) Home (Sanitary), December 1878, NAI.

[105] T. V. Lister, Foreign Office, to the Hon. C. Vivian, HM Consulate, Alexandria, 17 May 1878, No. 6 (A) Home (Sanitary), December 1878, NAI.

[106] C. Vivian to Marquis of Salisbury, 18 Auust 1878, FO 881/4003, TNA; Louis Mallet to Under-Secretary of State for Foreign Affairs, 31 July 1878, No. 8 (A) Home (Sanitary), December 1878, NAI.

[107] Copy of Home Department Resolution, 19 September 1878, No. 7 (A) Foreign (General), May 1879, NAI.

[108] Secretary of State to Government of India, 20 February 1879, No. 7 (A) Foreign (General), May 1879, NAI.

[109] 'C. B.', memo., 11 March 1879; Government of India to Secretary of State, 16 June 1879, Nos 17~38 (A) Home (Sanitary), June 1879, NAI.

[110] Appendices A and B, No. 7 (A) Foreign (General), May 1879, NAI.

[111] Secretary to the Local Government Board to Lord Tenterden, Foreign Office, 18 June 1880, FO 881/4250X, TNA.

[112] Akira Iriye, *Cultural Internationalalism and World Order*, Baltimore and London: Johns Hopkins Unviersity Press, 1997.

[113] Anthony Howe, "Free Trade and Global Order: The Rise and Fall of a Victorian Vision," in Duncan Bell, ed., *Victorian Visions of Global Order: Empire and International Relations in Nineteenth Century Political Thought*, Cambridge: Cambridge University Press, 2007, pp. 26~46.

[114] Howard-Jones, *International Sanitary Conferences*, p. 56.

[115] *Protocoles et Procès-Verbaux de la conférence Sanitaire Internationale de Rome inaugurée le 20 mai 1885*, Rome: Imprimerie du Ministère des Affairs Étrangères, 1885, pp. 17~18, 21~2.

[116] Harrison, *Public Health*, pp. 126~31; Howard-Jones, *International Sanitary Conferences*, pp. 56~7, 62~4.

- 제7장 -
페스트와 세계 경제

[1] W. J. R. Simpson, *The Croonian Lectures on Plague*, London: Royal College of Physicians, 1907, p. 21.

[2] Carol Benedict, *Bubonic Plague in Nineteenth-Century China*, Stanford, Cal.: Stanford Univeristy Press, 1996, chs. 1-2.

[3] "Warming up ofr a Plague Outbreak," *New Scientist*, 2566, 26 August 2006, p. 18.

[4] HM Minister, Lisbon, to Foreign Office, 16 May 1894, *Correspondence relative to the Outbreak of Bubonic Plague at Hong Kong*, London: HMSO, 1894.

[5] W. J. Simpson, *Report on the Causes and Continuance of Plague in Hiongkong and Suggestions as to Remedial Measures*, London: Waterloo & Sons, 1903, p. 5.

[6] Consul at Pakhoi to Colonial Secretary, 16 and 25 May 1894, *Correspondence relative to the Outbreak of Bubonic Plague*.

[7] Kerrie L. MacPherson, "Invisible Borders: Hong Kong, China and the Imperatives of Public Health," M. L. Lewis and K. L. MacPherson, eds., *Public Health in Asia and the Pacific: Historical and Comparative Perspective*, London: Routledge, 2008, pp. 14~15.

[8] Sir William Robinson, Governor of Hong Kong, to Lord Ripon, 16 June 1894, *Correspondence relative to the Outbreak of Bubonic Plague*.

[9] Extract from a report by Dr James A. Lowson, Govt. Civil Hospital, 16 May 1894, ibid.; Alexander Rennie, *Report on the Plague Prevailing in Canton during the Spring and Summer of 1894*, Shanghai: Chinese Imperial Maritime Customs, 1895, p. 5.

[10] Robinson to Ripon, 23 May 1894, *Further Correspondence relative to the Outbreak of Bubonic Plague at Hong Kong*, London: HMSO, 1894.

[11] Robinson to Ripon, 20 June 1894, ibid.

[12] Ibid.

[13] Ibid.

[14] Robinson to Ripon, 22 June 1894, ibid. 홍콩에서 키타사토와 예르생의 활동에 관해서는 다음을 볼 것. Edward Marriot, *The Plague Race: A Tale of Fear, Science and Heroism*, London: Picador, 2002; Mahito Fukuda, *Kitazato Shibasaburo: Netsu to Makoto ga areba*, Kyoto: Minerva, 2008.

[15] Robinson to Ripon, 20 June 1894, *Further Correspondence*.

[16] Robinson to Ripon, 7 July, ibid.

[17] Robinson to Joseph Chamberlain, Colonial Secretary, 6 May 1896, *Hong Kong: Bubonic Plague*, London: HMSO, 1896, pp. 3~7.

[18] Myron Echenberg, *Plague Ports: The Global Urban Impact of Bubonic Plague 1894~1901*, New York: New York University Press, 2007, p. 26.

[19] 예를 들어, 1888년 콜레라 전염병 때 인근 성에서 50만~100만 명의 사망자가 발생했음에도, 황해 연안의 옌타이煙臺 항은 아무런 예방조치도 취하지 않았다. 그러나 일부 조약항은 민간 기부금으로 천연두 예방 접종을 제공했다. 다음을 볼 것. China Imperial Maritime Customs, *Decennial Reports on the Trade, Navigation, Industries, etc., of the Ports open to Foreign Commerce in China and Corea, and on the Condition and Development of the Treaty Port Provice, 1882~91*, Shanghai: Inspector

General of Customs, 1893, p. 59.

[20] Benedict, *Bubonic Plague*, p. 151. 1894년 이전 상하이의 공중보건 발전에 관해서는 다음을 볼 것. Kerrie L. MacPherson, *A Wilderness of Marshes: The Origins of Public Health in Shanghai, 1843~1893*, London: Oxford University Press, 1987.

[21] China Imperial Maritime Customs, *Decennial Reports on the Trade, Navigation, Industries, etc., of the Ports open to Foreign Commerce in China and Corea, and on the Condition and Development of the Treaty Port Provinces, 1892~1901: I. Northern and Yantze Ports*, Shanghai: Inspectorate General of Customs, 1904, pp. 472, 500~1.

[22] Simpson, *Report*, p. 104.

[23] Echenberg, *Plague Port*, p. 46.

[24] Benedict, *Bubonic Plague*, pp. 152~5.

[25] Ruth Rogaski, *Hygienic Modernity: Meanings of Health and Disease in Treaty-Port China*, Berkeley: University of California Press, 2004, p. 188.

[26] 히말라야 산악 시대 흑사병 신원지로부터의 전염 가능성에 관해서는 다음을 볼 것. Snow, *Report*, pp. 1~2.

[27] Echenberg, *Plague Ports*, p. 70.

[28] 뭄바이에서 선거권이 근대하에 미친 영향에 관해서는 다음을 볼 것. Sandip Hazareesingh, *The Colonial City and the Challenge of Modernity: Urban Hegemonies and Civic Contestations in Bombay (1900~1925)*, Hyderabad: Orient Longman, 2007.

[29] Mridula Ramanna, *Western Medicine and Public Health in Colonial Bombay*, Hyderabad: Orient Longman, 2002, ch. 3.

[30] R. Nathan, *The Plague in India, 1896, 1897*, Simla: Govt. Gentral Printing Office, 3 vols (1898), vol. 1, p. 355.

[31] Harrison, *Public Health*, pp. 134~5.

[32] Snow, *Report*, pp. 1~3; Nathan, *The Plague*, vol. 1, p. 356.

[33] Snow, *Report*, p. 4.

[34] Ramanna, *Western Medicine and Public Health in Colonial Bombay*.

[35] Snow, *Report*, p.p. 8~9.

[36] Nathan, *The Plague*, vol. 1, pp. 409~10.

[37] Ibid., pp. 413, 416.

[38] Harrison, *Public Health*, p. 134.

[39] Nathan, *The Plague*, vol. 1, p. 419.

[40] Harrison, *Public Health*, pp. 142~3.

[41] Mark Harrison, "Towards a Sanitary Utopia? Professional Visions and Public Health in India, 18801~1914," *South Asia Research*, 10 (1990), pp. 26~7.

[42] 다음을 볼 것. David Arnold, "Touching the Body: Perspectives on the Indian Plague, 1896~1900," in R. Guha, ed., *Subaltern Studies V: Writings on South Asian History and Society*, Delhi: Oxford University Press, 1987, pp. 55~90; R. Chandarvarkar, "Plague Panic and Epidemic :Politics in India, 1896~1914," in T. Ranger and P. Slack, eds., *Epidemics and Ideas*, Cambridge: Cambridge University Press, 1992, pp. 203~40.

[43] I. J. Catanach, "Plague and the Tensions of Empire: India, 1896~1918," in D. Arnold, ed., *Imperial Medicine and Indigenous Societies*, Manchester: Manchester University Press, 1988, pp. 149~71.

[44] Harrison, *Public Health*, p. 135.

[45] Ibid., pp. 148~9.

[46] Ibid., p. 135.

[47] Nathan, *The Plague*, vol. 1, pp. 436~7.

[48] A. W. Wakil, *The Third Pandemic of Plague in Egypt: Historical, Statistical and Epidemiological Remarks on the First Thirty-Two Years of its Prevalence*, Cairo: Egyptian University, 1932, p. 20.

[49] Frederico Viñas y Cusí Rosendo de Grau, *La Peste Nubónica Memoria sobre la Epidemia occurrida en Poro en 1899, por Jaime Ferran*, Barcelona: F. Sanchez, 1907, pp. 242~3.

[50] Echenberg, *Plague Ports*, p. 80.

[51] J. Lane Notter, "International Sanitary Conferences of the Victorian Era," *Transactions of the Epidemiological Society of London*, 17 (1897~8), pp. 13~14.

[52] Marc Armand Ruffer, "Measures taken at Tor and Suez against Ships coming from the Red Sea and the Far East," *Transactions of the Epidemiological Society of London*,

19 (1899~1900), pp. 25~47.

53 *British Medical Journal*, 11 March 1899, p. 626.

54 *British Medical Journal*, 17 June 1899, p. 1506.

55 Wakil, *The Third Pandemic of Plague in Egypt*, p. 85.

56 Ibid., p. 28; F. M. Sandwich, *The Medical Diseases of Egypt*, London: Henry Kimpton, 1905, p. 168.

57 *British Medical Journal*, 27 May 1899, p. 1304.

58 *British Medical Journal*, 3 June 1899, p. 151.

59 *British Medical Journal*, 20 May 1899, p. 1294

60 Echenberg, *Plague Ports*, pp. 86~91.

61 Wakil, *The Third Pandemic of Plague in Egypt*, p. 85.

62 *British Medical Journal*, 3 June 1899, p. 1351.

63 *British Medical Journal*, 24 June 1899, p. 1552; 12 August 1899, p. 435.

64 *British Medical Journal*, 3 June 1899, p. 1351.

65 *British Medical Journal*, 1 July 1899, p. 94.

66 *British Medical Journal*, 8 July 1899, p. 102; 16 September 1899, p. 745.

67 Wakil, *The Third Pandemic of Plague in Egypt*, p.p. 170~3.

68 De Grau, *La Peste*, p. 79.

69 A. Shadwell, "Plague at Oporto," *Transactions of the Epidemiological Society of London*, 19 (1899~1900), p. 51.

70 A. Calmette and A. T. Salimberi, "*La Peste* Bubonique étude de l'Épidémie d'Oporto en 1899; Sérothérapie," *Annales de l'Institut Pasteur*, 13 (December 1899), pp. 865~936, 특히 pp. 868~70 참조.

71 Calmette and Salimberi, "*La Peste* Bubonique," pp. 870~1.

72 *British Medical Journal*, 19 August 1899, p. 498.

73 José Verdes Montenegro, *Bubonic Plague: Its Course and Symptons and Means of Prevention and Treatment, according to the latest Scientific Discoveries; including notes on Cases in Oporto*, trans. W. Munro, London: Tindall & Cox, 1900, pp. 49, 51.

74 Ibid., pp. 45, 49.

75 Ibid., p. 54.

[76] *British Medical Journal*, 7 October 1899, p. 954.

[77] *British Medical Journal*, 19 August 1899, p. 498; 2 September 1899, p. 621.

[78] Echenberg, *Plague Ports*, p. 112.

[79] *British Medical Journal*, 7 October 1899, p. 954.

[80] *British Medical Journal*, 16 September 1899, p. 745; 23 September 1899, p. 808.

[81] *British Medical Journal*, 23 September 1899, p. 808; 30 September 1899, p. 877.

[82] *British Medical Journal*, 14 October 1899, p. 1039.

[83] Shadwell, "Plague at Oporto," p. 50.

[84] *British Medical Journal*, 21 October 1899, p. 1127.

[85] *British Medical Journal*, 9 September 1899, p. 681.

[86] *British Medical Journal*, 14 October 1899, p. 1040.

[87] *British Medical Journal*, 21 October 1899, p. 1127.

[88] Echenberg, *Plague Ports*, p. 128.

[89] *British Medical Journal*, 23 September 1899, p. 809.

[90] Peter Curson and Kevin McCracken, *Plague in Sydney: The Anatomy of an Epidemic*, Kensington: University of New South Wales Press, 1989, pp. 33~4.

[91] *British Medical Journal*, 23 September 1899, p. 808

[92] *British Medical Journal*, 29 July 1899, p. 292.

[93] Simpson, *Plague*, p. 21. 케이프타운의 페스트에 관해서는 다음을 볼 것. Molly Sutphen, "Striving to be Separate: Civilian and Military Doctors in Cape Town during the Anglo-Boer War," in R. Cooter, M. Harrison and S. Sturdy, eds., *War, Medicine and Modernity*, Stroud: Sutton, 1998, pp. 48~64; M. W. Swanson, "The Sanitation Syndrome: Bubonic Plague and Native Policy in the Cape Colony, 1900~1909," *Journal of African History*, 18 (1977), pp. 387~410.

[94] *British Medical Journal*, 2 September 1899, p. 64.

[95] Krista Maglen, "A World Apart: Geography, Australian Quarantine, and the Mother Country," *Journal of the History of Medicine and Allied Sciences*, 60 (2005), pp. 196~217; Katherine Foxhall, "Disease at Sea: Convicts, Emigrants, Ships and the Ocean in the Voyage to Australia, c.1830~1860," University of Warwick Ph.D. thesis, 2008.

[96] Warwick Anderson, *The Cultivation of Whiteness: Science, Health and Racial Destiny in Australia*, Melbourne: Melbourne University Press, 2002, pp. 93~4; Alison Bashford, *Imperial Hygiene: A Critical History of Colonialism, Nationalism and Public Health*, Basingstoke: Macmillan, 2004, pp. 115~36.

[97] Ketherine Foxhall, "Fever, Immigration and Quarantine in New South Wales 1837~1840," *Social History of Medicine*, 24 (2011), pp. 624~43; Krista Maglen, " In this Miserable Spot Called Quarantine': The Healthy and Unhealthy in Nineteenth–Century Australian and Pacific Quarantine Stations," Science in Context, 19 (2006), pp. 317~36; Alan Mayne, "The Dreadful Scourge': Responses to Smallpox in Sydney and Melbourne," in R. Macleod and M. Lewis, eds., *Disease, Medicine, and Empire: Perspectives on Western Medicine and the Experience of European Expansion*, London: Routledge, 1988, pp. 219~41.

[98] John Ashburton Thompson, "A Contribution to the Aetiology of Plague," *Journal of Hygiene*, 1 (1901), p. 154.

[99] Curson and McCracken, *Plague in Sydney*, pp. 116~45; John Ashburton Thompson, *Report of the Board of health on a Second Outbreak of Plague at Sydney, 1902*, Sydney: William Applegate Gullick, 1903, p. 4.

[100] Milton J. Lewis, "Public Health in Australia from the Nineteenth to the Twenty–First Century," in M. J. Lewis and K. L. MacPherson, eds., *Public Health in Asia and the Pacific: Historical and Comparative Perspectives*, London: Routledge, 2008, p. 224.

[101] Curson and McCracken, *Plague in Sydney*, pp. 146~56.

[102] Thompson, *Report*, p. 3.

[103] Curson and McCracken, *Plague in Sydney*, p. 157.

[104] Thompson, Report, pp. 10~11. 퀸즐랜드와 오스트레일리아 서부 지역의 발병에 관해서는 다음을 볼 것. Milton J. Lewis, *The People's health: Public Health in Australia, 1788~1950*, Westport, Conn.: Praeger, 2003, pp. 129~31.

[105] Thompson, *Report*, p. 4.

[106] Echenberg, Plague Ports; Patrick Zylberman, "Civilizing the State: Borders, Weak States and International Health in Modern Europe," in A. Bashford, ed., *Medicine*

at the Border: Disease, Globalization and Security, 1850 to the Present, Basingstoke: Palgrave Macmillan, 2006, p. 24.

[107] Convention Sanitaire Internationale, Ch. II, Sec. III, Art. 20, *Bulletin de l'Office International d'Hygiène Publique* [BOIHP], 1 (1909), p. 16.

[108] Ibid., p. 47.

[109] *The International Sanitary Convention of Paris*, 1903, trans. Theodore Thompson, London: HMSO, 1904, p. 10.

[110] Ibid., 32.

[111] Acting-Governor, H. Bryan, introductory remarks, *Gold Coast. Report for 1908*, London: HMSO, 1909, pp. 3~5.

[112] *British Medical Journal*, 14 March 1908, p. 634; *Lancet*, 29 February 1908, p. 580.

[113] Bryan, introductary remarks, *Gold Coast*, pp. 5~6.

[114] Ryan Johnson, "*Mantsemei*, Interpretors, and the Sucessful Eradication of Plague: The 1908 Plague Epidemic in Colonial Accra," in R. Johnson and A Khalid, eds., *Public Health in the British Empire: Intermediaries, Subordinates, and the Practice of Public Health, 1850~1960*, London: Routledge, 2011, pp. 153~53.

[115] Myron Echenberg, *Black Death, White Medicine: Bubonic Plague and the Politics of Public Health in Colonial Senegal, 1914~1945*, Oxford: James Currey, 2002.

[116] "Agreement Internationale......pour la création a Paris d'un Office Internationale d' Hygiène Publique," *BOIHP*, 1 (1909), pp. 62~6.

[117] 예를 들어 다음을 볼 것. "Assainissement Général, Prophylaxie: La Dératisation," *BOIHP*, 2 (1910, pp. 542~603.

[118] "Convention Sanitaire......Washington le 14 Octobre 1905," Ch. I, Sec. I, Art. 1' Ch. II, Sec. I, Art. 10 and Sec. II, Art. 11, *BOIHP*, 1 (1909), pp. 251~5.

[119] 황열병 대비조치에 나타나는 대부분의 차이점에 관해서는 다음을 볼 것. Howard-Jones, *Pan American Health Organization*, p. 9.

[120] *BOIHP*, 1 (1909), p. 256.

[121] *Second International Sanitary Convention of the American Republices, Pan American Sanitary Conference, 1905*, Washington, DC: Govt. Printing Office, 1907, pp. 1~2.

[122] Guiteras, "Remarks on the Washington Sanitary Convention of 1905"; Cueto, *The Value of Health*, p. 48.

[123] Marilyn Chase, *The Barbary Plague: The Black Death in Victorian San Francisco*, New York: Random House, 2004; James C. Mohr, *Plague and Fire: Batting Black Death and 1900 Burning of Honolulu's Chinatown*, New York: Oxford Univeristy Press, 2005; Kraut, *Silent Travelers*.

[124] Hugh V. Cumming, San Franscico Quarantine Station, to Surgeon-General, US PHMHS, 11 November 1903, File 1104, Box 99 (Canal Zone), RG 185, NARA.

[125] Claude Pierce, Office of Medical Ofñicer in Command, Panama, to Surgeon-General US PHMHS, 18 January 1904.

[126] Annual Health Report, vol. 1 (1906~17), Box 1, RG 185, NARA.

[127] 페루의 페스트에 관해서는 다음을 볼 것. Marcos Cueto, *The Return of Epidemics: Health and Society in Peru during the Twentieth Century*, Aldershot: Ashgate, 2001, pp. 6~28.

[128] M. C. Guthric, Chief Quarantine Officer, Panama Canal, to Surgeon-General, US PHMHS, 15 December 1914, File 1104, Box 99 (Canal Zone), RG 185, NARA.

[129] Hugh de Valin, Quarantine Officer, Honolulu, to Surgeon-General, 10 July 1926, File 0520/17, Box 91 (Quarantine Stations, Hawaii), RG 90, NARA.

[130] H. S. Cumming to Budget Officer, Treasury Department, 9 December 1933, File 0135/14, Box 92 (Hawaiian Islands, Plague Station), RG 90, NARA.

[131] *Report of the Delegation from the United States of America to the Sixth Interantional Sanitary Conference at Montevideo, December 12~10 1920*, Washington, DC: Govt. Printing Office, 1920, pp. 34~5.

[132] S. B. Grubbs, Medical Director and Chief Quarantine Officer, Honolulu, to Surgeon-General, 2 August 1932; Grubbs to Surgeon-General, 1 June 1932, File 0425/183, Box 94 (Hawaiian Islands, Plague Station), RG 90, NARA.

[133] Grubbs to Surgeon-General, 20 February 1933, File 1850/95, Box 94 (Honolulu Quarantine), RG 90, NARA.

[134] Infringements of arrangements, File 0425/32, Box 92 (Honolulu Quarantine), RG 90, NARA.

135 Lien-Teh Wu, "A Short History of the Manchurian Plague Prevention Service," in L.-T. Wu, ed., *Manchurian Plague Prevention Service. Memorial Volume 1912~1932*, Shanghai: national Quarantine Service, 1934, p. 1.

136 E. H. Hankin, "On the Epidemiology of Plague," *Journal of Hygiene*, 5 (1905), p. 49.

137 다음을 볼 것. Steven G. Marks, *Road to Power: The Trans-Siberian Railroad and the Colonization of Asian Russia, 1850~1917*, London: L. B. Tauris, 1991.

138 G. D. Gray, "The History of the Spread of Plague in North China," in *Report of the International Plague Conference held at Mukden, April, 1911*, Manila: Bureau of Printing, 1912, pp. 31~3.

139 Lien-Teh Wu, "Inaugural Address delivered at the International Plague Conference, Mukden," in Wu, ed., *Manchurian Plague*, pp. 13~19; idem, "The Second Pneumonic Plague Epidemic in Manchuria, 1920~21," ibid., 51~78.

140 Mark Gamsa, "The Epidemics of Pneumonic Plague in Manchuria 1910~1911," *Past and Present*, 190 (2006), pp. 147~83.

141 *Forty-Seventh Annual Report of the Local Government Board, 1912~13*, London: HMSO, 1913 p. 43; Lim-Teh Wu, "first Report of the North Manchuria Plague Plage Prevention Service," *Journal of Hygiene* 13 (1913), p. 276.

142 Wu, "Short History," p. 1.

143 *Thirty-Seventh Annual Report of the Local Government Board 1907~08*, London: HMSO, 1909, p. 229; Imperial Maritime Customs, *Decennial Reports......*, 1892~1901. Vol. I: *Northern and Yantze Ports*, p. 25.

144 Wu, "Short History," p. 4.

145 Ibid., p. 153; Wu, "First Report Pneumonic Plague Epidemic," p. 53.

146 Lien-Teh Wu, J. W. H. Chun and R. Pollitzer, "The Cholera Epidemic of 1926," in Wu, ed., *Manchurian Plague*, pp. 268~9; Robert J. Perrins, "Doctors, Disease and Development: Emergency Colonial Public Health in Southern Manchuria, 1905~1926," in M. Low, ed., *Building a Modern Japan: Science, Technology, and Medicine in the Meiji Era and Beyond*, Basingstoke: Palgrave, 2005.

147 Arthur Stanley, "Quarantine Measures at Shanghai against Northern Ports infected

with Pneumonic Plague," *Report of the Inter-National Plague Conference held at Mukden*, pp. 306~7.

[148] "Discussion," ibid., p. 300.

[149] S. B. Grubbs, Chief Quarantine Officer, Panama Canal, to Surgeon-General, 4 June 1920, File 1104, Box 99 (Canal Zone), RG 185, NARA.

[150] *Report of the Delegation from the United States of America to the Sixth International Sanitary Conference at Montevideo*, p. 80.

[151] Warwick Anderson, *Colonial Pathologies: American Tropical Medicine, Race, and Hygiene in the Philippines*, Durham, NC: Duke University Press, 2006, pp. 61~3.

[152] *Thirty-Seventh Annual Report of the Local Government Board 1907~08, p. 230*; *Forty First Annual Report of the Local Government Board 1911~12*, London: HMSO, 1912, p. 47.

[153] Informal Report of Medical Inspection of Japan and China for the US Public Health Service, V. G. Heiser, p. 1, Papers of Victor George Heiser, B.H357, APS.

[154] Ibid., p. 4.

[155] Ibid., pp. 5~6.

[156] V. G. Heiser, "International Aspects of Disease," Papers of Victor George Heiser, B.H357, APS.

[157] *The International Sanitary Convention of Paris, 1911~12*, trans. R. W. Johnstone, London: HMSO, 1919, pp. 4~5, 7~9.

[158] "Revision of the International Sanitary Convention of 1912," *British Medical Journal*, 8 July 1922, p. 50.

[159] Heiser, "International Aspects of Disease," pp. 7~9.

[160] Lenore Manderson, "Wireless Wars in the Eastern Arena: Epidemiological Surveillance, Disease Prevention and the Work of the Eastern Bureau of the league of Nations Health Organization," in Weindling, ed., *International Health Organizations*, pp. 134~53; Alison Bashford, "Global Biopolitics and the History of World Health," *History of the Human Science*, 19/1 (2006), pp. 67~88.

[161] F. Norman White, *The Prevalence of Epidemic Disease and Port Health Organization and Procedure in the Far East*, Geneva: League of Nations, 1923, pp. 13~23.

[162] Ibid., p. 23.

[163] Anne Sealey, "Globalizing the 1926 International Sanitary Conference," *Journal of Global History*, 6 (2011), p. 437.

[164] White, *The Prevalence of Epidemic Disease*, p. 111.

[165] Ibid., pp. 105~6.

[166] *The Pan American Sanitary Code, International Convention signed at Habana, Cuba, November 14, 1924*, Whahington, DC: Govt. Printing Office, 1925, p. 3.

[167] Ibid., pp. 5~7, 14~15.

[168] Sealey, "Globalizing th 1926 International Convention."

[169] *Leagues of Nations – Health Organization*, Geneva: League of Nations Informantion Section, 1931, p. 8.

[170] Echenberg, *Plague Ports*.

[171] *BOIHP*, 21 (1929), 1606~13. 그 예외로는 1930~4년 자바섬 서부, 그리고 1944년 다카르에서 창궐한 페스트 전염병을 들 수 있다. 다음을 볼 것. Echenberg, *Black Death*; Terence H. Hull, "Plague in Java," in N. G. Owen, ed., *Death and Disease in Southeast Asia: Explorations in Social, Medical and Demographic History*, Singapore: Oxford University Press, 1987, pp. 210~34.

[172] *Convention amending the International Sanitary Convention* (1938), http://iea.uoregon.edu/texts/1938-Amendment-1926-wanitary.EN.htm.

[173] *Final Ac of the XII Pan American Sanitary Conference, Caracas, Venezuela, January 12~24, 1947*, Washington: DC: Pan American Union, 1947; Cueto, *The Value of Health*, chs. 3~4.

[174] *XXII Pan American Sanitary Conference. XXXVIII Meeting of the Regional Committee of the World Health Organization for the Americas, Washington D.C. 22~27 September 1986. Verbatim Records*, Washington: DC: Pan American Health Organization, 1987.

제8장

보호냐 아니면 보호주의냐?

[1] Emmanuel Le Roy Ladurie, "A Concept: The Unification of the Globe by Disease," in his *Mind and Method of the Historian*, Brighton: Harvester, 1981, pp. 28~83.

[2] Roger de Herdt, *Bijdrage tot de Geschiedenis van de Vetteelt in Vlaanderen, inzonderheid tot de Geschiedenis van de Rundveepest*, Louvain:: Belgisch Centrum voor Landelijke Geschiedenis, 1970, p. 7.

[3] Ibid., p. 8.

[4] Lyon Playfair, *The Cattle Plague in its Relations to Past Epidemics and to the Present Attack*, Edinburgh: Edmonston & Douglas, 1865, pp. 9~16; Lise Wilkinson, *Animals & Disease: An Introduction to the History of Comparative Medicine*, Cambridge: Cambridge Univeristy Press, 1992, p. 42.

[5] Dominick Hünniger, "Policing Epizootics: Legislation and Administration during Outbreaks of Cattle Plague in Eighteenth Century Northern Germany as Continuous Crisis Management," in K. Brown and D. Gilfoyle, eds., *Healing the Herds: Disease, Livestock Economies, and the Globalization of Veterinary Medicine*, Athens, Ohio: Ohio Univeristy Press, 2010, pp. 76~91.

[6] De Herdt, *Geschiedenis van de vetteelt in Vlaanderen*, pp. 11~13, 36~40; Wilkinson, *Animals & Disease*, p. 60; Peter A. Koolmees, "Epizootic Disease in the Netherlands, 1717~2002: Veterinary Science, Agricultural Policy, and Public Response," in K. Brown and D. Gilfoyle, eds., *Healing the Herds: Disease, Livestock Economies, and the Globalization of Veterinary Medicine*, Athens, Ohio: Ohio University Press, 2010, pp. 23~4.

[7] Playfair, *The Cattle Plague*, p. 17; Budd, *Siberian Cattle Plague, p. 6*; de Herdt, *Geschiedenis van de Vetteelt in Vlaanderen*, p. 3.

[8] 무역의 상당량이 증기해운사에 의해 이뤄졌다. 다음을 볼 것. C. Knick Harley, "Steers Afloat: The North Atlantic Meat Trade, Liner Predominance, and Freight Rates, 1870~1913," *Journal of Economic History*, 68 (2008), 1028~58.

[9] John Gamgee, "Report of Professor Gamgee on the Lung Plague," in Horace

Capron, *Report of the Commissioner of Agriculture on the Diseases of Cattle in the United States*, Washington DC: Govt. Printing Office, 1871, pp. 3~15.

[10] Ibid., pp. 11, 5.

[11] Ralph Whitlock, *The Great Cattle Plague: An Account of the Foot-and-Mouth Epidemic of 1967~8*, London: John Baker, 1968, pp. 9~11.

[12] Playfair, *The Cattle Plague*, pp. 19~20.

[13] Ibid., p. 20.

[14] John Gamgee, *The Cattle Plague: with Official Reports of the International Veterinary Congresses, held in Hamburg, 1863, and in Vienna, 1865*, London: Robert Hardwicke, 1866, pp. 465~76.

[15] Ibid., pp. 561~2.

[16] Budd, *The Siberian Cattle Plague*, pp. 5~6.

[17] Playfair, *The Cattle Plague*, pp. 31, 34, 38.

[18] 예컨대 다음을 볼 것. Josiah Bateman, *The Mighty Hand of God: A Serman preached in the Parish Church, Margate, on Friday, March 9th, 1866, being the Day of Humiliation for the Cattle Plague*, London: Simpkin, Marshall & Co., 1866, p. 6.

[19] W. W. Clarke, *The Cattle Plague: A Judgment from God for the Sins of the Nation*, London: Simpkins, Marshall & Co., 1866, p. 1.

[20] William McCall, *God's Judgment and Man's Duty*, London: William Macintosh, 1866, pp. 9~10.

[21] Charles Bell, *Remarks on Rinderpest*, London: Robert Hardwicke, 1866, pp. 8~9.

[22] Playfair, *The Cattle Plague*, pp. 62~3.

[23] Gamgee, *The Cattle Plague*, p. 134.

[24] Ibid., p. 142.

[25] Ibid., p. 134.

[26] Gamgee, *The Cattle Plague*, pp. vi–vii, 143~5.

[27] Ibid., p. 132.

[28] Ibid., p. 134.

[29] Whitlock, *The Great Cattle Plague*, pp. 12~13.

[30] Michael Worboys, "Germ Theories of Disease and British and British Veterinary

Medicine, 1860~1890," *Medical History*, 35 (1991), pp. 308~27.

[31] George Foggo, *The Policy of Restrictive Measures, or Quarantine, as applied to Cholera and Cattle Plague*, London: Head, Noble & Cp., 1872, p. 3.

[32] Ibid., p. 8.

[33] Whitlock, *The Great Cattle Plague*, pp. 11~13.

[34] *Report of the Commissioners appointed to Inquire into the Origin, Nature, etc, of the Indian Cattle Plagues*, Calcutta: Office of the Superintendent of Government Printing, 1871, pp. 764~71.

[35] *Proceedings of the First Meeting of Veterinary Officers in India, held at Lahore on the 24th March 1919 and following days*, Calcutta: Superintendent of Government Printing, 1919, pp. 33~4; *Proceedings of the Second Meeting of Veterinary Officers in India, held at Calcutta from 26th February to 2 nd March, 1923*, Calcutta: Superintendent of Government Printing, 1924, pp. 99~101.

[36] Daniel F. Doeppers, "Fighting Rinderpest in the Philippines, 1886~1941," in Brown and Gilfoyle, eds., *Healing the Herds*, pp. 108~28.

[37] Pule Phoofolo, "Ep*idem*ics and Revolutions: The Rinderpest Ep*idem*ics in Late Nineteenth–Century Southern Africa," *Past and Present*, 138 (1993), pp. 112~43.

[38] Thomas P. Ofcansky, "The 1889~97 Rinderpest Ep*idem*ic and the Rise of British and German colonialism in Eastern and Southern Africa," offprint from *Journal of African Studies*, 8 (1981) *Rhodes House Library, University of Oxford*, RHO 740.14.49 (9).

[39] Institute for Animal Health, "Disease Facts – Rinderpest," http://www.iah.bbsrc. ac.uk/disease /rinderpest1.shtml [2010. 9. 15. 접속].

[40] Capron, *Report of the Commissioner of Agriculture*, p. 1.

[41] John Gamgee, "Report of Professor Gamgee on the Splenic or Periodic Fever of Cattle," in Capron, *Report of the Commissioner*, p. 82에서 인용.

[42] Ibid., p. 124.

[43] Ibid., pp. 85~7, 116.

[44] Ibid., pp. 126~7.

[45] Ibid., p. 116~17.

46 Justin Kastner, et al., "Scientific Conviction amidst Scientific Controversy in the Transatlantic Livestock and Meat Trade," Endeavour, 29 (2005), pp. 78~83; US Ambassador, London, to Secretary of State, 5 April 1890, Box 1, RG 17, NARA.

47 Carl N. Tyson, "Texas Fever," http://digital.library.okstate.edu/encyclopedia/entries/T /TE022.html [2010. 9. 8. 접속].

48 J. M. Rush, to Secretary of State, 18 February 1890, Reports and Correspondence, Letter-book, p. 96, Box 1, RG 17, NARA.

49 Prince de Chimay to Edwin H. Terrell, US Ambassador, Brussels, 18 November 1890, Letter-book, pp. 191~2, Box 1, RG 17, NARA.

50 John L. Gignilliat, "Pigs, Politics, and Protection: The European Boycott of American Pork, 1879~1891," Agricultural History, 35 (1961), pp. 3~12.

51 Alfred Vagts, Deutschland und die Vereinigten Staaten in der Weltpolitik, New York: Macmillan, 1935; Otto zu Stolberg-Wernigerode, Germany and the United States of America during the Era of Bismarck, Reading, Penn.: Henry Janssen Foundation, 1937; Louis I. Snyder, "The American-German Pork Dispute, 1879~1891," Journal of Modern History, 17 (1945), pp. 16~28; Gignilliat, "Pigs, Politics, and Protection."

52 US Ambassador, Berlin, to Hon. James Blaine, Secretary of State, 24 January 1891, Letter-book, p. 212, Box 1, RG 17, NARA.

53 Cameron and Neal, Concise Economic History of the World, p. 298.

54 Suellen Hoy and Walter Nugent, "Public Health or Protectionism? The German-American Pork War, 1880~1891," Bulletin of the History of Medicine, 64 (1989), pp. 198~224.

55 G. W. Pope, "Some Results of Federal Quarantine against Foreign Live-Stock Diseases," Yearbook of the United States Department of Agriculture, Washington, DC: Government Printing Office, 1919, p. 243.

56 Robert D. Leigh, Federal Health Administration in the United States, New York: Harper, 1927, pp. 35~6.

57 "Creation de l'Office International des Épizooties," BOIE, 1 (1927~8), pp. 8~13.

58 BOIE, 1 (1927), p. 3.

59 "Procès-Verbaux de la Prèmiere Reunion du Comité de l'Office International des

Épizooties," 8 March 1927, *BOIE*, 1 (1927), pp. 14~15.

[60] 예를 들어 다음을 볼 것. H.C.L.E. Berger, "L'Immunisation anti-aphteuse des animauz exportés," *BOIE*, 1 (1927), pp. 534~6; M. Burgi, "Les Méthodes Générales de la prophylaie de la fièvre aphteuse," ibid., pp. 537~77.

[61] E. Leclainche, "La Standardisation des bulleitins sanitaires," ibid., pp. 577~83; S. Arán, "Unifaction des certificats sanitaires pour le commerce international des animaux, viands et produits carnés," *BOIE*, 2 (1928~9), pp. 589~90.

[62] "Rapport du Comité d'experts en matière de mesures de police vétérinaire," ibid., pp. 584~8.

[63] "Rapport du Comité économique de la Société des Nations sur sa 2me Session," 6~11 May 1929, *BOIE*, 3 (1929~30), pp. 4~5.

[64] "Rapport général du Sous-Comité d'experts en matière de Police vétérinaire," *BOIE*, 4 (1930~31), p. 291.

[65] "Rapport du Comité consultative sur 'application,' des Recommendations de la Conférence économique internationale," *BOIE*, 4 (1930~31), p. 410.

[66] *BOIE*, 5 (1931~32), p. 291.

[67] "Projects de Conventions vétérinaires," ibid., pp. 292~303.

[68] US Department of Agriculture, *Regulations Governing the Inspection and Quarantine of Livestock and other Animals offered for Importation (except from Mexico)*, Pamphlet SF 623 B3 1945, Washington DC: Government Printing Office, 1945, pp. 2~4.

[69] Manuel A. Machado, *Aftosa: A Historical Survey of Foot-and-Mouth Disease and Inter-American Relations*, Albany: State University of New York Press, 1960, pp. 20~8.

[70] 다음을 볼 것. James T. Critchell, *A History of he Frozen Meat Trade*, London: Constable, 1912.

[71] Abigail Woods, *A Manufactured Plague? The History of Foot and Mouth Disease in Britain*, London: Earthscan, 2004, pp. 53~63.

[72] "Short History of the OIE," http://www.oie.int/Eng/OIE/en_histoire.htm.

[73] Statement by Lord Soulsby in L. A. Reynolds and E. M. Tansey, eds., *Foot and Mouth Disease: The 1967 Outbreak and its Aftermouth. The Transcript of a Witness*

Seminar held by the Wellcome Trust Centre for the History of Medicine at UCL, on 11 December 2001, London: The Wellcome Trust, 2003, p. 7.

74 Whitlock, *The Great Cattle Plague*, pp. 31~58, 94~5.

75 Woods, *A Manufactured Plague?*, pp. 109~30.

76 다음을 볼 것. Proceedings of Asian regional conference in *BOIE*, 63 (1965).

77 "OIE's role in the pandemic influenza H1N1 2009," http://www.oie.int/eng /edito/ en_lastedito.htm.

78 Machado, *Aftosa*, p. 116.

79 B. G. Cané, L. F. Leanes and L. O. Mascitelli, "Emerging Diseases and their Impact on Animal Commerce: The Argentine Lesson," *Annuals of the New York Academy of Sciences*, 1026 (2004), pp. 1~7.

80 James S. Donnelly, *The Great Irish Potato Famine*, Stroud: Sutton, 2001.

81 Christy Campbell, *Phylloxera: How Wine was Saved for the World*, London: Harper Perennial, 2004, p. 173.

82 Andreas Dix, "Phylloxera," in S. Krech III, J. R. McNeill and C. Merchant, eds., *Encyclopedia of World Environmental History*, London: Routledge, 2004, p. 1002.

83 J. E. M. Clark, *Bugs and the Victorians*, London and New Haven: Yale University Press, 2009.

84 K. Starr, Chester, *Nature and Prevention of Plant Diseases*, Toronto: The Blakiston Company, 1950, pp. 4~5.

85 *Plant Quarantine in Asia and the Pacific: Report of an APO Study Meeting 17th~26th March, 1992, Taipei, Taiwan*, Tokyo: Asia Productivity Assoc., 1993, pp. 2, 99.

86 "A Constructive Criticism of the Politics Governing the Establishment and Administration of Quarantines against Horticultural Products, June 1925," p. 3, Pamphlet SB 987.C6, LOC.

87 Ibid., p. 10.

88 Ibid., pp. 32~3.

89 Ibid., p. 11.

90 Ibid., p. 17.

91 Harvey Smith and Palph Lattimore, "The search for non tariff barriers: fire blight of

apples," Department of Economics and Marketing, Lincoln University, Canterbury, researcharchives.lincoln.ac.nz/dspace/bitstream/......./I/cd_44.pdf [2009. 9. 14. 접속].

92 Linda Calvin and Barry Krissoff, "Resolution of the US-Japan apple dispute: new opportunities for trade," United States Department of Agriculture, www.ers.usda. gov [2009. 9. 14. 접속].

93 American Phytopathological Society, "Plant diseases plague world trade," 13 August 2001, http://www.apsnet.org/media/press/global.asp [2008. 1. 22. 접속].

94 John Knight, "Underarm bowling and Australia-New Zealand trade," 13 August 2001, http://www.apsnet.org/media/press/global.asp [2008. 1. 22. 접속].

95 Anna Marie Kimball, *Risky Trade: Infectious Disease in the Ear of Global Trade*, Aldershot: Ashgate, 2006, p. 9.

96 "Standards and safety," World Trade Organization, http://www.wto.org/english/ thewto_e /whatis_e/tif_e/agrm4_e.htm.

97 "SPS Agreement Training Module: Chapter 4: Implementation – the SPS Committee, 5.1 " "Dispute Settlement, " http://www.wto.org. [2011. 12. 21. 접속].

98 "SPS Agreement Principles: Dispute Settlement," http://www.aphis.usda.gov/is/ sps/mod1 /1disput.html. [2006. 2. 28. 접속].

99 Ibid.

100 Joost Pauwelyn, "The WTO Agreement on Sanitary and Phytosanitary (SPS) Measures as Applied in the First Three SPS Disputes," *Journal of International Economic Law*, 4 (1999), 641~64.

101 Knight, "Underarm bowling"에서 인용.

102 "WTO to rule over apple ban," http://www.awn.com/2008/01/22/ebr13.htm [2009. 9. 4. 접속].

103 "Aussie block WTO probe into New Zealand apple ban," *New Zealand Herald*, 19 December 2007. http://www.nzherald.co.nz/trade/news/print.cfm?c_ id=968objectid=10483112 [2009. 9. 9. 접속].

104 New Zealnad Ministry of Foreign Affairs, "New Zealand involvement in WTO disputes – Australia apples," http://www.mfat.govt.nz/Treaties-and-International- Law/02 [2009. 9. 4. 접속].

[105] "NZ apple ban costs 20m a year, says grower," *New Zealand Herald*, 1 July 2009, http://www.nz.herald.co.nz/nz-exports/news/print.cfm?c_id=193&objectid=10581756 [2009. 9. 4. 접속].

[106] Reuters, "Update 2 - WTO condemns Australian ban on New Zealand apples," 9 August 2010, www.reuters.com [2010. 10. 1. 접속].

[107] Maglen, "A World Apart."

[108] Joint Statement, Federal Minister for Agriculture, Fisheries and Forestry, Warren Truss, Federal Minister for Trade, Mark Vaile, "Quarantine is helping Australia reach the world's market," 29 August 2001, Australian Ministry for Agriculture, Fisheries and Forestry, http://www.maff.gov.au/releases/01/01237stj.html. [2005. 6. 28. 접속].

[109] Bridges Weekly Trade News Digest, DSU Update, "Philippines to launch case on bananas and paw-paws," http://www.ictsd.org/weekly/03-07-17/story5.htm. [2006. 2. 28. 접속].

[110] Peter Lewis, "Banana industry anxiously awaits import decision," 23 June 200, http://www.abc.net.au/landline/stories/s586538.htm. [2006. 2. 23. 접속]; Natasha Simpson, "Philippines takes Aus to WTO over banaba ban," 15 July 2003, http://www.abc.net.au /am/content/2003/s902217.htm. [2006. 2. 23. 접속].

[111] Plant Pathology, "Banana - black sigatoka disease," *Horticulture and Home Pest News*, 23 March 2005.

[112] "Protecting an Industry - What It Takes," *National Marketplace News*, December/January, 2003/04, p. 46.

[113] Simpson, "Philippines takes Aus to WTO."

[114] "Philippine banana growers hail gov't move to ban Australian beef," AsiaPulse News, 10 December 2002, http://www.highbeam.com/doc/1G1-97014491.html. [2009. 9. 4. 접속].

[115] 다국적 바나나 산업은 많은 사람들이 세계화의 부정행위의 전형으로 간주해 왔다. 이에 관해서는 다음을 볼 것. Steve Striffler and Mark Moberg, eds., *Banana Wars: Power, Production, and History in the Americas*, Durham, NC: Duke University Press, 2003.

116 Sarah C. Fajardo, "Philippines–Australia agricultural trade dispute: the case of quarantine on Philippine fruit esports," International Gender and Trade Network, Monthly Bulletin, June 2002, vol. 2, www.genderandtrade.net/Regions/Asia.html. [2006. 2. 23. 접속].

117 Peter Gallagher, "Bringing quarantine barriers to account," *Australian Financial Review*, 10 April 2003. http://www.gov.ph/index.php?option=com_content&task=view&id=19263&19263&Itemid=2 [2009. 9. 4. 접속].

118 "The good news: RP bananas back in Australian market soon?," Official Gazette of the Republic of the Pilippines, http://www,gov.ph/index.php?option=com_content&task=view&id= 19263&19263&Itemid=2. [2009. 9. 4. 접속].

119 Josyline Javelosa and Andrew Schmitz, "Costs and Benefits of a WTO Dispute: Philippine Bananas and the Australian Market," *Estey Centre Journal of International Law and Trade Policy*, 7 (2006), pp. 78~83.

120 Robert Fagan, "Globalization, the WTO and the Australia–Philippines 'Banana War'," in N. Fold and B. Pritchard, eds., *Cross Continental Agro–Food Chains: Structures, Actors and Dynamics in the Global Food System*, London: Routledge, 2006, pp. 207~22.

121 Javelosa and Schmitz, "Costs and Benefit."

122 Joint Ministerial Statement, Australian Ministers for Foreign Affairs and Trade, 11~12 August 2005, "Inaugural Philippines–Australia Ministrial Meeting," http://www.foreignminister.gov.au /releases/2005/joint_philippines_120805.html. [2006. 2. 28. 접속].

123 Bernama, "Australian farmers fight to keep ban on Philippine bananas," 5 November 2008, http://www.bernama.com/bernama/v5/newsindex.php?id=369508. [2009. 9. 4. 접속].

124 Brad Miller, "Aerial spraying issue turns seesaw court battle," 29 November 2007, http://ipsnews.net/news.asp?idnews=40264. [2007. 7. 15. 접속].

125 Allan Nawal, Jeffrey M. Tupas and Joselle Badilla, "Banana firms to contest aerial spraying ban at CA," Inquirer, http://services.inqurier.net/print/print.php?article_id=20070924-90391 [2009. 9. 4. 접속].

126 Dario Agnote, "Calls to scrap aerial spraying if bananas in Philippines," 16 June 2010, www.dirtybananas.org [2010. 10. 1. 접속].

127 Bernaman, "Australian Farmers."

128 Daniel Palmer, "Agreement to import bananas from the Philippines leads to grower fears and IGA ban," *Australian Food News*, 5 March 2009, http://www.ausfoodnews.com.au/2009/03/05 [2009. 9. 4. 접속].

129 Aurelio A. Pena, "Australia's farmers scared of losing market to Philippine Bananas," Philpress, http://goldelyonn.wordpress.com/2009/06/11 [2009. 9. 4. 접속].

130 Tom Bicknell, "Japan grabs Philippine banana supplies," http://www.fruitnet.com / content.aspx?cid=4190&ttid=17 [2009 .9. 4. 접속].

131 "CFBF Comments on US-Australia Free Trade Agreement Feb.2003," California Farm Bureau Federation, http://www.cfbf.com//issues//trade//us_aus_fta.cfm [2006. 2. 23. 접속].

132 Australia-United States Free Trade Agreement, Sanitary and Phytosanitary Measures, Department of Food, Agriculture and Trade, Australia, http://www.dft=at.gov.au/trade /negotiations/us_fta/outcomes/17_sanitary_phytisanitary.html [2005. 6. 28. 접속].

133 Sally Kingsland, submission to the Senate Select Committee on the Free Trade Agreement, 30 April 2004, http://www.aph.gov.au/senate_freetrade/submission/sublist.html [2005. 6. 28. 접속].

134 John Landos, "Where is the SPS agreement going?," http://www.apec.org.au/docs/landos.pdf [2010. 11. 28. 접속].

-제9장-

전염병과 세계화

1 Francis Fukuyama, *The End of History and the Last Man*, New York: Avon Books, 1992.

[2] Hopkins, ed., *Globalization in World History.*

[3] 다음을 볼 것. Jesoph E. Stiglitz, *Globalization and its Discontents*, London: Penguin, 2002; Jerry Mander and Edward Goldsmith, eds., *The Case Against the Global Economy and For a Turn towards the Local*, Berkeley: Sierra Club Books, 1996.

[4] Lal, *Reviving the Invisible Hand*; Jadish Bhagrati, *In Defense of Globalization*, New York and Oxford: Oxford University Press, 2004.

[5] 소가 독소에 노출된 것에 대해서는 다음을 볼 것. Mark Purdey, "An explanation of mad cow disease," http://www.ourcivilisation.com/madcow/madcow/html [2010. 5. 15. 접속].

[6] BBC News, "UK BSE Timeline," http://news.bbc.co.uk/1/hiuk/218676.stm [2010. 9. 15. 접속].

[7] "France refuses to lift British beef ban," BBC News, 12 March 2002, http://news.bbc.co.uk`1 /hi/world/europe.1869367.stm [2009. 3. 24. 접속].

[8] John R. Fisher, "Cattle Plagues Past and Present: The Mystery of Mad Cow Disease," *Journal of Contemporary History*, 33 (1998), p. 225.

[9] Christian Durcot,, Mark Arnold, Aline de Koeijer, Dagmar Heim and Didier Calvas, "Review on the epidemiology and dynamics of BSE epidemics," *Veterinary Research*, 39 (2008), http://www.vetres.org [2010. 3. 24. 접속].

[10] "USE-BSE hits exports hard," 27 December 2003, http://medicalnewstoday.com/aticles/5017.php [2009. 3. 24. 접속]; "Major importers ban US beef," *Guardian*, 24 December 2003, http://guardian.co.uk/world/2003/dec/usa.bse 2 [2009. 3. 24. 접속].

[11] Biotechnology Working Party, "First cases of BSE in USA and Canada: risk assessment of ruminant materials originating from USA and Canada," European Medicines Agency, London, 21 July 2004. www.emea.europa.eu/docs/en_GB/document.../WC500003607.pdf [2010. 11. 28. 접속].

[12] "US Statement at WTO on Japan's beef import ban," United States Embassy, Tokyo, http://tokyo.usembassy.gov/e/tp-20050309-77.html [2009. 3. 24. 접속].

[13] "New US Beef import ban in Japan," BBC News, 20 June 2008, http://news.bbc.uk/2/hi /business/4631580.stm [2009. 3. 24. 접속].

[14] "Japan lifts US beef import ban imposed against Mad Cow Disease," 28 July 2007,

http://www.ens-newswire.com/ens/jul2006/2006-07-28-02.asp [2009. 3. 24. 접속].

[15] Song Jung-a, "South Korea Removes Ban on US Beef," *Financial Times*, 30 May 2008.

[16] "The Bulldozer boss and the beef crisis," editorial, *Financial Times*, 16 June 2008.

[17] "Q&A: S. Korea beef protests," BBC News, 25 June 2008, http://www.news.bbc.co.uk./1/hi /world/asia-pacific/7457087.stm [2008. 5. 28. 접속].

[18] John Sudworth, "Political price paid in beef row," BBC News, 5 June 2008, http://news.bbc.co.uk/1/hi/world/asia-pacific7436914 [2008. 6. 5. 접속].

[19] "S. Korean leader in beef apology," BBC News, 19 June 2008, http://news.bbc.co.uk./1/hi/world/asia-pacific/7436914 [2008 .6. 28. 접속]; "S. Korean leader replaces top aides," BBC News, 20 June 2008, http://news.bbc.co.uk./1/hi/world/asia-pacific/7464906 [2008. 6. 28. 접속]; John Sudworth, "S Korea head admits beef failings," 7 July 2008, http://news.bbc.co.uk./1/hi/world/asia-pacific/7492562 [2009. 3. 24. 접속].

[20] "Interview: Korea's summer of discontent," *International Socialism*, 120, 2 October 2008.

[21] Ser Myo-ja, "Religious Groups Join Protests against Beef Deal," *Jung Ang Daily*, 2 July 2008, p. 1.

[22] Kim Yon-se, "President Appeals for End to Beef Row," *Korean Times*, 26 June 2008, p. 1.

[23] Park Sang-woo and Ser Myo-ja, "Despite Warning , Thousands Strike," *Joong Ang Daily*, 3 July 2008, p. 1; "S Korean car workers join protests," https://lists.resist.ca/pipermail/onthe barricades/2008/00505.html [2009. 3. 24. 접속].

[24] Ser Myo-ja, "Teachers' Union Joins Protests to Prevent Imports of US Beef," *Joong Ang Daily*, 4 July 2008, p. 1.

[25] Ser, "Religious Groups Join Protest."

[26] Oh Byung-sang, "Keep Church and State Separate," *Joong Ang Daily*, 2 July 2008, p. 10; Kim Jong-soo, "Spaghetti Westerns Come to Seoul," *Joong Ang Daily*, 3 July 2008, p. 10; Ser, "Teachers' Union Joins Protest."

[27] Lim Mi-jin and Moon Byung-joo, "Sales of US Beef Strong for A-Meat," *Joong

Ang Daily, 3 July 2008, p. 3.

28 "South Korean doctors hold US beef-eating event to dispel Mad Cow Disease fears," 9 July 2008, http://www.dailymail.co.uk/news/worldnews/article-1033673/South-Korean-doctors [2009. 3. 24. 접속].

29 Kim So-hyun, "Expat, Korean Coalition plans Counter-Demonstration in Seoul," *Korea Herald*, 4 July 2008, p. 3.

30 Peter M. Beck, "Candlelight Protests: Finding a Way Forward," *Korea Herald*, 4 July 2008, p. 4.

31 Lee Hee-ok, "Spirit of the Times," *Joong Ang Daily*, 4 July 2008, p. 10; interviews with author, *Kyunghyang*, July 2008, p. 6; *Hankyoreh*, 8 July 2008, p. 28.

32 James Cogan, "South Korean government turns to repression to curb protests," 3 July 2008, http://www.wsws.org/articles/2008/jul2008/skor-j03.shtml [2009. 3. 24. 접속].

33 "Thousands in S Korea beef protest," 5 July 2008, http://news.bbc.co.uk/2/hi.asia-pacific/ 7491482.stm; Park Chan-kyong, "New mass protest against S. Korean government," http:// english.chosun.com/w2data/html/news/200807/2008071800 20.html [2009. 3. 24. 접속].

34 "Protestors rally against US beef imports in central Seoul," http://www.news.com. au.heardsun/ story/0,21985,24086463-500563-5005961,00.html [2009. 3. 24. 접속].

35 Thomas Abraham, *Twenty-First Century Plague*, Baltimore: Johns Hopkins University Press, 2004, pp. 14~36.

36 "Timeline: SARS Virus," BBC News, http://news.bbc.co.uk/1/hi/world/asia-pacific/2973415 [2005. 6. 28. 접속]; Deborah Davis and Helen Siu, "Introduction," in Deborah Davis and Helen Siu, eds., *SARS: Reception and Interpretations in Three Chinese Cities*, London and New York: Routledge, 2007, pp. 1~2.

37 Elizabeth Fee and Daniel M. Fox, eds., *AIDS: The Making of a Chronic Disease*, Berkerley and Los Angeles: California University Press, 1992; Peter Baldwin, *Disease and Democracy: The Industrialized World Faces AIDS*, Berkeley and Los Angeles: California University Press, 2005.

38 John Iliffe, *The African AIDS Epidemic*, Oxford: James Currey, 2006; Toyin Falola and Matthew M. Heaton, *HIV/AIDS, Illness, and African Well-being*, Rochester: NY: University of Rochester Press, 2007, 특히 Part IV를 볼 것.

39 Anarfi Asamoa-Baah, "Can new infectious diseases be stopped? Lessons from SARS and avian Influenza," *OECD Obser*, 243, May 2004, http://www.oecdobserver.org. news.printpage.php/aid /1284 [2010. 11. 28. 접속].

40 Deborah Davis and Helen Siu, "Introduction," in Davis and Siu, eds., *SARS: Reception and Interpretations in Three Chinese Cities*, London: and New York: Routledge, 2007, p.3; 'China may execute SARS quarantine violators (no ifs or buts)," 15 May 2003, http://www.hypocrites.com/article11925.html [2005. 6. 28. 접속]; "China widens SARS quarantine," BBC News, 24 April 2003, http://news.bbc. co.uk/1/hi/world/asia-pacific/2974739.stm [2005. 6. 28. 접속]; Hannah Beech, "The Quarantine Blues," Time Asia, http://www.time.com/time/asia/magazie/ article/0,13673,501030519-451009,00.html [2005. 6. 28. 접속].

41 Philip Thorton, "WTO Warns SARS Could Halt Revival of International Trade," Independent, 24 APril 2003, www.Independent.co.uk/news/business/news/wto-warn-sars-could-halt-revival-of -international-trade-595505.html [2009. 3. 24. 접속].

42 "SARS weighs on Asia's economies," BBC News 7 April 2003, http://newsvote.bbc. co.uk. /mpapps/pagetools/print/news/bbc.co.uk/2/hi/business/2924557.stm [2009. 3. 24. 접속].

43 "SARS crisis: potential threat to Asian economy," *Hindu*, 28 April 2003, http:// www.theHindu.com/2003/04/28/stories/2003042800170200.htm [2009. 3. 24. 접속].

44 "US economy starts to feel effects of SARS," *Sydney Morning Herald*, http://www. smh.com.au/articles/2003/04/24/ 1050777337621.html [2009. 3. 24. 접속].

45 Philip Browning, "Asian currencies: how SARS could cause a trade war?," *Herald Tribune*, 15 May 2003, http://www.iht.com/articles/2003/05/15/edbow_ed3_.php [2009. 3. 24. 접속].

46 "Bush order allows SARS quarantine," 4 April 2003, http://www.cnn.com/2003/ HEALTH/04/04 /sars.bush [2005. 10. 27. 접속]; Centers for Disease Control [CDC],

"Fact Sheet on Isolation and Quarantine," 3 May 2005, http://www.cdc.gov/ ncidod/sars/isolationquarantine.ht. [2005. 6. 28. 접속].

47 "MPs call for SARS quarantine," 24 April 2003, http://news.bbc.co.uk/1/hi/ health/2792109.stm [2005. 6. 28. 접속].

48 Tim Harcourt, "The economic effects of SARS: what do we know so far?," 1 May 2003, http:// www.austrade.gov.au/Default.aspx?PrintFriendly=rue&ArticleID=603 9 [2009. 3. 24. 접속].

49 "Experts: SARS damage to China's foreign trade is limiteed," Xinhua News Agency, 30 May 2003, http://www.china.org.cn/english/features/SARS/65833.htm [2009. 3. 24. 접속].

50 Jong-Wha Lee and Warwick J. McKibbin, "Globalizaion and disease: the case of SARS," *Brookings*, 20 May 2003, http://www.brookings.edu/papers/2003/0520 development_lee.aspx?p=1 [2009. 3. 24. 접속].

51 David, "Inroduction," in Davis and Siu, eds., SARS, p. 4.

52 Christine Loh and Jennifer Welker, "SARS and the Hong Kong Community," in C. Low, ed., *At the Epicentre: Hong Kong and the SARS Outbreak*, Hong Kong: Hong Kong University Press, 2004, pp. 215~34.

53 Yun Fan and Ming-chi Chen, "The Weakness of a Post-authoritarian Democratic Society: Reflecions upon Taiwan's Societal Crisis during the SARS Outbreak," in Davis and Siu, eds., SARS, pp. 147~64.

54 Tseng Yen-Fen and Wu Chia-Ling, "Governing Germs from Outside and With Borders," in A. F. C. Leung and C. Furth, eds., *Health and Hygiene in Chinese East Asia*, Durham, NC: Duke University Press, 2010, pp. 225~72.

55 "Update 70 - Singapore removed from list of areas with local SARS transmission," *Inquirer*, 30 May 2003; "Singapore offers beach resort for SARS quarantine," 13 May 2003, *Inquirer*, http://www.ing 7.net/www/2003/may/13/www_10-1.htm_ [2005. 6. 28. 접속].

56 WHO, "Update 70 - Singfore removed from the list of areas with local SARS transmissions," 30 May 2003, http://www.who.int/csr/don/2003_05_30a/en/ [2005. 10. 27. 접속].

[57] "Official defends 10~day SARS quarantine," 7 June 2003, http://www.cbc.ca/ stories/2003/06/07 /sars_quarantine030067 [2005. 6. 28. 접속]; "Ontario offers SARS quarantine compensation," 13 June 2003, http://www.cbc.ca/stories/2003/06/13/ ont_sarscomp030613 [2005. 6. 28. 접속].

[58] "Efficiency of quarantine during an epidemic of severe Acute Respiratory Syndrome – Beijing, China, 2003," 31 October 2003, http://www.cdc.gov/mmwr/preview/ mmwrhtml/mm5243a2.htm [2005. 6. 28. 접속].

[59] Georgeo C. Benjamin, "Afterword," in Tim Brooke, *Behind the Mask: How the World Survived SARS, the First Epidemic of the Twenty-First Century*, Washington, DC: American Public Health Association, 2005, p. 236.

[60] Kimbell, *Risky Trade*, pp. 163~5, 174~5.

[61] 다음을 볼 것. Howard Phillips and David Killingray, eds., *The Spanish Influenza Pandemic of 1918~19: New Perspectives*, London: Routledge, 2003.

[62] David Gratzer, "SARS 101," *National Review*, 19 May 2003, http://www. manhattan-institute.org/ cgi-bin/apMI/print.cgi [2009. 3. 24. 접속].

[63] Jong-Wha Lee and WarWick J. McKibbin, "Globalization and Disease: The Case of SARS," Brookings, 20 May 2003, http://www.brookings.edu/ papers/2003/0520development_lee.aspx?p=1.

[64] Kimbell, *Risky Trade*, pp. 2~3.

[65] Meeting of APEC Ministers Responsible for Trade, Khon Kaen, Thailand, 2~3 June 2003, "Ministerial Statement on Severe Acute Respiratory Syndrome (SARS)," http:// www.apec.org/apec/ministerial_statements/sectoral_ministerial/trade.2003_trade/stm [2009. 3. 24. 접속]; "Asia unites against SARS," BBC News, 28 June 2003, http:// news.bbc.co.uk/1/hi/world/asia-pacific/ 3027994.stm [2009. 3. 24 접속].

[66] Takuro Nozawa, "Impact of SARS: business with China remains stable thus far," Centre for Strategic Studies, Japan Watch, 16 July 2003, pp. 1~2; "Animal disease 'threaten humans'," BBC News, 13 January 2004, http://news.bbc.co.uk/1/hi/ health/3391899.stm [2009. 3. 24. 접속]; S.M.A. Kazami, "SARS gone, effect lingers on Indo-China annual trade," http://www.indianexpress.com /oldstory. php?storyid=27793 [2009.3.9.]; Cortlan Bennett, "Alarm as China's wild animal

trade is blamed for 'new case of SARS'," 3 January 2004, http://www.telegraph.co.uk/news/worldnews /asia/china/1450911 [2009. 3. 24. 접속]; Amanda Katz and Sarah Wahlert, "SARS prompts crackdown on wildwife trade," http://www.buzzle.com/editorials/5-26-2003-41812.asp [2009. 3. 24. 접속]; Martin Enserink and DennisNormille, "Search for SARS Origins Stalls," Science, 31, 302 (October 2003), pp. 766~7.

67 Stephen Brown, "The Economic Impact of SARS," in C. Loh, ed., *At the Epicentre: Hong Kong and the SARS Outbreak*, Hong Kong: Hong Kong University Press, 2004, pp. 179~93.

68 Ilona Kickbusch and Evelyne de Leeuw, "Global Public Health: Revisiting Healthy Public Policy at the Global Level," *Health Promotion International*, 14 (1999), pp. 285~88; Ilona Kickbusch, "The Development of International Health Policies – Accountability Intact?," *Social Science and Medicine*, 51 (2000), pp. 979~89.

69 Susan Peterson, "Epidemic Disease and National Security," *Security Studies*, 12 (2~002), pp. 43~81.

70 Gratzer, "SARS 101."

71 다음을 볼 것. Peter Washer, *Emerging Infectious Diseases and Society*, Basingstoke: Palgrave, 2010.

72 Kimbell, Risky Trade, p. xv; Meredith T. Mariani, *The Intersection of International Law: Agricultural Biochemistry, and Infectious Disease*, Leiden: Brill, 2007, p. 31.

73 David P. Fidler, "Germs, Governance, and Global Public Health in the Wake of SARS," *Journal of Clinical Investigation*, 113 (2004), pp. 799~804. 이밖에 다음을 볼 것. Richard Dodgson, Kelly Lee and Nick Drager, "Global Health Governance," Discussion Paper No. 1, Centre on Global Change and Health, London School of Hygiene and Tropical Medicine, in John J. Kirton, ed., *Global Health*, Aldershot:: Ashgate, 2009, pp. 439~62.

74 Terrence O'Sullivan, "Globalization, SARS and other catastrophic disease risks: the little known international security threat," http://allacademic.com/meta/p73646_index.html [2009. 3. 24. 접속].

75 Neil V. Mugas, "Laguna hospital placed in SARS quarantine," The Manila Times, 7

January 2004; Bill Andrews, "500 quarantines in new SARS outbreak," *Edinburgh Evening News*, 26 April 2004, http://news.scotsman.com/print.cfm?id=470902004 [2009. 3. 23. 접속].

76 David Bell, Philip Jenkins and Julie Hall, "World Health Organization Global Conference on Severe Acute Respiratory Syndrome," CDC Emerging Infectious Deseases, http://www.cdc.giv/ ncidod?EID.vol9no9/03-0559.htm [2005. 10. 27. 접속].

77 WHO, "H5N1 avian influenza: a chronomogy of key event," http://www.int./ influenza /resources/documents/chronology/en/index.html [2011. 12. 29. 접속].

78 Asamo-Baah, "Can new infectious diseases be stopped?"

79 Lester Haines, "Bird flu pandemic inevitable, says WHO," Science, 8 September 2005, http://www.theregister.co.uk/2005/09/08/bird_flu_pandemic/print.html [2005. 10. 27. 접속].

80 "Military quarantine for bird flu," 4 October 2005, http://www.cbwnews.com/ stories/2005/10/04/health/main910425.shtml [2005. 10. 27. 접속].

81 Kimball, *Risky Trade*, pp. 54~5.

82 Elisabeth Rosenthal, "Bird flu is linked to global trade in poultry," *International Herald Tribune*, 12 Febuary 2007, http://www.iht.com/bin/print.php?id=456849 [2010. 11. 28. 접속].

83 Kimball, *Risky Trade*, p. 57에서 인용.

84 Compassion in World Farming, "The role of the intensive poultry production industry in the spread of avian influenza," February 2007, http://www.apeiresearch.net/ document_file /document_2000706104415-1pdf [2011. 12. 21. 접속].

85 인도네시아는 조류독감의 피해를 가장 크게 입은 나라였고 치사율도 가장 높았다. 다음을 볼 것. "Bird flu situation in Indonesia critical," FAO Newsroom, 18 March 2008. http://www.fao.org /newsroom/en/news/200/1000813/index.html [2011. 12. 21. 접속].

86 Compassion in World Farming, "The role of intensive poultry production……," p. 11.

87 "Mexico confirm H1N1 flu not from pigs on Smithfield farm," 15 May 2009, National Park Producers Council, http://www.nppc.org/News/DocumentPrint.aspx? DocumentID=24726 [2009. 9. 4. 접속]; Edwin D. Killingray eds., *The Spanish Influenza*

Pandemic of 1918~19: New Perspectives, London: Routledge, 2003, p. 34.

88 Jo Tuckman and Robert Booth, "Four-year-old Could Hold Key Clue in Mexico's Search for Ground Zero," *Guardian*, 28 April 2009, pp. 4~5.

89 Ian Traynor, "EU Official Accused of 'Alarmisn' for Telling Travellers to Avoid Americas," *Guardian*, 28 April 2009, p. 4.

90 Chris McGreal, Severin Carrell and Patrick Wintour, "Swine flu – Flobal Threat Raised," *Guardian*, 28 April 2009; Severin Carell and Parick Wintour, "Minister Urges fCalm as Virus Reaches Britain," ibid., p. 5.

91 "Swine flu: 'inevitable flu pandemic' would be fourth in a century," *Daily Telegraph*, 27 April 2009, http://www.telegraph.co.uk/health/swine_flu/5230062 [2009. 9. 4. 접속].

92 "Trade tensions over pork," http://www.foxnews.com/story/0.2933,518935,00.html [2009. 9. 4. 접속].

93 WHO, "The international response to the influenza pandemic: WHO responds to the critics," http://www.who.int/csr/diseases/swineflu/notes/briefing_20100610/en [2011. 12. 29. 접속].

94 Owen Bowcott, "Swine flu could kill 65,000 in UK, warns chief medical officer," *Guardian*, 16 July 2009, http://www.guardian.co.uk/world/2009/jul/16/swine_flu_pandemic-warming-helpline [2011. 1. 22. 접속].

95 Daniel Martine, "Sir Liam Donaldson quits the NHS......but critics say resignation is two years too late," Daily Mail, 16 December 2009, http://www.dailymail.co.uk/article-1236179/Sir-Liam-Donaldson-quits-NHS-say-resignation-years-late-html [2011. 1. 22. 접속].

96 "This is serious: I'm not crying wolf about swine flu," *Independent*, 2 May 2009; Robert McKie, "Swine flu is Officially a Pandemic. But do't worry......Not Yet, Anyway," *Observer*, 14 June 2009, p. 22.

97 "China's quarantine measures 'proper and necessary'," *China View*, 5 May 2009, http://news. xinhuanet.com/english/2009-05/05/content_1137190.htm [2009. 9. 4. 접속]; "US Citizens quarantined in China over swine flu fears," Reuters, 5 May 2009, http://www.foxnews.com/story/0,2933,518 935,00.html [2009. 9. 4. 접속].

98 "Swine flu fears cause multiple countries to ban US, Mexican pork imports," *Area*

Development, 27 April 2009, http://www.areadevelopment.com/newsitems/4-27-2009 [2009. 9. 4. 접속].

[99] "Russian port ban over swine flu 'unjustified': EU offcial," http://www.eubusiness.com /news-eu/1241513222.7 [2009. 9. 4. 접속].

[100] "Pork producers contend with swine flu fallout," http://www.cbc.ca/canada/calgary/story/ 2009/05/04/pork-market.html; Geena Teel, "Ottawa threatens trade action if pork ban isn't lifted," *National Post*, 5 May 2009, http://www.nationalpost.com/m/story.html?id=1564824 [2009. 9. 4. 접속].

[101] Editorials from the Director General, "OIE's role in the pandemic influenza H1N1 2009," 5 November 2009, http://www.oie.int/eng/edito/en_lastedito.htm [2010. 3. 4. 접속]; David Fidler, "The swine flu outbreak and international law," *Insights*, 13, 27 April 2009, http://www.asil.org/insights090427.cfm.

[102] Daniel Workman, "Swine flu infects pork trade policies in China," 5 May 2009, http://world -trade-organization.suite101.com/article.cfm/swine_fluinfects_pork_trade [2009. 9. 4. 접속].

[103] "FM: China's bans on pigs, pork imports in line with WTO rules," 6 May 2009, English DBW http://english.dbw.cn/system/2009/05/06/000130444.shtml [2009. 9. 4. 접속].

[104] "Russia lifts flu-lined pork ban on Wisconsin, Ontario," China Post, 20 July 2009, http://www. chinapost.com.tw/business/europe/2009/07/20/216955/Russia-lifts.htm [2009. 9. 4. 접속].

[105] Nataliya Vasilyeva, "US: Lifting pork imports could boost Russia's WTO talks," http://blog. targana.com/n/us-lifting-pork-imports-could-boost-russias-wto-talks-73287 [2009. 9. 4. 접속].

[106] Workman, "Swine flu"; "Trade: WTO SPS Committee discusses trade response to swine flu," Third World Network, 26 June 2009, http://www.twnside.org.sg/title2/wto.info/2009 /twinfo20090705.htm [2009. 9. 4. 접속].

[107] Michael Greger, "CDC confirms ties to virus first discovered in US pig factories," *The Human Society of the United States*, 28 August 2009; *idem*, "Industrial Animal Agriculture's Role in the Emergence and Spread of Disease," in J. D'Silva and J.

Webster, eds., *The Meat Crisis: Developing More Sustainable Production and Consumption*, London: Earthscan, 2010, p. 166.

[108] Debora MacKenzie, "Pork industry is blurring the science of swine flu," *New Scientist*, 30 April 2009, http://www.newscientist.com/blogs/shortsharpscience/2009/04/why-the-pork-industry-hates-th.html [2010. 11. 21. 접속].

[109] "WTO SPS Committee discusses trade responses to swine flu."

[110] "China requests WTO panel to probe US poultry import ban," *People's Daily Online*, 21 July 2009, http://english.peoplesdaily.com.cn/90001/90776/90884/6705246.html [2009. 9. 4. 접속]; "WTO to investigate US/China poultry import ban," 4 August 2009, WATTAgNET, http://www.wattagnet.com/10105.html [2009. 9. 4. 접속].

[111] 국제적인 협조관계를 줄이려는 후퇴 경향에 관해서는 다음을 볼 것. John Gray, *False Dawn: The Delusions of Global Capitalism*, London: Granta, 2009, p. xxiv.

[112] WTO Agreement on the Application of Sanitary and Phytosanitary Measures, http://www.wto.org [2006. 2. 28. 접속].

[113] Compassion in World Farming, "The role of intensive poultry production......"

결론:
위생의 과거와 미래

[1] Ladurie, "A Concept: the Unification of the Globe by Disease," in *idem, Mind and Method of the Historians*, pp. 28~83.

[2] John McDermontt and Delia Grace, "Agriculture-associated diseases: adapting agriculture to improve human health," International Livestock Research Institute Policy Brief, February 2011, http://www.ilri.org [2011. 12. 21. 접속].

[3] WTO Committee of Sanitary and Phytosanitary Measures, "Review of the operation and implementaion of the SPS Agreement," p. 21; "Chronological list of disputes," http://www.wto.org [2011. 12. 22. 접속].

[4] David P. Fidler, "International Law and the *E. coli* Outbreaks in Europe," *Insights*,

15, 6 June 2011.

[5] Compassion in World Farming, "The role of intensive poultry production in the spread of avian influenza," February 2007, http://www.apeiresearch.net/document_file/document_20070706104415-1.pdf [2011. 12 .21. 접속].

[6] Tseng Yen-Fen and Wu Chia-Ling, "Governing Germs from Outside and Within Borders," in A.K.C. Leung and C. Furth, eds., *Health and Hygiene in Chinese East Asia*, Durham, NC: Duke University Press, 2010, pp. 255~72.

[7] "Putting Meat on the Table: Industrial Farm Animal Production in America," Pew Commission on Industrial Farm Animal Production, 2008, www.pewtrust.org [2011. 12. 21. 접속].

[8] *Grain*, April 2009, http://www.grain.org/articles/?id=48 [2010. 11. 21. 접속].

[9] Greger, "Industrial Animal Agriculture's Role," p. 165에서 재인용.

[10] McDermott and Grace, "Agriculture-associated diseases."

[11] WHO, FAO & OIE, "Global Early Warning and Response System for Major Animal Diseases, including Zoonoses (GLEWS)," February 2006; "The FAO-OIE-WHO Collaboration: Sharing Responsibilities and Coordinating Global Activities to Address Health Risks at the Animal-Human-Ecosystmes Interfaces. A Tripartite Concept Note," April 2010, http://who.int/ zoonoses/outbreaks/glews/en/ [2012. 4. 8. 접속].

[12] "Emerging diseases drive human, animal health alliance," 20 July 2007, American Government Archive, http://www.america.gov/st/develop-english/2007/july/200707201351591cnirell0.28751 [2009. 9. 7. 접속].

[13] Washer, *Emerging Infectious Diseases*, ch. 5.

[14] C. M. Delgado, M. Rosegrant, H. Steinfeld, S. Ehui and C. Courbois, *Livestock to 2020: The Next Food Revolution*, Washington: DC: International Food Policy Research Institute, 1999.

[15] Tom Levitt, "Asian factory farming boom spreading animal diseases like avian influenza," Ecologist, 11 February 2011, http://www.theecologist.org [2011. 12. 21. 접속].

[16] K.-H. Zessin, "Emerging Diseases: A Global and Biological Perspective," *Journal of*

Veterinary Science, 53 (2006), pp. 7~10.

[17] Greger, "Industrial Animal Agriculture's Role," p. 167; Peter Cowen and Roberta A. Morales, "Economic and Trade Implications of Zoonotic Diseases," in T. Burroughs, S. Knobler and J. Lederberg, eds., *The Emergence of Zoontic Disease: Understanding the Impact on Animal and Human Health*, Washington, DC: National Academy Press, 2001, pp. 24~5.

참고문헌

| **Primary sources** |

• *Archives*
India
Maharashtra State Archives, Mumbai.
General Department Proceedings.

• National Archives of India, New Delhi
Foreign (General) Proceedings.
Foreign (Political) Proceedings.
Home (Agriculture, Revenue and Commerce) Proceedings.
Home (Sanitary) Proceedings.

• West Bengal State Archives, Kolkata
Home (Medical) Proceedings.

Portugal
• Lisbon
Archivo Histórico Colonial.

Archivo Histórico Ultramarino.

United Kingdom

• Bristol City Record Office

Dunn correspondence, BRO 29596.

• British Library

Aden Residency files.

Government of Bombay, Home Department (Sanitary).

• Chester and Cheshire Archives

Correspondence from Privy Council to Mayor and Aldermen of Chester, ZM/L/4.

• Derbyshire County Records Office

Correspondence from Office of the Privy Council to Lord Lieutenant in Ireland, D 3135.

Correspondence from W.Sharpe to Lord George Sackville, D 3155/C1271.

Order in Council, D 3155/C1018.

• Gloucestershire County Records Office

Sotherton–Estcourt Papers.

• National Maritime Museum

Office of Sick and Wounded Seamen to Admiralty Board, ADM/F/27.

• Royal College of Physicians of Edinburgh

Papers of Sir John Pringle.

• Royal College of Physicians, London

Report of the Quarantine Committee, Royal College of Physicians, 1889.

- The National Archives, London

Foreign Office.

Privy Council.

State Papers.

Treasury.

- University of Oxford

Extrait des Régistres de Parlement, BOD Vet. E3d.83 (53), Bodleian Library, Special
Collections Reserve.

Thomas P. Ofcansky, offprint from *Journal of African Studies*, 8 (1981), RHO 740.14.49
(9), Rhodes House Library.

- Wellcome Library for the History and Understanding of Medicine, London

Balthasar de Aperregui, 'Orderes relatives a sanidad y lazarettos en el Puerto de
Barcelona, con movito de le peste, en el año de 1714, y siguientes', Western
MS.963.

Nicolas Chervin, Certified copies and original documents relating to yellow fever in
Guadeloupe and the West Indies, Western MS. Amer. 113.

Correspondence from Thomas Mayne to Sir Charles Hamilton, Western MS.7313.

Thursday meeting book, Kingston–upon–Hull Corporation, Western MS.3109.

Maj.–Gen. Sir Charles Phillips, 'Letters and Instructions to the Officers during the
Plague at Corfu, 1816', Western MS.3883.

A.D. Vasse St. Ouen, French Consul at Larnaca, Cyprus, to A.R. Roussin, French
Ambassador at Constantinople, Western MS. 4911.

- West Sussex Record Office

Goodwood Papers, MS.1451.

Petition from John March, Deputy Governor of the Levant Company, n.d. [c.1763],
PHA/35.

United States of America

• American Philosophical Society, Philadelphia

Stephan Girard Collection.

Papers of Victor George Heiser.

Letters and Papers of David Hosack, 1795~1835.

• Baltimore City Archives

Quarantine record for 1881~1918, RG 19 S2.

• Library of Congress, Washington, DC

Walter Wyman, '"Quarantine and Commerce", An Address delivered before the Commercial Club of Cincinnati, October 15th, 1898', unpublished pamphlet, RA 655 W9.

'A Constructive Criticism of the Policies Governing the Establishment and Administration of Quarantines against Horticultural Products, June 1925,' Pamphlet SB 987.C6.

• National Archives and Records Administration, College Park, Maryland

RG 17 Records of the Bureau of Animal Industry.

RG 43 International Sanitary Conference, 1881.

RG 90 Quarantine Stations (Hawaii).

RG 185 Panama Canal Zone.

| Published official documents |

China

China Imperial Maritime Customs, *Decennial Reports on the Trade, Navigation, Industries, etc., of the Ports open to Foreign Commerce in China and Corea, and on the Condition and Development of the Treaty Port Provinces, 1882~91*. Shanghai: Inspector General of Customs, 1893.

China Imperial Maritime Customs, *Decennial Reports on the Trade, Navigation, Industries, etc., of the Ports open to Foreign Commerce in China and Corea, and on the Condition and Development of the Treaty Port Provinces, 1891~1901: 1. Northern and Yangtze Ports,* Shanghai: Inspectorate General of Customs, 1904.

France
L' Ordre public pour la ville de Lyon, pendant la maladie contagieuse. Lyons: A. Valancol, 1670.

Internatioal Sanitary Conferences and Offices
Procès-Verbaux de la conférence sanitaire internationale, ouverte a Paris le 27 juillet 1851, 2 vols. Paris: Imprimerie Nationale, 1851.
Protocoles et Procès-Verbaux de la Conférence Sanitaire Internationale de Rome inaugurée le 20 mai 1885. Rome: Imprimerie du Ministère des Affairs Étrangères, 1885.
Second International Sanitary Convention of the American Republics. Pan American Sanitary Conference, 1905. Washington, DC: Govt. Printing Office, 1902.
The International Sanitary Convention of Paris, 1903, trans. Theodore Thomson London: HMSO, 1904.
Bulletin de l Office International d'Hygiène Publique. Paris: OIHP, 1909~29.
Report of the Inter-National Plague Conference held at Mukden, April, 1911. Manila: Bureau of Printing, 1912.
The International Sanitary Convention of Paris, 1911~12, trans. R.W. Johnstone. London: HMSO, 1919.
Report of the Delegation from the United States of America to the Sixth International Sanitary Conference at Montevideo December 12~20, 1920. Washington, DC: Govt. Printing Office, 1920.
The Pan American Sanitary Code, International Convention signed at Habana, Cuba, November 14, 1924. Washington, DC: Govt. Printing Office, 1925.
Bulletin de l Office International des Épizooties. Paris: BOIE, 1927~65.
League of Nations-Health Organization. Geneva League of Nations Information Section,

1931.

Final Act of the XII Pan American Sanitary Conference, Caracus, Venezuela, January 12~24, 1947. Washington, DC: Pan American Union, 1947.

Organization of the Americas, Washington, DC September 22~27, 1986. Verbatim Records. Washington, DC: Pan American Health Organization, 1987.

XXII Pan American Sanitary Conference. XXXVIII Meeting of the Regional Committee of the World Health Organization for the Americas, Washington, DC 22~27 September 1986. Verbatim Records. Washington, DC: Pa American Health Organization, 1987.

Plant Quarantine in Asia and the Pacific: Report of an APO Study Meeting 17th~26th March, 1992, Taipei, Taiwan. Tokyo: Asia Productivity Assoc., 1993.

Portugal and colonies

Boletim Oficial do Govrno de Cabo—Verde.

United Kingdom and colonies

Hansard, *Parliamentary Debates.*

Report from the Select Committee appointed to consider the validity of the Doctrine of Contagion in the Plague, 14 June 1819, 449, 1819.

Second Report of the Select Committee appointed to consider the means of improving and maintaining the Foreign Trade of the Country, Quarantine. 417, 1824.

Correspondence respecting the Operation of the Commercial Treaty with Turkey, of August 16, 1838, 341, 1838.

Collective Note of the Representatives of Austria, France, Great Britain, Prussia, and Russia at Constantinople, to the Porte, July 27, 1839, PP.205, 1839.

Convention of Commerce and Navigation between Her Majesty, and the Sultan of the Ottoman Empire, 157, 1839.

Copy of th Tariff agreed upon by the Commissioners appointed under the Seventh Article of the Convention of Commerce and navigation between Turkey and England, 549, 1839.

Correspondence relative to the Affairs of the Leant, Part III, 337, 1841.

Convention between Great Britain, Austria, France, Prussia, and Turkey respecting the Strait of the Dardanelles and of the Bosphorous, 350 1842.

Correspondence relative to the Contagion of Plague and the Quarantine Regulations of Foreign Countries, 1836~1843, 475, 1843.

Papers Relative to the Expedition to the River Niger, 472, 1843.

Correspondence on the Subject of the 'Eclair' and the Epidemic which broke out on the said Vessel, 707, 1846.

Correspondence respecting the Quarantine Laws since the Correspondence last presented to Parliament, 718, 1846.

Report on the Fever at Boa Vista by Dr. McWilliam, P. 116, London: T.R. Harrison, 1847.

Documents relating to British Guiana. Demerara: Royal Gazette Office, 1848.

General Board of Health, Report on Quarantine, 1070, 1849.

General Board of Health, Second Report on Quarantine, 1473, 1852.

Statistical Reports on the Health of the Navy, for the Years 1837~43: Part III. North Coast of Spain Station, West Coast of Africa Station, Packet Service, Home Station, Ships employed variously. London: HMSO, 1854.

Papers respecting Quarantine in the Mediterranean, London: Harrison & Sons, 1860.

Fourth Report of the Sanitary Commissioner with the Government of India 1867. Calcutta: Office of the Superintendent of Government Printing, 1868.

Report of the Commissioners appointed to Inquire into the Origin, Nature, etc, of the Indian Cattle Plagues. Calcutta: Office of the Superintendent of Government Printing, 1871.

Report of the Australian Sanitary Conference of Sydney, N.S.W., 1884. Sydney: Thomas Richards, 1884.

Report on the British West Indian Conference on Quarantine. Georgetown, Demerara: C.K. Jardine, 1888.

Correspondence relative to the Outbreak of Bubonic Plague at Hong Kong. London: HMSO, 1894.

Further Correspondence relative to the Outbreak of Bubonic Plague at Hong Kong. London: HMSO, 1894.

Hong Kong: Bubonic Plague. London: HMSO, 1896.

Gold Coast. Report for 1908. London: HMSO, 1909.

Thirty-Seventh Annual Report of the Local Government Board, 1907~08. London: HMSO, 1909.

Forty-First Annual Report of the Local Government Board, 1911~12. London: HMSO, 1912.

Forty-Second Annual Report of the Local Government Board, 1912~13. London: HMSO, 1913.

Proceedings of the First Meeting of Veterinary Officers in India, held at Lahore on the 24th March 1919 and following days. Calcutta: Superintendent of Government Printing 1919.

Proceedings of the Second Meeting of Veterinary Officers in India, held at Calcutta from 26th February to 2nd March, 1923. Calcutta: Superintendent of Government Printing, 1924.

United Stated of America

Philadelphia, Commonwealth of, *An Act for the Establishing an health Office, for Securing the City and Port of Philadelphia, from the Introduction of Pestilential and Contagious Diseases.* Philadelphia: True American, 1799.

Baltimore, City Health Department, *The First Thirty-Five Annual Reports.* Baltimore: The Commissioner of Health of Baltimore, Maryland, 1853.

Act March 27, 1890, An Act to prevent the introduction of contagious diseases from one State to another and for the punishment of certain offences.

An Act granting additional quarantine powers and imposing additional duties upon the Marine-Hospital Service, February 15 1893.

Committee on Interstate and Foreign Commerce of the House of Representatives on Bills(H.R. 4363 and S. 2680) to Amend an Act entitled 'An Act granting additional Quarantine Powers and Imposing Duties upon the Marine-Hospital Service'. Washington, DC:

Govt. Printing Office, 1898.

Second General International Sanitary Convention of the American Republics. Pan-American Sanitary Conference, 1905. Washington, DC: Govt. Printing Office, 1907.

Report of the Delegation from the United States of America to the Sixth International Sanitary Conference at Montevideo, December 12, 1920. Washington, DC: Govt. Printing office, 1920.

US Department of Agriculture, *Regulations Governing the Inspection and Quarantine of Livestock and other Animals offered for Importation (except from Mexico)*, Pamphlet SF 623 B3 1945. Washington, DC: Government Printing Office, 1945.

| Newspapers and periodicals |

American Journal of Public Health

Annales de l Institut Pasteur

British Medical Journal

Daily Telegraph

Gentleman's magazine

Gloucester Journal

Gloucestershire Chronicle

Guardian

Hankyoreh

Japan Watch

Joong Ang Daily

Journal of Hygiene

Journal of Indian Medical Research

Korea Herald

Korean Times

Kyunghyang

Lancet

Medical Repository

Medico—Chirurgical Review

Nautical Magazine and Naval Chronicle

Naval Intelligencer

New Scientist

Philosophical Transactions of the Royal Society of London

Revista Universal Lisbonense

The Times

Transactions of the Epidemiological Society of London

| Other published works |

Ahmud, Syud (ed.), *Tuzuk—i—Jahangiri*, Aligarh: Private Press, 1864.

Alpini, Prosper, *De medicina Aegyptiorum*. Paris: G. Pele & I. Duval, 1646.

Anon., *Traité de le peste*. Paris: Guillaume Caelier, 1722.

Anon., *Della peste ossia della cura per preservarsene, e guarire de questo fatalismo morbo*. Venice: Lenoardo & Giammaria, 1784.

Anon., 'Some Account of the Life and Writings of the late Dr. Richard Mead,' *Gentleman's Magazine*, 24 (1754), 512.

Anon., 'Quarantaines', *Dictionnarie encycleopédie des sciences medicalés*. Paris: P. Asselin & G. Masson, 1874.

Arán, S., 'Unifaction des certificats sanitaires pour le commerce international des animaux, viands et produits carnés'. *Bulletin de l'Office International des Épizooties*, 2 (1928~29), 589~98.

Arnoul, Martin, *Histoire de la derniere peste de Marseiles, Aix, Arles, et Toulon. Avec plusiers avantures arrives pendant la contagion*. Paris: Paulus du Mesnil, 1732.

Assalini, P., *Observations on the Disease called The Plague, on the Dysentery, The Opthalmy of Egypt, and on the Means of Prevention, with some Remarks on the Yellow Fever of Cadiz*, trans A. Neale. New York: T.J. Swords, 1806.

Astruc, Jean, *Dissertation sur l'origine des maladies epidemiques et principalement sur l origine de la peste.* Montpellier: Jean Martel, 1721.

Ayre, Joseph, *A Letter addressed to the Right Honourable Lord John Russell, M.P., Secretary of State for the Home Department, on the evil Policy of those Measures of Quarantine, and Restrictive Police, which are employe for arresting the Progress of Asiatic Cholera.* London: Longman, Orme, Brown, Green & Longman, 1837.

Bacon Phillips, T., 'Yellow Fever as it occurred on board the R.M. Steamer "La Plata", on her homeward Voyage from St. Thomas, West Indies, in the Month of November last'. *Lancet*, 26 March 1853, 293~9.

Bally, Victor, *Du typhs d Amérique ou fièvre jaune.* Paris: Smith, 1814.

Bancroft, Edward N. *An Essay on the Disease called Yellow Fever, with Observations concerning Febrile Contagion, Typhus Fever, Dysentery, and the Plague, pary delivered as he Gulstonian Lectures, before the College of Physicians, in the Years 1806 and 1807.* London: T. Cadell & W. Davies, 1811.

_____, *A Sequel to the Essay on Yellow Fever; principally intended to prove, by incontestable Facts and important Documents, that the Fever, called Bulam, or Pestilential, has no Existence as a Distinct, or a Contagious Disease.* London: J. Callow, 1817.

Barton, E.H., *Care and Prevention of Yellow Fever at New Orleans and other Cities in America,* New York: H. Baillière, 1857.

Bateman, Josiah, *The Mighty Hand of God: A Sermon preached in the Parish Church, Margate, on Friday, March 9th, 1866, being the Day of Humilation for the Cattle Plague.* London: Simpkin, Marshall & Co, 1866.

Bell, Charles, *Remarks on Rinderpest.* London: Robert Hardwicke, 1866.

Berger, H.C.L.E., 'L' Immunisation anti−aphteuse des animaux exportés'. *Bulletin de l Office International des Épizooties,* 1 (1927), 534~6.

Bertrand, Jean−Baptiste, *A Historical Relation of the Plague at Marseilles, in the Year 1720,* trans. A. Plumptre. London: Mawman, 1973; reprint of 1805 edn.

Birtwhistle, Richard, 'Account of the Yellow Fever on Board the "Volage"'. *Lancet*, 3 January 1846, 8~9.

Blair, Daniel, *Some Account of the Last Yellow−Fever Epidemic of British Guiana.*

London: Longman & Co., 1850.

Blane, Gilbert, *Observations on the Diseases Incident to Seamen*. London: Joseph Cooper, 1785.

Bone, G.F., *Inaugural Dissertation on Yellow Fever, and on the Treatment of that Disease with Saline Medicines*. London: Longman & Co., 1846.

Bowring, John, *Observations on the Oriental Plague, and on Quarantine as a Means of Arresting its Progress*. Edinburgh: W. Tait, 1838.

Brownrigg, William, *Considerations on the Means of Preventing the communication of Pestilential Contagion and of Eradicating it in Infected Places*. London: Lockyer Davis, 1771.

Bryson, Alexander, *Report on the Climate and Principal Diseases of the African Station*. London: W. Clowes & Sons, 1847.

Budd, William, *The Siberian Cattle Plague, or, the Typhoid Fever of the Ox*. Bristol: Kerslake & Co., 1865.

Bulletin, William, 'A Dialogue both pleasant and pietyful' (1564), in Rebecca Totaro (ed.), *The Plague in Print: Essential Elizabethan Sources, 1558~1603*. Pittsburgh: Duquesne University Press, 2010.

Burgi, M., 'Les Methods générales de la prophylaie de la fièvre aphteuse'. *Bulletin de l' Office International des Épizooties*, 1 (1927), 537~77.

Butterfield, L.H. (ed.), *Letters of Benjamin Rush*, Princeton, NJ: Princeton University Press, 1951, vol. 1.

Caldwell, Charles, *Anniversary Oration on the Subject of Quarantines, delivered to the Philadelphia Medical Society, on the 21st of January, 1807*. Philadelphia: Fry & Kammerer, 1807.

Calmette, A. and Salimberi, A.T., 'La Peste bubonique étude de l' épidémie d' Oporto en 1899; *Sérothérapie*', *Annales de l' Institut Pasteur*, 13 (December 1899), 865~936.

Cané, B.G., Leanes, L.F. and Mascitelli, L.O., 'Emerging Diseases and their Impact on Animal Commerce; The Argentine Lesson'. *Annals of the New York Academy of Sciences*, 1026 (2004), 1~7.

Capron, Horace (ed.), *Report of the Commissioner of Agriculture on the Diseases of Cattle in the United States.* Washington, DC: Government Printing Office, 1871.

Careri, J.F.G., 'A Voyage Round the World by Dr. John Francis Gernelli Careri, Containing the Most Remarkable Things he saw in Indostan', in J.P. Guha (ed.), *India in the Seventeenth Century.* New Delhi: Associated Publishing House, 1976, vol. 2.

Chisholm, Colin, *An Essay on the Malignant Pestilential Fever introduced into the West Indian Islands from Boullam, on the Coast of Guinea, as it appeared in 1793 and 1794.* London: C. Dilly, 1795.

_____, *An Essay on the Malignant Pestilential Fever, introduced into the West Indian Islands from Boullam, on the Coast of Guinea, as it appeared in 1793, 1794, 1795, and 1796. Interspersed with Observations and Facts, tending to Prove that the Epidemic existing at Philadelphia, New–York, etc . was the same Fever introduced by Infection imported from the West Indian Islands: and Illustrated by Evidences found on the State of those Islands, and Information of the most eminent Practitioners residing on them.* London: J. Mawman, 1801.

_____, *A Letter to John Haygarth, M.D. F.R.S., London and Edinburgh, etc., from Colin Chisholm, M.D. F.R.S., etc., Author of An Essay on the Pestilential Fever: Exhibiting farther Evidence of the Infections Nature of this Fatal Distemper in Grenada, during 1793, 4, 5, and 6: and in the United States of America, from 1793 to 1805: in order to correct the pernicious Doctrine promulgated by Dr Edward Miller, and other American Physicians, relative to this destructive Pestilence.* London: Joseph Newman, 1809.

Clark, James, *A Treatise on the Yellow Fever, as it appeared in the Island of Dominica, in the Years 1793~4~5.* London: J. Murray & S. Highley, 1797.

Clark, John, *Observations on the Diseases in Long Voyages to Hot Countries and Particularly to those which prevail in the East Indies.* London: D. Wilson & G. Nicol, 1773.

Clarke, W.W., *The cattle Plague: A Judgement from God for the Sins of the Nation.* London: Simpkins, Marshall & Co., 1866.

Clot-Bey A.-B., *De la Peste observée en Égypte: recherches et considerations sur cette maladie.* Paris: Fortin, Masson, 1840.

Cowdrey, Jonathan, 'A Description of the City of Tripoli, in Barbary; with Observations on the Local Origin and Contagiousness of the Plague'. *Medical Repository*, 3 (1806), 154~9.

Crausius, Rudolphus Guillelmus, *Excerpta quaedam ex observation in nupera peste Hambugensi*. Jena: I. F. Beerwinckel, 1714.

Croissante, Pichaty de, 'Some Account of the Plague at Marseilles in the Year 1720'. *Gentleman's Magazine*, 24 (1754), 32~6.

Cummins, William J., 'The Yellow Fever in the West Indies'. *Lancet*, 28 May 1853, 488~90.

Curtis, Charles, *An Account of the Diseases of India*. Edinburgh: W. Laing, 1807.

Davidson, George, 'Practical and Diagnostic Observations on Yellow Fever, as it occurs in Martinique'. *Medical Repository*, 2 (1805), 244~52.

De Grau, Frederico Viñas y Cusí y Rosendo, *La Peste Bubónica Memoria sobre la Epidemia occurrida en Porto en 1899, por Jaime Ferran*. Barcelona: F. Sanchez, 1907.

De la Brosse, Guy, *Traité de le Peste*. Paris: L. & C. Perier, 1623.

De Rochefort, Charles, *Histoire naturelle et morale des Antilles de l'Amerique* 2nd edn. Rotterdam: Arnout Leers, 1665.

Defoe, Daniel, A Journal of the Plague Year. London: Penguin, 2003 [1722].

Devèze, Jean, *Memoire sur la fièvre jaune afin de la proven non–contagieuse*. Paris: Ballard, 1821.

Dupeyron, De Segur, *Rapport adressé a son exc. le ministre du commerce, chargé de procéder a une enquête sur les divers régimes sanitaires de la Mediterranée*. Paris: L' Imprimerie Royale, 1834.

Ferro, Paskal Joseph, *Untersuchung der Pestanstekung, nebst zwei Aufsätzen von der Glaubwürdigkeit der meisten Pestberichte aus der Moldau und Wallachia, unter der Schädlichkeit der bisherigen Contumanzen von D. Lange and Fronius*. Vienna: Joseph Edlen, 1787.

Ffirth, S., 'Practical Remarks on the Similarity of American and Asiatic Fevers'. *Medical Repository*, 4 (1807), 21~7.

Frank, Johann Peter, *A System of Complete Medical Police*, ed. E. Lesky. Baltimore: J.H.V. Press, 1976; trans. E. Vlim from 3rd edn, Vienna, 1786.

Foggo, George, *The Policy of Restrictive Measures, or Quarantine, as applied to Cholera and Cattle Plague*. London: Head, Noble & Co., 1872.

Gamgee, John, *The Cattle Plague; with Official Reports of the International Veterinary Congresses, held in Hamburg, 1863, and in Vienna, 1865*. London: Robert Hardwicke, 1866.

_____, 'Report of Professor Gamgee on the Lung Plague', in Horace Capron, *Report of the Commissioner of Agriculture on the Diseases of Cattle in the United States*. Washington, DC: Government Printing Office, 1971, 3~15.

_____, *Yellow Fever: A Nautical Disease. Its Origin and Prevention*. New York: D. Appleton & Co., 1879.

A Gentleman, *A Journal Kept on a Journey from Bassora to Bagdad; over the Little Desert, to Cypres, Rhodes, Zante, Corfu; and Otranto, in Italy; in the Year 1779*. Horsham: Arthur Lee, 1784.

Gorgas, W.C., *Sanitation in Panama*, New York: Appleton, 1915.

Granville, A.B., *A Letter to the Right Honble. W. Huskisson, M.P., President of the Board of Trade, on the Quarantine Bill*. London: J. Davy, 1825.

Gray, G.D., 'The History of the Spread of Plague in North China', in *Report of the International Plague Conference held at Mukden, April, 1911*. Manila: Bureau of Printing, 1912, 31~3.

Guiteras, Juan, 'Remarks on the Washington Sanitary Convention of 1905, with special reference to Yellow Fever and Cholera', *American Journal of Public Health*, 2 (1912), 506~14.

Halford, Henry, Blane, Gilbert, et al., *Cholera Morbus; Its Causes, Prevention,, and Cure; with Disquisitions on the Contagious or Non-Contagious Nature of this dreadful Malady, by Sir Henry Halford, Sir Gilbert Blane, and eminent Birmingham Physicians, and the Lancet, and Medical Gazette, together with ample Directions regarding it, by the College of Physicians and Board of Health*. Glasgow: W.R. M' Phan, 1831.

Hankin, E.H., 'On the Epidemiology of Plague', *Journal of Hygiene*, 5 (1905), 48~83.

Heiser, V.G., 'International Aspects of Disease', in *The International Sanitary Convention of Paris, 1911~12*, trans. R.W. Johnstone. London: HMSO, 1919.

Hillary, William, *Observations on the Changes of the Air, and the Concomitant Epidemical commonly called the Yellow Fever; and such other Diseases as are indigenous or endemial in the West India Islands or in the Torrid Zone*. London: C. Hitch & L. Hawes, 1759.

Hirsch, August, *Handbook of Geographical and Historical Pathology*, vol. 1. London: The Sydenham Society, 1883.

Hirst, L. Fabian, 'Plague Fleas, with Special Reference to the Milroy Lectures, 1924'. *Journal of Hygiene*, 24 (1925), 1~16.

Holroyd, Arthur T., *The Quarantine Laws, their Abuses and Inconsistencies. A Letter, addressed to the Rt. Hon. Sir John Cam Hobhouse, Bart., M.P., President of the Board of Control*. London: Simpkins, Marshall & Co., 1839.

Holt, Joseph, *Quarantine and Commerce: Their Antagonism destructive to the Prosperity of City and State. A Reconciliation and imperative Necessity. How this may be Accomplished*. New Orleans: L. Graham & Sons, 1884.

Howard, John, *An Account of the Principal Lazarettos in Europe*. Warrington: William Eyres, 1789.

Huxham, John, *Essay on Fevers*. London: S. Austen, 1750.

Ingram, Dale, *An Historical Account of the Several Plagues that have appeared in the World since the Year 1346 with An Enquiry into the Present prevailing Opinion, that the Plague is a Contagious Disease, capable of being transported in Merchandize, from one Country to Another*. London: R. Baldwin, 1755.

Jacobi, Ludwig Friedrich, *De Peste*. Erfurt H. Grochius, 1708.

James, S. P., 'The Protection of India from Yellow Fever', *Journal of Indian Medical Research*, 1 (1913), 213~57.

Johnson, J. E., *An Address to the Public on the Advantages of a Steam Navigation to India*. London: D. Sidney & Co., 1824.

Kanold, Johannes, *Einiger Medicorus Schreiben von der in Preussen an. 1708, in Dantzig an. 1709, in Rosenberg an. 1708, und in Fraustadt an. 1709 grassireten Pest, wie auch von der wahren Beschaffenheir des Brechens, des Schweisses under der Pest-Schwären, sonderlich der Beulen.* Breslau: Fellgiebel, 1711.

Keating, J. M., *A History of the Yellow Fever: The Yellow Fever Epidemic of 1878, in Memphis, Tenn.* Memphis: Howard Association, 1879.

Khan, 'Inayat, *The Shah Jahan Nama of 'Inayat Khan,* trans. A.R. Fuller. New Delhi: Oxford University Press, 1990.

Khawajah, Hamdan ibn 'Uthman,, *Ithaf al-munsifinwa-al-udaba fi al-ihtiras an al-waba.* Algiers: al-Sharikah, 1968.

Laitner, Christiano, *De Febrius et morbis acutis.* Venice: H. Albricium, 1721.

Lane Notter, J., 'International Sanitary Conferences of the Victorian Era'. *Transactions of the Epidemiological Society of London,* 17 (1897~8).

Lange, Martin, *Rudimenta doctrine de peste.* Vienna: Rudolph Graeffer, 1784.

Le Brun, Corneille, *Voyages de Corneille le Brun au Levant, c'est-à-dire, dans les principaux endroits de l Asie Mineure, dans les isles de Chio, Rhodes, Chypres, etc.* Paris: P. Gosse & J. Neautme, 1732.

Leclainche, E., 'La Standardisation des bulletins sanitaires'. *Bulletin de l Office International des Éizooties,* 1 (1927), 577~83.

Leith, A. H., *Abstract of the Proceedings and Reports of the International Sanitary Conference of 1866.* Bombay: Press of the Revenue, Financial and General Departments of the Secretariat, 1867.

Lind, James, *An Essay on Diseases incidental to Europeans in Hot Climates with the Method of Preventing their Fatal Consequences.* London: J. & J. Richardson, 1808 [1768].

Mabit, J., *Essai sur les maladies de l armée de St.-Domingue en l an XI, et principalement sur la fièvre jaune.* Paris: Ecole de Médecine, 1804.

McCabe, James, *Observations on the Epidemic Cholera of Asia and Europe.* Cheltenham: G.A. Williams, 1832.

McCall, William, *God s Judgement and Man s Duty.* London: William Macintosh, 1866.

M' Gregor [McGrigor], James *Medical Sketches of the Expedition to Egypt*. London: John Murray, 1804.

Mackenzie, Mordach,, 'Extracts of Several Letters of Mordach Mackenzie, M.D. concerning the Plague at Constantinople', *Philosophical Transactions of the Royal Society*, 47 (1752), 385.

_____, 'A Further Account of the late Plague at Constantinople, in a Letter of Dr. Mackenzie from thence', *Philosophical Transactions of the Royal Society*, 47 (1752), 515.

Maclean, Charles, *To the Inhabitants of British India*. Calcutta: s.n., 1798.

_____, *The Affairs of Asia considered in their Effects on the Liberties of Britain*. London: s.n. 1806.

_____, *A View of the Consequences of Laying Open the Trade to India, to Private Ships*. London: Black, Perry & Co., 1813.

_____, *Results of an Investigation respecting Epidemic and Pestilential Diseases: Including Researches in the Levant concerning the Plague*, 2 vols. London: Thomas & George Underwood, 1817.

_____, *Specimens of Systematic Misrule*. London: H. Hay, 1820.

_____, *Evils of Quarantine Laws, and Non–Existence of Pestilential Contagion; deduced from the Phenomena of the Plague of the Levant, the Yellow Fever of Spain, and the Cholera Morbus of Asia*, London: T.& G. Underwood, 1824.

M' Lean, Hector, *An Enquiry into the Nature, and Causes of the Great Mortality among the Troops at St. Domingo: with Practical Remarks on the Fever of that Island, and Directions, for the Conduct of Europeans on their first Arrival in Warm Climates*. London: T. Cadell, 1797

MacPherson, John, *Annals of Cholera: From the Earliest Periods to the Year 1817*. London: Ranken & Co., 1872.

M' William, James O., *Medical History of the Expedition to the Niger during the Years 1841~2, comprising an Account of the Fever which led to tis abrupt Termination*, London: HMSO, 1843.

Makittrick, Jacobus, *Dissertatio medica inauguralis de febre indiae occidentalis maligna flava.* Edinburgh: A. Donaldson, 1764.

Manget, Jean Jacques, *Traité de le peste.* Geneva: Philippe Planche, 1721.

Manningham, Richard, *A Discourse concerning the Plague and Pestilential Fevers.* London: Robinson, 1758.

Martel, Jean, *Dissertation sur l origine des maladies epidemiques et principalement sur l origine de la peste.* Montpellier: Imprimeur Ordinaire du Roy, 1721.

Mead, Richard, *Of the Power of the Sun and Moon on Humane Bodies; and of the Diseases that Rise from Thence.* London: Richard Wellington, 1712.

_____, *A Short Discourse concerning Pestilential Contagion, and the Methods used to Prevent it.* London: S. Buckley, 1720.

Miles, S. ed., *Medical Essays and Observations relating to the Practice of Physic and Surgery.* London: S. Birt, 1745.

Milroy, Gavin, *Quarantine and the Plague: Being a Summary of the Report on these Subjects recently addressed to the Royal Academy of Medicine in France.* London: Samuel Highley, 1846.

Montenegro, José Verdes, *Bubonic Plague: Its Course and Symptoms and Means of Prevention and Treatment, according to the latest Scientific Discoveries; including notes on Cases in Oporto,* trans. W. Munro. London: Baillière, Tindall & Cox, 1900.

Moseley, Benjamin, *A Treatise on Tropical Diseases.* London: T. Cadell, 1789.

Murray, John, *The Plague and Quarantine. Remarks on some Epidemic and Endemic Diseases; (including the Plague of the Levant) and the Means of Disinfection: with a Description of the Preservative Phial. Also a Postscript on Dr. Bowring' s Pamphlet,* 2nd edn. London: John Murray, 1839.

Nathan, R., *The Plague in India, 1896, 1897.* Simla: Govt. Central Printing Office, 3 vols, 1898.

Netten Radcliffe, J., 'Memorandum on Quarantine in the Red sea, and on the Sanitary Regulation of the Pilgrimage to Mecca', in *Ninth Annual Report of the Local Government Board 1879~80, Supplement containing Report and Papers submitted by the Medical Officer on the Recent Progress of Levantine Plague, and on Quarantine in the Red Sea.* London: George E. Eyre & William Spottiswoode, 1881, 98~103.

Norman White, F., *The Prevalence of Epidemic Disease and Port Health Organization and Procedure in the Far East*. Geneva: League of Nations, 1923.

O' Halloran, Thomas, *Remarks on the Yellow Fever of the South and East Coasts of Spain*. London: Callow & Willson, 1823.

Papon, J. P., *De la Peste, ou les époques mémorables de ce fléau, et les moyen de s' en preserver*, 2nd vols. Paris: Lavillette, 1799.

Pariset, Étienne, *Observations sur la fièvre jaune, faites a Cadiz. Paris*: Audot, 1820.

Philadelphia, Academy of Medicine of, *Proofs of the Origin of Yellow Fever, in Philadelphia etc Kensington, in the Year 1797, from Domestic Exhalation; and from the Foul Air of the Snow Navigation, from Marseilles: and from that of the Ship Huldah, from Hamburgh, in two Letters addressed to the Governor of the Commonwealth of Philadelphia*. Philadelphia: T. & S. F. Bradford, 1798.

A Philadelphian, *Occasional Essays on the Yellow Fever. Philadelphia*: John Ormorod, 1800.

Playfair, Lyon, *The Cattle Plague in its Relation to Past Epidemics and to the Present Attack*. Edinburgh: Edmonston & Douglas, 1865.

Pope, G. W., 'Some Results of Federal Quarantine against Foreign Live-Stock Diseases', *Yearbook of the United States Department of Agriculture, Washington, DC*: Government Printing Office, 1919.

Proust, Adrien, *Essai sur l' hygiène internationale ses applications contre la peste, la fièvre jaune et le choléra asiatique*. Paris: G. Masson, 1873.

Pym, William, *Observations upon the Bulam Fever, which has of late Years prevailed in the West Indies, on the Coast of South America, at Gibraltar, Cadiz, and other parts of Spain: with a Collection of Facts proving it to be a highly Contagious Disease*. London: J. Callow, 1815.

Rennie, Alexander, *Report on the Plague Prevailing in Canton during the Spring and Summer of 1894*. Shanghai: Chinese Imperial Maritime Customs, 1895.

Ruffer, Marc Armand, 'Measures taken at Tor and Suez against Ships coming from the Red Sea and the Far East'. *Transactions of the Epidemiological Society of London*, 19 (1899~1900), 25~47.

Rush, Benjamin, *An Account of the Bilious Remitting Yellow Fever*. Philadelphia: Thomas Dobson, 1794.

Russell, Alexander, *The Natural History of Aleppo, and Parts Adjacent, containing a Description of the City, and the Principal Natural Productions in its Neighbourhood, together with an Account of the Climate, Inhabitants, and Diseases; particularly of the PLAGUE, with the Methods used by Europeans for their Prevention*. London: A. Millar, 1756.

Russell, Patrick, *A Treatise of the Plague*. London: G. G. J. & J. Robinson, 1791.

Samoilowitz, Daniel (Samoilovich), *Mémoire sur la peste, qui, en 1771, ravage l Empire Russe, sur-tout Moscou, la Capitale*. Paris: Leclerc, 1783.

Sandwith, F. M., *The Medical Diseases of Egypt*. London: Henry Kimpton, 1905.

Schmidt, H. D., *The Pathology and Treatment of Yellow Fever; with some Remarks upon the Nature of its Cause and its Prevention*. Chicago: Chicago Medical Press Association, 1881.

Senac, Jean Baptiste, *Traité des causes des accidens, et de la cure de la peste*. Paris: P.-J. Mariette, 1744.

Shadwell, A., 'Plague at Oporto'. *Transactions of the Epidemiological Society of London*, 19 (1899~1900).

Simpson, W. J. R., *Report on the Causes and Continuance of Plague in Hongkong and Suggestions as to Remedial Measures*. London: Waterlow & Sons, 1903.

———, *The Croonian Lectures on Plague*. London: Royal College of Physicians, 1907.

Snow, P. C. H., *Report on the Outbreak of Bubonic Plague in Bombay, 1896~7*. Bombay: Times of India Steam Press, 1897.

Starr, Chester K., *Nature and Prevention of Plant Diseases*. Toronto: The Blakiston Company, 1950.

Taylor, John, *Travels from England to India, in the Year 1789*, 2 vols. London: S. Low, 1799.

Tholozan, J.D., *Une Épidémie de peste en Mésopotamie en 1867*. Paris: Victor Masson & Fils, 1869.

———, *Prophylaxie du choléra en Orient: l hygiène et la réforme sanitaire en Perse*. Paris:

Victor Masson & Fils, 1869.

Thompson, John Ashburton, 'A Contribution to the Aetiology of Plague'. *Journal of Hygiene*, 1 (1901), 153~67.

_____, *Report of the Board of Health on a Second Outbreak of Plague at Sydney, 1902*, Sydney: William Applegate Gullick, 1903.

Tommasini, J. *Recherches pathologiques sur la fièvre de Livorne de 1804, sur la fièvre jaune d amérique*. Paris: Arthus–Bertrand, 1812.

Untainted Englishman, *The Nature of a Quarantine, as it is performed in Italy: To Guard against ······ the Plague: with Important Remarks on the Necessity of Laying Open the Trade to the East Indies*. London: J. Williams, 1767.

Wade, John P., *A Paper on the Prevention and Treatment of the Disorder of Seamen and Soldiers in Bengal*. London: J. Williams, 1767.

Wakil, A. W., *The Third Pandemic of Plague in Egypt: Historical, Statistical and Epidemiological Remarks on the First Thirty–Two Years of its Prevalence*. Cairo: Egyptian University, 1932.

Warren, Henry, *A Treatise concerning the Malignant Fever in Barbadoes, and the Neighbouring Islands: with an Account of the seasons there, from the Year 1734 to 1738. In a Letter to Dr. Mead*. London: Fletcher Gyles, 1740.

Weir, T. S., 'Report from Brigade–Surgeon–Lieutenant–Colonel T. S. Weir, Executive Health Officer, Bombay, in P. C. H. Snow (ed.), *Report on the Outbreak of Bubonic Plague in Bombay, 1896~97*. Bombay: Times of India Steam Press, 1897, 237~90.

White, Norman, F., *The Prevalence of Epidemic Disease and Port Health Organization and Procedure in the Far East*. Geneva: League of Nations, 1923.

White, William, *The Evils of Quarantine Laws, and Non–existence of Pestilential Contagion*. London: Effingham Wilson, 1837.

Wilbin, John and Harvey, Alexander, 'An Account of Yellow Fever, as it occurred on board R.M.S. Ship "La Plata", in the Month of November, 1852'. *Lancet*, 12 February 1853, 148~51.

Wu, Lien–teh, 'First Report of the North Manchuria Plague Prevention Service',

Journal of Hygiene, 13 (1913), 237~90.

_____, (ed.), *Manchurian Plague Prevention Service. Memorial Volume 1912~1932*. Shanghai: National Quarantine Service, 1934.

| Secondary sources |

Published works

Abraham, Thomas, *Twenty-First Century Plague*. Baltimore: Johns Hopkins University Press, 2004.

Ackerknecht, Erwin, "Anticontagionism between 1821 and 1861." *Bulletin of the History of Medicine*, 22 (1948), 561~93.

Ackroyd, Marcus, Brockliss, Laurence, Moss, Michael, Retford, Kate and Stevenson, John, *Advancing with the Army: Medicine, the Professions, and Social Mobility in the British Isles* 1790~1850. Oxford: Oxford University Press, 2006.

Afkhami, Amir, A., "Defending the Guarded Domain: Epidemics and the Emergence of an International Sanitary Policy in Iran." *Comparative Studies of South Asia, Africa and the Middle East*, 19 (1999), 122~34.

Alden, D. and Miller, J. C., "Out of Africa: The Slave Trade and Transmission of Smallpox to Brazil, 1560~1831," in R. I. Rotberg, ed., *Health and Disease in Human History: A Journal of Interdisciplinary History Reader*. Cambridge, Mass.: MIT Press, 2000, 203~30.

Alexander, John T., *Bubonic Plague in Early Modern Russia: Public Health and Urban Disaster*. Oxford: Oxford University Press, 2003.

Ali, Harris and Keil, Roger, eds., *Networked Disease: Emerging Infections in Global City*. Oxford: Blackwell, 2002.

Allen, Charles E., "World Health and World Politics," *International Organization*, 4 (1950), 27~43.

al-Sayyid Marsot, Ataf Lufti, *Egypt in the Reign of Muammad Ali*. Cambridge: Cambridge University Press, 1994.

Anderson, Warwick, *The Cultivation of Whiteness: Science, Health and Racial Destiny in*

Australia. Melbourne: Melbourne University Press, 2002.

_____, *Colonial Pathologies: American Tropical Medicine, Race, and Hygiene in the Philippines*. Durham, NC: Duke University Press, 2006.

Appleby, Andrew, "The Disappearance of Plague: A Continuing Puzzle," *English Historical Review*, 33 (1980), 161~73.

Arnold, David, "Touching the Body: Perspectives on the Indian Plague, 1896~1900," in R, Guha, ed., *Subaltern Studies V: Writings on Soith Asian History and Society*. Delhi: Oxford University Press, 1987, 55~90.

_____, "The Indian Ocean as a Disease Zone, 1500~1950," *South Asia*, n.s. 14 (1991), 1~22. Arrizabalaga, Jon, Henderson, John and French, Roger, *The Great Pox: The French Disease in Renaissance Europe*. New Haven and London: Yale University Press, 1997.

Baldwin, Peter, *Contagion and the State in Europe 1830~1930*. Cambridge: Cambridge University Press, 1999.

_____, *Disease and Democracy: The Industrialized World Faces AIDS*. Berkeley and Los Angeles: California University Press, 2005.

Barrett, R., Kuzawa, C.W., McDade, T. and Armelagos, G.J., "Emerging and Re-emerging Infectious Diseases: The Third Epidemiological Transition," *Annual Review of Anthropology*, 27 (1998), 247~71.

Barry, Stephane and Gualde, Norbert, "La Peste noir dans l' Occident chrétien et muslaman, 1347~1353," *Canadian Bulletin of Medical History*, 25 (2008), 461~98

Bashford, Alison, *Imperial Hygiene: A Critical History of Colonialism, Nationalisn and Public Health*. Basingstoke: Macmillan, 2004.

_____, "Global Biopolitics and the History of World Health," *History of the Human Sciences*, 19(2006), 67~88.

_____, ed., *Medicine at the Border: Disease, Globalization and Security, 1850 to the Present*. Basingstoke: Palgrave Macmillan, 2006.

_____, and Claire Hooker, eds., *Contagion: Historical and Cultural Studies*. London: Routledge, 2001.

Bayly, C. A., *The Birth of the Modern World* 1780~1914. Oxford: Blackwell, 2004.

Beck, Peter M., "Candlelight Protests: Finding a Way Forward," *Korea Herald*, 4 July 2008, 4.

Benchimol, Jaime Larry, *Pereira Passos: Um Haussmann Tropical*. Rio de Janeiro: Biblioteca Carioca, 1990.

Benedict, Carol, *Bubonic Plague in Nineteenth-Century China*. Stanford, Calif.: Stanford University Press, 1996.

Benedictow Ole J., *The Black Death 1346~1353: The Complete History*. Woodbridge: Boydell Press, 2004.

Bhagrati, Jagdish, *In Defense of Globalization*. New York and Oxford: Oxford University Press, 2004.

Biraben, J-N., *Les Hommes et la peste en France et dans les pays européens et méditerranées*, vol. 1. Paris: Mouton, 1975.

_____, "Les Routes maritimes des grandes épidémies au moyen âge," in C. Buchet, ed., *L' Homme, la santé et la mer*. Paris: Champion, 1997, 23~37.

Birn, Anne-Emanuelle, *Marriage of Convenience: Rockefeller International Health and Revolutionary Mexico*. Rochester, NY: Rochester University Press, 2006.

Black, Jeremy, *European Warfare 1660~1815*. London and New Haven: Yale University Press, 1994.

_____, *The British Seaborne Empire*. New Haven and London: Yale University Press, 2004. Blackburn, Robin, *The Making of New World Slavery: From the Baroque to the Modern 1492~1800*. London: Verso, 1997.

Booker, John, *Maritime Quarantine: The British Experience, c.1650~1900*. Aldershot: Ashgate, 2007.

Borsch, Stuart J., *The Black Death in Egypt and England: A Comparative Study*. Austin: University of Texas Press, 2005.

Boxer, C.R. *The Dutch Seaborne Empire 1600~1800*. London: Penguin, 1990.

Bozhong, Li, "Was there a "fourteenth-century turning point"? Population, Land, Technology and Farm Management," in P. J. Smith and R. von Glahn, eds., *The Song-Yuan Transition in Chinese History*. Cambridge, Mass.: Harvard University Press, 2003, 134~75.

Braudel, Fernand, *Civilization and Capitalism, 15th~18th Century: Volume III, The Perspective of the World*. London: Collins, 1988.

Bridge, F.R. and Bullen, Roger, *The Great Powers and the European State System 1815~1914*. London: Longman, 1980.

Brockliss, Laurence and Jones, Collin, *The Medical World of Early Modern France*. Oxford: Clarendon Press, 1997.

Brookes, Tim, *Behind the Mask: How the World Survived SARS, the First Epidemic of the Twenty-First Century*. Washington, DC: American Public Health Association, 2005.

Brooks, Francis J., "Revising the Conquest of Mexico," in R.I. Rotberg, ed., *Health and Disease in Human History: A Journal of Interdisciplinary History Reader*. Cambridge, Mass.: MIT Press, 2000, 15~28.

Brown, Michael, "From Foetid Air to Filth: The Cultural Transformation of British Epidemiological Thought, ca. 1780~1848," *Bulletin of the History of Medicine*, 82 (2008), 515~44.

Brown, Karen and Glifoyle, Daniel, eds., *Healing the Herds: Disease, Livestock Economies, and the Globalization of Veterinary Medicine*. Athens, Ohio: Ohio University Press, 2010.

Brown, Stephen, "The Economic Impact of SARS," in C. Loh, ed., *At the Epicentre: Hong Kong and the SARS Outbreak*. Hong Kong: Hong Kong University Press, 2004, 179~93.

Buckley, Roger N., *The British Army in the West Indies: Society and the Military in the Revolutionary Age*. Gainesville: University Press of Florida, 1998.

Bullen, Roger, Palmerston, *Guizot and the Collapse of the Entente Cordiae*. London: Athlone Press, 1974.

Bushnell, O. A., *The Gift of Civilization: Germs and Genocide in Hawai'i*. Honolulu: University of Hawaii Press, 1993.

Bynum, W. F., "Cullen and the Study of Fevers in Britain, 1760~1820," in W.F. Bynum and V. Nutton, eds., *Theories of Fever from Antiquity to the Enlightenment, Medical History* Supplement, No.1. London: Wellcome Institute for the History of

Medicine, 1981, 135~48.

_____, "Policing Hearts of Darkness: Aspects of the International Sanitary Conferences," *History and Philosophy of the Life Sciences*, 15 (1993), 421~34.

Byrne, Joseph P., *The Black Death*. Westport, Conn.: Greenwood Press, 2004.

Cain, P. J. and Hopkins, A. G., *British Imperialism, 1688~2000*. London: Routledge, 2001.

Cameron, Rondo and Neal, Larry, *A Concise Economic History of the World*. New York and Oxford: Oxford University Press, 2003.

Campbell, Christy, *Phylloxera: How Wine was Saved for the World*. London: Harper Perennial, 2004.

Cantor, David, ed., *Reinventing Hippocrates*. Aldershot: Ashgate, 2002.

Cantor, Norman, *In the Wake of Plague: The Black Death and the World it Made*. London: Simon &Schuster, 2001.

Carmichael, Ann G., "Plague Legislation in the Italian Renaissance," *Bulletin of the History of Medicine*, 57 (1983), 519~25.

_____, *Plague and the Poor in Renaissance Florence*. Cambridge and New York: Cambridge University Press, 1986.

_____, "Universal and Particular: The Language of Plague, 1348~1500," in Nutton, ed., *Pestilential Complexities*, 17~52.

Carrell, Severin and Wintour, Patrick, "Minister Urges Calm as Virus Reaches Britain," *Guardian*, 28 April 2009, 5.

Catanach, I. J., "Plague and the Tensions od Empire: India, 1896~1918," in D. Arnold, ed., *Imperial Medicine and Indigenous Societies*. Manchester University Press, 1988, 149~71.

Chalhoub, Sidney, "The Politics of Disease Control: Yellow Fever in Nineteenth-Century Rio de Janeiro," *Journal of Latin American Studies*, 25 (1993), 441~63.

Chandarvarkar, R., "Plague Panic and Epidemic Politics in India, 1896~1914," in T. Ranger and P. Slack, eds., *Epidemics and Ideas*. Cambridge: Cambridge University Press, 1992, 203~40.

Chapman, Tim, *The Congress of Vienna: Origins, Processes and Results*. London:

Routledge, 1998.

Chase, Marilyn, *The Barbary Plague: The Black Death in Victorian San Francisco.* New York: random House, 2004(마릴린 체이스, 《환경의 역습》, 어윤금 옮김, 북키앙, 2003).

Chaudhury, S. and Morineau, M., eds., *Merchants, Companies and Trade: Europe and Asia in the Early Modern Era.* Cambridge: Cambridge University Press, 1999.

Christensen, Peter, ""In These Perilous Times": Plague and Plague Policies in Early Modern Denmark," *Medical History*, 47 (2003), 413~50.

Cipolla, Carlo M., *Fighting the Plague in Seventeenth-Century Italy.* Madison: University of Wisconsin Press, 1981.

Clark, J. F. M., *Bugs and the Victorians.* London and New Haven: Yale University Press, 2009.

Clemow, Frank G., *The Geography of Disease.* Cambridge: Cambridge University Press, 1903.

Cohn JR., Samuel K., *The Black Death Transformed: Disease and Culture in Early Renaissance Europe.* London: Arnold, 2002.

_____, "Epidemiology of the Black Death and Successive Waves of Plague," in Nutton, ed., *Pestilential Complexities*, 74~100.

_____, *Cultures of Plague: Medical Thinking at the End of the Renaissance.* Oxford: Oxford University Press, 2010.

Coleman, William, *Yellow Fever in the North: The Methods of Early Epidemiology.* Madison: University of Wisconsin Press, 1987.

Conrad, Lawrence I., "Epidemic Disease in Formal and Popular Thought in Early Islamic Society," in T. Ranger and P. Slack, eds., *Epidemic and Ideas: Essays on the Historical Perception of Pestilence.* Cambridge: Cambridge University Press, 1992, 77~100.

_____, "A Ninth-Century Muslim's Scholar's Discussion of Contagion," in L.I. Conrad and D. Wujastyk, eds., *Contagion: Perspectives from Pre-Modern Societies.* Aldershot: Ashgate, 2000, 163~78.

Cook, Alexandra Parma and Cook, David Noble *The plague Files: Crises Management in Sixteenth-Century Seville.* Baton Rouge: Louisiana State University Press, 2009.

Cook, David Noble, *Born to Die: Disease and the New World Conquest, 1492~1650*. New York: Cambridge University Press, 1998.

Cooper, Frederick, *Colonialism in Question: Theory, Knowledge, History*. Berkeley: University of California Press, 2005.

Cooter, Roger, "Anticontagionism and History's Medical Record," in P. Wright and A. Treacher, eds., *The Problem of Medical Knowledge: Examining the social Construction of Medicine*. Edinburgh: Edinburgh University Press, 1982, 87~108.

Coulter, J. L. S. and Lloyd, C., *Medicine and the Navy 1200~1900. Vol. Ⅳ: 1815~1900*. Edinburgh and London: E. & S. Livingstone, 1963.

Cowen, Peter and Morales, Roberta A., "Economic and Trade Implications of Zoonotic Disease," in T. Burroughs, S. Knobler and J. Lederberg, eds., *The Emergence of Zoonotic Disease: Understanding the Impact on Animal and Human Health*. Washington, DC: National Academy Press, 2001, 20~5.

Critchell, James T., *A History of the Frozen Meat Trade*. London: Constable, 1912.

Crosby, Alfred W., *The Columbian Exchange: The Biological and Cultural Consequences of 1492*. Westport, Conn: Greenwood Press. 1974.

_____, *Ecological Imperialism: The Biological Expansion of Europe, 900~1900*. Cambridge: Cambridge University Press, 1986.

_____, "Hawaiian Depopulation as a Model for the Amerindian Experience," in P. Slack and T. Ranger, eds., *Epidemics and Ideas: Essays on the Historical Perception of Pestilence*. Cambridge: Cambridge University Press, 1992, 175~202.

Cueto, Marcos, *The Return of Epidemics: Health and Society in Peru during the Twentieth Century*. Aldershot: Ashgate, 2001.

_____, *The Value of Health: A History of the Pan American Health Organization*. Washington, DC: Pan American Health Organization, 2001.

Curson, Peter and McCracken, Kevin, *Plague in Sydney: The Anatomy of an Epidemic*. Kensington: University of New South Wales Press, 1989.

Curtin, Philip D., ""The White Man's Grave": Image and Reality, 1750~1850," *Journal of British Studies*, 1 (1961), 94~110.

_____, *The Image of Africa: British Ideas and Action, 1780~1850*. Madison: University of Wisconsin Press, 1964.

_____, *The Atlantic Slave Trade: A Census*. New York: Norton, 1981.

_____, *Death by Migration: Europe's Encounter with the Tropical World in the Nineteenth Century*. Cambridge: Cambridge University Press, 1989.

_____, *The Rise and Fall of the Plantation Complex*, 2nd edn. Cambridge: Cambridge University Press, 1998.

Darwin, John, *After Tamerlane: The Global History of Empire since 1405*. London: Allen Lane, 2007.

_____, The Empire Project: *The Rise and Fall of the British World System 1830~1970*. Oxford: Oxford University Press, 2009.

Das Gupta, Ashin, "The Merchants of Surat, c. 1700~50," in E. Leach and S. N. M ukherjee, eds., *Elites in South Asia*. Cambridge: Cambridge University Press, 1970, 201~22.

_____, "Indian Merchants and the Trade in the Indian Ocean, c. 1500~1750" in T. Raychaudhuri, ed., *The Cambridge Economic History of India, Volume* I : *c.1200~c.1750*. Cambridge: Cambridge University Press, 1982, 407~33.

Davis, Deborah and Siu, Helen, eds., *SARS: Reception and Interpretations in Three Chinese Cities*. London and New York: Routledge, 2007.

Davis, Mike, *Late Victorian Holocausts*. London: Verso, 2001.

De Herdt, Roger, *Bijdrage tot de Geschiedenis van de Vetteelt in Vlaanderen, inzonderheid tot de Geschiedenis van de Rundveepest*. Louvain: Belgisch Centrum voor Landelijke Geschiedenis, 1970.

De Vries, Jan, "The Industrial Revolution and the Industrious Revolution," *Journal of Economic History*, 54 (1994), 240~70.

De Vries, Jan and van de Woude, Adriaan, *The First Modern Economy: Success, Failure and the Perseverance of the Dutch Economy*. Cambridge: Cambridge University Press, 1997.

Delgado, C.M., Rosegrant, M., Steinfeld, H., Ehui, S. and Courbois, C., *Livestock to 2020: The Next Food Revolution*. Washington, DC: International Food Policy Research Institute, 1999.

Diamond, Jared, *Guns, Germs and Steel: A Short History of Everybody for the Last 13,000 Years*. London: Vintage, 1998(재레드 다이아몬드, 《총, 균, 쇠》, 김진준 옮김, 문학사상사, 2005).

Dix, Andreas, "Phylloxera," in S. Krech III, J. R. McNeil and C. Merchant, eds., *Encyclopedia of World Environmental History*. London: Routledge, 2004, 1,002.

Dodgson, Richard, Lee, Kelly and Drager, Nick, "Global Health Governance," Discussion Paper No.1, Centre on Global Change and Health, London School of Hygiene and Tropical Medicine, in John J. Kirton, ed., *Global Health*. Aldershot: Ashgate, 2009, 439~62.

Doeppers, Daniel F., "Fighting Rinderpest in the Philippines, 1886~1941," in K. Brown and D. Gilfoyle, eds., *Healing the Herds: Disease, Livestock Economies, and the Globalization of Veterinary Medicine*. Athens, Ohio: Ohio University Press, 2010, 108~28.

Dols, Michael, *The Black Death in the Middle East*. Princeton, NJ: Princeton University Press, 1977.

Donnelly, James S., *The Great Irish Potato Famine*. Stroud: Sutton, 2001.

Doughty, Edward, *Observations and Inquiries into the Nature and Treatment of the Yellow, or Bulam Fever, in Jamaica and at Cadiz: particularly in what regards its primary Cause and assigned Contagious Powers*. London: Highley & Son, 1816.

Drancourt, Michel, et al., "Detection of 400–Year Old Yersinia pestis DNA in Human Dental Pulp," *Proceedings of the National Academy of Sciences of the USA*, 95 (1998), 12637~40.

Duffy, John, *Sword of Pestilence: The New Orleans Fever Epidemic of 1853*. Baton Rouge: Louisiana State University Press, 1966.

_____, *A History of Public Health in New York City 1625~1866*. New York: Russell Sage Foundation, 1968.

Durey, Michael, *Return of the Plague: British Society and the Cholera of 1831~2*. London: Macmillan, 1979.

Echenberg, Myron, *Black Death, White Medicine: Bubonic Plague and the Politics of Public Health in Colonial Senegal, 1914~1945*. Oxford: James Currey, 2002.

_____, *Plague Ports: The Global Urban Impact of Bubonic Plague 1894~1901*. New York: New York University Press, 2007.

_____, *Africa in the Tine of Cholera: A History of Pandemics from 1817 to the Present*. Cambridge: Cambridge University Press, 2011.

Elgood, Cyril, *Medicine in Persia*. New York: Paul B. Hoeber, 1934.

Enserink, Martin and Normille, Dennis, "search for SARS Origins Stalls," *Science*, 31, 302 (October 2003), 766~7.

Espinosa, Mariola, *Epidemic Invasions: Yellow Fever and the Limits of Cholera Years 1830~1910*. Oxford: Clarendon Press, 1987.

_____, "Epidemics and Revolutions: Cholera in Nineteenth−Century Europe," in P. Slack and T. Ranger, eds., *Epidemic and Ideas*. Cambridge: Cambridge University Press, 1992, 149~74.

Fagan, Robert, "Globalization, the WTO and the Australia−Philippines "Banana War"," in N. Fold and B. Pritchard, eds., *Cross−Continental Agro−Food Chains: Structures, Actors and Dynamics in the Global Food System*. London: Routledge, 2006, 207~22.

Falola, Toyin and Heaton, ,Matthew M., *HIV/AIDS, Illness, and African Well−being*. Rochester, NY: University of Rochester Press, 2007.

Fan, Yun and Chen, Ming−chi, "The Weakness of a Post−authoritarian Democratic Society: Reflections upon Taiwan's Societal Crisis during the SARS Outbreak," in D. Davis and H.F. Siu, eds., *SARS: Reception and Interpretation in Three Chinese Cities*. London: Routledge, 2007, 147~64.

Fee, Elizabeth and Fox, Daniel M., eds., *AIDS: The Making of a Chronic Disease*. Berkeley and Los Angeles: California University Press, 1992.

Fidler, David P., "Germs, Governance, and Global Public Health in the Wake of SARS," *Journal of Clinical Investigation*, 113 (2004), 799~804.

Findlay, G.M., "The First Recognized Epidemic of Yellow Fever," *Transactions of the Royal Society of Tropical Medicine and Hygiene*, 35 (1941), 143~54.

Findlay, Ronald and O'Rourke, Kevin H., *Power and Plenty: Trade, War, and the World Economy in the Second Millennium*. Princeton, NJ: Princeton University Press,

2007(로널드 핀들레이, 케빈 H. 오루크, 《권력과 부》, 하임수 옮김, 에코리브르, 2015).

Finger, Simon, "An Indissoluble Union: How the American War for Independence Transformed Philadelphia's Medical Community and Created a Public Health Establishment," *Pennsylvania History*, 77 (2010), 37~72.

Fischer, W. and McInnis,R.M., eds., *The Emergence of a World Economy 1500~1914*, 2 vols. Wisebaden: Franz Steiner Verlag, 1986.

Fischer, John R., "*Cattle Plagues Past and Present: The Mystery of Mad Cow Disease*," Journal of Contemporary History, 33 (1998), 215~28.

Flinn, M.W., "Plague in Europe and the Mediterranean Countries," *Journal of European Economic History*, 8 (1979), 131~48.

Foucault, Michel, "The Politics of Health in the Eighteenth Century," in C. Gordon, ed., Michel Foucault, *Power/Knowledge: Selected Interviews and Other Writings 1972~1977*. Brighton: Harvester Press, 1988, 166~82.

Foxhall, Katherine, "*Fever, Immigration and Quarantine in New South Wales, 1837~1840*," Social History of Medicine, 24 (2001), 624~43.

Frandsen, Karl-Erik, *The Last Plague in the Baltic Region 1709~1713*. Copenhagen: Museum Tusculanum Press, 2010.

Frost, Robert I., *The Northen Wars 1558~1721*. Harlow: Pearson, 2000.

Fukuda, Mahito, *Netsu to Makoto ga areba*. Kyoto: Minerva, 2008.

Fukuyama, Francis, *The End of the History and the Last Man*. New York: Avon Books, 1992.

Furber, Holden, *Rival Empire of Trade in the Orient, 1600~1800*. Minneapolis: University of Minnesota Press, 1976.

Gallagher, Nancy E., *Medicine and Power in Tunisia, 1780~1900*. New York and Cambridge: Cambridge University Press, 1983.

Gamsa, Mark, "The Epidemics of Pneumonic Plague in Manchuria 1910~1911," *Past and Present*, 190 (2006), 147~83.

Garza, Randal P., *Understanding Plague: The Medical and Imaginative Texts of Medieval Spain*. New York: Peter Lang, 2008.

Geggus, David, Slavery, *War, and Revolution: The British Occupation of Saint*

Dominique, 1793~1798. Oxford: Clarendon Press, 1982.

Geyer, Martin H. and Paulmann, Johannes, eds., *The Mechanics of Internationalism: Culture, Society, and Politics from the 1840s to the First World War*. Oxford: Oxford University Press, 2001.

Gignilliat, John L., "Pigs, Politics, and Protection: The European Boycott of American Pork, 1879~1891," *Agricultural History*, 25 (1961), 3~12.

Gills, B.K. and Thompson, W.R., eds., *Globalization and Global History*. London Routledge, 2006.

Goodyear, James D., "The Sugar Connection: A New Perspective on the History of Yellow Fever in West Africa," *Bulletin of the History of Medicine*, 52 (1978), 5~21.

Gordon, Daniel, "The City and the Plague in the Age of Enlightenment," *Yale French Studies*, 92 (1997), 67~87.

Gottfried, Robert S., *The Black Death: Natural and Human Disaster in Medieval Europe*. London: Robert Hale, 1983.

Gottheil, Paul, "Historical Development of Steamship Agreements and Conferences in the American Foreign Trade," *Annals of the American Academy of Political and Social Science*, 55 (1914), 48~74.

Grafe, Regina, "Turning Maritime History into Global History: Some Conclusion from the Impact of Globalization in Early Modern Spain," in M. Fusaro and A. Polomia, eds., *Research in Maritime History. No. 43: Maritime History as Global History*. St John's: International Maritime History Association, 2010, 249~66.

Gray, John, *False Dawn: The Delusions of Global Capitalism*. London: Granta, 2009.

Green, William A. *British Slave Emancipation: The Sugar Colonies and the Great Experiment 1830~1865*. Oxford: Clarendon Press, 1991 [1976].

Greger, Michael, "Industrial Animal Agriculture's Role in the Emergence and Spread of Disease," in J. D'Silva and J. Webster, eds., *The Meat Crisis: Developing More Sustainable Production and Consumption*. London: Earthscan, 2010, 161~72.

Grob, Gerald N., *The Deadly Truth: A History of Disease in America*. Cambridge, Mass: Harvard University Press, 2002.

Gummer, Benedict, *The Scourging Angel: The Black Death in the British Isles*, London:

The Bodley Head, 2009.

Haakonssen, Lisabeth, *Medicine and Morals in the Enlightenment: John Gregory, Thomas Percival and Benjamin Rush*. Amsterdam and Atlanta: Rodopi Press, 1997.

Hamlin, Christopher, "Politics and Germ Theories in Victorian Britain: The Metropolitan Water Commissions of 1867~9 and 1892~3," in R. MacLeod, ed., *Government and Expertise: Specialists, Administrators and Professionals, 1860~1919*. Cambridge: Cambridge University Press, 1988, 110~27.

_____, *Public Health and Social Justice in the Age of Chadwick: Britain, 1800~1854*. Cambridge: Cambridge University Press, 1998.

_____, *Cholera: The Biography*. Oxford: Oxford University Press, 2009.

Hardy, Anne, "Cholera, Quarantine, and the English Preventive System," *Medical History*, 37 (1993), 252~69.

Harley, C. Knick, "Steers Afloat: The North Atlantic Meat Trade, Liner Predominance, and Freight Rates, 1870~1913," *Journal of Economic History*, 68 (2008), 1028~58.

Harnetty, P., *Imperialism and Free Trade: Lancashire in the Mid-Nineteenth Century*. New York: Columbia University Press, 1972.

Harrison, Mark, "Towards a Sanitary Utopia? Professional Visions and Public Health in India, 1880~1914," *South Asia Research*, 10 (1990), 19~40.

_____, *Public Health in British India: Anglo-Indian Preventive Medicine 1859~1914*. Cambridge: Cambridge University Press, 1994.

_____, "A Question of Locality: The Identity of Cholera in British India, 1860~1890," in D. Arnold, eds., *Warm Climates and Western Medicine: The Emergence of tropical medicine, 1500~1900*. Amsterdam and Atlanta: Rodopi, 1996, 133~59.

_____, *Climates and Constitutions: Health, Race, Environment and British Imperialism in India 1600~1850*. Delhi: Oxford University Press, 1999.

_____, "From Medical Astrology to Medical Astronomy: Sol-Lunar and Planetary Theories of Disease in British Medicine, c.1700~1850," *British Journal for the History of Science*, 33 (2000), 25~48.

_____, *Disease and the Modern World: 1500 to the Present Day*. Cambridge: Polity,

2004.

———, "An 'Important and Truly National Subject' : The West Africa Service and the Health of the Royal Navy in the Mid-Nineteenth Century," in S. Archer and D. Haycook, eds., *Health and Medicine at Sea*. London: Boydell & Brewer, 2010, 108~27.

———, *Medicine in the Age of Commerce and Empire: Britain and its Tropical Colonies, 1660~1830*, Oxford: Oxford University Press, 2010.

Hatcher, John, *Population and the English Economy 1348~1530*. London: Macmillan, 1987.

Hazareesingh, Sandip, *The Colonial City and the Challenge of Modernity: Urban Hegemonies and Civic Contestations in Bombay (1900~1925)*. Hyderabad: Orient Longman, 2007.

Heaman, E.A., "The Rise and Fall of Anticontagionism in France," *Canadian Bulletin of the History of Medicine*, 12 (1995), 3~25.

Henderson, John, *Piety and Charity in Late Medieval Florence*. Oxford: Clarendon Press, 1994.

———, *The Renaissance Hospital: Healing the Body and Healing the Soul*, London and New Haven: Yale University Press, 2006.

Herlihy, David, *The Black Death and the Transformation of the West*. Cambridge, Mass: Harvard University Press, 1997.

Hillemand, Bertrand, "L'Épidémie de fièvre jaune de Saint-Nazaire en 1861," *Histoire des sciences médicales*, 40 (2006), 23~36.

Hirst, Fabian L., *The Conquest of Plague: A Study of the Evolution of Epidemiology*. Oxford: Clarendon Press, 1953.

Hopkins, A.G.,ed., *Globalization in World History*. London: Pimlico, 2002.

Horrox, Rosemary, *The Black Death*. Manchester: Manchester University Press, 1994.

Howard, Jr., William Travis, *Public Health Administration and the Natural History of Disease in Baltimore, Maryland 1797~1920*. Washington, DC: Carnegie Institution of Washington, 1924.

Howard-Jones, Norman, "Origins of International Health Work," *British Medical*

Journal, 6 May 1950, 1032~37.

_____, *The Scientific Background to the International Sanitary Conferences, 1851~1938*. Geneva: World Health Organization, 1975.

_____, *The Pan American Health Organization: Origins and Evolution*. Geneva: WHO, 1981.

Howe, Anthony, "Free Trade and Global Order: The Rise and Fall of Victorian Vision," in Duncan Bell, ed., *Victorian Visions of Global Order: Empire and International Relations in Nineteenth-Century Political Thought*. Cambridge: Cambridge University Press, 2007, 26~46.

Howell, Raymond, *The Royal Navy and the Slave Trade*. London: Croom Helm. 1987.

Hoy, Sullen and Nugent, Water, "Public Health or Protectionism? The German-A merican Pork War, 1880~1891," *Bulletin of the History of Medicine*, 63 (1989), 198~224.

Huber, Valeska, "The Unification of the Globe by Disease? The International Sanitary Conferences on Cholera, 1851~1894." *Historical Journal*, 49 (2006), 453~76.

Hull, Terence H., "Plague in Java," in N.G. Owen, ed., *Death and Disease in Southeast Asia: Explorations in Social, Medical and Demographic History*. Singapore: Oxford University Press, 1987, 210~34.

Humphreys, Margaret, *Yellow Fever and the South*. Baltimore and London: Johns Hopkins University Press, 1992.

Hünniger, Dominick, "Policing Epizootics: Legislation and Administration during Outbreaks of Cattle Plague in Eighteenth-Century Northern Germany as Continuous Crisis Management," in K. Brown and D. Gilfoyle, eds., *Healing the Herds: Disease, Livestock Econimies, and the Globalization of Veterinary Medicine*. Athens, Ohio: Ohio University Press, 2010, 76~91.

Huppert, G., *After the Black Death*. Bloomington: Indian University Press, 1986.

Iliffe, John, *The African AIDS Epidemic*. Oxford: James Currey, 2006.

Ingram, E., ed., *Two View of British India: The Private Correspondence of Mr Dundas and Lord Wellesley: 1798~1801*. London: Adams & Dart, 1969.

Inikori, A., "Africa and the Globalization Process: West Africa 1450~1850," *Journal of*

Global History, 2 (2007), 63~86.

Iriye, Akira, *Cultural Internationalism and World Order*. Baltimore and London: Johns Hopkins University Press, 1997.

Javelosa, Josyline and Schmitz, Andrew, "Costs and Benefits of a WTO Dispute: Philippine Bananas and the Australian Market," *Estey Centre Journal of International Law and Trade Policy*, 7 (2006), 78~83.

Johnson, Ryan, "Mantsemei, Interpreters, and the Successful Eradication of Plague: The 1908 Plague Epidemic in Colonial Accra," in R. Johnson and A. Khalid, eds., *Public Health in the British Empire: Intermediaries, Subordinates, and the Practice of Public Health*, 1850~1960. London: Routledge, 2011, 135~53.

Jones, J.R., *The Anglo–Dutch Wars of the Seventeenth Century*. New York: Longman, 1996.

Jung–A, Song, "South Korea Removes Ban on US Beef," *Financial Times*, 30 May 2008.

Kahn, Richard J. and Kahn, Patricia G., "The Medical Repository–The First US Medical Journal (1797~1824)," *New England Medical Journal*, 337 (1997), 1926~30.

Kale, Madhavi, *Fragments of Empire: Capital, Slavery, and Indian Indentured Labor Migration in the British Caribbean*. Philadelphia: University of Pennsylvania Press, 1998.

Kaplan, Herbert H., *The Frist Partition of Poland*. New York and London: Columbia University Press, 1969.

Kastner, Jusin, et al., "Scientific Conviction amidst Scientific Controversy in the Transatlantic Livestock and Meat Trade," *Endeavour*, 29 (2005), 78~83.

Keith, Robert C., *Baltimore Harbor*. Baltimore and London: John Hopkins University Press, 2005.

Kelly, Catherine, ""Not from the College, but through the Public and the Legislature": Charles Maclean and the Relocation of Medical Debate in the Early Nineteenth Century," *Bulletin of the History of Medicine*, 82 (2008), 545~69.

Kelly, John, *The Great Mortality: An Intimate History of the Black Death*, London and

New York: Fourth Estate, 2005(존 켈리, 《흑사병시대의 재구성》, 이종인 옮김, 소소, 2006).

Kickbusch, Ilona, "The Development of International Health Policies—Accountability Intact?," *Social Science and Medicine*, 51 (2000), 979~89.

_____, and de Leeuw, Evelyne, "Global Public Health: Revisiting Healthy Public Policy at the Global Level," *Health Promotion International*, 14 (1999), 285~8.

Kilbourne, Edwin D., "A Virologist's Perspective on the 1918~19 Pandemic," in H. Phillips and D. Killingray, eds., *The Spanish Influenza Pandemic 1918~19: New Perspectives*. London: Routledge, 2003, 29~38.

Kim. Jong—soo, "Spaghetti Westerns Come to Seoul," *Joong Ang Daily*, 3 July 2008, 10.

Kim, So—hyun, "Expat, Korean Coalition plans Counter—Demonstration in Seoul," *Korea Herald*, 4 July, 3.

Kim, Yon—se, "President Appeals for End to beef Row," *Korean Times*, 26 June 2008, 1.

Kimball, Anna Marie, *Risky Trade: Infectious Disease in the Era of Global Trade*. Aldershot: Ashgate, 2006.

Kiple, Kenneth F., *The Caribbean Slave: A Biological History*. Cambridge: Cambridge University Press, 1984.

_____, ed., *The African Exchange: Towards a Biological History of Black People*. Durham, NC: Duke University Press, 1987.

_____, and Beck, S.V., eds., *The Biological Consequences of European Expansion, 1450~1800*. Alder shot: Variorum, 1997.

Kissinger, Henry A., *A World Restored: Metternich, Castlereagh and Problems of Peace 1812~22*. London: Weidenfeld & Nicolson, 1957.

Klein, H.S. and Engermann, S.L., "A Note on Mortality in the French Slave Trade in the Eighteenth Century," in H.A. Gemery and J.S. Hogendorn, eds., *The Uncommon Market: Essays on the Economic History of the Atalantic Slave Trade*. New York: Academic Press, 1979.

Koolmees, Peter A., "Epizootic Diseases in the Netherlands, 1713~2002: Veterinary Science, Agricultural Policy, and Public Response," in K. Brown and D. Gilfoyle, eds., *Healing the Herds: Disease, Livestock Economies, and the Globalization of Veterinary Medicine*. Athens, Ohio: Ohio University Press, 2010, 19~41.

Kraut, Alan M., *Silent Travelers: Germs, Genes, and the "Immigrant Menace"*. New York: Basic Books, 1994.

_____, "Plagues and Prejudice: Nativism's Construction of Disease in Nineteenth— and Twentieth—Century New York City," in D. Rosner, ed., *Hives of Sickness: Public Health and Epidemics in New York City*. New Brunswick: Rutgers University Press, 1995, 65~94.

Kudlick, Catherine J., *Cholera in Post—Revolutionary Paris: A Cultural History*. Berkeley: University of California Press, 1996.

Kuhnke, La Verne, *Lives at Risk: Public Health in Nineteenth—Century Egypt*. Berkeley: University of California Press, 1990.

Kunitz, Stephen J., *Disease and Social Diversity: The European Impact on the Health of Non—Europeans*. New York: Oxford University Press, 1994.

La Berge, Ann F., *Mission and Method: The Early Nineteenth—Century French Public Health Movement*. Cambridge: Cambridge University Press, 1992.

Ladurie, Emmanuel Le Roy, *The Mind and Method of the Historian*. Brighton: Harvester, 1981.

Lal, Deepak, *Reviving the Invisible Hand: The Case for Classical Liberalism in the Twenty— First Century*. Princeto, NJ: Princeton University Press, 2006.

Langford, Paul, *A Polite and Commercial People: England 1727~1783*. Oxford: Clarendon Press, 1989.

Law, Robin, *The Slave Coast of West Africa*. Oxford: Clarendon Press, 1991.

Lawrence, Christopher, "Disciplining Disease: Scurvy, the Navy, and Imperial Expansion, 1750~1825," in D.P. Miller and P.H. Reill, eds., *Visions of Empire: Voyages, Botany, and Representations of Nature*. Cambridge: Cambridge University Press, 1996, 80~106.

Lee, Hee—ok, "Spirit of the Times," *Joong Ang Daily*, 4 July 2008, 10.

Leigh, Robert D., *Federal Health Administration in the United States*, New York: Harper, 1927.

Leung, A.K.C., "The Evolution of the Idea of Chuanran Contagion in Imperial China," in A.K.C. Leung and C. Furth, edd., *Health and Hygiene in Chinese East Asia: Polocies and Publics in the Long Twentieth Century*. Durham, NC and London: Duke University Press, 2010.

Leveen, E. P., *British Slave Trade Suppression Policies*. New York: Arno Press, 1977.

Lewis, Milton J., *The People's Health: Public Health in Australia, 1788~1950*. Westport, Conn.: Praeger, 2003.

_____, "Public Health in Australia from the Nineteenth to the Twenty-First Century," in M. Lewis and K. MacPherson, eds., *Public Health in Asia and the Pacific*. London: Routledge, 2008, 222~49.

Lian, Jun, *Zhungguo Gudai Yizheng Shilue*. Huhehaste: Nei Monggu Renmin, 1995.

Little, Lester K., ed., *Plague and the End of Antiquity: The Pandemic of 541~750*. Cambridge: Cambridge University Press, 2007.

Lloyd, Christopher, *The Navy and the Slave Trade*. London: Longmans, Green & Co., 1949.

Loh, Christine and Welker, Jennifer, "SARS and the Hong Kong Community," in C. Low, ed., *At the Epicentre: Hong Kong and the SARS Outbreak*. Hong Kong: Hong Kong University Press, 2004, 215~34.

Lovell, George W., "Disease and Depopulation in Early Colonial Guatemala," in D. N. Cook and W. G. Lovell, eds., *The Secret Judgements of God: Native Peoples and Old World Disease in Colonial Spanish America*. Norman: University of Oklahoma Press, 1992, 51~85.

Lyons, F. S. L., *Internationalism in Europe 1815~1914*. Leiden: A.W. Sythoff, 1963.

Lyons, J. B., "A Dublin Observer of the Lisbon Yellow Fever Epidémie," *Vesalius*, 1 (1995), 8~12.

McCaa, Robert, "Spanish and Nahuatl Views on Smallpox and Demographic Collapse in Mexico," in R. I. Rotberg, ed., *Health and Disease in Human History: A Journal of Interdisciplinary History Reader*. Cambridge, Mass.: MIT Press, 2000, 167~202.

McDonald, J. C., "The History of Quarantine in Britain during the 19th Century," *Bulletin of the History of Medicine*, 25 (1951), 22~44.

Machado, Manuel A., *Aftosa: A Historical Survey of Foot-and-Mouth Disease and Inter-American Relations*, Albany: State University of New York Press, 1969.

McKay, D. and Scott, H. M., *The Rise of the Great Powers 1645~1815*. London: Longman, 1983.

McKie, Robert, "Swine Flu is Officially a Pandemic. But Don't Worry······Not Yet, Anyway," *Observer*, 14 June 2009, 22.

McNeill, John R., "The Ecological Basis of Warfare in the Caribbean, 1700~1804," in M. Utlee, ed., *Adapting to Conditions: War and Society in the Eighteenth Century*. Tuscaloosa: University of Alabama Press, 1986, 26~42.

_____, *Mosquito Empires: Ecology and War in the Greater Caribbean, 1620~1914*. Cambridge: Cambridge University Press, 2010.

_____, and McNeill, Willian H., *The Human Web: A Bird's-eye View of World History*. New York: W.W. Norton, 2003.

McNeill, William H., *Plagues and Peoples*. New York: Monticello, 1976.

MacPherson, Kerrie L., *A Wilderness of Marshes: The Origins of Public Health in Shanghai, 1843~1893*. London: Oxford University Press, 1987.

_____, "Invisible Borders: Hong Kong, China and the Imperatives of Public Health," in M.L. Lewis and K.L. MacPherson, eds., *Public Health in Asia and the Pacific: Historical and Comparative Perspectives*. London: Routledge, 2008, 10~54.

Magee, Gary B. and Thompson, Andrew S., *Empire and Globalisation: Networks of People, Goods and Capital in the British World, c.1850~1914*. Cambridge: Cambridge University Press, 2010.

Maglen, Krista, "A World Apart: Geography, Australian Quarantine, and the Mother Country," *Journal of the History of Medicine and Allied Sciences*, 60 (2005), 196~217.

_____, ""In this Miserable Spot Called Quarantine": The Healthy and Unhealthy in Nineteenth-Century Australian and Pacific Quarantines Stations," *Science in Context*, 19(2006), 317~36.

Mander, Jerry and Goldsmith, Edward, eds., *The Case Against the Global Economy and For a Turn towards the Local*. Berkeley: Sierra Club Books, 1996(반다나 시바, 사티쉬 쿠마르, 앤드류 킴브렐, 월든 벨로, 제러미 리프킨, 헬레나 노르베리 호지, 데이비드 코튼,

랄프 네이더, 제리 맨더, 제임스 골드스미스(엮은이), 《위대한 전환》, 김승욱, 윤길순 옮김, 동아일보사, 2001).

Manderson, Lenore, "Wireless Wars in the Eastern Arena: Epidemiological Surveillance, Disease Prevention and the Work of the Eastern Bureau of the League of Nations Health Organiazation," in P. Weinding, ed., *International Health Organizations and Movements 1918~1939*. Cambridge: Cambridge University Press, 1995, 109~33.

Mariani, Meredith T., *The Intersection of International Law, Agricultural Biochemistry, and Infectious Disease*. Leiden: Brill, 2007.

Markel, Howard, *Quarantine! East European Jewish Immigrants and the New York City Epidemics of 1892*. Baltimore: Johns Hopkins University Press, 1997.

Marks, Steven G., *Road to Power: The Trans-Siberian Railroad and the Colonization of Asian Russia, 1850~1917*. London: I.B. Tauris, 1991.

Marriot, Edward, *The Plague Race: A Tale of Fear, Science and Heroism*. London: Picador, 2002.

Mateos, Miguel Ángel Cuerya, *Puebla de los Ángeles en Tiempos de Una Peste Colonial: Una Mirada en Torno al Matlazahuatl de 1737*. Puebla; El Colegio de Michoacan, 1999.

Mayne, Alan, ""The Dreadful Scourge": Responses to Smallpox in Sydney and Melbourne," in R. MacLeod and M. Lewis. eds., *Disease, Medicine, and Empire: Perspectives on Western Medicine and the Experience of European Expansion*. London: Routledge, 1988, 219~41.

Mazlisch, B. and Buultjens, R., eds., *Conceptualizing Global History*. Boulder, Col.: Westview Press, 1993.

Meade, Teresa, ""Civilizing Rio de Janeiro": The Public Health Campaign and the Riop of 1904," *Journal of Social History*, 20 (1986), 301~22.

Meers, P.D., "Yellow Fever in Swansea, 1865," *Journal of Hygiene*, 97 (1986), 185~91.

Mishra, Saurabh, "Beyond the Bounds of Time? The Haj Pilgrimage from the Indian Subcontinent, 1865~1920," in B. Pati and M. Harrison, eds., *The Social History of Health and Medicine in Colonial India*. London; Routledge, 2009, 31~44.

_____, *Pilgrimage, Politics, and Pestilence: The Haj from the Indian Subcontinent 1860~1920*. New Delhi: Oxford University Press, 2011.

Mohr, James C., *Plague and Fire: Battling Black Death and the 1900 Burning of Honolulu's Chinatown*. New York: Oxford University Press, 2005.

Moorehead, Alan, *Fatal Impact*. New York: Harper & Row, 1966.

Moote, A. Lloyd and Moote, Dorothy C., *The Great Plague: The Story of London's Most Deadly Year*. Baltimore and London: Johns Hopkins University Press, 2004.

Morelli, Giovanna et al., "Yersinia pestis Genome Sequencing identifies Patterns of Global Phylogenetic Diversity," *Nature Genetics*, 42 (2010), 1, 140~43.

Moreno, Leandro Ruiz, *La Peste Historica de 1871: Fiebre Amarilla en Buenos Aires y Corrientes*. Parana: Neuva Impressora, 1949.

Morgan, David, *The Mongols*. Oxford: Basil Blackwell, 1986.

Morton, R. S., *Venereal Diseases*. London: Penguin, 1974.

Mullet, Charles F., "Politics, Economics and Medicine: Charles Maclean and Anticontagion in England," *Osiris*, 10 (1952), 224~51.

Naphy, William G., *Plagues, Poisons and Potions: Plague-spreading Conspiracies in the Western Alps c.1530~1640*. Manchester: Manchester University Press, 2002.

_____, and Spicer, Andrew, *The Black Death: A History of Plagues 1345~1730*. Stroud: Tempus, 2001.

Neil, Michael, *Issues of Death: Mortality and Identity in English Renaissance Tragedy*. Oxford: Clarendon Press, 1997.

Nicolson, Harold, *The Congress of Vienna: A Study in Allied Unity 1812~1822*. London: Constable & Co., 1946.

Norris, John, "East or West? The Geographic Origin of the Black Death," *Bulletin of the History of Medicine*, 51 (1977), 1~24.

Nozawa, Vivian, "Impact of SARS: Business with China Remains Stable thus Far," *Japan Watch*, 16 July 2003.

Nutton, Vivian, "The Seeds of Disease: An Explanation of Contagion and Infection from the Greeks to the Renaissance," *Medical History*, 27 (1983), 1~34.

_____, "Medicine in Medieval Western Europe," in L. I. Conrad, M. Neve, V.

Nutton, R. Porter and A Wear, *The Western Medical Traditions 800 BC to AD 1800*. Cambridge: Cambridge University Press, 1995, 139~206.

_____, "Did the Greeks Have a Word for it?," in L. I. Conrad and D. Wujastyk, eds., *Contagion: Perspective from Pre-Modern Societies*. Aldershot: Ashgate, 2000, 137~62.

_____, ed., *Pestilential Complexities: Understanding Medieval Plague, Medical History*, Supplement no. 27. London: Wellcome Centre for the History of Medicine at UCL, 2008.

Nye, Joseph S., *Power in the Global Information Age: From Realism to Globalization*. London: Routledge, 2004.

O' Brien, Patrick, "Europe in the World Economy" in H. Bull and A. Watson, eds., *The Expansion of International Society*. Oxford: Clarendon Press, 1984, 43~60.

Oh, Byung-sang, "Keep Church and State Separate." *Joong Ang Daily*, 2 July 2008, 10.

Owen, R., *The Middle East in the World Economy 1800~1814*. London: I.B. Tauris, 1981.

Panzac, Daniel, *La Peste dans l empire Ottoman 1700~1850*. Louvain: Peeters, 1985.

_____, *Quarantaines et lazarets: l empire et la peste*. Aix-en-Provence: Édisud, 1986.

_____, *Commerce et navigation dans l empire Ottoman au XVIIIe siècle*. Istanbul: Isis, 1996.

_____, *Populations at santé dans l empire Ottoman (XVLLe~XXe siècles)*. Istanbul: Isis, 1996.

Park, Sang-woo and Ser, Myo-ja, "Despite Warning, Thousands Strike," *Joon Ang Daily*, 3 July 2008, 1.

Parker, Matthew, *Panama Fever: The Battle to Build the Canal*. London: Hutchinson, 2007.

Patterson, K. David, "Yellow Fever Epidemics and Mortaliy in the United States, 1693~1905." *Social Science and Medicine*, 34 (1992), 855~65.

Pauwelyn, Joost, "The WTO Agreement on Sanitary and Phytosanitary (SPS) Measures as Applied in the First Three SPS Disputes." *Journal of International Economic Law*, 4 (1999), 641~64.

Peard, Julyan G., *Race, Place, and Medicine: The Idea of the Tropics in Nineteenth–Century Brazilian Medicine*, Durham, NC and London: Duke University Press, 1999.

Pelling, Margaret, *Cholera, Fever and English Medicine 1825~1865*. Oxford: Oxford University press, 1978.

_____, *The Common Lot: Sickness, Medical Occupations, and the Urban Poor in Early Modern England*. London: Longman, 1998.

_____, "The Meaning of Contagion: Reproduction, Medicine and Metaphor," in A. Bashford and C. Hooker, eds., *Contagion: Historical and Cultural Studies*. London: Routledge, 2001, 15~38.

Pernick, Martin S., "Politics, Parties and Pestilence: Epidemic Yellow Fever in Philadelphia and the Rise of the First Party System," in J. Walzer Leavitt and R. L. Numbers, eds., *Sickness and Health in America: Readings in the History of Mediciine and Public Health*. Madison: University of Wisconsin Press, 1985.

Perrins, Robert J., "Doctors, Disease and Development: Emergency Colonial Public Health in Southern Manchuria, 1905~1926," in M. Low ed., *Building a Modern Japan: Science, Technology, and Medicine in the Meiji Era and Beyond*. Basingstoke: Palgrave, 2005.

Pestana, Carla G., *The English Atlantic in an Age of Revolution 1640~1661*. Cambridge, Mass.: Harvard University Press, 2004.

Peterson, Susan, "Epidemic Disease and National Security." *Security Studies*, 12 (2002), 43~81.

Phillips, Howard and Killingray, David, eds., *The Spanish Influenza Pandemic of 1918~19: New Perspectives*. London: Routledge, 2003.

Phillipson, Coleman and Buxton, Noel, *The Questions of the Bosphorus and Dardanelles*. London: Stevens & Hayes, 1917.

Phoofolo, Pule, "Epidemics and Revolutions: The Rinderpest Epidemics in Late Nineteenth–Century Southern Africa." *Past and Present*, 138 (1993), 112~43.

Pietschmann, Horst, ed., *Atlantic History: History of the Atlantic System 1580~1830*. Göttingen: Vandenhoeck &Ruprecht, 2002.

Pormann, Peter E. and Savage—Smith, Emilie, *Medieval Islamic Medicine*. Edinburgh: Edinburgh University Press, 2007.

Porter, Dorothy, *Health, Civilization and the State: A History of Public Health from Ancient to Modern Times*. London: Routledge, 1999.

Porter, Stephen, *The Great Plague*. Stroud: Sutton, 1999.

Postma, Johannes M., *The Dutch in the Atlantic Slave Trade*. Cambridge: Cambridge University Press, 1990.

Powell, J. H., *Bring Out Your Dead: The Great Plague of Yellow Fever in Philadelphia in 1793*. Philadelphia: University of Pennsylvania Press, 1949.

Price—Smith, Andrew T., *Contagion and Chaos: Disease, Ecology, and National Security in the Era of Globalization*. Cambridge, Mass: MIT Press, 2009.

Prinzing, F., *Epidemics Resulting from Wars*. Oxford: Clarendon Press, 1916.

Pullan, Brian, "Plague Perceptions and the Poor in Early Modern Italy," in T. Ranger and P. Slack, eds., *Epidemics and Ideas*. Cambridge: Cambridge University Press, 1992, 101~24.

Quataert, Donald, "Population," in H. Inalcik and D. Quataert, eds., *An Economic and Social History of the Ottoman Empire*, vol. 2. Cambridge: Cambridge University Press, 1994, 777~97.

_____, *The Ottoman Empire: 1700~1922*. Cambridge: Cambridge University Press, 2005(도널드 쿼터트, 《오스만 제국사》, 이은정 옮김, 사계절, 2008).

Quétel, Claude, *History of Syphilis*. Baltimore: Johns Hopkins University Press, 1992.

Ramanna, Mridula, *Western Medicine and Public Health in Colonial Bombay*. Hyderabad: Orient Longman, 2002.

Rasor, E.L., *Reform in the Royal Navy: A Social History of the Lower Deck 1850 to 1880*. Hamden, Conn.: Archon Books, 1976.

Raychaudhuri, Tapan, Kumar, Dharma and Desai, Meghnad, eds., *The Cambridge Economic History of India*, vol. 2. Cambridge: Cambridge University Press, 1980.

Reynolds, L.A. and Tansey, E.M., eds., *Foot and Mouth Disease: The 1967 Outbreak and its Aftermath. The Transcript of a Witness Seminar held by the Wellcome Trust Centre ofr the History of Medicine at UCL, on 11 December 2001*. London: The

Wellcome Trust, 2003.

Riviere, W.E., "Labour Shortage in the British West Indies after Emancipation." *Journal of Caribbean History*, 4 (1972), 1~30.

Robertson, Robbie, *The Three Waves of Globalization*. London: Zed Books, 2003.

Roff, William R., "Sanitation and Security: The Imperrial Powers and the Nineteenth-Century Hajj," in R. Serjeant and R.L. Bidwell, eds., *Arabian Studies*, VI. Cambridge: Cambridge University Press, 1982, 143~60.

Rogaski, Ruth, *Hygienic Modernity: Meanings of Health and Disease in Treaty-Port China*. Berkeley: University of California Press, 2004.

Romano, Terrie M., "The Cattle Plague of 1865 and the Reception of the "Germ Theory" in Mid-Victorian Britain," *Journal of the History of Medicine and Allied Sciences*, 52 (1997), 51~80.

Rosen, George, "Cameralism and the Concept of Medical Police," *Bulletin of the History of Medicine*, 27 (1953), 21~42.

_____, "The Fate of the Concept of Medical Police, 1780~1890." *Centaurus*, 5 (1957), 97~113.

_____, *A History of Public Health*. Baltimore: Johns Hopkins University Press, 1993 [1958].

Rosen, William, *Justinian's Flea: Plague, Empire and the Birth of Europe*. London: Viking, 2007.

Rosenberg, Charles E., *The Cholera Years: The United States in 1832, 1849, and 1866*. Chicago and London: Chicago University Press, 1968.

Rothenberg, Gunther E., "The Austrian Sanitary Cordon and the Control of Bubonic Plague: 1710~1971." *Journal of the History of Medicine and Allied Sciences*, 28 (1973), 15~23.

Ruggie, John G., *Constructing the World Polity: Essays on Internationalization*. London: Routledge, 1994.

Russell-Wood, A. J. R., *The Portuguese Empire, 1415~1808: A World on the Move*. Baltimore: Johns Hopkins University Press, 1992.

Sanderson, S. K., *Civilizations and World Systems: Studying World-Historicl Change*.

Walnut Creeek, Calif: AltaMira Press, 1992.

Scammell, G. V., *The World Encompassed: The First European Maritime Empires c.800~1650*. London: Methuen, 1981.

Schwartz S.B., ed., *Tropical Babylons: Sugar and the Making of the Atlantic World, 1450~1680*. London: Methuen, 1981.

Sealey, Anne, "Globalizing the 1926 International Sanitary Conference," *Journal of Global History*, 6 (2011), 431~55.

Ser, Myo-ja, "Religious Group Join Protests against Beef Deal." *Joong Ang Daily*, 2 July 2008, 1.

_____, "Teachers Union Joins Protests to Prevent Imports of US Beef." *Joong Ang Daily*, 4 July 2008, 1.

Sharp, Walter R., "The New World Health Organization." *American Journal of International Law*, 41 (1947), 509~30.

Sheridan, Richard B., Doctors and Slaves: *A Medical and Demographic History of Slavery in the British West Indies, 1680~1834*. Cambridge and New York: Cambridge University Press, 2002.

Skinner, Quentin, *The Foundations of Political Thought. Volume I: The Renaissance.* Cambridge: Cambridge University Press, 1978.

_____, *Visions of Politics. Volume II: Renaissance virtues.* Cambridge: Cambridge University Press, 2002.

Slack, Paul, "The Disappearance of Plague: An Alternative View." *English Historical Review*, 34 (1981), 469~76.

_____, *The Impact of Plague in Tudor and Stuart England.* Oxford: Clarendon Press, 1985.

_____, "Reponses to Plague in Early Modern Europe: The Implications for Public Health," *Social Research*, 55 (1988), 433~53.

Smallman-Raynor, Matthew and Cliff, Andrew D., *War Epidemics: An Historical Geography of Infectious Diseases in Military Conflict and Civil Strife, 1850~2000.* Oxford: Oxford University Press, 2000.

Snowden, Frank M., *Naples in the Time of Cholera 1884~1911.* Cambridge: Cambridge

University Press, 2000.

Snyder, Louis I., "The American–German Pork Dispute, 1879~1891." *Journal of Modern History*, 17 (1945), 16~28.

Spufford, Peter, *Power and Profit: The Merchant in Medieval Europe*. London: Thames & Hudson, 2002.

Stannard, David E., *American Holocaust: Columbus and the Conquest of the New World*. New York: Oxford University Press, 1992.

Stewart, Larry, "The Edge of Utility: Slaves and Smallpox in the Early Eighteenth Century." *Medical History*, 29 (1985), 54~70.

Stiglitz, Joseph E., *Globalization and its Discontents*. London: Penguin, 2002(조지프 스티 글리츠, 《세계화와 그 불만》, 송철복 옮김, 세종연구원, 2020).

Stolberg–Wernigerode, Otto zu, *Germany and the United States of America during the Era of Bismarck*. Reading, Penn.: Henry Janssen Foundation, 1937.

Striffler, Steve and Moberg, Mark, eds., *Banana Wars: Power, Production, and History in the Americas*. Durham, NC: Duke University Press, 2003.

Subramanyam, Sanjay, *The Political Economy of Commerce: Southern India 1500~1650*. Cambridge: Cambridge University Press, 1990.

Sugihara, K., ed., *Japan, China and the Growth of the Asian International Economy 1850~1949*. Oxford: Oxford University Press.

Sussman, George D., "Was the Black Death in India and China?." *Bulletin of the History of Medicine*, 85 (2011), 319~55.

Sutphen, Molly, "Striving to be Separate? Civilian and Military Doctors in Cape during the Anglo–Boer War," in R. Cooter, M. Harrison and S. Study, eds., *War, Medicine and Modernity*. Stroud: Sutton, 1998, 48~64.

Sutter, Paul S., "Nature's Agents or Agents of Empire? Entomological Worker and Environmental Change during the Construction of the Panama Canal." *Isis*, 98 (2007), 724~54.

Swanson, M. W., "The Sanitation Syndrome: Bubonic Plague and Native Policy in the Cape Colony, 1900~1909." *Journal of African History*, 18 (1977), 387~410.

Takeda, Junko T., *Between Crown and Commerce: Marseille and the Early Modern*

Mediterranean. Baltimore: Johns Hopkins Univeristy Press, 2011.

Taylor, A. J. P., *The Struggle ofr Mastery in Europe 1848~1918.* Oxford: Clarendon Press, 1954.

Taylor, Alan M. and Williamson, Jeffery G., "Convergence in the Age of Mass Migration," *European Review of Economic History,* 1 (1997), 27~63.

Thomas, Hugh, *The Slave Trade: The History of the Atlantic Slave Trade 1440~1870.* London: Picador, 1997.

Tomlinson, B. R., *The Economy of Modern India, 1860~1970.* Cambridge: Cambridge University Press, 1993.

Traynor, Ian, "EU Official Accused of 'Alarmism' for Telling Travellers to Avoid Americas." *Guardian,* 28 April 2009, 4.

Tuchman, Barbara W., *A Distant Mirror: The Calamitous Fourteenth Century.* London: Macmillan, 1978.

Tuckman, Jo and Booth, Robert, "Four-year-old Could Hold Key Clue in Mexico's Search for Ground Zero." *Guardian,* 28 April 2009, 4~5.

Twigg, Graham, *The Black Death: A Biological Reappraisal.* New York: Schocken, 1984.

Twitchett, Denis, "Population and Pestilence in T'ang China," in *Studia Sino-Mongolica.* Wiesbaden: Franz Steiner Verlag, 1979, 35~68.

Vagts, Alfred, *Deutschland and die Vereinigten Staten in der Weltpolitik.* New York: Macmillan, 1935.

Wallerstein, Immanuel, *The Modern World System: Capitalist Agriculture and Origins of the European World-Economy in the Sixteenth Century.* New York: Academic Press, 1974(이매뉴얼 월러스틴, 《근대세계체제》, 김명환, 나종일, 김대륜, 박상익 옮김, 까치, 2013).

Wallis, Patrick, "A Dreadful Heritgae: Interpreting Epidemic Disease at Eyam, 1666~2000." *History Workshop Journal,* 61 (2006), 31~56.

Walløe, Lars, "Medieval and Modern Bubonic Plague: Some Clinical Continuities," in Nutton, ed., *Pestilential Complexities,* 59~73.

Walton, Look Lai, *Indentured Labor, Caribbean Sugar: Chinese and Indian Migrants to the British West Indies, 1838~1918.* Baltimore and London: Johns Hopkins

University Press, 1993.

Washbrook, David, "India in the Early Modern World Economy: Modes of Production, Reproduction and Exchange." *Journal of Global History*, 2 (2007), 87~111.

Washer, Peter, *Emerging Infectious Diseases and Society*. Basingstoke: Palgrave, 2010.

Watts, Sheldon, *Epidemics and History: Disease, Power and Imperialism*. New Haven: Yale University Press, 1997.

_____, "From Rapid Change to Stasis: Official Responses to Cholera in British-Ruled India and Egypt: 1860~c.1921." *Journal of World History*, 12 (2001), 349~51.

Webster, C. K., *Palmerston, Metternich and the European system 1830~1841*. London: The British Academy, 1934.

_____, *The Congress of Vienna 1814~1815*. London: Thames & Hudson, 1963.

Weindling, Paul, ed., *International Health Organizations and Movements 1918~1939*. Cambridge: Cambridge University Press, 1995.

Weisz, George, *The Medical Mandarins: The French Academy of Medicine in the Nineteenth and Early Twentieth Centuries*. Oxford: Oxford University Press, 1995.

Whitlock, Ralph, *The Great Cattle Plague: An Account of the Foot-and-Mouth Epidemic of 1967~8*. London: John Baker, 1968.

Whitmore, T.M., *Disease and Death in Early Colonial Mexico: Simulating Amerindian Depopulation*. Boulder, Col.: Westview Press, 1991.

Wilkinson, Henry C., *Bermuda from Sail to Steam: A History of the Island from 1784 to 1901*. London: Oxford University Press, 1973.

Wilkinson, Lise, *Animals & Disease: An Introduction to the History of Comparative Medicine*. Cambridge: Cambridge University Press, 1992.

Williams, R. C., *On Guard against Disease from Without: The United States Public Health Service, 1798~1950*. Washington, DC: Commissioned Officers Association of the United States Public Health Service, 1951.

Williamson, Jeffery G., "The Evolution of Global Labour Markets since 1830: Background Evidence and Hypotheses." *Explorations in Economic History*, 32 (1995),

141~96.

_____, "Globalization, Convergence, and History." *Journal of Economic History*, 56 (1996), 277~306.

Wilson, Adrian, "On the History of Disease—Concepts: The Case of Pleurisy." *History of Science*, 38 (2000), 271~319.

Woods, Abigail, *A Manufactured Plague? The History of Foot and Mouth Disease in Britain*. London: Earthscan, 2004(아비가일 우즈, 《인간이 만든 질병 구제역》, 강병철 옮김, 삶과 지식, 2011).

Worboys, Michael, "Germ Theories of Disease and British Veterinary Medicine, 1860~1890." *Medical History*, 35 (1991), 308~27.

Wright, Ronald, *Stolen Continents; The Americas through Indian Eyes since 1492*. Boston: Houghton Mifflin, 1992(로널드 라이트, 《빼앗긴 대륙, 아메리카》, 안병국 옮김, 이론과 실천, 2012).

Yen—Fen, Tseng and Chia—Ling, Wu, "Governing Germs from Outside and Within Borderss," in A.K.C. Leung and C. Furth, eds., *Health and Hygiene in Chinese Asia*. Durham, NC and London: Duke University, 2010, 225~72.

Zamoyski, Adam, *Rites of Peace: The Fall of Napoleon & the Congress of Vienna*. London: Harper Press, 2007.

Zessin, K.—H., "Emerging Disease: A Global and Biological Perspective." *Journal of Veterinary Science*, 53 (2006), 7~10.

Zuckerman, Arnold, "Plague and Contagionism in Eighteenth—Century England: The Role of Richard Mead." *Bulletin of the History of Medicine*, 78 (2004), 273~308.

Zylberman, Patrick, "Civilizing the State: Borders, Weak States and International Health in Modern Europe," in A. Bashford, ed., *Medicine at the Border: Disease, Globalization and Security, 1850 to the Present*. Basingstoke: Palgrave Macmillan, 2006.

| Unpublished theses |

Foxhall, Katherine, "Disease at Sea: Convicts, Emigrants, Ships and the Ocean in the Voyage to Australia, c.1830~1860." University of Warwick Ph.D. thesis, 2008.

Stark, James F., "Industrial Illness in Cultural Context: *La maladie de Bradford* in Local, National and Global Settings, 1878~1919." University of Leeds Ph.D. thesis, 2011.

Taylor, Sean P., ""We live inn the Midst of Death": Yellow Fever, Moral Economy and Public Health in Philadelphia, 1793~1805." Northern Illinois University Ph.D. thesis, 2001.

Towner, Katrina E., "A History of Port Health in Southampton, 1825 to 1919." University of Southampton Ph.D. thesis, 2008.

Varlik, Nükhet, "Disease and Empire: A History of Plague Epidemics in the Early Ottoman Empire (1453~1600)." University of Chicago Ph.D. thesis, 2008.

| Web-based articles |

Agnote, Dario, Calls to scrap aerial spraying of bananas in Philippines 16 June 2010, www.dirtybanans.org.

Andrews, Bill, 500 quarantines in new SARS outbreak, *Edinburgh Evening News*, 26 April 2004, http://news.scosman.com/print.cfm?id=470902004.

Asamoa-Baah, Anarfi, Can new infections diseases be stopped? Lessons from SARS and avian influenza, OECD Observer, no. 243, May 2004, http://www.oecdobserver.org.news.printpage.php

BBC News, 'UK BSE Timeline', http://news.bbc.co.uk/1/hi/uk/218676.stm.

Beech, Hannah, 'The Quarantine blues' *Time Asia*, http://www.time.com/time/asia/magazine/article/0,13673,501030519-451009,00.html.

Bell, David, Jenkins, Philip and Hall, Julie, 'World Health Organization Global Conference on Severe Acute Respiratory Syndrome', CDC Emerging Infectious Diseases, http://www.cdc.gov/ncidod?EID/vol9no9/03-0559.htm.

Bennet, Cortlan, 'Alarm as China's wild animal trade is blamed for "new case of SARS"', 3 January 2004, http://www.telegraph.co.uk/news/worldnews/asia/china/1450911.

Bicknell, Tom, 'Japan grab Philippine banana supplies', http://www.fruitnet.com/content.aspx?cid=4190&ttid=17.

Biotechnology Working Party, 'First cases of BSE in USA and Canada: risk assessment of ruminant materials originating from USA and Canada', European Medicines Agency, London, 21 July 2004, www.emea.europa.eu/docs/en_GB/document.../WC500003697.pdf.

Bowcott, Owen, 'Swine flu could kill 65,000 in UK, warns chief medical officer', 16 July 2009, http://www.guardian.co.uk/world/2009/jul/16/swine-flu-pandemic-warning-helpline.

Browning, Philip, 'Asian currencies: how SARS could cause a trade war', Herald Tribune, 15 Mayy 2003, http://www.iht.com/articles/2003/05/15/edbow_ed3_.php.

Cogan, James, 'South Korean government turns to repression to curb protests', 3 July 2008, http://www.wsws.org/articles/2008/jul2008/skor-j03.shtml.

Compassion in World Farming, 'The role of the intensive poultry production industry in the spread of avian influenza', February 2007, http://www.apeiresearch.net/document_file/document_2007076104415-1.pdf.

De Vegara, Evergisto, 'La epidemia de fiebre amarilla de 1871 en Buenos Aires', http://www.ieela.com.ar.

Durcot, Christian, Arnold, Mark, de Koeijer, Aline, Heim, Dagmar and Calvas, Didier, "Review on the epidemiology and dynamics of BSE epidemics," Veterinary Research, 39 (2008), http://www.vetres.org.

Fajardo, Sarah C., 'Philippines-Australia agricultural trade dispute: the case of quarantine on Philippine fruit exports', International Gender and Trade Network, Monthly Bulletin, June 2002, vol. 2, www.genderandtrade.net/Regions/Asia.html.

Fidler, David, 'The swine flu outbreak and international law', 13, 27 April 2009, http://www.asil.org/insights090427.cfm.

_____, 'International law and the E. coli outbreaks in Europe', *Insights*, 15, 6 June 2011, http:www.asil/org/pdfs/insight110606.pdf.

Gallagher, Peter, "Bringing quarantine barriers to account," *Australian Financial Review*, 10 April 2003, http://www.inquit.com/article/228/bringing−quarantine−barriers−to−account.

Gatzer, David, 'SARS 101', *National Review*, 19 May 2003, http://www.manhattan−institute.org/cgi−bin/apMI/print.cgi.

Greger, Michael, "CDC confirms ties to virus first discovered in US pig factories," *The Humane Society of the United States*, 28 August 2009, http://www.humane.society.org/news/2009/04/swine_flu_virus_origin_1998_042909.html.

Haines, Lester, 'Bird flu pandemic inevitable, says WHO', *Science*, 8 September 2005, http://www.theregister.co.uk/2005/09/08/bird_flu_pandemic/print.html.

Harcourt, Tim, 'The economic effects of SARS: what do we know so far?', http://www.austrade.gov.au/Default.aspx?PrintFriendly=True&ArticleID=6039

Katz, Amanda and Wahlert, Sarah, 'SARS prompts crackdown o wildlife trade', http://www.buzzle.com/editorials/5−26−2003−40813.asp.

Kazmi, S.M.A., 'SARS gone, effect lingers on Indo−China annual trade', http://www.indianexpress.com/oldstory.php?storyid=27793.

Kingsland, Sally, Submission to the Senate Select Committee on the Free Trade Agreement, 30 April 2004, http://www.aph.gov.au/senate_freetrade/submissions/sublist.html.

Knight, John, 'Underarm bowling and Australia−New Zealand Trade', 18 July 2005, http://www.australianreview.net/digest/2005/07/knight.html.

Landos, John, 'Where is the SPS agreement going?', http://www.apec.org.au/docs/landos.pdf.

Lee, Jong−Wha and *McKibbin*, Warwick J., 'Globalization and disease: the case of SARS', *Brookings*, 20 May 2003, http://www.brookings.edu/papers/2003/0520development_lee.aspx?p=1.

Levitt, Tom, 'Asian factory farming boom spreading animal diseases like avian influenza', Ecologist, 11 February 2011, http:www.theecologist.org.

Lewis, Peter, 'Banana industry anxiously awaits import decision', 23 June 2002, http://lirias.hubrussel.be.

McDermott, John and Grace, Delia, 'Agriculture-associated diseases: adapting agriculture to improve human health', International Livestock Research Institute Policy Brief, February 2011, http://www.ilri.org.

McGreal, Chris, Carrell, Severin and Wintour, Patrick, 'Swineflu – Global Threat Raised', *Guardian*, 28 April 2009. http://www.guardian.co.uk/world/2009/apr/27/swine-flu-race-to-contain-outbreak, accessed 18/04/2012.

MacKenzie, Debora, 'Pork industry is blurring the science of swine flu', *New Scientist*, 30 April 2009, http://www.newscientist.com/blogs/shortsharpscience/2009/04/why-the-pork-industry-hates-th.html.

Martin, Daniel, 'Sir Liam Donaldson quits the NHS.....but critics say resignation is two years too late', 16 December 2009, http://www.dailymail.co.uk/article-1236179/Sir-Liam-Donaldson-quits-NHS—critics-say-resignation-years-late-html.

Miller, Brad, 'Aerial spraying issue turns seesaw court battle', 29 November 2007, http://www.ipsnews.net/news.asp?idnews=40264

Mugas, Neil V., 'Laguna hospital placed in SARS quarantine', *Manila Times*, 7 January 2004, http://www.manilatimes.net/national/2004/jan/07/yehey/top_stories/20040107top5.html.

Nawal, Allan, Tupas, Jeffrey M. and Badilla, Joselle, 'Banana firms to contest aerial spraying ban at CA', Inquirer, http://services.inquirer.net/print/print.php?article_id=20070924-90391

O'Sullivan, Terrence, 'Globalization, SARS and other catastrophic disease risks: the little known international security threat', http://allacademic.com/meta/p73646_index.html.

Palmer, Daniel, 'Agreement to import bananas from the Philippines leads to grower fears and IGA ban', *Australian Food News*, 5 March 2009, http://www.ausfoodnews.com.au/2009/03/05.

Pena, Aurelio A., 'Australia's farmers scared of losing market to Philippine bananas',

Philpress, http://goldelyonn.wordpress.com/2009/06/11.

Pew Commission on Industrial Farm Animal Production, 'Putting meat on the table: industrial farm animal production in America' (2008), www.pewtrusts.org.

Porter, Andrew, 'Disease pandemic "inevitable" in Britain warns House of Lords', *Daily Telegraph*, 20 July 2008, http://www.telegraph.co.uk/health/2437908.

Purdey, Mark, 'An explanation of mad cow disease', http://www.ourcivilisation.com/madcow/madcow.htm.

Rosenthal, Elisabeth, 'Bird flu is linked to global trade in poultry', *International Herald Tribune*, 12 February 2007, http://www.iht.com/bin/print.php?id=4568849.

'Short history of the OIE', http://www.oie.int/Eng/OIE/en_histoire.html.

Simpson, Natasha, "Philippines takes Aust to WTO over banana ban," 15 July 2003, http://www.abc.net.au/am/content/2003/s902217.html.

Smith, Harvey and Lattimore, Ralph, 'The search for non tariff barriers: fire blight of apples', Department of Economics and Marketing Discussion Paper no. 44 (1997), International Trade Policy Research Centre, Department of Economics and Marketing, Lincoln University, Canterbury, http://researcharchive.lincoln.ac.nz/dspace/bitstream/.../1/cd_dp_44.pdf.

Sudworth, John, 'Political price paid in beef row', BBC News, 5 June 2008, http://news.bbc.co.uk/1/hi/world/asia-pacific/7436914.stm.

———, 'S Korea head admits beef failings', 7 July 2008, http://news.bbc.co.uk/1/hi/world/asia-pacific/7492562.stm.

Teel, Geena, 'Ottawa threatens trade action if pork ban isn't lifted', *National Post*, 5 May 2009, http://www.nationalost.com/m/story.html?id=1564824.

Thornton, Philip, 'WTO warns SARS Could Halt Revival of International Trade'. Independent, 24 April 2003, www.independent.co.uk/news/business/news/wto-warns-sars-could-halt-revival-of-international-trade-595505.html, accessed 24/03/2009.

Tyson, Carl N., 'Texas fever', http://digital.library.okstate.edu/encyclopedia/entries/T/TE022.html.

Vaile, Mark, 'Quarantine is helping Australia reach the world's markets', 29 August

2001, http://www.maff.gov.au/releases/01/01237wtj.html.

Vasilyeva, Nataliya, 'US: Lifting pork imports could boost Russia's WTO talks', http:blog.targana.com/n/us-lifting-pork-imports-could-boost-russias-wto-talks-73287/.

Workman, Daniel, 'Swine flu infects pork trade policies in China', 5 May 2009, http://world-trade-organization.suite101.com/article.cfm/swine_fluinfects_pork_trade.

| Websites |

American Government Archive, www.america.gov.

American Phytopathological Society, www.apsnet.org.

American Society of International Law, www.asil.org

Animal Health Alliance, www.america.gov.

Area Development, www.areadevelopment.com/newsitems/4-27-2009.

Asia Pacific Economic Cooperation (APEC), www.apec.org/apec.

Asia Pulse News, www.highbeam.com.

Australia Ministry for Agriculture, Fisheries and Forestry, www.maff.gov.au.

Australian Ministries for Foreign Affairs and Trade, www.foreignminister.gov.au.

BBC News, www.news.bbc.uk.

Bernama, www.bernama.com.

Biotechnology Working Party, www.emea.europa.eu.

Bridges Weekly Trade News Digest, www.ictsd.org/weekly/03-07-17/story5.html.

California Farm Bureau Federation, www.cfbf.com

CBC, www.cbc.ca.

CBS, www.cbsnews.com.

Centers for Disease Control, www.cdc.gov.

China, www.china.org.cn.

China Post, www.chinapost.com.

China View, www.news.xinhuanet.com.

Chosun, www.english.chosun.com.

CNN, www.cnn.com.

Daily Mail, www.dailymail.co.uk

Daily Telegraph, www.telegraph.co.uk.

Dawn, www.dawn.com.

Department of Food, Agriculture and Trade, Australia, www.dfat.gov.au.

Durian Post, www.durianpost.wordpress.com.

Ecologist, www.theecologist.org.

English DBW, www.english.dbw.cn.

English Peoples Daily, english.peoplesdaily.com.cn.

European Union, www.eubusiness.com.

Food and Agricullture Organization, www.fao.org.

Fox News, www.foxnews.com.

Grain, www.grain.org.

Guardian, www.guardian.co.uk

Herald Sun, www.news.com.au/heraldsun.

Hindu, www.theHindu.com.

Horticulture and Home Pest News, www.ipm.iastate.edu.

Hypocrites, www.hypocrites.com.

Infoweb, www.infoweb.newsbank.com.

Inquirer, www.inq7.net.

Institute for Animal Health, www.iah.bbsrc.ac.uk.

International Herald Tribune, www.iht.com.

International Livestock Research Institute, www.ilri.og.

International Socialism, www.isj.org.uk.

Medical News Today, www.medicalnewstoday.com

National Marketplace News, www.ams.usda.gov.

National Pork Producers Council www.nppc.org.

National Post, www.nationalpost.com.

New Zealand Herald, www.nzherald.co.nz.

New Zealand Ministry of Foreign Affairs, www.mfat.govt.nz.

Northeast News, www.northeastnews.ca.

Offical Gazette of the Republic of the Philippines, www.gov/ph.

OIE, www.oie.int.

Oxford Dictionary of National Biography, www.oxforddnb.com.

People's Daily Online, www.english.peoplesdaily.com.cn.

Pew Trusts, www.pewtrusts.org.

Resist, www.lists.resists.ca.

Reuters, www.reuters.com.

Sydney Morning Herald, www.smh.com.au

Third World Network, www.twnside.org.

United States Department of Agriculture, www.ers.usda.gov.

United States Embassy, Tokyo, www.tokyo.usembassy.gov.

University of Oregon, www.iea.uoregon.edu.

WattAgnet, www.wattagnet.com.

World Health Organization, www.who.int.

World Trade Organization, www.wto.org.

찾아보기

전염병, 역사를 흔들다

Contagion: How Commerce Has Spread Disease

2020년 5월 29일 1판 1쇄 발행
2023년 4월 14일 1판 4쇄 발행

지은이　　마크 해리슨
옮긴이　　이영석
펴낸이　　박혜숙
디자인　　이보용
펴낸곳　　도서출판 푸른역사
　　　우) 03044 서울시 종로구 자하문로8길 13
　　　전화: 02)720-8921(편집부) 02)720-8920(영업부)
　　　팩스: 02)720-9887
　　　전자우편: 2013history@naver.com
　　　등록: 1997년 2월 14일 제13-483호

ⓒ Mark Harrison, 2023

ISBN　978-11-5612-167-1　93900